핵과 인간

핵과 인간

아인슈타인에서 김정은·트럼프·문재인까지

초판 1쇄 발행 2018년 7월 30일 ＼**초판 2쇄 발행** 2019년 6월 1일
지은이 정욱식 ＼**펴낸이** 이영선
편집부 강영선 김선정 김문정 김종훈 이현정 ＼**디자인팀** 김회량 정경아
독자본부 김일신 김진규 정혜영 김연수 박정래 손미경 김동욱

펴낸곳 서해문집 ＼**출판등록** 1989년 3월 16일(제406-2005-000047호)
주소 경기도 파주시 광인사길 217(파주출판도시) ＼**전화** (031)955-7470 ＼**팩스** (031)955-7469
홈페이지 www.booksea.co.kr ＼**이메일** shmj21@hanmail.net

이 도서의 국립중앙도서관 출판예정도서목록(CIP)은 서지정보유통지원시스템 홈페이지(http://seoji.nl.go.kr)와
국가자료공동목록시스템(http://www.nl.go.kr/kolisnet)에서 이용하실 수 있습니다.(CIP제어번호: CIP2018021987)

핵과 인간

아인슈타인에서 김정은·트럼프·문재인까지

정욱식 지음

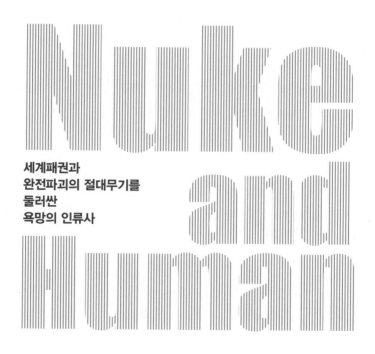

세계패권과
완전파괴의 절대무기를
둘러싼
욕망의 인류사

서해문집

물리학의 결정체인 핵과 삼라만상의 집결체인 인간 의식이 만나면 어떤 화학작
용을 일으킬지는 아무도 장담할 수 없다.

아인슈타인의 편지에서부터 김정은과 트럼프의 '세기의 담판'에 이르기
까지 핵과 인간의 약 80년 동안의 상호작용을 훑어보면서 내린 결론이다.
그리고 머지않아 김정은이 아래와 같이 천명할 것이라고 희망 섞인 예견을
해본다.

70년 조미 대결의 위대한 승리를 가져온 국가 핵무력의 역사적 소임은 이것으
로 끝났다. 이제 국가 핵무력의 완전한 폐기를 엄숙히 선언한다.

여기서 "조미(북미) 대결의 승리"란 북한이 미국과 핵전쟁을 벌여 이긴
다는 뜻이 아님은 물론이다. 1948년 북한 정부 수립 이래 70년째 이어져온
미국과의 적대적 관계가 평화적 관계로, 1953년 정전협정 이래 65년째 이
어져온 정전체제가 평화체제로 전환되는 것을 의미하는 것이다. 이런 날이

온다면 김정은은 기꺼이 '명예로운 비핵화'를 선택할 것이다. 그리고 김정은은 핵무기를 포기하기 위해 "국가 핵무력 완성"을 추구한 최초의 인간으로 기록될 것이다.

이 책의 전반부는 2012년에 펴냈다가 2016년에 절판된《핵의 세계사》에 수록한 내용을 대폭 보완한 것이다. 이른바 '북핵문제'에 초점을 맞춘 후반부는 그 역사를 완전히 새롭게 쓴 것이다. "북한의 기만에 당했다"는 25년의 미신을 벗겨내고 싶었다. 다행히 미국의 비밀해제 문서와 위키리크스가 폭로한 외교문서 등을 통해 이러한 목표를 상당 부분 달성할 수 있었다.

2012년의 일로 기억한다. 오스트리아 비엔나에서 열린 핵문제 국제회의에 참석한 내 숙소는 '핵 벙커'였다. 나는 그곳에서, 그리고 회의장 곳곳에서 세계 각지의 청년들을 만날 수 있었다. 이들은 'ican'이라는 단체를 조직해 핵무기 폐기를 위한 국제 캠페인을 전개하고 있었다. 5년 후 'ican'은 노벨평화상을 수상했다. 갑자기 국내 언론사 몇 곳에서 연락이 왔다. 이 단체 홈페이지(www.icanw.org)에 내가 대표로 있는 평화네트워크도 회원단체로 등록되어 있었기 때문이다. 하지만 나는 이 사실을 까맣게 잊고 있었다. 그리고 5년 전에 그들에게 한 말이 떠올랐다.

"머지않아 한국의 청년들도 핵무기 없는 세상을 향한 여러분의 고귀한 캠페인에 동참할 수 있기를 바랍니다. 그렇게 될 수 있도록 저 역시 노력할 것입니다."

나는 이미 받은 계약금을 제외한 인세 수입은 청년들에게 돌리려고 한다. 그래서 우리의 청년들도 '핵 없는 세상'을 향한 꿈을 키우고 그 꿈을 펼치는 데 종잣돈으로 쓰일 수 있기를 바란다. 더불어 이 책이 그 꿈을 위한 참고서가 되어주기를 바란다. 여러분의 동참을 호소하면서 말이다.

2018년 6월 망원동 사무실에서
정욱식

차　례

2부 핵 시대의 첫 전쟁, 한국전쟁

3부 핵 시대의 확산과 비확산

4부   핵 시대 1.5의 한반도

5부   한반도, 제2의 핵 시대로

6부   끝의 시작

왜 '핵'인가?

"내가 여기에 오기 전에 우리 남측의 한 전문가한테 이렇게 물었어요."

최서희가 김정은과 백화원 초대소 현관을 향해 나란히 걸으면서 말했다.

"'핵을 가진 북측을 어떻게 상대해야 할까요?' 그러니까 그분이 그러더군요. '우리가 이런 고심을 한 지는 10년 정도 되었지만, 북측은 핵 위협을 가하는 미국을 어떻게 상대해야 하나, 라는 질문을 놓고 70년 가까이 씨름해왔습니다'라고요. 많은 걸 생각하게 하는 말씀이었죠."

걸음을 멈추고 최서희를 쳐다보는 김정은의 눈빛이 조금 흔들렸다.

"싱거운 퀴즈로 강연을 시작할까 합니다. 세계에서 가장 깊은 지하철은 어디에 있을까요?"

청중의 반응을 본 다음 나는 이렇게 말했다. "답은 북한의 수도 평양입니다. 그 깊이가 무려 110m에 달한다고 합니다. 왜 그렇게 깊이 팠을까요? 그건 바로 미국의 핵공격에 대비하기 위함이었습니다."

전자는 2016년에 펴낸 졸저《말과 칼》의 한 장면이다. 최서희는 가상의 한국 대통령이다. 후자는 내가 강연 때 청중과 자주 나누는 대화다. 이들을 소개한 이유는 크게 세 가지다. 첫째는 한반도 핵의 역사는 '길고도 깊다'는 것이다. 한반도 핵문제의 기원을 북핵문제가 본격 대두된 1990년대로 보는 시각이 대세를 이루지만, 진짜 시작은 1945년부터다. 둘째는 역지사지(易地思之)의 필요성이다. 미국의 대북 핵 위협은 북한의 프로파간다만으로 치부하기에는 지속적이었고 또 실제로 존재해왔다. 하지만 미국을 비롯한 외부세계는 이러한 두 가지 진실을 잘 알지도, 알려고도 하지 않았고, 알더라도 외면했다. 결국 북한은 70년 동안 묵은, 그리고 110m 지하에 응축된 공포심을 세상 밖으로 끄집어냈다. 북한은 2017년에 핵탄두를 장착한 대륙간탄도미사일(ICBM)을 손에 쥠으로써 공포의 '불균형'을 마감하고 "힘의 균형"의 시대가 왔다고 선언했다. 한미 양국이 지피(知彼)를 외면한 사이에 '한반도 제2의 핵 시대'가 성큼 다가온 것이다. 이는 자연스럽게 세 번째 이유로 이어진다. 불편하더라도 이러한 진실을 인정해야 핵문제 해결의 실마리를 찾을 수 있다고 호소하고 싶었기 때문이다.

핵이란 무엇일까?

　그렇다면 핵이란 무엇일까? 그것은 '신의 불'이다. 프로메테우스가 아버지인 제우스로부터 불을 훔쳐 인류에게 선사한 것과 같은 의미를 담고 있다. 그런데 이러한 비유는 상반된 의미를 내포하고 있다. 하나는 경이적인 과학적 성과라는 것이다. 맨해튼 프로젝트의 연구소장을 맡았던 로버트 오펜하이머(Robert Oppenheimer)의 별명이 '아메리칸 프로메테우스'로 붙여진 까닭이다. 동시에 '신의 불'인 핵은 인류가 가져와서는 안 되었다는 의미도 내포한다. 우리에게는 '대소 봉쇄정책의 설계자' 정도로만 알려진 미국의 외교관 조지 케넌의 말이다. "우리의 도덕적 지혜로는 도저히 감당할 수 없을 정도의 힘을 자연으로부터 뽑아내는 데 성공함으로써 인류는 딜레마에 빠지게 되었습니다."[1]

핵은 '절대무기'다. 핵무기는 인류뿐만 아니라 지구 자체의 파멸을 가져올 수 있는 유일한 인간의 발명품이다. 1946년, "미국의 클라우제비츠"라고 불리는 군사전략가 버나드 브로디(Bernard Brodie)가 원자폭탄을 "절대무기(absolute weapon)"라고 불렀듯이, 핵무기는 인간이 상상할 수 있는 파괴력의 극치를 이룬다. 클라우제비츠는 "전쟁은 다른 수단에 의한 정치의 연속"이라고 말했다. 하지만 핵 시대의 전쟁은 "정치의 종언"을 의미할 뿐이다. 정치의 수단이라는 전쟁이, 그 전쟁의 수단으로 개발된 핵무기가 동원되는 순간, 전쟁을 통해 달성하려는 정치적 목표마저 파괴할 것이기 때문이다.

《수소폭탄 만들기》의 작가 리처드 로즈(Richard Rhodes)는 핵의 발견을 지동설에 비견될 정도로 인류 사회의 오랜 선입견을 깨뜨린 것으로 간주한다. 핵 시대 이전에는 그 어떤 전쟁도 인류 자체를 파괴할 것이라고는 상상하지 못했다. 그러나 "인류 역사상 처음으로 인류 자체를 파괴할 수 있는 핵무기를 갖게 됨으로써 인류 역사는 전환점에 서게 되었다"는 것이다. 영국의 세계적인 천체물리학자 스티븐 호킹 박사는 2012년 1월 8일 70회 생일을 맞아 이렇게 경고했다. "저는 핵전쟁이나 지구온난화 같은 재앙으로 인류가 1000년 이내에 멸망할 것이라고 생각합니다." '1000년'은 아득한 미래처럼 들리지만, '이내'는 당장 내일이 될 수도 있다.

핵무기 이전에 절대무기로 간주되었던 것이 있었다. 바로 다이너마이트다. 이 고성능 폭약을 만든 알프레드 노벨(Alfred Nobel)은 "이젠 전쟁이 끝날 것"으로 기대했다. 다이너마이트와 같은 대량살상무기가 사용되는 전쟁은 너무나도 끔찍한 것이어서 사람들이 전쟁에 대한 생각을 달리할 것으로 기대했다. 맨해튼 프로젝트에 참여했던 많은 과학자들도 노벨과 비슷한 꿈을 꾸었다. 이 프로젝트에 참여했던 미국의 실험물리학자 루이스 월터 앨버레즈(Luis Walter Alvarez)도 그중 한 사람이었다. 그는 B-29 전폭기에 탑승해 히로시마에 '리틀 보이'가 떨어지는 것을 목격하고 귀항하는 길에 편지를 썼다. 아들이 커서 읽어보라고 남긴 편지에는 이렇게 쓰여 있다. "우리가 새로 개발한 이 파괴적 폭탄은 그 위력이 (다이너마이트보다) 수천 배나 더 대단하단다. 노벨의 꿈이 실현될 수도 있다고 보는 근거야."[2]

달리 비유하자면 핵은 '인간계의 절대반지'다. 영화 〈반지의 제왕〉에 나오는 절대반지처럼, 핵은 인간을 공포에 몰아넣기도 하고 매료시키기도 한다. 이러한 핵의 두 얼굴은 '과학과 윤리' '전쟁과 평화'라는 인류 사회의 오랜 양면성을 대표한다. 그 양면성은 국제정치에서도, 한 사람의 마음에서도 발견할 수 있다. 대표적인 국제체제인 핵확산금지조약(NPT)은 핵무기 확산으로부터 지구를 지켜야 한다는 자기보호본능과 핵클럽의 문을 빨리 닫아 핵독점을 유지하려는 강대국들의 기만책이라는 '두 얼굴'을 지닌다. 루스벨트에게 편지를 보내 핵무기 개발을 독촉했던 아인슈타인은 히로시마와 나가사키에 떨어진 핵폭탄을 보고는 '반핵주의자'로 변신했다.

핵의 가장 심각한 양면성은 공포와 안전의 적나라한 모순적 조합에 있다. '핵 억제론'으로 일컬어지는 핵무기에 의한 평화는 그 무기가 사용되는 순간 모두가 죽게 된다는 '공포의 균형'에 기초하고 있다. 인간이 너 죽고 나 죽고 모두가 죽게 되는 어리석은 일은 하지 않을 것이라는 인간 이성의 최저치에 대한 호소가 바로 핵 억제론의 요체다. "인간 스스로 자신을 포함한 모든 생명체를 죽일 수 있는 무기를 만들고 계속 갖고 있으면서, 모두를 죽음에 이르게 하는 어리석은 행동은 하지 않을 것이라는 믿음을 갖고 있는 것이야말로 인류 사회가 직면한 지독한 역설이다."[3]

그렇다면 원자력발전으로 일컬어지는 핵발전은 어떨까? 핵의 위력을 확인한 윈스턴 처칠 영국 총리는 핵을 에너지로 이용하면 "인류는 영원히 마르지 않는 번영의 샘을 갖게 될 것"이라고 말했다. 이를 이어받아 드와이트 아이젠하워 미국 대통령은 "평화를 위한 원자력(Atom for Peace)"을 주창했다. 고백컨대, 나 역시 핵무기는 반대하지만 '핵의 평화적 이용은 어쩔 수 없는 것 아니냐'고 여겼다. 현대문명이 대량의 에너지 사용에 의존하고 있는 이상, 원자력은 어쩔 수 없는 '필요악'이라고 생각했다. 한반도 주민의 사활적인 문제인 북핵 해법의 여러 조건 가운데 하나로 경수로 제공도 불가피하다고 봤었다.

그러나 후쿠시마 참사를 보면서 핵'무기'와 핵'발전'을 나누었던 내 의식의 장벽이 무너져내렸다. 자연-인간-과학의 삼각관계에서 '깨끗하고 안전한 핵'은 미신에 불과하다는 것을 깨달았다. 그것이 보이지도, 만질 수도, 냄새를 맡을 수도 없기에 공포는 더욱 크고 넓게 퍼져갔다. 지구촌 곳곳의 사람들은 바람의 방향에 촉각을 곤두세웠고, 방사능 물질이 몸에 퍼지는 것을 막는다는 요오드화칼륨이 곳곳에서 동났다. 이처럼 핵의 공포는 '나와 너'를 가리지 않고 국가 간 경계를 허물었다. 체르노빌의 망각이 후쿠시마 참사를 잉태했듯이, 후쿠시마 참사마저 망각 속에 방치해서는 안 되는 것이다. 그것이 인간의 실수에 의해서든, 기계의 오작동에 의해서든, 지진과 쓰나미와 같은 자연재해에 의해서든, 원전 테러에 의해서든, 체르노빌과 후쿠시마 같은 참사는 언제, 어디서든 또다시 발생할 수 있기 때문이다.

실제로 체르노빌과 후쿠시마 참사가 보여주듯, 원전은 그 자체로도 무시무시한 무기, 아니 핵무기보다 더 무서운 것이 될 수 있다. 핵무기 폭발로 거대한 버섯구름이 피어오른 히로시마와 나가사키에는 시간이 지나면서 사람들이 다시 모여 살기 시작했다. 반면 버섯구름은 없었지만 핵무기보다 더 많은 방사능 물질로 오염된 체르노빌과 후쿠시마는 언제 다시 사람이 살아가는 땅이 될 수 있을지 기약조차 없는 현실이다. 또한 원전에서 나온 핵폐기물 가운데 플루토늄-239의 반감기는 약 2만5000년, 우라늄-238의 반감기는 지구 수명과 맞먹는 40억 년이다. 이러한 핵폐기물을 두고 일본의 환경평화 학자 토다 기요시는 "가장 사정거리가 긴 구조적 폭력"이라고 지적한다.[4]

핵은 또한 대표적인 이중 용도 기술이다. 우리에게 사활적 문제라고 할 수 있는 북한 핵문제 사례는 "평화적 목적"이 "군사적 목적"으로 언제든 둔갑할 수 있다는 것을 보여준다. 또한 이란 등 많은 국가들의 사례는 기술적으로나 국제법적으로 핵의 '평화적 이용'과 '군사적 전용'의 경계선이 얼마나 흐릿한지를 잘 보여준다. 핵발전에 의존하면 의존할수록 '우라늄 농축을 통한 핵연료 확보 → 원전 가동 → 사용후연료 재처리'로 이어지는 '핵연료 주기 완성'의 유혹도 커진다. 일본이 그렇고, 한국의 '핵 주권론'에도 잠재되어 있는 문제다. 그런데 핵무기는 우라늄 농축이나 재처리 시설을 보유하면 만들 수 있다. 핵 '무기'와 '에너지'에 대한 통합적인 시각과 철학이 요구되는 까닭이다.[5]

핵은 또한 '다모클레스의 칼'이라고도 일컬어진다.[6] 1961년 9월 25일 UN 총회 연설대에 선 존 F. 케네디 미국 대통령은 이렇게 역설했다. "오늘날, 지구상의 모든 거주자들은 이 행성이 더 이상 살 수 없는 땅이 되는 날에 대해 심사숙고해야 합니다. 모든 남성과 여성, 그리고 어린이의 생명은 '다모클레스의 핵검(核劍)' 아래 놓여 있습니다. 우연이든 오산이든, 아니면 광기에 의해서든 언제든 끊어질 수 있는 가장 가느다란 실에 매달린 채 말입니다. 그 무기가 우리를 절멸시키기 전에 우리가 그 무기를 없애야 합니다."

핵이 얼마나 모순 덩어리인지는 세계적인 핵 전문가인 에릭 슐로서의 통찰에 너무나도 잘 담겨 있다. 그는 반핵활동가들과 핵전쟁 담당자들을 두루 만나고 나서 이렇게 썼다. "정반대에 있는 두 진영은 강력하고도 진심어린 열망을 공유하고 있다. 바로 핵전쟁을 피해야 한다는 것이다. 하지만 이들은 이를 위한 최선의 방법에 대해서는 너무나도 다른 의견을 갖고 있다." 핵무기주의자들은 "무고한 민간인을 죽일 수 있다는 위협을 통해 평화를 유지한다". 반면 반핵주의자들은 "핵전쟁을 예방할 수 있는 최선의 길은 핵무기 자체를 없애는 것이라고 목청을 높인다".[7]

나는 핵과 인간의 약 80년간의 상호작용을 살펴보면서 이렇게 결론을 내렸다. 핵이라는 물리학의 결정체와 변화무쌍한 인간 의식이 만나면 어떤 화학작용을 일으킬지는 아무도 장담할 수 없다. 그래서 핵은 관계다.

4개의 핵 시대

핵과 인간의 기나긴 여정은 제2차 세계대전과 한국전쟁을 집중적으로 다루는 것에서 시작된다. 공교롭게도 핵이라는 과학적 발견과 20세기 최악의 인재(人災)인 제2차 세계대전 발발은 맞닿아 있다. 당시 아인슈타인을 비롯한 천재 과학자들의 신념은 하나로 모였다. "히틀러가 갖기 전에 연합국이 먼저 가져야 한다." 또한 제2차 세계대전은 히로시마와 나가사키에 원자폭탄이 떨어지면서 끝났다. 그러나 미국의 원폭 투하는 전쟁을 끝내기 위한 불가피한 선택이 아니라 소련을 겨냥한 무력시위였다. 일본이 원폭을 맞아 항복을 했고, 그래서 조선도 해방될 수 있었다는 단편적인 역사 인식에 익숙한 우리에게는 '불편한 진실'일 수 있다.

'핵'이라는 프리즘을 통해 한국전쟁도 완전히 새롭게 조명할 필요가 있다. 하나의 빛이 프리즘을 통과하면서 일곱 가지 색을 나타내듯이, 핵을 통한 한국전쟁 조명은 이 전쟁에 대한 다양하고도 새로운 사실과 해석을 보여주게 될 것이다. 몇 가지 질문만 던져보면 왜 이 작업이 중요한지 알 수 있다. 미국은 왜 애치슨 라인에서 한국을 제외했을까? 반면 왜 스탈린은 마음을 바꿨을까? 핵보유국 미국을 상대로 전쟁을 결심한 마오쩌둥의 '강심장'

은 어디에서 나온 것일까? 미국의 핵공격 움직임에 이승만과 김일성은 어떻게 반응했을까? 미국의 핵 위협이 정전협정을 가져온 힘이었을까? 처음으로 이기지 못하는 전쟁에 직면했던 미국이 핵을 사용하지 않은, 혹은 못한 이유는 무엇일까? 한국전쟁을 거치면서 미국의 핵전략에는 어떤 변화가 일어났고, 이것이 한반도를 비롯한 지구 지정학에 어떤 영향을 주었을까?

한국전쟁에 관한 수많은 연구 결과들이 있지만, 국내에서는 이러한 궁금증을 풀어줄 연구 성과를 거의 찾아볼 수 없었다. 그래서 비밀해제된 미국 문서들을 추적하고 외국 연구자들의 연구 성과를 분석했다. 결론은 한국전쟁과 핵무기의 관계는 상당히 밀착되어 있었다는 것이다. 또한 한국전쟁은 '세계 전쟁'이었다는 확신도 갖게 되었다. 한국전쟁이 이후 세계 냉전사에서 아주 중요한 위치를 차지하고 있다는 것도 거듭 확인할 수 있었다. 무엇보다도 한국전쟁과 핵무기 사이의 관계를 밝히는 것은 단순히 과거사의 기술이 아니라 오늘날 한반도 핵문제를 역사구조적으로 이해하고, 진정한 의미의 한반도 비핵화를 설계하는 데 주춧돌을 놓는 작업이다. 미국의 대북 핵 위협과 북핵의 뿌리는 바로 한국전쟁에 있기 때문이다.

미·소 간의 전후협상 결과 한반도가 분단되어 전쟁의 근원을 잉태시켰다는 것은 이미 잘 알려져 있다. 그러나 한국전쟁 당시 맹위를 떨친 미국의 '핵 강압외교'의 뿌리가 제2차 세계대전 막바지에 있었다는 것은 우리에게 생소한 얘기다. 또한 미국은 히로시마와 나가사키에 원폭을 투하한 것이 결사항전을 고수한 일본의 패망을 가져왔다고 주장하고 있는데, 이렇게 굳어진 '핵 숭배주의'는 한국전쟁에서 다양한 얼굴로 표출된다. 적을 괴멸시킬 수 있는 엄청난 파괴력과 이에 기반을 둔 강압외교가 핵의 한쪽 얼굴이라면, 히로시마와 나가사키의 기억에 내재된 도덕성과 인종주의 문제는 핵의 또 다른 얼굴이었다. 한반도 핵문제의 기원은 바로 히로시마와 나가사키에 있었던 것이다.

이 책은 핵과 관련된 세계사의 주요 장면을 아우르면서도 한반도 핵문제에 초점을 맞췄다. 그리고 한반도 핵문제를 4개의 시대로 나누어 접근했다. 한반도에서 '제1의 핵 시대'는 미국 핵 독점 시기다. 1945년 한반도의 해방과 분단에서부터 미국이 전술핵무기를 한반도에서 철수한 1991년까지가 이 시기에 해당된다. 두 번째는 '핵 시대 1.5'이다. 북한의 핵무기 개발 의혹이 본격적으로 불거진 1992년부터 6자회담이 결렬된 2008년까지를 이 시기로 삼을 수 있다. 미국의 핵독점이 유지되고 있는 가운데, 북한이 핵개발에 나섰지만 외교적으로 해결을 도모했던 시기였다. 세 번째 시기는 협상은 사라지고 북한의 핵보유가 명확한 시기다. 시기적으로는 2009년부터 북한이 "국가 핵무력 건설 완성"을 선언한 2017년까지라고 할 수 있다. 분문에서는 이를 '한반도 제2의 핵 시대'로 규정한다. 끝으로는 2018년부터 시작된 '협상다운 협상의 시대'다. '협상다운'이라는 수식어를 붙인 이유는 간명하다. 문재인, 김정은, 트럼프, 시진핑 등 각국 정상이 직접 나섰을 뿐만 아니라, 비로소 핵문제의 몸통에 접근하기 시작했기 때문이다.

이러한 시대 구분은 한반도 핵문제가 한국 현대사의 정초(定礎)의 해라고 할 수 있는 1945년부터 비롯되었다는 문제의식에서 출발한다. 핵과 인간에서 빼놓을 수 없는 사람들이 있다. 귀향의 꿈을 안고 있던, 그러나 거대한 버섯구름에 그 꿈을 빼앗긴 수만 명의 조선인들이 바로 그들이다. 또한 1945년 한반도 분단은 핵 시대의 개막과 결코 무관하지 않다. 이렇듯 한반도 핵문제는 역사구조적으로 이해할 필요가 있다. 때로는 세계사적인 시각도 요구된다. 그래야 문제의 본질을 이해할 수 있고 문제 해결의 실마리를 찾을 수 있다. 나는 4개의 시대를 관통하는 연속성과 각기 다른 특징을 유기적으로 접근하는 과정에서 이러한 지혜를 일부라도 길어 올릴 수 있었다. 그리고 감히 독자들에게 기나긴 여정에 함께할 것을 호소한다.

핵 시대의
개막

1부

아인슈타인의 편지와 맨해튼 프로젝트

1

　　'만약 히틀러가 먼저 핵폭탄을 손에 쥐었다면 세계는 어떻게 바뀌었을까?' 오늘날에도 많은 사람들이 즐겨 던져보는 반사실적 가정이다. 그런데 이 질문에 누구보다 천착한 사람들이 있었다. 천재적인 핵물리학자들이 바로 그들이었다. 이들은 단순한 가정이 아니라 실제로 벌어질 수 있는 일에 몸서리쳤다. 이들 가운데 독일 출신의 앨버트 아인슈타인도 있었다.

히틀러의 등장

　　'20세기 야만의 상징' 아돌프 히틀러의 존재와 당시 독일이 이룬 엄청난 과학적 발견은 여러 과학자에게 두려움과 희망을 동시에 안겨주었다. 제2차 세계대전 발발이 초읽기에 들어갈 즈음, 일부 물리학자들은 엄청난 신무기의 출현 가능성에 주목하고 있었다. 핵분열 연쇄반응을 이용한 원자폭탄이 바로 그것이었다. 과학자들은 '누가 먼저 이 무기를 손에 넣느

나에 따라 인류 역사가 뒤바뀔 수 있다'는 점을 직시했다. 인류 역사상 최악의 전쟁이었던 제2차 세계대전이 훗날 인류 절멸의 무기로 일컬어지는 핵무기의 과학적 발견과 조우하고 있던 것이다. 과학자들의 눈에는 히틀러의 핵무장이 서구 문명의 종말을 가져올 아마겟돈으로 비쳤다. 반면 연합국이 먼저 핵무기를 가지면, 그것은 인류를 구원할 수 있는 '신의 선물'이 될 것이라고 여겼다.

히틀러는 자신과 독일 민족을 일체화하면서 다른 민족의 말살을 통해 독일 민족의 생존과 발전을 추구한 인물이다. 그는 《나의 투쟁》에 이렇게 썼다. "엄청난 압제로부터 한 민족을 해방하기 위해서, 또는 혹독한 고통을 제거하기 위해서, 아니면 불안하게 성장했기에 휴식하지 못하는 그 영혼을 만족시키기 위해서, 어느 날 운명은 이 목적을 이룰 사람을 보내줄 것이다. 그 사람이 마침내 오랫동안 갈망해온 것을 성취할 것이다." 그가 말한 "그 사람"은 바로 히틀러 자신이었다. 그는 1937년 11월에 열린 집회에서 이렇게 말했다. "여러분이 나를 찾아낸 사실이, 수백만 명 중에서 나를 찾아냈다는 사실이 우리 시대의 기적입니다. 그리고 나는 여러분을 찾아냈습니다. 이것이 독일의 운명입니다."

나치 연구의 대가인 리처드 오버리가 《독재자들》에서 밝힌 것처럼, "히틀러의 과격한 민족주의는 옛 제국의 질서가 무너졌을 때, 전쟁에 패한 독일의 도덕적·물질적 혼란으로부터 잉태"되었고, "국제사회의 다른 나라들로부터 천민 취급을" 당한 "고립감 탓에 한층 더 극단적인 형태의 혁명 정치로 나아갔고, 결국 독재체제가 출현하게 되었다".[1] 히틀러는 제1차 세계대전 패배의 결과로 강요된 베르사유 조약을 받아들인 것은 독일 민족을 노예 신세로 전락시킨 것이라 생각했고, 민족의 패배와 모욕을 자신이 직접 당한 굴욕으로 간주했다. "미치광이에 가까울 정도로 통제할 수 없는 복수심"은 이렇게 타올랐다.

그의 눈에는 부르주아 이익에 충실한 자본주의도, 그 자본주의의 혁파를 내세운 공산주의도 타도 대상이었다. 히틀러는 "생존의 열쇠는 역사가 계급투쟁이 아니라 인종투쟁으로 진행되었다"는 점을 깨달을 때 찾을 수 있고, "국가 혁명의 시대를 열 수 있다"고 생각했다. 그에게 "인종과, 인종 공동체가 창조한 문화와 사회제도는 무엇보다 먼저 보존"되어야 할 절대적 가치이자 목표였고, 이는 독일 민족을 위협하는 모든 다른 민족과 이념을 절멸시킬 때 가능하다고 봤다. 그것은 곧 전쟁을 통한 영토 확장의 욕구로 치달았다. "히틀러처럼 '큰 독일'을 주장하는 사람들에게는, 비스마르크가 이룩한 '작은 통일'은 절반의 통일이었을 뿐이다."[2] 안타깝게도 많은 독일인들도 이런 생각에 동의했을 뿐 아니라 열광했다. 20세기 최대 비극은 이렇게 잉태되고 말았다.

이처럼 다른 인종의 절멸을 추구한 '인간' 히틀러와 인류 절멸의 과학적 결과인 '핵'의 만남은 생각만 해도 끔찍한 일이었다. 이런 공포심은 히틀러와 함께 "20세기의 쌍둥이 악마"로 불렸던, 그러나 히틀러와 '운명의 라이벌'이었던 스탈린이 미국의 핵실험 성공 소식을 듣고는 히틀러가 먼저 갖지 못한 게 다행이라는 반응을 보인 것에서도 잘 나타났다. '히틀러가 원자폭탄을 갖는다면?' 이 끔찍한 가정이 가져올 결과를 누구보다 잘 알고 있던 과학자들은 기꺼이 제우스에게 불을 훔쳐 인간에게 전해준 프로메테우스를 자처했다.

아인슈타인의 편지

나치 독일이 급부상하면서 원자폭탄의 과학적 원리를 발견한 과학자들은 다급해졌다. 원자폭탄 '이론'의 아버지로 일컬어지는 레오 실라르드(Leo Szilard)는 루스벨트(Franklin D. Roosevelt) 대통령과 친분이 있는 경제학자 알렉산더 색스(Alexander Sachs)와 함께 아인슈타인을 만났다. 나치 독일이 먼저 핵폭탄을 만들 가능성을 우려했기 때문이다. 실제로 독일은 1939년 4월 '우라늄 클럽'으로 불렸던 원자력 프로젝트를 개시했고, 체코슬로바키아의 우라늄 광산 판매를 중단시켰다. 이는 히틀러의 독일이 핵무기 개발에 착수했다는 신호탄으로 해석되었다. 평화주의자였던 아인슈타인은 자신의 신념이었던 평화주의와 미국 대통령에게 원자폭탄 개발을 촉구해달라는 요구 사이에서 고민에 빠졌다. 결국 두 사람의 설득에 따라 그해 8월 2일 루스벨트에게 편지를 보냈다. 그 편지 전문은 아래와 같다.[3]

최근 엔리코 페르미(Enrico Fermi)와 레오 실라르드가 저와의 통신을 통해 연구한 바에 의해 가까운 미래에 우라늄을 이용한 새로운 에너지 개발이 가능하다는 것을 알게 되었습니다. 이런 상황은 당신의 주목과 필요하다면 즉각적인 행동을 요구하는 것으로 보입니다. 저는 당신이 아래와 같은 사실과 권고에 주목할 것을 간곡히 당부드립니다. 지난 4개월 동안 미국의 페르미와 실라르드, 그리고 프랑스의 이렌 졸리오퀴리의 연구 성과에 따르면, 많은 양의 우라늄으로 핵분열 연쇄반응을 만드는 것이 가능해 보입니다. 이 연쇄반응은 엄청난 에너지와 대량의 새로운 원소를 만들어냅니다. 이는 확실히 가까운 미래에 가능한 일입니다.

이런 새로운 과학적 발견은 엄청나게 강력한 새로운 유형의 폭탄 제조로도 이어질 수 있습니다. 보트나 항구에서 이 폭탄을 단 한 발만 터뜨리면, 항구 전체와 주변 지역을 파괴할 수 있을 것입니다. 그러나 이런 폭탄은 너무 무거워서 항공기로는 운반하기 어려울 것 같습니다. 미국은 우라늄 광산이 많지 않습니다. 캐나다와 체코슬로바키아에는 좋은 우라늄 광산이 있습니다. 반면 벨기에령 콩고에는 최상의 우라늄 광산이 있습니다. 이런 점을 고려할 때, 대통령께서 행정부와 핵분열 연쇄반응을 연구하는 물리학자들이 계속 접촉하게 하는 것이 바람직하다고 생각합니다. 한 가지 가능한 방법은 당신이 신임하는 사람에게 비밀리에 이 일을 맡기는 것입니다. 그 사람의 임무는 다음과 같습니다.

1) 정부 부처에 진전 상황을 알리고 적절한 정부의 대응책을 권고하며 미국이 우라늄 광산을 확보하는 문제에 특히 주의를 기울이게 한다.
2) 예산을 지원하고 연구시설을 갖춘 산업체와의 협력을 촉진시켜, 현재 대학교 연구소 예산 수준으로 한정되어 있는 연구실험 활동을 독려한다.

독일은 최근 점령한 체코슬로바키아에서 우라늄 광석을 판매하는 것을 중단시켰습니다. 독일이 그런 행동을 취했다는 것은 중대한 의미를 갖습니다. 독일 국무부 차관의 아들인 폰 바이츠자커가 미국이 현재 우라늄에 대해 연구하고 있는 것과 비슷한 연구를 수행하고 있는 베를린 소재 카이저-빌헬름 연구소에 배속되었기 때문입니다.

그러나 아인슈타인의 편지는 루스벨트에게 신속하게 전달되지 않았다. 색스가 루스벨트를 만나 아인슈타인의 편지 내용을 전달한 것은 10월 11일이었다. 또한 루스벨트는 아인슈타인과 실라르드가 제안한 '우라늄 위원회'에 단지 6000달러의 예산만 투입했다. 그러자 아인슈타인은 1940년 3월 7일과 4월 25일에 또다시 루스벨트에게 편지를 보내 상황의 심각성을 주지시키려 했다. 또한 루스벨트의 과학 자문역인 버니바 부시와 영국의 윈스턴 처칠 수상은 루스벨트에게 서둘러달라고 요구했다.

이 과정에서 독일 두 과학자의 메모가 결정적인 역할을 한다. 영국에 망명 중이었던 오토 프리슈(오스트리아 출신으로 독일에 활동)와 루돌프 파이얼스가 원자폭탄의 엄청난 폭발력을 과학적으로 입증해낸 것이다. 이들은 불과 5kg의 우라늄에서 방출되는 에너지가 다이너마이트 수천 톤에 달하는 폭발력을 보일 것이라는 요지의 편지를 영국 정부에 전달했다. 편지의 골자는 독일이 핵무기 개발에 성공할 가능성을 경고하면서 "가장 효과적인 대응책은 연합국이 흡사한 무기를 가지고 독일의 위협에 대응"하는 것이라고 주장했다. 이들의 메모를 전달받은 영국 정부의 우라늄위원회는 과학적 검증에 나섰고, 이들의 주장이 합당하다는 결론에 도달했다. 그리고 1941년 10월 9일 처칠로부터 이 내용을 전달받은 루스벨트는 핵무기 개발을 승인한다. 극비리에 맨해튼 프로젝트가 탄생하는 순간이었다.

그러나 아인슈타인은 루스벨트에게 편지를 보내 원자폭탄 개발을 독촉한 것을 자기 인생 최대 실수 가운데 하나라고 자책했다. '억제용'으로만 사용될 것으로 믿었던 핵무기가 실제로 사용되고, 또한 핵 군비경쟁이 격화되는 것을 보고 자신의 선택을 후회한 것이다. 아인슈타인은 "총알은 사람을 죽이지만, 핵무기는 도시를 파괴한다. 탱크로 총알을 막을 수는 있지만, 인류 문명을 파괴하는 핵무기를 막을 수 있는 수단은 존재하지 않는다"고 말했다. 아인슈타인의 지적처럼, 핵무기는 마땅한 방호 수단이 없고 민간인과 전투원을 구분하지 않으며 그 피해가 비(非)교전 당사자는 물론 주변국과 미래 세대에까지 미친다. 이로 인해 핵무기는 다른 무기와 구별되어야 한다는 인식이 생기기 시작한 것이다. 더구나 선진 민주국가라고 자부하던 미국이 위험천만한 무기를 히로시마와 나가사키에 떨어뜨리는 것을 목도하면서, 아인슈타인을 비롯한 많은 과학자가 인간의 이성과 지혜에 깊은 좌절을 경험한다.

'죽음의 여정'

핵무기는 과학과 정치의 만남으로 만들어진 대표적인 무기이다. 공교롭게도 1939년 같은 해에 이뤄진 경이로운 과학적 발견, 즉 '핵분열 연쇄반응'의 발견과 끔찍한 정치적 사건인 제2차 세계대전의 발발은 인류사회가 목도하지 못한 전혀 새로운 차원의 무기를 만드는 근거로 작용했다. 위에서 소개한 아인슈타인의 편지는 과학과 정치의 만남을 상징적으로 보여준다.

당시 여러 과학자들은 핵무기 개발을 불가피한 것으로 여겼다. 역저《원자폭탄 만들기》와《수소폭탄 만들기》를 통해 핵개발 역사를 세밀하게 추적한 리처드 로즈는 "만약 나치 독일의 과학자들이 그러한 발견을 하지 않았더라도" 미국 등 다른 핵물리학 선진국 과학자들이 "몇 주 내에 발견했을 것"이라고 주장한다. '아메리칸 프로메테우스'로 불린 로버트 오펜하이머는 "깊이 있는 과학적 성취는 그것이 유용해서가 아니라, 그것을 찾아내는 게 가능하기 때문이라는 점이야말로 심오하고도 불가피한 진실"이라고 일갈한 바 있다. 하지만 제2차 세계대전이 핵무기 개발을 촉진한 요인이었다는 것만은 분명하다. 만약 이 전쟁이 없었더라면 맨해튼 프로젝트의 시계도 한참 늦춰졌을 공산이 크기 때문이다.

그렇다면 당시 과학자들은 무슨 발견과 실험을 하고 있었던 걸까? 핵무기의 과학적 발견 과정과 그 원리를 간략히 살펴보자.[4] 핵에 대한 기술적 이해는 이 물건에 대한 정치적·윤리적 판단 능력을 높이는 데 대단히 유용하다. 핵무기는 핵분열이나 핵융합 반응에 의한 폭발을 대량파괴에 이용할 목적으로 제조된 무기를 의미한다. 이런 기본원리는 2000년 넘게 이어져 온 과학적 상식을 뒤집는 것으로 시작됐다. 고대 그리스 과학자인 데모크리토스는 더 이상 쪼개질 수 없는 물질을 원자(Atom)라고 일컬었다. 그런데 20세기 들어서면서 원자에 다른 원소들이 들어 있다는 과학적 발견이 잇따라 나왔다. 1908년 어니스트 러더퍼드는 원자가 전자(electron), 양성자(proton) 등이 포함된 복잡한 구조를 갖고 있다는 것을 밝혀냈다. 1932년 영국의 과학자 제임스 채드윅은 중성자(neutron)의 존재를 알아냈다. 베릴

륨으로 만들어진 얇은 판에 알파(α) 선을 충돌시키면 전하(electric charge)를 띠지 않은 입자가 튀어나왔는데, 이 입자를 중성자라고 불렀다. 이런 과학적 발견에 힘입어 원자는 중앙에 원자핵(nucleus)이 있고 그 주변을 양성자와 중성자가 도는 모양이라는 사실에 도달하게 된다.

1939년 들어서는 핵분열 반응이 과학적으로 입증되기 시작했다. 당시 과학자들은 자연에 존재하는 가장 무거운 원소인 우라늄 원자가 원자핵을 흡수하면 새로운 원소를 만들어낼 것으로 생각했다. 그리고 물리학자 오토 프리슈는 특정한 조건에서 원자핵이 2개로 분열할 수 있다는 사실을 밝혀내 이를 핵분열(fission)이라고 불렀다. 정리하자면, 원자폭탄의 이론적 근거가 되는 핵분열 반응은 핵물질이 중성자 1개를 흡수해 2개의 핵분열 생성물질로 쪼개지면서 2~3개의 중성자를 방출해 에너지를 발산하는 물리적 과정을 일컫는다.

이와 같은 핵분열 반응 시 세 가지 현상이 나타난다. 첫째, 중성자를 흡수한 우라늄 원자(핵물질)가 2개로 분열될 수 있다. 둘째, 우라늄 원자를 2개 이상으로 분열시킨 중성자가 또다시 생성되어 우라늄 원자를 계속 분열시켜 하나의 원자핵이 기하급수적으로 분열하는 '핵분열 연쇄반응'이 나타난다. 여기서 핵분열 연쇄반응이 지속되는, 즉 '임계상태'를 유지하기 위해서는 일정량의 핵분열 물질이 필요한데 이를 '임계량'이라고 한다.* 셋째, 이런 핵분열 반응 시 아인슈타인의 공식, 즉 $E = MC^2$(E: 에너지, M: 질량, C: 속도)에 따라 강력한 에너지가 발생한다. 이런 원리에 따라 핵분열 반응은 동일한 질량의 다이너마이트보다 1만 배의 폭발력을 갖고 있다는 것이 입증됐다.

---

* 핵분열 연쇄반응을 지수함수적으로 급격히 증가시키면 대량의 에너지가 폭발적으로 발생하는데, 이것이 핵폭탄의 원리이고, 핵분열 연쇄반응의 속도를 조절해 일정량의 에너지가 지속적으로 발생하도록 만든 것이 원자로이다. 원자력의 평화적 이용과 군사적 이용의 차이는 여기에서 발생한다.

그러나 이런 과학적 발견이 곧바로 핵무기 제조로 이어지지는 않았다. 핵분열 반응을 연쇄적으로 일으킬 수 있는 물질을 생산하는 것은 과학적 발견과 다른 차원의 문제였기 때문이다. 당시 미국은 물론이고 영국, 소련, 독일, 이탈리아, 일본 등의 과학자들도 원자폭탄의 이론적 원리는 알고 있었지만, 대규모 핵분열 연쇄반응을 일으키는 물질의 생산에는 회의적이었다. 그러나 영국의 우라늄위원회는 거대한 산업과 재정 능력을 보유한 미국이 해낼 것으로 봤다. 영국의 강력한 권유로 비밀리에 맨해튼 프로젝트에 착수한 미국은 우선 무기급 농축 프로그램 확보에 나섰다. 천연 우라늄의 99% 이상을 차지하는 U-238은 핵분열 물질이 아닌 반면에, 핵분열 물질인 U-235는 0.7%만 존재한다. 이에 따라 원자폭탄을 만들기 위해서는 우라늄을 농축해 U-235의 농도를 높이는 과정이 필요하다. '우라늄 농축'은 질량이 작은 U-235를 U-238로부터 분리해 U-235의 농도를 늘리는 작업을 의미한다. 대개 3~5%의 U-235는 핵연료로, 90% 이상은 무기급으로 분류된다.*

U-235와 함께 또 하나의 핵분열 물질은 플루토늄이다. U-235가 자연에 존재하는 우라늄 동위원소인 반면에 플루토늄은 인간의 발명품에 해당한다. 1940년에 버클리대 과학자들은 U-238이 1개의 중성자를 흡수하면 새로운 원소로 변형된다는 것을 알아내, 이를 '플루토늄'이라고 이름 붙였다. 그러나 플루토늄을 추출하기 위해서는 사용후연료봉에 남아 있는 물질로부터 플루토늄을 분리해내는 작업이 필요하다. 버클리대의 과학자들은 1941년에 이르러 다른 물질로부터 플루토늄을 분리하는 데 성공했다. 특히 플루토늄은 우라늄보다 적은 양으로도 핵분열 연쇄반응을 일으킬 수 있다는 것이 입증되어 무기로서의 유용성이 높이 평가되었다. 이에 따라 맨

---

*   참고로 IAEA는 U-235의 농축도 20%를 기준으로 저농축과 고농축 우라늄으로 나눈다.

해튼 프로젝트팀은 우라늄 프로그램과 함께 플루토늄 프로그램도 본격 가동하기 시작했다. 이를 위해 미국은 여러 지역에 원자로를 건설했고, 여기서 나온 사용후연료봉을 재처리해 플루토늄 생산에 들어갔다. 이런 과정을 거쳐 핵무기 연구의 중심지인 로스앨러모스 연구소는 1945년 2월에 무기급 우라늄과 함께 플루토늄을 확보한다.

그러나 핵분열 물질을 손에 넣는다고 바로 핵무기를 제조할 수 있는 것은 아니다. 핵분열 물질이 연쇄반응을 지속적으로 일으키는 폭발장치(혹은 기폭장치)가 필요하기 때문이다. 핵분열 연쇄반응은 불과 100만분의 1초 사이에 이뤄지기 때문에, 고성능 기폭장치가 없으면 핵분열 반응을 유도·통제하기가 대단히 어렵다. 이에 따라 미국은 두 가지 방안을 고안해냈다. 하나는 총류형(gun-type)이다. 고농축 우라늄을 미임계량 상태의 2개 반구로 만들어 분리시킨 다음, 재래식 화약의 폭발력으로 2개의 반구를 초고속으로 합치해 핵분열 연쇄반응을 일으키는 것이다. 이때 화약의 폭발 속도는 핵분열 연쇄반응보다 빠른 초속 3km 이내에 다다라야 한다. 또 하나의 기폭장치는 내폭형(implosion)이다. 기본적인 원리는 내폭에 의한 압축파로 플루토늄의 초임계 상태를 일정하게 유지하는 것이다. 이를 위해서는 기폭장치의 작동 여부에 대한 검증이 필요한데, 이에 따라 미국은 1945년 7월 16일 인류 최초의 핵실험 '트리니티'를 실시했다. 참고로 플루토늄 핵폭탄은 우라늄 폭탄에 비해 핵물질의 양이 적게 사용되어 폭탄의 무게를 크게 줄일 수 있다는 장점이 있다.

미국을 위시한 연합국은 물론 히틀러의 독일도 이와 같은 원자폭탄의 과학적 원리를 알고 있었다. 문제는 '대량의 핵분열 물질을 생산해낼 수 있느냐'였다. 원자폭탄 개발 가능성을 반신반의했던 루스벨트는 엄청난 인적·물적 자원을 투입해 '제우스의 불'을 훔치기로 결심했다. 1942년 8월 13일 시작된 맨해튼 프로젝트가 바로 그 결심을 실행한 것이다. 육군의 레슬리 그로브스 장군을 총책임자로 두고, 오펜하이머를 연구 책임자로 하는 이 프로젝트에는 무려 13만 명의 연인원과 2010년 가치로 약 3000억 달러의 예산이 투입됐다. 여기에는 영국의 핵개발 프로젝트인 코드네임 '튜브 합금(Tube Alloys)'에 참여했던 과학자들을 비롯해, 캐나다와 호주의 과학자들도 참여했다. 미국의 국가적 수준을 넘는 연합국의 공동 프로젝트였던 셈이다. 이 프로젝트는 당시 미국의 부통령이었던 해리 트루먼(Harry S. Truman)에게조차 비밀로 붙일 정도로 극비리에 진행됐다.

핵분열 물질인 플루토늄 생산시설과 우라늄 농축시설은 테네시주의 오크리지에 건설되었고, 핵무기 연구 및 설계를 담당할 국립연구소는 뉴멕시코주의 로스앨러모스에 만들어졌다. '히틀러보다 먼저'를 가슴에 새긴 과학자들은 불철주야로 원자폭탄 개발에 매진했다. 그 결과 1945년 초여름 3개의 핵무기를 만드는 데 성공했다. 3개의 핵무기 가운데 2개는 플루토늄 핵폭탄이었는데, 각각 '가제트(Gadget)'와 '뚱보(Fat Man)'라는 이름을 붙였고, 한 개의 우라늄 핵폭탄은 '꼬마(Little Boy)'라고 불렀다.

1945년 7월 16일 새벽 5시 30분 미국 뉴멕시코의 사막에서 '성부·성자·성령의 삼위일체', 즉 트리니티(Trinity)라는 이름을 달고 인류 역사상 최초의 핵실험이 단행됐다. 30m 높이의 탑에 선 '가제트'는 엄청난 폭발음과 햇빛보다 강렬한 섬광을 내뿜으며 '핵의 시대(Atomic Age)'의 개막을 알렸다. 사전 예측의 3~4배를 뛰어넘어 20킬로톤의 폭발력을 보인 이 실험은 12km 상공까지 치솟은 버섯구름과 깊이 3m, 폭 330m의 거대한 웅덩이를 만들어냈다. '화구(fire ball)'를 목도한 실험 책임자 케네스 베인브리지 박사는 오펜하이머에게 "이제 우리 모두는 개자식들이 됐다(Now we are all sons of bitches)"고 탄식했다. 오펜하이머 역시 핵실험을 지켜보면서 힌두교의 한 구절을 인용해 "나는 죽음, 세계의 파괴자가 됐다"고 말했다. 자신의 처지를 인간에게 불을 건넸다가 제우스의 노여움을 산 프로메테우스, 다이너마이트가 전쟁을 종식시켜줄 것으로 믿었던 알프레드 노벨에 비유하기도 했다.[5] 인류의 불안한 미래를 암시하듯, 트리니티가 실시된 사막의 이름은 '죽음의 여정(Journey of Death)'이었다.

그렇다면 당시 연합국이 최악의 시나리오로 간주한 '히틀러의 핵폭탄' 개발은 얼마나 진전되었을까? 연합국은 '제3제국(Third Reich)' 패망 직후, 원자폭탄 개발시설과 과학자들을 면밀히 조사했다. 결론은 히틀러가 핵 개발을 시도한 것은 분명했지만, 이를 무기화하는 데는 많은 시간이 남아 있었다는 것이다. 그러나 독일의 역사학자 라니너 칼슈(Rainer Karlsch)는 2005년에 출간한《히틀러의 폭탄(Hitler's Bomb)》에서 나치 독일은 1944년과 1945년에 걸쳐 세 차례의 핵실험을 실시했다고 주장했다. 그러나 그의 책을 면밀하게 검토한 독일 주간지 〈슈피겔〉은 칼슈의 주장을 뒷받침할 만한 어떠한 근거도 발견할 수 없었다고 보도했다.[6] 유니온대 교수 마크 워커(Mark Walker) 역시 히틀러가 핵폭탄을 손에 넣기에는 한참 부족했다고 결론 내렸다. 그 이유는 "나치 독일이 과학자나 자원이 부족했던 것이 아니라 지도자들이 열정적으로 추구하지 않았다는 데 있다".[7] 한편 히틀러는 1945년 4월 30일 자살했고, 8일 후에 독일은 항복을 선언했다. 그리고 맨해튼 프로젝트에 참여했던 과학자들은 일대 혼란에 빠져들기 시작했다.

트루먼의 '장군'과 스탈린의 '뗑군'

2

    핵이라는 '절대무기'를 손에 쥔 자는 대담해지고 못 가진 자는 움츠러드는 것일까? 미국은 제2차 세계대전이 끝날 무렵, 전후 질서를 구상하면서 핵보유 '이전'과 '이후'에 전혀 다른 모습을 보인다. 이는 전후 질서 형성의 중대 분수령이었던 얄타회담과 포츠담회담에 임한 미국의 태도에서 잘 드러난다. 핵실험 5개월 전인 1945년 2월에 열린 얄타회담에서 미국의 루스벨트 대통령은 두 가지 입장을 분명히 했다. 하나는 두 차례나 세계대전을 일으킨 독일의 재무장을 철저하게 막아야 한다는 것이었고, 다른 하나는 당시 미국 내 고립주의 분위기를 감안해 대규모 미군을 유럽에 장기간 주둔시킬 의사가 없다는 것이었다. 이런 루스벨트의 태도를 두고 60년 후 조지 W. 부시 대통령은 얄타회담을 제2차 세계대전 발발 원인 가운데 하나로 일컬어지는 '뮌헨회담'에 비유하면서 맹비난을 가했다. 미국의 보수주의자들은 얄타회담을 대표적인 굴욕외교의 사례로 본 것이다.

    그러나 얄타회담 5개월 후 핵실험에 성공하면서 미국의 태도는 확 바뀐다. 상당 기간 핵 독점을 자신했던 미국은 소련과의 협력을 추구하지 않더라도 유럽방어전략을 일방적으로 밀어붙일 수 있다고 자신했다. 독일의 재무장과 관련해서도 미국이 핵무기를 갖게 됨으로써 독일이 재무장하더라도 또다시 도발할 수 없을 것이라고 믿었다.[8] 이런 자신감을 바탕으로 미국은 포츠담회담에서 핵 강압외교의 서막을 올렸다. 흥미롭게도 그 임무는 국제 외교무대에서 신인이나 다름없는 트루먼에게 주어졌고, 그의 상대는 산전수전 다 겪은 노련한 독재자 스탈린이었다. 1945년 1월에 부통령이 된 트루먼은 그해 4월 루스벨트 대통령이 병사하면서 졸지에 대통령이 된 인물이다. 그리고 이때까지도 맨해튼 프로젝트의 존재 자체를 몰랐을 정도로 미국 정부의 전시정책 결정에서 아웃사이더였다. 그가 느꼈던 당혹감은 딸에게 보낸 편지에 여실히 드러난다.

> 만약 일급비밀이 있다면 이런 것이겠지. 언젠가 말해야겠지만 말이다. 나는 1945년 1월 20일부터 4월 12일까지 부통령이었지. 그런데 3개월 동안 각료 회의에서 루스벨트를 만난 것은 한두 번에 불과했어. 그는 나에게 결코 전쟁과 외교 문제에 관한 내밀한 얘기를 해주지 않았지. 그가 전후 평화 구상과 관련해 무슨 생각을 갖고 있었는지도 말해주지 않았어. (중략) 그래서 난 세계 상황에 관한 메모, 브리핑, 각종 자료들을 읽기 시작했지. 그건 너무 끔찍해서 (의회) 외교위원회에서는 접해보지 못한 것들이었고, F.D.R(루스벨트)이 나에게 알려주지 않은 것들이었지.[9]

'부통령' 트루먼도 몰랐던, 그래서 그가 가장 크게 놀란 일은 바로 맨해튼 프로젝트의 존재였다. 대통령직을 승계한 지 12일 후, 트루먼은 전쟁부(제2차 세계대전 직후 국방부로 개명된다) 장관 헨리 스팀슨(Henry Stimson)으로부터 극비리에 편지를 받았다. "극비사안과 관련해 저는 가능한 한 빨리 대통령님께 말씀드려야 합니다."[10] 스팀슨이 말한 극비사안은 물론 맨해튼 프로젝트의 상세한 내용이었다. 핵개발 성공이 확실해지자, 스팀슨은 이를 미국의 외교적 카드로 삼고자 했다. 이로 인해 트루먼은 인류 역사상 최대의 새로운 무기를, 그것도 그 자신이 존재 자체도 몰랐던 무기를 들고 스탈린을 상대해야 했다.

스팀슨의 고민, 트루먼의 화답

인류 최초의 핵실험 '트리니티'가 단행되기 하루 전인 7월 15일, 트루먼은 이른바 '빅3', 즉 자신과 스탈린, 그리고 처칠과의 회담을 위해 독일 베를린 인근 포츠담에 도착했다. 독일 항복 70일 후이자 일본의 패망이 확실해지던 시점이었다. 이 회담은 유럽의 전후 처리와 태평양전쟁에 대한 연합국의 공동 대응 방안, 그리고 제2차 세계대전 이후의 국제질서를 논의하는 중차대한 자리였다. 그러나 트루먼의 마음 한쪽은 최초의 핵실험이 예정된 미국 뉴멕시코의 사막 '죽음의 여정'에 가 있었다. 그는 7월 16일 스팀슨으로부터 핵실험이 "예상을 뛰어넘는 만족스러운 결과"였다는 보고를 받고 안도했다. 트루먼을 수행한 스팀슨은 처칠에게도 핵실험 사실을 알렸다. 핵실험 이틀 후인 7월 18일에 트루먼은 보다 상세한 보고를 접했다. 화구의 섬광은 400km 떨어진 곳에서도 목격됐고, 그 굉음은 80km까지 울려 퍼질 만큼 엄청난 폭발력을 보였다는 것이다. 엄청난 신무기의 등장에 고무된 트루먼은 포츠담회담에서 스탈린을 압박하는 카드로 핵무기를 선택했다.[11] 핵 강압외교가 시작되는 순간이었다.

제2차 세계대전 막바지에 미국이 소련보다 핵무기를 먼저 손에 넣은 것은 1943년 1월 소련이 스탈린그라드에서 독일군을 격퇴해 유럽 전선의 전세를 뒤집은 것과 비견될 정도의 '전환기적 사건'이었다. 적어도 미국은 그렇게 믿었다. 1941년 6월 히틀러의 소련 침공부터 연합국의 노르망디 상륙작전이 개시된 1944년 6월까지, 소련은 독일과 피비린내 나는 전투를 벌였다. 이 기간 동안 소련과의 전투에서 사상당한 독일군은 420만 명에 달했는데, 이는 북아프리카와 이탈리아에서 희생된 독일군 사상자의 13배에 달하는 수치였다. 스탈린그라드에서 전세를 뒤집는 데 성공한 스탈린은 동유럽을 향해 진격했다. 그러나 미국과 영국은 대규모 상륙작전 단행을 미뤘고, 그사이 스탈린은 승승장구했다. "스탈린이 지하 벙커를 떠나 루스벨트와 처칠을 만나러 갈 생각을 하고, 또한 테헤란회담(1943년 11월)에서 발언권을 내세울 수 있었던 것은 이런 지정학적 현실을 반영하는 것이다."[12]

마찬가지로 트루먼은 '절대반지'를 손에 넣은 것이 미국의 발언권을 강화해 제2차 세계대전 이후 국제질서를 짜는 데 미국에 유리하게 작용할 것으로 생각했다. 트루먼은 1945년 7월 25일 일기장에 "히틀러나 스탈린이 핵폭탄을 개발하지 못한 것은 세계를 위해 정말로 좋은 일이다. 핵폭탄은 인류 역사상 가장 끔찍한 무기이지만, 가장 유용한 무기가 될 수 있을 것이다"라고 썼다.[13] 핵무기 개발 이전까지 미국은 일본을 제압하기 위해 소련의 지원이 절실히 필요했는데, 핵무기 개발에 성공해 소련의 개입 없이도 승리할 수 있다고 자신했던 것이다. 트루먼 행정부의 국무장관이자 강압외교의 신봉자였던 제임스 번스(James Byrnes)는 "소련이 개입하기 전에 우리가 전쟁을 끝내는 것이 중요하다는 생각을 항상 가지고 있었다"고 말했다.[14]

이처럼 당시 미국은 핵무기를 소련에 대한 압박 카드로 간주했다. 맨해튼 프로젝트 성공을 축하하기 위해 찾아온 앤서니 이든(Anthony Eden) 영국 외무장관과 미 육군참모총장이자 연합군 최고사령관인 조지 마셜(George Marshall) 등 고위인사들을 만나고 돌아온 스팀슨은 5월 14일 일기장에 다음과 같이 썼다. "(미국의 핵무기 보유에 따른) 현재의 상황은 우리가 모든 카드를 갖고 있는 것이다. 나는 (핵무기를) 로열 스트레이트 플러시라고 불렀는데, 우리는 이 카드를 가지고 바보같이 행동해서는 안 된다. 러시아인들은 우리의 도움과 산업 없이는 살아갈 수 없고, 우리는 유일한 무기를 가지고 행동할 수 있게 되었다." 다음 날 일기장에는 "대통령께서 7월 초에 스탈린과 처칠을 만나기로 약속했다는 것이 문제"라며, "우리의 손에 마스터 카드가 없는 상태에서 외교적으로 그와 같은 중대한 사안을 두고 게임을 하는 것은 두려운 일"이라고 적었다.[15] 이런 두려움을 반영하듯, 스팀슨은 빨리 신무기의 위력을 보여달라고 맨해튼 프로젝트팀을 다그쳤다. 이 프로젝트의 로스앨러모스 연구소 소장이었던 오펜하이머는 훗날 의회 청문회에서 "우리는 포츠담회담 전까지 그것을 완성시키라는 엄청난 압력을 받았다"고 진술했다.[16]

트루먼은 스팀슨의 고민에 즉각 화답했다. 그는 5월 21일 소련 주재 미국 대사를 지낸 조지프 데이비스(Joseph Davies)를 만난 자리에서 '빅3' 회동 연기 의사를 피력했다. 데이비스는 "트루먼이 미국의 핵무기 보유 정보에 대해 함구를 요청하면서 당초 핵실험이 6월로 예정되었으나, 7월로 연기되었다고 말했다"고 밝혔다.[17] 그리고 트루먼과 스팀슨은 보름 후에 만나 '빅3' 회동에서 '마스터 카드'를 어떻게 사용할지에 대한 합의를 이뤘다. 트루먼은 스팀슨에게 포츠담회담을 7월 15일로 연기했다고 알려줬는데, 이에 대해 스팀슨은 "핵실험이 또다시 연기될 가능성이 있다"며, 스탈린과의 회동은 반드시 핵실험 이후에 해야 한다고 주문했고 트루먼도 이에 동의했다고 밝혔다.[18] '절대무기'를 손에 넣은 미국은 한쪽 눈으로는 교전국인 일본을, 다른 쪽 눈으로는 전시 동맹국인 소련을 응시하고 있었던 것이다.

포츠담회담에서 '빅3' 사이의 최대 이견은 동유럽 문제였다. 스탈린은 영국의 영향권하에 있던 그리스에 개입하지 않을 테니 미국과 영국도 발칸반도와 동유럽에 대한 소련의 영향권을 존중해야 한다고 주장했다. 그러나 트루먼은 그 지역에 있는 국가들에 자유선거를 비롯한 민주주의를 도입해야 한다고 맞섰다. 결국 폴란드의 정부 구성 및 자유선거에 대해서도 이견을 좁히지 못한 채, "이른 시일 내에 선거를 치르기로 했다"는 모호한 합의만 이뤘다. 이 밖에 독일 다뉴브강과 수에즈 운하 처리, 소련의 독일에 대한 배상청구권, 이탈리아의 UN 가입 등을 놓고도 이견이 표출되거나 모호한 합의에 머물렀다. 여기에는 핵무기를 손에 쥔 미국이 이전보다 훨씬 강경한 태도를 보인 것이 크게 작용했다.

트루먼의 강경한 태도는 루스벨트가 얄타회담에서 소련의 요구를 상당 부분 수용한 것과는 분명 달라진 모습이었다. 미국의 핵무장 성공이 미국 외교정책을 '혁명화'하기 시작한 것이다. 이를 입증하듯 번스 국무장관은 얄타에서 양해했던 사항, 즉 독일에 전쟁배상금 200억 달러를 물리고 그 절반을 소련의 전후 복구에 사용하기로 한 내용을 포츠담에서는 없었던 일로 해버렸다. 이런 미국의 자신감은 핵실험 성공에서 비롯됐다. 핵실험이 대성공을 거뒀다는 보고를 받은 트루먼은 "매우 고무되었고, 이는 그에게 완전히 새로운 자신감을 주었다"고 스팀슨은 회고했다. 스팀슨은 또한 트루먼에게 8월 초에 우라늄 핵폭탄 사용 준비가 완료될 것이라고 보고했고, 처칠에게도 트리니티에 대해 자세히 설명했다. 이에 처칠은 "트루먼이 스탈린에게 강경하게 나온 이유를 이제야 알겠다"며, "스탈린에 맞서 물러서지 말 것을 트루먼에게 요청"했다. 트루먼도 "나는 적절한 시점에 스탈린에게 맨해튼 프로젝트를 말해줄 것"이라고 화답했다.[19]

신무기의 등장과 자신의 보좌진 및 처칠의 권고에 고무된 트루먼은 7월 24일 저녁 스탈린에게 다가가 '마스터 카드'를 꺼내들었다. "미국은 전례없는 파괴력을 갖춘 새로운 무기를 갖게 되었습니다." 그가 말한 새로운 무기란 바로 원자폭탄을 의미했다. 그러나 놀랍게도 스탈린은 전혀 놀라지 않았다. 오히려 "일본에 현명하게 사용해달라"고 당부했다. 어찌 된 영문이었을까? 스탈린은 1942년부터 스파이를 통해 미국과 영국의 핵무기 공동개발 사실을 알고 있었던 것이다. 당시 미국 정부는 소련의 스파이 활동을 경계했다. 맨해튼 프로젝트 책임자인 그로브스는 1945년 4월 트루먼에게 이 프로젝트를 보고한 자리에서 "러시아는 맨해튼 프로젝트의 상세한 내용을 알기 위해 첩보 활동을 하고 있지만, 우리의 육군특수방첩대와 연방수사국(FBI)이 면밀히 감시하고 있다"고 말했다.[20] 그러나 빈 구멍은 그로브스의 장담보다 훨씬 컸다. 맨해튼 프로젝트 초기부터 여러 명의 미국 및 영국 국적의 과학자들이 소련의 첩자나 자발적인 정보 제공자로 활동하고 있었던 것이다.[21]

포츠담에서 트루먼의 원자폭탄을 이용한 강압외교가 어떤 성과를 냈는지는 평가가 엇갈릴 수 있다. '핵 외교' 예찬자들은 강압외교를 통해 소련의 영향력을 어느 정도 제어했다고 생각한다. 그러나 그 역효과도 만만치 않았다. 스탈린은 이미 미국의 핵실험 사실을 알고 있었다. 또한 트루먼이 전시 동맹국인 소련에 맨해튼 프로젝트에 대해 쉬쉬하다가 핵실험 성공 후 10일 가까이 지나서야 알려준 것에 대해 대단히 불쾌해했다. 주목할 점은 맨해튼 프로젝트에 직간접적으로 참여하고 있던 상당수 과학자들이 이를 사전에 경고했다는 것이다. 당시 일부 과학자들은 미국의 비밀주의와 핵독점이 또 다른 전쟁으로 이어질 수 있다는 우려를 갖고 있었고, 이를 예방하기 위해 핵개발 사실을 소련을 비롯한 국제사회와 공유해야 한다고 주장했다. 이런 요구가 묵살당하자 테드 홀(Ted Hall)을 비롯한 일부 과학자들은 '자발적으로' 소련에 정보를 제공했다.[22] 핵실험 이전부터 맨해튼 프로젝트를 알고 있던 스탈린은 포츠담회담을 거치면서 미국이 핵무기를 자신에 대한 협박수단으로 동원하기로 한 것을 간파했고, 이에 맞서 소련 과학자들에게 핵개발을 서두르라고 다그쳤다.

"문 뒤의 총"

포츠담회담에서 핵'실험'을 통해 스탈린을 압박한 트루먼은 실제 핵 '사용'을 통한 무력시위에 나섰다. 히로시마와 나가사키 원폭 투하가 바로 그것이었다. 번스 국무장관은 원자폭탄을 "문 뒤의 총"이라고 부르면서 소련을 "훨씬 다루기 쉬워졌다"고 말했다. 스팀슨 전쟁부 장관은 히로시마 원폭 투하 직후 일기장에 "번스는 소련과의 협력에 극도의 거부감을 나타냈다"며, "원자폭탄이 자신의 호주머니에 있다고 보면서 소련을 다루는 데 강력한 무기로 간주하고 있다"고 말했다.[23]

핵개발 성공에 확신을 갖게 된 1945년 5월 들어 미국은 핵전략을 본격적으로 구상하기 시작했다. 전후 질서 형성에서 우위를 점하기 위해서는 미국이 그 어떤 나라보다 핵무기 전력의 우위를 확보해야 한다는 점에는 공감대가 형성되었다. 그러나 일본에 대한 핵 사용 여부에 대해서는 이견이 노출되었다. 제2차 세계대전의 영웅으로 칭송받아온 조지 마셜은 다음과 같이 제안했다. "이 무기들은 대형 해군 군사시설과 같이 직접적인 군사 목표물에 대하여 우선적으로 사용될 수 있을 것이다. 이를 통해 어떤 실제적인 성과가 나타나지 않을 때, 우리는 여러 개의 대규모 공업지역을 목표로 삼을 수 있다. 우리는 일본인들에게 그 중심을 파괴할 것이라고 알림으로써 사람들이 그곳을 떠나도록 경고해야 한다." 원자폭탄은 군사시설에 사용되어야 하며, 도시를 공격하더라도 사전통보를 통해 민간인의 피해를 최소화해야 한다는 것이었다.

그러나 이런 주장은 미국의 정책결정에서 소수의 목소리였다. 마셜이 권고한 사전통보는 일본군이 미군 포로를 원폭 투하 예상 지역에 배치하거나 원폭을 운반하는 항공기를 격추할 기회를 줄 수 있다는 반론에 막혔다. 이에 따라 미군 수뇌부로 구성된 잠정위원회(Interim Committee)는 일본에 사전경고 없이 복수의 지역에 핵무기를 투하해야 한다는 결론을 내렸고,

이 위원회의 책임자인 스팀슨은 6월 중순 트루먼에게 이런 내용을 보고해 승인받았다. 미국 대통령의 승인이 떨어지자 맨해튼 프로젝트팀과 군부는 핵폭탄 투하 지역 물색에 들어갔다. 최초 후보 지역으로는 고쿠라 무기고, 히로시마, 니가타, 교토 등이 거론되었다. 그러나 트루먼과 스팀슨은 일본의 고도(古都)이자 문화유산지인 교토를 일본의 대표적인 군수업체 미쓰비시 중공업 공장이 있는 나가사키로 대체했다.

핵공격이 초읽기에 들어가자 해군부 차관 겸 잠정위원회 위원인 랠프 바드(Ralph Bard)는 6월 27일 스팀슨에게 메모를 전달했다. 핵심요지는 원폭을 투하하지 않고도 일본의 항복을 받아낼 수 있다는 것이었다. 그는 "나는 최근 몇 주 동안 일본 정부가 항복할 기회를 물색하고 있다는 매우 확실한 느낌을 받고 있다"며, 일본 특사와의 비밀접촉을 제안했다. 바드는 포츠담회담 직후 일본 특사를 만나, 소련의 참전 결정, 원자폭탄 사용 경고, 그리고 천황제 및 무조건적인 항복 이후 일본에 대한 대우 문제 등을 협의하면 일본이 항복할 가능성이 대단히 높을 것이라고 주장했다.[24] 원폭 투하의 대안을 찾으려는 시도야말로 "위대한 인도주의 국가로서의 미국"의 의무라고 봤던 것이다. 그러나 포츠담선언에서는 일본에 "무조건적인 항복"만 촉구했다. 바드의 권고도 철저하게 무시됐다. 그리고 7월 25일 미 공군에 핵공격 명령이 하달됐다.[25] 물론 사전통보는 없었다.

일본 시각으로 1945년 8월 6일 오전 8시 15분, 미 공군의 B-29 폭격기는 히로시마에 무게 4.4톤의 육중한 '꼬마(Little Boy, 우라늄 핵폭탄)'를 떨어뜨렸다. 7만 명이 즉사했고, 부상당한 7만 명도 1946년을 맞이하지 못했다. 트루먼은 그날 미국이 히로시마에 15킬로톤의 폭발력을 보인 "전혀 새로운 폭탄"을 투하한 사실을 발표하면서 일본이 무조건적으로 항복하지 않으면, 똑같은 결과에 직면할 것이라고 경고했다. 다음 날 일본은 내각회의를 소집했다. 당시 외무장관이었던 시게노리 도고의 진술에 따르면, 일부는 포츠담선언에서 제시한 항복 조건을 진지하게 검토해야 한다고 주장했지만, 군 수뇌부의 강경론에 막혔다고 한다. 이에 따라 일본 내각은 히로시마에 떨어진 폭탄에 대한 육군 조사 결과를 지켜보기로 했다. 히로히토 천황 역시 도고에게 "보다 유리한 조건으로 협상을 통한 전쟁을 종식시킬 기회를 놓쳐서는 안 된다"고 했는데, 그가 말한 협상 대상은 미국이 아니라 소련이었다. 즉, 소련의 중재를 통해 천황제를 유지하는 조건으로 종전을 타진해보라는 것이었다.[26]

한편 히로시마 원폭 투하 이틀 후 주 소련 미국 대사인 해리먼(Averell Harriman)은 스탈린을 만나 그의 소감을 물었다. 스탈린은, 일본인들은 결사항전을 고수하고 있는 현 정부를 대체할 구실을 찾고 있었는데, "미국의 원폭 투하는 그들에게 구실을 주었다"고 답했다. 해리먼은 히틀러의 독일보다 미국이 먼저 원자폭탄을 개발한 것이 다행이라고 말했다. 이에 스탈린은 히틀러가 먼저 성공했다면 "독일은 절대로 항복하지 않았을 것"이라고 화답했다. 그러면서 스탈린은 "소련 과학자들은 (원자폭탄 개발이) 매우 어려운 문제라고 말한다"며, 소련도 핵개발에 착수했음을 미국에 알렸다.[27] 스탈린은 미국의 원폭 투하를 자신을 겨냥한 무력시위로 간주하고 소련도 핵개발을 통해 이에 맞서겠다는 의사를 분명히 한 것이다. 스탈린은 트루먼이 핵을 이용해 '장군'을 둘 것을 예상하고는 '멍군'을 준비하고 있었던 셈이다.

트루먼의 핵공격은 스탈린을 겨냥한 '무력시위'였다

3

　　독일과 일본을 상대로 '양대 전쟁'을 수행하고 있던 미국은 독일의 패망이 초읽기에 들어가자 소련의 참전을 요구했다. 1943년 11월 테헤란회담에서 미영 연합군은 소련의 개입이 태평양전쟁 승리에 결정적인 기여를 할 것으로 보고, 소련에 참전에 따른 '전리품'까지 제시했다. 소련에게 쿠릴섬 및 사할린섬 남단 이양 및 만주 해군기지 사용 허용 등 일본이 러일전쟁의 승리로 획득한 것을 소련에 돌려주는 것이 골자였다. 그러자 스탈린은 독일이 패망하면 태평양전쟁에 참전하겠다고 약속했다. 스탈린은 1945년 2월에 열린 얄타회담에서 이런 약속을 거듭 확인하면서 "나치 독일 패망 3개월 후 대일전에 참전하겠다"고 재확인했고, 포츠담회담에서는 8월 15일이라는 구체적인 일정까지 제시했다. 그러나 미국은 핵무기 개발에 성공하면서 계산을 달리했다. 그리고 소련의 참전이 다가오자 핵폭탄이 소련의 참전을 대신해줄 것이라고 믿었다.

　미국은 히로시마 원폭 투하 직후 일본 전역에 이런 내용이 적힌 전단지를 뿌렸다. "당신들 지도자들이 항복을 거부해 우리는 원자폭탄을 투하했다." "우리가 새롭게 개발한 원자폭탄은 단 하나로도 우리의 B-29 폭격기 2000회 출격과 맞먹는다." "히로시마는 완전히 파괴되었다." "즉각 항복하라. 그러지 않으면 우리는 즉각적이고 강압적으로 전쟁을 끝내기 위해 원자폭탄과 우리가 갖고 있는 모든 우수한 무기를 동원할 것이다."[28] 다음 날 트루먼 대통령은 "경이로운" 무기의 존재를 미국 국민과 전 세계에 알리면서 일본에 경고했다. "우리는 일본의 부두와 공장, 통신시설을 파괴할 것이다. 여기에는 어떠한 실수도 없을 것이다. 우리는 일본이 전쟁을 일으킬 힘을 완전히 파괴할 것이다."[29]

그러나 일본은 히로시마가 피폭당했음에도 항복을 선언하지 않았다. 이미 미국의 가공할 재래식 폭격에 익숙해 있던 탓이었다. 미국은 1945년 봄과 여름에 걸쳐 도쿄를 비롯한 66개 일본 도시에 엄청난 양의 재래식 폭탄을 투하했는데, 이 가운데 25개 도시는 8월 첫째 주에 집중되었다. 그런데 25개 도시 가운데 8개 도시의 파괴 정도는 히로시마와 비슷하거나 오히려 더 컸다. 히로시마 원폭 투하가 다른 재래식 무기에 의한 공격과 비교할 때, 일본 지도부에 항복을 선택할 만큼 결정적인 타격을 입히지 못한 것이다. 이를 반영하듯, 일본 지도부는 미국이 원폭을 투하하고 이를 공식 확인한 지 이틀이 지나도록 최고의사결정기구인 최고위원회를 소집하지 않았다.

일본은 원폭 때문에 항복했는가?

이 대목에서 재래식 폭격과 핵폭격의 기묘한 관계를 파악할 수 있다. 유럽 전선에서 연합국은 독일 함부르크와 드레스덴을 대상으로 무차별적인 '전략폭격'을 선보인 바 있다. 군인과 민간인, 군사시설과 비군사시설의 경계는 이로 인해 무너졌다. 그리고 미국은 일본을 상대로 대규모 공습을 가했다. 핵폭격도 그 연장선상에 있었다. 군 통수권자와 지휘관의 눈에는 재래식 폭탄이나 핵폭탄이 도덕적으로 별 차이 없었고, 군사적으로는 핵공격이 훨씬 효과적인 것으로 비쳤다. 이를 간파한 중국의 지식인 간양(甘陽)의 지적이다.

> 원자폭탄이 미국 정부의 사려 깊은 고려 없이 히로시마에 투하된 원인은 그 이전에 시민과 중심 도시에 폭격을 가하는 것이 이미 늘 있어왔던 일이기 때문이다. 히로시마에 대한 핵폭격은 단지 그전까지 있어온 '전면 전쟁'의 자연적 확대일 뿐이었다."[30]

그런데 재래식 공격과 핵공격의 차이에 대한 관성적인 둔감함은 공격자 쪽만의 몫이 아니었다. 일본 전시 내각 역시 둘의 차이에 둔감했다. 앞서 언급한 것처럼, 미국의 대규모 재래식 폭격에 익숙해진 탓에 원폭을 맞고도 곧바로 항복해야 할 특별한 사유를 느끼지 못했던 것이다.

한편 히로시마 피폭 사흘 후인 8월 9일 새벽, 소련은 일본에 선전포고를 하고 만주에 있는 일본군에 대한 공격을 개시했다. 이는 일본의 항전 의지나 소련의 중재에 의한 종전 희망은 물론이고, 소련의 개입 없이 태평양전쟁을 끝내려고 했던 미국의 의도에도 중대한 영향을 미쳤다. 8월 9일 새벽 소련의 참전 소식을 접한 일본 지도부는 즉각 최고위원회를 소집했다. 이 회의가 시작되었을 즈음, 미 공군의 두 번째 폭격기가 고쿠라 기지를 향해 출격했다. 그러나 악천후와 피격의 위험을 느낀 폭격기 조종사는 기수를 나가사키로 돌려, 무게 4.5톤의 '뚱보'(플루토늄 핵폭탄)를 투하했다. 21킬로톤의 폭발력을 보인 이 핵폭탄 한 발로 1946년 1월까지 약 10만 명이 목숨을 잃었다.

히로시마와 나가사키에 원폭 투하를 지시했던 트루먼은 8월 14일 낮에 영국의 밸포어(John Balfour) 외교부 장관을 만나 장시간 얘기를 나누었다. 그는 일본의 항복 소식을 학수고대하고 있었지만 낭보는 아직 전해지지 않은 터였다. 그러자 트루먼은 "슬프지만 나는 도쿄에 원자폭탄 투하를 지시할 수밖에 없을 것 같다"고 말했다. 미국의 3월 대공습으로 이미 폐허가 된 도시를 아예 잿더미로 만들겠다는 것과 다름없는 것이었다. 더구나 도쿄 핵공격은 일본 천황 히로히토의 사망까지 초래할 수 있었고, 그럴 경우 일본의 항복 여부는 더욱 불확실해질 터였다. 그런데 정작 당시 미국은 도쿄에 즉각 투하할 핵폭탄이 없었다.[31] 대신 미국은 일본의 항복 선언 전까지 네이팜 폭탄을 비롯한 재래식 폭탄을 퍼부었다. 동시에 미국은 무조건적인 항복 요구에서 천황제 유지를 보장하는 방안으로 정책 변경을 검토했다. 그러나 히로히토를 전범으로 간주한 국내외 여론을 의식해 이를 즉각 공표하지는 않았다.[32]

한편 소련의 참전으로 일말의 희망마저 잃게 된 히로히토는 8월 15일 일본 전국에 중계된 라디오 연설을 통해 "전쟁이 일본에 불리하게 됐다. 적은 새롭고도 잔악무도한 폭탄을 사용하기 시작했다"고 말하면서 항복을 선언했다. 그리고 9월 2일, 미국 항공모함 미주리호에서 항복문서 조인식을 가졌다. 1941년 12월 7일 일본의 진주만 기습으로 시작된 태평양전쟁은 이렇게 끝났다.

이와 같이 끝까지 저항하던 일본이 원폭 앞에 손을 들었다는 평가를 낳으면서, 핵무기가 평화를 보장한다는 '핵무기주의(nuclearism)'가 맹위를 떨치게 된다. 그렇다면 이런 '기억의 정치'는 얼마나 진실에 가까운 것일까? 1945년 8월에 대한 기억은 핵무기에 대한 관점과 철학을 구성하는 데 역사적인 뿌리가 된다. 히로시마와 나가사키의 경험은 단순한 과거의 사실을 넘어, 앞으로 그 어떤 공간에서도 일어날 수 있는 미래에 대한 암시를 준다. 당시 미국의 원폭 투하가 불가피하고도 정당한 것이었다면, 핵보유국은 어떤 명분을 동원해서라도 핵공격을 가할 수 있기 때문이다.

이와 관련해 스탠포드대 교수 바턴 번스타인(Barton Bernstein)은 원폭 투하 50년이 되던 1995년에 이런 질문을 던졌다. "왜 이렇게 많은 시민이 죽지 않으면 안 되었는가? 당시 미국은 원자폭탄을 사용하지 않으면 안 되었는가? 원자폭탄을 사용하기로 한 결정은 도대체 어떻게 내려진 것이었는가? 이런 결정의 정당성은 또한 도대체 어디에 있는가?"[33] 우리는 이들 질문을 통해 두 가지 '상식'에 의문을 제기할 필요가 있다. 하나는 미국의 원폭 투하가 진짜로 겨냥한 상대가 누구였느냐는 것이고, 또 하나는 과연 일본이 항복을 선언한 결정적인 이유가 원폭에 있었느냐는 것이다.

먼저 후자의 의문부터 따져보자. 번스타인은 "모든 사정을 고려해봤을 때 미국의 일본 본토 상륙작전이 예정되어 있었던 11월 이전에 일본이 항복할 가능성이 대단히 높았다"고 말했다. 하버드대 역사학 교수인 어니스트 메이는 "일본의 항복 결정은 아마도 소련의 공격으로부터 야기되었을 것"이라고 주장했다. 예일대의 츠요시 하세가와 교수는 "원폭 투하 이외의 다른 대안들이 있었고 트루먼 행정부는 그들의 논리로 이를 거부했다"고 지적했다.[34] 특히 하세가와는 미국, 소련, 일본의 비밀해제 문서를 분석한 결과, 소련의 참전이라는 단일 요인만으로도 일본의 항복을 이끌어낼 수 있었고, 트루먼이 포츠담선언에서 천황제 유지를 보장했다면, 미국은 원폭을 투하하지 않고도 8월 15일 이전에 일본의 항복을 받아냈을 수 있었다고 지적한다.[35] 이들을 비롯해 많은 전문가가 주목하는 일본 항복의 결정적 요인은 바로 '소련'이다.

이와 관련해 미국의 핵전문가인 워드 윌슨의 연구 성과가 주목된다. 그는 일본의 항복은 '원폭'보다 '소련' 요인이 더 컸다는 것을 광범위한 자료 발굴을 통해 실증적으로 입증했다.[36] 1945년 여름 일본은 두 가지 전략적 선택에 직면해 있었다. 하나는 1941년 일본과 불가침조약을 맺었던 소련에 종전(終戰) 중재를 설득하는 것이고(협상파), 다른 하나는 유리한 종전 조건을 얻어낼 때까지 미국에 맞서 결사항전하는 것이었다(주전파). 이 두 가지는 8월 6일 히로시마 피폭 이후에도 고려되었다. 그러나 8월 9일 소련의 참전과 동시에 물거품이 되었고, 일본은 항복 이외에는 다른 선택이 없게 되었다. 당시 소련의 막강한 군사력을 고려할 때, 일본이 소련과 미국을 상대로 동시 전쟁을 치를 능력은 없었기 때문이다. 특히 소련의 개입은 일본 지도부에 종전이 지연되어 소련의 개입 수준이 높아질수록, 공산주의가 천황제를 휩쓸어버릴 것이라는 우려를 불러왔다. 이는 일본이 미국과의 협상을 통해 종전을 시도한 정치적 배경으로 작용했다.

미국의 원폭 투하와 일본의 항복 사이의 관계에서 중요한 또 한 가지는 '원폭 투하가 다른 재래식 무기에 의한 공격보다 더 심각한 결과를 초래했고, 더 중요하게는 일본 지도부도 그렇게 인식했느냐'이다. 앞서 언급한 것처럼, 미국은 1945년 봄과 여름에 걸쳐 일본 전역에 엄청난 양의 재래식 폭탄을 투하했는데, 이에 따라 일본은 폭격에 익숙해 있었고 원폭 투하에도 크게 동요하지 않았다. 일본 지도부는 원폭 투하를 항복을 선택할 만큼 결정적인 문제로 인식하지 않았던 것이다. 미국이 히로시마에 원폭을 투하하고 이를 공식 확인한 지 이틀이 지나도록 일본 정부가 전쟁 수행과 관련해 최고의사결정기구인 '최고위원회'를 소집하지 않은 것이 이를 뒷받침해준다. 8월 9일 오전 소집된 최고위원회 회의에서도 나가사키 피폭 문제는 심각하게 다뤄지지 않았다. 육군참모총장인 우메즈는 "육군은 적절한 조치를 취하고 있고, 이에 항복하는 일은 없을 것"이라고 말했다.

이에 반해 이 회의에서 일본 지도부는 소련의 개입 및 일본 내부의 동요를 더 우려했다. 이를 반영하듯 8월 9일 새벽 소련의 개입 소식을 접한 일본 정부는 그날 아침 즉각 최고위원회를 소집했다. 회의 시작 직후 나가사키에 두 번째 핵폭탄이 떨어졌음에도 불구하고, 핵심의제는 소련의 개입이었다. 이 회의에서 일본 지도자들과 군부는 소련의 참전은 "일본 제국의 운명을 결정하게 된다"는 것에 의견을 모았다. 히로히토 역시 최고위원회에 원폭 투하 소식을 계속 보고하라는 지시 이외의 특별한 조치를 취하지 않은 반면에, 소련의 개입 소식에 대해서는 전쟁을 끝낼 방법을 찾아보라고 지시했다.

이처럼 히로시마와 나가사키 원폭 투하는 일본 지도부에 종전을 서둘러야 한다는 심리적 영향을 주었을지는 모르지만, 정책 결정에 결정적인 영향을 주진 못했다. 오히려 미국의 원폭 투하는 일본의 항복을 가져온 직접적 요인이라기보다는 일본이 항복의 명분을 찾는 데 '사후' 정당화 역할을 했다. 일본의 패배는 일본군의 능력이나 정신력의 부족이 아니라 적군이 예상치 못한 무기, 즉 핵무기를 사용한 데서 온 것이라는 '변명'이 가능해졌기 때문이다. 실제로 히로히토는 항복을 선언하면서 "적은 새롭고도 잔악무도한 폭탄을 사용하기 시작했다"고 말했다. 종전 직후 일본의 한 고위관리는 "만약 군부가 그들의 패배가 정신력 부족이나 전략적 실책에 의한 것이 아니라 과학 때문이라고 생각한다면, 약간은 체면을 살릴 수 있게 될 것이다"라고 주장했다. 심지어 사코미즈 히사쓰네 관방장관은 "패배의 책임을 군부가 아니라 핵무기로 돌린다면, 이는 현명한 변명이 될 것"이라고 노골적으로 말하기도 했다.

주목할 점은 미국 수뇌부도 일본의 항복을 받아내는 데 원폭 투하가 반드시 필요한 것은 아니라는 점을 인지하고 있었다는 것이다. 포츠담회담에서 핵실험 성공 사실을 처음 접한 아이젠하워 장군은 "일본은 이미 항복할 준비가 되어 있으니 그런 끔찍한 무기로 그들을 파격할 필요가 없을 것"이라고 말했다. 트루먼 역시 7월 18일 일기장에 소련이 8월 15일 일본에 선전포고할 것이라는 점을 상기하면서 소련이 참전하면 "일본은 끝장일 것"이라고 적었다. 그러나 번스 국무장관이 나중에 "러시안들이 개입하기 전에 우리가 전쟁을 끝내는 것이 중요하다"고 말했듯이, 미국의 정책 결정자들은 일본이 소련의 참전으로 항복하면 전후질서 구상에서 소련에 밀릴 것을 우려했다.[37] 트루먼은 훗날 포츠담회담 때를 회상하면서 번스에게 보내지 않은 편지에 이렇게 썼다. "그때 우리는 러시아의 대일전 참전을 걱정했었소. 물론 나중에 우린 러시아의 참전이 불필요하다는 것을 알았죠. 러시아인들은 그 이후 우리에게 골칫거리가 되어버렸습니다." 이런 우려를 씻기 위해 선택한 것이 바로 원폭 투하였던 것이다.

미국의 원폭투하, 누구를 겨냥한 것인가?

다음 의문, 즉 '미국의 원폭 투하가 누구를 겨냥한 것이냐'는 질문으로 넘어가보자. 이는 미국이 원폭을 투하하지 않았더라도 일본의 항복을 받아낼 수 있었고, 미국이 핵무기 사용을 선택한 데는 스탈린의 소련을 상대로 한 '무력시위'의 성격이 짙었다는 해석과 연결된다. 이와 관련해 미국이 일본의 항복 조건으로 천황제 유지를 '조기'에 받아들였다면, 일본 역시 조기에 항복했을 것이라는 가정이 설득력을 지닌다. 실제로 영국 정부와 미국의 일부 군 지도자들은 천황제 유지를 보장하면 일본이 항복할 것이라고 판단해 트루먼에게 이를 권고했다.

일례로 1945년 6월 18일 백악관에서 열린 회의에 참석한 '5성' 제독 윌리엄 레이히(William D. Leahy) 총사령관 참모장은 "무조건적인 항복을 추구하는 미국의 입장은 일본의 결사항전 의지를 부추겨 우리 측 사상자만 늘릴 뿐"이라며, "이런 정책은 전적으로 불필요하다"는 입장을 밝혔다. 이에 대해 트루먼은 "의회가 적절한 조치를 취하는 것에 대해 문을 열어놓겠다"며 공을 의회로 넘기려고 했다. 하지만 그는 "현시점에서 이 문제와 관련해 여론을 변화시킬 조치를 취할 생각은 없다"고 말했다.[38] 대통령으로서 대일 강경론을 완화시키기 위해 노력하기보다는 그 여론에 편승해 일본의 무조건적인 항복을 추구하겠다는 의사를 재확인한 셈이다.

이를 뒷받침하듯 트루먼과 그의 핵심참모인 스팀슨 및 번스는 1945년 7월 포츠담선언에서 일본 천황제 유지에 대한 보장을 명시하는 것을 거부하고 "무조건적인 항복"을 요구했다. 당시 트루먼 행정부가 왜 이런 조치를 취했는지는 여전히 수수께끼지만, 미국은 결국 천황제를 유지시켜주기로 했다. 원폭 투하를 한 다음에 말이다. 이와 관련해 하세가와 교수는 포츠담선언에서 천황제 유지에 대한 보장이 제외된 근본적인 이유를 다음과 같다고 설명한다. "일본이 항복 요구를 거부하도록 유도함으로써 미국의 지도자들은 원폭 투하를 정당화하고자 했고, 더 나아가 원폭을 소련 참전 이전에 전쟁을 종결시킬 수 있는 수단으로 여겼다." 이를 뒷받침하듯 번스는 한 과학자에게 "러시아를 유럽에서 더욱 잘 다룰 수 있게 하기 위하여" 원폭 투하를 원한다고 말했다.[39]

결론적으로 미국의 원폭 투하보다 소련의 개입이 일본의 항복에 결정적인 영향을 미쳤다. 그럼에도 불구하고 미국의 주류는 왜 원폭 투하 결정론에 집착하는 것일까? 앞서 소개한 핵 전문가 워드 윌슨은 이것이 국가의 위신과 국제적 영향력에 대한 고려와 관련 있다고 말한다. 즉, 원폭 투하가 일본 패전의 결정적 요인이라면 미국은 사악한 전쟁을 끝낸 구원자이자 유일한 핵보유국으로서의 국제적 영향력을 제고할 수 있게 된다. 반면 소련의 개입이 결정적이었다는 것을 인정하면, 미국이 4년 동안 끝내지 못한 태평양전쟁을 소련은 며칠 만에 끝냈고, 이에 따라 전후 소련의 위신과 영향력을 키워줄 수 있게 된다는 것이다. 이처럼 미국이 히로시마와 나가사키에 원폭을 투하한 것은 일제의 항복을 받아내기 위한, 그리고 일본의 결사항전으로 더 큰 인명피해를 막기 위한 '불가피한 선택'이었다고 보기 어렵다. 오히려 미국의 원폭 투하는 스탈린의 소련을 상대로 한 '대량살상' 외교라고 보는 것이 역사적 진실에 더 가깝다고 할 수 있다.

한 가지 문제를 더 지적하지 않을 수 없다. 일본이 항복한 지 4개월 후인 1945년 12월 트루먼은 한 행사에 참석해 비보도를 전제로 원폭 투하 소감을 밝혔다. 그가 연설을 위해 작성한 친필 메모에는 "나는 인류 역사상 가장 끔찍한 결정을 해야만 했다"며 그 이유를 이렇게 밝혔다. "미국 대통령으로서 해야만 했습니다. 우리의 꽃다운 젊은이 25만 명의 목숨이 일본 2개 도시의 가치는 있을 것이기 때문입니다."[40] 미국은 핵실험 전에는 일본 본토 작전을 상정하고 있었다. 6월 18일 트루먼을 비롯해 전쟁 지휘부가 대거 참석한 백악관 회의에서 11월 1일을 'D-day'로 정했다. 일본 본토 상륙작전에 앞서 전면적인 공습과 해상봉쇄를 강화해 일본의 전쟁수행 능력을 최대한 파괴한다는 점에도 합의가 이뤄졌다. 또한 11월이 지나면 겨울이 시작된다며 '30일'을 작전기간으로 상정해 속전속결 방침도 분명히 했다. 아울러 소련의 참전이 일제의 패망을 앞당길 것이라는 점도 거듭 확인했다. 그런데 핵실험에 성공하고 즉각 투하가 가능한 두 발의 핵폭탄을 손에 쥐자 생각을 바꿨다. 그리고 트루먼은 최고사령관인 자신이 원폭 투하 대신에 미군의 일본 본토 상륙작전을 명령했다면, 25만 명의 미군이 목숨을 잃었을 것이라며 원폭 투하를 정당화하려고 했다. 이후 트루먼의 이런 주장은 미국 주류의 역사 인식에 고스란히 담긴다.

미국의 역사가 윌리엄 맨체스터(William Manchester)는 《암흑이여, 안녕(goodbye darkness)》이라는 책에 다음과 같이 기술했다 "일본 본토를 침공했을 경우 잃었을 생명들을 생각하라. 그로 인해 희생되었을 수많은 미국인과 그보다 몇백만이 더 많았을 일본인들을 생각하라. 그리고 원폭에 대하여 신에게 감사하라." 미국의 군사전문가인 토머스 도넬리(Thomas Donnelly)는 "내가 1945년 당시 트루먼의 위치에 있었다면 그와 동일한 결정을 내렸을 것"이라며, "원폭 투하에 대하여, 또한 이에 대한 부담을 기꺼이 짊어진 트루먼에 대하여 신에게 감사한다"고 밝혔다.[41] 일본 침공 시 양측의 희생자 수는 수백만에 달할 수 있었기 때문에, 결국 핵무기라는 대량살상무기가 "사악한 전쟁"을 하루라도 빨리 끝내 더 많은 대량살상을 막을 수 있었다는 것이다.

공교롭게도 트루먼이 주장한 25만 명의 미군 '예상' 사망자와 두 발의 핵폭탄으로 '실제로' 사망한 민간인의 숫자는 비슷했다. 전투원과 민간인을 구분해야 한다는 문명 세계의 전쟁 윤리가 여지없이 무너진 것이다. 또한 앞서 설명한 것처럼 소련의 대일 선전포고 및 참전이 미국의 원폭 투하나 상륙작전 두 가지 모두의 대안이 될 수 있었다. 트루먼조차 소련의 참전이 예정된 8월 15일에 일본이 끝장날 것이라고 하지 않았던가.

더욱 주목할 점은 트루먼이 원폭 투하를 정당화하기 위해 제시한 미군의 예상 '사망자' 수 자체가 터무니없이 과장되었다는 것이다. 앞서 소개한 6월 18일 백악관 회의에서 마셜을 비롯한 군 수뇌부가 예상한 미군 '사상자' 규모는 3만1000명이었다. 사상자는 사망자, 부상자, 실종자를 합친 것을 말한다. 마셜은 이전에 태평양 곳곳과 노르망디 상륙작전의 사례를 분석해 일본 본토 상륙작전 시 예상되는 미군의 사상자 수를 제시했다. 그의 결론은 이랬다. "규슈에서 30일간 전투 시 루손섬에서 우리가 치렀던 피해보다는 작을 것입니다." 그가 말한 루손의 사례는 일본 점령하에 있던 필리핀 루손섬 전투를 의미하는 것으로, 당시 3만1000명의 미군 사상자가 발생한 바 있다. 이 회의에는 참석하지 않았지만, 태평양전쟁을 진두지휘하고 있던 맥아더도 이 회의에 전문을 보내 "(일본 본토 상륙) 작전은 과도한 피해를 입을 위험성이 훨씬 작다"는 입장을 전달했다. 또한 이 회의에 참석한 여러 미군 장성들도 마셜의 분석에 동의했다.[42] 이 자리에는 물론 트루먼도 있었다. 그런데 6개월 후 그가 제시한 미군의 예상 '사망자' 수는 25만 명으로 폭등했다.

단 두 발의 핵폭탄으로 강제 징용된 조선인 4만여 명을 포함해 20여만 명의 목숨을 앗아간 히로시마와 나가사키의 참사는 이후 인류 사회에 두 가지 영향을 남긴다. 하나는 핵무기가 유사시 승전을 보장하는 막강한 무기이자 강압외교의 수단으로 사용될 수 있다는 '자기 만족적 유용성'이고, 다른 하나는 그것이 사용되는 순간 무고한 민간인을 포함한 수많은 사람의 목숨을 앗아간다는 '명백한 부도덕성'이다. 일본을 상대로 원폭을 투하한 트루먼은 5년 후 이런 핵무기의 '두 얼굴'에 봉착한다. 바로 한국전쟁에서.

곽귀훈과 김형률, 그리고 조선 분단

4

　　원폭 피해자 1세인 곽귀훈과 2세인 김형률. 나는 이들을 각각 2001년과 2003년에 처음 만났다. 2001년 8월 초 히로시마 피폭 56주기 행사에 초청받아 일본에 갔을 때 곽귀훈을 만났다. 그는 당시 78세 나이가 믿기지 않을 정도로, 그것도 피폭을 당한 몸으로 도쿄와 히로시마에서 한국인 원폭 피해자 문제를 열정적이면서도 논리정연하게 풀어냈다. 그로부터 2년 뒤 김형률이 내가 일하는 평화네트워크 사무실로 찾아왔다. 자신을 희귀병을 앓고 있는 피폭 2세라고 소개한 그는 2세 문제에도 관심을 가져달라고 호소했다. 나보다 두 살 많았지만 앳되고도 깡마른 체격에서 그가 살아온 인생의 고난을 엿볼 수 있었다.

　　그렇다. 이들은 한국인 원폭 피해자들이다. 미국이 히로시마와 나가사키에 원폭을 투하하면서 열섬과 거대한 버섯구름, 그리고 방사능 오염 지대에 휩싸인 피해자는 약 70만 명이었다. 이 가운데 약 20만 명이 1946년 새해를 맞이하지 못했다. 이 가운데 조선인 피폭자는 7만 명, 즉사한 사람은 4만 명이었다. 왜 조선인 사망률이 전체 사망률에 비해 2배 정도 높았던 것일까? 강제징용되어 군수공장에서 일하고 있던 이들은 대부분 허름한 공장 기숙사나 그 인근에 거주하고 있었는데, 원폭이 바로 그 군수공장 인근에 떨어졌기 때문이다.

생존자 3만 명 가운데 2만 3000명은 해방된 조선으로 돌아갔고 7000명은 일본에 남았다. 그런데 살아남은 조선인 피폭자 중 상당수는 일본인 피폭자들보다 빨리 세상을 떠났다. 한국원폭피해자협회 자료에 따르면, 2009년 기준 일본인을 포함한 전체 피폭자 가운데 생존자는 약 26만 명이었다. 그런데 한국인 생존자는 1% 조금 넘는 2700명 정도였다고 한다. 조선인 피폭자 비율이 10% 정도였는데 생존자는 1% 남짓에 불과했던 것이다. 그만큼 원폭 투하국인 미국은 말할 것도 없고, 그들을 강제징용한 일본도, 그들의 조국인 한국도 한국인 피폭자를 외면했다.

보건복지부에 따르면 2016년 4월 기준 국내에 머물고 있는 한국인 피폭자 가운데 생존자는 2501명이다. 2세 피해자에 대한 정확한 통계는 없지만, 복지부는 원폭 피해자 등록 때 기재된 사항을 근거로 7600여 명에 달할 것으로 추산했다. '한국원폭2세환우회'에 등록된 피해자는 1300명 정도다.[43] 한국인 피폭자들은 강제징용-피폭-외면으로 이어지는 삼중고를 겪으면서 지난 70년 동안 경계인의 삶을 살아왔다. 수치상으로 따지면 한국은 세계 2위의 원폭 피해국임에도 불구하고 우리는 이런 사실을 잘 모른다. 내가 이 책에 한국인 원폭 피해자의 사연을 담은 이유다.

곽귀훈의 경우

도쿄와 히로시마에서 만난 곽귀훈은 일본에서 인터뷰 요청이 쇄도해 바쁜 일정을 보내고 있었다. "선생님, 왜 이렇게 일본 언론의 관심이 많은 건가요?"라고 묻자 그는 "내가 일본 정부를 상대로 중요한 승리를 거뒀기 때문이지"라고 대답했다. 그가 말한 승리란 2001년 6월 1일 오사카 지방법원의 판결을 의미했다. 당시 오사카 법원은 "곽 씨가 원폭피해자로 확인된 만큼 피해자가 일본이 아닌 한국에 살고 있더라도 일본 정부는 원폭피해자원호법을 적용해야 한다"고 판결했다. 그러면서 "오사카부는 원고 곽 씨에게 17만 엔을 지급하라"고 결정했다. 당시엔 선뜻 이해하기 힘들었다. 그래서 귀국하자마자 그에게 연락해 인터뷰를 요청했다.

당시 나는 〈오마이뉴스〉 평화통일 담당기자를 겸직하고 있었다. 그해 8월 14일 종로의 한 커피숍에서 만난 곽귀훈은 자신의 경험과 그 의미를 풀어냈다. 인터뷰하기 며칠 전 일본 고이즈미 준이치로 총리가 신사참배를 강행해 서울 시내 곳곳에서 규탄 집회가 열리고 있었다. 반일 열기가 후끈 달아오르던 시간과 장소에서 한 노인이 일본을 상대로 싸워온 얘기를 들었던 기억이 새롭게 다가온다. 함께 배석한 이병한 기자가 정리한 기사를 바탕으로 꾸며본 그의 얘기다.[44]

먼저 피폭 경험부터 물었다. "1944년에 징병으로 끌려갔고, 1945년 8월 6일 히로시마에 원자폭탄이 떨어졌을 때 난 그곳에 있었지. 폭심지로부터 약 2km 지점에 있었던 운동장을 걷고 있었어. 말 그대로 '머리 위에' 원폭이 떨어진 거지. 그땐 그게 핵폭탄인지도 몰랐어. 섬광도 버섯구름도 모두 똑똑히 봤어. 그러곤 정신을 잃었지."

당시 히로시마에 떨어진 핵폭탄은 '꼬마(little boy)'라고 불렸던 우라늄 폭탄이었다. 폭발 규모 20킬로톤에 달했던 '꼬마'는 폭심지에 섭씨 3000~4000 ℃에 달하는 불덩어리(fireball)와 거대한 버섯구름을 만들어냈다. 또한 순간 위력이 A급 태풍의 1000배에 달하는 핵폭풍과 다량의 방사능을 유출시켰다. 폭심지를 기준으로 반경 1km 내에 있던 사람들은 약 90%, 2.5km 내에 있던 사람들은 약 30%가 목숨을 잃었다. 곽귀훈은 바로 그 현장에서 살아남은 것이다.

　그 역시 열섬으로 인해 상반신에 큰 화상을 입어 며칠간 혼수상태에 있었다. 또한 방사능에 노출되었지만, 천만다행으로 백혈구가 파괴되는 피해는 입지 않았다. "한마디로 '구십구사일생'이었지." 구사일생(九死一生)이라는 표현도 모자랐는지, 그는 삶과 죽음의 경계를 이렇게 표현했다. 한 달 후 한국으로 돌아온 그는 사범학교 출신 경험을 살려 교편을 잡았다. 초중고 교사를 두루 거쳐 1989년에는 동대부고 교장으로 정년퇴임했다.

　한편 일본 정부는 1957년 '원자폭탄 피폭자 의료 등에 관한 법률'을 제정한 데 이어 1968년에는 '원자폭탄 피폭자에 대한 특별조치법(피폭자원호법)'을 제정해 건강관리 수당과 의료 지원에 나섰다. 이 법의 적용을 받기 위해서는 피폭자임을 증명하는 '수첩'을 받아야 한다. 하지만 외국인에게는 그 수첩을 발급하지 않았다. 그러자 1970년 한국인 피폭자인 손진두가 일본에 밀항하다가 일본 해경에게 잡힌 사건이 발생했다. 손진두는 "나도 원폭 피해자다. 치료를 받기 위해서 왔다. 나에게도 수첩을 달라"고 했다. 이렇게 해서 일명 '수첩재판'이 시작되었다. 1974년에 시작된 이 재판은 1978년 일본 최고재판소(대법원) 판결로 끝났다. "한국인 피폭자들에게도 수첩을 발급하라"는 것이었다. 그러나 그것으로 끝이 아니었다. 곽귀훈의 설명이다.

　"그때 일본 정부 국장이 뭐라고 했냐면 '이 수첩은 일본을 나가면 효력이 없다', 즉 '통달 402호'를 내린 거야." 이 통달은 곽귀훈의 칠전팔기와 법정 투쟁으로 이어졌다. "내가 지금까지 그 수첩을 여덟 번 받았어. 1978년에 처음 받았고 다시 한국에 오면 효력이 없으니까 내버리고 다시 받고 해서 여덟 번을 받았어. 그러다가 지난 1998년 5월에 다시 일본으로 가서 수첩을 받고 치료도 받았지. 한국으로 오면서 건강관리 수당 36만 원 정도를 다달이 한국 집으로 보내라고 했지. 그런데 일본을 벗어났다고 안 줘. 실권

됐다고. 그래서 재판을 건 거야. 도대체 무슨 법률상의 조목으로 실권됐느냐. 그것을 대라 이거였지. 그게 지금까지 27년간 효력을 발휘하고 있다가 이번 내 재판에서 무너졌지.”

일제강점기 한국인 피해자들은 피폭자에 국한되지 않는다. 피폭자에 비해 위안부와 강제 징용자들의 피해는 비교적 잘 알려져 있다. 그런데 이들이 일본 정부를 상대로 낸 소송은 번번이 패소했다. 그렇다면 곽귀훈이 승소할 수 있었던 이유는 무엇일까? 그는 일본 내 양심적인 사람들의 지원에 감사를 표하면서 이렇게 설명했다.

“나는 재판정에서 이렇게 말했어. ‘나는 패션모델이다. 아침에 한국의 집을 나설 때는 피폭자가 아니다. 재판한다고 점심때 오사카에 와서 등록을 하면 피폭자가 된다. 재판 끝나고 공항에서 나가면 또 피폭자가 아니다. 그러니 그때그때 옷을 갈아입는 패션모델과 비슷하지 않느냐.’ 그러자 법관이 고개를 끄덕끄덕하더라고. 또 이렇게 말했어. ‘법(法) 자를 보니 삼수(三)변에 갈거(去) 자라, 물이 간다는 뜻 아니냐. 이제 물이 흐르는 것처럼 바꾸자. 피폭자의 원류는 히로시마와 나가사키 아니냐. 그곳에서 피폭을 당했던 사람이 한국으로 흘러가도 피폭자다. 미국으로 흘러가고 브라질로 흘러갔다고 해서 피폭자가 아니겠느냐. 피폭자가 일본에 있으면 피폭자고 한국으로 흘러가면 피폭자가 아니고, 그런 법이 어디 있느냐.’ 이런 식으로 이야기했지. 판사들이 그냥 듣고 넘어간 줄 알았는데 나중에 판결문을 읽어보니 내 말을 다 그대로 받아들였더라고. 판사가 그랬어. ‘원호법은 인도적으로 만들어진 법이다. 인도적인 입장에서 돈을 줘라. 나가면 효력이 없고 들어오면 효력이 있는 것은, 헌법 14조 평등·인권에 위배될 우려가 있다.’ 완승을 한 거지.”

그로부터 14년 후, 아주 뜻 깊은 소식을 접했다. 2015년 9월 8일 일본 최고재판소가 오사카부가 낸 상고를 기각한 것이다. 오사카 고등재판소는

2014년 6월 한국인 피폭자 이홍현과 피해자 유족 두 명이 오사카부를 상대로 제기한 소송에서 일본에 살지 않는다는 이유로 치료비를 전액 지급하지 않는 것은 부당하다며 치료비를 전액 지급하라는 판결을 확정했다. 오사카부는 이에 반발해 상고했는데, 최고재판소에서 기각한 것이다.

이에 앞서 '곽귀훈 재판'에 힘입어 2003년 "해외에 거주하는 이는 수급권을 잃는다"는 일본 후생노동성의 '402호 통달'이 폐지됐다. 2008년에는 피폭자원호법이 개정돼 한국에서도 피폭자 수첩을 교부받을 수 있게 됐다. 하지만 남은 차별이 있었다. 일본 내 거주 피폭자들에게는 치료비 상한선이 없는데, 일본 외 거주자들에게는 1년에 30만 엔으로 상한선이 있었다. 그런데 이 제한이 2014년 일본 최고재판소의 상고 기각으로 사라졌다.[45]

김형률의 경우

2001년 가을 무렵으로 기억된다. 한 피폭자에게 2세에 대한 의견을 물은 적이 있다. "쉽게 말하기 힘든 문제인 것 같아요. 피폭 2세 가운데 고통받고 있는 사람들이 있는 건 알지만, 피폭이 유전된다고 해버리면 또 다른 피해를 낳을 수 있잖아요. 당장 누가 결혼하려고 하겠어요." 한 피폭자 1세의 말이었다. 이듬해 일본을 방문할 기회가 있어서 일본 반핵 단체 활동가에게도 물어봤다. 그는 한마디로 정리했다. "판도라의 상자를 여는 셈이죠." 일본 내 피폭 2세, 3세가 수백만 명에 달할 텐데, 피폭이 유전된다고 하면 감당할 수 없는 상황이 올 것이라는 의미였다. 그런데 그 판도라의 상자를 연 사람이 바로 김형률이다.

2003년 초여름 평화네트워크로 찾아온 김형률은 1995년에 자신의 피폭 가능성을 인지했다고 말했다. "감기에 시달리다 병원에 입원한 적이 있는데, 그때 '면역글로블린결핍증'이라는 병명을 진단받으면서 의사 선생님

이 원폭 피해 가능성을 이야기해줬어요." 얘기를 듣고 나는 〈한겨레21〉의
정인환 기자를 소개시켜줬다. 정 기자는 평화네트워크 창립 멤버이자 당시
운영위원이어서 김형률의 사연을 잘 다뤄줄 것이라고 기대했던 것이다. 얼
마 뒤 〈한겨레21〉은 김형률에 대해 이렇게 썼다.

> 키 163cm, 몸무게 37kg. 깡마른 체구에 유난히 안경이 커 보이는 김형률(34·부
> 산시 동구 수정동) 씨는 선천성 면역글로블린결핍증을 앓고 있는 '원폭 2세'다. 김
> 씨의 어머니는 지난 1945년 히로시마 원자폭탄 투하 당시 여섯 살 나이에 방사
> 능 피폭을 당했다. 피폭 1세대인 어머니는 한평생 악성 종양과 피부병에 시달렸
> 고, 피폭 2세대인 그의 일란성 쌍둥이 동생은 생후 1년 6개월 만에 폐렴으로 숨
> 졌다. 김 씨 역시 중학교 1학년 때부터 폐렴으로 지금까지 10여 차례 입원치료
> 를 받았다. 반복된 발병으로 그의 폐는 이미 70%의 기능을 잃어버린 상태다.[46]

그는 〈한겨레21〉과의 인터뷰에서 '커밍아웃'이라는 말을 여러 차례 했
다. 그러나 그가 커밍아웃한 시점은 2002년 3월로 거슬러 올라간다. 그해
3월 22일 기자회견을 열어 자신이 앓고 있는 폐 질환과 재생 불량성 빈혈,
세균성 중이염 등이 모두 방사능 피폭에 의한 유전병이라는 주장을 내놓은
것이다. 그러고는 '한국원폭2세환우회'라는 단체를 만들어 원폭 피해 2세
대 운동에 본격적으로 뛰어들었다. 그러나 〈오마이뉴스〉를 제외하고는 그
의 기자회견에 주목한 언론이 거의 없었다. 김형률은 이 매체와의 인터뷰
에서 이렇게 말했다.

> 제가 원폭 2세의 신분을 밝히는 것으로 저 개인한테는 피해가 있을 수도 있겠
> 죠. 결혼 문제도, 직장을 구하는 어려움도 있을 겁니다. 하지만 제가 이렇게 원
> 폭 피해자라는 사실을 밝히는 것으로 저와 비슷한 처지에 있는 사람들이 이 문

제를 해결하기 위해 동참해줄 것이라고 생각합니다. 또 사회의 관심도 더 높아질 것이라고 기대해봅니다. 하루빨리 일본 정부도 피해자들에 대한 경제적 지원과 치료가 가능할 수 있도록 노력을 다했으면 좋겠습니다.[47]

김형률을 다시 만난 것은 2005년 4월이었다. 당시 나는 미국 뉴욕에서 열리는 핵확산금지조약(NPT) 재검토 회의와 워싱턴에서 미국 관료들과의 미팅이 예정되어 있었다. 이 소식을 접한 김형률은 나를 찾아와 미국에 함께 가고 싶다는 뜻을 피력했다. 당시 뉴욕에서는 피폭 60주기를 맞이해 성대한 규모의 반핵 집회를 비롯한 각종 행사가 열릴 예정이었다. 김형률은 이 자리에 서서 피폭 2세의 문제를 알리고 싶었던 것이다. 하지만 나는 그의 거듭된 요청을 받아들일 수 없었다. 2년 전에 비해 그의 건강이 더욱 안 좋아 보였다. 함께 온 부친의 근심 어린 눈빛으로도 그의 상태를 읽을 수 있었다. 결국 그는 고집을 접었다.

그런데 한 달 후 비보를 접했다. 5월 29일 그가 별세했다는 소식을 듣게 된 것이다. 김형률은 5월 20일부터 사흘 동안 일본 도쿄에서 열린 일본의 과거청산을 요구하는 국제연대협의회 심포지엄에 다녀온 뒤 건강 상태가 급속히 나빠졌다고 한다. 결국 5월 29일 아침 피를 토하며 쓰러졌고, 병원으로 옮겼지만 35세의 일기로 생을 마감하고 말았다.

그가 생전에 요구한 것은 크게 두 가지였다. 하나는 일본 정부가 피폭 1세대뿐만 아니라 2세대에게도 의료와 생계 지원에 나서야 한다는 것이었다. 그러나 일본은 거대한 벽이었다. 일본 정부는 피폭 유전 자체를 인정하지 않고 있기 때문이다. 이에 따라 김형률의 투쟁은 한국 정부로 향했다. 그러나 한국 정부는 이들에 대한 지원은 고사하고 제대로 된 실태조사도 한 적이 없었다. 정부 역시 묵묵부답으로 나오자 국회를 상대로 입법투쟁에 나섰다. 그 결과 역시 실망스러웠다. 국회에서는 여야 모두 특별법 제정 필요성을 공감했지만 해당 상임위원회 소위원회도 통과하지 못하는 일이 반복되었다.

한반도 핵문제는 대개 북한의 핵개발이 포착된 1989년이나 북한이 NPT에서 탈퇴한 1993년부터 시작된 것으로 간주된다. 그러나 곽귀훈과 김형률로 상징되는 한국인 피폭자들의 삶은 한반도 핵문제의 기원을 다시 생각하게 한다. 그들의 삶은 광복의 환희와 분단의 좌절 속에 가려져 있었을 뿐, 아직까지 '살아 있는 역사'이기 때문이다. 한수산의 소설 《까마귀》에 나오는 한 대목이다.

> 미국의 원폭 투하로 인해 조금이라도 빨리 조국을 되찾지 않았느냐고 물을 수는 있다. 그러나 그 누구도, 징용으로 끌려와 있던 조선인 원폭 피해자에 대해서만은 그렇게 물어서는 안 된다. 그들의 죽음은 무참했고, 그들은 순결했다.[48]

일본에서 오랫동안 한국인 피폭자를 위해 활동해온 이치바 준코는 이렇게 말한다. "한국인 원폭 피해자 문제는 일본의 침략을 받은 피억압 민족이었던 '한국인'이라는 점과 20세기 최대 사건이라고도 불리는 '원폭 피해'라는 두 가지 중요한 요소를 함께 안고 있다. 말하자면 인류가 20세기 들어와서 직면하게 된 '제국주의'와 '핵'이라는 가장 어려운 문제를 한꺼번에 떠맡은 것이 한국인 원폭 피해자들이다."[49]

안타깝게도 한국인들은 미국 핵무기를 '해방의 무기'로 인식하는 경향이 강하다. 일본의 패망이 미국의 원폭 투하 덕분이고, 일본이 원폭을 맞을 짓을 했다는 생각 때문이다. 대다수 현행 교과서에도 이런 식으로 기술되어 있다. 그러나 미국의 원폭 투하가 일제 패망과 거의 관계가 없다면, 그리고 수많은 조선인이 강제징용-피폭-외면의 역사에서 살아왔다는 것을 깨닫게 된다면, 핵무기에 대한 한국인의 인식은 어떻게 달라질 수 있을까?

해방의 무기 VS 분단의 무기

이런 질문도 던져본다. 만약 미국이 원폭 투하 대신 소련과의 연합작전을 통해 일본의 항복을 유도했다면 한반도는 어떻게 됐을까? 우리는 대개 미국이 일본에 핵폭탄 두 발을 떨어뜨려 항복을 받아냈고, 그 덕분에 해방되었다는 단편적인 역사 인식에 익숙하다. 그러나 8월 15일 일본의 항복과 한반도의 해방에는 미국의 원폭 투하보다 소련의 참전이 더 큰 영향을 끼쳤다. 오히려 미국의 원폭 투하는 한반도의 분단과 더 친화성을 갖는다고 할 수 있다.

이런 분석에는 나름대로 근거가 있다. 만약 미국이 핵무기를 손에 넣은 시점이 1945년 7월 중순이 아니라 8월 중순이었다면, 혹은 미국이 패망이 임박한 일본에 원폭 투하를 강행하지 않았다면, 당시 미국의 선택은 자명해진다. 그건 바로 소련의 태평양전쟁 참전과 미소 연합작전이었다. 실제로 포츠담회담 전까지 소련의 참전을 독촉한 당사자는 미국이었다. 트루먼 대통령도 "8월 15일 소련이 참전한다면, 일본은 끝장날 것"이라는 점을 알고 있었다. 그러나 유럽 전선에서 이미 1000만 명이 목숨을 잃고 경제 상황도 극도로 피폐해진 소련은 시간을 달라고 요구했다. 결국 미국과 소련은 D-day, 즉 소련의 참전을 8월 15일로 정했다.

그런데 미국이 7월 중순에 '마스터 카드'를 손에 쥐면서 소련을 대하는 태도가 180도 달라졌다. 핵무기로 소련의 참전을 대신할 수 있다고 믿었고, 오히려 소련 참전 이전에 일본에 핵무기를 떨어뜨려야 한다는 강박관념에 사로잡혔다. 미국이 핵을 갖기 전에는 '동지'로 여겼던 소련을 핵을 가진 이후에는 '적'으로 간주하기 시작한 것이다. 이런 맥락에서 볼 때, 8월 6일 아침 히로시마에서 피어오른 '거대한 버섯구름'은 냉전의 시작을 알리는 거대한 장송곡이었다. 히로시마 피폭 직후 스탈린은 이를 미국의 협박으로 간주하고는 "우리가 협박에 굴복하기 시작하면 아무것도 이룰 수 없다"며 "빨리 핵무기를 만들라"고 소련 과학자들을 다그쳤다.[50] 그리고 예정보다 6일 빠른 8월 9일 일본에 선전포고하고 참전을 감행했다. 그런데 소련은 왜 조기 참전을 결정한 것일까? 스탈린의 머릿속에 '미국이 전쟁을 끝내기 전에 우리도 서둘러 참전해야 한다'는 계산이 있었을 것이라는 추측을 가능케 한다.

한편 미국의 기대와 달리 일본은 히로시마 피폭에도 불구하고 항복하지 않았다. 도쿄 대공습을 비롯해 이미 미국의 폭격에 익숙한 탓이 컸다. 하지만 3일간 버티던 일본은 8월 9일 새벽 날벼락을 맞았다. 바로 소련의 참전 소식을 접한 것이다. 히로히토의 지시로 항복을 준비하던 일본은 또 한 차례 핵폭탄을 맞았다. 소련의 조기 참전에 조급해진 미국이 또다시 나가사키에 원폭을 투하한 것이라는 해석도 가능해진다.

소련의 참전 소식에 긴장한 나라는 일본만이 아니었다. 미국 역시 긴장했다. 그리고 번스 국무장관의 지시로 두 명의 젊은 장교 딘 러스크(Dean Rusk)와 찰스 본스틸(Charles Bonesteel)은 서둘러 내셔널 지오그래픽 지도를 펼쳤다. 눈짐작으로 38선을 한반도의 중간선으로 여기고 지도 위에 줄을 그었다. 이를 받아든 트루먼은 스탈린에게 38선을 기준으로 한반도를 분할 점령하자고 제안했다. 이미 한반도 북쪽을 점령한 소련은 이를 즉각 수용했다. 미국과의 충돌을 피하고 싶었기 때문이다.[51] 8월 10~11일 이틀 만에 벌어진 일이다.

당시 상황을 시간 순서로 정리하면 이렇다. 8월 6일 오전 히로시마 원폭 투하 → 8월 9일 새벽 소련의 선전포고 및 참전 → 8월 9일 오전 나가사키 원폭 투하 → 8월 10일 미국의 한반도 분단 결정 및 소련에 제안 → 8월 11일 소련 수용 → 8월 15일 일본의 항복 선언 및 조선 해방. 이들 사이에 어떤 인과관계가 있을까?

먼저 한반도 분단 과정을 간략히 살펴보자. 조선 문제가 최초로 언급된 회담은 1943년 이집트 카이로에서 열린 미국, 영국, 중국의 회담이었다. 이 회담에서 조선의 독립 문제는 이렇게 언급되었다. "미국, 영국, 중국 세 나라는 조선 인민의 노예 상태에 유의하여 '적절한 과정을 거쳐(in due course)' 조선을 독립하게 할 것을 결정한다." 여기서 주목해야 할 구절이 '적절한 과정을 거쳐'라는 표현인데, 이는 미국의 루스벨트가 조선이 자치 능력이 없는 것으로 간주해 장기간 '신탁통치'를 염두에 두고 제안한 표현이라는 해석이 유력하다. 이런 입장은 1945년 7월 포츠담회담에서도 재확인되었다.

《내셔널 지오그래픽》은 한반도 분단에 대해 이렇게 설명한다. "러스크는 38선이 경제적으로나 지리적으로 별 의미 없다는 것을 알고 있었다. 또한 조선이 1000년 동안 통합과 지리적 연속성을 이어왔다는 점도 알고 있었다. 그러나 당시는 냉전이었다. '군사적 편리함'이 시대를 지배해야 했다. 하여 조선이 일시적으로나마 분단될 필요가 있다고 여겼다." 소련을 경쟁자로 본 냉전적 사고가 조선의 분단을 결정하게 된 배경이었다는 의미다. 이는 러스크의 회고에서도 발견된다.[52]

일본이 항복 의사를 타진했던 8월 10일, 나는 본스틸과 함께 늦은 밤까지 조선 지도를 면밀히 보고 있었다. 다급하고도 엄청난 압력을 받으면서 우리는 가공할 만한 일을 하고 말았다. 미국 점령 지역을 선택한 것이다. 나와 본스틸은 한국 전문가가 아니었다. 그러나 수도 서울을 미국의 구역으로 삼아야 한다고 여겼다. 우리는 또한 미 육군이 광범위한 지역을 점령하는 데 반대한다는 것을 알고 있었다. 내셔널 지오그래픽 지도를 놓고 우리는 자연스러운 지리적 선이 아니라 편의상 서울의 북쪽을 응시했다. 우리는 38선을 분할선으로 결정해 이를 상부에 보고했다. 놀랍게도 상부는 주저 없이 이 제안을 수용했고, 소련 역시 마찬가지였다.

흔히 우리는 한반도가 미국의 원폭 투하 덕분에 해방을 맞이했다고 여기고는 한다. 그러나 시간적 선후관계를 인과관계로 혼동해서는 안 된다. 8월 15일 일본이 항복을 선언한 결정적 사유는 소련의 참전이었다. 오히려 '해방의 무기'로 인식되어온 미국의 원폭 투하는 한반도 분단의 중요한 원인이었다고 할 수 있다. 만약 당시 미국이 원폭 투하를 선택하는 대신에 소련과 연합작전을 통해 일본의 항복을 유도했다면 어떻게 됐을까? 독일과 비교해보면 한반도의 운명이 달라졌을 것이라는 가정이 설득력을 얻는다.

독일의 항복은 연합국 연합작전의 결과였다. 이에 따라 전후 처리도 미국, 소련, 영국, 프랑스 4개 승전국의 협상을 통해 이뤄졌다. 만약 대일본 전쟁 역시 유사하게 전개되었다면, 일본의 전후 처리는 미국, 소련, 중화민국 등 승전국의 협상에 따라 이뤄졌을 것이다. 그 결과는 한반도가 아니라 일본의 분단 내지 공동관리로 이어졌을 공산이 크다. 여운형을 중심으로 해방 전부터 완전한 독립국가를 만들려는 자생적인 움직임도 있었다. 패망을 예감한 조선총독부도 여운형과 협력하고 있었다. 그러나 절대무기를 손에 쥔 미국은 일본을 독점하려고 했다. 그리고 소련의 영향력이 일본으로 뻗치는 것을 막기 위해 한반도를 분할해 완충지대로 삼고자 했다.

조지 오웰의
결정적 예언

5

영국의 소설가 조지 오웰은 제2차 세계대전이 끝나고 두 달 후에 쓴 칼럼에서 소련이 수년 내 핵무기 개발에 성공할 것이라며, "우리는 몇 초 만에 수백만의 사람을 몰살시킬 수 있는 무기를 보유한 두세 개의 괴물과 같은 슈퍼파워 국가들이 세계를 분단시키는 상황에 직면할 것"이라고 경고했다. 그러면서 "대규모 전쟁이 발발할 가능성은 줄어들겠지만, 영원히 '평화가 없는 평화'의 상태, 즉 '냉전(cold war)'을 그 대가로 지불해야 할 것"이라고 예언했다.[53] 이후 인류의 역사는 그의 경고대로 진행된다.

이상한 냉전

그렇다면 냉전은 언제 시작된 것일까? 냉전의 기원에 대해서는 다양한 의견이 존재한다. 상당수 사람들은 제2차 세계대전 종전 무렵부터 본격화된 미국과 소련의 갈등에서 그 기원을 찾는다. 그리고 미국이 소련

봉쇄를 위해 '트루먼 독트린'을 발표한 1947년을 냉전이 본격화된 시기로 간주한다. 하지만 어떤 이는 러시아 혁명으로 자본주의와 사회주의 간 이념 대결이 본격화된 1917년이 냉전의 시발점이라고 주장한다. 혹자는 이보다 더 올라가 냉전의 씨앗이 "유럽 제국주의 강국들과 신흥 강국인 미국이 19세기 글로벌 주도권 다툼을 벌이는 동안 뿌려졌다"고 주장하기도 한다.[54]

이처럼 냉전의 기원을 둘러싸고 다양한 의견이 존재하지만, 냉전종식에 대해서는 거의 이견이 없다. 언론과 학계, 그리고 정부 전반에 걸쳐 "냉전기는 1989년 11월 베를린 장벽이 무너지면서 끝난 것으로 널리 간주되고 있다." 바로 이 시기에 미국과 소련 정상이 만나 '냉전종식'을 선언함으로써 이런 해석은 더욱 힘을 얻고 있다. 하지만 1991년에 소련이 몰락하면서 냉전은 '승패의 관점'으로 전환된다. 1992년 연두교서에서 조지 H. W. 부시 미국 대통령은 "신의 은총에 힘입어, 미국은 냉전에서 이겼다"고 말했다. "냉전은 끝난 것이 아니라 미국이 이긴 것"이라고 강조했다.

또 다른 축인 러시아로 넘어가면 상황이 복잡해진다. 권위주의적 공산정권을 무너뜨린 러시아 시민에게는 '승리'를 의미했지만, 소련 정권에는 '패배'를 의미했다. 하지만 러시아의 한 전문가는 "소련 몰락 이후 '새로운 세계 질서'는 고르바초프를 비롯한 소련의 개혁가들이 구상한 것과 너무나 차이가 크다"고 강조한다. 고르바초프가 구상한 냉전 이후는 군비경쟁의 종식, 독일 통일, 동서 양 진영의 대결 종식 및 협력 강화였는데, 소련의 몰락과 함께 고르바초프의 '새로운 세계 질서'도 무너졌다고 본다.[55] 그리고 그 자리에 미국을 비롯한 서방 국가들의 요란한 샴페인 터뜨리는 소리와 미국 단극체제가 들어섰다. 이를 참을 수 없었던 블라디미르 푸틴 대통령은 2005년 러시아 연방의회 연설에서 "소련의 몰락은 20세기 최대 지정학적 재앙"이라고 말했다.

그런데 여기서 핵심적인 질문이 제기된다. "냉전이 끝났다고 말할 때 우리는 누구의 냉전을 말하며 냉전의 어떤 차원을 말하는가?"* 냉전을 미소 간의 대결이라고 본다면, 혹은 자본주의와 사회주의 사이의 이념 대결로 본다면 1989년이나 1991년에 냉전이 끝났다는 주장은 맞다고 할 수 있다. 그러나 뭔가 허전하다. 분단은 물론이고 정전체제가 아직까지 유지되고 있는 한반도는 뭔가? 중국 내전과 세계적 냉전이 조우하면서 고착화된 양안의 분단도 현재진행형이다. 제국주의, 냉전시대와 떼어놓고 생각할 수 없는 중동과 아프리카 곳곳에서는 오늘날에도 열전이 벌어지고 있다. 더구나 유럽에서는 미국과 러시아가, 아시아에서는 미국과 중국 사이의 전략적 경쟁이 격화되면서 '신냉전'이라는 표현이 유행하고 있지 않은가? 이런 현실은 문화역사학자인 존 질리스(John Gillis)가 일갈한 냉전의 특수성을 떠올리게 한다. "전쟁이냐 평화냐 구분하던 옛 방식의 경계가 흐려짐에 따라, 그전에는 집단기억의 초점이던 시작이나 끝을 정의하기가 매우 힘들어졌다."

냉전을 둘러싼 해석의 차이는 그 기원과 종식에만 국한되는 것이 아니다. 대표적으로 미국의 역사학자 존 루이스 가디스(John Lewis Gaddis)는 1945년부터 1989년 사이의 냉전시대를 '긴 평화(long peace)'라고 부른다. 이는 두 차례의 세계대전을 경험한 20세기 전반부와 대조되는 20세기 후반부의 국제질서를 규정한 개념이다. 즉, 미소 양극체제와 상호 간의 핵 억제력이 큰 전쟁을 예방하는 데 기여했다는 것이다. 그런데 바로 그 시기에 전 세계 도처에서 벌어진 전쟁과 분쟁으로 인한 사망자 수는 두 차례 세계대전을 합친 사망자 수를 훌쩍 넘어선 4000만 명에 달한다. 이는 가디스가 말한

---

* 권헌익은 이런 문제의식을 바탕으로 '또 하나의 냉전'의 관점을 통해 중심부의 역사 해석에서 밀려난 주변부의 냉전사를 인류사회학적 관점에서 정리하고 있다. 나는 이런 문제의식을 수용하면서도 지정학적인 냉전 인식의 핵심축인 핵무기의 관점에서 한반도 문제를 냉전의 관점에서 서술하려 한다.

'긴 평화'와 분명 모순된다. "지난 45년의 세월(1945-1989)을 미국과 소련의 대결로 축소하는 것은 편리할지 모르지만 비역사적이다"라는 지적을 음미하게 하는 대목이다.[56]

그렇다면 냉전이라는 말은 누가 언제부터 사용한 것일까? 그 주인공은 앞서 소개한 조지 오웰이다. 오웰의 통찰력은 두 가지 현실적 진단에 기초한 것이었다. 하나는 미국이라는 슈퍼파워 국가가 핵무기를 가지고 세계를 지배하려는 유혹은 또 하나의 슈퍼파워, 즉 소련의 핵무기 개발을 자극할 수밖에 없다는 것이었다. 그 결과 세계는 절대무기를 보유한 두 나라에 의해 분단되는 상황을 피할 수 없다고 봤다. 또 하나는 역설적으로 그 절대무기의 파괴력이 엄청나게 크기 때문에 "2개의 괴물"이 핵무기를 사용하는 데 주저하게 될 것이라는 점이었다. 그 결과 제3차 세계대전은 일어나지 않을 것이라고 예언했다. 오웰이 냉전이라는 말을 떠올린 결정적인 이유는 바로 핵무기의 출현과 경쟁에 있었던 것이다.

제2차 세계대전 당시 동지였던 미국과 소련이 냉전으로 빠져든 데는 미국의 비밀 핵개발인 '맨해튼 프로젝트'가 주효했다. 미국은 '절대무기'를 손에 쥐면 전후 질서에서 소련보다 우위에 설 것으로 확신했다. 자발적이든 포섭된 것이든 이 프로젝트에 참여한 과학자들로부터 '거대한 비밀'을 전해들은 소련의 스탈린은 '미국이 원자폭탄을 갖게 되면 피격당할 것'이라는 공포심에 사로잡혔다. 히로시마와 나가사키에 떨어진 원자폭탄으로 수많은 사람들이 몰살당한 것을 보고는 '다음은 우리 차례'라는 편집증을 갖게 되었고 그 편집증은 '우리도 빨리 만들라'는 지시로 이어졌다.

스탈린, "히로시마가 세계를 흔들었다"

스탈린은 1940년대 초반부터 핵무기 개발에 관심을 갖고 있었지만, 미국이 포츠담회담에서 '핵 외교'를 선보이고 히로시마와 나가사키에 원폭을 투하하기 이전까지 심혈을 기울이지는 않았다. "미래의 불확실성에 대비한 작은 대비책"으로 간주하는 수준이었다. 또한 미국과 영국이 비밀리에 핵무기를 개발하고 있었다는 것을 정탐 활동과 일부 과학자들의 '자진 보고'를 통해 이미 알고 있었다. 스탈린이 포츠담회담에서 미국이 핵무기 개발에 성공했다는 트루먼의 통보를 듣고 그리 놀라지 않은 까닭도 바로 여기에 있다.

그러나 미국이 실제로 핵무기를 사용한 것에는 상당히 놀랐던 것으로 보인다. 히로시마 피폭 직후 스탈린은 "히로시마가 세계를 뒤흔들었다. 균형은 깨졌다. 핵폭탄을 만들어라. 그것은 우리로부터 거대한 위험을 제거해줄 것이다"라며, 소련 과학자들에게 핵무기 개발에 박차를 가할 것을 지시했다. 또한 미국의 핵 사용을 소련의 양보를 강제하기 위한 협박 외교로 규정하고, "우리가 협박에 굴복하기 시작하면 아무것도 이룰 수 없다"고 말했다.[57] 이처럼 트루먼의 무력시위는 노련한 독재자 스탈린을 위축시키기보다 핵무기를 개발해 미국에 맞서야 한다는 생각을 더욱 강하게 만들었다.

미국의 핵 독점은 제2차 세계대전 말엽은 물론이고 종전 이후에도 "미국의 외교정책을 혁명화"시켰다. 대표적으로 "핵무기가 없었다면 미국 대통령이 결코 생각하기 힘든 정책, 즉 독일의 재건과 재무장을 선택하게 했다". 트루먼 행정부는 독일의 재건 및 재무장에 따른 유럽 국가들의 두려움은 미국의 핵 억제로 차단할 수 있다고 생각했다. 트루먼과 번스는 1945년 8월 22일 프랑스의 드골 대통령을 만난 자리에서 "독일의 위협이 과장되어서는 안 된다"며, "원자폭탄은 도발을 일으키려는 나라들을 중지시킬 것"이라고 말했다. 또한 미국의 양보가 불가피한 소련과의 협력도, 독일 재무장을 두려워하는 소련의 우려도 크게 고려할 필요가 없다고 여겼다. 핵의 위력을 믿은 미국의 대담한 행보가 시작된 것이다.

실제로 미국은 독일 문제를 비롯한 소련과의 외교협상에서 핵무기를 강압외교의 수단으로 동원했다. 미국은 핵무기의 위력을 스탈린에게 각인시키기 위해 원폭을 당한 히로시마에 소련 관료를 초청하기도 했고, 태평양에서 실시한 핵실험에 소련 관료를 참관시켰다.[58] 또한 번스가 소련의 몰로토프(Vyacheslav Molotov) 외무장관을 만나 독일 문제를 두고 담판을 벌이던 1946년 6월에는 태평양 비키니섬에서 대규모 핵실험을 실시해 소련의 강한 반발을 불러오기도 했다. 그리고 소련이 그토록 거부했던 독일 재건에도 박차를 가하기 시작했다.

이런 미국의 두 가지 카드, 즉 핵 시위와 독일 재건은 소련에 미국이 전쟁을 준비하고 있다는 의구심을 강하게 갖게 했다. 당시 소련의 위협 인식은 소련 해체 이후 해제된 비밀문서에서 잘 나타난다. 1946년 주미 소련 대사인 노비코프는 미국이 전쟁을 준비하고 있는 것으로 보인다며, 그 근거로 해외 해·공군기지 건설, 원자폭탄 등 신형무기 증강, 독일 재건 및 재무장 추진 등을 제시했다. 특히 "미국은 독일에서 연합국의 임무, 즉 무장해제와 민주화를 달성하기 이전에 임무를 종식시키는 것을 고려하고 있는데, 이는 독일 제국주의의 부활로 이어질 수 있고, 미국은 재무장한 독일을 자기편으로 만들 계획을 갖고 있는 것으로 보인다"고 본국에 보고했다. 이에 따라 스탈린은 미국의 의도에 강한 의혹을 품으면서 "앵글로-색슨의 침공"을 막기 위해 강력한 대응책을 모색하기 시작했다.[59]

그러나 미국은 소련의 불만에 아랑곳하지 않고 자신의 구상을 밀어붙였다. 1947년 3월 12일 발표된 '트루먼 독트린'을 통해 전면적인 대소 봉쇄정책에 나선 것이다. 이 독트린의 직접적인 계기는 그리스와 터키에서 좌파의 도전이 거세진 데 있었다. 이들 나라 내부에서 좌파의 영향력이 커지고 소련이 이 지역에서 영향력 확대를 도모하고 있다고 판단한 트루먼은 우파 정권에 대규모 군사적·경제적 원조에 나섰다. 그러나 미국의 대소 봉쇄정책은 이들 지역에 한정된 것이 아니었다. 주소련 대사관에 근무하고 있던 조지 케넌(George Kennan)이 1946년 2월 국무부에 보낸 '긴 전문(long telegram)'에 자극받은 미국 정부 내에서는 이미 전면적 대소 봉쇄정책 분위기가 팽배해 있었다. 대화와 협상을 통한 소련과의 평화공존 모색은 비현실적인 이상주의에 불과하고 미국의 압도적인 힘에 의해 소련 전체주의의 팽창을 저지해야 한다는 것이었다.[60] 이때 스탈린은 폴란드를 비롯한 동유럽 점령과 위성국가 수립을 '러시아의 비극'에 대한 합당한 대가로 바라봤다. 하지만 트루먼은 이를 스탈린의 팽창정책으로 간주했다. 냉전은 이렇게 무르익고 있었다. 소련인들은 자신들의 처참한 희생과 불굴의 항쟁으로 제2차 세계대전을 승리로 이끌었다고 여겼지만, 정작 "미국은 러시아의 비극을 알지 못했다".[61]

실제로 미국은 '트루먼 독트린' 발표를 전후해 대소 봉쇄의 수위를 높여나갔다. 1947년 1월에는 영국과 함께 점령하고 있던 독일의 서쪽 지역을 미·영에 통합해 사실상 독일 분단의 수순을 밟아나갔다. 또한 1947년 여름부터는 소련의 강력한 반발을 뒤로하고 유럽경제부흥 계획인 '마셜 플랜'을 단행했다. 마셜 플랜은 유럽에 국한된 것이 아니라 소련의 또 하나의 숙적인 일본에도 적용되었다. 이 계획이 의도하는 것은 "전체주의 정권의 씨앗은 비참과 결핍에 의해 배양된다"라는 트루먼의 발언에 잘 담겨 있었다. 미국의 대소 강경기조는 1948년 체코슬로바키아 쿠데타와 이듬해 베를린 위기에서도 거듭 확인됐다. 제2차 세계대전 이후의 질서가 냉전으로 굳어지고 있었던 것이다.

이런 미국의 대소 봉쇄정책의 자신감은 적지 않게 핵 독점에서 비롯되었고, 앞으로도 상당 기간 미국이 핵 우위에 있을 것이라는 확신으로 뒷받침되었다. 핵무기를 대소 봉쇄정책의 유력한 수단으로 삼은 미국은 핵무기 보유고를 크게 늘려 1949년에는 그 수가 200개에 달했다. 소련은 이런 미국의 움직임, 즉 소련의 동서(東西) 라이벌인 독일과 일본의 재건 및 미국 핵 전력의 비약적인 증강을 침공 준비로 간주했다. 그리고 이에 대한 유력한 대응책으로 핵무기 개발에 박차를 가했다. 스탈린이 김일성의 남침 계획에 마음을 바꾼 전략적 이유도 여기에서 연유했다.

소련의 핵실험과 미국의 대응

주목할 점은 핵의 위력을 앞세운 미국의 강경외교에 '핵 강압외교'의 주역이었던 헨리 스팀슨 전쟁부 장관이 일찍이 강한 우려를 표명하고 나섰다는 것이다. 그는 1945년 9월 11일 트루먼에게 보낸 편지를 통해, 소련과의 신뢰 구축을 위해서는 미국의 핵 계획을 소련과 공유할 필요가 있다고 권고했다. 그는 편지와 함께 동봉한 메모를 통해 그 이유를 다음과 같이 밝혔다. "(미국의 원자폭탄 보유는) 대륙에서 소련의 영향력을 상쇄할 수 있는 중요한 무기로 간주되어왔습니다. 우리는 또한 소련 정부가 이런 경향을 간파하고 있고, 가능한 최단시간 내에 이 무기를 획득하려는 소련의 정치·군사 지도자들의 유혹도 강해지고 있다는 것을 잘 알고 있습니다." 그는 미국이 핵 독점을 통해 소련에 맞서는 앵글로-색슨 진영을 구축하면 "매우 절망적인 방식으로 비밀 군비경쟁이 야기"되고, "우리의 목적과 의도에 대한 소련의 의심과 불신은 증가될 것"으로 우려했다. 그러면서 미국은 추가적인 핵무기 개발과 생산을 중단하고, 소련 및 영국과 핵 기술 협력 및 통제를 놓고 협상에 나설 것을 주문했다.[62] 그러나 그의 충언은 받아들여지지 않았다.

결국 미국의 핵 독점은 그리 오래가지 않았다. 1949년 8월 29일 소련이 카자흐스탄 사막 '세미팔라틴스크-21'에서 핵실험에 성공한 것이다. 이는 미국이 나가사키에 투하한 플루토늄 핵폭탄 '뚱보(Fat man)'와 흡사한 것으로, 소련이 1950년대 중반에 가서야 핵개발에 성공할 것이라는 미국의 판단보다 훨씬 앞선 것이다. 미국 중앙정보국(CIA)은 1948년과 1949년 정보보고서를 통해 소련의 핵무기 개발 성공 시점을 "1953년 중반기가 가장 가능성이 높은 때"라고 분석했다. 핵실험에 성공한 스탈린은 이 사실을 철저하게 비밀에 붙이고 싶어 했다. 자극받은 미국이 대대적인 군비증강에 나설 것을 우려했기 때문이다. 그러나 당시 미국의 첨단장비는 소련의 핵실험 사실을 포착했고, 트루먼은 9월 23일 이를 공식발표했다. 미국은 소련의 핵무기를 스탈린의 이름을 따서 'JOE-1'이라고 불렀다. 그리고 미국은 대대적인 군비증강 계획에 착수하는데, 당시 '슈퍼 폭탄'으로 불렸던 수소폭탄 개발과 냉전 초기 전략지침서라고 할 수 있는 국가안전보장회의 문건 68호 NSC-68은 이를 대표한다.[63] 스탈린이 피하고 싶었던 것이 현실로 나타난 것이다.

예상보다 빨리 실시된 소련의 핵실험에 당황한 트루먼 행정부는 세 가지 조치를 단행했다. 첫째는 유럽에서 소련의 재래식 군사력에 대한 열세를 만회하기 위한 영구적인 미군 주둔 및 재래식 군비 증강이었다. 이는 1, 2차 세계대전을 거치면서 폭등한 군사비를 줄이고 군부의 영향력 확대를 견제하고자 했던 트루먼의 의도와는 상반된 것이었다. 둘째는 소련에 대한 핵 우위를 유지하기 위해 원자폭탄의 양과 질을 크게 늘리는 것이었다. 이미 트루먼 행정부는 원자폭탄 증강을 통해 재래식 군사력 감축을 상쇄할 생각이었는데, 소련의 핵실험 성공 소식은 원자폭탄 증강 열기에 기름을 붓는 역할을 했다. 셋째는 당시 '슈퍼 폭탄'으로 불렸던 수소폭탄 개발 승인이었다. 트루먼은 1950년 1월 31일자 성명을 통해, "우리나라를 잠재적인 도발자로부터 방어하는 것은 최고 군통수권자의 의무"라며, "나는 원자력위원회에 수소폭탄을 포함한 모든 형태의 핵무기를 만들라고 지시했다"고 밝혔다.[64]

수소폭탄 개발 방침은 핵의 역사에서 두 가지 심대한 결과를 가져왔다. 하나는 수소폭탄의 파괴력이 원자폭탄의 수십배에 달해 단 한 발의 폭탄으로도 대도시나 작은 나라를 완전히 날려버릴 수 있게 되었다는 것이다. 또 하나는 이런 가공할 파괴력에 놀란 많은 사람들이 반핵주의자로 돌아섰다는 것이다. 대표적인 인물들이 바로 대소 봉쇄정책의 설계자인 조지 케넌과 '아메리칸 프로메테우스'로 불리는 로버트 오펜하이머였다. 이들을 비롯한 많은 맨해튼 프로젝트 참여 과학자들은 "수소폭탄 사용은 원자폭탄을 훨씬 능가하는 대량살상을 가져올 것"이라며, 설사 소련이 이 무기를 손에 쥔다고 하더라도 미국은 원자폭탄으로 소련을 억제할 수 있다고 주장했다. 아인슈타인은 "현재와 같은 군사기술 수준에서 핵무장을 통해 안보를 달성하겠다는 것은 파멸적인 환상"이라며, "미소 간의 군비경쟁은 이성의 상실을 의미한다"고 개탄했다.[65]

그러나 소련의 핵실험 성공에 충격을 받은 트루먼 행정부는 '슈퍼 폭탄' 개발에 박차를 가했다. 소련보다 핵 전력이 앞서야 한다는 강박관념과 미국이 주저하는 사이 소련이 먼저 수소폭탄을 개발할 수 있다는 두려움이 팽배했던 것이다. 결국 미국은 1952년 11월 1일 태평양에서 수소폭탄 실험을 강행했다. 폭발 규모는 원자폭탄 실험이었던 '트리니티'보다 500배 강력한 10메가톤을 넘어섰다. 소련 역시 그 이듬해인 1953년 8월 12일 중앙아시아 사막에서 수소폭탄 실험에 성공했다. 이처럼 미국과 소련은 조지 오웰인 말한 "2개의 괴물"이 되어갔다.

그러나 과유불급이라고 했던가? 1954년 3월 1일 태평양 비키니섬에서 실시된 미국의 수소폭탄 실험은 상상을 초월하는 결과를 낳았다. 폭발 규모가 무려 15메가톤에 달해, 히로시마에 투하된 원자폭탄보다 750배, 미국 정부가 예상했던 것보다 2.5배나 강력했던 것이다. 또한 직경 2km, 깊이 75m의 거대한 분화구가 생겨났으며, 버섯구름은 1분 후 직경 15km, 8분

후에는 100km까지 커졌고 높이도 무려 16.5km에 달했다. 더구나 방사능 낙진이 140km 날아가 조업 중이던 일본인 어부들을 죽음으로 몰아넣었으며, 세계 곳곳에서 방사능 물질이 검출되고 이상기후가 나타났다.[66]

가공한 폭발력 앞에 인류 사회는 전율했다. 이들 가운데는 "핵무기를 다른 무기와 특별히 다르게 봐야 할 이유를 모르겠다"고 말했던 아이젠하워 미국 대통령도 포함되어 있었다. 이전까지 핵무기 옹호자였던 윈스턴 처칠 영국 총리 역시 이 실험을 목도하고는 핵전쟁이 일어나면 영국은 더 이상 살 수 없는 땅이 될 것이라며 우려를 표명했다. 무엇보다 수소폭탄 실험 '브라보(Bravo)'는 반핵운동에 기폭제 역할을 했다. 미국의 저명한 반핵단체인 '분별 있는 핵정책을 위한 전국위원회(National Committee for a Sane Nuclear Policy)'와 비폭력행동위원회(Committee for Non-Violent Action) 등과 영국의 핵 폐기 캠페인(Campaign for Nuclear Disarmament), 그리고 초국적 단체인 퍼그워시(Pugwash) 등 저명한 반핵단체들이 생겨났다. 이들은 대규모 반핵집회 개최, 신문광고, 시민불복종 운동 및 핵무기시설 침투와 핵실험 지역에서의 해상시위 등 다양한 방법을 통해 반핵운동을 전개했다. 이런 반핵운동은 언론을 통해 전 세계에 타전되었다. 그러자 핵무기 사용에 대한 미국 여론도 바뀌기 시작했는데, 1950년대 중반에는 선제 핵사용에 대한 반대여론이 과반수를 넘어서기도 했다.[67]

이처럼 원자폭탄보다 파괴력이 훨씬 큰 수소폭탄은 '핵분열' 반응을 이용하는 원자폭탄과 달리 '핵융합' 반응을 이용한다. 수소폭탄의 핵융합 반응은 원자폭탄의 핵분열 반응에 비해 단위당 방출 에너지양이 10% 정도로 작지만, 핵융합 반응을 일으키는 물질의 질량이 핵분열 물질의 2%밖에 안되기 때문에 핵물질당 방출 에너지양은 원자폭탄보다 4배 이상 많다. 예를 들어 10kg의 핵물질이 포함된 수소폭탄은 같은 질량의 원자폭탄보다 파괴력이 42배 강하다. 그래서 "핵분열 폭탄은 태양 표면에 해당하는 온도를 만들어내는 반면에, 핵융합 폭탄은 태양의 일부를 지구에 갖다놓은 것과 같은 엄청난 온도를 발산한다".[68]*

핵의 시대가 개막되면서 과시욕과 공포심은 태양열처럼 뜨겁게 연쇄반응을 일으켰다. 소련이 예상보다 5년 정도 빨리 원자폭탄 실험을 하자, 이번에는 미국이 편집증적 공포에 사로잡혔다. '소련이 먼저 슈퍼 폭탄을 만든다면'이라는 가정은 서방 문명의 종말과 동의어처럼 간주되었다. 이에 반대하는 과학자들에게는 재갈을 물렸고, '슈퍼 폭탄'을 향한 질주를 시작했다. 원자폭탄에서는 미국에 밀렸던 소련도 수소폭탄에서는 뒤처지지 않기 위해 안간힘을 썼다. '네가 먼저 보유하면 내가 끝장난다'는 공포심에 사로잡힌 미국과 소련의 지도자들은 태평양과 사막, 심지어 대기권에서도 작은 태양과 거대한 버섯구름을 경쟁적으로 선보였다. 그 속엔 '내 것이 더 강하고 많지'라는 과시욕이 담겨 있었다. 공포심과 과시욕이 합해지면서 이성의 목소리는 설 자리를 잃었다. '그건 만들어봐야 소용없다'는 현실적인 호소도, '그건 너무나 반인도적 무기'라는 인간적인 호소도 이적행위나 다름없는 것으로 취급됐다. '더 강하게, 더 빠르게, 더 멀리, 더 많이!' 올림픽 구호를 연상시키는 핵 군비경쟁이 냉전시대를 지배했다. 그 결과《수소폭탄 만들기》의 부제처럼 "20세기를 지배한 암흑의 태양"이 급격히 늘어났다. '핵겨울(nuclear winter)'을 잉태하면서 말이다.

한편 소련이 미국의 예상보다 훨씬 빨리 핵실험에 성공하자, 미국 내에서는 '매카시즘'의 기운이 퍼지기 시작했다. 소련 최초의 핵무기는 미국의 예상보다 5년 정도 빨리 등장했을 뿐만 아니라, 미국의 플루토늄 핵폭탄인 '가제트' 및 '뚱보'와도 흡사했다. 소련이 핵실험을 단행한 지 5개월 후 소련 스파이의 핵심인물인 클라우스 푹스(Klaus Fucks)가 미 정보기관에 체포

---

*   참고로 태양을 비롯한 모든 별들은 핵분열이 아니라 핵융합 반응으로 에너지를 발산한다.

되었다. 그는 나치 독일의 박해를 피해 영국으로 망명한 물리학자였는데, 1944년부터 로스앨러모스 연구소에 파견 근무하면서 핵심정보를 소련 측에 넘겼다.[69] 이 사건 직후에도 국무부 고위관료인 앨저 히스 간첩 논란 및 로젠버그 부부 사건이 잇따라 터지면서, "미국 내 소련 스파이가 소련의 핵 개발을 도왔다"는 심증은 확신을 갖게 됐다.[70]

1949년 8월 29일 소련의 핵실험에 이어, 10월 1일 중국이 공산화되면서 미국 내 '적색 공포'는 더욱 기승을 부렸다. 소련의 핵실험 성공이 미국의 핵 독점체제를 무너뜨렸다면, 중국의 공산화 성공은 오랜 기간 미국의 동맹국으로 인식되었던 중국이 공산국가로 변모했다는 것을 의미했다. 그만큼 미국의 충격도 컸다. 특히 1950년 1월 들어 중화인민공화국(중국)의 UN 가입 문제로 미국과 소련이 날카로운 대립을 벌이기 시작했고, 그해 2월 중소동맹조약이 체결됐다.

이를 틈타 미국 공화당 상원의원인 조지프 매카시(Joseph McCarthy)는 1950년 2월 9일 "나에게 국무부에서 일하는 205명의 공산주의자 명단이 있다. 그런데 국무장관은 이들이 공산주의자라는 것을 알고 있음에도 불구하고 이들과 계속 일하고 있다"고 주장했다. 무명에 가까웠던 매카시는 이 폭탄발언 한 방으로 일약 저명한 정치인으로 올라섰다. 그가 경고한 '적색 공포'를 실증하듯 4개월 후 한국전쟁이 터지면서 매카시즘은 미국 국내 정치뿐만 아니라 대외정책의 급격한 우경화를 불러왔다. 국제정세가 급변하던 시기를 틈타 몰아치기 시작한 매카시즘은 한국전쟁 발발 직후 트루먼이 신속한 개입을 선택하는 데 적지 않은 영향을 미쳤다. 신속한 한반도 개입을 선택함으로써 안보와 공산주의에 나약하지 않다는 것을 보여주기로 한 것이다.

'아메리칸 프로메테우스'와 과학자들의 반란

6

       핵의 시대에 빼놓을 수 없는 인물이 바로 로버트 오펜하이머이다. 카이 버드와 마틴 셔윈의 역작 《아메리칸 프로메테우스》에 나와 있는 것처럼, 그는 "전시 조국을 위해 자연으로부터 태양의 거대한 불꽃을 얻어 내려는 노력을 진두지휘했던 '원자폭탄의 아버지'이자 '미국의 프로메테우스'였다". "반항적인 그리스의 신 프로메테우스가 제우스로부터 불을 훔쳐 인류에게 주었듯이, 오펜하이머는 우리에게 핵이라는 불을 선사해"주었다. 그는 이런 임무를 수행하기 위해 맨해튼 프로젝트에서 원자폭탄의 설계와 실험을 담당한 로스앨러모스 연구소 소장을 맡아 혼신의 힘을 기울였다. 그리고 맨해튼 프로젝트 종료 후에는 미국 핵정책 결정에 중대한 영향을 행사하는 원자력위원회 자문회의 의장을 맡았다.

    그러나 그는 동시에 '핵군축의 아버지'로도 불린다. 그가 핵무기의 끔찍한 위험성을 경고했을 때, 미국의 권력자들은 분노에 찬 제우스처럼 그에게 벌을 내렸다.[71] 오펜하이머의 변신은 히틀러의 사망과 독일의 항복, 상상을 초월한 원자폭탄 실험의 엄청난 파괴력, 일본에 원폭 투하가 불가피한 선택이 아니었다는 뒤늦은 깨달음, 그리고 미국의 수소폭탄 개발 강행이 복합적으로 맞물려서 나타났다. 그는 트리니트 실험 다음 날 담배를 피우면서 "저 불쌍한 사람들"이라며 일본인들을 걱정했다. 그러나 조국을 위해 어쩔 수 없이 원폭 투하가 필요한 것으로 생각했다. 그러나 곧 히로시마와 나가사키 원폭 투하가 불가피한 선택이 아니라 소련을 향한 무력시위의 일환이었던 것을 알게 되었다. 이런 배신감이 '원자폭탄의 아버지'를 '수소폭탄 개발의 반대자'로 전환시킨 중대한 전환점이 되었다.

오펜하이머는 1953년 2월 17일 뉴욕 강연에서 이렇게 말했다. "우리는 유리병 속에 든 두 마리의 전갈과 같습니다. 서로 상대방을 죽일 수 있는 능력을 가졌지만, 그러려면 자신의 목숨을 걸어야 하는 것이지요."[72] 그의 발언은 핵 숭배주의에 탐닉해 있던 미국의 정책 결정자들에게 상당한 충격을 주었다. 그러나 아이젠하워 행정부는, 조속히 핵 군비 통제에 나서지 않으면 미국과 소련을 비롯한 인류 사회가 '상호확증파괴(Mutual Assured Destruction)' 시대에 돌입할 것이라는 종말론적인 경고에 귀 기울이지 않았다. 오히려 오펜하이머를 국가안보를 위태롭게 하는 인물로 낙인찍고, 그의 입에 재갈을 물렸다. 그러나 이후 미국의 정책 결정자들이 미국도 "유리병 속에 든 두 마리 전갈" 가운데 한 마리 신세로 전락한다는 것을 깨닫는 데는 그리 오랜 시간이 걸리지 않았다.

오펜하이머의 예언가적 기질은 핵 테러리즘에 대한 경고에서도 유감없이 드러난다. 그는 1946년 미 상원 청문회에서 "서너 명이 뉴욕으로 폭탄을 몰래 가지고 들어와 도시 전체를 폭파시킬 수 있을지"에 대한 질문을 받고, "물론 가능합니다. 그들은 뉴욕을 파괴할 수 있습니다"라고 답했다. 그러면서 이를 사전에 탐지하는 것은 불가능할 것이라며, 핵 테러리즘을 예방할 수 있는 유일한 해결책은 핵무기 자체를 없애는 것이라고 강조했다.[73]

그러나 그의 경고는 철저하게 무시되었다. 2011년 발생한 9·11 테러 이후 미국을 비롯한 주요 국가들은 핵 테러리즘 예방에 머리를 맞대어왔지만, 오펜하이머가 '핵 테러리즘' 예방을 위한 유일한 해결책이라고 강조한 모든 핵무기의 폐기는 의제 밖에 있어왔다.

과학과 문명

과학의 발전이 인류 문명의 진화를 주도한다는 것은 서구 세계의 오랜 신념이었다. 과학자들 스스로도 이런 자부심을 갖고 있었고, 사회적·국가적·국제적으로도 위대한 과학자를 신봉하는 문화가 팽배해 있었다. 오펜하이머를 비롯해 맨해튼 프로젝트에 참여한 과학자들도 초기에는 핵무기 개발이라는 과학적 혁신과 인류 문명의 진화가 함께할 것으로 기대했다. 연합국이 원자폭탄이라는 신무기를 히틀러보다 먼저 손에 거머쥔다면, 인류 문명을 지킬 수 있을 것으로 봤다. 이런 생각은 1927년 노벨 평화상 수상자이자 맨해튼 프로젝트 핵심인물이었던 아서 콤프턴(Arthur H. Compton)의 발언에 잘 담겨 있다. "그 누구도 핵 시대의 도래를 막을 수 없었다. 프로메테우스의 선물은 핵무기 사용에 대해 현명한 책임감을 갖고 있는 나라들에 먼저 주어졌다."[74] 이처럼 미국이 나치 독일이나 일제보다 먼저 핵무기를 개발해 제2차 세계대전을 승리로 이끈 것은 "핵무기를 신의 축복으로 신화화"하면서 "새로운 세계에서도 핵의 보유와 사용을 광범하게 정당화하는 이데올로기적 기능을 수행"했다.[75] 그리고 이를 가능케 한 과학은 숭배의 대상이 되었다.

실제로 미국 연방정부가 제2차 세계대전 이전까지 과학 연구에 지출한 연방자금은 매년 5000만 달러 정도에 불과했지만, 맨해튼 프로젝트를 거치면서 비약적으로 늘어났고, 1950년부터는 매년 10억 달러 이상을 투입했다. 이전에는 주로 농업이나 공중보건에 집중되었으나 전후에는 원자폭탄 및 수소폭탄 만들기에 집중되었다. "첨단기술에 근거한 과학 무기가 외교나 국제협정보다 더 나은 보호를 제공해줄 것"이라고 믿었고, "신생독립국가 국민들의 마음을 사로잡기 위한 국제적인 싸움을 이길 수 있는 최고의 방법은 과학기술의 힘을 대대적으로 과시하는 것이라고 생각"했던 것이다. 정도의 차이는 있었지만 소련 역시 본질적으로는 같았다.[76]

그러나 핵무기는 "파시즘을 굴복시키고 전쟁 자체를 종식시킬 대량살상무기"이면서 "모든 문명을 끝장낼 수도" 있는 모순덩어리였다. 이를 일찍이 간파한 인물이 오펜하이머가 "나의 신"이라고 칭송한 닐스 보어(Niels Bohr)다. 1922년에 37세의 나이로 노벨상을 수상한 보어는 오펜하이머의 간곡한 부탁을 받고 1943년 맨해튼 프로젝트에 참여했다. 그런데 그가 맨해튼 프로젝트에서 수행한 일은 원자폭탄 개발을 돕는 것이었다기보다는 이 무시무시한 무기에 대한 국제정치적·윤리적 관점을 과학자들에게 설명하고 이를 공론화한 것이었다. "우리가 빠른 시일 내에 이 새로운 물질을 어떻게 통제할 것인지 합의에 이르지 못한다면, 그로 인해 얻을 수 있는 일시적인 이익보다 그것 때문에 인류가 받게 될 영구적인 생존의 위협이 훨씬 커질 것"으로 봤기 때문이다. 이에 따라 보어는 스탈린에게 맨해튼 프로젝트를 알리고 그것이 소련에 위협이 되지 않을 것임을 설득해야 핵 군비경쟁을 막을 수 있다고 봤다.[77]

이런 생각을 바탕으로 보어는 대담한 행보에 나섰다. 그는 1944년 초 소련으로부터 과학 연구에 동참해달라는 요청을 받고 소련행을 타진했다. 보어의 머릿속에는 소련 과학자들과의 핵기술 및 철학 교류를 통해 소련을 '열린 세계'의 일부가 되게 하고, 그렇게 되면 위험천만한 물질인 핵을 통제할 길이 열릴 것이라는 생각이 있었다. "소련이 자국만 제외한 채로 신무기가 개발되고 있다는 결론에 이른다면, 위험한 의심으로 이어질 것"으로 봤다. 그러나 맨해튼 프로젝트를 철저하게 비밀로 유지하기를 원했던 루스벨트와 처칠은 그의 소련행을 승인하지 않았다. "내가 보기에 보어를 구속시키거나, 적어도 그가 구제받을 수 없는 범죄를 저지르기 직전이라는 사실을 알게 해야 할 것이야."[78] 처칠의 말이었다.

결국 보어의 구상은 실현되지 않았고, 미국과 영국 정부는 그를 위험인물로 낙인찍어 그의 정치적 영향력을 차단하려고 했다. 그러나 역설적으로 핵의 또 다른 얼굴인 정치적·윤리적 성격을 강조한 보어의 영향력은 과학자들 사이에 널리 퍼져갔다. 맨해튼 프로젝트 과학자들 사이에는 '왜 이 프로젝트에 영국 과학자들은 있는데, 동맹국인 소련 과학자들은 없지'라는 푸념이 생긴 것이다. 소련과 맨해튼 프로젝트를 공유해야 한다는 생각을 행동으로 옮긴 인물도 있었다. 이 프로젝트에서 내폭형(implosion) 기폭장치 개발에 참여한 테드 홀이 바로 그였다. 그는 1944년 10월 휴가를 얻어 소련 무역사무소로 가서 맨해튼 프로젝트에 대한 보고서를 넘겨줬다. 그러나 그는 소련의 스파이가 아니라 "미국의 독점은 위험하고 방지해야 할 일"이라고 생각한 청년 과학자였다. 그는 이후에도 내폭형 기폭장치를 비롯한 핵개발 정보를 소련에 연거푸 넘겨주었다. 미국의 핵 독점이 계속되는 한, 핵전쟁으로부터 "세계를 구하는 것"은 실현될 수 없다고 여겼기 때문이다.[79]

1945년 4월 30일 히틀러가 자살하고 8일 후 독일이 항복을 선언하면서, 일부 과학자들의 회의감은 더욱 증폭되었다. 로스앨러모스 연구소에서 실험물리 부서장을 맡고 있던 로버트 윌슨(Robert Wilson)의 말이다. "나는 우리가 나치스와 싸우고 있다고 생각했지, 특별히 일본인들을 생각해보지 않았습니다." 윌슨을 비롯한 '열린 세계' 옹호자들은 UN 창설을 위한 첫 회의가 1945년 4월에 열릴 예정이라는 점에 주목했다. 당시 일부 과학자들은 루스벨트가 UN 창설을 추진한 목적이 핵의 시대를 맞이해 핵을 주권 국가가 아닌 UN의 통제하에 두려는 것에 있을 것이라고 생각했다. 이는 결론적으로 순진한 생각으로 입증되었지만, 핵의 시대에 '세계정부론'은 핵전쟁을 막을 수 있는 유일한 방법이라는 인식은 더욱 강해졌다.

보어의 호소, "전 세계 과학자들이여, 각성하라"

히틀러의 자살과 나치 독일의 패망에도 불구하고, 맨해튼 프로젝트의 질주는 계속됐다. 여기에는 과학자들의 불철주야 연구에 힘입어 핵무기 개발 완료가 임박했다는 과학적 성과와 함께, 미국이 핵을 거머쥐면 일본과 스탈린의 소련을 상대하는 데 도움이 될 것이라는 정치적 판단이 크게 작용했다. 이에 따라 핵을 윤리적 관점에서 바라보기 시작한 과학자들의 고민도 깊어졌다. 아인슈타인과 함께 맨해튼 프로젝트의 문을 여는 데 지대한 역할을 한 레오 실라르드는 1945년 5월 하순 오펜하이머에게 보낸 편지를 통해 "원자폭탄 제조 경쟁을 피할 수 없다면 이 나라의 미래는 그리 밝지 못할 것"이라고 경고했다. 또한 그는 국무장관 내정자인 제임스 번스를 만나 일본 원폭 투하가 소련의 핵무기 개발을 부채질할 것이라며, 번스를 설득하려고 했다. 그러나 핵 강압외교 신봉자인 번스는 일본에 원폭을 투하하면 소련이 동유럽에서 철수하는 데 영향력을 발휘할 것이라며 실라르드의 경고를 일축했다. 이처럼 미국 정부는 일부 과학자들의 반대에도 불구하고 원폭 공격 목표물 물색에 들어갔고, 시간이 지날수록 과학자들이 끼어들 틈은 더욱 좁아졌다.

1945년 5월 31일 잠정위원회(interim committee) 회의에서 전쟁부 장관 헨리 스팀슨은 "우리는 일본에 어떤 경고도 줄 수 없다"며, "가능한 한 많은 수의 사람에게 깊은 심리적 인상"을 남겨야 한다고 말했다.[80] 이 회의에 참석했던 오펜하이머도 일본에 대한 원폭 투하 계획에 반대하지 않았다. 또한 이 회의에서는 실라르드 등 미국의 핵 이용 계획에 반기를 든 '골칫덩어리들'을 맨해튼 프로젝트에서 축출하는 데도 공감이 이뤄졌다. 이로써 "미국은 소련에 맨해튼 프로젝트에 대해 적절한 사전통지를 주지 않을 계획이었고, 일본 역시 아무 경고 없이 원자폭탄을 맞을 예정이었다."[81]

그러나 과학자들의 반란은 이것으로 끝나지 않았다. 실라르드는 시카고대 물리학자이자 노벨상 수상자인 제임스 프랭크(James Franck) 등과 함께 원자폭탄의 사회적·정치적 함의를 논의할 비공식 위원회를 조직했다. 그리고 1945년 6월 11일 〈제임스 보고서〉를 발표하기에 이른다. 이들은 일본에 대한 미국의 핵공격이 도덕적·정치적 파장을 가져올 것이라며, 실제로 사용하기보다 핵폭탄의 위력을 입증하는 방식으로 일본의 항복을 유도해야 한다고 권고했다. "핵무기 사용은 군사적 고려보다 장기적인 국가정책의 관점에서 판단되어야 한다"며, 미국이 핵무기를 사용하면 앞으로 국제적으로 핵무기를 통제하는 일이 더욱 어려워질 것이라고 호소했다. "(독일이 제2차 세계대전 때 사용한) 로켓 폭탄처럼 표적을 가리지 않으면서 그것보다 100만 배 더 파괴적인 무기를 비밀스럽게 준비해 사전경고 없이 사용하는 나라가, 그 무기를 국제 협의를 통해 폐기하기를 바란다고 세계를 상대로 설득하기란 대단히 어려울 것"이라는 경고도 빼놓지 않았다.[82] 대신 UN 대표단 참관하에 사막 한가운데나 무인도에서 핵폭탄을 시연할 것을 주문했다.[83] 그러나 이 보고서를 들고 워싱턴으로 향한 프랭크는 스팀슨을 만나지도 못했고, 육군은 이 보고서를 압류해 기밀로 분류해버렸다.

핵의 위험성을 간파한 과학자들이 미국 정책 결정자들을 상대로 한 이성적 호소가 먹혀들지 않자, 일부 과학자들은 공개적인 반핵활동을 개시했다. 미국이 히로시마에 원자폭탄을 투하한 지 사흘 후, 보어는 〈런던 타임스〉를 통해 전 세계 과학자들에게 다음과 같이 호소했다.

새로운 파괴 무기는 어떤 방어수단으로도 막을 수 없습니다. 이제 관심의 초점은 인류 전체를 위험에 빠뜨릴 수 있는 신형 무기의 사용을 예방하기 위해 전 세계적인 협력을 구축하는 데 있습니다. (중략) 문명이 가장 심각한 도전에 직면한 오늘날, 우리 세대가 짊어져야 할 '후세를 위한 가장 중대한 책임'을 앞에 두고, 전 세계 과학자들은 가장 가치 있는 봉사를 할 수 있을 것입니다. (중략) 과학자들은 자신들이 할 수 있는 어떤 방법으로든 인류에게 닥친 위기를 종식하는 데 기여해야 합니다.[84]

아인슈타인 역시 "원자폭탄의 등장은 인간이 어디에 살든 지속적으로 갑작스러운 파괴의 위협에 놓이게 했다"며, "인간 스스로 자신을 가리켜 '호모 사피엔스'라고 부를 수 있으려면 이런 환경을 극복할 수 있는 능력을 입증해야 할 것"이라고 호소했다. 그는 "군사력의 탈국가화(denationalization)"를 대안으로 주창했다. 국제사회의 정치적 혼란 상태에서 전쟁을 안보와 권력 추구의 수단으로 삼는 주권국가가 핵무기 사용권한을 독점하면 핵전쟁의 위험을 피할 수 없다고 여겼다. 그래서 개별 국가의 군사력, 특히 핵무기를 국제기구에 통합시켜야 한다고 주장했다.[85] 일종의 '세계 정부론'인 셈이다.

핵무기의 위험성을 절감한 과학자들은 조직적인 활동에도 나섰다. 맨해튼 프로젝트에 참여했던 과학자들을 포함한 84명의 노벨상 수상자들이 1945년 10월 '미국과학자협회(Federation of American Scientists)'를 만든 것이다. 이들은 핵무기를 비롯한 과학기술의 발전이 인류 문명에 커다란 위협이 된다는 각성을 바탕으로, 일반 대중과 정책 결정자들에게 이런 위험을 경고하고 현명한 정책 결정의 필요성을 알리는 것이 "과학자들의 책임"이라고 봤다.[86] 이런 정신에 따라 이 단체는 조직 결성 직후인 1946년 핵무기에 관한 고전 가운데 하나로 꼽히는《하나, 혹은 전무의 세계(One World

Or None)》를 발간했다. 미국과학자협회는 이 책에서 "원자폭탄이 현실이된 오늘날, 이 문제에 대처하는 것보다 더 시급한 것은 없다"고 강조하고, "시간은 짧고 생존은 위험에 처했다"며 인류 사회의 각성을 촉구했다.[87] 그러면서 핵 시대에는 국제협력과 제도를 통한 평화 유지의 절박성이 더욱커졌다고 주장했다. 핵무기 개발에 직간접적으로 참여한 과학자들의 이런역할은 핵무기를 '금기의 무기'로 인식시키는 데 결정적 기여를 하게 된다.

과학자는 아니지만, 과학자의 반란에 동참한 외교관도 있었다. 우리에게는 '대소 봉쇄정책의 설계자' 정도로만 알려진 조지 케넌이 바로 그였다. 오펜하이머가 미국과 세계의 관계에서 '과학적으로' 가장 큰 영향을 남긴인물이라면, 케넌은 '정책적으로' 가장 큰 영향을 남긴 인물이다. 그리고 두사람, 즉 '핵폭탄의 아버지'와 '봉쇄정책의 아버지' 사이의 화학적 결합은냉전 초기 미국 핵정책에 일대 파란을 일으켰다. 이들은 우선 수소폭탄 개발에 강력 반대했다. 너무 파괴력이 커서 군사 목적으로도 의미가 없고, 절대안보라는 것은 환상에 불과하며, 미국이 수소폭탄을 개발하면 다른 나라도 뒤따를 것이라는 우려 때문이었다. 케넌은 1949년 11월 트루먼에게 수소폭탄 개발을 일방적으로 포기하겠다고 선언할 것을 요청했다. 그러나 소련의 원자폭탄 실험에 다급해진 트루먼 행정부는 오히려 수소폭탄 개발에박차를 가했다.[88]

또한 케넌은 오펜하이머의 자문을 받아 '원자력 에너지의 국제 통제'라는 메모를 작성해 1950년 1월 20일 애치슨 국무장관에게 전했다. 케넌 스스로 "내가 정부에서 일하면서 썼던 글 중에 가장 중요한 문서 가운데 하나"라고 말했던 이 메모에는 오늘날에 봐도 놀랄 만한 통찰력이 담겨 있다. "나는 원자폭탄이 '결정적' 결과를 가져올 것이라고, 또 인류가 직면한 어려운 문제들에 대한 손쉬운 해답을 제공할 것이라고 애매하고도 위험한 약속을 남발한 것은 우리가 명쾌한 정책을 세우는 데 필요한 현 상황에 대한 이해를 방해한다고 생각한다." 핵폭탄을 "소련의 위협에 대한 값싼 만병통치약"으로 간주하는 미국 정부와 군부의 분위기에 일침을 가하는 내용이었다. 그는 핵무기를 미국 국방정책의 중심으로 삼아서는 안 된다며, "단지 상대방이 사용할 수 있다는 가능성에 대비해 가지고 있는 것"임을 소련에 분명히 밝혀야 한다고 강조했다.[89] 핵무기는 철저하게 방어용 목적으로만 사용되어야 한다는 의미였는데, 이는 이후 핵 선제 불사용(No First Use)의 시원이 된다.

이처럼 오펜하이머를 비롯한 '프로메테우스'들은 핵무기가 여러 무기들 가운데 하나가 아니라 세상을 완전히 바꿔놓을 '트랜스포머'라는 것을 간파했다. 핵무기라는 엄청나고도 광범위하며 무차별적이고 지속적인 파괴력을 갖춘 무기의 출현과 이 무기를 손에 쥔 인간 이성의 불완전성이 조우하는 것을 목도하고는 과학과 문명의 선순환 관계에 근본적인 의문을 품기 시작했다. 핵 시대에 과학자들은 '과학이 인간에게 유익하기만 한 것인가?'라는 근본적인 질문에 사로잡혔다. 그래서 초기에는 나치 독일로부터 인류 문명을 지키기 위해 '올림포스산'으로의 향하는 돌격대를 자처했지만, 그 산에서 훔친 불이 인류의 생존을 위협하는 것은 막아야 한다는 책임윤리를 갖는 데 오랜 시간이 걸리지 않았다. 핵의 과학적 원리뿐만 아니라 그 철학적·윤리적·국제정치적 의미도 간파한 '융합 지식인'들이었던 셈이다. 그러나 이들이 연구실을 박차고 나가 핵의 위험성을 알리려고 했을 때, 정치인들은 철저하게 그들의 입을 막았다. '닥치고 연구나 하라'는 것이었다.

핵 시대의 첫 전쟁, 한국전쟁

2부

트루먼과
스탈린의
'핵' 오판이 만나다

1

1950년 1월 12일, 미국의 딘 애치슨 국무장관은 '애치슨 라인'을 발표한다. 미국신문기자협회에서 열린 '아시아에서의 위기'라는 제하의 연설에서 소련의 스탈린과 중국 마오쩌둥의 영토적 야심을 저지하기 위하여 태평양에서 미국의 방위선을 알류샨열도-일본-오키나와-필리핀을 연결하는 선으로 정한다고 말했다. 미국이 한국과 대만의 안보를 보장할 수 없다는 의미로도 해석될 수 있는 대목이었다. 당시 남북한 간에는 크고 작은 교전이 발생하고 있었고 이승만과 김일성 모두 무력통일을 공언하고 있었다. 또한 1949년에는 소련의 핵실험 성공과 중국의 공산화 소식이 서방 세계를 강타했다. 이런 점들을 고려할 때, 미국의 선택은 뜻밖이었다.

더구나 스탈린은 미국의 애치슨 라인 발표 직후 김일성의 남침을 승인하는데, 이는 그 의도 여부와 관계없이 애치슨 라인이 한국전쟁 발발의 중요 원인이었다는 것을 의미한다. 스탈린은 미국 내 첩보망을 통해 NSC-48/2의 내용을 파악하고 있었는데, 이 문서에도 한국은 미국의 아시아 방어선에 포함되지 않았다. 1949년 12월에 트루먼의 승인을 받은 이 문서는 비밀로 분류되어 있었기 때문에, 이 비밀문서에 이어 애치슨의 연설을 접한 스탈린은 미국의 개입 가능성이 더욱 낮다고 봤던 것이다.[1]

스탈린은 또한 애치슨 라인을 소련과 중국의 관계를 이간질하려는 미국의 술책으로 간주했다. 당시 미국·소련·중국의 관계에는 미묘한 흐름이 있었다. 1949년 12월 중순, 모스크바로 날아가 스탈린을 만난 마오쩌둥은 "경제를 되살리고 국가를 안정화하기 위해서는 3~5년간의 평화가 필요하다"고 말했다. 그러나 스탈린은 마오쩌둥의 희망과 다른 생각을 갖고 있었다. 유고슬라비아의 요시프 티토(Josip Broz Tito)와 같은 지도자가 아시아에 등장하는 것을 달가워하지 않았기 때문이다.[2] 바로 이 지점에서 중소관계의 미묘한 갈등이 깔려 있었다. 마오쩌둥은 소련과 동맹을 맺으면서도 최대한 자율성을 갖는 국가 건설을 희망했던 반면에, 스탈린은 중국을 자신의 영향권에 두면서 중국이 독립적인 강대국이 되는 것을 견제하려고 했다.

이를 포착한 애치슨은 대만을 방어권에 포함시키지 않음으로써 미국이 중국의 국민당-공산당 내전(국공내전)에서 손을 뗄 수 있다는 강한 시그널을 보냈다. 더구나 중국의 독립을 가장 위협하는 나라는 "소련의 제국주의"이며, "중국의 통합을 위협하는 어느 누구도 중국의 적이자 우리의 이익에 반하는 것"이라고 강조했다. 그러면서 미국은 중국의 이념과 관계없이 관계를 맺을 의사가 있다고 말했다. 훗날 애치슨의 연설 의도를 다시 포착해 중국과의 관계개선을 주도한 헨리 키신저는 "애치슨의 연설은 스탈린의 신경을 가장 날카롭게 건드린 것이었다"고 주장했다. 정곡을 찔린 스탈린은 마오쩌둥에게 미국의 이간책에 넘어가서는 안 된다고 강조하기도 했다.[3]

핵무기의 힘을 믿었던 트루먼

한편 미국은 1948년부터 주한미군 철수에 착수했다. 미국은 1948년 4월 2일 논의되고 트루먼의 승인을 받은 문서 NSC-8를 통해 "가능한 한 빨리 주한미군을 철수하기 위해" 남한 단독정부 수립, 한국에 대한 경제적·군사적 지원 확대 등의 조치를 취하기로 했다. 그리고 그해 9월 15일부터 미군 철수를 시작했다. 이에 앞서 미국 합참은 1948년 2월 21일 "미국이 한국에 병력과 기지를 유지해야 할 전략적 이익이 거의 없다"는 의견을 NSC에 전달했고 이는 NSC-8에 반영되었다. NSC는 NSC-8과 그 이후 한반도 상황을 종합적으로 검토해 NSC-8-2를 트루먼에게 보고했는데, 핵심적인 내용은 1949년 6월 30일까지 "점령군", 즉 주한미군 철수를 완료한다는 것이었다. 그 대신 UN 총회 결의안을 준수하고 한국에 대한 지원을 계속하며 미군 군사고문단을 잔류시킬 것을 권고했다. 그러나 이것이 곧 미국이 한국을 포기한다는 의미는 아니었다. NSC-8-2에서는 한국 포기와 전면적 안전보장 사이의 "중도적 방안"으로 미군 주둔은 최소화하면서 한반도 공산화를 방지할 수 있는 수준의 정책을 유지하고자 했다.[4]

애치슨 라인은 이런 NSC-8-2를 공식적으로 확인한 성격이 강했다. 앞서 언급한 것처럼 극동방어선에 한국과 대만을 포함시키지 않으면서도 "한국과 대만이 군사적으로 침략을 당하면 우선 공격당한 국민이 이에 맞서 싸워야 하지만", "UN 헌장에 따라 모든 문명세계가 개입해야 한다"고도 했다. 또한 "한국에 대한 원조 포기나 중단은 가장 철저한 패배주의이며, 아시아에서 미국의 이해관계에 가장 넘 나간 짓"이라고 역설했다. 이렇듯 애치슨 발표의 모호성은 '애치슨 라인이 한국전쟁을 야기했다'거나, '북한의 남침을 유도하기 위한 미국 주전파들의 고도의 술책이었다'는 극과 극의 평가를 낳게 된 원인이었다.[5]

그렇다면 미국은 왜 한국을 극동방어선에 포함시키지 않은 것일까? 또한 극동방어선에 포함되지 않은 남한이 북한의 전면공격을 받자 미국이 신속한 개입을 선택한 이유와 배경은 무엇일까? 여기에는 복합적인 이유가 반영되어 있었다. 우선 미국은 한반도를 중요한 이해관계가 걸린 지역으로 간주하지 않았다. 또한 한국에 대한 확고한 안보공약 제공과 미군 주둔이 이승만의 북진통일 의욕을 부추길 것을 우려했다. 제2차 세계대전을 거치면서 폭등한 군사비에 대한 부담을 줄이고자 하는 경제적 동기도 컸다. 트루먼은 군비증강이 자신이 1949년에 발표한 사회복지 프로그램 '공정한 타협(Fair Deal)'의 예산 확보를 어렵게 하고, 군부의 영향력을 키워 미국이 "군사화된 요새국가(militarized garrison state)"로 변질될 것으로 우려했다.[6]* 아래의 표에서 나타난 것처럼, 미국의 군사비는 제2차 세계대전 이후 급격히 줄어들었다. 하지만 한국전쟁을 거치면서 전쟁 발발 직전에 GDP 대비 5% 수준이었던 군사비가 1954년에는 13.1%까지 폭등했다.

재래식 군비를 줄여 경제와 복지로 전환하고자 했던 트루먼 행정부는 핵무기에 대한 의존도를 높이는 것이 저렴한 방법으로 군사태세를 유지할 수 있는 방법이라고 생각했다. 이를 주도한 인물이 '전략폭격의 아버지'로 불리던 커티스 르메이(Curtis LeMay)였다. 그가 전략공군사령부(SAC) 사령관을 맡았던 1948년 10월 SAC의 공격력은 제2차 세계대전에 사용되었던 B-29 30여 대가 전부였다. 르메이는 즉각적으로 전폭기를 대폭 늘려

〈표 1〉 한국전쟁 전후 미국의 GDP 대비 군사비 비중 추이 (단위: %)[7]

1945년	1946년	1948년	1949년	1950년	1951년	1953년	1954년
37.5	19.2	3.5	4.8	5.0	7.4	14.2	13.1

---

* 흥미롭게도 트루먼의 안보정책을 강력히 비난하면서 그의 뒤를 이었던 아이젠하워 대통령은 1960년 1월 퇴임사에서 미국의 군비증강이 군산복합체의 영향력을 키워 민주주의를 위협하고 있다는 경고를 남겼다.

B-36, B-47, B-52 등을 대량으로 확보했다. 또한 이들 전폭기의 전투태세를 즉각적인 핵공격이 가능하도록 '장전된 무기'로 전환시켰다. 이에 따라 SAC는 "공군 속의 공군"으로 성장했고, 한국전쟁 직전 르메이의 휘하에는 55개 기지에 20만 명의 병력이 있었다. SAC의 성장은 양적인 측면에 국한된 것이 아니었다. 1953년 최초로 SAC를 독점 취재한 《리더스 다이제스트》는 "자유세계는 우리의 훌륭한 핵폭격기 승무원들에게 손에 모자를 들고 경의를 표할 것"이라고 썼다. 〈뉴욕타임스〉 역시 "전략폭격기를 조종하는 SAC 승무원들이야말로 크렘린에 대한 서방 최고의 억제력"이라고 평가했다. 이처럼 냉전 초기 SAC는 핵 시대를 바라보는 미국인들의 우상이 되어갔다.[8]

실제로 미국은 군사력의 핵심을 핵무기로 삼으면서 재래식 군사력을 급격히 줄여나갔다. 제2차 세계대전 종전 직후 1200만 명에 달했던 병력은 1947년에 150만 명으로 줄었고, 국방예산 역시 909억 달러에서 103억 달러까지 떨어졌다. 또한 트루먼은 소련의 위협 대처에 중점을 뒀다. 핵공격 능력만으로는 소련을 제압하는 데 한계가 있고 핵무기에 미국의 안보를 의존하는 것이 비현실적이라는 지적도 있었지만, 막대한 군비에 부담을 느낀 트루먼 행정부는 핵무기에 대한 의존도를 높여나갔다.[9]

이런 경향은 미 합참이 1947년에 작성한 극비 보고서 〈군사 무기로서 원자폭탄에 대한 평가〉에 잘 나타났다. 이 보고서는 "많은 양이 사용된다면, 원자폭탄은 어떤 국가의 군사적 시도도 무력화할 수 있을 뿐만 아니라, 그들의 사회적·경제적 구조를 파괴하고 장기간에 걸쳐 재건을 어렵게 만들 것"이라고 강조했다. 또한 "평화를 준수할 절대적 보장이 없는 상태에서, 미국은 핵무기의 제조와 보유량을 늘려야 하고, 그것의 향상과 운반수단에 대한 연구개발에도 매진해야 한다"거나, "어떤 무기도 적과 맞서는 데 (원자폭탄보다) 더 효과적일 수 없으므로, 원자폭탄과 그 운반체를 통합적으로 발전시켜야 한다"고 주장했다. 그러면서 "미국은 핵무기의 보유량과 생산 속도에서 그 어떤 나라보다 압도적인 우위를 달성해야 한다"고 결론지었다.[10]

1949년 8월 소련이 미국의 예상보다 훨씬 빨리 핵실험에 성공하자, 미국의 핵무기에 대한 집착은 더욱 커졌다. 전략공군사령부는 소련의 핵실험 직후인 1949년 말에서 1950년 초에 걸쳐 소련과의 전쟁 계획을 수립하게 된다. '오프태클'(OffTackle)로 명명된 이 계획은 핵무기와 재래식 무기를 동원해 개전 초기에 소련의 군사 및 산업시설을 "완전히 파괴하거나 붕괴시키는 데" 목적을 두고 있었다. 비밀해제된 1950년 4월 공군 작전회의 문서에 따르면, 일부 사령관들은 소련의 위협이 더 커지고 소련이 유럽을 손에 넣기 이전에 소련의 핵무기고를 비롯한 전략시설에 대한 선제공격을 가해야 한다는 주장을 제기하기도 했다.[11]

한편 미국이 애치슨 라인에서 한국을 제외시킨 데는 당시 CIA가 북한의 전면 남침 가능성을 낮게 봤고 북한과 중국을 소련의 꼭두각시 정도로 간주한 것도 한몫했다. 비밀해제 문서들에 따르면, CIA는 애치슨 라인 발표 하루 뒤 작성한 보고서에서 "북한군의 증강에도 불구하고, 남침 가능성은 별로 없어 보인다"고 판단했다. 전쟁 발발 엿새를 앞둔 6월 19일 보고서에서는 북한을 "독자적 결정권이 없는 소련의 위성국가"라고 규정하고는, "북한이 한국에 대한 게릴라 활동, 선전, 사보타주 활동 등을 전개하고 있지만 전쟁이 임박한 것으로 보이지 않는다"고 분석했다.

당시 미국 정부의 눈에는 소련의 "꼭두각시"인 북한의 남침은 소련의 지시로만 이뤄질 수 있을 것으로 비쳤던 것이다. 그러면서 북한의 남침은 "세계대전의 전주곡이 될 것"이라고 봤다. 하지만 "미국은 소련이 그러한 조치를 취할 준비가 되어 있지 않았고 이에 따라 침공은 일어나지 않을 것이라고 자신했다". 북한의 남침 1주일 전에 작성된 CIA의 〈북한 군사력 평가 보고서〉에 따르더라도, "북한은 철저하게 통제받는 소련의 위성국가이기 때문에 어떠한 독자적 구상을 행사할 수 없고, 전적으로 소련의 지원에 생존을 의존하고 있다"고 분석했다. 미국은 북한은 물론이고 중국 역시 "소련의 위성국가"로 간주했는데, 이에 따라 중국의 전면적 개입 가능성도 낮게 봤다. 또한 맥아더의 휘하에 있었던 극동사령부 역시 "어떤 아시아인들도 미국의 이익을 위협함으로써 명백한 패배를 감수하려고 하지 않을 것"이라고 믿었다. "미국의 군사적 힘에 의해 전멸"될 각오를 무릅쓸 만큼 북한도, 중국도 무모하지 않을 것이라는 믿음이었다.[12] 전후 맥락으로 볼 때, 당시 미국 정책 결정자들과 군부가 맹신한 "군사적 힘"은 핵무기를 의미했다. 비록 소련의 핵실험으로 미국의 핵 독점은 무너졌지만, 압도적인 핵 우위를 자신하고 있었던 것이다.

그러나 1949~1950년 들어 김일성은 남침 준비에 박차를 가하고 있었고, 스탈린도 마음을 바꾸고 있었다. 미국이 소련의 "꼭두각시"로 봤던 북한의 김일성 정권은 집요하게 스탈린을 설득했다. 그리고 "변화된 국제환경"을 고려한 스탈린은 미국의 개입 가능성을 낮게 보면서 김일성의 손을 들어줬다. 냉전 여명기에 북한의 전면 남침 가능성을 낮게 본 미국과, 미국의 직접 개입 가능성을 낮게 본 소련의 오판이 교차하면서 비극적인 전쟁 발발이 초읽기에 들어간 것이다.

스탈린은 왜 마음을 바꿨을까?

한국전쟁 발발과 관련해 가장 중요한 의문 가운데 하나는 왜 스탈린이 마음을 바꿨느냐는 것이다. 스탈린은 1950년 5월 14일 마오쩌둥에게 서신을 보내 "변화된 국제환경을 고려해, 통일을 향한 북한의 (남침) 제안에 우리는 동의하기로 했다"고 전했다. 스탈린은 남침 승인 및 지원을 요청했던 김일성의 제안을 1949년 내내 거부했었다. 미국의 개입 가능성이 있고, 북한의 군사력이 신속한 통일을 달성할 만큼 강력하지 않으며, 남한 내 공산주의자들의 게릴라 활동이 기대만큼 활발하지 않다는 이유 때문이었다. 그러던 스탈린도 1950년 들어 마음을 바꿨다. 그가 정책을 바꾼 배경과 이유는 무엇이고, 그가 말한 "변화된 국제환경"은 무엇을 의미할까? 이는 스탈린의 한반도 정책 선회 직전에 있었던 여러 가지 국제정세의 변화를 통해 유추해볼 수 있다.

당시 스탈린은 위협과 기회를 동시에 만났다. 소련에 위협적인 국제정세의 변화로는 미국의 핵 독점 및 우위, 1947년 6월부터 시작된 마셜 플랜과 1948년 6월부터 시작돼 1년 동안 지속된 베를린 위기, 1949년 4월 4일 북대서양조약기구(NATO) 창설, 그리고 동아시아에서 미국이 대규모 주일미군을 주둔시키면서 일본을 소련 봉쇄의 아시아 기축으로 삼으려고 했던 것이 핵심이다. 소련은 미국 주도의 마셜 플랜과 NATO 창설을 소련 봉쇄를 강화하고 침공 준비에 착수한 것으로 간주했다. 또한 일본의 재무장 움직임을 일본의 재침략 준비로 여겼다. 후술하겠지만, 스탈린의 승인과 마오쩌둥의 동의 아래 이뤄진 북한의 남침은 미국의 힘을 업은 일본의 재침략에 대비한 '예방전쟁'의 성격도 지닌다.

한편 소련의 최초 핵실험(1949. 8. 29), 중국의 공산화 및 중화인민공화국 선포(1949. 10. 1), 한국과 대만을 아시아 방어선에서 제외시킨 애치슨 라인 선포(1950. 1. 12), 중·소 상호원조조약 체결(1950. 2. 14) 등은 소련에 유리한 정세 변화로 간주됐다. 특히 핵실험 성공은 스탈린에게 자신감을 불어넣어주었다. 비밀해제된 소련 문서를 분석한 러시아 학자 이브구에니 바자노프(Evgueni Bajanov)는 스탈린이 마음을 바꾼 이유 가운데 하나가 핵실험 성공에 있었다며, "그는 공산권의 힘에 보다 강한 자신감을 갖게 되었다"고 분석했다.[13] 당시 소련의 외교 전문에는 다음과 같이 내용이 담겨 있었다.

스탈린 동지는 김일성에게 국제 환경이 한반도 통일에 더욱 적극적인 자세를 취할 수 있을 만큼 충분히 변했다는 점을 확인해주었다. (중략) 중국은 소련과 동맹조약을 체결했기 때문에, 미국은 아시아 공산주의에 도전하는 것을 더욱 주저하게 될 것이다. 미국에서 오는 정보는 이런 전망을 뒷받침해준다. 승리의 분위기는 간섭받지 않을 것이다. 이런 분위기는 소련이 원자폭탄을 갖고 있고 우리의 입장이 평양과 더욱 밀접해지고 있는 사실로 인해 더욱 고조되고 있다.[14]

이런 정세 변화에 대응해 스탈린은 동유럽에 대한 직접 개입을 통해 세력권과 영향력 확대를 도모하고 미국과 서유럽에 대한 강경자세를 취했다. 동시에 아시아에서는 한반도의 전략적 가치를 재인식했다. 미국이 일본에 미군을 주둔시키고 일본을 재무장시켜 동아시아 반공 전선의 기축으로 삼으려고 한 움직임에 맞서, 한반도 공산화를 통해 이를 상쇄시키기 위한 계산이 작동한 것이다. 이런 계산의 배경에는 핵실험 성공에 따른 자신감이 크게 반영되어 있었다.

중국의 공산화 성공 역시 스탈린의 변심에 결정적인 이유가 되었다. 스탈린은 중국의 공산화를 세 가지 차원에서 바라봤다. 첫째는 아시아 공산주의 확산에 유리한 환경이 조성됐다는 것이고, 둘째는 중국이 국제공산주의 운동에서 소련의 경쟁자로 부상하는 것을 견제할 필요가 생겼다는 것이며, 셋째는 '1945년 소련이 국민당과 체결한 중소조약을 새로운 조약으로 개정하자는 마오쩌둥의 요구에 어떻게 대응할 것인가'였다.[15] 그리고 스탈린은 북한의 남침이 이런 세 가지 고려사항을 일거에 해결해줄 것으로 믿었다.

일단 스탈린은 자신의 예상을 뒤엎고 중국 공산당이 국민당을 본토에서 축출해 중화인민공화국을 선포한 것을 새로운 기회로 인식했다. 아시아에서 세력 균형을 달성하고 미국의 대소 봉쇄정책에 대한 완충지대를 확보할 수 있게 되어, 극동 지역에서 미국과 대결 시 크게 불리할 것이 없다고 생각했다. 동시에 중국의 공산화는 경쟁자의 부상 가능성을 잉태했는데, 이는 스탈린에게 중국의 공산화가 '양날의 칼'이라는 것을 의미했다. 또한 마오쩌둥의 강력한 요구에 따라 스탈린은 1950년 2월 중소조약을 체결했는데, 이 조약에 따라 소련은 1945년 국민당과의 조약을 통해 확보했던 다롄과 뤼순이라는 부동항을 상실할 위기에 처했다.

중소조약의 정확한 명칭은 '우호동맹상호원조조약(Treaty of Friendship, Alliance and Mutual Assistance)'이다. 이 조약을 통해 양국은 제3자와의 무력 충돌 시 상호 원조한다고 합의했는데, 이는 소련이 중국에 안보 우산을 제공한다는 의미였다. 이에 대한 반대급부로 중국은 ▲만주와 신장에서 소련의 광산 및 철도 이용 인정 ▲외몽고 독립 인정 ▲다롄과 뤼순 해군기지 소련군 사용 '한시적' 허용 등을 약속했다. 그런데 마오쩌둥은 스탈린의 강압에 못 이겨 이런 양보를 한 것에 대해 수치심을 느끼고 있었다. 그 수치심은 훗날 마오쩌둥이 흐루쇼프(Nikita Khrushchyov)를 만난 자리에서 스탈린이 중국을 "반(半)식민지로 삼고자 했다"는 불만으로 표출되었다.[16] 중소'동맹'이 중소'분쟁'을 잉태하고 있던 셈이다.

중국의 공산화에 따른 기회와 도전에 동시에 직면해 있던 스탈린은 북한의 남침 승인을 '남는 장사'로 간주했다. 중국 공산화 성공은 소련이 전쟁에 직접 개입하지 않고도, 그래서 미국과의 직접충돌 위험을 덜면서 자신의 영향력을 한반도 전체로 확대할 수 있는 토대를 제공할 것으로 기대했다. 동시에 한국전쟁은 아시아에서 소련-중국-북한으로 이어지는 공산주의 위계질서를 공고히 함으로써, 중국이 경쟁자로 부상하는 것을 예방해줄 것으로 믿었다. 끝으로 스탈린의 희망처럼 한반도 공산화에 성공하면 중소조약으로 상실한 부동항을 한반도에서 확보할 수 있을 것으로 보았다.

이런 계산하에 스탈린은 1950년 4월 비밀리에 모스크바를 방문한 김일성에게 남침 승인의 조건으로 마오쩌둥의 동의와 지원 약속을 받아낼 것을 요구했다. 또한 5월 14일에는 마오쩌둥에게 전보를 보내 소련은 김일성의 제안에 동의하기로 했고 최종 결정은 북한과 중국에 달려 있다며, 공을 베이징으로 넘겨버렸다. 이는 스탈린의 기대와 달리 미국이 개입하더라도 북한 방어의 책임을 중국에 전가시키기 위한 사전조치였다.[17] 실제로 맥아더가 이끈 UN군이 38선을 넘어 북진을 감행해 북한이 절멸 위기에 처하자, 소련은 중국의 참전을 강하게 압박해 이를 성사시켰다.

또한 당시 스탈린은 중국의 대만 공격과 북한의 남한 공격 사이의 전략적 우선순위를 검토했다. 그리고 두 가지 이유 때문에 북한의 남침에 더 큰 비중을 뒀다. 하나는 중국이 대만을 공격하기 위해서는 소련의 해공군 지원을 비롯한 군사지원이 절실히 필요했는데, 스탈린은 이를 중국에 영향력을 행사할 수 있는 카드로 인식했다는 것이다. 이에 따라 스탈린의 영향력은 '중국은 대만 공격에 앞서 북한의 남침부터 지원하라'는 것으로 나타났다. 또 하나는 중국이 한국전쟁과 대만 공격을 동시에 치를 수 없다는 점을 스탈린이 잘 알고 있었다는 것이다. 그래서 북한의 남침을 통한 중국의 대만 공격을 억제하는 것은 장차 중국의 강대국화를 견제할 수 있는 유력한 카드로 간주했다.

여기서 한반도 공산화와 중국의 대만 통일의 우선순위를 둘러싼 김일성-마오쩌둥-스탈린 사이에 전략적 마찰을 주목할 필요가 있다. 스탈린은 위와 같은 이유 때문에 한반도 통일을 우선시했다. 반면 마오쩌둥은 한반도를 공산화할 필요성에는 동의하면서도 중국이 대만 정복을 달성해 내전을 종식시킬 때까지는 남한 공격을 미뤄야 한다는 입장이었다. 키신저는 바로 이 지점에서 스탈린과 마오쩌둥뿐만 아니라 김일성과 마오쩌둥의 전략적 계산도 달랐다고 주장한다. 애치슨 라인이 "아무리 모호하더라도, 김일성은 미국이 두 가지의 공산주의 군사정복을 수용하지 않을 것이라고 확

신"하고, 중국이 대만 공격에 나서기 전에 남한 점령을 달성해야 한다고 생각했다는 것이다.[18]

스탈린이 마음을 바꾼 데는 그의 마오쩌둥에 대한 경계심을 활용한 김일성의 외교술도 한몫했다. 김일성은 스탈린의 남침 승인을 받기 위해 소련-중국 사이의 미묘한 갈등을 이용했다. "스탈린의 지시가 곧 법"이라며 그를 한껏 치켜세우면서도 스탈린이 남침 계획을 승인·지원해주지 않으면 마오쩌둥을 만나 이 문제를 상의하겠다는 입장을 전달했다. 이는 마오쩌둥에 대한 스탈린의 경계심을 자극하는 것이었다. 스탈린은 장차 아시아에서 중국의 영향력이 확대될 것을 우려했는데, 스탈린으로부터 거부당한 김일성의 남침 계획을 마오쩌둥이 동의할 경우 이런 우려가 현실로 나타날 수 있다고 여긴 것이다.[19] 이런 분석을 뒷받침하듯, 스탈린은 김일성의 남침 계획을 승인하면서 이 사실을 마오쩌둥에게 알리지 말라고 당부했다.

스탈린은 또한 소련의 핵실험 성공으로 미국의 핵 독점 시대가 끝난 것이 극동 지역에서 미국의 개입을 억제할 수 있는 안보 환경을 가져왔다고 판단했을 공산이 크다. 당시 소련의 핵실험 성공은 미국의 예상보다 5년 정도 빨랐는데, 이에 따라 미국과 그 동맹국들은 소련과의 충돌 시 핵전쟁 위험도 감수해야 했다. 이를 반영하듯 스탈린은 "미국에서는 소련이 핵보유국이 되었다는 사실 때문에 조선 문제에 개입할 수 없을 것이란 분위기가 우세하다"고 말한 것으로 전해진다.[20] 미국도 이를 의식하고 있었다. 소련의 핵실험 7개월 후이자 한국전쟁 발발 2개월 전인 1950년 4월 작성된 CIA의 극비문서에 따르면, "소련의 원자폭탄 보유는 소련의 공격 범위 내에 있는 지역에서 미국의 공군 및 상륙작전에 심대한 영향을 줄 것"이고, "소련의 핵 보복 능력은 미국이 군사적으로 원자폭탄 사용을 전략적 우선순위에 두는 계획에 대해 의문을 야기하고 있다"고 밝혔다.[21]

실제로 미국은 한국전쟁 개전 초기에 북한의 배후에 소련이 있다는 확신을 갖고 소련 및 중국에 대한 핵공격을 검토했지만, 동시에 소련의 핵 보복을 포함한 확전 가능성도 우려했다. 영국 정부 역시 미국의 원폭 사용 움직임에 촉각을 곤두세우면서 트루먼에게 자제를 촉구했다. 반면 미국의 핵 위협에 노출된 마오쩌둥은 소련에 핵 보복을 준비해달라고 요구했다. 소련의 핵실험으로 미국의 핵 독점 시대가 끝난 바로 그 시기에 발발한 한국전쟁은 이처럼 핵무기를 둘러싼 강대국 지도자들의 다양한 시각을 표출시켰다.

결국 한국전쟁은 트루먼과 스탈린 모두 '핵의 위력'에 대한 맹신이 조우하는 지점에서 발생했다. 트루먼 행정부는 북한은 물론이고 중국 역시 소련의 "꼭두각시" 정도로 간주하면서 미국보다 핵 전력이 크게 뒤졌던 소련이 북한과 중국에 남한 공격을 명령할 정도로 무모하지 않을 것이라고 판단했다. 그리고 상당 기간 핵 독점과 우위를 자신했던 트루먼은 재래식 군사력을 급감하는 한편 주한미군 철수를 단행했다. 그러나 그건 방심한 것이었다. 주한미군 철수와 애치슨 라인 선포는 미국의 개입 의지에 심각한 의문을 불러왔고, 핵의 위력을 믿고 단행한 대대적인 재래식 군사력 감축은 미군이 한국전쟁 초기와 중국군 개입 당시 고전을 면치 못하게 한 물리적 요인이었다.

반면 핵실험 성공으로 대담해진 스탈린은 김일성의 남침 승인 요구를 받아들였다. 트루먼과 마찬가지로 스탈린도 미국이 제3차 세계대전을 불사할 정도로 무모하지는 않을 것으로 기대했다. 이에 따라 미국의 개입 가능성도 낮고, 개입하더라도 중국을 앞세우면 소련이 직접 피 흘릴 일은 없다고 봤다. 스탈린의 기대와 달리 미국이 한국전쟁에 신속히 개입하자 미국의 힘을 빠지게 해, 냉전경쟁에서 우위를 점할 기회로 보았다. 그러나 이역시 오판이었다. 한국전쟁을 소련이 일으키는 제3차 세계대전의 전주곡으로 간주한 미국은 엄청난 속도로 군사력을 증강시키면서 아시아와 유럽에서 대소 봉쇄를 위한 동맹체제 강화에 박차를 가한 것이다.

한국전쟁: 두 예방전쟁의 충돌

2

　　핵 시대의 첫 전쟁이자, 미국과 소련 등 강대국들이 직접 개입한 한국전쟁의 또 다른 중요한 특징은 주요 국가들 간 '예방전쟁'의 충돌이었다는 것이다. 예방전쟁의 시각에서 한국전쟁을 분석하는 것은 이 전쟁의 발발 배경과 미국의 개입 및 중국의 참전 등 확전, 그리고 정전협상이 지체된 원인을 이해하는 데 중요한 의미를 지닌다. 또한 한국전쟁이 지닌 국제전쟁으로서의 성격을 새로운 각도에서 접근하는 데도 큰 도움이 된다.

　일반적으로 예방전쟁은 적이 더욱 강해져서 나를 위협하는 상황을 사전에 막기 위해 벌이는 전쟁을 의미한다. 이는 "자신에 대한 공격이 확실히 임박했을 때 자위적 차원에서 적을 먼저 공격"하는 선제공격과는 다른 개념으로, 국제법적으로는 불법이다. 북진통일을 공언했던 이승만에 맞서 먼저 남침을 강행한 김일성의 판단도 예방전쟁의 맥락에서 해석할 수 있다. 또한 김일성-마오쩌둥-스탈린은 미국 주도하에 일본-한국-대만을 잇는 동아시아 반공 블록이 구축될 경우 전쟁이 일어나는 것은 시간문제가 될 것으로 봤다. 그래서 선제적 남침과 공산화를 통해 미래의 큰 전쟁을 예방할 수 있다고 믿었다. 반면 미국은 북한의 남침을 소련이 주도할 제3차 세계대전의 전주곡으로 보고, 한국전쟁 개입을 제3차 세계대전의 예방전쟁으로 간주했다.

김일성-스탈린-마오쩌둥의 '예방전쟁론'

먼저 공산 진영의 예방전쟁론을 살펴보자. 1945년 9월부터 일본을 점령한 미국의 가장 중요한 목표는 "일본이 다시는 미국의 위협이 되지 않도록 하는 것"이었다. 그래서 "일본 군사력을 지탱하는 경제적 기초인 공업시설을 파괴하고 재건을 불허"하기로 했다. 1947년 일본의 전체 경제 규모가 전쟁 이전과 비교할 때 약 40%에 불과했을 정도로 미국은 일본의 경제재건을 막았다. 이를 통해 일본이 재무장하는 물리적 기반을 제거할 수 있었다. 하지만 미국으로서도 점령비용 부담이 고민이었다. 그런 데다 1947년에 미국은 '트루먼 독트린'을 통해 대소 봉쇄정책을 천명했다.

이 두 가지 요인, 즉 점령비용 부담과 대소 봉쇄정책 공식화는 미국의 일본 점령정책에도 큰 변화를 가져왔다. 1948년 1월 6일 육군장관 케네스 로열(Kenneth Royall)은 "많은 미국 시민은 독일·일본과의 전쟁에서 이겼음에도 불구하고 점령경비 부담 때문에 실망하고 있다"며 다음과 같이 밝혔다. "일본 점령은 장래 극동 지역에서 일어날 전체주의와의 전쟁에서 일본이 기여할 수 있도록 자급자족의 민주주의를 만드는 것이 목적이다."[22] 미국은 일본을 대소 봉쇄정책의 전진기지이자 공산주의 확산을 막을 방파제로 삼기로 한 것이다. 극적인 전환이 아닐 수 없었다. 미일동맹의 맹아가 싹트기 시작한 것이다.

정책의 변화는 인물 기용 방식의 변화도 수반했다. 미국이 소련에 대항하기 위해 전범을 활용하기로 한 것이다. 대표적인 인물이 아베 신조 총리의 외할아버지인 기시 노부스케였다. A급 전범으로 스가모 형무소에 수감중이던 기시는 일찍이 이렇게 예견했다. "냉전은 스가모에 있던 우리에게 유일한 희망이었다. 미소관계가 악화되기만 하면 처형당하지 않고 나갈 수 있다고 생각했다." '쇼와 시대의 요괴'라는 별명답게 그는 이미 냉전을 예견하면서 이를 구명줄로 인식했던 셈이다.[23]

그런데 미국의 일본 점령기에 "미일 안보동맹을 추진했던 것이 공산 진영에 의도하지 않은 메시지를 전달함으로써" 동북아의 불안정을 가져왔다. "1949~1950년에 싹트기 시작한 미일동맹의 맹아가 한반도와 관련해 소련과 중국의 계산에 영향을 미쳐 (김일성의 남침 승인이라는) 파괴적인 결과"를 가져왔다는 것이다.[24] 미군이 일본, 한국, 대만 등에 주둔하고 일본마저 재무장할 것이라는 공산 진영의 판단은 북한·중국·소련 동맹의 결속으로 이어졌고 소련과 중국이 북한에 대규모 군사원조를 제공하게 된 중요한 원인이었다는 것이다. 1949년까지 소련과 중국의 북한 군사원조는 일본의 재무장 및 미국 주도의 동아시아 반공동맹 출현 가능성에 대비한 "방어적 목적"이 강했다. 그러나 1950년 들어 "국제적인 환경"이 공산권에 유리하게 전개되자 스탈린과 마오쩌둥은 '예방전쟁'의 맥락에서 김일성의 남침 요구를 수용·지원한 것이다.[25]

여기서 주목할 것은 공산 진영이 1949년 주한미군의 철수를 한반도 통일의 기회이자 또 다른 위협의 시작으로 간주했다는 점이다. 북진통일을 공공연히 주창했던 이승만이 일본의 지원을 업고 북한을 공격할 가능성을 우려한 것이다. 비밀해제된 소련 문서에 따르면, 북한의 지도자들은 소련과 중국에 미군 철수 이후 남한과 일본의 공격 가능성이 커졌다고 말했다. 스탈린 역시 "미국의 지원하에 일본이 재무장하고 장차 한국을 군사기지로 삼는다면, 소련의 극동 지역에 위협이 될 것이라고 믿었다."[26] 마오쩌둥도 이런 우려를 공유하고 있었다. 평양발 소련 외교 전문에 따르면, 마오쩌둥은 1949년 5월 15일 북한 특사를 만난 자리에서 다음과 같이 말했다.

> 조선반도 전쟁은 빨리 끝날 수도 있고 장기화될 수도 있습니다. 장기전이 될 경우 일본이 개입해 남조선을 도울 것이기 때문에 북조선에 이롭지 못합니다. 그러나 걱정하지 마세요. 당신에게는 소련이 있고 또 만주에는 우리가 있습니다. 필요하다면, 우리는 은밀히 우리의 군대를 보낼 것입니다.[27]

김일성은 스탈린과 마오쩌둥의 우려를 군사원조 확대 및 남침 동의를 받아내는 '지렛대'로 활용했다. 1949년 초 소련군이 철수할 때는 약 1000명의 군사고문단 잔류와 함께 대규모 군사원조를 받아냈다. 곧이어 김일성은 마오쩌둥에게 국공내전에 참전했던 조선인 군대의 송환을 요구했고 마오쩌둥은 1949년 2개 사단을, 이듬해 1월에는 추가로 1개 사단을 북한에 보냈다. 그런데 두 사람은 생각이 서로 달랐다. 마오쩌둥은 북한의 '방어'태세 강화를 위해 그들을 보냈지만, 김일성의 머릿속에는 이들을 앞세워 '남침'을 감행하려는 의도가 있었던 것이다. 실제로 중국에서 돌아온 3개 사단은 남침의 선봉에 섰다.

스탈린에게 보고된 남한 정세 정보도 김일성의 주장을 뒷받침했다. 남침 승인 결정을 내리기 직전이었던 1950년 1월 하순, 스탈린은 이승만이 미국의 안보공약이 약해지는 상황에 대한 대비책으로 일본과 더욱 긴밀한 협의를 모색하고 있다는 보고를 받았다. 이는 스탈린의 전략적 우려를 더욱 자극했다. 한국·미국, 미국·일본의 양자관계에 이어 한국·일본 협력구조까지 탄생하면 한·미·일 반공동맹이 형성될 것으로 봤던 것이다. 조지타운대 교수인 엘리자베스 스탠리(Elizabeth Stanley)에 따르면, 소련의 강경파들도 김일성과 유사한 판단을 하고 스탈린에게 강경대응을 주문했다. 스탠리는 "소련 강경파들은 미국이 한국과 일본을 소련과 아시아 민족해방 운동을 겨냥한 '군사적 발판'으로 삼으려 한다고 주장"하면서, "한반도 공산화 통일을 정당화하기 위해 미국과 일본이 아시아에서 소련의 이익을 위협하고 있다는 점을 강조했다"고 지적했다.[28]

그러나 공산 진영의 생각만큼, 한국전쟁이 발발하기 전까지 일본의 재무장 수준도, 한-미-일 간의 군사적 결속도 강했던 것은 아니다. 오히려 예방전쟁의 취지로 강행한 남침은 공산권이 방지하려고 했던 목표, 즉 일본의 재무장 강화와 미국 주도의 동아시아 동맹체제 강화로 귀결되고 말았다. 미국 정부는 북한의 남침을 일본 안보의 치명적인 위협으로 간주하고 일본 재무장을 본격적으로 추진하고 나선 것이다.

중국의 한국전쟁 참전도 예방전쟁의 맥락에서 이해할 수 있다. '애치슨 라인'의 행간에 깔려 있던 것처럼 미국은 한국전쟁 이전에는 대만을 중국의 일부로 인정하는 듯한 태도를 보였다. 그러나 한국전쟁이 터지자 한국 전쟁 참전과 함께 대만해협에 7함대를 파견했다. 이를 목도한 중국은 미국의 의도에 강한 경계심을 가졌다. 미국이 대만 문제와 마찬가지로 한반도에서도 언제든 정책을 선회할 수 있다고 간주한 것이다.

무엇보다 중국은 미국 주도의 한반도 통일을 좌시할 경우, 장차 대만과 한반도라는 2개의 전선에서 미국을 상대해야 한다는 부담을 느꼈다. 맥아더가 1950년 7월, 3개 전투 편대와 함께 대만을 방문해 미국 내 온건파들을 유화주의자, 패배주의자로 비난하면서 "만약 우리가 대만을 방어한다면, 우리는 중국 본토를 고립시킬 수 있을 것"이라고 말한 것은 중국의 이와 같은 전략적 불안을 더욱 자극했다.[29] 이승만의 북진통일론, 대만 장제스의 본토수복론, 그리고 맥아더의 확전론이 맞물린 것은 "반공전선을 동북아 지역 전체로 확대하자"는 취지로 받아들여졌다.[30] 이에 따라 마오쩌둥은 언젠가 미국과의 일전이 불가피하다면, 한반도를 전쟁터로 삼는 것도 그리 나쁘지 않을 것이라고 생각했다.

미국, "한국전쟁은 제3차 세계대전 예방전쟁"

한편 1950년 1월 12일 '애치슨 라인'을 통해 한국을 극동방어선에 포함시키지 않은 미국은 그해 6월 25일 북한이 기습적이고도 전면적인 남침을 가하자 신속한 개입을 선택했다. 트루먼 행정부는 즉각 UN 안전보장이사회를 소집해 북한의 남침을 "평화의 파괴"로 규정했으며, 6월 27일에는 대통령 담화를 통해 남한 방어를 위해서 미군을 투입하고 중국의 대만 공격을 억제하겠다는 이유로 대만해협에 제7함대를 파견하겠다고 발표했다.[31] 직전까지 남한의 전략적 가치 및 북한의 남침 가능성을 낮게 보고 양안 문제에 개입하지 않을 뜻일 내비친 것으로 볼 때, 전격적이고도 신속한 결정이었다.

이것은 지독한 역설이었다. 트루먼 행정부는 북한은 소련의 "꼭두각시"에 불과하고 소련이 북한에 남침을 지시하는 것은 3차 "세계대전의 전주곡"인데 소련은 그럴 준비가 안 돼 있다고 간주했다. 이런 미국의 판단은 북한의 외교술 및 남침 가능성을 과소평가한 근거로 작용했다. 그런데 동시에 "북한은 소련의 꼭두각시"에 불과하다는 판단은 북한의 남침 직후 미국이 신속한 개입을 선택한 중대한 사유가 되었다. 북한의 남침을 소련이 벌일 '제3차 세계대전의 전주곡'으로 간주했기 때문이다.

당시 미국이 신속한 개입을 천명한 데는 트루먼이 밝힌 공식적인 이유, 즉 "공산군의 침공은 UN헌장 위반이자 국제 평화와 안정을 위협하는 도발"이라는 이유 외에 미국의 내부요인도 크게 작용했다. 미국 공화당은 애치슨 라인 발표를 전후해 트루먼 행정부가 중국의 공산화를 방치했고, 공산주의자들에게 너무 나약하게 대처하고 있다며 맹공을 퍼붓고 있었다. 이런 공화당의 안보 공세는 매카시즘 광풍과 맞물려 트루먼 행정부를 궁지로 몰아넣었다. 트루먼에게 북한의 남침은 이런 정치 공세를 무마할 수 있는 기회였고, "트루먼은 그 기회를 잡았다".[32] 이를 반증하듯, 트루먼이 신속한 개입 의지를 발표하자 그의 지지율도 크게 올라갔다.

애치슨이 아시아 방어선에 한국을 포함시키지 않은 것에 대해 미국의 보수파들은 북한의 남침에 "청신호"를 보낸 것이라고 반발했지만, 정작 맥아더조차 1949년 3월 인터뷰에서 미국의 방어선은 필리핀-오키나와-일본 열도-알류산 열도-알래스카로 이어진다고 말했었다. 당시 한국의 전략적 가치를 낮게 본 것은 군부를 포함한 미국 행정부 전체의 분위기였고, 공화당계 인사들 역시 마찬가지였다. 이런 맥락에서 볼 때, 미국이 신속한 개입을 선택한 것은 "그들 자신의 정책을 무시한 것"이었다는 키신저의 지적은 정곡을 찌른 것이다.[33]

앞서 언급한 것처럼, 미국이 신속한 개입을 선택한 전략적 배경에는 한국전쟁 당시 미국의 지도부가 이 전쟁을 제3차 세계대전의 전주곡으로 간주했던 이유가 자리 잡고 있었다. 트루먼은 "우리 세대에 강자가 약자를 공격한 것은 한국전쟁이 처음은 아니었다. 나는 만주, 에티오피아, 오스트리아 등 이전의 몇 가지 사례를 떠올렸다. 공산주의자들은 10년, 15년, 20년 전에 히틀러, 무솔리니, 일본 제국주의자들이 그랬던 것처럼 한반도에서 행동하고 있다"고 말했다. 그러면서 "공산주의자들이 자유세계의 반격 없이 한국에서 자신의 뜻을 강요하는 것을 좌시할 경우, 어떤 작은 나라들도 공산국가들의 위협과 도발에 저항할 용기를 갖지 못하게 될 것"이라고 역설했다. 그러면서 한국전쟁을 방치할 경우 "2차대전에서 그랬던 것처럼, 3차대전으로 이어질 수 있다"고 우려했다. 애치슨도 "우리는 진짜 적인 소련이 뒤에 숨어 있는 전쟁을 치르고 있다"고 말했고, 오마르 브래들리(Omar N. Bradley) 합참의장은 "한국전쟁은 제3차 세계대전을 피하기 위한 목적으

로 수행한 예방적 제한전쟁이었다"고 말했다.[34]

　이처럼 당시 미국이 신속한 개입을 선택한 배경에는 "자유 진영"의 강력한 반격이 없으면 제3차 세계대전으로 이어질 수 있다는 우려가 강하게 깔려 있었다. 미국을 위시한 16개국[*]이 UN군의 깃발 아래 참전을 결정한 것은 "제2차 세계대전에 대한 강렬한 트라우마"가 반영된 것이었다.[35] 당시 워싱턴의 정책 결정자와 맥아더의 눈에는 북한의 남침이 소련의 양동작전으로 비쳤다. 스탈린이 김일성을 부추겨 남한을 공격하는 한편, 유럽이나 중동에서 또 다른 침공 계획을 갖고 있다고 믿었던 것이다. 이에 따라 미국의 한국전쟁 참전은 유라시아 대륙에 걸친 스탈린의 무력 공산화 시도의 기를 꺾고자 하는 것이었다. 한반도에서 공산주의에 대항할 강력한 의지를 분명히 보여주어야 유럽을 비롯한 다른 지역에서 스탈린의 도발을 억제할 수 있다고 여긴 것이다.

　이런 시각을 반영하듯 북한의 남침에 대한 미국의 대응은 '전 지구적으로' 나타났다. 한국전쟁이 시작되자 미국은 한반도 참전은 물론이고 대만해협에 제7함대를 파견했다. 또한 필리핀의 게릴라 소탕작전을 지원하는 한편, 인도차이나에서 민족공산주의 집단인 베트민과 전쟁 중이던 프랑스에 대한 지원을 대폭 강화했다. 북한이 남침한 지 4일 후에 C-47 수송기가 태평양을 건너 인도차이나로 향했는데, 이를 두고 《콜디스트 윈터》의 저자 데이비드 핼버스탬은 "훗날 깊어만 갈 미국의 우울한 모험을 알리는 서곡"이었다고 지적했다.[36] "미국의 우울한 모험"이란 베트남전쟁을 의미했다. 또한 미국은 제2차 세계대전 당시 동맹국이었고 대일전에도 참여했던 소

---

[*]　당시 참전국은 미국, 영국, 호주, 캐나다, 뉴질랜드, 프랑스, 터키, 그리스, 중화공화국(대만), 필리핀, 태국, 남아프리카공화국, 에티오피아, 콜롬비아 등 16개국이다. 이를 통해 알 수 있듯이 참전국 대다수는 제2차 세계대전 피해국들이었다.

런을 제외시키고 평화조약을 체결하기로 했는데, 이는 일본을 대소 봉쇄의 동아시아 교두보로 삼고자 하는 의도가 반영된 것이었다. 이에 따라 소련을 제외한 48개국의 연합국과 일본은 샌프란시스코 평화조약(1951년 9월 8일 조인, 1952년 4월 8일 발효)을 체결했다.*

북한의 남침 배후에 소련이 있고 이를 스탈린이 벌일 제3차 세계대전의 전주곡으로 확신한 트루먼은 NATO 강화와 독일 재무장에도 박차를 가했다. 스탈린이 그토록 우려한 서독의 재무장 및 NATO 강화에 트루먼이 박차를 가한 결정적 계기가 바로 스탈린이 승인한 한국전쟁이었던 것이다. 이에 따라 한국전쟁 직전 NATO 회원국 전체의 군사비는 GDP 대비 5.5%였지만, 전쟁 직후에는 12%까지 치솟았다.

무엇보다 트루먼은 한국전쟁 직전인 1950년 4월에 행정부 내 강경파들이 작성·권고한 NSC-68의 승인을 유보했다가 한국전쟁 직후에 승인했다. NSC-68은 전 세계 공산주의 봉쇄와 소련과의 일전을 겨냥한 대규모 군비 증강 프로그램이었다. 60년 후 〈AP통신〉의 지적처럼, 한국전쟁은 "한반도의 지속적인 위기를 가져오고 있을 뿐만 아니라, 미국이 영원히 지구적 군사패권 국가를 지향하게 만든 전쟁"이었던 것이다.[37]

---

* 참고로 연합국의 일원에 포함되지 않았던 소련은 2017년 현재까지도 일본과 평화조약을 체결하지 못한 상황이다.

"인천의 마법사" 맥아더, '승자의 저주'에 걸리다

3

한국전쟁 발발 '이전' 미국의 주한미군 철수 및 애치슨 라인 선포 이면에는 핵의 위력에 대한 자신감이 깔려 있었다. 마찬가지로 한국전쟁 발발 '이후' 미국의 신속한 참전 배경에서 빼놓을 수 없는 것이 바로 핵 우위에 대한 자신감이다. 비록 대규모 군비감축으로 재래식 군사력이 약화되었고 소련의 핵실험으로 미국의 핵 독점이 무너졌지만, 트루먼은 핵 우위를 통해 한국전쟁 참전에 따른 전략적 위험과 위협에 대처할 수 있다고 믿었다.

당시 미국의 세계 전략 관점에서 볼 때, 한국전쟁 개입을 선택한 미국의 가장 큰 우려사항은 소련의 유럽 침공 가능성이었다. 이런 가능성에 대비하기 위해 트루먼은 한국전쟁 개입 직후인 7월 11일 영국에 원자폭탄 탑재가 가능한 B-29 전략폭격기를 배치했다. 이는 미영동맹에 대한 강력한 의지를 과시한 것이자, 서유럽의 우려와 미국 공화당의 공세를 동시에 달래고자 하는 성격이 짙었다. 또한 한반도를 비롯한 동북아보다 유럽 방어에 압도적인 중요성을 부과하고 동북아에 쏠린 미국 군사력의 공백을 틈타 소련의 유럽 공격을 억제하고자 하는 미국의 전략적 판단도 깔려 있었다. 이와 관련해 미국의 핵 전문가인 가 알페로비츠(Gar Alperovitz)와 카이 버드(Kai Bird)는 다음과 같이 지적한다. "원자폭탄은 한국전쟁에 대한 미국의 참전을 가능하게 만들었다. 미국에 핵무기가 없었다면, (한국전쟁에 미국이 개입하면서도) 유럽 방어가 동시에 가능하지 않았을 것이기 때문이다."[38]

"핵무기는 그냥 무기가 아니야!"

핵 우위를 자신한 트루먼 행정부는 전쟁 초기부터 소련과 중국의 개입을 억제하고 북한군의 총공세로 불리해진 전세를 만회하기 위해 핵무기 사용을 고려하기 시작했다. 북한의 남침 소식이 전해진 6월 25일 일요일 저녁, 트루먼은 반덴버그(Hoyt S. Vandenberg) 공군참모총장에게 미국 전폭기가 한반도 인근의 소련 기지를 쓸어버릴 수 있는지 물었다. 반덴버그는 핵무기를 사용하면 가능할 것이라 답변했고, 이에 트루먼은 소련이 한국전쟁에 개입하면 핵공격을 단행할 준비를 갖추라고 지시했다.[39] 그러나 개전 초기 UN군이 북한군에 패퇴를 거듭하면서 미국은 크게 당황했다. 핵의 위력에 너무 의지한 탓인지, 참전 미군은 "정서적으로나 심리적으로나 물리적으로 준비가 안 된 어리고 경험 없는 젊은이들이 대부분이었다".[40] 중국과 소련의 개입을 걱정하기에 앞서, 북한군의 남하를 저지하는 것 자체도 버거워진 것이다.

한국전쟁 발발 이전까지 미국의 핵공격 계획은 소련에 맞춰져 있었다. 이로 인해 육군보다는 전략폭격을 담당하는 공군에 예산 배정 우선권이 주어졌다. 또한 한반도와 같이 작고 대규모 군사 및 산업시설이 없는 지역에 핵무기를 투하한다는 것도 낯선 일이었다. 이에 따라 한국전쟁 발발을 전후해 트루먼의 핵공격 계획은 북한보다 소련의 개입 억제 및 개입 시 보복에 맞춰졌다. 한국전쟁 이전까지 미국의 핵 위력에 대한 맹신은 소련과의 갈등만 아니라면, 미국인이 또다시 전쟁터로 나갈 일은 없을 것이라는 환상을 야기했다. 이는 곧 한국전쟁과 같은 작은 지역에서의 재래식 전쟁에 대한 대비에 소홀했던 원인이 되었다. 결국 핵 독점과 우위가 평화를 보장할 것이라는 미국의 믿음은 한국전쟁으로 인해 "급격하고도 예상치 못하게 산산이 부서지고 말았다".[41] 북한군이 파죽지세로 남진을 거듭하자, 지상군으로는 이를 저지하는 데 한계를 느낀 미 육군 참모부는 급기야 한반도에서 핵무기 사용을 검토하기 시작했다.

그러나 당시 〈뉴욕 타임스〉가 지적한 것처럼 "원자폭탄은 (일반적인) 무기가 아니었다". 이 신문은 "한반도에서 원자폭탄을 사용하는 것은 아시아에서 우방국들과의 관계를 훼손할 뿐만 아니라, 원자폭탄을 투하할 만한 적절한 목표물도 존재하지 않기 때문에 군사적으로도 효과적이지 못하다"고 지적했다. 그러면서 "우리가 아시아의 친구들과 그 지역에서의 영향력을 잃기를 원한다면, 북한에 원자폭탄을 투하하면 될 것"이라고 경고했다.[42] 이처럼 히로시마와 나가사키의 기억은 한국전쟁에서 원자폭탄 사용에 따른 인종차별주의 문제를 떠올리게 만들었다.

국무부 일부 관리들 역시 소련이나 중국이 참전하지 않은 상태에서 북한을 상대로 핵공격을 가하는 것에 상당한 부담을 느꼈다. 정책기획국의 카턴 새비지(Carton Savage)는 미국의 핵공격이 도덕적 차원에서는 국제사회에서 미국의 이미지가 실추되고, 군사적으로는 원자폭탄 투하에도 불구하고 전세가 바뀌지 않을 우려가 있으며, 외교적으로는 UN과의 관계에 큰 문제를 일으킬 것이라고 생각했다. 그러면서 그의 상관인 폴 니츠(Paul Nitze) 국장에게 소련이나 중국이 개입하기 전에는 핵무기 사용을 자제해야 한다는 입장을 전달했다. 이에 니츠는 케네스 니컬스(Kenneth D. Nichols)

장군을 만나 그의 의견을 물었고, 니컬스는 새비지의 의견에 대체로 동의한다면서도 중국이나 소련이 개입하지 않더라도 미군이 한반도에서 축출될 위험에 직면하면 원자폭탄을 사용해야 한다고 말했다.[43]

개전 초기 트루먼 대통령 역시 원자폭탄 사용에 부정적이었다. 그는 7월 27일 기자회견에서 북한군을 상대로 원자폭탄 사용을 고려하고 있느냐는 질문에 "아니요"라고 답했다. 미군의 전반적인 분위기도 핵무기 사용에 신중했다. 미 육군의 정보부대는 7월 중순 다음과 같은 이유로 원폭 사용 신중론을 제기했다. "지금 단계에서의 원폭 사용은 아시아인들의 생명을 멸시한다는 미국 정책의 무자비함"을 보여주는 것이라며, 이로 인해 "아시아 국가들의 반미 감정은 핵무기 사용의 군사적 이점을 완전히 상쇄하고도 남을 것"이라고 말했다. 미 공군의 심리전 부대는 8월 초 북한군을 상대로 한 원자폭탄 공격이 남한 영토에서 이뤄질 수밖에 없는 현실을 지적하면서, 대규모 민간인 희생자가 발생해 "아시아의 반미 감정을 더욱 공고히 하는 결과"를 가져올 것이라고 경고했다.[44]

그러나 개전 초기부터 맥아더는 핵무기 사용을 강하게 주장하고 나섰다. 맥아더는 1950년 7월 UN군 사령관으로 임명되자마자, 육군 작전참모장으로 있던 리지웨이(Matthew Ridgway)에게 긴급전문을 보내 원자폭탄 사용권한을 자신에게 위임해달라고 청원했다. 그의 머릿속에는 다음과 같은 구상이 있었다. "만주와 블라디보스토크에서 (북한으로) 들어오는 유일한 통로에는 터널과 다리가 많이 있다. 이곳이야말로 차단공격을 가하기 위해 핵폭탄을 사용할 둘도 없는 곳이다."[45] 맥아더의 청원을 접한 반덴버그 공군참모총장은 7월 중순 도쿄를 방문해 맥아더와 핵무기 사용에 관한 협의를 가졌다. 이 자리에서 맥아더는 중국군의 개입을 사전에 저지하기 위해서는 원폭 투하가 필요하다며, B-29 전폭기의 운용권한을 자신에게 위임해주면 그 임무를 완수하겠다고 공언했다. 맥아더는 북한에 대규모 공습을 가하는 한편, "적의 주요 축선을 방사능 물질로 만들어 한반도를 만주와 분리시키겠다"는 작전계획을 설명했다. 이를 통해 "최대 10일 안에 승리"할 수 있고, 중국군의 개입 저지는 물론이고, 미국이 중국을 침공할 의사가 없다는 점도 전달하는 효과가 있다고 주장했다. 그는 훗날 북중 국경지역을 방사능으로 오염시키기 전에, 북한에 "30~50개의 원자폭탄 투하를 희망했다"고 전하기도 했다.[46]

반덴버그는 맥아더의 요청에 "그렇게 하겠다"고 답했지만, 워싱턴에 돌아간 이후 신중론에 직면했다. 미국의 원폭 투하가 동맹국들로 하여금 미국에 등을 돌리게 만들고, 한국전쟁이 세계대전으로 비화될 수 있다는 우려가 제기된 것이다. 또한 트루먼은 "핵무기는 대통령의 무기"라는 인식이 강해, 핵 사용권한을 맥아더에게 위임하는 것을 극도로 꺼려했다. 이에 따라 트루먼은 '절충'을 선택했다. 핵공격 태세를 갖추기 위해 10기의 B-29 전폭기를 괌에 파견하는 것을 승인하면서도 핵폭탄의 핵심물질(fissile core)이 '분리된' 폭탄을 탑재하게 함으로써 핵 사용 최종권한을 자신에게 남겨둔 것이다.

'강압외교'의 수단이든 전세를 역전시키고자 한 '절대무기'이든, 원자폭탄을 한국전쟁에 이용하기로 한 트루먼은 8월 1일 "즉각적인 핵공격 명령을 수행할 수 있도록 제9전폭비행단을 괌으로 파견하기로 결정했다". 이 명령에 따라 B-29 전폭기 10대가 미국 본토에서 괌으로 출격했고, 이 가운데 1대는 샌프란시스코 인근 공군기지에 추락해 수십 명이 사망하고 기지 일대가 방사능으로 오염되는 사고가 발생하기도 했다.[47] 전폭기 배치는 대외적으로 미국의 단호함을 과시해 중국이나 소련의 개입을 차단하기 위한 조치이기도 했다. 이를 뒷받침하듯, 극비에 해당하는 전폭기 파견 정보를 〈뉴욕타임스〉에 흘려 "적들에게도 알렸다".[48]

괌에 핵 전폭기를 배치할 즈음, 미국 내부에서는 어떤 조건과 환경에서 한반도나 그 인근에 원자폭탄을 투하할 것인가의 문제에 대해 내부적으로 의견이 갈려 있었다. UN군 사령관인 맥아더는 전세를 역전시키기 위해서는 즉각적인 사용이 필요하다는 강경론을 펴고 있었지만, 미국 군부와 행정부는 보다 신중한 입장이었다. 대체로 국무부는 소련이나 중국이 한국전에 개입할 경우 원폭 투하를 해야 한다는 입장이었고, 군부의 지배적인 의견은 UN군이 북한군에 의해 한반도에서 축출될 상황에 직면하면 핵무기를 사용해야 한다는 것이었다.[49]

그러나 미국이 히로시마와 나가사키 원폭 투하 때 투입된 바 있는 B-29를 통한 '강압외교'는 성공하지 못했다. 오히려 중국은 한국전쟁 참전을 염두에 두고 8월 들어 동북아에 자국군을 집결시키고 있었다. '무력시위'로 중국군의 개입을 저지하기 위해 괌에 파견되었던 B-29 전폭기들도 이렇다 할 소득 없이 8월 말에 미국 본토로 기수를 돌렸다.

인천상륙작전과 승자의 저주,
그리고 "완전히 새로운 전쟁"

미국이 원자폭탄 투하를 검토할 정도로 절망적이었던 전세는 1950년 9월 중순 중대한 전환점을 맞이한다. 맥아더가 주도한 9월 15일 인천상륙작전이 대성공을 거두고 곧바로 서울을 수복하면서 전세를 역전시킨 것이다. 자연스럽게 핵공격론도 수그러들었다. 이를 상징하듯 열렬한 핵공격론자였던 맥아더는 인천상륙작전의 성공으로 전세가 유리하게 전개되는 만큼, 핵무기 사용 결정을 유보해달라는 입장을 워싱턴에 전달할 정도로 여유를 부렸다.[50] "인천상륙작전의 성공으로 맥아더는 신적인 존재가 되었고 아시아에 관한 한 자신이 전문가라고 으스대며 중국이 참전하지 않을 것이라고 장담했다."[51] 맥아더에게 인천상륙작전은 "조선인민군에 대한 승리"이자 "워싱턴에 있는 반대세력"에 대한 승리였고, 애치슨의 표현처럼 "인천의 마법사"가 된 맥아더를 막아설 사람은 없었다.[52] 10월 15일 웨이크섬에서 트루먼과 처음으로 만난 맥아더는 중국이나 소련의 개입 가능성을 묻는 대통령의 질문에 "그럴 가능성은 거의 없다"고 단언했다. 만약 "중공군이 평양으로 밀고 내려온다면" 미군의 압도적인 공군력으로 중국군을 쓸어버릴 수 있다고 자신했다.[53]

그러나 맥아더가 '승자의 저주'에 직면하는 데는 그리 오랜 시간이 걸리지 않았다. 맥아더는 중국군이 절대로 개입하지 못할 것이라며 38선 이북으로의 진군을 트루먼에게 강력히 요청했다. 그러자 트루먼은 맥아더에게 38선을 넘어 북진하되, 중국이나 소련과의 충돌은 피하라는 모호한 명령을 하달했다. 하지만 미국을 기다리고 있는 것은 혹한과 함께 중국군의 대규모 참전이 어우러진 '콜디스트 윈터'였다. "냉전에서 주도권을 잡기 위한" 북진 결정이 중국군의 개입을 불러오면서 "트루먼 대통령이 임기 중에 내린 가장 재앙적인 결정"이 되고 만 것이다.[54] 그리고 맥아더가 말한 "완전히 새로운 전쟁"에 직면한 미국은 핵공격을 더욱 심각하게 고려하게 된다. 제3차 세계대전을 예방한다는 명분으로 개입한 한국전쟁이 세계대전으로 들어갈 수도 있는 문을 노크하기 시작한 것이다.

그렇다면 미국이 북진 결정을 내린 이유는 무엇이었을까? 인천상륙작전이 성공한 직후 미국은 중국이 수만 명의 병력을 만주에 주둔시킨 것을 알고 있었다. 그러나 이것을 중국이 한국전쟁에 참전할 의도로 보지 않고, 중국을 방어하기 위한 것으로 간주했다. 또한 저우언라이는 주중 인도 대사인 파니카르(K. M. Panikkar)를 통해 미국에 38선을 넘지 말라고 경고했는데, 정작 미국 정부는 파니카르를 신뢰하지 않았다. 그는 저우언라이의 메시지를 미국에 전달하기 2주 전 중국이 한국전쟁에 개입할 가능성이 없다고 장담하기도 했다.

미국이 북진 결정을 내린 데는 북한에 침략의 대가를 치르게 하겠다는 것과 함께 북한을 제거함으로써 향후 미국의 안보 부담을 줄여보고자 하는 계산도 깔려 있었다. 이런 계산은 개입 초기부터 있었다. 애치슨은 개전 나흘 후인 6월 29일 한 언론과의 인터뷰에서 "우리의 목적은 오로지 남한을 전쟁 이전 상태로 회복하고 평화를 정착하는 데 있다"고 말했다. 그러나 내심으로는 "남한을 수복하는 데 성공하더라도 장기적으로는 남한을 요새화하고 지원해야 하는 문제가 발생하는데 이것은 우리에게 매우 어려운 문제"라는 생각도 갖고 있었다.[55] 남한의 전략적 가치에 큰 비중을 두지 않았던 반면에 국방예산 부담이 컸던 미국으로서는 한반도에서 현상을 회복하는 수준에 머물 경우와 북진을 감행해 북한이라는 도발의 씨앗을 아예 제거하는 것 사이의 득실관계를 고민했던 것이다. 전자는 확전의 위험을 피하고 조기에 전쟁을 종결할 수 있다는 '장점'이 있었다. 하지만 북한을 남겨두면 이후에도 남한 방어라는 부담을 안게 된다는 '단점'이 있었다. 후자의 장단점은 거꾸로 생각하면 된다. 결국 미국은 중국의 개입 가능성이 낮다는 판단하에, 그리고 한국에 대한 방어 부담을 덜어보고자 북진을 선택했다.

한편 10월 1일 절멸의 위기에 처한 북한으로부터 군사원조를 요청받은 중국에서는 참전을 둘러싸고 격론이 벌어졌다. 지도부의 상당수는 직접 개입을 꺼려했다. 이들 가운데는 총리이자 외무장관인 저우언라이, 중국 공산당 부주석인 류사오치, 훗날 마오쩌둥이 후계자로 지목한 린뱌오 등이 포함되어 있었다. 이들은 오랜 내전으로 피폐해진 경제재건의 시급성, 국민당 잔당세력 소탕, 미국에 대한 군사적·산업적 열세, 오랜 내전으로 지친 인민해방군의 상황 등을 종합적으로 고려할 때, "한국전 참전은 무리"라는 의견을 제시했다. 특히 미국이 원자폭탄을 보유하고 있다는 점을 강조했다.[56]

그러나 마오쩌둥의 생각은 달랐다. 중국 공산당이 나약한 모습을 보이면 국내 반동세력의 발호와 국민당의 중국 본토 공격을 야기할 수 있다고 여겼다. 또한 미국과의 대결이 불가피하다면, 중국 본토보다는 한반도에서 전쟁을 치르는 것이 더 유리하다고 봤다. 마오쩌둥은 이런 의견을 제시해 반대파들을 설득·제압했다.[57] 특히 마오쩌둥은 미국이 한국전쟁 개입과 동시에 대만해협에 7함대를 파견한 것을 미국이 '양수겸장'을 둔 것으로 간주했다. 이에 따라 대만해협을 사이에 두고 해전이나 공중전으로는 미군을 제압할 수 없다는 사실을 잘 알고 있던 마오쩌둥은 한반도에서 미국과 '지상전'을 벌이는 것이 낫다고 생각한 것이다.

또한 마오쩌둥은 핵무기를 "종이호랑이"에 비유할 정도로 전쟁의 승패를 결정하는 것은 물리력이 아니라 인민들의 정신력이라는 확고한 신념을 갖고 있었다. 그의 이런 생각은 미국이 원자폭탄을 사용하면 "수류탄으로 대응하겠다"는 발언에 잘 담겨 있다.[58] "중국 인구가 얼만데, 원자폭탄으로 모조리 없앨 수 있다고 생각하면 큰 오산이죠." 마오쩌둥이 인도의 네루 총리에게 한 말이었다. 마오쩌둥의 최측근이었던 네룽전 장군은 소련의 핵무기 보유가 미국의 핵공격을 억제할 것이라고 주장했다.[59] 어쨌든 키신저의 표현을 빌리면, "내전을 가까스로 끝낸 중국이 핵무기를 보유한 미국과 전쟁을 벌일 것이라고는 상상조차 못한 일이었다".[60]

미국 주도의 UN군이 38선을 넘어 파죽지세로 북진을 감행하고, 순망치한(脣亡齒寒)의 위협을 느낀 중국이 대규모 참전에 나서면서 한국전쟁은 완전히 새로운 국면에 접어들었다. 1950년 11월 들어 소련의 전투기 미그 15가 투입된 것이 확인되고 중국군이 압록강을 넘으면서 미국의 핵 카드가 다시 등장했다. 크리스마스를 집에서 보낼 수 있다는 기대에 들떠 있던 미군은 중국군에게 패퇴를 거듭하면서 남쪽으로 밀려나기 시작했다.

패퇴를 거듭하자 트루먼 행정부는 방어거점 구축을 고려하기 시작했다.

미국 합참은 평양-원산 선을 우선 추진하되, 여의치 않으면 38선을 방어선으로 삼고자 했다. 그러나 맥아더는 "강력하고도 독립적인" 2개의 방어선을 구축해야 한다며, 하나는 서울-인천 선을, 또 하나는 함흥-흥남, 최악의 상황에서는 부산을 방어거점으로 삼아야 한다고 요구했다. 트루먼 행정부는 요새화된 작전 거점을 확보하더라도, 중국군이 소련 공군의 지원을 받아 공습을 해오면 큰 피해를 당할 것으로 우려했다. 이를 저지하고자 트루먼 행정부는 또다시 북한 및 중국에 대한 원자폭탄 사용 옵션을 강구하기 시작했다. 일부 미국 국민들도 트루먼에게 편지를 보내 소련에 대한 선제 공격과 중국에 대한 핵 보복을 요구했다.[61] 미국의 여론도 원자폭탄 사용에 호의적이었다. 1950년 10월에 실시된 한 여론조사에서는 중국과의 전쟁 시 원자폭탄 사용 찬성 답변이 52%에 달해 반대 답변 38%를 압도했다.[62]

중국군에게 밀리자 맥아더는 이를 "완전히 새로운 전쟁"이라고 부르면서,[63] 참전 미군의 수를 2배로 올려줄 것과 원자폭탄 사용권한을 요구했다. 그는 30여 발의 핵폭탄을 북중 국경지대에 투하하면 전세를 또다시 역전시킬 수 있다고 공언했다. 또한 "동해로부터 서해에 이르기까지 코발트 방사선이 막을 형성할 것이다. 그렇게 하면 해당 지역의 생명체는 60년 혹은 120년 후에야 다시 소생할 것이다"라고 말했다.[64] "그렇게 되면, 북한에서 한국을 지상으로 침략하는 일은 없을 것"이라며, "내 계획은 확실한 것"이었다고 장담했다.[65] 그러나 당시 미국 내에서는 대규모 미군 증파에 따른 경제적 부담을 우려하는 목소리가 높았다. 또한 원자폭탄 사용권한을 맥아더에게 위임하는 것은 "핵무기는 대통령의 무기"라는 트루먼의 철학과도 배치된 것이었다. 대신 트루먼 행정부는 핵무기를 통한 미국의 힘을 과시하는 방법을 선택했다. 후술하겠지만, 기자회견을 통해 공개적으로 원폭 투하를 경고하고 나선 것이다.

중국의 전면적인 개입이 확인된 11월 20일, 육군참모총장인 콜린스

(Lawton Collins)는 '한반도에서의 원자폭탄 사용 가능성'이라는 제하의 비밀 비망록을 작성했다. 4개항으로 이뤄진 이 문서에는 ▲중국의 개입으로 "다시 한 번 UN군에 의한 원자폭탄 사용 가능성이 제기"되었고 ▲중국의 전면적인 참전 시 "원자폭탄을 사용하게 되면" 중국을 신속히 격퇴하는 데 "결정적 역할"을 할 수 있으며 ▲핵공격의 목표, 시점, 준비 조치 등 "원자폭탄 사용 지시의 조건을 결정하기 위한 검토가 이뤄져야" 하고 ▲"이 문제를 다른 문제보다 우선적으로 합참의 해당 위원회에 상정해 합참의 견해를 회신해줄 것을 건의"한다는 내용이 담겨 있다.[66] 11월 28일에 랄로(W. G. Lalor) 미 해군 제독 역시 핵무기 사용 시점과 목표물 등을 묻는 비밀 전신을 합참에 보냈다. 이런 건의를 받은 미국 합참은 소련의 개입 징후가 보일 경우 "개입을 억제하고 UN군 소개 작전을 지원하기 위해" 핵무기 사용 계획 검토에 들어가는 한편, 중국에 대한 핵공격 계획도 구체화하기 시작했다. 이런 계획을 전달받은 트루먼은 11월 30일 기자회견에서 핵공격 계획을 강하게 시사하고 나섰다. 동북아는 물론이고 세계 지정학이 요동치는 순간이었다.

트루먼 "핵폭탄 쓸까?", 애틀리 "안 돼!"

4

트루먼: 우리가 한국에서 UN군의 임무를 포기할 일은 없다는 점을 분명히 해둡니다. 우리는 항상 그래왔듯이 군사적 요구를 충족하기 위해 필요한 모든 조치를 취할 것입니다.

기자: 거기에는 원자폭탄도 포함됩니까?

트루먼: 우리가 가지고 있는 모든 무기가 포함됩니다.

기자: 대통령께서는 우리가 가지고 있는 모든 무기라고 하셨는데, 이는 원자폭탄 사용도 적극적으로 고려하고 있다는 의미입니까?

트루먼: 우리는 항상 원자폭탄 사용을 고려해왔습니다. 그러나 저는 그것이 사용되길 원하지 않습니다. 원자폭탄은 끔찍한 무기입니다. 전쟁과 상관없는 어린이와 여성 등 무고한 사람들에게 사용되어서는 안 됩니다. 그러나 우리는 적절한 시점에 어떠한 무기의 사용도 배제하지 않을 것입니다.

트루먼의 기자회견과 맥아더의 투정

트루먼이 1950년 11월 30일 기자회견에서 밝힌 내용이다. 이날 기자회견 당시 〈인터내셔널 뉴스 서비스(International News Service)〉의 백악관 출입기자였던 로버트 닉슨(Robert G. Nixon)은 훗날 당시 상황을 다음과 같이 회고했다.

저는 트루먼의 말을 생생히 기억합니다. 제가 바로 그 질문을 했거든요. 대통령이 필요한 모든 수단을 동원하겠다고 말하자, 저는 의자에서 일어나 원자폭탄도 포함되느냐고 물었어요. 그러자 대통령은 모두 포함된다고 답했습니다. 그건 히로시마와 나가사키 이후 전 세계에 큰 파장을 가져온 질문이었습니다. '미국은 또다시 핵무기를 사용할 수 있을까?' (중략) 트루먼의 답변에 애틀리는 극도로 분노했습니다. 그는 신속하게 워싱턴으로 달려가 트루먼에게 정말로 미국이 다시 원자폭탄을 사용할 의사가 있는지 물었습니다. 그는 미국의 그러한 행동이 도저히 이기기 힘든 제3차 세계대전을 불러올 것이라고 두려워했습니다. 미국과 영국은 정상회담을 비롯해 수차례 회담을 열었고, 결국 트루먼은 원자폭탄 사용과 관련된 이전의 입장에서 물러섰습니다.[67]

닉슨 기자의 회고처럼 트루먼이 전세를 뒤집기 위해 핵무기 사용을 강하게 암시하자, 바로 다음 날 대서양 건너편에 있던 영국 총리인 클레멘트 애틀리(Clement Atlee)는 워싱턴으로 가겠다고 발표했다. 당시 미국의 국무장관이었던 애치슨에 따르면, 영국은 원자폭탄 사용 재량권이 확전론자인 맥아더에게 위임될 가능성을 크게 우려했다. 이에 따라 "주사위가 던져지기 전에 영국도 자신들의 운명을 결정짓는 데 반드시 참여해야 한다는 요구가 빗발"쳤고, 애틀리는 "오늘 우리가 당면한 문제들을 폭넓게 검토하기 위해 워싱턴으로 날아가고 싶다"는 의사를 피력했다.[68]

당시 미국의 동맹국들 가운데 트루먼의 핵공격 시사에 놀란 나라는 영국뿐만이 아니었다. 애틀리의 방미 직전에 프랑스의 르네 플레방(René Pleven) 수상은 영국으로 건너가 한국전쟁 확전 방지책을 논의했다. 네덜란드 정부도 영국 및 프랑스와 보조를 같이했다. 인도의 네루 총리 역시 원자폭탄 사용에 단호히 반대한다는 입장을 천명했고, 호주의 외무장관인 퍼시 스펜더도 핵무기는 완전한 합의를 거친 후에야 사용되어야 한다는 입장을 밝혔다. 이 밖에도 중동과 중남미의 대다수 비공산 계열 국가들도 미국의 핵 사용이 제3차 세계대전의 도화선이 될 것이라며 반대 입장을 분명히 했다. 이처럼 대다수 국가의 지지를 등에 업고 트루먼을 만류하기 위해 워싱턴으로 날아간 애틀리의 방미에 대해 〈네이션(Nation)〉은 "한국 문제에 대해서 미국이 서방세계에 미치는 지도력에 대항한 자유 유럽의 반란"이라고 묘사했다. 그러고는 애틀리에 대해 "일시적일지라도 지구의 가장 큰 두 지도자인 트루먼과 스탈린에 버금가는 힘을 가진 사람"이라고 평가했다.[69]

이로써 세계의 시선은 워싱턴으로 모였다. 12월 4일부터 7일까지 여섯 차례에 걸쳐 이뤄진 미영정상회담에서 애틀리는 미국의 원폭 사용계획에 강한 우려를 표명했다. 아래 내용은 미국의 비밀해제 문서를 바탕으로 당시 두 정상의 대화 내용을 요약 정리한 것이다.[70]

트루먼: 원자폭탄 투하와 관련해 두 가지를 말씀드리겠습니다. 하나는 그것의 사용은 법에 따라 이뤄질 것이고, 또 하나는 아직 원자폭탄 사용을 승인하지 않았다는 것입니다. 제가 기자회견에서도 밝힌 것처럼, 중국에 원자폭탄 투하를 적극적으로 고려하고 있는 상태입니다.

애틀리: 원자폭탄은 우리와의 사전협의와 동의 없이 사용되어서는 안 됩니다. 저는 귀하의 원자폭탄 사용계획에 강한 우려를 갖고 있습니다.

트루먼: 영국과 미국은 항상 이 문제와 관련해 동반자였습니다. 저는 영국과의
  협의 없이 원자폭탄의 사용을 고려하지 않고 있습니다.
애틀리: 그렇다면 이를 문서화하는 것은 어떻습니까?
트루먼: 사람의 말(word)이 의미 없다면, 그 말을 문서화(writing)하는 것 역시
  의미가 없습니다.

원자폭탄 사용계획 검토에 들어간 미국 합참도 트루먼에게 "UN군의 소
개작전 시와 중대한 군사적 재앙을 예방하기 위해 필요한 상황을 제외하고
는 원자폭탄 사용 의도가 없다"는 점을 애틀리에게 설명해달라고 권고했
다. 이렇듯 애틀리와의 정상회담 및 합참의 권고를 거치면서 트루먼은 핵
사용과 관련해 신중한 입장으로 돌아섰다. 그는 12월 8일 미영 정상 공동
성명을 통해 다음과 같이 발표했다.

저는 세계의 환경이 우리로 하여금 원자폭탄 사용을 요구하지 않게 되기를 희
망합니다. 저는 애틀리 총리께 수시로 (원자폭탄 사용과 관련된) 정책 변화가 있을
경우 긴밀한 협의를 하겠다는 말씀을 드렸습니다.

한편 트루먼의 기자회견에 고무된 맥아더는 구체적인 핵 투하 계획 수
립에 들어갔다. 당시 극동공군사령관인 조지 스트레이트마이어(George
Stratemeyer)의 12월 1일 일기에 따르면, 맥아더는 북한과 만주는 물론이고
베이징, 상하이, 난징 등 중국의 대도시들도 핵공격 목표물에 올려놓고 있
었다. 또한 블라디보스토크 등 소련 영토에 대한 핵공격도 검토하고 있었
다. 그리고 맥아더는 크리스마스이브에 북한과 중국에 대한 핵공격 목록을
행정부에 제출하는 한편, 26개의 원자폭탄 사용을 요구했다. 4개는 북한에
있는 공산군을 상대로, 4개는 "적 공군력의 핵심기지"에, 그리고 나머지 18

개는 적의 군사 및 산업 중심지에 투하한다는 것이었다.[71]

중국의 참전과 트루먼의 기자회견, 그리고 영국의 개입 및 맥아더의 집요한 요구 등이 맞물리면서, 핵 사용을 둘러싼 미국 내 논란과 갈등도 격화되었다. 극동공군사령부 사령관 에밋 오도넬(Emmett O'Donnell)은 "우리는 적의 중요한 보급로와 전략적 목표물에 대한 공습을 허락받지 못하고 있다"며, 중국에 대한 원폭 투하를 비롯한 확전의 필요성을 공개적으로 주장했다. 그러자 반덴버그 공군참모총장은 "오도넬의 입장은 공군을 대변하지 않는다"며 진화에 나섰고, 결국 오도넬은 1951년 1월 캘리포니아 공군부대로 좌천됐다.[72]

이처럼 당시 미국 군부 내에서는 원자폭탄을 강압외교의 수단을 넘어 실제 사용하는 것에 대해 신중론이 우세했다. 중국의 참전 이전에는 핵 사용 위협을 통해 중국군의 개입을 저지하겠다는 외교적 목표가 존재했지만, 핵에 의한 강압외교가 실패했으니 이제는 '방어'로 전환해야 한다는 것이었다. 이에 따라 미국 합참은 UN군의 안전한 소개나 "중대한 군사적 위기"를 예방하는 것을 제외하고는 핵무기를 사용할 의도가 없다는 방향으로 입장을 정리했다. 여기에는 제한전으로 묶어두려고 했던 한국전쟁이 핵 사용 여부에 따라 세계대전으로 비화될 수도 있다는 우려가 크게 작용했다.

대외관계를 중시하는 국무부도 핵무기 사용에 부정적이었다. 한반도에 원폭을 투하할 경우 이를 반대해온 국가들과의 균열이 발생해 UN에서의 단결을 저해할 수 있고, 국제사회에서 미국의 위신과 도덕성이 추락할 수 있으며, 중국과의 전면전이 발생할 수 있다는 우려 때문이었다. 이는 핵무기 사용의 실이 득보다 훨씬 크다는 결론으로 이어졌다. 특히 국무부는 트루먼이 핵 사용을 암시하자 애틀리가 부랴부랴 워싱턴을 방문해 트루먼을 만류하는 모습을 보면서, 핵무기 사용에 따른 국제정치적 파장을 더욱 걱정하게 됐다. 이처럼 한국전쟁 당시 핵무기를 "정치적 에이스(ace)"라고 자부했던 미국은, 반대로 이 무기가 "정치적 부채(liability)"가 될 수 있다는 점을 깨닫게 된다.[73]

그러나 트루먼 행정부가 공개적으로 원폭 투하 가능성을 강력히 암시하고 나서자, 그 파장은 미국의 핵공격 대상으로 거론된 중국은 물론이고 소련에도 직접적으로 미쳤다. 중국 정부는 언론을 통해 미국의 핵 사용 가능성에 대한 인민들의 경각심을 일깨우는 한편, 미국의 핵공격 시 소련의 보복이 뒤따를 것이라며 인민들의 동요를 잠재우려 했다.[74] 특히 원자폭탄을 '종이호랑이'에 비유하면서 핵무장 가능성을 부인해왔던 중국 지도부는 미국의 노골적인 핵 위협을 겪으면서 핵에 대한 인식을 바꾸기 시작했다. 소련은 트루먼의 기자회견을 정치선전에 적극 이용했다. 미국 CIA가 조사한 바에 따르면, 1950년 12월 3~4일 이틀 동안 소련 방송은 무려 25개 언어로 최소 176차례에 걸쳐 대미 비난 방송을 퍼부었다. CIA에 따르면 이는 전례가 없을 정도였다. 핵심적인 내용은 미국이 중국과 북한을 위협하고 있고, "공개적이고 열렬하게 새로운 세계대전을 획책"하고 있으며, 핵무기를 동원하려는 "미국식 전쟁"에 대한 유럽 국가들의 불만이 고조되고 있다는 것이었다.[75] 아울러 소련 역시 미국과의 핵전쟁에 대비해 핵무기고를 비약적으로 늘리기 시작했다.

핵 사용과 미국 대통령, 그리고 미영 특수관계

핵무기의 가공할 만한 파괴력과 살상력은 다른 무기들과 달리 정치적·외교적·군사적·도덕적 문제를 고민하게 만들었다. 이에 따라 미국 대통령은 "핵무기 사용 여부는 대통령의 권한"이라는 인식을 바탕으로 핵 사용에 엄격한 제한을 두어왔다. 특히 미국의 핵 사용은 제3차 세계대전을 비롯한 지역적·지구적 파장을 몰고 올 수 있었다는 점에서 영국 등 미국의 동맹국들도 이에 관여하고자 했다. 미국의 일방적 결정에 따른 후폭풍으로부터 자국도 자유로울 수 없기 때문이었다. 한국전쟁은 바로 이 문제에 있어서 특별한 함의를 지닌다.

여기서 잠깐 미국과 영국 사이의 '특수관계'를 살펴볼 필요가 있다. 제2차 세계대전 막바지에 미국의 루스벨트 대통령과 영국의 처칠 총리는 '퀘백협약'을 체결해 미국이 핵무기를 사용하려고 할 경우 양국의 동의를 거쳐야 한다고 합의했다. 그러나 미국이 1946년 원자력법(Atomic Energy Act)을 제정해 핵무기 사용 결정을 다른 나라와 공유하는 것을 금지하면서 퀘백협약은 사문화될 위기에 처했다.[76] 또한 미국은 이 법을 통해 핵물질과 핵 기술 이전도 금지했다. 한국전쟁은 이런 미영 간의 특수관계를 시험대에 올려놓았다. 트루먼이 원자폭탄 사용을 강하게 시사하고 나서자 애틀리는 바로 워싱턴으로 날아가 핵 사용의 위험을 경고하는 한편, 핵 사용 추진 시 영국과의 사전동의를 명문화할 것을 요구했다. 그러나 트루먼은 영국과 구두상의 협의는 가능하지만 이를 문서화하는 것은 곤란하다며 애틀리의 요구를 거절했다.

한편 미국이 원자력법을 통해 맨해튼 프로젝트를 적극 지원했던 영국마저 따돌리고 자국의 핵 독점을 유지하려고 하자, 영국 정부도 독자적인 핵무기 개발에 착수했다. 애틀리 정부는 1947년 1월 세 가지 원칙을 발표했다. 그 내용은 ▲과거 대영제국과 같은 강대국의 지위 확보 수단으로서 핵무기 보유 필요성 ▲영국 본토와 영연방 소속 국가들에 대한 소련의 위협 대비책으로서 핵무장의 절박성 ▲미국이 고립주의로 회귀할 가능성에 대비한 핵무장 필요성 등이었다. 이런 방침에 따라 영국은 핵무기 개발에 박차를 가해 1952년 10월, 미국과 소련에 이어 세 번째로 원자폭탄 실험을 실시했다.[77]

핵전쟁과 관련해 양국 특수관계의 또 다른 의제는 미국의 영국 기지 사용 문제였다. 미국은 한국전쟁이 발발하자 유럽에서 소련에 대한 억제력을 강화하기 위해 영국에 전폭기를 대거 배치했다. 이에 대해 영국은 미국이 이들 기지에서 전폭기를 발진하기에 앞서 영국의 사전동의를 받아야 한다고 요구했다. 그러나 "행동의 자유"에 집착한 미국은 명시적인 사전동의를 꺼려했고, 양국 정부의 "공동의 결정에 따른다"라는 모호한 구절로 대신했다. 이는 이후 미국 정부의 일관된 입장으로 굳어지는데, 어떤 나라에도 미국의 핵무기 사용에 대한 거부권을 줄 수 없다는 일방주의적 사고에 따른 것이었다.

한편 1950년 12월 트루먼과 애틀리 정상회담 이후, 양국 외교안보 관리들은 미국의 핵 사용 추진 시 영국과의 사전협의를 놓고 집중적인 토론을 벌였다. 이 과정에서 트루먼 행정부 내부에서도 이견이 표출됐다. 비밀해제된 미국 측 문서들에 따르면, 반덴버그 공군참모총장을 비롯한 일부 군부 인사들과 국무부 정책기획국장인 폴 니츠 등은 강경론 입장에 서 있었다. "원자폭탄 사용 여부는 미국의 주권사항"이라는 인식을 바탕으로 영국이 '특수관계'를 내세워 주권에 제약을 가하려는 것에 거부감을 표출한 것이다. 그러나 애치슨은 "이 사안은 영국에도 생사가 걸린 문제"이고 "그들은 우리가 냉정하고 책임 있는 자세를 견지하고 있는지 알고 싶어 한다"며 영국의 입장을 존중할 필요가 있다고 주장했다. 결국 이런 미국의 내부논쟁은 중간으로 수렴되었다. 미국의 주권 행사에 제약을 두는 확약은 할 수 없지만, 영국과 긴밀한 협의를 하겠다는 것이었고, 트루먼 행정부는 이런 방침을 영국에 전달해 양해를 구했다.[78]

트루먼 행정부로부터 미국의 핵 사용 추진 시 영국의 사전동의를 거치는 절차에 대해 '확약'을 해줄 순 없지만 '협의'는 하겠다는 어정쩡한 약속을 받은 영국은 1953년 1월 출범한 아이젠하워 행정부의 강경론에 직면한다. 아이젠하워는 핵무기를 다른 무기와 구분하는 것 자체에 대해 거부감을 갖고 있어, 그만큼 원자폭탄 사용에 적극적이었다. 그러자 처칠은 1953년 3월 앤서니 이든 외교장관을 워싱턴에 보내 1950년 12월 트루먼의 공약을 재확인받으려고 했다. 그러나 아이젠하워 행정부는 완강했다. 미국이 영국 기지를 핵공격 발진기지로 사용할 경우에는 협의할 수 있지만, 핵 사용 자체는 미국의 주권사항이므로 "행동의 자유"가 보장되어야 한다며 영국의 요구를 뿌리쳤다. 아이젠하워 행정부는 영국과의 '특수관계'가 미국의 핵 사용 문제에까지 적용되는 것에 거부감을 갖고 있던 것이다. 또한 영국의 요구를 수용할 경우 다른 동맹국들도 이를 근거로 미국의 핵 사용계획에 제동을 걸 빌미를 줄 수 있다고 생각했다. 이런 판단에 따라 아이젠하워는 3월 12일 면담에서 이든에게 "당신의 관점은 이해하지만, 영국에 확약해줄 수는 없다"고 말했다.[79]

핵폭탄은
아시아로,
맥아더는 집으로

5

1950년 11월, 중국의 참전으로 "완전히 새로운 전쟁"에 직면했던 트루먼 행정부는 공개적으로 원자폭탄 사용 가능성을 시사해 세계를 깜짝 놀라게 했다. 그러나 이를 뒷받침할 만한 군사적 준비에는 신중했다. 북한이나 중국을 상대로 원폭을 투하하기 위해서는 전략폭격기를 아시아에 배치해야 하는데, 이를 계속 미루고 있던 것이다. 이런 신중론에는 핵심 동맹국 영국의 만류, 맥아더의 모험주의에 대한 경계, 핵공격 시 확전의 위험성, 국제여론에 대한 부담 등이 종합적으로 반영되어 있었다. 이를 반영하듯, 1951년 1월 NSC 회의에서 국가안보장원위원회(NSRB) 의장인 스튜어트 사이밍턴(Stuart Symington)이 원자폭탄 보유는 "정치적 에이스"라고 말하자, 애치슨은 "정치적 부채"가 될 수도 있다고 받아쳤다.[80]

맥아더 해임과 핵 카드

한편 전세는 UN군에 더욱 절망적으로 전개되고 있었다. 중국군과 북한군에 패퇴를 거듭하면서 12월 4일에는 평양에서, 12월 24일에는 흥남에서 철수했고, 연말에는 38선 이남까지 밀려났다. 연전연승에 고무된 마오쩌둥은 "호기를 놓치지 말라"며, 38선 남진을 명령했고 공산군은 1월 4일 서울을 다시 점령했다. 그러나 마오쩌둥의 이런 결정은 트루먼의 북진 명령에 비견될 만큼의 역사적 실책이었다. 전세가 악화되자 영국을 비롯한 여러 서방 국가들은 즉각적인 휴전을 제안했고 미국도 마지못해 동의했다. 그러나 중국의 UN 가입 승인 문제를 둘러싼 미소 간의 갈등으로 휴전협상이 있어야 할 자리에는 UN군과 '조중 연합군' 사이의 길고도 피비린내 나는 교전이 자리하고 말았다. 서울을 빼앗긴 UN군은 전열을 가다듬어 반격에 나섰고 1951년 3월 18일 서울을 다시 탈환했다.

그런데 서울 탈환 직후 트루먼과 맥아더 사이에 정면충돌이 벌어졌다. 트루먼은 38선을 회복한 이상 UN군은 임무를 다했다며 공산군과의 휴전협상에 나설 뜻을 밝혔다. 그러나 맥아더는 "위협에 처한 한국을 방위하여 통일시키겠다던 대통령의 단호한 결의는 어디로 가고 패배주의로 전락해 버렸는가"라며 정면으로 반기를 들었다. 그리고 3월 24일에는 "UN이 UN군에 부과하고 있는 제한사항을 철폐하면 중국을 군사적으로 붕괴시킬 수 있다"는 요지의 성명을 발표했다. 이는 확전을 우려한 트루먼을 격분시키기에 충분했다. 미국의 핵심 동맹국인 영국도 맥아더를 "미친 태수(the mad satrap)"라고 부르면서 중국과의 확전에 반대한다는 입장을 분명히 했다.

그러나 공화당의 전폭적인 지지를 등에 업은 맥아더는 확전론을 고수했다. 맥아더를 유력한 차기 대선후보로 간주한 공화당 지도부는 "승리를 대체할 것은 없다"며 맥아더의 강경론을 적극 지지했다. 맥아더의 인기 상승과 트루먼의 지지율 하락이 교차되면서 트루먼 행정부는 궁지에 몰렸다.

이제 트루먼과 맥아더의 관계는 더 이상 최고 군통수권자와 현지 사령관의 관계가 아니라, 숙명의 정치적 라이벌로 바뀌고 말았다. 그러자 트루먼은 맥아더 해임을 결심했다. 동시에 맥아더의 인기와 공화당 주도의 강경론을 고려할 때, 그를 해임할 명분과 미국의 힘을 과시할 단호한 조치가 필요하다고 생각했다. 그래서 핵 카드가 다시 등장한다. 맥아더를 미국으로 불러들이면서 이에 대한 반발을 무마하기 위해 핵폭탄을 아시아에 보내기로 한 것이다.

전쟁 양상도 긴박하게 돌아갔다. UN군의 반격에 막힌 중국군과 북한군은 '춘계공세'에 나섰다. 또한 당시 미국은 소련이 3개 사단과 공군기를 만주로 이동시키고 잠수함이 블라디보스토크에 집결한다는 첩보를 입수함에 따라 미국 내에서는 소련의 참전 가능성을 우려하는 목소리가 커졌다. 특히 소련군이 일본을 공격할 가능성을 경계했다. 이런 상황 전개에 대응해 트루먼은 또다시 B-29 전폭기를 태평양에 파견해 미국의 힘을 과시하기로 했다. 4월 6일 하달된 이 명령은 즉각 투하 가능한 핵폭탄을 전폭기에 탑재해 파견한다는 것이었다. 미국이 자국의 본토 밖으로 '완제품' 핵폭탄을 실은 전폭기를 배치한 것은 1945년 8월 히로시마와 나가사키 원폭 투하 이후 처음 있는 일이었다. 그만큼 한국전쟁이 핵전쟁과 제3차 세계대전으로 비화될 위험성도 높아졌다.

트루먼은 백악관 집무실에 핵심참모들을 불러들여, 소련 공군기가 만주에 배치되고, 잠수함이 블라디보스토크에 집결하고 있으며, 상당수의 소련군이 사할린 남부로 이동하고 있다는 정보를 전달했다. 이어서 소련군이 한반도에 있는 UN군을 공격하거나 동해를 봉쇄해 UN군의 해상 보급로를 차단할 가능성을 제기한 뒤 이를 억제하기 위해 전략공군사령부의 전폭기를 태평양에 파견하기로 결정했다고 설명했다. 다만 핵폭탄 투하를 실제로 강행하기 전에 NSC의 원자력특별위원회와 상의할 것이라고 밝혀, 핵전쟁에 신중론을 펼쳤던 일부 관리들의 불안감을 달래려고 했다.

트루먼이 제2차 세계대전 이후 처음으로 '완제품' 핵폭탄을 해외에 배치한 데는 맥아더 해임 결정에 대한 국내의 반발을 무마시키기 위한 의도가 크게 작용했다. 당시 미국 합참은 맥아더 해임 방침에 부정적인 태도를 보였으나 트루먼의 핵폭탄 배치 결정에 고무돼 맥아더 해임을 지지하기로 했다. 또한 트루먼 행정부는 4월 10일 핵폭탄 배치 결정을 공화당 매파 의원들을 비롯한 18명의 의원에게 사전 브리핑함으로써, 미국 내부를 상대로 한 '핵 외교'에 나섰다. 그리고 다음 날인 4월 11일, 트루먼은 맥아더가 미국을 또다시 확전으로 몰아넣는 "비극적인 잘못을 저질렀다"고 비난하면서 그의 해임 방침을 발표했다. 맥아더의 후임으로는 리지웨이 8군사령관을 임명했다. 동시에 소련과 중국에는 UN군을 상대로 공습을 가해 한국전쟁을 확대시키면 "그러한 선택에 책임을 져야 할 것"이라고 말해 미국의 단호한 의지를 과시하려고 했다. 그러나 핵폭탄을 탑재한 B-29를 괌에 파견한 사실을 공개적으로 언급하지는 않았다.

트루먼의 결정과 관련해 브루스 커밍스 시카고대 교수는 "트루먼이 맥아더를 해임한 것은 단순히 그의 거듭되는 불복종 때문만이 아니라 워싱턴이 핵무기를 사용하기로 결정할 경우 현장에 믿을 만한 사령관이 있기를 원했기 때문"이라고 분석했다. 즉, "트루먼은 자신의 핵무기 정책을 위해 맥아더를 방출한 것"이라는 주장이다.[81] 이런 해석을 뒷받침하듯 맥아더의 후임자인 리지웨이는 핵 사용에 신중한 인물이었고, 그만큼 트루먼의 신임을 받고 있었다.

그러나 트루먼은 맥아더 해임 발표 이후 국내외에서 더더욱 곤경에 처했다. 맥아더는 미국 전역을 돌면서 트루먼의 전쟁 수행을 맹비난했다. 그가 방문한 도시들은 인산인해를 이뤘고, "국가적 영웅이자 가련한 순교자로 널리 알려졌다". 〈타임(Time)〉지는 맥아더를 "영웅"으로, 트루먼을 "소인배"로 칭했고, 맥아더를 복권시켜야 한다거나 심지어 트루먼을 탄핵해야 한다는 목소리도 여기저기서 터져나왔다.[82]

그러자 트루먼은 맥아더의 '강연 정치'에 '청문회 정치'로 맞섰다. 트루먼 행정부 고위관료들은 의회 청문회에서 수차례에 걸쳐 적대국이 전선을 확대하면 핵무기를 이용한 가공할 보복에 나설 의지가 있다고 강조했다. 이를 통해 맥아더 해임에 대한 강경파의 불만을 달래고, 맥아더의 비난처럼 트루먼 행정부가 결코 전쟁에 나약하지 않다는 것을 보여주려고 했다. 또한 '맥아더 청문회'에 나선 민주당 의원들과 조지 마셜을 비롯한 군 수뇌부는 그가 일반적으로 알려진 것과 달리, 얼마나 형편없고 위험하며 독선적인 인물인지 드러내는 데 성공했다. 해임을 계기로 국가적 영웅이자 공화당의 대통령 후보로 급부상한 맥아더는 청문회와 함께 침몰하고 말았다.

미국 내에서 트루먼과 맥아더가 격전을 벌이고 있을 때, 중국은 미국의 경고에도 아랑곳하지 않고 UN군을 상대로 대대적인 반격에 나섰다. 그러자 트루먼 행정부는 핵 사용계획을 더욱 구체화하기 시작했다. 핵폭탄 투하 준비태세를 강화하기 위한 군사적 조치에 나선 것이다. 이에 따라 핵공격을 담당하는 전략공군사령부의 지휘통제팀이 도쿄로 파견되었고, 리지웨이 사령관에게 핵 사용권한이 위임됐으며, 미군 정찰기가 만주와 산둥반도를 비행하면서 공격 목표물을 물색하고 나섰다. 이들 조치 가운데 트루먼이, 맥아더가 집요하게 요구했던 핵 사용권한을 그의 해임 뒤 리지웨이에게 부여한 것이 눈에 띈다. 대통령을 무시한 맥아더와 달리 리지웨이는 자신의 명령에 충실히 따를 것으로 판단한 것이다. 이런 방침에 따라 트루먼은 9개의 핵폭탄에 대한 통제권을 원자력위원회에서 군부로 이전하라고 지시했다.[83] 이는 원자폭탄 사용권한이 민간에서 군부로 넘어간다는 것으로서, 그만큼 신속한 핵 사용이 가능해졌다는 의미였다.

이와 동시에 트루먼은 중국을 상대로 핵 위협을 이용한 '강압외교'에도 나섰다. 트루먼의 비밀특사는 홍콩을 방문해 중국 지도부에 맥아더 해임이 미국의 나약함을 의미하는 것이 아니며, 미국의 인내심과 자제력에도 한계가 있다는 점을 전달했다. 특히 "미국은 중국을 수십년 전으로 되돌릴 힘이 있다"며 오판하지 말 것을 경고했다. 그 힘이 핵폭탄에 있다는 것을 명시적으로 언급하지는 않았지만, 그 의미는 전달했다고 여겼다.[84]

맥아더의 후임자로 UN군 사령관에 임명된 리지웨이는 핵공격 권한을 트루먼으로부터 위임받았지만, 원자폭탄 사용에는 대단히 신중했다. 리지웨이는 1951년 7월 교착 상태가 지속되자, "만약 우리가 압록강에서 전투하라는 지시를 받았다면, 그리고 이런 행동이 초래할 사상자에 대해 우리 정부가 대가를 지불할 준비가 되어 있었다면, 우리는 그것(핵공격)을 했을 것이다. 그러나 순전히 군사적인 관점에서 볼 때, 나는 이런 비용을 치를 가치가 없다고 생각했다"고 밝혔다. 이런 신중론은 중국에 대한 전면적인 보복의 힘이 핵공격에 있다는 것을 인정하면서도, 핵공격이 제3차 세계대전으로 이어질 것이라는 우려에서 비롯됐다. 그는 1967년에 펴낸 책에서 다음과 같이 말했다.

물론 미국 내에는 교착 상태가 지속되면 적의 본토를 잿더미로 만들어 적을 석기시대로 돌려놓아야 한다며 즉각적인 핵무기 사용을 주장하는 사람들이 있었다. 나는 이런 주장을 부도덕의 극치라고 생각했다. 이런 핵공격은 보복 차원에서는 고려할 수 있다. 국가의 생존수단으로도 생각할 수 있다. 그러나 이런 기본적인 이유가 부족한 상태에서 그러한 작전을 수행한다는 것은 전혀 다른 문제다. (중략) 만약 우리가 인간의 존엄 앞에 어떤 비용을 치러서라도 승리를 추구한다면, 신은 우리의 대의명분에 신의 축복을 요청할 권리에 의문을 갖게 될 것이다.[85]

트루먼은 강압외교의 수단으로 핵공격 위협을 가했지만, 그 성과는 미미했다. 우선 중국을 상대로 한 '핵 협박'은 이렇다 할 성과를 거두지 못했다. 미국의 비밀특사를 통해 협박을 받은 중국 지도부가 미국이 핵폭탄을 탑재한 B-29 전폭기를 동아시아에 배치한 사실을 알았는지부터가 불확실했다. 또한 중국은 5월 중순 들어 방어적 태세로 전환했는데, 이는 미국의 핵 위협 때문이라기보다는 두 차례에 걸친 공격작전이 실패로 끝난 데서 비롯된 것이었다.

미국이 괌에 핵 전폭기를 배치한 것이 소련을 휴전협상으로 유도한 것으로 보이지도 않았다. 소련의 UN 대표인 야코프 말리크는 1951년 6월 23일 휴전협상을 전격적으로 제안했는데, 이는 괌에 배치됐던 B-29 전폭기가 미국 본토로 돌아간 직후였다. 실제로 트루먼 행정부는 소련의 발표를 듣고 핵무기 배치가 적대국을 협상 테이블로 유도했다는 자신감보다는 소련의 갑작스러운 휴전협상 제의에 놀라움을 표시하기도 했다.[86] 소련의 제의는 미국의 핵 시위의 결과라기보다는 6월 들어 UN과 미국이 휴전 의사를 피력하고, 마오쩌둥과 김일성이 스탈린에게 휴전을 요청한 데 따른 것이었기 때문이다. 그러나 스탈린의 휴전협상 제의는 진정성이 결여된 외교적 기만책에 불과했다. 그의 머릿속에는 미국과 중국을 한반도 전선에 계속 잡아두는 것이 '남는 장사'라는 생각이 여전히 강했기 때문이다.

김일성의 프로파간다와 이승만의 분노
그리고 피난민 2세 문재인

제2차 세계대전 이후 주요 강대국들이 직간접적으로 연루된 한국전쟁은 핵무기와 관련해서도 특별한 지위를 차지한다. 1949년 8월 소련의 핵실험 성공으로 미국의 핵 독점체제는 무너졌고, 이에 따라 한국전쟁을 둘러싼 미소 간의 충돌은 핵전쟁의 위험을 어느 때보다 높였다. 미국은 불리한 전세를 역전시키고 소련 및 중국의 개입을 억제하기 위해 수시로 핵공격 카드를 만지작거렸다. 미국의 핵공격이 제3차 세계대전의 문을 두드릴 것을 우려한 영국은 미국을 만류하기에 바빴다. 커다란 핵무기로는 북한과 같은 작은 나라를 공격하는 데 한계가 있다고 느낀 미국은 작고 실전에서 사용이 용이한, 즉 전술핵무기 개발에 박차를 가했다. 소련도 뒤질세라 핵 전력 증강에 박차를 가했다. 전쟁 이전까지 핵폭탄을 '종이호랑이'에 비유했던 중국이 핵개발에 대한 인식을 바꾼 계기도 바로 한국전쟁이었다. 이처럼 한국전쟁은 강대국들을 중심으로 전개되어온 핵무기 역사에서 결정적 사건으로 작용했다.

한국전쟁과 핵무기의 관계에서 빼놓을 수 없는 또 하나의 특징은 '인종차별주의' 논란이다. 미국의 무차별적인 대북 폭격으로 인해 이미 인도를 비롯한 아시아에서는 반미 감정이 고조되고 있었다. 1950년 8월 영국 외무장관은 내각에 보낸 서한을 통해 "인도가 아시아 여론에 막대한 영향력을 갖고 있다는 점을 고려할 때", 미국의 무분별한 아시아 정책은 "아시아가 점차 서방에 등을 돌리고, 이는 소련에 이익이 되는 결과를 초래할 것"이라고 경고했다. 실제로 인도의 〈뉴데일리〉는 미국이 아시아에서만 핵폭탄을 투하한다고 주장했고, 〈뉴욕타임스〉는 인도에서 반미 감정이 전례없이 고조되고 있다고 보도했다. 미국의 언론인 마키 차일즈(Marquis Childs)는 8월 16일자 〈워싱턴포스트〉 칼럼을 통해 "아시아인들은 결코 처음이자 유일하게 핵폭탄이 투하된 곳이 아시아 도시의 민간인 거주지인 히로시마와 나가사키라는 것을 잊지 않을 것"이라며, 미국이 또다시 한반도나 중국에 핵폭탄을 투하하면 아시아의 반미 감정은 걷잡을 수 없을 만큼 악화될 것이라고 지적했다.[87]

중국의 참전으로 핵무기 사용 문제가 다시 부각된 1950년 11월 상순,

국무부 극동과의 정책자문관인 존 에머슨(John Emmerson)은 딘 러스크에게 보낸 메모를 통해 "아시아 지역에 또다시 원폭이 투하되면, 아시아 전역에 걸쳐 (미국에 대한) 혐오감이 팽배해질 것"이라며, "아시아를 우리 편으로 만들고자 하는 시도는 수포로 돌아가고, 아시아의 비공산 국가들에 대한 우리의 영향력도 약화될 것"이라고 주장했다.[88] 그러나 트루먼은 "(극동의) 현지 사령관은 항상 그랬던 것처럼 핵무기 사용권한을 갖게 될 것"이라고 말했다. 그 파장을 의식한 백악관은 즉각 해명 자료를 발표해 대통령의 발언이 곧 핵무기 사용권한이 현지 사령관에게 위임된 것을 의미하는 것은 아니라며 진화에 나섰지만, 그 파장을 막는 데는 역부족이었다. 더구나 트루먼은 11월 30일 기자회견에서 원자폭탄 사용 가능성을 공개적으로 언급한 터였다.

즉각 아시아인들의 반발이 UN을 통해 쏟아졌다. 필리핀 정부는 미국 원폭 투하의 "도덕적 결과", 즉 "12억 아시아인들의 증오"가 미국을 향해 터져나올 것이라고 경고했다. 사우디아라비아의 한 외교관은 UN 주재 미국 대표에게 "아시아인들은 미국의 원폭 투하를 백인종의 유색인종에 대한 행동으로 간주할 것"이라며, 트루먼의 기자회견 내용이 "심히 불쾌하다"고 말했다. 인도의 네루 총리는 "원자폭탄은 오직 아시아를 상대로 사용되는 무기라는 인식이 아시아에 광범위하게 퍼질 것이기 때문에 원폭 사용을 피해야 하는 것은 절대적으로 필요한 일"이라고 말하면서 즉각적인 휴전과 비무장지대 설치를 제안했다. 주 인도네시아 미국 대사관은 "백인 우월주의가 원자폭탄 사용을 고려하게 만들고 있다. (미국은) 백인 우월주의가 인도주의보다 더 중요하다고 간주한다"는 인도네시아 언론의 보도 내용을 인용하면서 원폭 사용의 부정적인 결과를 우려했다.[89]

이처럼 아시아 국가들을 중심으로 미국의 원폭 투하 움직임에 대한 비난 여론이 증폭되자 서방세계의 분위기는 더욱 신중해졌다. 12월 6일자

〈뉴욕타임스〉는 "심리적으로나 정치적으로 아시아 전체의 반감이 고조되고 있다"며 핵무기 사용 자제를 촉구했다. 캐나다 정부는 "또다시 아시아인들을 상대로 원폭을 투하하면 서양과 동양의 결속을 위태롭게 만들 것"이라며, 미국은 핵무기 사용에 앞서 동맹국들과 협의해야 할 것이라는 입장을 미국 정부에 전달했다. 워싱턴 방문에 앞서 프랑스 총리를 만난 애틀리는 "한반도에서 원폭이 사용되어야 한다는 주장은 아시아인들의 정신에 대한 이해 부족을 보여주는 것"이라고 지적하면서, 미국이 아시아에 또다시 원폭을 투하하면 "보복을 당하는 쪽은 유럽이 될 것"이라고 우려했다. 이에 대해 프랑스 정부 역시 핵폭탄 투하를 암시한 트루먼의 기자회견이 "부메랑 효과"를 가져오고 있다는 점에 동의했다. 인도의 네루는 애틀리에게 서한을 보내 미국의 원폭 투하는 "세계대전을 불가피하게 만들 것"이라고 경고하기도 했다.[90]

이처럼 히로시마와 나가사키의 유산은 트루먼 행정부를 유령처럼 따라다녔다. '히로시마 신드롬'이라는 말이 나올 정도였다. 물론 일각에서는 인종차별주의 논란을 대수롭게 여길 필요가 없다는 주장도 나왔다. 대표적으로 존스홉킨스대 특별연구팀은 1951년 3월 맥아더에게 제출한 보고서 〈원자폭탄의 전술적 사용(Tactical Employment of Atomic Weapons)〉에서 "미국인과 비교해 아시아인의 사망이 일반적으로 경시된다는 점을 고려할 때, 핵공격은 정상적인 전쟁행위로 간주될 수 있을 것"이라고 주장했다.[91] 그러나 한국전쟁은 단순히 한반도에서 총탄만 오가는 '제한전쟁'이 아니었다. 지정학적인 세력권을 둘러싼 쟁투에 머물지 않고 이데올로기와 윤리성까지 맞물린 '세계전쟁'이었다. 이에 따라 미국의 핵 사용은 그 군사적 성과 여부와 관계없이 미국이 도덕적·외교적 패배자가 될 수 있다는 부담을 품고 있었다.

이를 놓칠 리 없는 김일성은 미국의 핵전쟁 움직임을 선전전에 적극 활용했다. 11월 30일 트루먼의 기자회견 직후 북한 주민의 월남이 급증하면서 남한은 피난민으로 넘쳐나기 시작했다.*

장진호 전투와 트루먼의 기자회견, 그리고 흥남철수작전이 맞물린 탓이 컸다. 거침없이 북진을 거듭하던 UN군은 11월 27일부터 장진호에서 중국군의 거센 반격에 직면했다. 특히 미군 7사단은 장진호 부근에서 고립되어 절멸 위기에 처했다. 그러자 미군은 중국군의 포위망을 뚫고 10만 명

---

*   북한이 주장하는 '원자폭탄 피난민' 가운데 주목할 만한 인물이 있다. 바로 대한민국의 19대 대통령인 문재인이다. 흥남 일대로 모여든 약 30만 명의 북한 주민들 가운데 약 9만1000명은 메러디스 빅토리아호를 비롯한 미군 함정에 몸을 실을 수 있었다. 여기에는 문재인의 부모도 있었다.[92]

그리고 2017년 6월 피난민의 아들은 대통령이 되어 미국을 방문했다. 그리고 첫 공개행사로 장진호 전투 기념비를 찾아 "장진호의 용사들이 없었다면, 흥남철수작전의 성공이 없었다면, 제 삶은 시작되지 못했을 것이고, 오늘의 저도 없었을 것"이라고 헌사했다. 또한 "한미동맹은 저의 삶이 그런 것처럼 양국 국민 한 사람 한 사람의 삶과 강하게 연결되어 있다"며, "한미동맹은 더 위대하고 더 강한 동맹으로 발전할 것"이라고 역설했다. 그리고 "위대한 한미동맹의 토대 위에서 북핵 폐기와 한반도 평화, 나아가 동북아 평화를 함께 만들어가겠다"고 다짐했다. '크리스마스의 기적'으로도 불리는 흥남 철수와 이에 얽힌 문재인의 가족사, 그리고 대통령 문재인의 헌화와 헌사는 각본 없는 드라마였다. 그만큼 많은 화제와 큰 감동을 선사했다. 하지만 이 대목에서도 흥남 철수를 둘러싼 남북한 역사 인식의 깊은 괴리를 발견하게 된다.

북한은 흥남 철수 배경에 미국의 "원자폭탄 공갈"이 있었다고 주장한다. 약 30만 명의 피난민이 한꺼번에 흥남 부두로 몰려든 데는 이런 요인을 빼놓고 설명하기 어려운 것도 사실이다. 하지만 문재인의 장진호 기념비 헌사에서는 이런 역사인식을 찾아볼 수 없었다. '은혜의 나라', 미국에 대한 찬양만 있었다. 이와 관련해 서재정의 아래와 같은 지적은 음미해볼 필요가 있다.

"문재인 대통령의 가족사에서, 또 많은 피난민에게 있어서 흥남 철수는 중대한 전기였지만, 이 사건에 어른거리는 것은 미국의 핵무기 위협이었다. 일국의 대통령이 전쟁을 기념하는 자리에서 흥남 철수 당시 군함에서 미군이 나눠준 사탕을 얘기하면서, 민족에 참화를 가져올 수도 있었던 핵무기를 언급하지 않은 것은 매우 미흡한 것이었다. 물론 오래전 얘기를 꺼내 미국을 비난하자는 것은 아니다. 하지만 미국의 핵무기는 오늘도 한반도의 북부를 겨냥하고 있고, 미국은 적어도 1950년 11월부터 지금까지 그 위협을 거둔 적이 없다. 북이 핵무기를 개발하는 중요한 구실이기도 하다. 해서 문재인 대통령은 흥남 철수를 얘기하며 이제는 핵위협을 한반도에서 완전히 거둬들여야 한다며 한반도 비핵화를 절절히 구했어야 한다. 그 누구보다도 이 요구를 설득력 있게 전달할 수 있지 않았는가?"[93]

이 넘는 병력과 엄청난 전쟁 물자를 철수시키는 작전에 돌입했다. 트루먼이 기자회견에서 핵전쟁을 경고한 것도 바로 이때였다. 그래서 흥남 부두에는 미국의 병력과 전쟁 물자만 몰려든 것이 아니었다. 약 30만 명에 달하는 북한 민간인들도 필사적으로 탈출을 시도했고, 이 가운데 약 9만1000명이 흥남 부두에서 미군 함정에 몸을 실었다. 이를 두고 북한은 "미군과 국군이 '원자폭탄을 사용한다'는 기만전선으로 인민들을 끌고 갔다고 비난했다".[94]

이처럼 김일성에게는 미국의 핵 위협이 절멸의 공포심을 야기한 수단이자 정치선전의 도구였다면, 이승만에게는 핵폭탄이 '통일의 무기'로 간주됐다. 한국전쟁 발발 직후 육군참모총장으로 기용된 정일권의 회고록에는 이승만의 핵무기에 대한 인식이 비교적 잘 담겨 있다. 눈앞에 다가온 북진 통일이 중국군의 개입으로 물거품되고 UN군이 패퇴를 거듭하던 1950년 초겨울, 이승만은 트루먼의 발표에 크게 고무됐다. 트루먼이 11월 30일 기자회견을 통해 원폭 투하 가능성을 강하게 시사하자, "이 빅뉴스를 이승만 대통령은 비장한 각오로 환영"하면서 다음과 같이 말했다고 한다.

원폭이 가공스럽다는 것을 나도 잘 알고 있다. 또한 그 죄악스러운 점도 알고 있다. 하나, 침략을 일삼는 사악한 무리에 대해 사용할 때는 오히려 인류의 평화를 지킨다는 점에서 이기(利器)가 될 수도 있다. 그래도 사용해선 안 된다면, 우선 나의 머리 위에 떨구어주기 바란다. (중략) 우리 한국민이 사랑해 마지않는 이 아름답고 평화로운 산하(山河)의 어느 한구석이라도 공산당 한 놈이라도 남겨둬서는 안 된다…[95]

그러나 이승만의 기대와 달리 트루먼이 원폭 투하 결심을 내리지 않자, 이승만은 "왜 원자폭탄을 쓰지 않는가!"라며 "워싱턴을 향해 질타하곤 했다". 이승만에게 여러 차례에 걸쳐 원폭 투하를 단언했던 맥아더는 정일권에게 이렇게 말했다고 한다. "당신도 잘 알다시피 원폭을 그토록 바라고 있는 이 대통령께 말할 수 없이 미안하오. 만날 때마다 원폭도 불사한다고 했던 약속이 이처럼 허사가 될 줄은 몰랐다고, 노인에게 말씀 전해주시오."

이처럼 1950년 11월 30일 핵전쟁을 암시한 트루먼의 기자회견에 대해 남북한 지도자들은 정반대로 반응했다. 이승만은 중국군의 참전으로 물거품될 위기에 처한 통일의 꿈을 되살릴 수 있는 '절대무기'의 등장에 환호했다가 미국이 사용을 주저하자 탄식을 쏟아냈다. 반면 절멸의 공포에 휩싸인 김일성은 "흩어진 가족"의 책임을 미국의 핵전쟁 위협으로 돌렸다.

'D-day'와 개성

6

    1951년 7월 8일 정전협상이 시작되자, 미국의 핵 사용계획은 정전협정을 자신에게 유리한 방향으로 종결짓는 카드로 이용되기 시작했다. 미 육군은 정전협정 실패 시 한반도에서 교착 상태를 타개하기 위해 원자폭탄 사용이 필요할 것이라는 요지의 메모를 작성해 회람시켰다. 이 메모에서는 "공산군이 우리의 기술적 우위를 상쇄할 인적 투입에 나섬으로써 한반도에서 교착 상태가 지속되면 살상효과를 높이기 위해 원자폭탄을 사용하는 것이 바람직하다. 일본 방어를 포함한 전면적인 긴급상황이 발생하면, 원자폭탄 적용은 필수적이다"라고 말했다.

    이런 계획을 구체화하듯, 9월 들어 미국은 북한을 상대로 모의 핵공격 훈련에 돌입했다. 코드네임 '허드슨 항구 작전(Operation Hudson Harbor)'으로 명명된 이 훈련은 극도의 비밀을 유지한 상태에서 북한 땅에 네 차례에 걸쳐 모조 핵폭탄을 떨어뜨리는 것이었다. 폭탄은 재래식이었지만, 최대한 원자폭탄 투하와 흡사하게 훈련을 전개하기 위해 핵공격 절차에 따라 진행됐다. 그러나 훈련 평가를 통해 북한에 핵폭탄을 투하할 만큼의 군사적 가치가 있는 목표물이 존재하지 않는다는 결론에 도달했다.[96] 당시 북한에는 대규모 군사시설이나 산업시설이 거의 없었고, 그나마 있는 것들은 이미 미국의 재래식 무기를 통한 대규모 공습으로 파괴되었기 때문이다.

전술핵과 아이젠하워의 등장

정전협상이 시작되자 트루먼은 한국전쟁이 조속히 종식되길 원했지만 협상은 지지부진했다. 그러자 미국의 극동사령부와 펜타곤은 협상 실패 시 군사적 대응책 마련에 착수했다. 10월 16일 마크 클라크(Mark Clark) 육군 장군은 작전계획 8-52(OPLAN 8-52)를 합참에 보고했는데, 이는 "미국이 승리를 결심할 경우" 이를 뒷받침하기 위한 군사계획을 담고 있었다. 대규모 상륙작전과 만주를 비롯한 중국 본토에 대한 공습, 중국 해상봉쇄 등이 포함된 이 계획에서 일단 핵공격 작전은 제외됐다. 그러나 클라크는 중국을 제압하기 위한 가장 효과적인 방법은 핵공격에 있다며, 필요할 경우 핵공격 옵션도 검토해야 한다고 주문했다. 그러나 중국의 영토와 인구를 고려할 때, 완전한 군사적 승리를 추구하는 것은 비현실적이라며, 중국을 "미국의 요구 조건에 맞게" 정전협정에 동의하게 만드는 것이 군사작전의 목표가 되어야 한다고 권고했다.

그러나 트루먼 행정부의 기대와 달리 정전협상은 이렇다 할 진전을 거두지 못했다. 포로송환 문제가 가장 큰 걸림돌이었지만, 김일성과 마오쩌둥 뒤에서 정전협상을 지휘했던 스탈린은 전쟁을 빨리 끝낼 생각이 없었다. 그는 제2차 세계대전 직전에 체결한 독일-소련 조약을 통해 나치 독일이 영국과 싸우게 만들고자 했던 것처럼, 정전협상 지연을 통해 미국과 중국이 계속 싸우게 만드는 것이 유리하다고 생각했다. 스탈린식 이이제이

(以夷制夷)였다.

그런데 이사이 미국은 전술핵무기 개발에 박차를 가하고 있었다. 기존 핵무기가 소련을 상정한 것이어서 북한과 같은 작은 나라에는 별 소용 없자, 작으면서도 실전에서 사용 가능한 핵무기 개발에 착수한 것이다. 이로 인해 한국전쟁은 새로운 국면을 맞는다. 미국은 전술핵무기를 손에 넣었고, 핵무기를 다른 무기와 구분하는 것을 거부한, 그래서 핵무기 사용에 훨씬 적극적이었던 아이젠하워 행정부가 등장한 것이다.

한국전쟁이 미국의 핵전략에 미친 가장 직접적인 결과는 '전술핵무기' 개발이라고 할 수 있다. 기존의 핵폭탄은 주로 소련의 대도시와 전략시설을 대상으로 삼았기 때문에, 한반도와 같이 영토도 좁고 대규모 군사·산업 시설도 거의 없으며, 미국이 "제한적인 목표"로 벌이는 전쟁 지역에서는 사용이 여의치 않았다. 이처럼 작은 나라와의 전쟁에서 쓸 새로운 핵폭탄 개발의 필요성을 느낀 미국은 전술핵무기 개발에 박차를 가했다. 육군참모총장인 콜린스는 1951년 2월 한 언론과의 인터뷰에서 육군이 곧 이용 가능한 핵폭탄을 갖게 될 것이라고 말해,[97] 전술핵무기 개발 사실을 강력히 시사했다. 그리고 1952년 5월 미국 네바다주 사막에서 핵 대포(nuclear canon) 시험에 성공했다.

미국이 '전술용' 핵무기 개발에 성공하면서 원자폭탄 사용에 신중했던 분위기도 달라지기 시작했다. 그 선두에는 콜린스가 있었다. 그는 그동안 치열한 교전으로 미국 병사의 일부가 희생되더라도 원자폭탄을 투하하는 것은 보류되어야 한다고 말해왔다. 그러나 미국이 전술핵무기 개발에 성공하자, 자국군 방어를 위해 모든 수단을 동원해야 한다며 공격적인 자세로 변했다. 전술핵무기가 기존 핵무기에 비해 살상력이 적어 정치적 부담을 덜 수 있고, 중국군에 대한 수적 열세를 만회할 수 있으며, 적에 대한 압박 수단으로 유용할 뿐 아니라 신속하고 효과적으로 적의 공군기지를 파괴할

수 있다는 이유였다.[98]

그러나 1952년은 미국 대선이 있어 미국 군부도 정치적 고려를 하지 않을 수 없었다. 대선 결과가 나오기 전에 확전계획인 OPLAN 8-52나 핵무기 사용을 추진하기는 어려웠다. 11월 7일 콜린스는 클라크에게 "지금 시점에서 귀하에게 새로운 작전을 지시할 수 없다"며, "우리는 새로운 대통령이 취임하기 전까지 기다려야 하고, 새로운 행정부의 정책을 봐야 할 것이다"라고 말했다. 이에 대해 클라크는 1954년 펴낸 저서 《다뉴브강에서 압록강까지(From the Danube to the Yalu)》에서 "우리가 신속하고 강력한 자세를 취했다면 더 좋은 휴전 조건을 확보하고 많은 생명을 살릴 수 있었을 것"이라며, "나는 한국군의 급격한 증강, (대만의) 장제스 군대의 활용, 그리고 미국 정부가 승리하기로 결심했을 때 필요한 핵무기 사용을 권고했었다"고 회고했다.[99] 그러나 미국 대선과, 확전 시 겪게 될 경제적 부담에 대한 워싱턴의 신중론에 막혀 클라크의 확전론과 핵 사용 주장은 받아들여지지 않았다.

대선 전에 정전협상 타결을 원했던 트루먼의 바람과 달리 정전협상은 지지부진하기만 했다. 이 와중에 미군 사상자가 속출하면서 미국의 민주당과 공화당의 희비도 엇갈렸다. 또한 급격한 군비증강과 동원체제로의 돌입은 대폭적인 세금 인상과 인플레이션을 불러오면서 미국 경제에 심각한 타격을 가했다.[100] 이런 상황에 직면한 트루먼은 재선에 도전할 수 있었음에도 불구하고 임기 말에 지지율이 22%까지 떨어지자 출마를 포기했다. 트루먼의 대타로 일리노이 주지사를 지낸 애들레이 스티븐슨(Adlai Stevenson)이 나섰지만 아이젠하워를 상대하기에는 역부족이었다.

선거 유세에 나선 아이젠하워는 미국인이 한국에서 싸우고 있다는 점을 부각시키면서 그 이유를 간명하게 설명했다. "공산 진영이 우리를 야만적으로 공격하기 전에, 자유 진영의 리더십이 공산주의자의 야심을 견제하고 되돌리는 데 실패했기 때문입니다. 한국전쟁은 단지 우리의 정치적 방어벽이 무너졌기 때문에 발생한 것입니다."[101] 이는 트루먼 행정부가 북한의 남침 가능성을 낮게 보고 제대로 대응하지 못했다는 비판이었다. 그러나 아이젠하워 자신도 합참의장을 비롯한 군 수뇌부로 재직할 때 대규모 주한미군을 주둔시킬 만큼 한국의 전략적 가치가 높지 않다는 점에 동의했던 인물이다. 어쨌든 트루먼 행정부의 대외정책과 한국전쟁 수행방식을 강력히 비난한 아이젠하워는 대선에서 압승을 거뒀고, 이에 따라 백악관의 주인도 20년 만에 민주당에서 공화당으로 바뀌었다.

대통령에 당선된 아이젠하워는 최우선 임무를 "한국전쟁을 조속하고도 명예롭게 종식하는 것"으로 삼고 한국을 방문했다. 1952년 12월 초, 한국 땅을 밟은 아이젠하워는 정찰기를 타고 산악과 계곡이 대부분을 차지하는 한반도의 허리에서 UN군과 공산군이 대치하고 있는 상황을 목도했다. 그는 이런 전장 환경에서 재래식 공격을 지속하는 것은 사상자만 늘릴 뿐 교착 상태를 타개할 수 없다는 것을 제2차 세계대전 경험을 통해 알고 있었다. 그는 미국으로 돌아오는 길에 "우리는 한국전쟁이 지속되는 것을 용납할 수 없다. 미국은 이런 교착 상태를 타개해야 할 것"이라고 말한 뒤, 도착 성명을 통해 "말이 아닌 행동"으로 적을 상대해야 한다고 강조했다. 그는 훗날 자신이 말한 행동은 "한반도에서 재래식 지상 공격과는 확실히 다른 행동이 필요했다"며 핵공격을 염두에 두고 있었음을 밝혔다.

1953년에 접어들면서 미국의 핵정책과 관련해 두 가지 중대한 변화가 일어났다. 하나는 트루먼에서 아이젠하워 행정부로의 정권교체가 미국의 핵무기에 대한 인식의 변화를 수반했다는 것이다. 최초의 핵무기 사용자인 트루먼은 군사적 관점 못지않게 도덕적·정치적 관점에서도 핵무기를 바라봤다. 그는 1945년 8월 히로시마와 나가사키에 원폭을 투하했을 때는 "인류 역사에서 가장 위대한 일"이라고 자화자찬했지만, 한국전쟁에서는 달랐다. 이미 핵폭탄의 엄청난 파괴력과 부도덕성이 널리 알려진 상황에서 비핵국가인 북한이나 중국을 상대로 핵무기를 사용한다는 것은 엄청난 부담이 뒤따르는 선택이었다.

이와 관련해 미국의 핵문제 권위자인 로렌스 위트너는 "트루먼은 군사적 고려보다 정치적 고려에 압도되어 맥아더와 같은 군부 인사들의 핵무기 사용 요구를 거절했다"고 분석하기도 했다.[102] 또한 트루먼의 외손자인 클립턴 트루먼 대니얼은 〈연합뉴스〉와의 인터뷰에서 "외할아버지인 트루먼 대통령이 일본 히로시마와 나가사키의 원폭 피해 참상에 큰 충격을 받았고, 이 때문에 한국전쟁 당시 원폭을 사용하지 않기로 했다"고 증언하기도 했다.[103]

그러나 아이젠하워는 달랐다. 한국전쟁 개전 당시 NATO 총사령관이었던 아이젠하워는 1950년 6월 28일 펜타곤을 방문해 트루먼 행정부의 전쟁 수행 방식에 강한 불만을 토로했다. 그는 전쟁에서 승리하기 위해서는 모든 수단을 동원해야 한다며, "나는 여러 차례에 걸쳐 그것이 결국 원자폭탄 사용에 의존하더라도 단호한 행동을 요구했었다"고 말했다. 펜타곤에서 그를 만났던 리지웨이 장군 역시 아이젠하워가 트루먼의 전쟁 수행 방식에 불만을 토로하면서 "적절한 목표물이 있다면, 한반도에서 1~2개의 핵무기 사용을 고려해야 한다고 주장했다"고 확인해주었다.[104]

이런 에피소드를 반영하듯 아이젠하워는 "핵무기 사용의 도덕적 문제와 금지"는 제거되어야 한다는 생각이었고, "원자폭탄도 수많은 미국의 무기들 가운데 하나"라는 관점을 갖고 있었다. 이런 사고방식 이면에는 재래식 군사력에 의존하는 것이 엄청난 경제적 부담으로 이어지기 때문에 핵무기를 통해 "군사적 요구와 경제적 건전함 사이의 균형을 유지해야 한다"는 사고도 깔려 있었다. "(한국전쟁에서) 재래식 무기를 사용하는 것보다 원자폭탄을 사용하는 것이 훨씬 저렴한 것은 분명하다"는 그의 발언은 이런 인식을 잘 보여줬다.

1953년 들어 또 하나의 중대한 변화는 미국의 핵 전력이 양적·질적으로 크게 증강되었다는 점이다. 이는 미국이 한국전쟁에서 핵무기를 사용해도 유럽 및 미국 본토 방어와 같은 사활적인 이해를 지킬 수 있는 여분의 핵무기를 갖게 되었음을 의미했다. 미국 정부는 한국전쟁 초기에는 핵무기 숫자도 많지 않았을뿐더러 공격태세로의 전환에도 많은 시간이 걸렸고, 그 역할도 소련 위협 대처에 초점이 맞춰져 있어 한반도 같은 좁은 지역에서 사용할 수 있는 전술핵무기가 없다고 판단했다. 그러나 한국전쟁을 거치면서 미국 핵무기 보유고는 비약적으로 늘어났다. 전쟁 발발 당시 292개였던 핵무기가 1953년 7월 정전협정 즈음에는 1000개까지 치솟았다. 또한 1952년 여름에 핵 대포를 비롯한 전술핵무기 개발·생산에도 성공했으며, 표적 식별 훈련 및 모의 핵공격 훈련을 비롯한 핵공격 준비태세도 크게 강화해 신속한 핵공격이 가능하다고 판단했다.[105]

이처럼 미국에서 핵무기 사용에 훨씬 적극적인 행정부가 등장하고 전술핵개발에도 성공하면서 핵전쟁은 시간문제가 되는 듯 보였다. 더구나 정전협상마저 지지부진한 상황을 면치 못했다. 이런 상황을 반영하듯 아이젠하워 행정부는 한반도를 비롯한 동북아에서의 핵무기 사용계획을 구체화하기 시작했다. 이런 배경에는 맥아더의 조언도 한몫했다. 아이젠하워는 당선자 신분이었던 1952년 12월 맥아더를 만나 한국전쟁을 종식시킬 수 있는 방안에 대한 조언을 구했다. 이에 대해 맥아더는 UN군 사령관 때 주장했던 군사작전을 다시 강조했다. 여기에는 북한을 두 동강 내기 위한 대규모 상륙작전과 함께, 북한 및 중국의 군사 및 산업시설에 대한 원자폭탄 투하, 그리고 중국군의 보급로인 압록강 유역에 대한 방사능 오염 작전이 포함되어 있었다. 아이젠하워는 훗날 이렇게 회고했다.

전쟁비용을 줄이기 위해 우리가 핵무기를 사용했어야 한다는 것은 분명했다.

당선자 시절에 만난 맥아더 장군도 그렇게 권고했다. 합참은 중공군이 광범위한 지하 요새를 구축하고 있었기 때문에 전술핵무기 사용의 유용성에 회의적이었다. 그러나 핵무기는 분명 북한과 만주, 그리고 중국 연안의 전략적 목표를 파괴하는 데 효과적인 무기였다. 물론 여기에는 문제가 있었다. 최소한 소련군의 참전 가능성을 높였을 것이기 때문이다. 핵전쟁에서 중국 공산주의자들이 할 수 있는 것은 거의 없다. 그러나 우리는 소련이 이미 상당량의 핵무기를 갖고 있다는 것을 알고 있었고, 곧 수소폭탄 실험도 실시할 것으로 예상하고 있었다. (그럼에도 불구하고) 우리는 단언컨대 핵무기 사용을 금기시하지 않았다. 우리는 전 세계적인 신사협정에 구애받지 않았던 것이다.[106]

그러나 실제 핵폭탄 투하를 강행하는 데는 몇 가지 걸림돌과 고려사항이 있었다. 우선 미국의 동맹국들을 비롯한 한국전쟁 참전국들은 조속한 종전을 희망했는데, 미국의 원폭 투하는 사태를 더욱 악화시킬 소지가 컸다. 아이젠하워도 한국전쟁 종식을 핵심적인 대선 공약으로 내세웠기 때문에, 원폭 투하가 조속한 전쟁 종식을 가져올 것인가를 먼저 고려해야 했다. 핵의 위력을 선보여 공산 진영의 양보를 받아낼 수 있을지, 아니면 소련의 참전과 이에 따른 제3차 세계대전이라는 더 큰 '지옥의 문'을 여는 결과를 초래할지 확신할 수 없었던 것이다.

둘째, 육군참모차장인 헐(John E. Hull)의 지적처럼, "북한에는 원폭을 투하할 만큼 전략적으로 가치 있는 목표물이 존재하지 않았다"는 것이다. 맥아더의 권고처럼 만주나 북중 경계 지역에 원폭을 투하하면 중국군에 상당한 타격을 입힐 수 있지만, 이는 미국의 핵심적인 개입 목적인 "제3차 세계대전을 회피하기 위한 예방적 제한전쟁"을 넘어서는 조치였다. 전선이 중국으로까지 확대될 수 있을 뿐만 아니라, 소련군의 직접 개입까지 불러와 '제한전'이 '전면전'으로 확대될 위험이 높았던 것이다.

셋째, 1952년 후반기 들어 전선이 38선 인근으로 고착되면서 원폭 투하의 실효성이 크게 떨어졌다. 참호와 지하시설을 파고 진지전에 돌입한 공산군을 상대로 원폭을 투하하더라도 적군이 지하로 피신하면 살상효과는 크게 반감된다는 것이 미국의 실험 결과였다. 1952년 5월 네바다주에서 원폭 투하 지점으로부터 5.5km 떨어진 지역에 1.5m 깊이의 참호를 판 뒤 피신한 군인들에게 어떤 피해가 있는지 실험한 결과 결과는 즉각적인 살상효과가 그리 크지 않다는 것이 밝혀졌다.[107] 더구나 적군과 아군이 근접 전투를 벌이는 지역에 원자폭탄이 떨어지면 아군의 피해 가능성도 배제할 수 없었다.

아이젠하워 행정부가 핵무기 사용에 주저한 또 한 가지 이유는 핵무기의 전략적 가치를 자신할 수 없었다는 점이다. 당시 미국 입장에서 최선의 결과는 원폭 투하가 확전을 야기하지 않고 조속한 종전을 가져오는 것이었다. 그러나 역으로 원폭 투하에도 불구하고 전세가 크게 달라지지 않으면, 핵무기의 전략적 가치는 크게 반감할 수밖에 없었다. 미국의 유럽 동맹국들도 바로 이 점을 제기하고 나섰다. 당시 서유럽 국가들은 미국의 핵 억제 전략에 자국의 안보를 의존하고 있었는데, 한국전쟁에서 원폭 투하의 전략적 가치가 입증되지 않으면, 유럽에서 더욱 큰 안보 불안에 직면할 수 있다는 우려를 제기했다.

CIA 역시 이런 문제를 의식하고 있었다. 1953년 4월 8일자 극비문서에 따르면, 미국의 원자폭탄 사용은 공산군에게 미국의 단호함을 주지시키는 효과가 있지만, "이것이 공산주의자로 하여금 정전협상 마무리에 필요한 양보를 이끌어낼 수 있을지는 예측하기 어렵다"고 했다.[108] 그러나 아이젠하워는 이런 문제점들을 보고 받았음에도 불구하고 자신의 뜻을 굽히지 않았다. 원폭 투하의 효과를 입증한다면, 동맹국들도 사후에 미국의 조치에 동의할 것이라는 자신감을 갖고 있던 것이다.

"개성을 주목하라"

대북 원폭 투하의 전략적 가치가 별로 없다는 일부 군 수뇌부의 의견에도 불구하고 아이젠하워는 핵공격 계획을 접지 않았다. 존 덜레스(John Dulles) 국무장관은 1953년 2월 11일 NSC 회의에서 적극적으로 핵무기 사용 검토 필요성을 제기했다. 그는 국제적으로 핵무기 사용을 금기시하는 도덕적 문제가 있지만, 핵무기를 다른 무기와 구분하는 "그릇된 관행을 타파해야 한다"고 주장했다. 그러나 미국은 영국 등 동맹국의 반대를 의식하지 않을 수 없었다. 아이젠하워도 이를 잘 알고 있었다. 이에 따라 아이젠하워는 "만약 동맹국들이 원자폭탄 사용에 반대한다면, 우리는 원자폭탄을 사용하지 않는 대신 그들에게 3개 이상의 사단을 파병할 것을 요구해야 할 것"이라고 말했다. '미국의 원자폭탄 사용에 동의하든지, 그게 싫으면 당신들이 추가 파병을 하든지 하라'는 식이었다.

이날 회의에서는 구체적인 핵공격 대상도 거론됐다. 바로 개성이었다. 브래들리 합참의장은 공산군의 수중으로 넘어간 개성에 "(공산군의) 병력과 물자가 집중되어 있다"고 강조하면서 "적군의 은신처인 개성을 파괴하는 문제를 동맹국들과 협의해야 한다"고 주장했다. 그러자 아이젠하워는 개성이 전술핵무기 사용에 적합한 목표라는 의견에 동의했다. 이에 브래들리는 동맹국들과의 협의에서는 "원자폭탄 사용 문제는 언급하지 않는 것이 좋겠다"고 말했다. 클라크 UN군 사령관도 거들고 나섰다. 그가 개성이 공산군의 은신처이자 군사력 증강의 요충지가 되고 있다고 불평하자, 아이젠하워는 그의 의견에 동의를 표하면서 핵무기 사용을 검토하라고 지시했다.[109]

이 회의로부터 50일이 지난 3월 21일 아이젠하워는 펜타곤에 한반도에서 교착 상태를 타개할 공격작전 방안 마련을 지시했다. 그 작전이 핵폭탄 사용을 요구한다면 자신은 반대하지 않는다는 입장과 함께. 그러나 미국은

NSC 회의가 끝난 이후 동맹국들과 이 문제를 협의하지 않았다. 오히려 아이젠하워는 1953년 3월 31일 NSC 비밀회의에 초대된 민간 자문단과의 대화에서 "미국의 유럽 동맹국들은 (미국이 동북아에 핵무기를 투하하면) (소련의) 보복으로 유럽이 핵전쟁터가 될 것이라는 공포심을 갖고 있다"며, "이에 따라 현재로서는 핵무기 사용 전술을 배제해놓고 있다"고 말했다.[110]

그러나 이것이 곧 핵공격 계획 철회를 의미하는 것은 아니었다. 브래들리를 비롯한 미국 군부는 미국이 원폭 투하를 결심하면 확실하게 적들에게 군사적으로나 심리적으로 최대한 영향을 줄 수 있도록, "원자폭탄의 광범위한 전략적·전술적 사용이 요구된다"고 아이젠하워에게 권고했다. 그러자 아이젠하워는 1953년 5월 20일 NSC 회의에서 한반도의 허리 부분에 대한 대대적인 공격을 개시하는 한편, 중국 본토에 대한 해공군 합동작전을 승인했다. 여기에는 "저렴한 공격작전을 위해 핵무기 사용도 포함"되었다. 북한에 적절한 핵공격 목표물이 존재하지 않았지만, 전비 부담을 줄이고 공산군의 결전 의지를 꺾을 수 있으며 미군 사상자 수를 줄일 수 있다면, 그만한 가치가 있다는 것이 아이젠하워의 판단이었던 것이다.

그리고 이 회의에서 아이젠하워는 1년 후인 1954년 5월을 실행일(D-day)로 잡았다. 이처럼 즉각적인 핵 사용이 아니라 1년 후를 기약한 데는, 대규모 핵공격을 강행하기 위해서는 상당한 준비 기간이 필요했고, 소련군의 개입 등 확전에 대비하려면 핵무기를 비롯한 충분한 군사력을 갖출 시간이 필요하다고 판단했기 때문이다.[111] 이는 제3차 세계대전도 불사한다는 선택이었다. 이와 관련해 아이젠하워는 소련이 일본 등을 상대로 보복공격에 나설 것을 우려하면서도 "더 신속한 작전이 소련의 개입 위험을 낮추게 될 것"이라며, "소련이 한국전쟁에 개입하는 상황이 도래하더라도, 합참의 계획은 우리가 추구하는 목표를 달성하는 데 매우 유용한 것"이라고 강조했다.[112]

아이젠하워는 1년 후를 세계대전도 불사하는 'D-day'로 잡으면서 공산 진영을 상대로 한 핵 강압외교에 나섰다. 아이젠하워는 트루먼이 공산군에 핵무기 사용과 관련해 모호한 신호를 보낸 것이 사태를 꼬이게 했다며, 확실한 메시지를 전달하기로 했다. 1953년 5월 20일 NSC 회의 직후 아이젠하워 행정부는 중국에 사실상 '신사협정' 파기를 통보했다. UN군이 압록강을 넘지 않고, 교량이나 강을 폭격하지 않으며, 원자폭탄을 사용하지 않겠다는 입장을 철회하겠다는 것이었다. 중국이 UN군이 제시한 정전협정안에 동의하지 않으면, "가공할 보복을 각오하라"는 의미였다.[113]

미국 정부는 네 가지 경로를 통해 공산군에게 이런 메시지를 전달하려고 했다. 우선 5월 20일 NSC 회의 다음 날 덜레스 국무장관은 인도를 방문해 네루 총리에게 "정전협상이 붕괴된다면 더 강력한 군사적 조치를 취할 것이고 전선도 확대될 것"이라고 말했다. 둘째, 클라크 UN군 사령관에게 협상지침을 하달했다. 포로 문제에 대한 UN군의 '최종안'을 공산군 측에 전달하고 일주일의 시간을 주면서 이를 수용하지 않으면 협상은 일시중지되는 것이 아니라 아예 종료될 것이라는 지침이었다. 셋째, 클라크로 하여금 김일성과 팽더후이에게 서한을 전달케 했다. 5월 27일 전달된 이 서한에는 "당신들이 휴전을 진심으로 원하면 이번 기회를 잡아야 할 것"이라는 내용이 담겨 있었다. 마지막으로, 소련 주재 미국 대사인 볼런(Charles Bohlen)이 6월 3일 소련의 몰로토프 외무장관을 만나 UN군이 제시한 최종제안의 "심각성과 중요성"을 전달했다.[114]

이처럼 아이젠하워 행정부가 핵무기 사용에 공세적인 입장을 피력하면서 한국전쟁은 정전협상 타결이냐, 핵전쟁을 포함한 확전이냐의 중대한 갈림길에 서게 됐다. 아이젠하워는 트루먼 때 입안된 NSC-68 준비에도 박차를 가했는데, 이는 소련과의 핵전쟁도 불사한다는 무시무시한 계획이었다. 그는 핵무기 사용에 따른 도덕적·외교적 문제는 크게 고려하지 않고 군사

논리에 매몰되었다. 소련의 핵실험 및 전력 증강에 따른 '공포의 균형'도 상대방에게 더 큰 공포를 주지시킴으로써 돌파하려고 했다. 그러나 바로 이즈음 북중소 3국동맹에 중대한 변화가 일어난다. 북한의 남침 승인자이자 실질적인 최고사령관이었으며 정전협상 지연을 마다하지 않았던 스탈린이 사망한 것이다.

아이젠하워의
자화자찬과
'미치광이 이론'의
뿌리

7

　　한반도에서 총격 소리가 멈춘 지 30개월 후, 존 덜레스 국무장관은 아이젠하워 행정부가 한국전쟁을 끝낼 수 있었던 데는 핵무기의 역할이 지대했다고 주장했다. 그는 협상이 조속히 진척되지 않으면 중국에 핵무기를 사용할 수 있다는 "확고한 경고(unmistakable warning)"을 보냈다며, 이런 핵 위협이 효과를 거뒀다는 주장은 "매우 적절한 언급"이라고 말했다.[115] 아이젠하워 행정부의 국무장관으로 기용된 덜레스는 핵무기 신봉자였다. 그는 1948년 미국 국민들은 필요하다면 핵무기 사용을 요구할 것이라 주장했고, 1952년 5월에는 '대담한 정책(A Policy of Boldness)'을 주창하면서 미국의 전략은 핵무기와 강력한 동맹에 의존해야 한다고 역설해, 아이젠하워 당선 이후 '뉴룩(New Look)'정책의 기초를 닦기도 했다.

　　객관적인 사실 여부를 떠나, 아이젠하워 행정부는 공산군에 대한 핵 위협 덕분에 한국전쟁을 끝낼 수 있었다고 믿었다. 아이젠하워는 "우리는 공산주의자들에게 휴전협정에 동의하지 않으면 우리는 전선을 확대할 것"

인데, "그들은 전면전이나 핵공격을 원하지 않았다"고 주장했다. 그러면서 "핵전쟁의 위험"이 "그들을 통제하는 데 유용했다"고 강조했다. 덜레스 역시 정전협정 5개월 후에 열린 버뮤다 회담에서 영국 및 프랑스 대표단에게 "공산주의자들이 핵무기를 사용할 수 있다는 미국의 의지를 확인하면서 전쟁을 끝낼 수 있었다"고 주장했고, 이듬해 4월 제네바에서 열린 한반도에 관한 정치회담에서도 이런 주장을 되풀이했다.[116]

이는 당시 미국의 정책 결정자들이 핵무기를 실전에서 승리를 보장해주는 '절대무기'이자 사용 위협을 통해 상대방을 길들일 수 있는 유용한 '외교 수단'으로 간주하고 있었다는 것을 보여준다. 동시에 이런 정책 결정자들의 인식은 한국전쟁 이후 미국 핵전략을 주조하는 데 인식론적 뿌리를 이룬다. 적의 재래식 무기를 이용한 공격에도 핵무기로 보복하겠다는 '대량 보복 전략'의 역사적 뿌리는 바로 핵 위협이 한국전쟁을 끝냈다는 아이젠하워 행정부의 자기만족적 판단에 있었던 것이다.

휴전을 둘러싼 스탈린과 마오쩌둥의 갈등

1953년 초는 한국전쟁의 중대한 전환점이었다. 트루먼의 전쟁 수행 방식에 불만을 품고 '힘의 과시'를 통해 한국전쟁 종식을 대선 공약으로 내세운 아이젠하워 행정부의 등장은 확전과 핵전쟁의 위험성을 높였다. 이를 뒷받침하듯, 훗날 덜레스는 "우리는 이미 전장에 원자폭탄을 운반할 수 있는 조치를 취했다"고 했고, 아이젠하워 보좌관인 셔먼 애덤스(Sherman Adams)는 1953년 봄 "오키나와에 핵폭탄을 배치했다"고 말했다. 이즈음 북한군과 중국군이 흘린 피의 대가로 미국과의 대결에서 우위에 서고자 했던 스탈린이 숨을 거뒀다. 이로써 한국전쟁은 상대방의 절멸을 통해 통일을 추구했던 1950~1951년 초의 '강(强) 대 강의 대결' 시기를 겨고, 38선을 마주 보고 피비린내 나는 교전과 지루한 정전협상이 조우한 1951~1953년 초의 '교착 상태'를 지나, 1953년 봄부터는 '확전이냐 정전협상 타결이냐'의 중대한 갈림길에 들어섰다.

1951년 7월부터 시작된 정전협상은 휴전선 획정, 휴전협정 이후 비행장 복구, 중립국감독위원회 소련 참여 여부, 그리고 전쟁포로 석방 및 송환 문제가 주요 쟁점이었다. 1952년 3월 들어 이들 사안에 대한 이견은 대부분 해소되었다. 하지만 포로송환 문제를 둘러싼 갈등은 계속되었다. 정전협상이 결렬과 재개를 반복되는 사이 양측 사상자 수도 크게 늘어났다. 정전협상이 진행된 2년간 미군 사상자 수는 8만 5000명에 달했고, 포로 협상이 진행된 15개월간 미군과 한국군을 포함한 UN군 전체 사상자 수도 약 12만 5000명이나 되었다. 북한군과 중국군 23만 4000명도 정전협상 2년간 목숨을 잃었다. 이들 수치에는 수많은 민간인 희생자가 포함되지 않았다. "악마는 디테일이 있다"는 말을 상기시켜주듯, 포로송환 문제로 너무나 많은 피를 흘린 것이다. 동시에 '더 빨리 휴전하는 것은 불가능했느냐'는 보다 본질적인 질문도 던지지 않을 수 없다.

한국전쟁 휴전협상 타결에 2년이나 걸린 원인과 배경을 이해하기 위해서는 '전쟁의 직간접적인 교전 당사국들 가운데 어떤 나라들이 휴전을 원치 않았는가?'라는 질문을 던져볼 필요가 있다. 당시 이승만 정권은 '북진통일'을 국시로 내세우면서 휴전협정에 결사반대했다. 그러나 전쟁 지속 여부의 열쇠는 한국이 아니라 미국이 쥐고 있었다는 점에서, 이승만 정권의 이런 태도는 결정적 변수라고 보기 어렵다. 인기 없는 전쟁으로 궁지에 몰린 트루먼은 물론이고, 아이젠하워 역시 한국전쟁 종식을 핵심적인 대선 공약으로 내세웠다. 공산군 측의 직접 교전 당사국인 북한과 중국도 휴전을 희망했다. 그러나 그 배후 실력자였던 스탈린의 생각은 달랐다. "스탈린은 UN군이 또다시 북한으로 진군하지 않는 한, 교착 상태에 빠진 전쟁이 계속되는 것이 이익이라는 것을 간파한 것"이다.

당시 스탈린은 네 가지 측면에서 이점이 있다고 생각했다. 첫째, 미국을 한반도에 묶어두는 것이 미국의 경제력을 소진시키고 유럽에서 소련이 우위에 설 수 있는 기회를 제공할 것으로 봤다. 둘째, 한국전쟁 수행 방식을 둘러싼 미국과 동맹국들 간의 이견이 소련에 유리하다고 판단했다. 셋째, 미국의 전쟁 수행 방식에 대한 면밀한 관찰과 미군 포로 신문을 통해 미국의 군사작전과 기술에 대한 정보를 얻을 수 있는 기회로 인식했다. 넷째, 미국과 중국 간에 적대행위가 지속되는 것이 중국에 대한 소련의 영향력을 키우는 데 유리하다고 생각했다.[117] 더구나 이런 소득은 소련군의 피해가 거의 없는 상황에서 얻을 수 있는 것들이었다. 정치적 목적을 위해서라면 인명을 파리 목숨 정도로 여겼던 스탈린으로서는 휴전협상을 서두를 이유가 없었던 것이다.

소련과 달리 중국은 1952년 하반기 들어 한국전쟁 종식을 추구하기 시작했다. 후술하겠지만, 정전협상을 둘러싼 스탈린과 마오쩌둥의 갈등은 훗날 중국-소련 사이의 전략적 불신과 갈등의 중대한 원인이 된다. 스탈린의 지연전술로 정전협상이 교착 상태를 벗어나지 못하면서, 중국 내에서는 스탈린이 자신의 정치적 이익을 위해 중국군을 희생양으로 삼고 있다는 불만이 더욱 강해졌기 때문이다.

한국전쟁이 장기화되면서 중국이 치른 대가도 혹독해졌다. 약 300만 명이 전투와 병참 지원을 위해 동원되었고, 이 가운데 약 30만 명이 목숨을 잃었다. 중국 내부에서도 3년간의 동원 과정에서 약 300만 명이 죽었다. 한국전쟁과 관련된 전비(戰費)가 정부 예산의 절반 가까이를 잠식하면서 신생 국가 중국 경제는 더욱 피폐해졌다. 중국 정부는 전비를 충당하기 위해 강제로 세금을 더 거두고 광범위한 대중동원 캠페인을 전개했다. 이는 한국전쟁에 필요한 물적 토대를 갖추는 성과를 낳았지만, 동시에 산업 불균형 심화와 농촌 사회의 불만, 그리고 기아 사태를 촉발하면서 중국 내부의 불안도 동시에 가져왔다.

이처럼 경제적 어려움이 가중되자, 중국 지도부는 경제 문제를 더 이상 외면할 수 없었다. 이에 따라 1952년 하반기에 소련 모델을 모방해 5개년 경제발전 계획을 마련하고, 경제 부처를 신설해 훗날 개혁개방정책의 주역이 된 덩샤오핑 등 유능한 지방관리를 대거 등용했다. 그런데 경제성장을 이루려면 막대한 인적·물적 자원이 투입되어온 한국전쟁의 종식이 절실히 필요했다. 경제성장과 한국전쟁 종식이라는 두 가지 목표를 가지고 저우언라이는 1952년 8월과 9월 모스크바를 방문해 스탈린을 만났다. 두 차례 면담을 통해 저우언라이는 소련의 경제 지원을 요청하는 한편, 한국전쟁 종식을 원한다는 입장을 전달했다. 특히 그는 정전협상의 최대 쟁점으로 부상당한 포로 문제와 관련해 8월 1차 면담에서 "포로 문제는 나중에 다시 다루고 먼저 정전협정에 서명하자"는 입장을 전달했다. 이는 UN 측이 제안한 '선 휴전, 후 협상'과 맥락을 같이한 것이었다. 그러나 스탈린은 이 제안을 수용하지 않았다.

그러자 저우언라이는 9월 2차 면담에서 전쟁포로를 중립국인 인도로 보내자는 제안을 내놓았다. 그러나 스탈린은 경제 지원과 한국전쟁을 연계해 저우언라이를 압박했다. '군사 및 경제 지원을 할 테니, 전쟁을 계속하라'는 메시지였다. 소련의 군사 및 경제 지원이 절실했던 중국으로서는 속절없이 스탈린의 요구를 수용할 수밖에 없었다. 소련의 승인을 받지 못한 중국은 1952년 10월 인도가 UN에서 내놓은 제안, 즉 포로를 인도를 비롯한 중립국으로 보내자는 결의안을 공개적으로 지지하기도 했다. 그러나 소련의 UN 대표는 인도의 제안에 반대했고, 중국도 지지 입장을 철회하고 말았다.[118]

북한과 중국 인민들이 흘린 피의 대가로 미국과의 냉전 구도에서 우위를 점하려던 소련은 스탈린 사후에 극적인 변화를 보이기 시작했다. 소련의 새로운 지도부도 한국전쟁 종식을 선호하고 나선 것이다. 트로이카라 불리던 베리아(Lavrentii Beria), 말렌코프(Georgii Malenkov), 몰로토프 가운데 가장 강경파였던 몰로토프조차 "스탈린은 한반도를 무력으로 통일하려한 북한의 계획을 승인하지 말았어야 했다"고 말했을 정도다. 이들 트로이카와 새로운 실력자로 부상한 흐루쇼프는 중국과 마찬가지로 소련의 피폐해진 경제재건을 최우선 과제로 삼았다. 이를 위해서는 미국과의 관계개선이 필요하고, 한국전쟁 종식은 그 첫 단추라는 것도 잘 알고 있었다. 이를 반영하듯 말렌코프는 1953년 3월 9일 스탈린의 장례식에서 "평화 공존"의 필요성을 강조했고, 3월 15일에는 이른바 "평화 구상"을 발표하면서 "상호 이해를 바탕으로 평화적인 수단을 통해 해결하지 못할 갈등은 없다"며 대미관계도 이런 정책에 포함된다고 발표했다.[119]

소련의 신정권이 데탕트 의지를 피력하고 나서면서 한국전쟁 종식의 새로운 전기도 찾아왔다. 소련은 3월 19일 김일성과 마오쩌둥에게 편지를 보내 북·중·소 3국은 첨예한 문제를 해결하고 정전협정에 도달할 의지가 있음을 명확히 보여줄 필요가 있다고 전했다. 조속한 정전을 희망한 북한과 중국의 요구를 일축했던 소련이 스탈린 사후 오히려 북한과 중국에 정전협상 마무리를 재촉하고 나선 것이다. 그러자 북한과 중국의 발걸음도 빨라졌다. 스탈린 장례식에 참석한 북한과 중국 대표단은 소련 지도부와 만나 "적대국과의 합리적인 타협에 기초해 전쟁을 종식하자"는 데 합의했다. 이런 합의를 뒷받침하듯, 3월 27일 공산군 측은 부상당한 포로를 교환하자는 UN의 제안에 동의했다. 김일성도 소련 측의 제안을 크게 환영하면서 3월 29일 평양을 방문한 소련 대표단과 조속한 정전협상 타결을 희망했다. 3월 31일에는 저우언라이가 귀국 의사가 없는 포로들을 중립국으로 보내자는 제안을 내놓았다. 스탈린에게 거부당한 제안을 소련 신정권의 동의하에 공개적으로 발표한 것이다. 소련의 몰로토프 외무장관도 4월 2일 한반도 평화 회복의 중요성을 강조하면서 소련은 동맹국들과 행동을 함께할 것이라고 말했다.[120]

이처럼 소련이 스탈린 사후 대미관계 개선 및 한국전쟁 휴전에 적극적인 태도를 보이자, 미국은 미소관계 개선의 전제조건은 정전협상 타결에 있다는 점을 분명히 했다. 소련 주재 미국 대사 찰스 볼렌은 4월 20일 한반도 문제의 조속한 해결이 양국관계의 "리트머스 시험"이 될 것이라는 입장을 전달한 것이다. 이에 대해 소련 역시 "조속한 정전협상 마무리의 중요성을 인식하고 있다"고 화답했다.[121] 이처럼 스탈린 사망을 계기로 정전협상은 급물살을 타는 듯했다. 이런 분위기를 반영하듯 공산군은 UN군의 제안을 수용해, 6월 8일 포로교환협정에 서명했다.

한국전쟁은 핵 위협 덕분에 멈췄다?

가속도가 붙을 것으로 보였던 정전협상은 뜻밖의 복병을 만났다. '북진통일'과 한미상호방위조약 체결을 강력히 요구했던 이승만이 6월 18일 미군 관할하에 있던 반공포로 2만여 명을 몰래 석방한 것이다. 이 소식을 접한 아이젠하워는 격분했다. 비밀해제된 문서에 따르면, 6월 19일 NSC 회의에 참석한 아이젠하워는 반공포로 소식을 듣고 이렇게 말했다. "우리는 친구 대신에 새로운 적을 또 하나 얻은 것 같다."[122]

분개한 아이젠하워는 이승만 제거까지 고려했지만, 국무부의 강력한 반대에 막혀 이승만과의 협상을 선택했다. 월터 로버트슨 국무부 차관보를 보내 이승만과의 담판에 나선 것이다. 당시 이승만은 NATO 수준의 한미동맹, 즉 유사시 미국의 자동개입이 포함된 방위조약 체결을 요구했다. 밀고 당기는 지루한 협상은 7월 12일 한미공동선언문 발표로 마무리됐다. 이승만은 정전협정에 반대하지 않겠다고 약속했고, 미국은 상호방위조약 체결 의사를 표명했다. 그리고 보름 후 3년 1개월 동안 지속된 한국전쟁이 일단 멈췄다. 7월 27일 정전협정이 체결된 것이다.

아이젠하워 행정부는 정전협정의 공로를 미국의 핵 위협으로 돌렸다. 5월 하순 공산군 측에 다양한 경로로 전달한 '최후통첩', 즉 공산군 측이 정전협정에 동의하지 않으면 핵무기 사용을 포함한 확전도 불사하겠다는 위협이 정전협상 타결로 이어졌다는 것이었다. 그러나 그 이전부터 중국과 북한은 휴전을 희망해왔고, 소련도 스탈린 사후 대미관계 개선 및 한국전쟁 종결 의사를 분명히 했다. 이는 미국의 최후통첩 전달 전의 일이었다. 또한 미국의 덜레스 국무장관으로부터 5월 21일 대중국 메시지를 전달받은 인도의 네루 총리는 나중에 이를 중국에 전달하지 않았다고 밝히기도 했다.

이는 미국의 핵 위협이 정전협상 타결의 결정적 배경이었다는 주장이 검증을 요한다는 것을 의미한다. 이와 관련해 브루스 커밍스는 1986년 딘 러스크와의 인터뷰에서 "그는 1961년 국무장관 재직 시 한국전쟁을 끝내는 데 원자폭탄 외교(atomic diplomacy)가 기여했는지 문서 파일을 철저하게 조사한 결과 그러지 못했다는 결론에 도달했다고 말했다"고 전한다.[123] 미국의 학자 로즈메리 푸트(Rosemary J. Foot)는 미국의 핵 위협에 대한 중국의 반응을 자세히 분석해 "핵 위협이 전쟁을 끝내는 데 부분적인 역할을 했을 가능성은 있지만, 아이젠하워와 덜레스가 주장한 것처럼 결정적인 역할을 하지는 못했다"고 결론지었다.[124] 푸트는 난항을 거듭했던 정전협상이 마무리될 수 있었던 것은 미국의 핵 위협보다 다른 요인들이 더 크게 작용했다고 지적했다. 소련·중국·북한의 경제적 궁핍, 스탈린 사후 미국과의 긴장완화를 원했던 소련의 대외노선 변화, 그리고 재래식 폭탄을 이용한 UN군의 집중공습 등이 바로 그것이다.

공산 진영의 맹주이자 한국전쟁 배후의 실질적인 실력자였던 소련은 1952년 가을 들어 경제발전의 중요성을 강조하기 시작했다. 10월에 열린 9차 당대회에서 소련 지도부는 강력한 국방력 건설을 위해서라도 경제발전이 필요하다는 점에 의견을 모았다. 당시 소련은 한국전쟁을 계기로 동서냉전이 격화되면서 서독과 일본의 재무장에 큰 우려를 갖고 있었다. 이에 따라 서방세계와의 긴장완화를 통해 이들 나라의 재무장을 억제하고 자체적인 경제 건설을 통한 군사력 신장의 필요성을 느끼고 있었다. 이런 맥락에서 볼 때, 한반도에서 정전협상을 조속히 마무리하는 것은 우선적으로 해야 할 일로 간주되었다. 이를 반영하듯 스탈린은 1953년 2월 28일 측근들에게 한국전쟁을 끝낼 수 있는 방안을 찾아보라고 지시했다고 한다. 그러나 스탈린은 닷새 후 숨을 거뒀다.

한국전쟁 장기화에 따른 중국의 경제난은 이미 설명한 바 있다. 북한도 경제규모가 3분의 1 이하로 급감하고 급격한 물가상승 및 조세체계 붕괴로 극심한 경제난을 겪고 있었다. 푸트는 이처럼 소련, 중국, 북한의 경제난이 정전협상에 대한 이들 나라의 인식을 변화시킨 핵심요인이라고 주장했다.[125]

그는 또한 군사적으로도 미국의 핵 사용 위협보다 UN군의 재래식 폭탄을 이용한 집중공습이 북한과 중국에 더 큰 타격을 입혔다고 주장했다. 1953년 5월 들어 UN군은 북한의 댐을 맹폭했다. 5월 13일에는 평양 남쪽에 있는 독산댐을, 5월 15일에는 추가적으로 2개의 댐을 파괴했다. 이에 따라 주변 가옥과 곡창지대, 그리고 철도·도로가 침수되고 다수의 사망자가 나왔다. 이런 UN군의 공습은 이미 초토화된 북한 경제를 더욱 악화시켰고, 이는 북한이 정전협상에 보다 유연한 태도로 임한 이유 가운데 하나였다는 것이 푸트의 주장이다.[126]

미국의 핵 위협보다 스탈린의 사망이 정전협상 종결에 더 결정적인 영향을 끼쳤다는 증거는 또 있다. 비밀해제된 소련 문서에 따르면, 스탈린의 장례식에 참석한 저우언라이는 "소련 측이 정전협상의 속도를 높이는 데 협조해줄 것을 긴급히 요청한다"고 말했다. 당시 소련 지도부도 한국전쟁 종식을 '포스트-스탈린 시대'의 최우선 과제 가운데 하나로 삼았는데, 이를 반영하듯 내각회의(Council of Ministers)는 3월 19일 조속한 정전협상 마무리를 촉구하는 결의안을 채택했고, 소련의 지도부도 2주 후에 이를 승인했다. 이처럼 정전협상의 열쇠를 쥐고 있던 소련의 정책 전환은 스탈린 사후에 나왔는데, 이는 아이젠하워 행정부가 공산군 측에 핵공격 경고를 전달한 것보다 2개월 앞선 것이다.[127]

결론적으로 미국의 핵 위협이 총성을 멈추게 했다는 아이젠하워 행정부의 주장은 '자기만족적인 해석'이라고 할 수 있다. 이런 결론을 통해 아이젠하워는 취임 6개월 만에 전쟁을 끝냈다는 국내 정치적 홍보 효과와 함께 핵무기를 대외정책의 핵심수단으로 삼는 '뉴룩'을 정당화하려고 했다. 그러나 이런 미신이 가져온 결과는 엄청났다. 이후 미국의 핵 숭배주의는 더욱 맹위를 떨쳤고, 핵 위협을 외교 수단으로 삼는 경향 역시 더욱 강해졌다. 핵 위협 덕분에 한국전쟁을 멈출 수 있었다는 아이젠하워의 믿음이 '미치광이 이론(Madman theory)'이 뿌리내리게 한 것이다.

미국이 핵공격을 못(안) 한 이유들

8

한국전쟁은 미국이 역사상 처음으로 승리하지 못한 전쟁이었다. 정전협정 당시 UN군 사령관이었던 마크 클라크가 1954년 출간한 회고록에서 "나는 미국 역사상 처음으로 승리하지 못한 상태에서 정전협정에 서명한 최초의 미군 사령관이 되었다는 부끄러운 이력을 갖게 되었다"고 토로할 정도였다. 15만 명 넘는 사상자를 냈을 정도로 치열한 공방을 벌였던 미국은 한국전쟁을 "잊힌 전쟁"이라고 일컬을 정도로 자존심에 큰 상처를 입었다. 그래서 질문을 던지게 된다. 당시 미국이 핵무기를 사용하지 않은, 혹은 사용하지 못한 이유는 무엇이었을까?

핵무기를 사용하지 않은 이유 세 가지

미국의 역사학자인 존 가디스는 트루먼이 핵무기를 사용하지 않은 이유를 세 가지로 설명했다. 첫째, 북한 내에 핵무기를 투하할 만한 마땅한 목표물이 존재하지 않았기 때문이다. 통상 대도시나 대규모 산업시설, 군사기지 및 보급로 등이 핵공격 대상이지만, 북한에는 이런 것들이 거의 존재하지 않았다. 둘째, 중국을 응징하고 추가적인 개입을 차단하기 위해 중국에 핵폭탄을 투하하는 것도 고려되었으나, 이는 소련의 개입을 야기하면서 유럽으로까지 확전되는 것은 물론 제3차 세계대전으로 확대될 위험성이 있었다. 셋째, 핵무기 사용이 진지하게 고려되었던 1951년 상반기에 UN군의 반격이 본격화되고 서울을 재탈환하는 등 전선에서 어느 정도 성과가 있었기 때문에 핵무기 사용의 시급성이 떨어졌다.[128]

한국전쟁 당시 미 육군부 장관이었던 프랭크 페이스(Frank Pace Jr.)는 미국은 한반도에 대한 핵무기 사용을 지속적으로 검토했지만, 세 가지 이유 때문에 사용하지 않았다고 설명했다. 첫째, "한국전쟁은 원자폭탄 사용이 요구될 만한 전쟁이 아니었고 생산적인 결과도 자신할 수 없었다". 둘째, "작은 나라를 상대로 원자폭탄을 사용하는 것에 도덕적 부담을 느꼈다". 셋째, "만약 원폭 투하가 비효율적인 것으로 드러나면, 유럽 방어에 있어서 원자폭탄의 기능은 최소화되거나 상실될 수 있다는 것을 우려했다".[129]

한국전쟁 당시 미국의 핵무기 불사용 이유에 대해서는 트렌트 피커링(Trent A. Pickering)이 비교적 자세히 정리했다. 그는 미국이 한국전쟁에서 핵무기를 사용하지 않았거나 못한 이유를 여섯 가지로 설명했다. 첫째, 북한의 남침 배후에 소련이 있었고, 미국이 동북아에서 핵무기를 소진하면 동북아보다 훨씬 이해관계가 큰 유럽에서 소련에 밀릴 우려가 있었다. 한국전쟁 당시 국방부 차관보였던 윌프레드 맥닐(Wilfred J. McNeil)의 회고도 이런 분석을 뒷받침한다. 그는 펜타곤의 강경파들과 달리 "육군과 공군의 상당수 인사들은 한반도에서 원자폭탄 사용을 고려한 트루먼 행정부의 방침에 반대"했다며, "미국은 소련과 문제가 발생했을 때 이에 대응할 충분한 분량의 핵무기가 없었기 때문"이라고 그 이유를 설명했다.[130]

둘째, 북한에는 핵무기를 투하할 만큼 전략적으로 중요한 목표물이 존재하지 않았다. 개전 당시 군사 및 산업시설 자체가 미비했고, 개전 이후에는 재래식 무기를 이용한 대규모 공습이 진행되어 이미 초토화된 상태였다. 한국전쟁 당시 미국은 100만 회 이상 공습을 단행했고, 이에 따라 북한에 "폭탄으로 날려버릴 가치가 있는 것은 아무것도 남아 있지 않았다".[131] 또한 북한 지형의 80% 가까이가 산악지형이라는 점 역시 핵무기 사용효과를 반감시키는 요인으로 간주됐다.

셋째, 영국 등 유럽 동맹국들의 반대도 한몫했다. 대표적으로 트루먼이 중국군 참전 직후인 1950년 11월 말 기자회견을 통해 핵무기 사용 가능성을 강하게 암시하자, 영국 수상 애틀리는 부랴부랴 워싱턴으로 날아가 트루먼을 만류했다. 영국을 비롯한 많은 유럽 국가들은 동북아에서 미국의 원폭 투하가 확전을 야기해 유럽 방어에 차질을 줄 수 있고, 또한 소련의 핵보복이 유럽에까지 미칠 수 있다는 공포심을 갖고 있었다. 이런 상황에서 미국이 북한과 중국을 상대로 핵공격을 강행하면, 16개국으로 구성된 UN군이 단일대오를 유지하는 데 큰 어려움을 겪을 수 있었다.

넷째, 1949년 8월 소련이 핵실험에 성공하고 한국전쟁 기간에 핵 전력을 증강시킨 것이 미국의 핵공격을 억제한 측면이 있다. 미국은 한국전쟁 초기부터 소련의 동맹국인 북한과 중국에 핵공격을 가할 경우 소련의 보복으로 이어질 수 있다는 우려를 갖고 있었다. 개전 당시에는 미국이 압도적인 핵 우위에 있었지만, 소련은 한국전쟁을 거치면서 핵무기와 전폭기 수를 크게 늘렸다. 이에 따라 트루먼 대통령은 1951년 4월 미국 본토가 소련의 핵공격에 취약하다고 인정했고, 아이젠하워 행정부는 1953년 1월 소련의 핵 능력이 비약적으로 성장했다고 판단했다.[132] 이렇듯 한국전쟁을 겪으면서 미소 간의 핵 군비경쟁이 본격화되었고, 이 과정에서 형성된 '공포의 균형'이 핵전쟁을 억제한 효과가 있었던 것이다. 한국전쟁이 냉전시대

미소 양국의 핵 전략이었던 '상호확증파괴(Mutual Assured Destruction)'의 역사적 뿌리로 작용한 셈이다.

다섯째, 도덕과 윤리의 문제다. 전황을 놓고 볼 때 트루먼은 아이젠하워보다 원자폭탄 사용에 대한 유혹을 더욱 강하게 느낄 만한 처지에 있었다. 그러나 일본을 상대로 최초로 핵무기를 사용한 바 있는 트루먼은 "원자폭탄은 민간인을 대량살상할 수 있기 때문에 독가스나 생물무기보다 훨씬 사악한 무기"라는 인식도 갖고 있었다. 히로시마와 나가사키의 경험은 핵무기는 승리를 보장해주는 무기일 수 있지만, 그 무기를 또다시 사용하는 순간 '도덕적 패배자'가 될 것이라는 상호충돌적인 인식을 트루먼에게 안겨준 것이다. 그에게 핵무기는 강력한 '군사적 자산'이자 무거운 '도덕적 부채'일 수밖에 없었고, 이는 한국전쟁 내내 그를 괴롭힌 요인이었다. 또한 미국이 히로시마와 나가사키에 이어 또다시 아시아인의 거주지인 북한과 중국에 원자폭탄을 투하하면 '미국은 인종차별국가'라는 오명에서 벗어날 수 없었다. 인종주의 시각에서 미국의 핵정책을 추적해온 노팅엄대 교수 매슈 존스는 "(미국의) 아시아인의 의견에 대한 우려야말로 한반도에서 정전협상이 지연되었음에도 불구하고 이런 교착 상태를 타개하기 위해 핵무기가 사용되지 못한 이유를 잘 보여준다"고 주장한다.[133]

끝으로, 당시 미국은 원폭 투하 결과 전선이 중국과 소련으로 확대되는 것을 우려했고, 확전 시 이들 나라를 상대로 전쟁에서 승리할 여건과 능력이 부족하다고 판단하고 있었다. 원폭 투하는 '제3차 세계대전 예방'이라는 본래의 취지에도 부합하지 않았고, 미국은 제3차 세계대전을 수행할 능력도 부족했다. 이런 인식은 트루먼 행정부 때 팽배했는데, 브래들리가 "우리는 소련이 유럽을 침공할 가능성을 가장 큰 위협으로 간주했다. 이에 따라 전선을 중국으로 확대하는 것은 우리가 크렘린에 선사할 수 있는 가장 큰 선물"이라고 말한 것에서도 잘 드러난다. 트루먼 행정부보다 핵공격에 훨씬 적극적이었고 확전도 불사한다는 입장을 갖고 있던 아이젠하워 행정부는 공산군에 대한 핵공격 'D-day'를 1954년 5월로 잡았다. 그 사이 핵 전력을 비약적으로 증대해 소련의 핵 보복에도 대비하겠다는 계획에 따른 것이었다. 그러나 다행히 D-day 10개월 전에 정전협정이 체결되면서 미국의 핵공격도, 이에 따른 '글로벌 아마겟돈'의 위험도 현실화되지 않았다.

핵을 통해 본 한국전쟁의 의미

핵을 가진 자는 힘에 의한 안보와 강력한 외교적 카드, 그리고 유사시 승전의 보증수표와 국가적 자부심을 손에 쥘 수 있다고 '믿기' 때문에 핵무기에 강한 매력을 느낀다. 그러나 이런 가진 자의 주관적인 '믿음'은 객관적인 '현실'과 부합하지 않을 수도 있다. 핵 시대의 첫 전쟁인 한국전쟁은 당시 핵 패권국인 미국의 믿음이 현실과 얼마나 동떨어져 있었는지 생생하게 보여주었다. 핵무기에 내재되어 있는 전쟁과 평화, 안보와 공포, 자산과 부채, 군사와 도덕, 인종차별주의 문제가 한국전쟁에서 여실히 드러났던 것이다.

한국전쟁에 대한 기억의 정치와 교훈의 추출은 천차만별이지만, 이 전쟁이 전 지구적 파급력을 야기하면서 세계 현대사에서 특별한 위치를 차지한다는 점만은 분명하다. 미국이 핵 사용을 암시하자, 지구촌에는 또다시 세계대전의 공포가 엄습해왔고, 영국을 비롯한 미국의 동맹국들은 사활을 건 '예방외교'에 나섰다. 한반도라는 좁은 땅에서의 전쟁에 세계 강대국들이 직간접적으로 개입하면서 세계 지정학이 요동친 중심에는 숭배와 혐오를 동시에 품은 핵이 있었던 것이다. 또한 한국전쟁은 처칠이 1946년에 말한 '철의 장막'을 전 지구적으로 확대시켜놓았고, 서로를 절멸시킬 수 있는 핵 군비경쟁에 기름을 붓는 결과를 초래했다. 냉전체제의 핵심적인 특징을 이념 대결, 진영 간 대결, 핵 대결이라는 세 가지 수준에서 정리해본다면, 한국전쟁은 냉전 여명기의 모순을 고스란히 반영한 전쟁이자 냉전을 고착화시킨 결정적 계기였던 것이다.

무엇보다 한국전쟁은 핵무기라는 '절대무기'를 보유한 두 슈퍼파워의 대결이었다는 점에서 이전 전쟁과는 질적으로 그 성격을 달리한다. 소련의 핵실험 성공으로 미국 핵 독점 시대가 막을 내린 시점에 터진 한국전쟁은 핵에 의한 승전의 유혹과 상호 절멸의 공포가 교차하는 지점에 있었다. 당시 핵 우위를 자신했던 미국이 원자폭탄 사용을 진지하게 고려했다는 것은 재론의 여지가 없다. 한국전쟁 당시 미 육군부 차관보와 차관으로 있던 칼 벤데트센(Karl R. Bendetsen)은 "개전 초기부터 미국은 핵무기 사용을 검토"했고, 이와 관련된 "암호명도 있었다"고 말했다.[134] 그러나 핵을 사용하는 순간 도덕적 패배자가 되고 UN군의 전열이 흐트러져 미국이 고립을 자초할 우려도 컸다.

제2차 세계대전이 끝나고 5년 만에 터진 한국전쟁은 핵전쟁을 포함한 열전(熱戰), 즉 제3차 세계대전에 가장 근접한 전쟁이기도 했다. 전쟁 개시 당시 미국은 약 300개의 핵폭탄과 이를 운반할 수 있는 260여 기의 전폭기를 갖고 있었고, 유사시 소련에 집중적으로 사용한다는 계획도 세우고 있었다. 전쟁 발발 10개월 전에 핵실험에 성공한 소련도 20개 정도의 원자폭탄을 보유하고 있었다. 미국은 전쟁 초기부터 북한은 물론이고 소련과 중국에서의 핵 사용계획도 검토했고, 중국군에게 패퇴를 거듭하자 공개적으로 핵공격 위협을 가했다. 소련의 스탈린은 유럽에서 유리한 지위를 차지하기 위해 김일성과 마오쩌둥을 다그쳐 한국전쟁을 질질 끌었고, 미국은 인기 없는 전쟁이 길어질수록 핵공격의 유혹을 강하게 느꼈다. 미국의 군역사학자인 스펜서 터커가 "냉전시대의 첫 실전인 동시에 핵 시대의 첫 제한적 전쟁이었다"고 한국전쟁의 성격을 규정한 것도 이런 맥락에서 나온 것이다.[135] 아래에 인용한 미국의 역사학자 존 가디스의 가상 에세이는 '글로벌 아마겟돈'의 위험을 안고 있던 한국전쟁의 특징을 잘 보여준다.

1950년 12월 2일, 맥아더는 트루먼의 위임에 따라 미 공군에 한반도로 진군하는 중국군을 향해 5발의 핵폭탄 투하를 지시했다. 핵폭탄이 뿜어낸 섬광과 폭발은 중국군의 공격을 멈추게 했다. 약 15만 명의 중국군이 사망했고, 미군과 한국군 포로 상당수도 목숨을 잃었다. NATO 회원국들은 자신과 상의 없이 핵무기를 사용한 미국을 강력 비난했고, 6개월 전 한국 방어를 위해 채택된 UN 안보리 결의안을 무효화하기 위한 결의안을 제출했지만, 미국의 비토권 행사로 거부되었다. 핵 보복에 나서달라는 중국의 압력에 따라 소련은 미국에 한반도에서 모든 군사행동을 중지하든, '가장 심각한 결과'를 감수하든 48시간 안에 결정하라는 최후통첩을 보냈다. 12월 4일, 48시간이 지나자 블라디보스토크에서 이륙한 2기의 소련 전폭기는 부산과 인천에 핵폭탄을 투하했다. 이 두 곳은 UN군 지원의 핵심 거점이었다. 맥아더는 소련의 핵공격이 자신이 행한 것보다 2배 이상의 사망자를 내자, 주일 미 공군에 블라디보스토크와 중국의 선양 및 하얼빈에 핵폭탄을 투하하라고 지시했다. 이런 소식은 소련 공군기의 작전범위에 있는 일본과 유럽 국가들의 격렬한 반미 시위를 야기했고, 영국, 프랑스, 베네룩스 3국은 NATO에서 탈퇴하겠다고 선언했다. 그러나 이미 독일의 프랑크푸르트와 함부르크에 소련의 핵폭탄이 떨어진 뒤였다.[136]

한국전쟁 이전까지 미국의 정책 결정자들과 군 수뇌부는 핵무기에 대해 세 가지 사고에 사로잡혀 있었다. 첫째, 미국은 소련보다 확고한 핵 우위에 있었고 이런 미국의 힘은 공산권을 봉쇄하는 데 대단히 유용하다는 것이었다. 둘째, 압도적인 핵 우위가 전쟁 관리 수단으로 매우 유용하다는 것이었다. 셋째, "자제력과 결단력이 결합된 핵 외교"는 1948~1949년 베를린 봉쇄 위기 당시 입증되어 미래의 위기에도 효과적일 것이라는 판단이었다. 이런 세 가지 생각은 한국전쟁에서도 어김없이 적용됐다. 한국전쟁 개입이 유럽 방어전선을 취약하게 만들 수 있다는 우려가 제기됐음에도 불구하고, 미국이 신속한 개입을 선택한 데는 압도적인 핵 우위가 유럽에서 소련의 위협을 억제할 수 있다고 믿은 탓이 컸다. 또한 38선 이북으로 북진을 강행한 배경에도 중국에 대한 핵 억제가 효과를 발휘할 수 있을 것이라는 믿음이 크게 작용했다. 그리고 미국이 원하는 방식으로 정전협정을 마무리하는 데 핵무기는 유용한 강압외교 수단이라고 믿었다.

그러나 핵무기의 매력에 심취했던 미국은 북한이 재래식 군사력을 앞세워 전면남침을 강행한 것에 크게 당황했다. 38선을 넘어 압록강으로 진격하다가 북과 꽹과리를 치면서 물밀 듯이 내려온 중국군 앞에서 공포에 떨어야 했다. 국공내전을 통해 전쟁의 승패를 좌우하는 것은 물리력이 아니라 정신력이라고 철썩같이 믿었던 마오쩌둥은 참전을 선택했고, 이런 중국의 정책 결정 배경에는 동맹국인 중국 피폭 시 소련이 핵으로 보복할 것이라는 또 다른 믿음이 있었다.

미국의 일방적인 핵 우위도 오래가지 못했다. 소련은 한국전쟁을 거치면서 핵무기와 전폭기 수를 크게 늘렸다. 이에 따라 트루먼 대통령은 1951년 4월 미국 본토가 소련의 핵공격에 취약하다고 인정했고, 아이젠하워 행정부는 1953년 1월 소련의 핵 능력이 비약적으로 성장했다고 판단했다.[137] 이런 상황에서 미국이 핵공격을 감행한다는 것은 소련의 핵 보복도 각오해야 한다는 것을 의미했다. 한국전쟁과 그 이후 대만해협 위기에서 미국의 핵 위협에 노출된 중국이 핵개발에 착수한 것 역시 미국의 핵 위협이 초래한 의도하지 않은 결과였다.

미국은 또한 핵무기를 공산군과의 협상에서 유리한 고지를 점할 수 있는 '강압외교의 수단'으로 간주했다. 당시 육군부 장관이었던 프랭크 페이스는 트루먼이 1950년 11월 말 기자회견을 통해 원했던 것은 실제로 핵무기를 사용하겠다는 의미보다는 "중국과의 협상에서 미국의 입지를 강화하기 위한 의도에서 나왔을 것"이라고 말했다.[138] 뒤이은 아이젠하워 행정부는 미국의 핵 위협이 전쟁을 끝낸 힘이었다고 자화자찬하기에 이른다. 이처럼 미국이 한국전쟁에서 길어올린 그릇된 교훈은 이후 미국 핵 전략의 골자를 형성한다. 공산군의 재래식 무기를 이용한 공격에도 핵무기로 보복한다는 '대량보복' 전략을 채택해 동북아와 유럽에 핵무기를 대거 배치했다. 핵공격 위협으로 한국전쟁을 끝냈다는 환상은 냉전시대 미국의 또 하나의 치욕적인 전쟁으로 기록된 베트남전쟁을 비롯한 군사적 갈등 때마다 재연된다.

핵 시대의
확산과
비확산

3부

'애치슨 라인'에서
'대량보복 전략'으로

1

트루먼 행정부의 이른바 '애치슨 라인'이 나오고 4년이 지난 1954년 1월 12일, 아이젠하워 행정부의 국무장관인 존 덜레스는 미국외교협회(CFR)에서 새로운 안보정책을 발표했다. 그는 "우리에게 전략적 여유를 주지 않을 정도로 아시아에 지상군을 영구히 주둔시키는 것은 현명한 군사전략"이 아니라며, "공산 진영의 막강한 지상전력"에 대응하기 위해서는 "대량보복 전력의 추가적인 억제에 의해 보강되어야 한다"고 천명했다. 그러면서 미국은 "우리가 선택하는 수단에 의해, 그리고 장소에 대해 즉각적으로 보복할 수 있는 강력한 능력에 우선 의존하게 될 것"이라고 강조했다. 아울러 "공산군이 또다시 침략한다면, UN의 대응은 한반도에 국한되지 않을 것"이라고 경고했다. 그러면서 "우리의 새로운 집단안보 개념을 이행할 수 있는 적절한 공격 전력을 확고히 하기 위해" 미국의 점령하에 있던 오키나와에 미국의 핵무기를 배치할 뜻을 분명히 했다. 애치슨 라인과 달리 한국 방어를 위해서는 공산군의 재래식 공격에 대해서도 핵무기로 보복하고, 중국까지 전선을 확대할 수 있다는 '대량보복 전략'을 공식화한 순간이었다.

아이젠하워, "핵으로 보복하라"

한국전쟁의 직접적인 결과 가운데 하나가 바로 미국의 '대량보복' 전략 채택이었다. 그리고 그 핵심대상은 한국전쟁을 일으켜 미국을 곤경에 처하게 했던 북한과, 대규모 참전으로 미국에 사실상 첫 패배를 안겨준 중국이었다. 덜레스는 1958년 4월 7일 펜타곤 고위관료들을 만난 자리에서 한국전쟁이 발발한 1950년에 "대량보복" 전략을 고안했다고 밝혔다. 그는 또한 "우리는 한국에서 핵 대포(nuclear artillery)의 사용이 방어능력을 획기적으로 향상시킬 수 있다고 믿고, 마찬가지 상황이 이탈리아와 이란에도 존재할 것"이라고 말했다.[1] 대량보복 전략이 동북아시아뿐만 아니라 유라시아 대륙 전역에 걸쳐 적용될 수 있다는 의미였다.

하지만 미국이 상정한 대량보복 전략은 동북아와 유럽에서 차이가 있었다. 미국은 "북한군이 비무장지대(DMZ) 남쪽을 대규모로 공격해오면, 전쟁 발발 1시간 이내에 핵무기 사용을 염두에 두고 있었다". 반면 유럽에서는 개전 초기에 핵무기를 사용하는 것에 신중한 입장이었다. 가능한 한 재래식 군사력으로 응수하고 여의치 않을 경우 핵무기 사용을 검토한다는 것이었다. 왜 이런 차이가 있었을까? 기자 출신의 국제문제 전문가인 셀리그 해리슨은 미국이 유럽에서는 자신의 핵공격이 소련의 핵 보복을 야기해 핵전쟁으로 비화될 것을 의식한 반면에, 비핵국가였던 북한을 상대로는 핵무기를 사용해도 핵 보복을 당할 우려가 크지 않았다고 설명했다.[2]

핵무기를 이용한 위협이 효과적인 강압외교 수단이자 저렴한 방법으로 미국의 군사패권주의를 유지할 수 있는 수단이라고 판단한 아이젠하워 행정부는 한국전쟁 이후 대량보복 전략을 구체화하기 시작했다. 이런 전략은 두 번 다시 대규모 미군 사상자가 발생하는 지상전을 하지 않겠다는 의지가 반영된 것이었다.[3] 또한 아이젠하워는 NSC-68에 담긴 전력증강 계획을 재래식 군사력에 의존할 경우 미국은 파산을 면치 못할 것이라며, "우리가 핵무기를 갖고 있지 않거나 그것을 사용할 의지가 없다면 전 세계에 걸쳐 우리의 군사적 공약을 유지하는 것은 불가능하다"고 생각했다.[4] 저렴한 방법으로 동맹국에 대한 미국의 안보공약을 유지하는 것이 바로 핵무기를 이용한 "대량보복"에 있다고 판단한 아이젠하워 행정부는 주한미군 감축에도 착수했다. 그에게 "대량보복" 전략은 지상전의 대안이자 주한미군 감축을 가능케 하는 경제적인 방법이었던 것이다.

이런 맥락에서 볼 때, 미국의 핵 사용 위협이 한국전쟁을 종식시켰다는 아이젠하워의 믿음과 선전은 "대량보복 전략에 대한 회의론과 비판을 무마시키는 데 유용한 수단"이었다. 또한 미국 안보전략의 핵심을 핵무기에 둠으로써 "펜타곤으로 하여금 재래식 군사력 증강에 경제성을 고려하게 만드는 근거가 되었다".[5] 이것이 바로 아이젠하워가 제창한 '뉴룩'이다. 뉴룩은 "안보와 지불능력(security and solvency)"를 핵심기조로 내세우면서 재래식 군사력은 가급적 늘리지 않는 대신 핵 전력과 사용 위협을 높이는 것을 골자로 한다.

핵무기를 다른 무기와 구분해야 할 이유가 없고 그 무기의 사용 위협으로 인해 한국전쟁을 끝냈다고 믿은 아이젠하워는 이후 더욱 철저한 핵무기 신봉자가 되었다. 이에 따라 휴전협정 체결 이후 미국의 군사전략은 북한과 중국이 정전협정을 위반해 또다시 남한을 공격할 경우 어떻게 대응할 것인가에 맞춰졌다. 그런데 총성이 멈춘 이후에도 한반도의 긴장은 가시지 않았다. 1953년 9월 초 덜레스는 공개적으로 중국이 한반도나 인도차이나에 개입하면 미국이 공격당할 것이라고 경고했다. 10월에는 공산 진영이 군사력을 재건하고 있으며, 특히 중국이 북중 국경 지역에 공군력을 증강시키고 있다고 비난했다. 이 와중에 이승만 정권은 공공연히 북진통일을 언급하고 있었다. 이처럼 한반도의 군사적 긴장이 지속되자, 미국 정부는 대응책 마련에 부심했다.

1953년 10월 13일에 열린 NSC에서는[6] 바로 이 문제가 심도 있게 논의되었다. 합참의장인 아서 래드퍼드(Arthur Radford)는 아이젠하워와 덜레스에게 정전협정 파기 시 합참이 핵무기 사용에 의존해야 하는지 여부를 물었다. 이에 아이젠하워는 미국의 동맹·우방국들의 여론이 문제라면서도 "우리는 (공산권의) 공격이 재개되면 핵폭탄을 사용해야 한다"고 말했다. 2주 후에 열린 NSC 168차 회의에서도 이런 입장은 거듭 확인되었다. 아이젠하워는 핵 사용 추진 시 가장 큰 고민거리였던 동맹국들의 여론과 관련해 덜레스의 의견을 물었고, 덜레스는 동맹국들과 공식적인 협의는 하지 않더라도 통보해야 할 것이라고 답했다.[7]

미국 합참은 이런 NSC 논의 결과를 바탕으로 국방장관에게 한반도 전쟁 재발 시 군사행동 계획안을 제출했다. 합참은 전쟁에서 승리하기 위해서는 "원자폭탄의 사용, 중국·만주·북한에 대한 대규모 공습"이 요구된다며, 가장 중요한 것은 "현시점에서 충분한 분량의 핵무기를 신속하게 사용할 수 있도록 대통령의 승인을 받아내는 것"이라고 강조했다. 특히 1953년 5월 NSC 때의 결정, 즉 핵무기 사용은 9~12개월의 전력 증강 이후 단행되어야 한다는 결론과 달리, 이번에는 지체 없이 신속하고도 단호하게 사용되어야 한다고 강조했다. 이런 계획을 보고받은 아이젠하워는 한국전쟁 재발 시 중국군이 개입해 "우리를 또다시 공격한다면 우리는 확실히 베이징을 포함해 어디든 강력하게 보복해 괴멸적인 타격을 입혀야 한다"며, "이는 중국과의 전면전을 의미한다"고 말했다.

그러자 대량보복 전략을 입안한 덜레스마저 만류하고 나섰다. 그는 이런 군사작전이 소련의 개입, 일본의 중립화 선언, 대만의 중국 공격, NATO 내 균열 등 "중대한 불이익"을 야기할 우려가 있다며 신중론을 폈다. 대신에 "한반도에서 전면적인 핵공격"과 북한의 군부대 폭격, 그리고 중국해의 봉쇄와 하이난섬 점령을 대안으로 제안했다. 그러나 아이젠하워는 물러서지 않았다. 그는 "한국전쟁 때와 같은 유사한 상황을 되풀이하자는 뜻이냐"며 덜레스를 힐책하면서, 중국이 또다시 한국전쟁에 개입하면 중국과 핵공격을 포함한 전면전도 불사해야 한다는 입장을 재확인했다.

이처럼 한국전쟁 재발 시 핵무기 사용 입장을 확고히 한 미국은 핵심 동맹국인 영국과 프랑스 정부를 설득하기 위해 버뮤다로 향했다. 덜레스의 메모에 따르면, 1953년 12월 4일 처칠을 만난 아이젠하워는 "공산주의자들이 고의로 정전협정을 위반하면 우리는 군사 목표물에 대해 핵무기로 반격하게 될 것"이라고 말했다. 다만 처칠의 우려를 달래기 위해 핵공격은 중국의 대도시가 아니라 공군기지 등 군사시설에 한정될 것이라고 강조했다. 이에 대해 처칠은 미국이 소련보다 먼저 핵무기를 사용한 국가가 되지 않기를 희망한다고 말했다. 하지만 아이젠하워는 "우리는 핵무기를 단지 무기고에 있는 또 하나의 무기로 간주한다"며 핵공격 의지를 굽히지 않았다. 그러자 영국 외무성은 미국이 핵공격 추진 시 영국과 사전협의를 거쳐야 한다고 주문했고, 이런 요구가 받아들여지지 않으면 미국의 영국 기지 사용을 불허해야 한다는 의견을 피력했다.

며칠 뒤 아이젠하워를 다시 만난 처칠은 미국이 중국에 핵무기를 사용하면 영국이 소련으로부터 핵 보복을 당할 우려가 있다고 말했다. 처칠 역시 3년 전 트루먼이 핵 사용을 암시하자 애틀리가 워싱턴으로 날아가 트루먼을 만류했던 것과 같은 논리로 아이젠하워를 설득하려고 했던 것이다. 이에 아이젠하워는 중국의 대도시가 아니라 "기지와 보급로, 병력 밀집 지역"에 핵공격을 국한시킨다면 소련이 영국을 핵공격할 일은 없을 것이라고 안심시키려 했다.[8] 여기서 주목할 것은 영국의 핵심적인 우려사항은 미국이 중국에 핵공격을 가하는 문제였지, 북한에 사용하는 것에 대해서는 이렇다 할 반대 의견을 내놓지 않았다는 점이다.

아이젠하워로부터 한국전쟁 재발 시 핵공격을 준비하라는 지시를 받은 합참과 국무부는 1953년 12월 7일 공동 보고서를 작성했다. 핵심내용은 "한반도에 투입되는 중국 군사력의 효과적인 파괴"를 위해 북한, 만주, 중국에 재래식 폭격과 함께 핵공격을 가해야 한다는 것이었다. 이럴 경우 두 가지 중요한 문제, 즉 국제여론과 소련 개입 문제에 대한 대책도 포함됐다. 공산권이 침공했다는 점을 적극적으로 부각시켜 핵공격의 불가피성을 강조하고, 중국에 대한 무차별적인 폭격이나 중국 정권 붕괴를 추구하지 않는다는 점을 명확히 함으로써 소련의 개입을 차단해야 한다는 것이었다.

이듬해 1월 8일 열린 NSC에서 아이젠하워는 이런 계획을 승인했다. 그리고 합참의장으로부터 공산군의 공격을 핵무기로 반격하는 데는 22시간이 필요하다는 보고를 받았다. 이에 대해 아이젠하워는 자신이 승인하는 데 충분한 시간이라며, 그 시간이면 공산주의자의 침공 사실을 영국 등 동맹국에 알려 핵 사용의 불가피성을 설득할 수 있을 것이라고 말했다. 다만 휴전선에서의 국지적 충돌과 같은 모호한 상황이 아니라 공산권의 중대한 공격에 대응해 핵을 사용해야 한다는 점도 분명히 했다. 아울러 중국 및 소련과의 전면전에 대비해 미국은 곧바로 총동원 체제로 돌입해야 한다고 지시했다.

아이젠하워 행정부가 한국전쟁 재발 시 핵공격 계획에 얼마나 집착했는지는 1954년 3월 2일 CIA가 극비리에 작성한 문서에서도 잘 나타난다. 이 보고서는 미국이 공산군의 남침에 대응해 북한과 만주 등 중국의 병참기지 및 보급로에 대한 원자폭탄 투하를 전제로 삼았다. CIA는 중국이 미국의 핵공격을 비롯한 대대적인 반격에도 불구하고 "가용할 수 있는 능력을 총동원해" 반격할 것이라고 예상했다. 소련의 반응과 관련해서는 중국에 공군력과 방공망 등 군사지원을 제공하겠지만, 직접 개입할 가능성은 낮다고 봤다. 그러나 중국 정부가 붕괴될 위기에 처하면 "지원군으로 가장해 지상전에 참여"하는 것을 포함해 개입 수준을 크게 높일 것이고, "가능성은 낮지만 중국 공군에 원자폭탄을 제공할 수도 있다"고 예상했다. "소련 정권은 중국의 공산정권을 구할 수 있다면, 일시적으로 북한을 희생양으로 삼을 가능성도 있다"고 봤다. 동시에 공산 진영은 한국과 미국을 침략자로 규정하고 민간인에게도 대량살상무기를 사용했다고 비난하면서 국제여론전에 몰두할 것으로 예상했다.[9]

공산군이 다시 남침하면 핵으로 반격하겠다고 결심한 아이젠하워 행정부는 핵무기 배치에 돌입한다. 미국은 사정거리 27km의 280mm 핵 대포와 사정거리 35km의 어네스트존(Honest John) 핵 로켓을 우선 배치하기로 했다. 그런데 문제가 있었다. 정전협정에는 "신무기 반입"을 금지하고 있던 것이다. 이에 따라 미국은 정전협정 위반이 어떤 결과를 초래할지 검토하지 않을 수 없었다. 외교 수장인 덜레스는 "전 세계에 걸쳐 심각한 파장"을 일으킬 것이라며 한국 내 핵무기 배치를 반대했다. 그러나 아이젠하워는 물러서지 않았다. "그럼, 모르게 하면 되지"라는 반응을 보인 것이다.

아이젠하워의 지시에 따라 미국은 몰래 핵무기 반입을 시작했고, 이에 대한 정보는 철저하게 비밀에 부쳤다. 1958년 1월부터 핵 대포와 어네스트존이 한국에 배치됐고 이듬해에는 사정거리 1100km의 마타도르(Matador) 핵 순항 미사일도 배치됐다. 이는 중국의 만주와 베이징, 그리고 소련의 블라디보스토크까지 사정거리 안에 둔 것이었다. 이후 미국은 지대지 핵미사일인 어네스트존과 랜스(Lance), 그리고 나이키-허큘러스(Nike-Hercles) 등 핵무기의 수량과 종류를 늘려나갔고, 그 결과 1970년대 중반에는 한국에 배치된 핵무기가 1000개에 육박했다. 그러나 지미 카터 행정부의 등장 이후 그 수가 감소하기 시작했고, 1991년 조지 H. W. 부시 행정부가 전술 핵무기 철수를 선언할 때까지 100개 정도의 핵무기가 남아 있었다.[10]

　이처럼 정전협정이 체결된 이후에도 아이젠하워는 핵에 대한 일관된 집착을 갖고 있었다. 그것이 억제의 수단이든, 전시에 적에게 괴멸적인 타격을 입히는 무기의 일종이든, 유사시 적에게 외교적 압력을 가하는 강압외교의 수단이든, 핵무기는 미국 외교안보전략의 기축이 되어야 한다는 것이었다. 그리고 이런 인식의 뿌리는 한국전쟁에 있었다. 핵공격 위협을 통해 전쟁을 끝냈다는 믿음과 한국전쟁 당시 개발·생산한 전술핵무기는 도덕적 부담마저 경감시켜주었다. 히로시마와 나가사키의 경험을 거치면서 핵 사용에 도덕적 부담을 느낀 트루먼과 달리 "아이젠하워는 도덕적 관점이 아니라 도구적 관점에서" 핵무기를 바라봤고, "핵 금기(nuclear taboo)를 미국의 무기고에 있는 모든 무기를 사용할 수 있는 미국의 자유에 대한 제약으로 간주"했다.[11]

　트루먼과 대비되는 아이젠하워의 핵무기에 대한 인식의 차이는 핵공격 권한 위임에서도 잘 나타난다. 트루먼은 "원자폭탄은 대통령의 무기"라는 확고한 인식을 갖고 있었던 반면, 아이젠하워는 특수한 경우에 군 수뇌부에게 핵공격을 가할 권한을 부여했다. 소련이 미국 본토나 유럽에 선제공격을 가할 경우 이에 대한 즉각적인 대응이 필요한데, 대통령의 승인을 받느라 시간이 걸린다면, 군 사령관의 재량으로 핵 보복을 할 수 있다는 것이었다.[12] 그리고 1955년 1월 서울을 방문한 아서 래드퍼드 합참의장은 북한의 공격에 대비해 "미국은 원자폭탄 사용 준비를 갖추고 있다"고 공개적으로 밝혔다.

김일성, '더 깊게, 더 가까이'

적들은 우리를 핵폭탄으로 위협하고 있습니다. 그러나 우리는 두렵지 않아요. 물론 핵폭탄은 대량파괴무기이기 때문에 위험합니다. 그러나 두려워만 해서는 안 되지요. 핵폭탄에 맞설 방법들이 있습니다. 예를 들어 우리는 지하시설을 만들어 우리 인민들을 보호할 준비를 하고 있어요. 조만간 우리는 지하수송체계를 운영하게 될 것입니다. 이미 12년 동안 건설해왔습니다. 평시에는 지하철로 이용되고, 긴급상황에서는 우리 인민을 보호할 것입니다. 우리는 17년 이상 전국 방방곡곡에 땅을 팠습니다. 우리는 준비가 되어 있고, 그래서 핵폭탄이 두렵지 않습니다.[13]

1967년 5월 북한의 박성철 부주석이 헝가리 외교사절단을 만난 자리에서 한 말이다. 박성철은 전 국토의 지하 요새화가 1950년대 초반부터 시작되었다고 말했지만, 본격적으로 착수한 시점은 1963년이다. 김일성은 이렇게 선언했다. "우리는 지하 터널을 파야 합니다. 우리는 지하에 공장을 지어야 합니다. 우리가 전 국토를 요새화할 때, 우리가 핵무기를 갖고 있지 못하더라도 핵무기를 갖고 있는 적들을 격퇴할 수 있습니다."[14] 이런 결정의 배경에는 소련에 대한 불신과 실망도 크게 작용했다. 김일성은 소련이 전년도에 발생한 쿠바 미사일 위기 당시 굴욕적으로 철수한 것으로 간주했다. 또한 소련은 북한의 핵무기 개발 지원 요청을 거절했다. 소련의 안보공약을 믿을 수 없다고 판단한 김일성은 "국방에서의 자위"를 천명하면서 북한 전역을 파내기로 결심한 것이다.

북한은 이미 한국전쟁 3년여 동안 세계 전생사에서 유례를 찾아보기 힘들 정도로 미국의 맹폭을 경험한 터였다. 그리고 한국전쟁이 멈춘 후 미국이 대량보복 전략을 채택해 보다 핵공격이 용이한 방향으로 움직이자, 세계에서 가장 깊이 지하철을 파고 전국 방방곡곡을 지하요새화하는 '대량 대피 계획'을 수립한 것이다. 지도부는 물론이고 주요 무기체계와 장비, 그리고 지휘통제 시스템을 지하화함으로써 미국의 핵공격을 비롯한 공습에 버텨보겠다는 것이었다. 한국전쟁 당시 재래식 무기를 총동원한 미국의 폭격을 경험한 것과 앞으로 있을 수도 있는 미국의 핵공격에 대한 두려움이 상승작용을 일으키면서 북한은 '더 깊게, 더 골고루'를 추구했다. 이에 따라 북한은 거대한 병영국가로 변모해갔고 내부의 모순, 특히 경제난이 켜켜이 쌓여갔다.

이뿐만이 아니었다. 북한은 미국이 남한에 대량 핵무기를 배치하자 군사력의 70%를 평양-원산 이남으로 결집시켰다. "적 껴안기" 전술, 즉 북한군을 한미연합군에 최대한 근접시킴으로써, 미국의 핵공격을 어렵게 만들어보겠다는 것이었다. 핵무기의 폭발력과 풍향에 따라 차이는 있겠지만, 미국으로서도 핵무기 사용 시 아군 및 민간인의 피해를 의식할 수밖에 없었다. 김일성은 바로 이 점을 간파하고 북한군을 DMZ에 가까이 근접시켰다. 하지만 이는 북한의 대규모 남침 징후로 간주되면서 한반도의 군비경쟁과 군사적 긴장이 더더욱 고조되었다. 미국이 핵공격 계획을 깊숙이 논의할수록, 북한은 더 깊게 땅을 팠다. 미국이 전술핵을 한국에 전진배치할수록, 북한은 병력과 무기를 DMZ에 더더욱 근접시켰다.

1968년 1월 23일 발생한 푸에블로호 사건은 이런 미국과 북한을 시험대에 올려놓았다. 존슨 행정부는 항공모함과 구축함 등을 동원해 북한을 상대로 무력시위에 나서는 한편, 소련에 대북압력을 행사해달라고 요청했다. 하지만 소련 측과 접촉한 소련 주재 미국 대사는 본국에 "그들은 자신들의 문제가 아니라며 이 문제에 관해 조치를 취하지 않을 것이라고 말했다"고 보고했다. 그러자 미국의 린든 존슨(Lyndon Johnson) 행정부는 외교적 해법에는 한계가 있다고 여기고는 강경조치를 검토했다. 여기에는 소련이나 북한 선박 나포, 원산 앞바다에 기뢰 설치 및 봉쇄, 제한적인 대북공습, DMZ 근접 전투기 비행 등이 포함되었다. 심지어 본스틸 주한미군 사령관은 북한이 미군 승무원을 석방하지 않으면 핵공격을 가하겠다는 최후통첩을 보내야 한다고 본국에 요구하기도 했다. 하지만 이런 군사적 조치들로는 미군 승무원의 안전한 석방을 장담할 수 없었고 확전에 대한 우려도 동반했다. 무언가 해야겠는데 마땅한 방법이 없다는 게 당시 미국의 고민이었던 셈이다. 더구나 미국은 베트남에서 전쟁을 벌이고 있었다. "우리가 피해야 할 큰 위험은 소련과 북베트남이 우리를 나약하게 간주하는 것"이라는 맥나마라 국방장관의 발언은 이런 미국의 고민을 고스란히 반영한 것이었다.[15]

마땅한 방법을 찾지 못한 존슨은 북한을 다뤄본 경험이 풍부한 아이젠하워에게 자문을 요청했다. 아이젠하워는 자신이 대통령이라면 어떤 방법도 배제하지 않을 것이라며, 외교적 해결과 군사적 봉쇄가 실패하면, 핵공격 태세를 갖춰 북한을 굴복시켜야 한다고 주문했다. 존슨 행정부 관료들이 미국의 대북 핵공격 시 중국과 소련의 개입으로 인한 확전 위험을 제기하자, 아이젠하워는 "그들은 자신들의 이익에 따라 움직일 것"이라며 확전 가능성이 낮다고 답했다. 또한 "베트남 공습을 최대치로 높여" 북한에도 메시지를 전달해야 한다고 덧붙였다. 그러나 핵공격을 비롯한 무력 사용은 득보다 실이 클 것으로 판단한 존슨은 아이젠하워의 권고를 받아들이지 않았다. 결국 사건 발생 11개월 만에 미국이 북한 영해 침범을 시인하고 사과한 뒤 재발 방지를 약속하고, 북한이 82명의 미국 승무원을 송환하면서 푸에블로호 위기는 일단락되었다.

푸에블로호 사건이 해결된 지 4개월 만인 1969년 4월 15일에는 더욱 심각한 북미 간 무력충돌이 발생했다. 대북 정찰활동에 나선 미 해군 소속 EC-121 워닝스타 조기경보기가 북한의 미그 21 전투기에 의해 피격돼 승무원 31명 전원이 사망한 것이다. 그러자 3개월 전에 출범한 닉슨 행정부는 곤혹스러운 처지에 몰렸다. 리처드 닉슨은 대선후보 당시 존슨 행정부의 푸에블로호 사건에 대한 대처를 "나약하다"고 평가하면서 "힘은 군사력으로 뒷받침되어야 한다"고 주장했었다. 특히 북한을 "4류 군사력"이라고 하면서 미국이 도전하면 강력히 대응할 것이라고 경고했었다.[16] 집권 3개월 만에 그 시험대에 오른 닉슨은 EC-121 피격 직후 괌에서 B-52 전폭기를 출격시켜 DMZ 인근까지 근접시켰다. 하지만 사건 발생 3일 후에 가진 기자회견에서 닉슨은 보복공격을 자제하겠다는 뜻을 내비쳤다. 이미 베트남전쟁의 수렁에 빠진 상태에서 2차 한국전쟁까지 감수할 만한 가치가 없다고 판단했던 것이다.

대신 닉슨 행정부는 북한의 추가 도발 시 전술핵무기 사용을 검토했다. 당시 비밀문서에 따르면, "닉슨 행정부는 한반도에서 전면전 발발 가능성을 우려해 EC-121 정찰기 격추 사건에 대해 평정심을 유지하는 대신 북한의 유사한 도발행위가 재발할 경우를 상정해 비상계획을 마련했다". 모두 25개의 비상계획 내용 가운데 작전명 "자유낙하(Freedom drop)"는 북한의 추가 도발에 "전술핵무기 사용으로 대응한다"는 내용이었다. 유사시 북한의 군지휘통제센터, 비행장, 해군기지, 미사일시설 등을 파괴하기 위해 전술핵무기를 사용할 수 있다는 것이었다. 이를 두고 헨리 키신저 백악관 국가안보보좌관은 "목표가 (북한의) 반격을 예방하는 것이라면, 우리가 취할 행동은 강력한 타격이어야 한다"고 말했다. 동시에 그는 미국이 피해야 할 두 가지로 "한편으로는 겁먹는 것이고, 다른 한편으로는 확전"이라고 말했다. 미국의 전술핵 사용이 단호함을 과시할 수 있는 수단이지만, 확전을 야기할 악재가 될 수 있다는 우려를 동시에 갖고 있었던 것이다.[17]

일촉즉발의 위기가 발생하면 그 긴장감의 최대폭은 전투원에게 전가되기 마련이다. 이와 관련해 당시 군산기지에서 전투 조종사로 근무했던 브루스 찰스(Bruce Charles)가 미국 공영방송 NPR와의 인터뷰에서 밝힌 내용을 들어보자. 그의 임무는 한반도 유사시 북한 공군기지에 핵공습을 가하는 것이었고, 그가 조종하던 F-4 전투기에는 히로시마에 투하된 핵폭탄보다 파괴력이 20배나 강한 B-61 핵폭탄이 장착되어 있었다. "제 상관이 저를 불러 EC-121기가 격추되었다며, 임무를 수행할 준비를 갖추라는 명령을 하달했어요." 명령을 받은 찰스는 전투기 및 핵폭탄을 점검하고 출격 대기 태세에 돌입했다. 그렇게 몇 시간 후, 그는 출격 대기 해제 명령을 받았다. "전투기에서 내려오라는 명령은 명확한 것이 아니었어요. 제 상관은 저에게 '내가 받은 메시지는 이런 것 같다. 우리는 오늘 임무를 수행하지 않을 것이다. 내일은 나도 모르겠다'고 말했어요."[18]

"인류 역사상 가장 위험했던 순간"

2

　　"국제사회에는 영원한 동지도, 영원한 적도 없다"는 말을 실증하듯, 미국과 소련은 제2차 세계대전이 끝나면서 서로를 두려운 존재로 바라보기 시작했다. 미국은 소련의 팽창주의를 봉쇄하고자 '트루먼 독트린'을 천명했고, 소련은 미국이 원자폭탄을 앞세워 침공할 가능성을 경계했다. 급기야 두 나라는 한국전쟁을 거치면서 지구를 수십번 파괴시킬 수 있는 거대한 괴물이 되어갔다. 이념 갈등과 세력권 경쟁에 핵 군비경쟁까지 가세하면서 '미-소 전쟁은 곧 인류 멸망'이라는 공포의 시대가 엄습해온 것이다. 미소 간의 전략적 불신을 심화시키고 핵 군비경쟁의 불을 댕겼다는 점에서, 한국전쟁은 20세기 후반 세계사에서 가장 중대한 지정학적 사건 가운데 하나였던 셈이다.

NSC-68의 공식화

　　　　미국에서 한국전쟁은 "잊힌 전쟁"으로 곧잘 일컬어진다. 미국이 파시즘으로부터 자유세계를 구원했다는 제2차 세계대전과 미국이 역사상 최초로 패배한 베트남전쟁 사이에 끼여 있는 수준이라는 인식이 강하다. 그러나 "한국전쟁은 미국 현대사의 전환점이었다. 베트남전쟁보다 훨씬 광범위한 영향을 미쳤고, 미국의 인도차이나반도 개입의 토대를 제공했다."[19]

　이런 분석이 지나치지 않다는 것을 보여주는 문서가 있다. 1950년 4월 트루먼에게 제출된 NSC-68은 한국전쟁을 포함한 냉전사에서 각별한 위치를 차지한다. 이 문서는 미소 냉전이 싹트기 시작한 1948년부터 한국전쟁 직전인 1950년 봄까지 변화된 국제정세에 대한 미국의 인식 및 대응전략을 집약하고 있다. 그러나 막대한 군비지출에 부담을 느낀 트루먼은 NSC-68의 승인을 꺼려했다.

　그런데 NSC-68을 작성하고 2개월 후에 터진 한국전쟁은 소련의 군사 모험주의와 팽창주의를 경고한 이 문서의 예언을 입증한 것처럼 간주되었다. 한국전쟁이 트루먼의 변심에 결정적 계기가 되었던 셈이다. 이와 관련해 주미 캐나다 대사인 흄 롱(Hume Wrong)은 1950년 8월 1일, "한반도 문제가 야기한 최선의 결과는 미국 국민들로 하여금 세계에 대한 미국의 책무를 가능케 하는 군사력을 만드는 데 그 짐을 짊어지는 것에 동의하게 만든 것"이라고 말하기도 했다.[20] 사장될 위기에 있던 NSC-68에 한국전쟁이 힘을 실어줘 미국이 대규모 군비증강을 바탕으로 공산권에 맞설 힘을 축적하는 선택을 하게 했다는 것이다.

　이 문서가 채택될 즈음, 미국에서는 국가안보를 둘러싼 백가쟁명(百家爭鳴)이 벌어지고 있었다. 트루먼은 군비 '억제'에 주안점을 두고 있었지만, 1949년 소련의 핵실험과 중국의 공산화가 연이어 발생하고 1950년 2월 맨해튼 프로젝트에서 소련의 스파이로 활동한 클라우스 푹스(Klaus Fuchs)

가 체포되면서 미국 내에서는 매카시즘 광풍이 일어났다. 이런 분위기에 편승해 '안보파'로 분류된 애치슨 국무장관과 니츠 국무부 정책기획국장이 '경제파'의 핵심인 루이스 존슨(Louis Johnson) 국방장관을 따돌리고 NSC-68 작성을 주도했다.[21] 핵심요지는 이미 원자폭탄을 손에 넣은 소련이 머지않아 수소폭탄 개발에 성공해 1954년에는 대미 선제공격 능력을 확보할 것이라는 경고였다. 특히 1954년까지 미국에 대한 핵 선제공격 능력을 확보한 소련은 미국의 개입을 저지하기 위해 핵 위협을 가하면서 유럽을 침공할 가능성이 높다고 전망했다.

이 문서는 이런 평가를 바탕으로 미국의 대대적인 군비증강 및 핵 전력 강화, 동맹국에 대한 경제·군사적 지원 확대, 정보 및 선전전 능력 강화 등으로 권고했다.[22] 그러나 경제와 복지에 우선순위를 두고 미국의 지나친 군사주의를 경계한 트루먼은 NSC-6의 승인을 유보했다. 바로 이 시점에 발생한 한국전쟁은 사장될 위기에 처한 NSC-68를 구해냈다. 안보 시험대에 오른 트루먼은 1950년 9월 NSC-68에 대해 비판적이었던 존슨 국방장관을 해임하고 조지 마셜을 기용했다. 동시에 NSC-68도 공식 승인했다. 북한의 남침을 세계대전을 준비하는 소련의 전초전이자 대리전으로 인식한 트루먼 행정부는 NSC-68 실행을 통해 소련의 위협에 강력히 대처하기로 한 것이다.

이처럼 한국전쟁은 NSC-68에 담긴 소련의 위협에 대한 미국의 인식에 쐐기를 박는 역할을 했다. 특히 미국은 소련의 핵 전력 증강에 주목했다. CIA와 국무부 및 육·해·공군의 정보기관들이 참여해 작성한 극비문서에 따르면, 미국은 "소련이 전면전의 위험을 감수하기로 결정하는 데 핵심적인 요소는 원자폭탄"에 있다며, 1950년대 중반 22개였던 소련의 핵무기 보유량이 1951년에는 50개, 1952년에는 95개, 1953년에는 165개, 그리고 소련이 전면전을 감행할 가능성이 높은 1954년에는 235개에 달할 것이라고 예측했다. 또한 "소련은 미국과 영국까지 공격을 시도할 수 있는 항공기와 인력, 그리고 작전기지를 보유하고 있고, 앞으로 충분히 갖게 될 것"이라고 분석했다. 그리고 미국이 수적인 우위에 있다고 하더라도 소련이 충분한 양의 원자폭탄을 갖게 되면 "소련의 공격 위험은 크게 높아질 것"이라고 전망했다. 동시에 "미국의 보복공격에 대한 소련의 취약성 정도는 소련의 계산에 영향을 줄 것"이라고 강조했다.[23]

소련의 위협에 대한 이 같은 미국의 판단은 미국이 한국전쟁을 거치면서 핵 전력을 비약적으로 증대시킨 결정적 요인이라고 할 수 있다. 전쟁 직전 200여 개였던 미국의 핵무기는 정전협정이 체결된 1953년에는 1500개에 육박했으며, 아이젠하워 임기 막바지였던 1960년에는 2만 개를 넘어섰다. 1949년 핵실험에 성공한 소련의 핵무기 보유량도 1953년 120개, 1960년 1600개에 달했다. 핵 전력 강화를 통해 저렴한 방식으로 안보태세를 유지할 수 있을 것이라는 아이젠하워의 바람과 달리, 미국의 군사비도 크게 늘어났다. 한국전쟁 직전 GDP의 4%까지 떨어졌던 미국의 군사비는 전쟁 기간 동안 14%까지 치솟았고, 전쟁이 끝난 이후에도 상당 기간 10% 안팎을 기록했다.

이처럼 한국전쟁을 거치면서 급격히 증강된 미국의 군사력은 미국에 두 가지 커다란 후유증을 남기고 말았다. 하나는 군산복합체의 영향력 증대다. 아이젠하워는 1961년 1월 퇴임사에서 이렇게 말했다. "거대한 군사집단과 대규모 무기산업이 결탁하여 행사하는 영향력은 미국의 새로운 경험입니다. (중략) 우리는 깨어 있는 시민들과 함께 정부 각 위원회에서 군산복합체가 부당한 영향력을 행사하는 것을 막아야 합니다." 소련을 비롯한 공산권의 위협에 맞서 자기 손으로 키운 군산복합체가 "이제 미국의 자유와 민주주의를 위협하고 있다"는 참회이자 경고였다. 또 하나는 "베트남 신드롬"이라는 말이 나올 정도로 비대해진 미국의 군사력이 냉전시대 미국에 가장 심대한 영향을 끼치면서 베트남전쟁 개입의 물적 토대가 되었다는 것이다.

한국전쟁을 거치면서 미국은 유럽에서 서독의 재무장을 추진하고 NATO도 강화시켜나갔다. 미국은 독일의 '경제재건'은 추구했지만, 적어도 1950년 중반까지는 독일의 재무장을 막으려고 했다. 트루먼은 1950년 6월 초순 애치슨 국무장관에게 편지를 보내 "우리는 확실히 1차 세계대전 이후와 같은 실수를 되풀이하고 싶지 않다"고 했다. 제1차 세계대전 이후 독일의 재무장을 방치했다가 제2차 세계대전이라는 혹독한 대가를 치른 일을 반복하지 않겠다는 것이다. 그러나 한국전쟁은 서독 재무장의 결정적 배경으로 작용했다. 미국 내 반대 여론도 눈에 띄게 줄어들었고, 한국전쟁의 배후에 소련이 있다는 판단으로 유럽 방어를 강화하기 위해서는 서독 재무장이 필수적이라고 봤기 때문이다.[24] 여기에는 미국의 핵 전력이 서독의 재무장을 통제 가능한 수준으로 묶어둘 수 있다는 판단도 깔려 있었다.

스탈린은 서독의 재무장을 막기 위해 독일 중립화 통일방안까지 제안하고 나섰지만, 한국전쟁으로 인해 서독의 재무장 및 서유럽으로의 통합은 "이미 되돌릴 수 없을 만큼 진행된 상태"였다.[25] 또한 미국은 한국전쟁 이후 동아시아 군사전략의 핵심으로 삼은 "대량보복" 전략을 유럽에서도 적용하기로 했다. 이에 따라 1954년 12월 NATO는 소련이 공격할 경우 신속하게 대규모 핵 보복을 가한다는 전략을 공식화했다. 동아시아에서도 한미상호방위조약 체결 및 일본의 재무장을 통해 미국 주도의 동아시아 동맹체제를 구축해나갔다. 전범국이었던 서독과 일본의 재무장을 통해 동서 양쪽에서 소련에 대한 포위와 봉쇄망을 강화시켜나간 것이다.

한편 한국전쟁 이후의 정세는 스탈린의 처음 의도와 정반대로 나타났다. 스탈린은 한국전쟁을 냉전체제에서 미국보다 우위에 설 수 있는 기회로 인식했다. 그가 김일성의 남침 요구를 끝내 수용한 것이나, 조속한 휴전보다는 정전협상 지연을 선호한 것도 이런 연유였다. 특히 한반도 공산화를 통해 동아시아 진출의 교두보 확보를 기대했고, 중국과 미국의 군사충돌이 미중 간 적대관계를 고착화시켜 중국의 대소 의존을 높일 것이라고 생각했다. 그러나 미국은 한국전쟁의 배후에 소련이 있고 이를 소련발 세계대전의 전초전으로 확신해 전면적인 대소 봉쇄정책으로 나아갔다. 그 결과 냉전체제는 새로운 국면으로 접어들었다. 자본주의 대 공산주의라는 '이념' 대결, 상대방의 절멸을 통한 안보 추구와 이를 위한 핵 군비경쟁 및 그 결과로서 '공포의 균형', 미국과 소련을 정점으로 하는 '진영'의 대결이 더욱 격화된 것이다.

고삐 풀린 미소 간의 핵 군비경쟁은 상상을 초월했다.[26] 미국은 1952년 수소폭탄을 손에 넣었고 소련도 1년 후 "슈퍼 폭탄"을 갖게 되었다. '핵융합 반응'을 이용하는 수소폭탄은 '핵분열 반응' 원리에 따르는 원자폭탄보다 동일 질량의 파괴력이 수십배나 강력해 "슈퍼 폭탄"으로 불렸다. 핵무기를 먼저 손에 쥔 나라는 미국이었지만, 그 무기를 미사일에 실어 상대방 영토로 날릴 수 있는 능력은 소련이 먼저 확보했다. 1957년 8월 대륙간탄도미사일(ICBM) 시험발사에 성공한 소련은 그해 10월 인류 최초 인공위성인 스푸트니크 발사에 성공했다. 더구나 흐루쇼프 소련 공산당 서기장은 공공연히 유럽과 미국의 대도시를 핵미사일로 날려버릴 수 있다며 위세를 과시했다. 동시에 그는 1958년 5월 대기권에서 핵실험을 하지 않겠다고 일방적으로 선언해, 당시 여러 차례 핵실험을 계획하고 있던 미국을 곤혹스럽게 만들었다.

극도의 공포에 휩싸인 미국도 ICBM 개발에 박차를 가해 1959년 10월 시험발사에 성공했다. 서로의 영토에 핵미사일을 날려보낼 수 있다는 것은 선제공격에 그만큼 취약해진다는 것을 의미했다. 이에 따라 양측은 상대방의 선제공격에도 살아남을 수 있도록 충분한 양의 핵무기를 확보하는 한편, 미사일·잠수함·폭격기 등 다양한 운반수단의 개발 및 배치를 통해 제2의 공격 능력을 확보하려고 안간힘을 썼다. 여기에는 소련이 미국보다 훨씬 많은 폭격기를 보유하고 있을 것이라는 1950년대 중후반의 '폭격기 갭' 논쟁과 1960년 미국 대선에서 케네디가 제기한 '미사일 갭' 논쟁이 한몫했다. 소련이 미국보다 핵무기 운반체인 폭격기와 미사일을 많이 갖고 있을 것이라고 추정해, 미국의 핵무기와 그 운반수단의 보유량을 늘려야 한다는 것이었다.

민주당 대선후보로 나선 존 F. 케네디는 경쟁자인 공화당의 닉슨 후보가 아이젠하워 행정부의 부통령이라는 점을 감안해 '미사일 갭'의 책임을 닉슨에게 돌렸다. 닉슨은 케네디가 가짜 뉴스를 유포하고 있다고 반박했고, 당황한 CIA도 케네디 후보에게 "미국이 압도적인 핵 우위에 있다"고 브리핑해주었다. 하지만 이미 '스푸트니크 충격'을 경험한 미국 유권자들은 케네디의 손을 들어줬다. 나중에 비밀해제된 미국 문서에 따르면, 1962년 당시 미국과 소련의 '갭'은 엄청나게 큰 것으로 드러났다. 소련은 36기의 ICBM, 392개의 핵탄두를 장착한 138대의 장거리 폭격기, 그리고 72기의 SLBM을 보유하고 있었다. 반면 미국은 2031기의 ICBM, 3104개의 핵탄두를 장착한 1306대의 장거리 폭격기, 그리고 144기의 SLBM을 갖고 있었다. 총체적으로 볼 때, 미국과 소련 사이의 격차는 9배나 났던 것이다.[27]

핵과 미사일을 손에 쥔 미국과 소련은 자신의 영토에서 상대방을 날려버릴 수 있다는 '자신감'과 언제든 상대방의 핵미사일이 자신의 영토에 떨어질 수 있다는 '공포심'을 동시에 갖게 됐다. 공교롭게도 약어로 '광기'를 뜻하는 MAD(Mutual Assured Destruction), 즉 상호확증파괴 시대가 열린 것이다. 이를 가리켜 이삼성 한림대 교수는 "인간의 집단자결"이라고 표현했다.[28] 인류를 포함한 지구 생존을 미국과 소련 정책 결정자들의 이성에 호소해야 하는 상황이 된 것이다. 그리고 얼마 후 미국과 소련은 그 시험대 위에 올라섰다.

쿠바 미사일 위기

       1960년 미국 대선에서는 유령과도 같은 '미사일 갭' 논쟁이 한창이었지만, 정작 소련의 흐루쇼프 공산당 서기장은 미국과의 핵 능력 격차가 벌어지는 상황을 걱정하고 있었다. 케네디는 1961년 1월 대통령 취임 직후 미국의 핵 전력을 대폭 강화하라고 지시했다. 이 와중에 흐루쇼프를 극도로 자극하는 일이 벌어졌다. 아이젠하워 행정부 때 검토되었던, 이탈리아·터키에 중거리 핵미사일을 배치하는 것을 케네디가 승인한 것이다. 특히 터키에 배치된 '주피터(Jupiter)' 핵미사일은 모스크바와 레닌그라드를 사정거리 안에 두고 있었다. 미국은 이미 유럽에 소련을 겨냥한 '토르(Thor)' 핵미사일을 배치한 터였기에, 소련의 경계심은 더욱 커졌다. 이에 대한 맞불작전으로 소련이 선택한 것이 바로 미국의 턱밑인 쿠바에 중거리 미사일을 배치하기로 한 것이었다. 이를 두고 《0시 1분 전》의 저자 마이클 돕스는 "(소련은) 미국인들에게 스스로 만든 약의 쓴맛을 보게 하고 싶었던 것이다"라고 평했다.[29]

   또한 1960년을 전후해 중남미에서는 쿠바 공산화를 비롯해 사회주의 혁명이 거세게 일어났다. 소련은 이에 크게 고무되었지만, 미국은 크게 당황했다. 미국의 당혹감은 카스트로 정권교체를 겨냥한 '피그만 침공작전'으로 나타났다. 하지만 이 작전은 미국 역사상 가장 치욕적인 실패 가운데 하나로 기록되고 만다. 쿠바에 핵미사일을 배치하기로 한 소련의 결정에는 미국의 카스트로 정권 제거 작전에 맞서면서 쿠바를 비롯한 중남미에서 사회주의 혁명을 보호하고 확산시키려는 동기도 작용했다. 그러나 소련 미사일의 쿠바 배치를 저지하지 않을 경우 미국의 안보가 치명타를 입을 것으로 판단한 케네디 행정부는 이에 정면대응했다. 이것이 이른바 '쿠바 미사일 위기'*의 시작이다.

1962년 10월 14일 미국의 정찰기 U-2는 미국에서 불과 145km 떨어진 쿠바의 산 크리스토발 지역에서 소련의 SS-4 중거리 탄도미사일 기지 건설을 포착했다. 그러자 '전략폭격의 아버지' 커티스 르메이 전략공군사령관은 쿠바 공습을 제안했다. 미국의 핵 전력이 확실히 우위에 있는 만큼, 핵전쟁에서 미국이 이길 수 있다고 자신했다. 이런 그에게 해상봉쇄 같은 조치는 "세월아 네월아" 하는 미국의 나약함을 드러내는 실수로 간주되었다.[30] 그를 비롯해 미군 수뇌부 상당수는 미국이 쿠바 미사일 기지를 파괴하더라도 흐루쇼프는 반격하지 못할 것이고, 반격하더라도 미국이 이길 수 있다고 자신했다.

반면 케네디는 핵전쟁에서의 승리가 아무런 의미도 없는 것이라고 여겼다. 이에 따라 그의 머릿속에는 흐루쇼프에게 단호함을 과시하면서도 반격의 빌미를 줘서는 안 된다는 생각이 강했다. 결국 미국은 내부 격론 끝에 쿠바를 해상봉쇄하고, 소련이 미사일을 즉각 철수하지 않으면 보복이 뒤따를 것이라고 경고하는 쪽으로 의견을 정했다. 특히 "모든 미국인들에 대한 명백한 위협"이라면서, "쿠바에서 미국 본토로 핵미사일이 날아오면 소련 영토에도 보복하겠다"는 경고를 보냈다. 공개적으로는 핵전쟁과 제3차 세계대전으로 비화될 수 있는 초강경 대응방침을 밝힌 셈이다. 이는 1년 전 케네디가 UN 총회에서 말한 것과 대비되는 것이었다. UN에서는 인류의 생존이 "다모클레스의 핵검(核劍)' 아래 놓여 있다"며, "그 무기가 우리를 절멸시키기 전에 우리가 그 무기를 없애야 한다"고 역설했었다. 하지만 쿠바 미사일 위기 때는 핵전쟁 불사론으로 인류 사회를 경악케 했다.

---

*   러시아에서는 이를 '카리브해 위기', 쿠바에서는 '10월 위기'라고 부른다.

이처럼 케네디의 공개적인 메시지는 강경한 것이었다. 하지만 그의 속마음은 달랐다. 쿠바에 배치된 소련의 준중거리 미사일이나 소련 본토에서 발사되는 ICBM은 별 차이 없다는 생각도 갖고 있었던 것이다. 훗날 비밀 해제된 NSC 집행위원회(ExComm) 대화록에 따르면 케네디는 이렇게 말했다. "우리가 소련에서 날아오는 ICBM에 날아가거나 90마일 떨어진 곳에서 날아온 미사일에 날아가는 것 사이에는 별 차이가 없다. 지리적 거리는 별로 중요하지 않다." 심지어 그는 미국이 터키에 배치된 주피터나 소련이 쿠바에 배치하려는 핵미사일이 "매한가지"라고까지 밝혔다. 미국의 턱밑에 소련의 핵미사일이 배치되어도 미국의 핵 우위는 변함없을 것이라는 믿음도 강했다.[31] 이런 평가에는 조지 번디 안보보좌관과 맥나마라 국방장관도 동의했다.

그러나 케네디 행정부에 진짜 문제는 "군사적"인 것이 아니라 "심리적"이고 "정치적"인 것이었다. 당시 공화당의 케네스 키딩 상원의원은 소련이 쿠바에 전초기지를 만들면 "미국 본토로 로켓을 퍼부을" 수 있게 될 것이라며 공습을 주장했다. 케네디 스스로도 9월 4일 "쿠바에 상당한 규모의 공격 능력이 구축된다면 아주 중대한 문제가 벌어질 것"이라고 공개적으로 경고했었다. 소련이 쿠바에 핵미사일 기지를 건설하는 것을 모르고 있을 때 나온 발언이었다. 그런데 실제로 이런 일이 벌어지려 하고 있었다. 만약 케네디가 소련의 쿠바 미사일 기지나 ICBM이 "군사적"으로 큰 차이가 없다며 무대응으로 임했다간 케네디 스스로 말한 것처럼 "키딩이 차기 대통령이 될 판"이었다.[32] 이처럼 케네디의 공개적인 강경 메시지는 흐루쇼프보다는 미국 여론을 겨냥한 것이었다.

한편 소련은 미국의 강력한 경고에도 불구하고 쿠바로 향하던 16척의 선단 뱃머리를 돌리지 않았다. 대신에 미국이 쿠바를 침공하지 않겠다고 약속하고 터키에 배치한 미사일 기지 철수를 쿠바 미사일 철수 조건으로 제시했다. '예방전쟁론' 등 강경론에 포위된 케네디 대통령은 용단을 내리지 못했고, 이에 따라 미국과 소련 함정들이 카리브해에서 13일간 대치하는 상황이 벌어졌다. 당시 미국과 소련은 수천 개의 핵무기를 갖고 있었기 때문에, 두 강대국의 충돌은 인류 사회 전체를 '절멸의 사선'으로 몰아넣기에 충분했다. 다행히 케네디가 흐루쇼프와의 비밀협상을 통해 소련 측의 요구를 수용하고, 흐루쇼프가 쿠바 미사일 기지의 철거 명령과 함께 쿠바로 향하던 소련 선단 16척의 뱃머리를 되돌리면서 절멸의 위기는 피할 수 있었다.

쿠바 미사일 위기가 얼마나 심각했는지는 양측 인사들의 발언을 통해서도 알 수 있다. 당시 소련 육군 작전참모장이었던 아나톨리 그립코프는 "핵 대재앙은 실 끝에 매달려 있었다. 우리는 하루나 시간 단위가 아니라 분 단위로 카운트다운을 하고 있었다"고 말했다. 케네디의 보좌관이었던 아서 슐레진저(Arthur Schlesinger)는 "이전에는 결코 어떤 두 강대국도 지구를 파괴할 수 있는 기술적 능력을 보유한 적이 없었다. 백악관의 예방전쟁론자들이 이겼다면, 그것은 아마도 핵전쟁이 되었을 것이다"라고 회고했다. 특히 미소냉전 해체 이후 새로운 사실이 밝혀졌는데, 당시 소련은 이미 쿠바에 100개의 핵탄두를 배치한 상태였고, 선박을 호위하던 잠수함에는 핵 어뢰가 장착되어 있었다.[33] 이는 미국이 쿠바나 소련 선단을 공격했다면 핵전쟁을 피할 수 없었음을 말해준다.

쿠바 미사일 위기가 수습되면서 케네디는 '위기관리' 성공의 상징적인 인물로 추앙받았다. 아서 슐레진저는 "케네디의 터프함과 자제력의 결합, 의지와 예민함과 지혜의 조합, 그리고 현명한 통제력과 치밀한 계산 능력이" 세계를 구해냈다고 평가했고, 이는 오늘날까지 정설처럼 받아들여지고 있다. 군부의 강경론을 제어하고 흐루쇼프와의 비밀협상에 나서 타협안을 만들어내 "인류 역사상 가장 위험했던 순간"을 무사히 넘긴 것에 대해

인색하게 평가할 필요는 없다. 하지만 '위기 예방'의 관점에서는 낙제점을 면하기 어렵다. 예를 들어 J.F.K 도서관에서 23년 동안 역사학자로 근무하면서 쿠바 미사일 위기의 실체를 파헤친 셸던 스턴(Sheldon M. Stern)은 이렇게 결론지었다. "J.F.K와 그의 행정부는 의심의 여지 없이 쿠바 미사일 위기 발발에 중대한 책임이 있다."

가장 직접적인 책임은 케네디가 미국 내부에서 나온 경고조차 눈감고 주피터 미사일을 터키에 배치한 데 있다. 쿠바 위기 18개월 전에 집권 여당이었던 민주당의 앨버트 고어(Albert Gore) 상원의원은 비공개 상원 청문회에 출석한 딘 러스크 국무장관에게 이렇게 물었다. "만약 소련이 쿠바에 핵미사일을 배치하면 우리가 어떻게 대응할 것인지 궁금하오." 그의 질문의 취지는 주피터 미사일 배치가 소련에는 "도발"로 간주될 수 있다며, 케네디 행정부가 역지사지(易地思之)의 관점을 가져야 한다는 것이었다. 3개월 뒤 고어의 동료 의원인 클레어본 펠(Claiborne Pell)도 케네디에게 서한을 보내 주피터 핵미사일 배치를 철회할 것을 요구했지만, 묵살당하고 말았다.

"10월 위기"의 원인은 "다른 미사일에서도 찾아야 한다"는 양심적인 목소리가 미국 내부에서도 나온 배경이 바로 이 지점에 있었다. 스턴과 더불어 쿠바 미사일 위기를 전면적으로 재조명한 필립 내시(Philip Nash)는 1997년 발표한 《10월의 또 다른 미사일들(The Other Missiles of October)》을 통해 케네디의 주피터 미사일 배치가 "흐루쇼프의 쿠바 미사일 배치 결정을 불러온 결정적인 이유"라고 분석했다. 흐루쇼프는 1962년 5월에 쿠바 미사일 기지 건설을 지시하면서 "미국이 우리를 사방에서 포위하고 있다"며 분개했고, 훗날 미국의 언론인 스트로브 탤벗(Strobe Talbott)과의 인터뷰를 통해 쿠바 위기를 회고하면서 이렇게 말했다. "미국인들은 적이 미사일로 당신을 겨냥할 때 어떤 감정을 느끼게 되는지 알아야 할 것이오. 우리가 그랬던 것처럼 말이오."[34]

케네디의 책임은 주피터 미사일 배치에만 국한되지 않는다. 쿠바 미사일 위기의 발발과 악화에는 케네디의 정치적 이해관계에 대한 판단도 깊숙이 개입되어 있었기 때문이다. 그는 대선 당시 아이젠하워-닉슨 행정부를 가리켜 "카리브해에 공산주의의 첫 기지를 만들어주는 데 일조했다"며 카스트로의 권력 장악을 아이젠하워-닉슨의 책임으로 돌렸다. 대선 때의 다짐을 실천에 옮기기로 작심한 탓인지, 케네디는 피그만 침공작전을 벌였다가 망신살이 뻗치기도 했다.

이런 케네디에게 소련의 쿠바 미사일 배치는 정치적으로 엄청난 부담이 될 터였다. 이를 가리켜 국무부의 정보분석관이었던 로저 힐스먼(Roger Hilsman)은 "미국에는 치명적인 위험이 없었더라도, 케네디 행정부에게는 확실한 위험이었다"고 말했다. 케네디의 친구였던 존 갤브레이스(John Kenneth Galbraith) 주 인도 미국 대사는 "케네디 행정부의 정치적 필요는 어떤 위험을 감수하더라도 쿠바 미사일 기지를 철수토록 하게 했다"고 밝혔다. 35년 후 맥나마라는 이렇게 회고했다. "솔직히 말해, 군사적인 문제였다고는 생각하지 않는다. 케네디 대통령은 초기부터 군사적인 관점이 아니라 정치적으로 도저히 용납할 수 없는 것이라고 말했다."[35]

쿠바 미사일 위기를 겪으면서 '제한전'이 '전면전'으로 확대될 위험성을 몸소 체험한 케네디 행정부는 핵 군비통제에 박차를 가하는 한편, 핵전쟁 전략을 수정한다. 제한 핵전쟁 전략으로는 전면적인 핵전쟁을 막을 수 없다는 판단 아래 이른바 'MAD' 전략을 공식화한 것이다. 당시 국방장관이었던 맥나마라는 '확증파괴(Assured Destruction)'가 미국 핵전략의 핵심이라는 것을 명확히 했는데, 그가 '상호'라는 말을 앞에 붙이지 않은 까닭은 국방 책임자로서 미국도 완전히 파괴될 수 있다는 것을 공개적으로 밝힐 수 없다는 점 때문이었다. MAD는 핵전쟁에서 누구도 살아남을 수 없다는 현실이 핵전쟁을 억제한다는 가정에 기초한 것이다. 쉽게 말해 그 누구도 '너 죽고 나 죽고 모두가 죽는 전쟁'을 하지는 않을 것이라는 인간 이성의 최저치에 대한 호소인 것이다. 동시에 그것은, 인류 사회의 종말을 가져올 뻔한 쿠바 미사일 위기를 겪고도 '핵의 부재를 통한 생존'이 아니라 상대방을 죽일 수 있는 능력의 유지·강화를 통한 생존을 선택한 인간 이성의 한계이기도 했다.

한편 쿠바 미사일 위기는 북한에도 적지 않은 영향을 미쳤다.[36] 김일성은 1959년 1월 모스크바를 방문해 우호협력상호지원조약 체결을 요구했다. 흐루쇼프는 마지못해 연말에 평양을 방문해 조약을 맺겠다고 동의했다. 하지만 이 조약은 김일성이 1961년 7월 모스크바를 다시 방문하고서야 비로소 체결됐다. 김일성이 자존심을 접고 모스크바를 방문한 데는 남한에서 박정희가 쿠데타로 집권한 것이 크게 작용했다. 1961년 5월 16일 박정희가 주도한 군부가 쿠데타를 일으키자, 북한은 이틀 만에 노동당 상무위원회를 열어 "우리의 경계태세를 강화하고 국방력 건설에 집중"하기로 했다. 그리고 소련 및 중국과 군사조약을 체결했다. 이들 조약은 한 나라가 공격당할 경우 군사적으로 지원한다는 내용을 담고 있었다. 당시 북한은 남한에서 쿠데타가 발생한 지 3개월도 안 돼 이들 조약을 모두 체결했다. 그만큼 긴장했다는 뜻이다.

그리고 김일성은 쿠바 미사일 위기를 "소련이 쿠바를 배신한 것"으로 간주했다. 그의 눈에는 흐루쇼프가 북한과 쿠바 같은 작은 사회주의 국가들을 지원하는 것보다는 "케네디와 잘 지내는 것", 즉 평화 공존에 더 관심 있는 것으로 비친 것이다. 쿠바 미사일 위기 직후 김일성은 흐루쇼프에게 군사지원을 요청했지만 거절당하기도 했다. 소련의 안보공약을 믿을 수 없다고 판단한 김일성은 결국 북한식 '자주국방'에 박차를 가한다. 1962년 12월 조선노동당 제4기 5차 전원회의에서 '조성된 정세와 관련한 국방력 강화 문제'를 토의하고 두 가지 핵심정책을 공식화했다. 하나는 '국방과 경제 병진노선'이고, 또 하나는 4대 군사노선 채택이다. 경제발전을 늦추더라도 국방력 건설에 매진할 것이며, 이를 '전 인민의 무장화' '전국의 요새화' '전 군의 간부화' '전군의 현대화'를 통해 달성하겠다는 것이었다. 북한의 과도한 군사화와 경제적 궁핍화의 씨앗은 바로 이때 뿌려졌다.

그리고 김일성은 소련에 섭섭함과 배신감을 토로하면서 중국에 러브콜을 보냈다. 중소분쟁에서 중국을 지지한다는 입장을 공개적으로 밝혔고 마오쩌둥과 함께 흐루쇼프의 수정주의 노선에 맹공을 가했다. 쿠바 미사일 위기를 거치면서 본격화된 북한과 소련의 갈등은 2년 후 흐루쇼프의 실각 때까지 지속되었다. 그런데 김일성은 흐루쇼프에게 느꼈던 배신감과 비슷한 감정을 마오쩌둥에게도 느낀다. 이에 대해서는 중국의 핵개발을 다룬 부분에서 언급하기로 하자.

막차에 올라탄 마오쩌둥

3

    작가 데이비드 핼버스탬은 "중국인에게 한국전쟁은 아주 자랑스럽고 성공적인 전투였으며 오랜 역사를 가진 중국이 현대 국가로 탈바꿈하면서 이뤄낸 쾌거 중 하나였다"고 주장한다. "세계 최대 강국인 미국을 보기 좋게 이겼을 뿐 아니라 UN 전체를 무색케" 함으로써, 또한 "불구경만 했던 소련과" 달리 대규모 병력을 파견해 북한을 구원함으로써, "한국전쟁 후 전 세계 국가들은 중국이 떠오르는 세계 강국이라는 점을 인정하지 않을 수 없었다"는 것이다.[37] 그러나 중국이 치른 비용도 대단히 컸다. 약 30만 명이 목숨을 잃었을 뿐만 아니라 경제는 더욱 피폐해졌다. 무엇보다 한국전쟁이 중국에 끼친 가장 결정적인 영향은 양안 간 현상유지의 장기화였다. 미국은 애치슨 라인 발표를 통해 중국의 대만 통일에 개입하지 않을 뜻을 내비쳤지만, 한국전쟁을 거치면서 미국의 대만 보호가 중대한 원칙으로 자리 잡은 것이다.

중국 핵무장 저지, 소련에 물어봐?

　　　　한국전쟁이 동아시아 지정학에 미친 가장 직접적이고도 중대한 영향 가운데 하나는 미국의 대중(對中) 핵 위협의 증대와 이에 맞선 중국의 핵무장 결심이다. 마오쩌둥은 1946년 인도의 네루 총리를 만났을 때 "중국 인구가 얼만데"라며 미국의 원자폭탄을 '종이호랑이'로 비유했을 정도로 미국의 핵 위협을 대수롭지 않게 여겼고, 자국의 핵개발에도 큰 관심을 두지 않았다. 여기에는 "전쟁은 무기가 아니라 인간이 좌우한다"는 신념이 깔려 있었다. 그러나 한국전쟁을 거치면서 중국 지도부의 생각이 바뀌었다. 미국의 핵 위협에 맞서기 위해서는 핵무장이 불가피하다는 인식이 자라나기 시작한 것이다. 마오쩌둥은 한국전쟁 참전 결정을 내린 1950년 10월 "우리가 원자폭탄을 가질 때 비로소 전쟁광이 우리의 정당하고 이성적인 요구에 귀를 기울일 것"이라고 말했다. 비슷한 시기에 〈인민일보〉는 미국은 다른 나라를 협박하는 데 핵무기를 이용해왔다고 비난하면서 "소련을 위시한 다른 나라들이 핵무기를 보유하는 것이야말로 미국으로 하여금 자신의 핵 독점에 따른 이점이 더 이상 존재할 수 없음을 깨닫게 할 것"이라고 주장했다.[38]

　한반도에서 총성이 멈춘 이후 미국의 대중 핵 위협은 더욱 강해지고 구체화되었다. 미국이 북한과 함께 중국을 대량보복 전략의 핵심대상으로 삼은 것이다. 미국의 핵 위협은 중국의 한반도 및 인도차이나 개입과 대만 공격에 대비한 성격이 짙었다. 1953년 11월에 작성된 미국 합참 문서에 따르면, 당시 미국의 목표는 핵공격을 통해 "한반도와 극동에서 중국의 추가적인 도발 능력을 제거"하는 데 맞춰졌다. 또한 이듬해 1월 NSC는 인도차이나 전략을 승인하는데, 한반도에서와 마찬가지로 중국이 이 지역에 군사적으로 개입하면, 개입과 직접 관련이 있는 중국의 군사력을 파괴하기 위해 해공군 작전에 돌입한다는 것이었다. 이와 관련해 미국의 전략공군사령부(SAC)의 커티스 르메이 사령관은 "한반도에는 전략적 목표물이 없지만 중국, 만주, 러시아 동남부 등에 몇 개의 핵폭탄을 투하할 수 있다"고 엄포를 놓았다. 다만 동맹국들의 반발 및 소련의 개입 가능성을 우려해 중국에 대한 보복은 가급적 선택적이고 제한적이어야 한다는 의견이 주류를 이뤘다.[39]

미국의 대중 핵공격 계획은 1954~1955년 1차 대만 위기가 발생하면서 시험대에 올랐다. 위기가 장기화되자 아이젠하워 행정부는 1955년 들어 본격적으로 핵 위협을 가하기 시작했다. 덜레스 국무장관은 "무고한 민간 지역을 위태롭게 하지 않고도 군사 목표물을 완전히 파괴할 수 있다"며, "새롭고도 강력한 정밀 무기"의 사용 가능성을 시사했다. 아이젠하워는 3월 17일 기자회견에서 "엄격히 군사 목표물로 제한하고 군사적 목적 달성만을 위한 것이라고 한다면, 당신이 총이나 그 밖에 다른 것들을 사용하는 것처럼 왜 그것들은 사용되어서는 안 되는 거죠?"라고 반문했다. 그가 말한 "그것들은" 바로 핵무기를 의미했다. 그러자 아이젠하워 행정부의 핵문제 담당 특별보좌관인 제럴드 스미스가 신중론을 제기하고 나섰다. 그는 아무리 작은 전술핵무기라도 그것이 터지면 낙진에 의해 주변 도시까지 피해를 입을 수 있고, 일단 핵공격이 시작되면 그 임무를 맡고 있는 전략공군사령부가 대규모 핵공격에 나설 가능성이 높아진다고 지적했다. 또한 영국 정부는 한국전쟁을 거치면서 강해진 미국의 대중국 적대감이 핵공격을 비롯한 전면전으로 이어질 가능성에 우려를 나타냈다.[40] 그러나 정작 중국은 미국의 핵 위협에 개의치 않는다는 태도를 고수했다. 1차 대만 위기가 정점에 달했던 1955년 1월 말, 마오쩌둥은 주중 핀란드 대사에게 다음과 같이 말했다.

중국 인민은 결코 미국의 핵 협박에 굴복하지 않아요. 우리나라는 6억 명의 인구와 960만km²의 영토를 갖고 있습니다. 미국은 핵무기로 결코 중국을 절멸시킬 수 없어요. 미국의 원자폭탄이 아무리 강력해도 중국에 떨어지면 지구에 구멍 하나를 만드는 것이거나 약간의 타격을 입힐 뿐이며, 이 정도는 우주 전체로 볼 때 큰 의미가 없는 것입니다. (중략) 만약 미국이 원자폭탄을 탑재한 항공기로 전쟁을 도발하더라도 수수와 소총으로 무장한 중국은 승리자가 될 것입니다. 전 세계 인민들도 우리를 지지할 것입니다.[41]

1954~1955년 1차 위기 때 날카롭게 대립했던 미국과 중국은 1958년 2차 위기에서는 정면충돌의 위기까지 겪었다. 중국이 대만해협을 봉쇄하려고 하자 미 공군은 중국에 핵무기를 투하해야 한다고 건의했다. 합참의장인 네이선 트위닝(Nathan F. Twining)은 "미국 항공기는 아모이(중국의 해안 도시로 오늘날에는 샤먼으로 불림) 인근의 몇 개 기지에 10~15킬로톤의 핵폭탄을 투하해야 한다"고 주장했다. 당시 미국은 "중국의 공군기지 핵공습 준비태세를 갖춘 5기의 B-47 전폭기"를 배치한 상황이었다. 그러나 아이젠하워는 "핵무기가 고폭탄과 같은 재래식 무기라는 (공군의) 주장을 수용하지 않는다"고 말했다. 미 공군 수뇌부는 공산군의 재래식 공격에 핵무기로 보복한다는 '대량보복 전략'에 따라 핵공격 권한 위임을 승인해줄 것으로 믿었다. 그러나 아이젠하워는 "첫 공격은 재래식 고폭탄을 사용해야 한다"고 지시했다.[42] 핵무기를 다른 무기와 구분해야 하는 이유를 모르겠다던 아이젠하워가 놀랍게도 핵무기와 재래식 무기를 구분한 것이다.

미중 간의 대만해협 위기와 관련해 주목할 것은 소련의 반응이었다. 소련은 미국의 대중국 핵공격 위협과 이를 두려워하지 않는다는 마오쩌둥의 무모해 보이는, 그러나 일관되고도 단호한 입장에 아연실색했다. 중국과 군사동맹을 맺은 상태에서 미중전쟁이 발발하면 소련 역시 휘말릴 것으로 걱정했기 때문이다. 마오쩌둥은 1957년 모스크바에서 열린 회의에서도 미국의 핵공격으로 중국인 3억 명이 목숨을 잃더라도 "세월은 흘러 우리는 더 많은 아이들을 낳을 수 있다"며 핵전쟁을 두려워할 이유가 없다고 말했다. 이에 대해 흐루쇼프는 "정말 역겹군"이라는 반응을 보였고, 체코슬로바키아 대통령 안토닌 노보트니(Antonin Novotny)는 "인구가 겨우 1200만밖에 안 되는 우리는 어쩌란 말이냐"고 푸념했다.[43]

흐루쇼프는 1959년 10월 마오쩌둥을 만난 자리에서 이렇게 말했다. "당신이 총을 쏘면 그 섬들을 장악해야 하고, 당신이 그 섬들을 장악할 생각이 없다면, 총을 쏠 이유가 없잖아요. 난 당신의 정책을 이해하지 못하겠습니다." 이와 관련해 헨리 키신저는 흥미로운 해석을 내놓는다. 대만해협 위기를 조장한 "마오쩌둥의 진짜 의도는 핵전쟁 위험을 크게 고조시켜 소련으로 하여금 중국의 핵무기 프로그램을 지원하도록 만드는 데 있었다"는 것이다. 그는 1차 대만해협 위기를 거치면서 소련이 중국의 핵개발을 적극 지원했다는 사실을 상기시키면서 "소련은 중국에 대한 미국의 핵공격 방어를 중국 손에 넘겨줌으로써 미래에 또다시 위기가 발생하면 말썽쟁이 동맹국(중국)과 거리를 두기 위해 중국의 핵개발을 돕기로 했다"고 분석했다.[44]

한편 1960년대 들어 중국의 핵개발 움직임을 예의주시했던 미국은 중국이 핵보유 문턱에 접근하자 대응책 마련에 부심했다. 케네디 행정부는 "중국이 핵무기를 손에 넣으면 세계 정치를 뒤흔들 것이기 때문에 미국과 서방 국가들은 결코 받아들일 수 없다"고 여겼다. 케네디는 1963년 1월 22일 NSC 회의에서 "중국이 (핵무장에 성공하면) 1960년대 후반 이후에는 우리의 주적이 될 것"이라며, 핵실험 금지조약 체결이 중국의 핵무장을 저지할 방법이 될 것이라는 희망을 피력했다. 1월 하순 〈언론대담(Meet the Press)〉이라는 프로그램에 출연한 딘 러스크 국무장관은 중국의 핵무장에 따른 "심리적·정치적 영향은 심각한 수준이 될 것"이라며, 케네디 행정부가 핵실험 금지조약 협상에 적극적인 배경 가운데 하나가 바로 중국의 핵

보유 예방에 있다고 설명했다.[45]

이에 따라 '중국 핵문제 해결'은 케네디 행정부 외교정책의 최대 숙제로 부상했다. 훗날 트럼프 정부가 북한 핵에 대처하면서 "모든 옵션이 테이블 위에 있다"고 말한 것처럼, 케네디도 모든 옵션을 검토했다. 여기에는 중국 핵시설에 대한 예방공격에서부터 대만 군인을 중국에 상륙시키는 것까지 포함되었다. 심지어 케네디는 "미국 최대 숙적인 소련에 접근해 중국에 대한 예방적 공동행동을 타진하는 것을 승인하기도 했다."[46] 그러나 초점은 외교적 해결로 맞춰졌다. 중국에 가장 큰 영향력을 갖고 있는 나라, 즉 소련 역할론이 바로 그것이었다. 케네디 행정부 내 최고 아시아통으로 평가받았던 애버럴 해리먼(Averell Harriman) 국무부 차관이 이 구상을 주도했다. 그는 소련과의 협력을 통해 중국 핵문제 해결이 가능할 것이라며, 소련에 미끼를 던져야 한다고 주장했다. 그 미끼는 바로 미국이 서독의 핵무장 방지를 위해 최선의 노력을 다할 테니 소련도 중국의 핵무장 저지에 적극 동참하라는 것이었다.

케네디는 이런 협상안에 적극 동의하면서 1963년 7월 해리먼을 모스크바로 보냈다. 소련 역시 중국의 핵무장에 반대하는 입장이었기 때문에, 미소 공조는 어렵지 않게 이뤄질 것으로 기대했다. 그러나 해리먼은 흐루쇼프를 만나지도 못했고, 소련 정부와 중국 핵문제를 제대로 논의하지도 못했다. 중국과 공산주의 운동을 놓고 경쟁하고 있던 소련이 미국과 손잡고 중국에 대응하는 모양새를 취하면, 공산 진영에서 자신의 지도력이 실추될 것으로 우려했던 것이다.[47] 이후에도 케네디 행정부는 소련과의 접촉에서 중국의 핵무장 저지를 핵심의제로 삼고자 했다. 하지만 흐루쇼프 정권은 미국이 다자군(Multilateral Force)이라는 이름하에 미국 핵무기를 서독 등 일부 유럽 국가들과 공유하려는 문제가 우선적으로 논의되어야 한다는 입장으로 맞섰다.

이처럼 소련과의 협력을 통해 중국 핵문제 해결을 도모하려고 했던 기대가 무산될 위기에 처하자, 케네디는 1963년 8월 1일 기자회견을 통해 중국이 핵무장에 성공하면 10년 이내에 "제2차 세계대전 종전 때보다 더 위험한 상황에 직면할 것"이라고 우려했다. 중국의 핵개발이 가속화되자 대만의 로비도 치열해졌다. 장제스 총통은 아들인 장칭궈를 워싱턴으로 보내중국에 대한 무력 사용을 요청했다. 그러나 케네디 행정부는 무력 공격이 중국과 소련을 밀착시킬 것이라며 난색을 표했다.[48] 중국의 핵무장 저지를 위한 소련과의 공조 시도에는 실패했지만, 미국은 중요한 사실을 알게 됐다. 중국과 소련의 관계가 자신들이 생각했던 것보다 훨씬 악화되고 있었다는 것이다. 이런 상황에서 미국의 대중 공습은 중국과 소련의 재결합을 촉진시킬 수 있다는 점에서 미국의 선택이 될 수 없었던 것이다.

미국의 '대량보복전략'이 인종차별주의를 야기하며 중국의 핵무장을 정당화시켜줄 우려가 있다는 목소리도 나왔다. 국무부의 중국 전문가인 로버트 존슨(Robert Jonson)은 1963년 4월 작성한 메모에서 미국이 아시아 전략을 핵무기에 의존하는 것의 문제점을 다음과 같이 지적했다. "미국이 아시아인보다 백인의 생명을 더 중시하는 것으로 비칠 것이다." 존슨은 특히 핵에 의존하는 미국의 아시아 전략이 중국의 핵무장에 인종주의적 정당성을 부여해줄 우려가 크다고 지적했다. '유색인종'의 눈에는 중국의 핵무장이 백인의 핵 독점체제를 무너뜨리는 것으로 간주될 수 있고, 중국 역시 이를 적극 활용할 것이기 때문이었다.[49] 영국 정부도 비슷한 판단을 하고 있었다. 1963년 10월 작성된 외교 문서에는 다음과 같이 적혀 있다.

중국은 핵보유국 지위를 확보한 첫 번째 후진국이 될 것이다. 중국이 가진 위상의 이점은 핵무기가 히로시마를 기억하는 아시아인들, 그리고 (핵무기를 반대하는) 아시아인들의 이상과 배치된다는 점에서 약화될 수도 있다. 그러나 이런 감정은 중국이 유럽과 북미 선진국들의 핵 독점을 무너뜨렸다는 경외감에 의해 상쇄되고도 남을 것이다. 아시아에서 중국의 지도력 주장은 더욱 강해질 것이다.[50]

당시 미국의 또 다른 고민거리는 한반도 문제였다. 한국전쟁 이후 미국은 재래식 군비 부담을 줄이기 위해 주한미군을 대폭 감축한 반면에 한국과 일본에 핵무기를 대거 배치했다. 북한과 중국이 또다시 남침을 강행하면 북한은 물론이고 중국에도 핵무기를 사용하겠다는 대량보복 전략에 따른 것이었다. 그런데 중국이 핵을 갖게 되면, 이런 전략은 큰 차질을 빚을 터였다. 미국이 북한이나 중국에 핵을 사용하면 주한미군이나 주일미군이 중국의 핵 보복 대상이 될 수 있기 때문이었다. 이에 따라 케네디 행정부는 재래식 군사태세 강화를 통해 한국과 일본을 안심시키려고 했다. 러스크 국무장관은 1963년 8월 맥나마라 국방장관에게 "중공의 핵실험 이후 태평양에 적절한 재래식 능력을 갖추는 것이 정치적으로나 심리적으로 훨씬 중요해질 것"이라며, "이를 통해 자유 아시아 국가들로 하여금 우리가 반드시 핵전쟁에 의존하지 않더라도 중공의 공격으로부터 아시아를 보호할 수 있다고 믿게 만들어야 한다"고 말했다.[51]

외교적인 해결이 난망해지자, 미 공군을 비롯한 일각에서는 중국의 핵무장 이전에 선제공격을 통해 이를 저지해야 한다는 '예방전쟁론'이 불거졌다. 또한 당시 미국은 NPT를 추진하고 있었는데, 중국의 핵무장은 핵확산 우려를 부채질해 NPT 추진을 위태롭게 할 것이라는 의견도 강했다. 그러나 반론도 만만치 않았다. 중국의 핵무장은 공격용이라기보다는 억제효과를 높이기 위한 성격이 강하다며 예방전쟁론에 반대한다는 의견이 부상한 것이다. 케네디와 존슨 행정부에 걸쳐 미국의 중국 핵문제에 대한 대처 방안 수립에서 주도적인 역할을 한 로버트 존슨은 이렇게 지적했다. "미국이 효과적인 아시아 전략을, 공산 진영의 도발에 대처할 암묵적인 핵 위협과 명시적이고 가시적인 재래식 군비태세 사이에서 찾아야 한다는 것은 자명하다. 중공이 핵 능력을 보유하면 아시아 대륙이 또다시 핵 전쟁터가 될 수 있다는 아시아인의 공포도 커질 것이다. 이런 환경에서 미국이 명시적으로 핵무기에 의존하려고 하면 아시아 국가들은 미국의 원조 요청을 더욱 꺼려할 것이다." 이런 권고를 수용한 존슨 행정부는 "중공군의 중대한 도발에 대한 대응"을 제외하곤 선제공격을 배제하기로 했다.[52]

'종이호랑이'에 올라탄 마오쩌둥

한국전쟁에 이어 두 차례 대만해협 위기와 중소분쟁을 거치면서 중국 지도부는 핵보유의 필요성을 더욱 절감했다. 당시 미국의 공세적인 핵 전략은 중국으로 하여금 대미 보복 능력을 확보해 미국의 핵 위협을 억제해야 할 필요성을 증대시켜주었다. 중국이 독자적인 핵무장을 선택한 데는 대만 문제를 둘러싼 소련과의 이견도 한몫했다. 중국은 어떤 대가를 치르든지 대만 통일을 최우선 과제로 상정한 반면, 소련은 중국의 대만 공격이 미국의 개입을 불러와 미국과의 충돌로 비화될 것을 우려했다. 1954~1955년 1차 대만 위기를 겪으면서 이런 차이를 확인한 마오쩌둥은 결국 핵무장을 통해 대소 의존을 줄이기로 결심했다.

마오쩌둥은 1956년 핵무기 개발을 담당하는 부서를 신설하면서 "우리가 오늘날의 세계에서 괴롭힘을 당하지 않으려면, 핵무기를 가져야만 한다"고 말했다. 당시 공산당 중앙위원회 총서기로 있던 덩샤오핑의 발언은 더욱 구체적이다. "소련은 원자폭탄을 갖고 있다. 그것의 중요성은 무엇인가? 그건 바로 (미국) 제국주의자들이 두려워한다는 점에 있다. 제국주의자들은 우리를 두려워하는가? 난 그렇다고 생각하지 않는다. 우리가 원자폭탄과 탄도미사일을 갖고 있지 않기 때문에 미국은 타이완에 미군을 주둔시키고 있는 것이다."[53]

소련도 초기에는 적극적으로 지원하고 나섰다. 이런 배경에는 중소 동맹관계도 있었지만, 1952년 영국의 핵실험 성공 소식이 똬리를 틀고 있었다. 미국의 동맹국인 영국이 핵보유국이 된 만큼, 소련도 동맹국인 중국의 핵개발 지원 요구를 뿌리치기 힘들게 된 것이다. 이에 따라 소련은 1954년 중국과 원자력 협정을 체결해 베이징에 원자력 연구소, 란저우에는 우라늄 농축 공장을 짓는 것을 도와주었다. 양국의 원자력 협력은 점차 군사 분야로까지 확대되었다. 소련은 핵무기 개발로 전용될 수 있는 "이중 용도" 기술과 장비를 제공했고, 핵무기 샘플까지 주겠다고 약속했다. 과학자들의 상호 방문을 통해 중국의 핵 과학자 양성에도 적극적이었다.

그러나 1950년대 말부터 중소관계는 눈에 띄게 악화되기 시작했다. 마오쩌둥은 흐루쇼프를 "수정주의자"라고 비난했고 흐루쇼프는 마오쩌둥의 "모험주의"를 경계했다. 특히 흐루쇼프는 소련의 지원으로 중국이 핵무장에 성공할 경우 "마오쩌둥이 소련을 전쟁에 휘말리게 할 수 있는 군사 도발에 나설 가능성"을 우려하기 시작했다.[54] 당초 소련이 중국의 핵개발을 지원한 전략적 동기 가운데 하나는 중국의 독자적인 핵무장이 미국을 상대로 한 중국의 억제력에 도움을 줘 미중전쟁에 소련이 휘말리는 것을 차단하고자 하는 데 있었다. 하지만 2차 대만해협 위기를 거치면서 마오쩌둥의 군사모험주의가 기승을 부리자, 흐루쇼프는 마오쩌둥이 핵무기의 힘을 믿고 더 도발적으로 나올 가능성을 경계한 것이다. 이에 따라 흐루쇼프는 1959년 6월 들어 중국 핵개발 지원을 하나둘 중단했다. 여기에는 중국에 제공하기로 했던 핵무기 샘플도 포함되었다. 그리고 1960년 들어 중소분쟁이 격화되자 소련은 모든 핵개발 지원을 중단했다. 그러자 중국은 독자적으로 핵무기 개발에 들어갔다. 그리고 1964년 10월 16일 우라늄 핵폭탄 실험에 성공했다.

핵실험 성공 다음 날, 핵무기와 장거리 로켓 개발을 담당한 전문위원회를 주도했던 저우언라이 총리는 세계 각국에 통지문을 보내 핵실험 사실을 알렸다. "중국 정부는 핵무기 사용 전면 금지와 폐기를 일관되게 주장해왔지만 어쩔 수 없이 핵실험을 거쳐 핵무기를 개발하게 되었다. 하지만 중국 정부는 그 어떤 상황에서도 먼저 핵무기를 사용하지 않을 것임을 선언한다."[55] 또한 "중국의 목적은 핵 강대국들의 독점체제를 무너뜨리고 핵무기를 폐기하기 위한 것"이라고 주장하면서, "핵보유국과 핵보유 잠재력이 있는 나라들의 정상이 모여 비핵국가와 핵보유국 간에 핵무기를 사용하지 않겠다는 합의를 도출할 수 있는 회담을 열자"고 제안했다.[56]

저우언라이는 1965년 5월 공산당 중앙군사위원회 회의에서 "제국주의자(미국)와 소련 수정주의자들에 맞서" 조속한 핵무장 완성의 필요성을 강조했다. 그는 "미국이 우리의 핵시설에 공습을 결정하고 소련이 이에 동조하는 데는 많은 단계가 필요하고 또한 쉽지 않을 것"이라고 진단하면서도 "우리는 이에 대비해야 한다"고 주문했다. "우리가 더 많이 대비할수록, 그들도 물러설 것"이라며 "이게 바로 변증법"이라는 주장도 내놓았다. 그가 말한 대비책은 "원자폭탄과 수소폭탄, 그리고 미사일 개발에 성공해" "(전쟁이 터지면) 미국인들과 일본인들의 머리 위에도 원자폭탄이 떨어질 것이고 우리보다 더 많은 피해가 발생할 것이라는 점을 알게 해야 한다"는 것이었다.[57]

이날 중앙군사위원회의 결의를 뒷받침하듯 중국은 핵무장 완성을 향해 질주했다. 원자폭탄 실험에 이어 불과 32개월 뒤에는 수소폭탄 실험에도 성공해 세계를 놀라게 했다. 원자폭탄 실험 이후 32개월 만에 수소폭탄을 개발하는 데 성공한 것 자체가 상당한 기술력을 과시한 것이었기 때문이다. 참고로 미국은 86개월, 소련은 75개월, 영국과 프랑스는 각각 66개월과 105개월이 걸렸다.[58] 핵실험에 성공한 중국은 1966년 10월 중거리 탄도미사일인 '둥펑-2호'에 핵탄두를 장착한 상태에서 시험발사에 성공해 핵미사일 보유 능력도 과시했다. 이로써 중국은 원자폭탄과 수소폭탄, 그리고 탄도미사일로 전용될 수 있는 위성 발사 능력을 확보한다는 '양탄일성((兩彈一星)'의 문 앞에 다다랐다.

중국이 원자폭탄 실험에 성공하자 미국의 존슨 대통령은 경제발전에 사용해야 할 소중한 자원을 낭비해 "중국 인민들에게 비극을 초래하고 있다"고 비난하면서, 미국의 아시아 안보공약에는 어떤 변화도 없을 것이라고 발표했다. 또한 정·재계에 긴밀한 인맥을 구축하고 있던 로스웰 길패트릭(Roswell Gilpatric) 전 국방부 부장관에게 중국 핵무장의 파장과 대응책에 관한 조사 보고서 작성을 요청했다. 당시 존슨 행정부 내에서는 중국의 핵무장이 비확산체제에 미칠 영향과 대응에 대한 의견이 엇갈리고 있었다. 러스크는 "중공에 대해 핵무기를 사용해야 할 나라는 항상 미국이어야 하느냐"며, 일본과 인도의 핵무장을 허용해 중국에 맞서게 해야 한다고 주장했다. 반면 맥나마라는 "일본과 인도가 적절한 핵 억제 능력을 갖게 될지 회의적"이라며, 미국은 중국의 핵무장에도 불구하고 비확산체제 강화에 나서야 한다고 반박했다. 1965년 1월 21일 존슨 대통령에게 제출된 '길패트릭 보고서'는 핵 비확산 주장에 힘을 실어줬다. 특히 이 보고서는 유럽, 중동, 아시아에서 추가적인 핵무장 국가가 나와서는 안 된다며 이를 위해 NPT를 강력히 추진해야 한다고 권고했다.[59]

중국의 핵개발을 지원했다가 사회주의 노선 갈등 및 영토분쟁을 거치면서 이를 중단한 소련은 중국의 핵보유를 어쩔 수 없는 현실로 받아들였다. 대만은 중국의 핵실험을 강력 비난하면서 핵시설에 대한 선제공격을 미국에 거듭 요청했지만, 별 소득은 없었다. 중국과 라이벌 관계에 있던 인도는 중국을 비난하면서도 비핵화 원칙을 고수하겠다고 발표했다. 하지만 인도도 이즈음 비밀 핵개발에 착수했다. 유일한 피폭국이자 중국과 적대관계에 있던 일본 언론의 반응은 엇갈렸다. 중국의 영향력 확대를 경계하면서도 미국 등 서방 국가들은 핵 군축을 위한 중국과의 협상에 본격적으로 나서야 한다고 요구한 것이다. 중국의 우방국인 북한과 북베트남은 "미 제국주의에 일침을 가했다"며 환영의 뜻을 나타냈다. 또한 많은 비동맹 국가들은 중국의 강대국화가 가시화된 만큼, 중국이 UN 안보리 상임이사국을 맡아야 한다는 입장을 내놓았다.[60]

당시 중국의 핵무장 배경에는 국내의 정치적 요인이 한몫했다는 분석도 있다. 중국 지도부가 핵무장이 경제난을 비롯한 국내 정책 실패를 상쇄하는 효과가 있다고 믿었다는 것이다. 벨기에의 중국 전문가인 조나단 호슬래그(Jonathan Holslag)는 "마오쩌둥은 핵 능력을 확보하는 것이 대약진 운동의 실패와 1960년 대홍수 등 자연재해를 제대로 대처하지 못한 것을 어느 정도 보상해줄 것으로 믿었다"고 주장했다.[61] 실제로 중국 정부는 1964년 핵실험에 성공하자 버섯구름 사진과 영상을 국내외에 대대적으로 유포하면서 정치선전의 핵심소재로 삼았다.

"2.5g의 탁구공이 세계를 흔들다"

중국이 가장 강력한 무기인 핵을 손에 넣자 '게임 체인저'가 될 것이라는 우려가 팽배했다. 중국에서 문화대혁명이 시작되자 미 해군은 "중국이 잠수함발사탄도미사일(SLBM) 기술을 확보하면 세계 핵전쟁을 유발하기 위해 소련의 미사일로 가장하고 SLBM을 쏠 수도 있다"고 우려했다. 이런 아마겟돈을 막기 위해서는 중국에 대한 예방공격이 필요하다는 권고와 함께.[62] 이런 과대망상은 중국의 핵무장이 세계 질서에 엄청난 파장을 몰고 올 것이라는 맹신을 전제로 한 것이었다. 그러나 정작 '게임 체인저'는 따로 있었다. 세계 질서의 대변동을 가져온 것은 가장 무거운 물질을 품고 있는 중국의 핵무기가 아니라 가장 가벼운 공인 '탁구공'이었다. '핑퐁외교'가 핵무기보다 더 강력한 지정학적 사건을 일으킨 것이다.

한국전쟁 이후 미중관계는 더욱 거칠어졌지만, 미국 내 일각에서는 새로운 전략을 모색하는 움직임도 있었다. 한국전쟁 당시 미 8군과 UN군 사령관을 맡아 한반도 전세를 역전시키는 데 혁혁한 공을 세운 리지웨이는 한반도에서 총성이 멈춘 지 1년 후, 냉전시대 미국의 최고 전략은 소련과 중국을 분열시키는 데 두어야 한다며, 핵공격을 통한 중국 군사력의 제거는 이런 목표에 부합할 수 없다고 지적했다. "중국에서 힘의 공백이 발생하면 다른 나라가 들어갈 텐데, 그 나라는 바로 소련"이라며, "최상의 접근은 중공으로 하여금 자국의 장기적인 이익은 소련이 아니라 미국과 우호관계를 맺는 데서 나온다는 것을 깨닫게 하는 데 있다"고 강조했다.[63] 아이젠하워는 그의 권고를 귀담아듣지 않았지만, 1969년 출범한 닉슨 행정부는 리지웨이가 15년 전에 내놓은 전략을 주목했다. 닉슨은 아이젠하워 행정부 때 부통령으로 있었다.

닉슨은 1967년 〈포린 어페어스(Foreign Affairs)〉 기고문을 통해 "지구상에 수억 명의 잠재적 능력이 있는 사람들이 분노 어린 고립 속에 사는 나라도 없다"며, 중국과의 관계개선 의지를 피력했다. 취임사에서 "우리는 열린 세계를 지향할 것이다. 크든 작든 어떤 나라도 분노 어린 고립에서 살지 않는 세계를 추구할 것이다"라고 말했다. 닉슨이 이처럼 대중관계 개선을 모색한 핵심적인 이유는 베트남전쟁 종결 및 소련 견제를 위해서는 중국과 손잡아야 한다고 판단했기 때문이다.[64]

그런데 중소분쟁이 격화되면서 마오쩌둥도 대미관계 개선의 필요성을 느끼고 있었다. 특히 1969년 3월 우수리강 부근에서 중소 간 무력충돌이 발생해 수백 명의 사상자가 나온 이후, 중국 정부 내에서는 소련이 전면공격을 감행할 것이라는 우려가 커졌다. 이런 분위기를 반영하듯, 마오쩌둥을 비롯한 수뇌부가 소련의 핵공격을 두려워해 베이징에서 모처로 피신하기도 했다.[65] 이처럼 소련의 위협이 가시화되자, 마오쩌둥은 4명의 원로 장군들에게 대소·대미전략 재검토를 지시했다. 이들은 소련의 위협 대처 차원에서 "미국 카드를 활용할 필요가 있다"며, 마오쩌둥에게 미국과의 관계 개선을 권고했다. 1969년 9월 마오쩌둥과 저우언라이에게 제출된 '4인 그룹' 보고서는 중국의 대외전략 변화에 큰 영향을 끼쳤다.[66]

양국 지도부가 이처럼 관계개선 의지를 갖고 있었고 동유럽에서 대사급 접촉도 가졌지만, 상황은 그리 녹록하지 않았다. 1970년 5~6월에 미국이 캄보디아를 폭격하고, 이에 중국이 격렬히 반발하면서 양국관계는 더욱 악화되는 듯했다. 두 나라의 국내 상황도 여의치 않았다. 국민당은 1949년 중국 본토에서 패퇴해 대만으로 쫓겨났지만, 미국은 여전히 국민당 정부를 중국의 유일한 합법 정부로 간주했다. 미국 내 대만의 로비 단체인 '중국 로비'는 미국 의회를 상대로 막강한 영향력을 행사하고 있었다. 중국 내에도 대미관계 개선에 대한 거부감은 여전했다. 특히 당시는 문화대혁명 기간이었고, 많은 사람이 베트남과 캄보디아가 미국의 맹폭에 고통받고 있다는 점을 강조하면서 "미국 제국주의자와 타협해서는 안 된다"고 생각했다.

이즈음 등장한 것이 바로 '핑퐁외교'이다. 핵무기로 대표되는 '하드파워 시대'에 2.5g의 탁구공이 펼칠 '소프트파워'가 등장한 것이다. 저우언라이는 내부 강경파들의 반대에도 불구하고 마오쩌둥을 설득해 1971년 3월 말~4월 초 일본 나고야에서 열리는 세계탁구선수권대회에 중국 대표팀을 파견하기로 했다. 그는 대표선수들에게 세계선수권대회 참가는 "정치투쟁"이라며 "우정이 첫째고, 경쟁은 그다음"이라고 강조했다. 중국 대표팀의 참가를 관계개선의 기회로 포착한 닉슨 행정부는 미국인의 중국 여행 제한 조치를 해제하기로 했다는 입장을 전달하면서 양국의 탁구 교류를 제안했다. 그러나 중국 외교부는 미국 대표팀 초청이 시기상조라고 답했다.

그런데 대회 막바지인 4월 4일 극적인 반전이 연출되기 시작했다. 미국 선수 글렌 카원(Glenn Cowan)이 실수로 중국 대표팀이 탑승한 버스에 올라탔다. 그런데 분위기가 어색해지자 중국의 탁구 영웅 주앙쩌둥이 카원에게 다가가 인사를 나누면서 중국의 명산인 황산이 그려진 수건을 선물했다. 두 사람의 짧은 만남은 '나비효과'를 만들어냈다. 카원이 중국 선수단과 동승한 사실을 안 기자단들은 이들이 버스에서 내리자 스포트라이트를 터뜨렸다. 카원은 주앙쩌둥이 선물한 수건을 펼쳐 들면서 주앙쩌둥과 함께 사진을 찍었고, 이는 전 세계에 타전됐다. 다음 날 카원은 주앙쩌둥에게 답례로 평화를 상징하는 세 가지 색깔로 장식된 티셔츠를 선물했다. 티셔츠에는 'Let it Be'라는 문구가 새겨져 있었다. 각국에서 몰려든 기자들이 이를 대대적으로 보도하면서 그 파장이 일파만파로 번졌다.

　　대회 폐막 하루 전인 4월 6일 밤, 마오쩌둥은 카원과 주앙쩌둥의 선물 교환을 다룬 언론 보도를 접한 뒤 "주앙쩌둥은 훌륭한 탁구 선수일 뿐만 아니라, 아주 유능한 외교관"이라고 칭찬했다. 그러고는 미국 대표팀을 중국에 초청하라고 지시했다. 닉슨도 즉각 이에 동의하면서 역사적인 핑퐁외교의 막이 올랐다. 미국 대표팀 환영만찬에서 저우언라이는 이렇게 말했다. "중국인과 미국인은 오랫동안 빈번한 교류를 해왔습니다. 그러나 잠시 관계가 단절된 기간이 있었지요. 여러분의 방문은 두 나라 인민들의 우호의 문을 열었습니다." 몇 시간 후, 닉슨 행정부는 중국에 대한 경제봉쇄를 완화한다는 방침을 밝혀 이에 화답했다.

　　〈뉴욕타임스〉와 〈워싱턴포스트〉 등 유력 일간지들도 연일 미국 선수단의 소식을 전하면서 우호적인 여론 조성에 나섰다. 특히 일부 언론은 중국의 미국 탁구 선수단 초청에 닉슨 행정부는 중국의 UN 가입 승인으로 화답해야 한다며, 탁구로 조성된 우호관계 분위기를 정치외교로 확장할 것을 요구했다. 귀국한 미국 선수단도 중국에 대한 우호적인 여론 조성에 크게 기여했다. 이들은 상상을 초월한 중국인들의 환대와 우호 분위기, 마오 쩌둥의 지도력으로 일심단결하는 중국인의 열의, 양성평등, 무계급 사회 등에 깊은 인상을 받았다고 말했다. 이들의 솔직한 방중 소감은 비정치적인 데다가, 언론의 집중조명을 받으면서 미국 내에서 더욱 큰 반향을 일으켰다. 이를 반증하듯, 1971년 5월 실시된 여론조사에서 중국의 UN 가입을 지지하느냐는 질문에 사상 최초로 찬성(45%)이 반대(38%)를 넘어섰다.

'나비효과'는 상상을 뛰어넘었다. 핑퐁외교가 절정에 달했던 4월 14일에 닉슨 행정부는 한국전쟁 직후 부과한 대중 무역제재를 해제했다. 백악관은 핑퐁외교의 영향을 받았다고 인정했다. 이틀 후 닉슨은 재임 중에 중국을 방문하고 싶다는 의사를 피력했고, 4월 20일에는 중국 탁구 선수단 답방에 합의했다고 발표했다. 4월 하순 들어 중국은 파키스탄을 통해 미국에 대통령 특사 파견을 제의했고, 닉슨 행정부도 파키스탄을 통해 정상회담에 앞서 키신저와 저우언라이의 비밀회담을 제안하는 답장을 보냈다. 이런 과정을 통해 키신저는 7월 9~11일 베이징을 방문해 저우언라이와 협상을 가졌다.[67] 두 사람의 회동은 양국관계뿐만 아니라 국제사회 전반에 상당한 파장을 몰고 왔다. 유럽의 대다수 국가들과 캐나다는 이미 중국과의 관계개선을 추구하고 있었기 때문에 미중 데탕트를 환영했다. 아시아 지역 미국 동맹국들의 반응은 엇갈렸다. 이미 패색이 짙어진 남베트남은 미중 데탕트를 미국의 철수 신호로 받아들였다. 미국의 비밀외교에 놀란 일본은 미국에 앞서 중국과 대사급 외교관계를 수립하는 것으로 대응했다. 한국은 미국의 안보공약 후퇴를 우려하면서도 미국의 압력을 받고는 남북 특사 교환을 통해 7·4 남북공동성명을 채택했다. 미중관계가 밀착되는 것에 두려움을 느낀 소련도 대미관계 개선에 적극 나섰다.

양국은 급속도로 가까워졌다. 1971년 10월에는 미국의 동의하에 중국이 대만을 밀어내고 UN 회원국으로 가입했다. 그리고 닉슨은 이듬해 2월 하순 중국을 방문해 마오쩌둥과 정상회담을 가졌고, 27일에는 상하이 코뮤니케를 발표했다. 코뮤니케에서 양국은 완전한 관계 정상화를 다짐하는 한편, 첨예한 외교 문제와 관련해 양국의 입장을 병렬적으로 서술하는 방식을 택했다. 특히 최대 이슈인 대만 문제와 관련해, 중국은 "대만은 중화인민공화국의 일부"라 주장했고, 미국은 "중국의 입장에 도전하지 않는다"고 밝혔다. 미국은 또한 대만 주둔 미군을 점진적으로 감축해 완전히 철수하기로 했다.[68] 1973년 3월에는 베이징과 워싱턴에 각각 연락사무소를 개설해 관계 정상화에 필요한 실무 협의에 착수했다.

1975년에는 제럴드 포드 대통령이 베이징을 방문해 상하이 코뮤니케를 재확인했고, 지미 카터도 대통령에 취임하자마자 중국과의 관계 정상화 입장을 재확인했다. 이런 과정을 거쳐 1978년 12월 15일 양국 정부는 1979년 1월 1일부로 국교를 수립하기로 발표했다. 국교가 수립되면서 미국은 중화민국(대만) 대신 중화인민공화국(중국)을 중국의 합법 정부로 인정했다. 중국도 미국이 대만과 상업적, 문화적으로 교류협력하는 것을 계속 인정하기로 했다. 미국은 대만과 국교를 단절하는 대신에, 민간 차원의 교류협력은 지속하기로 했고, 대만관계법을 제정해 대만에 대한 안보공약도 유지하기로 했다.

중국은 1972년 2월 미중정상회담을 계기로 서방세계와의 관계개선에도 본격적으로 나섰다. 그해 9월에 저우언라이는 베이징에서 일본의 다나카 총리와 정상회담을 갖고 대사급 외교관계 수립을 선언했다. 그리고 그후 4년 동안 무려 107개국과 국교를 수립했다. 이처럼 핑퐁외교는 20년 넘게 닫혀 있던 미중관계의 문을 여는 데 크게 기여했다. 핑퐁외교를 주도했던 저우언라이는 "네트 위를 넘나든 공 하나가 세계를 놀라게 했다"고 의미를 부여했다. 중국의 한 매체는 "지구라는 커다란 공이 작은 공 하나에 따라 움직였다. 물리적으로는 불가능하지만 정치적으로는 불가능이 없다는

것을 보여준 것"이라고 평가했다.[69]

　핑퐁외교를 중심으로 미중 간의 데탕트를 비교적 상세히 언급한 이유가 있다. 전 지구적, 특히 아시아 냉전의 결정적 사건이었던 한국전쟁과 이후 대만해협 위기 및 인도차이나반도 전쟁 때 미국은 수십만 명을 몰살시킬 수 있는 거대한 '핵폭탄'으로도 중국을 변화시키는 데 실패했다. 그러나 미국이 가장 강력한 '하드파워'인 핵무기 대신 2.5g의 탁구공을 앞세운 '소프트파워'를 발휘하자 중국은 놀랄 만큼 변하기 시작했다. 중국 역시 미국과 소련이라는 '이중 위협'에 맞서 '양탄일성'을 손에 쥐었지만, 중국의 안보 딜레마 해소 및 개혁·개방에 결정적으로 기여한 것은 세계 최강의 탁구 실력을 앞세운 '소프트파워'였다. '나비효과'를 입증하듯, "2.5g의 탁구공이 20세기 최대 지정학적 변화"를 이끌어낸 것이다.

　미중 핑퐁외교 20년 후, 이번에는 남북한 사이에서 핑퐁외교의 막이 올랐다. 세계적 수준의 탈냉전 분위기를 기회로 포착한 노태우 정부는 북방외교를 통해 소련 및 중국, 그리고 북한과의 관계개선에 박차를 가했다. 국제적 고립에 직면한 북한의 김일성 정권도 대외관계 개선을 타진하고 나섰다. 이즈음 일본 지바에서 열린 세계탁구선수권대회에 남북한은 단일팀을 출전시키기로 합의했고 여자 단체팀은 최강 중국을 꺾고 우승 트로피를 들어올렸다. 아울러 남북기본합의서와 한반도 비핵화 공동선언이 채택되는 등 본격적인 화해협력으로 진입하는 듯했다. 그러나 나비의 날갯짓은 이내 꺾이고 말았다. 1992년 대선을 앞두고 한미 양국의 강경파는 당시 세계 최대 규모의 군사훈련이었던 '팀스피릿' 재개를 발표함으로써 한반도의 탈냉전 움직임에 제동을 걸었다. 이에 맞서 북한은 이듬해 3월 NPT 탈퇴를 선언하며 '핵 카드'를 전면에 꺼내들었다.

김일성-마오쩌둥 '연회'와 기막힌 기시감

4

     핵무기 개발에 관심을 가진 사람은 마오쩌둥만이 아니었다. 김일성 역시 관심이 많았다. 하지만 한국전쟁 당시 절멸 위기에서 가까스로 벗어난 북한이 핵무기 개발에 나서기엔 기술력과 경제력이 턱없이 부족한 상황이었다. 그래서 북한은 소련의 지원을 기대했다. 소련 역시 "김일성의 전체주의적 통치방식과 호전적인 외교에 불만을 품고 있었지만" 북한에 핵기술을 제공했다. 미국과 경쟁관계에 있었던 만큼, 소련도 "기술적인 우위와 정치적인 관대함을 과시하기 위한" 성격이 짙었다.[70] 더구나 1950년대와 1960년대에는 핵확산을 금지하는 국제규범도 없었다.

    실제로 소련의 대북 핵개발 지원은 미국의 대남 핵개발 지원과 경쟁적으로 이뤄졌다. 1956년 한국과 미국이 '원자력의 평화적 이용에 관한 협정'을 체결하자, 북한과 소련도 이에 뒤질세라 바로 협정을 체결했다. 1958년에 한미 간에 연구용 원자로 제공 협정이 체결되자, 소련도 이듬해에 북한에 연구용 원자로를 제공하기로 했다. 연구용 원자로 완공의 첫 테이프는 남한이 먼저 끊었다. 미국의 지원에 힘입어 1960년에 최초로 원자로를 갖게 된 것이다. 그러자 소련의 지원을 받은 북한도 1963년에 연구용 원자로를 완공한다. 하지만 북소 간에는 동상이몽이 있었다. 김일성은 핵무기 개발까지 염두에 둔 반면, 흐루쇼프는 '평화적 이용'에 한정하려고 했다. 더구나 중소분쟁과 쿠바 미사일 위기를 거치면서 북소관계는 차가워지기 시작했다.

김일성의 깜짝 방중과
마오쩌둥의 20억 달러

1960년대 초반에 북소관계가 얼어붙으면서 핵 협력도 느슨해지는 듯했다. 하지만 김일성에게는 항일전쟁과 한국전쟁 때 피를 나눈 혈맹이 있었다. 바로 중국이었다. 소련도 북중 간 핵 협력에 촉각을 곤두세웠다. 소련은 1940년대 후반과 1960년대 초에 걸쳐 북한의 우라늄 광산을 탐사한 결과 북한에 우라늄이 매장되어 있다는 사실을 알고 있었다. 이에 따라 북한은 중국에 우라늄을 제공하고 중국은 북한에 핵기술을 제공하는 거래가 이뤄질 가능성이 부상했다. 실제로 1963년 9월 북한의 우라늄 프로젝트에 참여하고 있던 소련의 기술자들은 북한이 우라늄 채굴을 확대하기로 결정했다며, 채굴된 우라늄이 "중국에 제공될 것 같다"고 주 북한 소련 대사 모스콥스키에게 보고했다. 그러자 모스콥스키는 "우리가 북한에 보낸 전문가들이 결과적으로 중국을 돕고 있다"며, "중국의 분열주의자들과 맞서 싸우고 있는 현 상황을 감안할 때, 이런 활동은 중단되어야 한다"고 소련 당국에 권유했다.[71]

이에 따라 북소 간의 기술 협력은 눈에 띄게 줄어들기 시작했다. 북한은 "핵무기와 원자력 산업에 관한 정보를 얻기"를 희망했지만, 소련 당국은 전문가들에게 민감한 기술적 자문은 자제하라고 지시했다. 소련은 북한에 노하우를 전수하면, 그 노하우가 중국에 흘러들어갈 가능성을 경계했던 것이다. 하지만 북한의 생각은 달랐다. 북한 자체적으로 핵 능력을 갖고 싶어 했다. 북한의 의도는 핵 비확산 문제를 둘러싼 소련과의 대화에서 드러나기 시작했다. 영국과 프랑스에 이어 중국마저 핵클럽 가입이 유력해지자, 흐루쇼프는 핵 비확산 구상을 내놨다. 미국과 사전협의에 착수한 소련은 이에 대한 북한의 의견을 물었다. 박성철 외무상은 1962년 8월 모스콥스키 대사를 만난 자리에서 "우리라 함은 중국이 아니라 바로 북조선을 의미한다"며 아래와 같은 입장을 내놨다.

> 미제는 대만과 남조선, 남베트남을 장악하고, 핵무기로 인민들을 협박하고 있습니다. 핵무기의 도움으로 (아시아) 대륙을 장악하고는 떠날 생각조차 안 하고 있습니다. 미제는 핵무기를 보유하고 있고 우리는 보유하지 못한 현실은 결과적으로 미제의 지배를 영구화하는 데 도움을 줄 뿐입니다. 미제는 엄청나게 많은 핵무기를 갖고 있는데, 우리는 핵무기를 만들 생각조차 하지 말라는 것이 합당한 것인가요?[72]

북한이 핵 능력을 보유하고 싶었던 데는 군사적 적대국인 한국, 미국, 일본만 의식한 것이 아니었다. 독자적인 핵무장은 김일성이 강력히 추구한 정치군사 분야에서의 "자주"를 실현해, 중국 및 소련에 대한 자주성을 제고하고자 하는 동기도 강했다. 이에 소련은 핵무기 개발에는 막대한 자원과 예산이 투입되어야 한다며 "북한의 경제는 이를 감당하기 어렵다"는 논리로 북한을 만류하려고 했다. 하지만 북한 관료들은 "다른 나라보다 비용이 훨씬 적게 들어갈 것"이라며, 그 이유로 "우리가 노동자들에게 요구하면 그들은 수년간 임금을 받지 않고 일할 것"이라는 점을 들었다.[73]

이런 북한 관료들의 발언은 김일성에 대한 소련 당국의 불신을 키운 요인으로 지적된다. 김일성은 1962년 9월 북한을 방문한 동독 대표단에게 이렇게 말했다. "국제 환경이 악화되고 있지만, 우리 모두는 (핵무기가 아니라) 인내심으로 무장해야 합니다."[74] 그는 또한 여러 차례에 걸쳐 북한의 핵 프로그램은 철저하게 평화적 이용에 국한된다는 점을 강조하기도 했다. 하지만 소련 당국은 김일성의 이런 발언을 크게 신뢰하지 않았다. 북한의 궁극적인 의도는 핵무기 개발에 있다고 봤기 때문이다. 그렇다고 북한과의 핵 협력을 전면 중단하기도 어려운 처지였다. 중소분쟁이 격화되면서 북한의 전략적 가치가 높아졌기 때문이다. 그래서 소련은 핵 협력을 지속하면서도 그것이 북한의 핵무장으로 이어지는 가능성에는 경계심을 늦추지 않았다.[75]

이처럼 북소 간에 미묘한 신경전이 계속되는 사이 중국은 핵클럽 가입을 향해 빠르게 질주하고 있었다. 그리고 김일성은 1964년 10월 중국의 핵실험 성공 소식을 듣고 베트남 방문길에 중국에 들렀다. 마오쩌둥은 연회를 열었고 김일성은 핵실험 성공을 축하한다는 말을 건넸다. 이때 마오쩌둥은 인민해방군 책임자를 불러 "이번 핵실험에 비용이 얼마 들었느냐"고 물었다. 질문을 받은 책임자가 마오쩌둥에게 귓속말로 보고하려 하자, 마오쩌둥은 "김일성 동지 앞에서는 문제없으니 그냥 얘기하라"고 지시했다. 그러자 그 책임자는 "20억 달러"라고 답했다고 한다. 답변을 들은 마오쩌둥은 "중국은 인구도 많고 나라도 크다. 체면이 필요하다. 그래서 핵실험을 했다"고 말했다. 그러면서 "북한은 그렇게까지 할 필요가 있겠느냐"며 북한의 핵개발에 부정적 입장을 표명했다.[76]

이 장면은 당시 핵문제를 둘러싼 북중관계의 미묘한 긴장을 잘 보여준다. 김일성이 예정에 없던 중국을 방문한 이유는 핵실험에 성공한 중국에 핵개발 지원을 요청하려고 했을 가능성이 높다. 이를 간파한 마오쩌둥은 고도의 연출을 선보였던 것으로 보인다. 상식적으로 마오쩌둥이 자국의 핵개발에 얼마의 비용이 들어갔는지 몰랐다고 보기는 어렵다. 그런데도 굳이 책임자를 불러 "20억 달러"라는 답변을, 그것도 김일성 앞에서 보고하게 한 이유는 북한의 핵개발을 만류하기 위한 의도라고 볼 수 있다. 더구나 김일성은 박정희 정권의 등장과 쿠바 미사일 위기를 거치면서 경제보다 국방을 선택했고, 그 결과 북한은 극심한 경기 침체기에 접어들고 있었다. 이를 잘 알고 있었을 마오쩌둥은 "20억 달러"라는 어마어마한 금액을 제시하면서 김일성의 핵무기 개발 욕심을 단념시키려고 했던 것이다. 적어도 북한의 핵무장 반대에 대해 마오쩌둥과 흐루쇼프는 '동지'였던 셈이다.

김일성과 마오쩌둥의 이런 엇갈림은 이후 북중관계가 악화된 여러 가지 요인 가운데 하나였다. 1966년 주 북한 알바니아 대사관이 작성한 북중관계 정보 보고서에도 "북한이 중국에 원자폭탄의 비법을 알려달라고 요청한 사실이 양국관계의 냉각을 가속화시켰다"는 내용이 나온다.[77] 이는 훗날 핵문제를 둘러싼 북중 간의 갈등에도 시사하는 바가 크다. 북한의 눈에는 반세기 전에 '양탄일성'을 손에 쥔 중국이 북한의 핵과 미사일 개발·보유를 반대하는 것이 '내로남불'로 보였기 때문이다.

뒤바뀐 "깡패국가"

미국이 1960년대에 중국의 핵문제를 대한 태도와 2010년대 북핵문제를 대하는 태도를 비교하면 대단히 흥미로운 점을 발견하게 된다. 1960년 미국은 국가정보평가(NIE)를 통해 이렇게 경고했다. "중공의 오만한 자신감과 혁명적 열기, 그리고 왜곡된 세계관은 자신들의 선택이 초래할 위험에 대한 오산으로 이어질 수 있다. 이런 위험은 중공이 핵무기를 보유하면 더욱 높아질 것이다."[78] 나라 이름을 "중공"에서 '북한'으로 바꾸면 북미정상회담 이전 미국의 북핵 위협에 대한 평가와 거의 일치한다.

또한 미국은 중국이 대기근에도 불구하고 핵실험을 강행하자 "중국 인민들에게는 비극"이라고 비난했다. 50년 후 "주민들은 굶주리는데 핵무기와 미사일 개발에 여념이 없다"며 북한 정권을 비난한 것과 판박이다. 아울러 미국은 소련에 중국의 핵미사일 개발 저지를 요청하기도 했다. 여기서 소련을 중국으로, 중국을 북한으로 바꾸어놓으면, 2010년대 상황과 너무나 흡사하다는 것을 알 수 있다. 미국은 북핵문제가 대두된 1990년대 초반 이후 줄곧 "북핵문제 해결의 열쇠는 중국이 쥐고 있다"며 중국 역할론을 강조해왔다. 그러나 중국은 미국이 해결해야 할 문제를 중국에 떠넘기고 있다며 미국의 요구는 '미션 임파서블'이라고 맞서왔다. 1960년대 미국의 중소관계에 대한 무지가 2010년대 미국의 북중관계에 대한 무지나 무시로 재현된 셈이다.

핵문제를 둘러싼 1960년대 중소관계와 오늘날의 북중관계를 비교해도 흥미로운 점을 발견하게 된다. 저우언라이는 1965년 5월 중앙군사위원회 회의에서 흐루쇼프를 이렇게 비난했다. "1961년 유고슬라비아에서 열린 제1차 비동맹회의에서 흐루쇼프는 손을 흔들며 협박과 공포심을 자극하면서 우리의 핵실험 계획에 경고를 보냈습니다. 그는 심지어 미국에 대표단을 보내 우리의 핵개발을 저지해달라고 구걸하기까지 했습니다." 그는 이어 "우리는 제2차 비동맹 회의 직후 1차 핵실험을 했다"며, "이번에는 아시아-아프리카 연합 회의를 앞두고 두 번째 핵실험을 실시할 것"이라고 밝혔다.[79] 소련의 반대에 아랑곳하지 않고 핵무장을 완성하겠다는 의지를 피력한 것이다. 2018년 판문점선언 이전에 북한은 바로 이 점을 들면서 중국에 섭섭함과 분노를 표했다. 북한은 소련과 달리 중국의 핵무장을 지지했는데, 왜 중국은 북한의 핵무장에 반대할 뿐만 아니라 미국의 제재와 압박 요구를 들어주느냐고 항변한 것이다.

가장 기막힌 데자뷰는 미국이 내세운 미사일방어체제(MD) 구축 명분에서 찾을 수 있다.[80] 1999년 1월 30일 펜타곤 기자회견장에 선 윌리엄 코언 국방장관은 "점증하는 깡패국가들(rogue states)의 탄도미사일 위협으로부터 미국과 동맹국을 방어할 수 있는 MD를 구축하라"는 빌 클린턴 대통령의 지시를 받았다고 밝혔다. 그의 입에서 거명된 두 나라는 북한과 러시아였다. 하지만 그 맥락은 정반대였다. 코언은 미국의 MD는 깡패국가들의 위협에 대처하기 위한 것이라고 강조하면서 북한을 그 예로 들었다. 반면 러시아를 언급한 이유는 정반대였다. "제한적인 국가미사일방어체제(NMD)는 러시아의 핵 억제력에 대응할 능력이 없기 때문에 러시아는 걱정할 이유가 없습니다."

그러자 한 기자가 손을 들고 물었다. "장관님, 32년 전에 맥나마라 국방장관 역시 방금 장관께서 말씀하신 것과 흡사한 연설을 했습니다. 맥나마라 장관이 (북한 대신에) 중국을 깡패국가라고 불렀던 것을 제외하면 말이죠. 어떻게 생각하세요?" 그의 질문은 MD 추진 명분이 중국 위협에서 북한 위협으로 바뀐 이유와 과거에도 그렇고 오늘날에도 그렇고 MD가 러시아와 무관하다는 정부의 설명에 대한 해명을 요구한 것이었다. 다소 당황한 코언은 "제한적인 NMD는 북한과 같은 깡패국가에 대응하기 위한 것"이라는 기존 입장을 되풀이했다.[81]

1990년대 이후 북한의 핵과 미사일 문제는 미국 MD의 최대 명분이었다. 미국 주도의 MD가 본질적으로는 중국을 겨냥한 것이라는 의혹이 끊이지 않고 제기되고 있지만, 미국 정부는 MD와 중국을 직접 결부시키기를 부담스러워한다. 이에 따라 미국 정부는 MD와 중국의 관계에 대해 '침묵' 하거나 '무관'하다는 답변을 왔다 갔다 해왔다. 2016년부터 한국을 강타해온 사드 문제가 대표적이다. 그런데 이와 흡사한 양태가 1960년대에도 있었다. 북한을 중국으로, 중국을 소련으로 이름만 바꿔서 당시 문서를 분석해보면, 기막힐 정도로 역사가 반복되고 있다는 것을 알 수 있다.

미국이 탄도탄요격미사일(ABM), 즉 MD 개발에 본격적으로 나서려 했던 시점은 1960년대였다.[82] 중국의 핵실험 성공 이듬해인 1965년, 미국의 한 연구소는 중국의 ICBM 위협에 대처할 필요가 있다며, 미국은 MD 시스템을 조속히 구축해야 한다고 했다. 그러자 존슨 대통령의 과학보좌관들은 그 타당성을 연구·분석했는데, 결론은 불필요하다는 것이었다. "중국의 협박과 위협"이 우려되지만, MD는 효과적인 방어수단이 아닐 뿐만 아니라, 공연히 소련을 자극해 군비경쟁을 촉발할 우려가 크다는 이유 때문이었다.[83]

그러나 중국이 1966년 중거리 탄도미사일인 '둥펑 2호' 시험발사와 1967년 수소폭탄 실험에 성공하면서 미국 내에서 '중국 위협론'이 더 커졌다. 동시에 소련이 모스크바 방어 목적으로 ABM 체제 구축에 나섰다는 정보도 입수했다. 이에 따라 미국도 하루빨리 미사일 방어망을 갖춰야 한다는 요구가 높아졌고, 결국 1967년 9월 5일 맥나마라 국방장관은 중국을 "깡패국가"로 부르면서 "중국을 겨냥한 ABM 시스템을 배치하기로 결정했다"고 발표했다. 그런데 당시 미국이 내세운 명분은 다량의 핵미사일을 보유한 소련이 아니라 이제 막 핵보유 문턱을 넘어선 중국이었다. 소련을 직접 거론하면 소련을 자극해 군비경쟁과 안보 딜레마를 격화시킬 우려가 있다고 봤기 때문이다.[84]

그러자 미국 내에서는 "소련은?"이라는 반문이 나왔다. 이에 대해 맥나마라는 2주 후 기자회견을 통해 "만약 우리가 미국 전역에 ABM 시스템을 배치하면 소련은 확실히 그들의 공격 능력을 강화시켜 우리의 방어적 이점을 무력화시키려 할 것"이라고 말했다. 그러면서 미국의 ABM은 중국이 조만간 보유할 것으로 보이는 ICBM에 대응하기 위한 것이라고 거듭 강조했다. 소련을 중국으로, 중국을 북한으로 이름만 바꿔보면, 오늘날 사드를 비롯한 MD에 대한 미국 정부의 화법과 너무나 닮았다는 것을 알 수 있다.

호치민의
우공이산

5

2010년대 들어 북한의 핵무장이 돌이키기 힘든 현실이 되자, 한국의 보수 진영에서는 "북핵을 막지 못하면 5000만 우리 국민이 북핵의 노예로 살아야 한다"는 주장을 되풀이했다. 하지만 남북한 사이의 엄청난 국력과 국제적 환경의 격차를 별개로 하더라도, 핵의 역사를 복기해보면 이런 주장은 피해망상에 가깝다는 것을 알 수 있다. 나라를 만든 지 1년밖에 안 된 '비핵국가' 중국은 한국전쟁 당시 세계 최강인 미국과의 일전을 선택했다. 원시국가처럼 여겨졌던 아프가니스탄은 3만 개의 핵무기를 보유한 소련을 물리쳤다. 한국 내 일각에서는 "김정은이 핵을 앞세워 무력 공산통일을 시도할 것"이라는 공포성 발언도 심심치 않게 내놓았다. 이들에게 꼭 들려주고 싶은 이야기가 있다. 바로 베트남전쟁이다.

한국전쟁의 데자뷰

            냉전시대 미국의 핵전략은 단순히 소련을 비롯한 핵보유국에
대한 억제 차원에 머물지 않았다. 앞서 살펴본 것처럼, 한국전쟁과 같은 '제
한전'(강대국들의 관점에서는 제한전이지만, 한반도에서는 전면전이었다!)과 이후
갈등 국면 때마다 비핵국가였던 북한과 중국을 상대로 사용을 검토하기도
했다. 자신에게 유리한 협상조건을 만들기 위한 '강압외교'의 수단으로도
이용했다. 미국 역사상 가장 치욕적인 전쟁이자, 오늘날까지 그 신드롬이
거론되고 있는 베트남전쟁에서도 예외는 아니었다. 케네디, 존슨, 닉슨 행
정부는 전세가 뜻대로 전개되지 않을 때마다 핵무기를 만지작거렸다.

    그런데 베트남전쟁은 한국전쟁의 연속선상에서 파악할 수 있는 특징이
있다. 특히 한국전쟁이 베트남전쟁에 미친 영향 가운데 두 가지를 주목할
필요가 있는데, 하나는 한국전쟁을 거치면서 강해진 미국의 군사력과 공산
권에 대한 적개심이 베트남전쟁 개입의 물리적·심리적 토대로 작용했다는
것이다. 또 하나는 한국전쟁을 핵 위협을 통해 끝냈다고 판단한 미국이 베
트남에서도 유사한 시도를 했다는 점이다. 미국의 핵 전략 및 그 결과를 놓
고 볼 때, 베트남전쟁은 한국전쟁의 데자뷰였던 셈이다.

    한국전쟁과 베트남전쟁의 상호작용은 미국과 프랑스의 관계에서도 발
견된다. 미국을 비롯한 UN군이 한국전쟁에서 고전을 면치 못하고 있던 시
기에 프랑스도 베트민(Vietminh)의 민족해방운동에 밀리고 있었다. 자칫
동북아의 전략적 요충지인 한반도와 동남아의 요충지인 베트남이 공산 진
영으로 넘어갈 것을 우려한 미국은 한반도에서 전쟁 중임에도 불구하고 프
랑스를 적극 지원했다. 그리고 한반도와 베트남을 가로지르는 미국의 아시
아 전략의 핵심적 목표는 일본을 자신의 품에 남겨두는 것이었다.

    딘 애치슨 국무장관은 1952년 1월 영국 관리들에게 "만약 일본이 공산
진영으로 넘어간다면 세계 패권 구도에 중대한 변화가 일어날 것"이라며,

이를 방지하기 위해 "모든 방법을 동원해야 한다"고 말했다. 이는 미국의 한국전쟁에 대한 신속한 개입과 동시에 인도차이나반도 개입의 전략적 이유로 작용했다. 동남아시아에 대한 일본의 접근성을 보장하는 것이 "일본의 경제적 성장과 번영에 중대한 것"으로 간주되었기 때문이다. 만약 일본이 동남아에서 시장을 찾지 못하면, 일본은 중국에서 시장을 찾으려 할 것이고, 이렇게 되면 일본의 탈미친중(脫美親中)이 가속화될 것으로 봤던 것이다.[85]

한편 1951년 여름 들어 한반도 정전협정 논의가 시작되자, 긴장한 나라가 있었다. 바로 베트민과 전쟁을 벌이고 있던 프랑스였다. 1951년 9월 워싱턴을 방문한 프랑스의 인도차이나 주둔군 총사령관이었던 타시니(Jean de Lattre de Tassigny) 장군은 미국에 추가적 군사지원과 함께 한반도에서 정전협정이 타결되면, 중국이 인도차이나에 개입할 것이라는 우려를 전달했다. 그는 "한반도에서 지더라도 아시아 전체를 잃지 않지만, 인도차이나를 잃으면 아시아를 잃게 된다"는 논리를 폈다.[86] 정전협정이 체결된 지 한 달 후인 1953년 8월에도 프랑스의 나바르(Henri Navarre) 인도차이나 주둔군 사령관은 한반도 정전협정이 중국군의 인도차이나에 대한 직접적인 개입 강화로 이어질 것이라며, 미국의 참전 및 대대적인 지원을 요청했다. 그러자 미국은 약 8억 달러의 군수지원을 약속했다. 그럼에도 불구하고 프랑스는 디엔비엔푸(Dien Bien Phu) 전투에서 패배했고, 이에 따라 1946년에 발발한 1차 베트남전쟁은 1954년 5월 7일 베트민의 승리로 끝났다.

그러나 이것으로 베트남의 비극까지 끝난 것은 아니었다. 베트남은 10년 전 한반도와 흡사한 운명에 직면했다. 미국, 소련, 중국 등 강대국들이 개입해 베트남을 위도 17도선을 기점으로 분단시킨 것이다. 이에 따라 북부에는 호치민이 이끄는 북베트남이, 남부에는 응오딘지엠을 대통령으로 하는 남베트남이 들어섰다. 남베트남은 제네바 합의를 거부하고 미국의 지원을 받아 대대적인 공산주의 소탕 작전을 벌였다. 이에 남베트남 내 공산주의자들은 북베트남의 지원을 받아 '남베트남민족자유전선'을 설립해 대대적인 반격에 나섰다. 미국의 케네디 행정부도 1만 6000명의 병력을 파견했다. 급기야 존슨 행정부는 1964년 8월에 통킹만 사건을* 조작해 전면적인 개입에 나서고 말았다.

미국이 베트남전쟁에 전면적으로 개입한 지 2개월 후에는 아시아 정세에 중대한 파장을 몰고 올 사건이 발생했다. 북베트남의 우방국인 중국이 핵실험에 성공한 것이다. 미국의 존슨 행정부는 중국의 핵실험 징후를 수개월 전부터 파악하고 있었다. 그리고 미국이 베트남에서 강력한 의지를 보여주지 못하면, 중국의 핵무장에 미국이 후퇴하기 시작한 것이라는 신호를 아시아에 보내는 것이라는 우려가 제기되었다. 중국의 핵실험 실시가 초읽기에 들어간 1964년 9월 존슨 대통령이 주재한 대책회의에서 주베트남 대사인 맥스웰 테일러(Maxwell Taylor)는 "조만간 미국은 북베트남에 훨씬 강력하게 대응해야 할 것"이라고 주문했다. 합참의장 휠러(Earle Wheeler) 역시 "우리가 남베트남에서 패배한다면, 우리는 동남아시아를 잃을 것이고, 이들 지역의 국가들은 차례로 지역 강대국으로 부상하고 있는 중공에 기울게 될 것"이라고 거들었다.[87]

미국이 공산주의 확산 저지를 명분으로 베트남에 전면 개입하면서 핵무기는 또다시 이 전쟁을 승리로 이끌 수 있는 유력한 힘이라는 맹신도 되살아났다. 그 선봉에는 한국전쟁을 핵 위협을 통해 끝냈다고 자화자찬하고 이후 대량보복 전략을 채택한 아이젠하워와 덜레스가 있었다. 1952년 대선 당시 아이젠하워의 외교참모였던 덜레스는 그해 5월 초 파리에서 한 연

---

* 1964년 8월 초 미국은 통킹만에서 작전 중이던 자국의 구축함이 북베트남의 어뢰 공격을 받았다며 베트남전쟁에 본격적으로 뛰어들었다. 그러나 이 사건은 미국이 베트남에 개입하기 위해 벌인 자작극이었다.

설을 통해 인도차이나를 방어할 수 있는 최선의 방책은 중국이나 소련에 대한 직접적인 보복 의지를 분명히 하는 것이라고 강조했다. "예를 들어 중국이 그들의 공산군을 베트남으로 보내면 우리의 대응이" 중국 본토로까지 확대되고 또한 사용하는 무기에 제한도 두지 않겠다는 점을 중국 정부가 인식하게 만들어야 한다는 것이었다. 그는 또한 1953년 9월에는 미국 세인트루이스 연설에서 "중국의 공산 정권은 (한반도에 이어) 인도차이나에서 또다시 도발할 경우 미국의 대응은 인도차이나에 국한되지 않을 것이고 이에 따라 중대한 결과를 초래하게 될 것이라는 점을 깨달아야 할 것"이라고 경고했다.[88]

아이젠하워 역시 그의 후임 정권들에 핵무기를 적극적으로 이용하라고 권고했다. 그는 퇴임 4년 후인 1965년 2월 17일 존슨 대통령을 만난 자리에서 한국전쟁 휴전 비결을 설명했다. 당시 회의록에 따르면, 아이젠하워는 "대통령이 된 직후 네루, 장제스, 정전협상에 참여한 관리를 통해 중국과 북한에 메시지를 전달했다"고 소개했다. "메시지의 핵심은 만약 만족할 만한 정전협정에 조속히 서명하지 않으면, 우리는 전투 지역과 사용하는 무기의 제한을 제거할 것"이라는 내용이었다.[89] 핵공격과 중국으로의 확전 위협으로 한국전쟁이 휴전에 다다랐다는 의미였다. 그러면서 베트남전쟁에서도 같은 방식을 적용할 것을 권유했다. 중국이 베트남에 개입하면 핵공격을 가할 것이라는 점을 중국에 전달해야 한다는 것이었다.

1966년 4월 미국은 북베트남에 대한 대대적인 공격을 검토하고 있었다. 그러나 이는 한국전쟁 때와 마찬가지로 중국의 개입을 불러올 우려가 있었다. 이에 따라 미국 군부는 중국 개입 시 핵무기 사용을 고려했다. 당시 미군 수뇌부는 중국 전문가인 에드워드 라이스(Edward Rice) 홍콩 영사를 불러 '미국의 제한적인 핵공격에 중국이 어떻게 반응할 것인가'에 대한 의견을 물었다. 비밀해제된 국무부 문서에 따르면, 라이스는 광활하고도 많은 인구를 보유한 중국은 "핵무기를 결정적인 것으로 간주하지 않는다"며, "마오쩌둥은 1000만 명의 인구 손실에 대해 그리 크게 우려하지 않을 것"이고, "항복을 하느니 대규모 산업적 손실을 감수할 것"이라고 답했다. 라이스는 핵공격을 포함한 어떤 군사적 방법으로도 중국을 굴복시키거나 정복할 수 없을 것이라며, "제가 중국과의 전쟁과 관련해 드릴 수 있는 최선의 권고는 전쟁을 하지 않는 것"이라고 말했다.[90] 존슨 행정부 역시 핵무기 사용은 제한적인 목적에 비해 무차별적인 살상과 파괴를 가져올 수 있고, 소련의 맞대응을 야기해 제3차 세계대전으로까지 비화될 위험이 있으며, 국내외 여론이 결코 호의적이지 않을 것이라는 판단으로 핵무기 사용을 심각하게 검토하지 않았다.[91]

그러나 아이젠하워 행정부 때 부통령을 지냈던 리처드 닉슨이 1969년 1월 대통령으로 취임하면서 상황은 바뀌기 시작했다. 베트남전쟁 종결을 최대 선거공약으로 내세운 닉슨 행정부는 임기 첫해부터 핵무기 사용에 대한 구체적인 검토에 들어갔다. 한국전쟁 종식을 공약으로 내세웠던 아이젠하워가 대통령 취임 직후부터 핵무기 사용을 적극 고려했던 것의 재판이었다.

당시 닉슨 행정부는 파리 협상을 조속히 마무리 짓는다는 명분으로 무력시위를 강화하고 있었는데, 이 가운데 하나가 바로 핵공격 위협이었다. 닉슨 행정부는 1969년 여름 여러 차례에 걸쳐 소련과 북베트남에, 미국이 제시한 종전 조건에 동의하지 않으면 "미국은 엄청난 결과와 파괴를 초래할 조치를 취할 것"이라고 경고했다. 핵무기라는 직접적인 표현은 삼갔지만, 이는 누가 들어도 핵전쟁에 대한 위협으로 간주됐다.

'미친 자의 이론'과 우공이산의 충돌

　　미국의 위협에도 불구하고 소련과 북베트남이 눈 하나 깜짝하지 않자, 미국은 재래식 무기를 이용한 대대적인 공세를 펼치는 동시에 핵 공격 준비태세를 강화했다. 1969년 7월 들어 닉슨의 국가안보보좌관인 헨리 키신저는 작전명 '덕훅(Duck Hook, 골프 용어로 거위 목처럼 오른쪽에서 왼쪽으로 휘어지며 날아가는 타구를 말함)'을 준비하는 한편, 긴급작전계획을 수립하는 '9월 그룹'을 NSC 내에 구성해 북베트남을 굴복시킬 방안을 만들게 했다. 키신저는 핵무기 불사용은 "우리 행정부의 정책"이라면서도, 북베트남과 중국 사이의 철도 보급로를 차단하기 위해 그 무기의 사용이 배제되지는 않는다고 말했다.

　　'덕훅'의 목표는 "북베트남에 군사격 타격을 가해 (미국이 제시한 조건으로) 합의를 도출하는 것"이었다. '9월 그룹'은 존슨 행정부 때의 폭격이 산발적이고 남베트남에 국한된 것이라고 비판하면서, "적이 감당할 수 없는 피해"를 가하거나 "소련과 중국이 개입하더라도 북베트남 정권의 완전한 파괴"를 시도하는 수준까지 검토했다. 당시 비밀문서에 따르면, '덕훅'은 북베트남에 대한 단기적이면서도 강도 높은 공격을 가해 북베트남에 "지속적인 군사적·경제적 영향을 주고" "하노이 지도부에 강력한 심리적 영향을 주는 것"에 맞춰졌다.[92] 핵무기 사용과 관련해서는 "우리는 핵무기 사용을 준비해야 하는가?"라며 명확한 방침을 밝히진 않았다.[93] 그러나 닉슨은 '덕훅'을 승인하지 않았다. 국방장관과 국무장관이 이 계획에 반대했고, 반전 여론이 비등해지는 상황에서 대대적인 군사 공세는 부담스러울 수밖에 없었기 때문이다.

　　대신 닉슨 행정부는 미국 역사상 최대 군사훈련 가운데 하나로 기록된 '합참 준비태세 연습(Joint Chiefs of Staff Readiness Test)'에 돌입했다. 핵공격 태세를 크게 강화시켜 상대방의 외교적 굴복을 유도하는 '미친 자의 이론

(madman theory)'을 선보이기로 한 것이다. 1969년 10월 13일부터 30일까지 실시된 이 훈련은 핵 준비태세 강화를 포함해 세계 전역에 걸쳐 실시됐다. 이는 닉슨 행정부가 북베트남과 소련에 제시한 협상 시한인 11월 1일을 겨냥한 무력시위이기도 했다. 당시 극비문서에 따르면, 닉슨은 제3자를 통해 북베트남 지도부에 최후통첩을 보낸 터였다. 11월 1일까지 종전이 이뤄지지 않으면, "유감스럽게도 닉슨은 필요한 어떠한 수단에도 의존하게 될 것"이라며 이는 "엄청난 결과"를 초래할 것이라는 위협이었다.[94] 당시 닉슨의 광기 어린 선택에 대한 기대감은 그가 백악관 비서실장인 해리 홀드먼(Harry Robbins Haldeman)에게 한 말에서 잘 드러난다.

> 나는 이걸 미친 자의 이론이라고 부를 것이오. 나는 북베트남인들이 내가 전쟁을 끝내기 위해 무슨 일이라도 할 수 있는 지경에 도달했다는 점을 믿기를 바라고 있소. 우리는 곧 그들에게 이런 말을 전달할 것이오. '맙소사. 당신들은 알고 있나요? 닉슨은 공산주의에 미쳐버릴 지경이라는 것을. 우리는 그가 화났을 때 그를 자제시킬 수 없소. 그는 핵 버튼에 손을 올리고 있소.' 이 말을 들은 호치민은 평화를 구걸하기 위해 이틀 뒤 파리에 나타날 것이오.[95]

'미치광이 이론'의 성공을 기대하려면 '3C'가 필요했다. 군사적 능력(capability)과 위협의 신뢰성(credibility), 그리고 상대방도 알 수 있게 하는 소통(communication)이 바로 그것들이다. 당시 미국의 핵 능력은 전 세계가 잘 알고 있던 터였다. 사상 최대 규모의 핵전쟁 연습은 그 위협의 신뢰성을 배가하기 위한 선택이었다. 문제는 소통이었다. 당초 미국 합참은 미국 여론과 동맹국이 이런 훈련을 눈치채지 못하도록 극비를 유지하려고 했다. 하지만 닉슨은 강압외교의 성공을 위해서는 상대방도 알고 있어야 한다며, 소련 정보기관이 탐지할 수 있는 수준으로 핵전쟁 훈련을 수행하라고 지시했다.

이런 계획에 따라 미국은 인도차이나반도 인근에 전략폭격기의 준비태세를 강화하는 한편, 핵무기를 탑재한 구축함과 잠수함을 대거 파견했다. 또한 소련에 대한 무력시위를 강화하기 위해 대서양, 지중해, 아덴만, 동해 등에서도 준비태세를 크게 강화했다. 10월 말에는 알래스카 동부에서 전략공군사령부 주관으로 핵무기를 탑재한 B-52 전폭기를 동원한 경계훈련을 실시하기도 했다. 그러나 이런 무력시위는 별로 효과를 거두지 못했다. 소련이 미국의 핵전쟁 준비태세 강화를 간파했는지는 확실하지 않지만, 북베트남의 저항이나 중국 및 소련의 베트남 정책에는 거의 영향을 주지 못한 것이다.[96] 오히려 미국의 경계태세 강화에 맞서 중국과 소련도 경계태세를 강화했다. '미친 자의 이론'이 성공을 거두지 못한 것이다.

1972년 들어 닉슨 행정부는 또다시 핵무기 사용 검토에 들어갔다. 시간이 갈수록 더욱더 깊은 수렁에 빠져든 미국은 북베트남의 총공세에 어떻게 대응할 것인지 고민에 빠졌다. 닉슨은 키신저 등 핵심참모들에게 핵폭탄 투하에 대한 의견을 물었다. 목표를 잘 정해 핵공격을 하면 민간인 피해는 최소화하고, 북베트남과 소련 지도부에는 심리적인 영향을 줄 수 있다는 기대감을 피력했다. 그러나 키신저는 조심스러운 반응을 보였다. 더구나 이때는 미국이 중국과의 관계개선에 적극 나선 시점이었다. 북베트남이나 베트남-중국 국경에 핵폭탄을 투하하면 미중 데탕트도 물거품으로 돌아갈 터였다. 또한 북베트남 지도부는 미국의 핵무기 사용 위협에 결코 움츠러들지 않았다. 1972년 12월 4일, 파리에서 열린 평화협상의 북베트남 대표인 레둑토(Le Duc Tho)는 키신저에게 다음과 같이 말했다. 이는 닉슨이 3년 전에 제3자를 통해 북베트남 지도부에 전달한 최후통첩에 대한 답변이기도 하다.

우리가 (1950년대) 프랑스에 맞서 저항을 할 때 닉슨 부통령이 핵무기 사용을 언급한 바 있기 때문에, 우리는 가끔 당신들이 우리에게 핵폭탄을 떨어뜨릴 가능성을 생각해봅니다. 만약 우리 세대가 목표를 달성하지 못하면, 우리의 자손들이 계속 투쟁할 것입니다. 우리는 이미 600개의 핵무기와 맞먹는 엄청난 폭격을 받았습니다. 간명한 진리는 우리가 항복해 노예로 사는 일은 결코 없다는 것입니다. 단언컨대, 당신들의 위협과 약속 위반은 타협에 도달하는 진정한 방법이 아니라는 것입니다.[97]

박정희와 '무궁화 꽃이 피었습니다'

6

1970년대 동북아시아에 비밀리에 핵무기를 개발하고, 국민들을 고문하는 나라가 있었다. 사람들은 북한이라고 생각할 것이다. 아니다. 그건 남한이다. 1970년대의 남한과 오늘날의 북한은 여러 점에서 흡사하다.

박정희 시대 한국의 현실을 일갈한 표현이다. 그것도 '빨갱이'나 '종북·좌파'도 아닌 박정희 정권 시절 미국 CIA 한국 지부 총책임자로 있었던 도널드 그레그가 한 말이다.[98] 이 구절을 소개한 이유는 박정희의 비밀 핵개발을 비난하기 위함이 아니다. 1970년대 박정희의 선택은 1990년대 이후 북한의 3대 세습정권(김일성-김정일-김정은)의 선택과 너무나 흡사하기 때문이다. 하여 '박정희와 핵'에 대한 이해는 역지사지 관점에서 북핵에 대한 이해 수준을 높여줄 수 있다. 또한 박정희와 핵은 한국 사회에서 여전히 '뜨거운 감자'다. 그의 좌절된 꿈을 다룬 김진명의 장편소설《무궁화 꽃이 피었습니다》는 1993년에 출간되어 450만 부나 팔렸고 영화로도 만들어질 정도로 큰 반향을 일으켰다. 박정희 시대의 핵개발 여부 및 그 수준에 대한 관심은 여전하다. 그의 암살 배경에는 핵개발을 저지하기 위한 CIA의 음모가 도사리고 있었다는 주장도 있다.

그렇다면 박정희는 왜 핵무기를 개발하려 했고, 어느 정도 수준까지 갔을까? 그리고 그가 좌절한 이유는 무엇이었을까? 앞서 소개한 그레그는 〈한겨레〉와의 인터뷰를 통해, 한국이 1972년에 핵개발에 착수해 1977년에 중단했다고 증언했다. "내가 1973년 한국에 왔을 때, 미군은 베트남에서 철수했다. 박정희는 이걸 보면서 미국과의 동맹에 대한 믿음을 잃기 시작했다. 그가 핵개발에 나선 이유다." 그러면서 "우리가 북한으로부터의 어떠한 공격에도 남한을 보호할 것이며, 따라서 남한이 핵무기를 지닐 필요가 없다는 것을 강하게 재확인"시켜 박정희를 설득했다고 한다.

'닉슨 쇼크'와 이스라엘 모델

그레그도 지적한 것처럼, 박정희가 핵개발에 관심을 가진 계기는 베트남전쟁이었다. 1969년에 집권한 닉슨 행정부는 새로운 아시아 정책을 구상하기 시작했다. 이 구상의 핵심내용은 베트남전쟁의 조속한 종결, 중국과의 관계개선, 아시아 안보에 대한 아시아 국가들의 책임 증대였다. "베트남전쟁의 명예로운 종식"을 핵심적인 대선 공약으로 내세운 리처드 닉슨 대통령은 이를 위해 중국과의 적대관계 종식을 추구했고, 소련과도 데탕트에 나섰다. 그리고 1969년 7월 25일 괌에서 '닉슨 독트린'을 발표했다. 닉슨은 이 독트린을 통해 핵우산 제공을 비롯해 동맹국과 맺은 안보조약을 이행하겠다는 의지를 재확인하면서도 "우리는 위협에 직면한 당사국이 자국의 안보를 위한 병력 동원에 우선적인 책임을 가져야 한다고 간주할 것"이라고 밝혔다. 그는 "아시아는 아시아인들의 것"이라고 말했다.

이는 한마디로 아시아 국가들의 안보는 스스로 책임지라는 의미였다.

이런 독트린을 입증하듯, 닉슨 행정부는 대대적인 아시아 주둔 미군 감축에 돌입했다. 우선 베트남에서의 철수를 본격적으로 진행해, 1969년 초 72만7000명에 달했던 병력 수를 1971년 말에는 28만4000명까지 줄였다. 1973년 파리 평화협정이 체결된 이후에는 완전 철수 수순을 밟았다. 이와 동시에 중국과의 관계개선에도 박차를 가했다. 이미 집권 전부터 중국과의 관계개선을 피력했던 닉슨은 1970년 들어 파키스탄을 통해 중국과의 접촉에 나섰고, 당시 소련과 국경분쟁을 겪고 있던 중국도 소련의 위협에 대처하는 차원에서 미국과의 관계개선을 타진하고 있었다. 이에 따라 1971년 7월 중순 헨리 키신저 백악관 국가안보보좌관의 중국 방문과 이듬해 2월 닉슨 대통령의 중국 방문이 이어지면서 미중 데탕트는 절정에 이르렀다.

이런 미중 간의 데탕트는 한국에서 '닉슨 쇼크'라는 말이 유행할 정도로 큰 충격이었다. 당시 한국인들에게 중국은 한국전쟁 참전으로 통일을 물거품으로 만든 장본인이자 북한의 후견인 정도로 비쳤기 때문이다. 특히 한국 내에서는 키신저와 닉슨의 방중을 계기로, '두 개의 코리아'와 남북평화협정 등이 미중 간에 협의될 가능성을 경계했다. 이를 두고 〈경향신문〉은 사설을 통해 "한반도의 분단 상태를 유럽 분쟁의 초점이었던 '베를린' 문제 해결방식처럼 미·소·일·중공 등 4대 강국에 의한 현상 고정화는 중소국의 의사를 무시한 대국주의 정치의 자의와 횡포를 강변할 수 없다는 점을 우리는 차제에 다시 한 번 엄중히 경고코자 한다"고 밝혔다. 이어 "김일성이 '긴장완화'라는 거죽을 넉살 좋게 뒤집어쓰고 '현재의 휴전협정을 남북평화협정'으로 뜯어고치고자 북경의 입김에 재빠르게 올라타고 위장평화공세를 펴고 있는 이때, 정부의 안보태세 노력은 더 말할 나위 없고 국민의 정신 자세가 과거 어느 때보다 중요하다는 점을 잊어서는 안 된다"고 주장했다.[99]

그러나 당시 박정희 정권은 중국과의 관계개선을 염두에 둔 조치도 취하기 시작했다. 중국과의 관계 정상화 가능성에 대해 "유연하고도 진지하게 접근"할 의사를 밝혔고, 이를 뒷받침하듯 대외통상법을 개정해 북한과 쿠바를 제외한 모든 공산국가와의 교역을 허용한다고 발표했다. 또한 한국 외교관이 해외 공관에서 중국 외교관과 접촉하는 것을 허용했고, 대만과의 관계 확대에도 신중한 자세를 보이기 시작했다. 특히 1973년에는 '6·23 선언'을 통해 중국과 소련을 포함한 사회주의 국가들에 문호를 개방하겠다고 발표했고, 이를 뒷받침하듯 '중화인민공화국'이라는 중국의 공식 명칭을 사용하기 시작했다. 그러나 이런 관계개선 움직임은 1976년 마오쩌둥 사망 및 권력투쟁 격화로 중단되었고, 한중관계 개선은 덩샤오핑의 개혁개방 정책 등장 이후 탄력을 받기 시작했다.[100]

한편 신아시아 정책에 시동을 건 닉슨 행정부는 주한미군 감축에도 본격 돌입했다. 존슨 행정부 때부터 주한미군 감축을 검토하기 시작했던 미국은 '닉슨 독트린'을 계기로 이 구상에 속도를 냈다. 핵심적인 골자는 주한미군 병력 수를 6만 명에서 4만 명으로 감축한다는 것이었는데, 1970년 7월에 이를 통보받은 박정희 정권은 한국이 5만 병력을 베트남에 파병하고 있는 상황에서 주한미군을 감축한다면 북한의 오판을 야기할 수 있다며 반대했다. 그러나 미국은 단호했다. 제7보병사단 및 3개 공군 비행대대의 철수를 단행하면서, '인계철선(引繼鐵線)'의 상징으로 간주되었던, 비무장지대 최전선에 배치된 제2보병사단의 후방 이동을 강행했다. 대신 5년간 15억 달러의 군사원조를 제공해 한국군의 현대화를 돕겠다는 타협안을 내놓았다. 한미 양국은 이런 주한미군 감축과 한국군 현대화를 골자로 한 공동성명을 1971년 2월 6일 발표했다.[101]

한국의 대규모 파병에도 불구하고 미국이 베트남에서 발을 빼기 시작하자 박정희는 미국이 한국을 버릴 수도 있다는 의구심을 갖게 되었다. 또한 닉슨 행정부가 한국 정부와 사전협의도 없이 중국과의 관계개선에 나서면서 박정희의 미국에 대한 불신은 더욱 커졌다. 미국 내에서 박정희 독재와 인권탄압에 대한 비난이 고조되고 있었던 것도 한미 간의 갈등 요인으로 부상하고 있었다. 더구나 이런 한미 간 갈등은 1968년 1월 북한 특수군의 청와대 습격 사건과 북미 간에 푸에블로호 사건을 거치면서 박정희의 대북 위협 인식이 극에 달했던 시기와 조우하고 있었다. 박정희는 이와 같은 미국의 안보공약 후퇴 조짐과 북한 위협 증대에 대한 대비책으로 1974년부터 '율곡 사업'을 통한 한국군 현대화와 함께 비밀 핵개발에 착수했다. 박정희는 특히 1977년까지 핵무기 개발을 완료하라고 지시했다.

박정희의 핵개발과 관련해 가장 상세한 정보를 담고 있는 문서는 1978년 6월 CIA가 작성한 〈한국: 핵개발과 전략적 의사결정〉(이하 〈1978년 CIA 보고서〉)이라는 보고서다.[102] 2005년 미국의 정보공개법에 따라 비밀해제된 이 문서에 따르면, 당시 박정희는 국방과학연구소(ADD) 산하에 '백곰' 미사일 개발팀, 핵무기 개발팀, 화학무기 개발팀을 두고, 해외에서 한국인 과학자들을 대거 채용해 무기개발에 참여시켰다. 핵무기 개발 프로젝트 이름은 '890'이었다. 미사일 개발팀의 목표는 미국의 나이키-허큘러스 지대지 미사일을 개량해 사정거리를 350km까지 늘리는 것이었다. 그러나 이를 포착한 미국은 박정희 정권에 압력을 가해 미사일의 사정거리를 180km로 낮췄다.

박정희는 핵무장 잠재력을 확보하기 위한 계획에도 착수했다. 1974년에는 벨기에로부터 재처리시설을 수입하려고 시도했고 캐나다로부터는 '캐나다형 NRX 중수로(heavy water reactor) 구매를 타진했다. 경수로(light water reactor)와 달리 천연 우라늄을 핵연료로 사용하는 중수로는 무기급 플루토늄을 추출하기가 상대적으로 용이한 원전이었다. 계획대로 중수로와 재처리시설을 확보하면 한국은 핵무장에 필요한 시설을 갖출 터였다.

중수로에서 가동된 사용후연료를 재처리하면 핵분열 물질인 플루토늄을 확보할 수 있기 때문이다. 아울러 한국원자력연구원(KAERI)은 벨기에로부터 '플루토늄과 우라늄 혼합 핵연료 제조시설'을 구매하려고 했다. 이를 두고 CIA는 "벨기에의 시설은 한국에 후행 핵연료주기(the Back-end of the Nuclear Fuel Cycle)의 마지막 열쇠를 주는 꼴"이라고 분석했다. 박정희 정권이 '핵연료봉 제조 → 중수로(원전) → 재처리'로 이어지는 핵연료 주기 완성을 목표로 했다는 분석이었다. 이를 뒷받침하듯, CIA는 1974년 극비 보고서에서 "한국이 10년 이내에 핵무기를 개발할 잠재력을 갖고 있다"고 분석했다.[103]

그렇다면 미국은 박정희의 비밀 핵개발 프로젝트를 어떻게 알았을까? 2017년에 비밀해제된 미국 문서들을 보면, 미국에 천기를 누설한 당사자들은 외교관을 비롯한 한국인들이었다. 당시 한국 정부관료들과 언론인들을 접촉한 필립 하비브(Philip Habib) 주한 미국 대사는 1974년 7월 30일 국무부에 긴급 전문을 보냈다. "국방 문제에 있어서 한국의 점증하는 독자적인 태도와 미국의 안보공약에 대한 점증하는 의구심으로 인해 한국의 최고위관료들은 핵무기를 만들 수 있는 능력을 확보하기를 희망하고 있다"며, 이에 대한 "강력한 정보"는 없지만 "자신의 본능적인 느낌(visceral feeling)"이라는 게 그 요지였다.[104] 이런 전문에 따라 광범위한 정보망을 동원해 조사에 착수한 결과, 미국은 한국이 캐나다 및 유럽에서 핵무기 개발에 필요한 장비와 시설을 도입하려 시도하고 있다는 것을 알아냈다.

미국은 이를 중대한 사건으로 간주했다. 미국은 자신이 주도해서 만든 NPT 강화에 힘쓰고 있었고 한국에도 가입을 권유·압박하고 있었다. 그런데 동맹국인 한국이 NPT 가입이 아니라 핵무장을 선택하면 NPT의 기반이 송두리째 흔들릴 수 있었다. 이런 우려를 반영하듯, 국무부의 정책기획국과 정보분석국은 포드 대통령과 함께 동북아 순방에 나선 키신저 국무장관에게 "긴급 보고서(alert report)"를 발송했다. 포드가 박정희를 만나기 이틀 전이었다. 보고서는 키신저에게 "현재로서는 한국의 비밀 핵개발이 장관님의 최우선 과제가 아니지만, 최근 상황 전개는 앞으로 6~9개월 동안 장관님의 개인적인 관여를 요구하고 있다"고 주문했다. 보고서는 박정희가 과학자들에게 1977년까지 "원자폭탄"을 만들라고 지시했다는 점, 한국이 프랑스로부터 재처리시설 도입을 협상하고 있다는 점, 핵무기 개발과 더불어 탄도미사일 개발도 추진하고 있다는 점을 들어 미국 정부의 조속한 대응 필요성을 강조했다. 특히 보고서에서는 한국이 1980년에 핵무기 개발에 성공할 것이라는 전망까지 담고 있었다.

보고서는 한국의 핵무기 개발이 "지역의 안정과 미국의 비확산 전략에 심각한 장애를 조성할 것"이라며 두 가지 대응책을 제시했다. 하나는 프랑스를 비롯한 "핵 공급 국가들과의 조속한 협력을 통해 한국의 움직임을 저지해야 한다"는 것이고, 또 하나는 "한국의 핵무기 개발 시도를 좌절시키기 위해 미국의 정치적 지렛대를 사용하는 것도 고려해야 한다"는 것이었다.[105] 키신저와 포드가 이런 '긴급 보고서'를 언제 숙지했고, 박정희와의 정상회담에서 이 문제를 거론했는지는 불분명하다. 다만 포드 행정부가 한국의 핵개발 문제를 우선순위로 삼은 것은 분명하다. 동북아 지역 안정에 끼치는 영향도 있었지만, 이듬해인 1975년에 NPT 재검토 회의를 앞두고 있었기 때문이다.

한국의 비밀 핵개발 여부를 면밀히 추적한 미국은 1974년 말과 1975년 초 확신 단계에 이른다. 수개월간 수집한 정보를 분석한 결과, "한국 정부가 핵무기 개발 프로그램의 초기 단계를 계속 진행하기로 결정했다는 강력한 가정"에 대한 확신을 갖게 되었다. 이에 따라 미국은 한국의 핵개발을 저지하기 위한 국제공조 및 한국에 대한 정치적 압력과 더불어 한국의 조속한 NPT 가입을 더욱 강력하게 요구하기로 했다.[106] 그리고 주한 미국 대사인 리처드 스나이더(Richard L. Sneider)는 1975년 2월 하순에 노신영 외무부 차관을 만나 조속한 NPT 가입을 촉구했다. 주목할 점은 캐나다 정부 역시 한국에 압박을 가하고 있었다는 것이다. 당시 한국과 캐나다는 캐나다형 원자로 협상을 진행 중이었는데, 캐나다는 이 원자로의 판매조건 가운데 하나로 한국의 NPT 가입을 요구했다.[107]

하지만 박정희 정권이 핵무기와 탄도미사일 개발을 포기하지 않는다고 판단한 미국은 보다 구체적인 조치를 취했다. 먼저 한국이 구매하려는 캐나다형 중수로를 문제 삼았다. "경수로보다 플루토늄 추출이 용이하다"는 판단 때문이었다. 또한 한국의 핵활동에 대한 감시활동도 강화했다. 아울러 스나이더는 "한국 정부를 상대로 보다 명확한 접근이 요구된다"는 외교전문을 본국에 보냈다. "10년 이내에 한국이 핵무기 개발에 성공할 것"이라며, 이를 저지하기 위해서는 "어정쩡한 입장"이 아니라 "직접적이고 조속하며 단호한" 입장을 한국 정부에 전해 핵무기 개발을 포기시켜야 한다는 것이었다.[108]

미국 및 캐나다의 지속적인 압력과 설득에 따라 박정희 정권은 1975년 4월 23일 NPT에 가입한다. 한국이 이 조약에서 탈퇴하지 않는 한, 국제법적으로 핵무장할 수 있는 길이 막힌 셈이다. 하지만 일주일 후 박정희는 큰 충격을 받는다. 남베트남이 결국 패망한 것이다. 이는 미국의 안보공약에 대한 불신을 더욱 자극했고, 결국 핵무기를 가져야 한다는 박정희의 의지는 더욱 강해졌다.[109] NPT는 핵의 군사적 이용을 엄격히 금지하고 있지만, 재처리시설 보유 자체는 금지하지 않는다. 이에 따라 박정희의 비밀 핵개발 프로젝트의 성패는 재처리시설 확보 여부에 달려 있다고 해도 과언이 아니었다. 미국의 시선도 자연스럽게 재처리시설로 향했다. 미국과 공조체계를 구축한 캐나다는 원전 거래 계약서에 "재처리 문제와 관련해 상호 동의 조항을 넣자"고 한국에 제안하기도 했다.[110]

당시 캐나다는 주한 캐나다 대사가 박정희와 면담한 내용을 미국 대사관과 공유할 정도로 강력한 공조체계를 구축하고 있었다. 미국의 외교 전문에 따르면, 7월 초에 캐나다 외무장관과 주한 대사를 만난 박정희는 이렇게 말했다고 한다. "우리가 독자적인 핵무기를 개발하면 이미 핵무기를 갖고 있는 소련과 중국이 한국을 선제공격할 것이기 때문에 우리는 핵무기 개발에 관심이 없어요." 이에 캐나다는 원자로 판매 조건 가운데 하나로 한국-캐나다 공동성명에 "한국이 핵무기 제조 및 획득을 하지 않겠다"는 점을 명시하자고 제안했다. 하지만 박정희 정권은 이에 난색을 표했다.[111]

이런 내용을 전해 들은 미국은 프랑스로 시선을 돌렸다. 미국은 재처리 시설 등 "민감한 기술과 장비"에 대한 국제적 통제를 강화하기 위해 '핵 공급 그룹' 창설을 주도하고 있었다. 하지만 프랑스는 상업적인 이익을 우선으로 삼아 한국에 재처리시설 판매를 추진하고 있었다. 이에 미국은 재처리시설 거래를 차단하기 위해 한국과 프랑스를 동시에 압박했다. 하지만 박정희 정권의 입장은 완강했다. 9월 8일 노신영은 스나이더 대사를 만난 자리에서 재처리시설은 "연구개발 목적"에 엄격히 한정될 것이라며 이렇게 항변했다. "NPT에 가입하지 않은 일본조차 같은 일(재처리)을 하고 있지 않소?" 노신영은 또한 재처리시설 구매 협상을 중단하면 프랑스와 "신뢰관계를 유지하는 것도 불가능해질 것"이라고 주장했다. 그러자 스나이더는 한국이 재처리시설 수입을 포기하지 않으면 "고리 원전 1호기를 비롯한 한국의 미래 핵에너지 프로그램에 대한 미국의 지원이 위태로워질 것"이라고 압박했다.[112] 이후에도 재처리 문제를 둘러싼 한미 간의 갈등은 계속됐다. 특히 박정희 정권은 이 문제에 대한 미국의 이중잣대, 즉 일본엔 인정해주면서 한국엔 불용한다는 태도에 강한 불만을 토로했다. 한국이 물러설 조짐을 보이지 않자 포드 행정부는 "박정희 대통령과 직접적인 대결에서 최대 지렛대를 활용해야 할 필요성"을 느낀다.

10월에는 워싱턴에서 함병춘 주미 대사와 로버트 잉거솔(Robert Inger-sol) 국무부 부장관 사이에 이 문제를 둘러싼 설전이 있었다. 잉거솔이 한국이 재처리시설로 핵무기를 만들려는 것 아니냐는 의혹을 제기하자 함병춘은 프랑스에서 수입하려는 재처리시설의 규모가 너무 작아 핵무기를 만들 정도는 안 된다고 반박했다. 그러자 잉거솔은 한국이 1년간 이 시설을 풀가동하면 약 20kg의 플루토늄을 추출할 수 있다며 구체적인 수치를 제시했다. 이 분량은 미국이 나가사키에 투하한 '뚱보'가 품고 있던 플루토늄 양과 동일한 것이었다. 결국 함병춘은 승복하는 모습을 보였다. 재처리시설 수입 중단을 요구한 미국의 요구에 대해 한국 정부가 "그렇게 할 필요가 있다"며 동의를 표한 것이다. 한편 한국과 일본에 대한 미국의 차별적인 태도에 대해서도 잉거솔은 해명을 시도했다. 일본은 재처리시설을 한국보다 훨씬 먼저 획득했고 한국보다 훨씬 큰 핵에너지 프로그램을 갖고 있으며 "한국에 재처리시설이 존재하는 것은 일본보다 전략적으로 훨씬 위험하다는 것"이었다.[113]

미국이 주장한 '전략적 위험'이란 한국이 재처리시설을 갖게 되면 북한도 가지려 할 것이고, 유사시 피격될 위험이 크다는 점을 지적한 것으로 보인다. 3주 후에 노신영을 만난 스나이더가 "일본에는 비무장지대가 없지 않느냐"고 따져 묻는 대목이 이런 분석을 뒷받침해준다. 그러나 이 자리에서 스나이더는 노신영으로부터 최후통첩성 발언을 듣는다. "한국 정부는 현 단계에서 프랑스와의 계약을 취소하는 것이 불가능하다는 결론을 내렸습니다."[114]

그런데 이 상황에서 또 하나의 플레이어가 등장한다. 바로 일본이다. 한국이 프랑스로부터 재처리시설을 도입해 핵무장을 시도하려 한다는 정보를 입수한 일본은 미국 국무부와 접촉에 나섰다. 11월 하순 양측의 회동에서 미국은 한국이 프랑스로부터 도입하려는 재처리시설은 "핵무기 개발 목적에 상응한다"는 우려를 전했다. 이에 대해 일본 정부는 "만약 한국이 핵무기를 개발할 실질적인 가능성이 있다면, 이는 일본에도 심각한 문제가 될 것"이라고 말했다. 그러자 국무부 고위관료는 한국의 핵문제는 "미일 간에 긴밀히 토론되어야 할 주제"라고 화답했다.[115]

12월에 들어서면서 한미 간의 대화에도 미묘한 변화가 일어나기 시작했다. 미국은 한국이 재처리시설 도입을 포기하지 않으면 양국 간 "상호 이해"에 중대한 문제가 발생할 것이라며 계속 압박을 가했다. 그러자 완강히 버티던 한국도 미묘한 시그널을 보냈다. "평화적 목적의 핵 이용", 즉 핵에너지 이용과 관련해 미국이 구체적으로 어떻게 도와줄 수 있는지 묻기 시작한 것이다. 이는 미국의 지원 여부에 따라 재처리시설 도입을 포기할 수 있다는 해석을 동반했다.

12월 9일 한국을 방문한 필립 하비브 국무부 동아태 담당 차관보는 박정희와 김종필 총리를 잇달아 면담했다. 그는 박정희와의 면담에서 핵문제를 꺼내지 않고, 대신 포드 대통령의 중국 방문 결과를 설명했다. 뒤이어 만난 김종필을 상대로는 핵문제를 강하게 꺼냈다. 하비브는 한국이 재처리시설 도입 중단을 요구하는 미국의 제안에 1주일 내 확답을 주지 않으면 박정희에게 직접 이 문제를 제기할 것이라고 압박했다. 하지만 김종필은 며칠 후 총리직에서 해임된다.[116] 이즈음 캐나다는 한국이 재처리시설을 포기하지 않으면 원전 협력이 무산될 수 있다는 입장을 한국에 전달했다.

한미 간의 논의도 압축되어가고 있었다. 박정희 정권은 12월 말에 한미 간의 원자력 협력을 구체화하면 재처리시설 도입을 6개월 연기할 수 있다는 제안을 내놓았다. 또한 미국의 원자력 지원, 특히 핵연료 제공이 가시화되면 재처리시설 도입을 취소할 준비도 되어 있다고 밝혔다. 하지만 포드 행정부는 한국의 재처리시설 도입 취소가 선행되어야 한다는 입장을 고수했다. 그리고 한국이 재처리시설을 포기하면 "미국은 즉각 한미 간의 평화적인 원자력 협력을 논의할 수 있는 미국의 전문 인력을 파견할 준비가 되어 있다"는 당근책을 제시했다.[117]

미국-캐나다 공조도 결승점을 향해 가고 있었다. 1976년 1월, 캐나다 외무장관을 만난 헨리 키신저는 한국이 재처리시설을 포기하지 않으면 원전을 수출하지 않겠다는 캐나다의 입장은 한국에 "결정타(knockout blow)"가 될 것이라며, "결국 한국에 재처리 공장은 없게 될 것"이라고 말했다. 키신저의 장담을 입증하기라도 하듯 1월 26일 체결된 한국-캐나다 원자력 협정문에는 이런 내용이 담겼다. "한국은 재처리시설 획득을 추구하지 않고 있고, 계획된 재처리시설은 최소한 한미 간의 협상이 마무리 될 때까지 무기한 보류하기로 했다."[118] 이로써 박정희의 비밀 핵개발 계획을 둘러싼 한미 간의 갈등도 일단락되는 듯했다.

하지만 절대무기를 향한 박정희의 욕망은 쉽게 사그라지지 않았다. 캐나다 정부와의 협정에도 불구하고 대만 회사를 중개자로 삼아 프랑스로부터 재처리시설 도입을 모색하고 나선 것이다. 하지만 미국은 이마저 곧 알아차렸다. 그리고 프랑스 정부를 설득·압박해 재처리시설 수출을 중단시켰다. 그 결과 박정희의 '890계획'도 1976년 연말에 일단 막을 내린다.[119] 흥미로운 점은 CIA가 박정희의 '프로젝트 890' 유보 및 철회 결심에는 "ADD의 빈약한 성과"도 작용했다고 분석한 것이다. CIA는 ADD를 비롯한 한국의 연구개발 부서들이 예산을 최대한 확보하기 위해 "자신들의 능력을 과장하고 정교한 프로그램들을 조직하는 어려움을 과소평가했다"고 주장했다.

또 한 가지 흥미로운 점은 당시 청와대 일부 관리들이 한국을 이스라엘과 비교하면서 결국 미국도 한국의 핵개발을 용인할 것이라는 기대감을 갖고 있었다는 것이다. 1950년대 초반부터 핵개발에 착수한 이스라엘은 1960년대 후반에 핵무장 능력을 확보했다. 이를 잘 알고 있는 미국은 결국

이스라엘의 핵무장을 용인하기로 했다. 1969년 9월 닉슨은 골다 메이어 이스라엘 총리와 비밀협약을 체결한 것이다. 협약을 통해 미국은 이스라엘의 핵무장을 용인하는 대신, 이스라엘은 핵실험을 하지 않고 공식적으로 핵보유를 선언하지 않기로 했다. 미국의 묵인하에 핵무기를 갖게 되었음에도 불구하고 이를 인정하지 않는 '이스라엘 모델'이 탄생한 것이다.

이런 모델은 박정희가 핵개발을 결심하는 데 중요한 참고사례가 되었던 것으로 보인다. CIA에 따르면, 청와대 관리들은 "미국이 단기적으로는 반대하겠지만, 점차 한국의 독자적인 핵 능력 확보를 인정하고 용인할 것"이라고 믿었다는 것이다. 그러나 미국은 이스라엘에는 감아주었던 눈을 한국에는 부릅떴다. 이에 따라 한국이 일정 수준의 핵무장 잠재력을 갖는 것을 미국이 허용하리라는 청와대의 기대감은 물거품이 되었다.

카터의 등장과 박정희의 미련

1973년부터 시작된 박정희의 핵개발 시도는 1976년에 중단되는 듯 보였다. 〈1978년 CIA 보고서〉는 "미국의 압력하에, 한국은 1976년 1월 재처리시설 구매 협상을 중단했고, 12월에는 2년 전에 착수한 핵무기 기술을 개발하기 위한 모든 공식적 프로그램을 중단했다"고 명시했다. 미국은 이처럼 한국의 핵개발 시도를 무산시킨 반면에, 한국에 대한 안보공약 및 대북 군사태세는 강화해나갔다. 이 가운데 하나가 바로 한국 내 미국 핵무기 배치의 공식 확인이었다. "신무기 배치 금지"를 명시한 정전협정을 의식해 미국은 한국에 다량의 핵무기를 배치한 사실을 쉬쉬하고 있었다. 하지만 1975년 1월 제임스 슐레진저 미국 국방장관은 "우리는 유럽과 한국에 핵무기를 배치해왔다"고 말했다. 그는 20년 가까이 유지해온 금기를 누설한 이유에 대해 "북한의 계산에 영향을 주기 위한 것"이라고 밝혔다.[120]

그리고 미국은 1976년 8월 발생한 '판문점 도끼 사건'에 대해 실력행사에 나섰다. 북한군과의 충돌 과정에서 미군 2명이 사살되자, 미국은 구축함과 B-52 핵전폭기 등 막강한 군사력을 동원했다. 이는 북한을 겨냥한 '무력시위'인 동시에 박정희 정권을 상대로 한 '달래기 전술'이었다. 핵개발을 포기한 박정희에게 미국의 안보공약은 결코 후퇴하지 않을 것이라는 의지를 보여주려고 했던 것이다. 또한 한미 양국은 1976년부터 기존의 합동군사훈련을 대폭적으로 확대·강화해 '팀스피릿 훈련'을 시작했다. 대북 핵공격 훈련이 포함된 이 훈련은 박정희의 핵개발 포기와 미국의 안보공약 강화의 '교환'이었다. 그런데 이 훈련의 실시 여부에 따라 이후 한반도 정세는 크게 출렁였다. 무엇보다 '팀스피릿'이 한국의 핵개발을 저지하는 데는 기여했을지 모르지만, 북한의 핵개발을 야기한 여러 이유 가운데 하나가 되고 말았다.

한편, 일단락된 것으로 보였던 한국 핵문제는 1976년에 전술핵무기 철수와 주한미군 대규모 감축을 공약으로 내세운 지미 카터 민주당 후보의 대통령 당선으로 새로운 국면을 맞는다. 카터는 취임 일주일 만에 한국 내 전술핵무기 철수 계획을 마련하라고 지시했다. 또한 주한미군 감축을 구체화하기 시작해 1977년 5월 5일 대통령 명령을 통해 그 일정을 공표했다. 주요 골자는 1978년까지 제2사단 1개 전투여단 6000명 철수, 1980년 6월까지 또 하나의 여단과 비전투 병력 9000명 철수, 그리고 1982년까지 잔여 병력과 핵무기를 완전 철수한다는 것이었다. 특히 카터는 이런 계획을 발표하면서 '협상 불가' 의지를 천명하기도 했다. 대신에 미국은 해·공군력 유지, 정보·통신·병참 지원 유지, 2사단 보유 장비 무상 제공, 해외 군사 판매(Foreign Military Sales, FMS) 혜택 부여, 한미 합동군사훈련 지속 및 한미 연합사 창설 등을 제시했다.[121] 동시에 '인권 외교'를 앞세운 카터 행정부는 박정희 독재정권에 대한 비판의 수위도 높여갔다.

이처럼 카터 행정부 들어 한미관계가 최악으로 치달으면서 박정희 정권은 또다시 핵무기 개발에 관심을 가졌다. 1978년 CIA에 따르면, 한국은 자주국방 차원에서 "핵무기 개발을 필요로 할 것"이라며 경계심을 나타냈다. 이미 한국은 1976년 10월 한국원자력기술공사와 11월 한국핵연료개발공단을 세워 핵연료의 국산화 및 방사성 동위원소 이용 기술 개발에 착수한 상황이었다. 그러나 당시 한국에는 박정희의 핵무기 개발을 향한 꿈을 충족시킬 수 있는 물리적·기술적 토대가 거의 없었다. 〈1978년 CIA 보고서〉는 모든 가용 정보를 분석한 결과, ▲핵무기 설계 작업 ▲우라늄 농축 능력 확보 ▲재처리 능력 획득 관련 활동 ▲핵분열 물질 보유 ▲핵무기 제조에 관한 활동 등 핵무장 능력 확보에 필요한 여러 가지 사안과 관련해 "어떠한 증거도 없다"고 결론내렸다. 그러면서도 한국의 선택과 관련해 아래와 같이 끝맺었다.

핵무기에 관한 한국의 계산에서 가장 중요한 요인들은 기술적 실행 가능성의 문제가 아닐 것이다. 그보다는 미국 안보공약에 대한 재평가, 북한의 위협, 그리고 한국의 재래식 군사 능력이 더 중요한 요인이 될 것이다. 만약 미국이 1980년대 초반에 지상군 철수를 완료한다면, 한국 정부는 단기적으로 북한의 도발 동기가 높아질 것을 우려할 것이다. 그러나 한국은 미국의 지상군 철수 여부와 관계없이 미국이 한국을 대신해서 핵무기를 사용할 수 있는가에 대해 지속적으로 의문을 품게 될 것이다. 만약 미국의 한국에 대한 영향력 약화가 미국의 핵우산에 대한 한국의 신뢰 약화와 맞물릴 경우, 한국 내에서는 핵무기 옵션을 추구해야 한다는 사람들의 영향력도 강해질 것이다.

CIA의 결론은 한국의 핵무장을 저지하기 위해서는 주한미군과 전술핵무기 철수 계획을 철회하고 한국에 대한 지속적인 영향력 확보가 필요하다는 의미였다. 이를 뒷받침하듯, CIA는 1978년 별도의 보고서를 통해 북한의 군사력이 이전에 평가했을 때보다 훨씬 강해졌다며 주한미군 및 핵무기 철수에 부정적인 의견을 카터 행정부에 전달했다. 이렇듯 한국 정부의 반발과 미국 군부 및 CIA의 반대에 직면한 카터 행정부는 1979년에 주한미군 철수 계획을 유보한다는 방침을 발표하기에 이른다. 그리고 박정희 피살과 전두환의 등장, 그리고 카터에서 레이건으로의 정권교체는 핵문제를 둘러싼 한미 간의 갈등에 마침표를 찍는 결과를 낳았다. 전두환 정권이 박정희 정권 때 시도된 핵개발을 완전히 포기하는 대신 레이건 행정부로부터 정통성을 인정받고 확고한 안보공약을 재확인받은 것이다.

그렇다면 박정희의 핵개발 시도가 오늘날에 갖는 함의는 무엇일까? 문정인과 미국의 한반도 전문가인 피터 헤이즈는 다섯 가지 교훈을 추출할 수 있다고 주장한다. 첫째, 독재정권인 박정희도 은밀한 핵개발을 추진할 수 없었듯이, 오늘날 한국의 민주화와 개방성은 "비밀 핵무기 프로그램의 성공 가능성을 더욱 낮추고 있다". 둘째, 박정희의 핵개발이 한미관계를 불안하게 만들었듯이, 한국이 또다시 핵개발을 시도하면 "한미동맹을 위태롭게 하고 국제적 제재와 무역 손실, 그리고 일본의 비핵정책 훼손 및 '한국이 중국이나 러시아의 핵공격 대상이 될 수 있는 전략적 위협'을 초래할 것이다". 셋째, 북한의 군사적 위협에 대처할 수 있는 효과적인 방법은 한국의 핵무장이 아니라 "미국의 지원과 한국의 재래식 군사 능력에 있다". 넷째, 박정희의 비밀 핵개발 움직임을 북한이 알고 있었고 이것이 북한의 핵개발 동기로 작용했던 것처럼, 한국의 핵무장과 이에 따른 남북한의 핵 군비경쟁은 "중국과 일본을 포함한 이 지역에서의 신냉전을 야기할 것이다". 끝으로, 남북관계와 북미관계가 적대적일 때 북한의 핵 능력은 강화되었고, 반대로 "(북한과의) 대화와 관여는 북한이 더 많은 핵무기 능력을 획득하는 것을 중지시키는 데 기여했다".[122]

핵발전소 셔터는 올리고 핵무기 셔터는 내리다

7

     1950년대 후반부터 시작된 남북한의 핵 경쟁은 두 가지 국제적인 흐름과 맞물려 있었다. 하나는 핵의 평화적 이용, 즉 핵 발전의 '확산'이고, 또 하나는 핵의 군사적 이용 금지, 즉 핵무기 비확산이었다. 에너지 자원이 부족하고 극심한 군사적 대치 상황에 있던 남북한은 두 가지 모두 관심을 갖고 있었다. 공식적으로는 핵의 평화적 이용을 약속하면서도 내심 핵무장 능력을 확보하고 싶었던 것이다.

    하지만 이런 야망은 1960년대부터 핵무기 비확산을 주도했던 미국과 소련의 반대로 무산되었다. 미국은 박정희 정권의 비밀 핵무기 개발계획을 중단시키기 위해 NPT 가입을 종용했고 1975년에 이를 관철시켰다. 소련도 북한에 1970년부터 NPT 가입을 요구했지만 북한은 계속 버티다가 1985년에야 가입했다. 그러나 북한은 한미 양국의 팀스피릿 훈련 재개 발표에 반발하면서 1993년 NPT에서 탈퇴하겠다고 발표했다.

    흥미로운 점은 미국이 1970년대 한국의 핵개발 시도에 개입한 것과

1990년대 초반 북핵문제에 대한 대처 동기가 흡사했다는 것이다. 미국이 박정희의 핵개발을 저지하려고 한 중요한 배경 가운데 하나는 1975년 NPT 재검토 회의에 있었다. 1970년 NPT 발효 이후 첫 재검토 회의를 앞두고 동맹국인 한국이 핵무장의 문턱에 도달하면 NPT는 위기에 처할 수 있었다. 마찬가지로 1995년 NPT의 무기한 연장을 결정할 회의를 앞둔 상황에서 북한이 이 조약에서 탈퇴해 핵클럽에 노크하면 NPT의 무기한 연장을 장담할 수 없는 터였다. 이는 1994년 10월 북미 간의 제네바 기본합의가 이뤄진 결정적 배경이었다. 우리가 시야를 넓혀 핵발전소의 '확산'과 핵무기의 '비확산' 역사를 살펴봐야 할 이유이기도 하다.

핵발전소의 '확산'

핵은 무기로부터 시작됐다. 제2차 세계대전 발발 즈음에 그 과학적 원리가 입증되었고, 일본 히로시마와 나가사키에 원자폭탄이 투하된 직후 전쟁이 끝났다는 믿음이 유행했다. 가공할 폭발력을 선보인 핵은 이후 다양한 용도로 이용되기 시작했다. 미국은 항공모함과 잠수함의 추진력으로 핵을 이용해 대서양과 태평양의 강자로 우뚝 섰고, 이후 소련과 영국을 비롯한 여러 나라가 뒤따랐다. 이들 무기에 추진력으로 사용된 원자로는 가압경수로(PWR)였는데, 이후 PWR는 대표적인 핵발전소 모델이 된다.

'이 무시무시한 무기를 에너지로 쓸 수 있다면?' 많은 과학자와 정부는 이 질문에 두근거리는 가슴을 주체하지 못했다. 영국의 윈스턴 처칠 수상은 원자력을 "세계 번영의 마르지 않는 샘"이라고 불렀다. 이런 기대를 품고 핵을 에너지로 사용하기 위한 움직임은 1950년대 들어 본격화되기 시작했다. 당시 과학자들은 핵을 "기적의 힘"이라고 부르면서 대단히 저렴하고 고갈될 걱정도 없는 에너지원을 개발할 수 있다는 희망에 한껏 부풀어 있었다. 태양의 일부를 지구에 갖다놓은 것처럼 엄청난 에너지를 발산하는 핵을 무기로 사용하면 인류 절멸의 무기가 될 수 있지만, 에너지로 사용하면 인류 문명의 신기원을 열 수 있다는 기대감도 높아졌다. 당시 원자력에 대한 환상은 미국 원자력위원회 의장이었던 루이스 스트라우스(Lewis Strauss)가 핵발전소는 "너무 저렴해서 측정할 필요도 없다"고 말한 것에서 잘 드러났다. 이런 환상은 1955년 12월 31일자 일본의 〈도쿄신문〉에서도 확인할 수 있다.

> 원자력을 잠재 전력으로 생각하면 그야말로 엄청난 것이다. 게다가 석탄 등의 자원이 지구상에서 차차 없어진다는 것을 생각하면 이런 에너지가 갖는 위력은 인류 생존에 불가결한 것이라고 해도 좋을 것 같다. (중략) 전기료는 2000분의 1이면 된다. (중략) 원자력발전에는 화력발전처럼 큰 공장도 필요 없다. 큰 연돌이나 저탄장도 필요 없다. 매일 석탄을 운반하고 재를 버리기 위한 철도나 트럭도 필요 없다. 밀폐식 가스 터빈을 이용할 수 있으면 보일러의 물조차 필요 없다. 물론 산간벽지를 선택할 필요도 없다. 빌딩의 지하실이 (핵)발전소가 될 수도 있다.[123]

한편 '신의 불'이라고 불리던 핵을 가장 먼저 손에 넣은 미국은 자신의 핵무기 독점은 유지하면서 핵을 평화적으로 이용할 수 있는 방안을 마련하는 데 몰두했다.[124] 트루먼 대통령은 1945년 11월 모든 핵무기를 폐기하고 평화적 목적의 핵 이용은 철저한 국제검증 아래 두자는 제안을 내놓았다. UN 원자력위원회를 만들어 국제적 핵 통제체제를 구축하자는 것이었다. 이듬해 미국 정부는 더욱 구체적인 제안을 내놓았다. 새로운 핵무기와 핵분열 물질 생산 금지, 우라늄 광산 통제, 핵연료 주기에 대한 국제적 통제와 엄격한 검증체제 구축, 완전한 핵무기 폐기, 국제 원자력개발기구 창설 등을 담은 '바루크 플랜'이 바로 그것이었다. 그러나 이런 제안은 당시 핵 독점의 지위를 누렸던 미국의 진정성이 결여된 말잔치에 불과했다. 미국이 유일한 핵보유국이었던 만큼, 국제 핵 통제체제를 구축하기 위해서는 미국이 핵무기 폐기를 약속하고 실천해야 했지만, 정작 미국은 이를 거부한 것이다.

뒤이어 집권한 드와이트 아이젠하워 대통령은 에너지로도, 가공할 무기로도 이용될 수 있는 '핵 딜레마'를 해결하겠다고 나섰다. 그는 1953년 12월 8일 UN 총회에서 '평화를 위한 원자력(Atoms for Peace)'을 발표하면서 이렇게 말했다. "핵의 시대는 지구촌 모든 사람이 우려해야 할 속도로 진행되고 있습니다. (중략) 미국은 여러분과 전 세계 앞에 가공할 만한 핵의 딜레마를 해결할 것을 약속합니다. 인간의 경이적 발명품이 죽음이 아니라 생명에 기여할 수 있도록 모든 열정과 정성을 다해 노력할 것입니다."[125]

아이젠하워는 이런 구상을 실현하기 위해 국제원자력기구(IAEA)를 창설해야 한다고 주장했다. 원자력의 평화적 이용은 늘리면서 핵보유국들은 핵무기 보유고를 줄이자는 것이었다. 그런데 아이젠하워의 제안은 바루크 플랜과 사뭇 다른 방향이었다. 바루크 플랜이 핵무기의 '완전 폐기'를 제안한 반면, 아이젠하워의 '평화를 위한 원자력'에서는 '감축과 통제'에 방점을 찍은 것이다. '우라늄 은행'으로 제안된 IAEA의 성격도 변질되었다. IAEA의 당초 기능은 공평하게 우라늄을 모아 이것을 다시 분배하는 것이었는데, 소련이 우라늄 납부를 거부하고 미국 의회가 핵물질 및 기술 분배의 독점적 권한을 주장하면서 무산되었다. 이렇듯 국제적 핵 통제 구축이 난항을 겪는 사이에 미국, 소련, 영국 등 핵보유국들이 다른 여러 나라와 양자협정을 체결해 원자로를 비롯한 핵시설과 핵기술을 판매하기 시작했다.

아이젠하워의 구상은 이후 지지와 비판을 함께 수반한다. 옹호자들은 '평화를 위한 원자력'이 없었더라도 핵확산은 불가피했고, 이 구상을 통해 그나마 그 속도와 범위를 줄일 수 있었다고 주장한다. 특히 아이젠하워의 제안에 힘입어 1956년 IAEA가 공식적으로 창립돼 국제적 핵 통제의 기틀을 마련했다고 지적한다. 반면 비판론자들은 아이젠하워의 정책은 미국 원자력 산업계의 이해관계를 반영하고 있었고, 오히려 핵확산을 촉진하는 결과를 낳았다고 반박한다. 소련, 영국, 프랑스 등이 이미 원자력 기술을 갖춘 상태여서 앞으로 미국의 시장 점유율이 줄어들 수 있으므로 미국이 선수를 쳐야 한다는 '이윤 논리'가 깔려 있었다는 것이다. 또한 미국이 돈을 벌기 위해 핵기술을 다른 나라들에 판매함으로써 인도, 이스라엘, 브라질, 아르헨티나가 미국의 원자력 수출에 힘입어 핵무기 개발에 성공하거나 그 문턱에 도달했다고 지적한다.[126]

아이젠하워의 '평화를 위한 원자력'의 근본 취지는 핵이 인류 문명의 발전에 기여할 수 있도록 평화적 이용은 증진하고 인류 문명의 파괴를 가져올 수 있는 핵무기 확산은 방지하자는 데 있었다. 이런 의도는 NPT의 취지와 맥락을 같이한다. 하지만 '평화를 위한 원자력'은 몇 가지 중대한 문제를 드러냈다. 첫째, 세계 최대 핵보유국인 미국 스스로 핵무기 보유를 전제로 이 구상을 추진한 탓에 국제사회의 광범위한 지지와 참여를 확보하는 데 한계가 있었다. 둘째, 미국의 실질적 행보는 아이젠하워의 '평화를 위한 원자력'과 거리가 멀었다. 그가 백악관에 들어갈 때 약 1400개였던 미국의 핵무기가 그가 백악관을 떠날 때는 약 2만 개까지 증가해 있었다. 셋째, 미국은 핵기술과 물질이 군사용으로 전용된다는 것을 알면서도 비핵국가에 대한 원자력 수출에 적극적이었다. 훗날 핵무기 개발을 시도했거나 개발에 성공한 나라들은 '평화를 위한 원자력' 프로그램에 따라 미국으로부터 원자력을 수입한 나라가 대부분이다. 여기에는 비밀 핵개발에 성공했다가 나중에 포기한 남아프리카공화국뿐만 아니라 오늘날까지 미국과 날카롭게 대립하고 있는 이란도 포함되어 있다. 끝으로 스리마일섬과 체르노빌, 그리고 후쿠시마로 이어진 원전 사고가 입증해준 것처럼, 핵'발전' 역시 핵'무기' 못지않게 인류 생존과 지구 환경을 위협하고 있다. '평화를 위한 원자력'은 애초부터 성립할 수 없는 형용모순에 불과했던 것이다.

아이젠하워의 제안에 힘입어 1956년 창설된 IAEA에 대한 비판론도 거세졌다. 이 기구는 핵에너지의 평화적 이용을 증진하는 대신, 핵기술이 군사적 용도로 전용되는 것을 막고자 하는 취지로 만들어졌다. 그 결과 1961년에는 최초로 안전조치협정을 만들었고, 1967년에는 기존의 내용을 강화한 새로운 안전조치협정을 만들기도 했다. 그리고 1970년 NPT가 탄생하면서 IAEA는 비핵국가의 의무를 검증하는 UN 기구로 자리매김한다. 그런데 설립 취지에 "원자력 에너지의 공헌을 진전시키고 확대한다"고 명시한 것에서도 알 수 있듯이, IAEA가 원전 확대를 존재 이유로 삼다 보니 '국제 원전 마피아'라는 오명을 자초하고 말았다. IAEA의 홍보부장을 지낸 요시다 야스히코의 말이다. "'원자력의 평화적 이용'이라는 명목으로 각국에서 온 원자력 산업 대리인들은 업계의 이익을 지키기 위해서만 활동한다. 국제기구라고 하면 뭔가 환상을 가진 사람들이 많지만, 실태를 냉정히 따져봐야 할 것이다."[127]

IAEA의 횡포를 잘 보여주는 사례도 있었다. 또 다른 UN 기구인 세계보건기구(WHO)와의 관계가 바로 그것이었다. WHO는 1956년까지 "원자력 산업과 방사능의 증대에 의해 미래 세대가 위협받고 있다"고 경고해왔다. 그런데 1959년 IAEA와 협약을 맺고는 핵발전소와 방사능이 인체에 미치는 영향과 관련해 IAEA와 다른 입장을 내놓지 않기로 했다. 원자력 산업이 막대한 이윤을 창출할 것이라고 믿은 핵 강대국들이 IAEA와 WHO 등 UN 기구를 장악하면서 빚어진 일이었다. 이에 따라 WHO는 IAEA의 하수인으로 전락했고, 이런 문제를 시정하기 위해서는 IAEA와 WHO가 맺은 협약을 폐기해야 한다는 목소리가 높아졌다.

IAEA의 횡포는 체르노빌 사태에 대한 평가에서 또다시 입증된다. IAEA

는 2006년 체르노빌 사고에 관한 국제회의를 개최하면서 이 사고로 인한 사망자 수가 약 4000명이라고 발표했다. 그러자 구소련에서 원전 설계에 관여했던 과학자들이 즉각 반론을 제기했다. 이들은 IAEA의 평가가 ▲영어 이외의 슬라브어로 된 1차 자료를 이용하지 않았고 ▲방사성 물질 43%가 배출된 지역을 조사 대상에서 제외했으며 ▲의도적으로 방사선 농도의 수치를 과소평가했다고 반박했다. 그러면서 체르노빌 사고로 인한 사망자 수는 98만5000명에 달한다고 주장했다.

무기를 먼저 손에 넣은 나라는 미국이었지만, 상업적 원전을 최초로 가동한 나라는 소련이었다. 미국과 영국 등 서방 핵 강대국들이 천연 우라늄을 원료로 사용하는 흑연 감속로를 안전상의 문제로 기피하는 사이 소련은 1954년 이 원전을 선보였다. 그런데 32년 뒤 전 세계를 핵 공포에 몰아넣은 체르노빌 원전도 바로 흑연 감속로였다. 1952년 원자폭탄 실험에 성공한 영국은 1956년 '매그녹스(Magnox) 기체 냉각형' 원전을 선보였다. 그리고 영국은 11기를 자국 내에 건설하는 한편, 일본과 이탈리아 등에 수출하기도 했다. 미국도 1950년대 들어 원전 개발에 박차를 가했다. 1946년 설립된 원자력위원회는 원전 개발 5개년 계획을 세워 국가 차원의 원전 개발을 주도하는 한편, 민간 기업도 원전 개발과 가동을 허용해 원전 '민영화'의 길을 터줬다. 이에 따라 미국 최초 상업용 원전은 민간 기업이 1957년에 가동하기 시작했는데, 이 원전은 오늘날 가장 일반화된 모델인 가압경수로였다.[128] 뒤이어 프랑스도 1959년 원전 가동에 들어감으로써 1960년에는 원전 가동국이 4개국이 되었고 총 원전 수는 17기에 이르렀다.

이후 원전 수는 빠르게 들어났다. 1960년대 들어 원전 사업에 뛰어든 제너럴일렉트릭(GE)과 웨스팅하우스일렉트릭 등 거대 기업들은 미국 정부의 원전 확대 및 수출정책과 막대한 보조금에 힘입어 세계 원전 사업을 주도했다. 캐나다는 중수로 개발에 매진했다. 박정희가 비밀 핵무기 개발을 목적으로 수입을 시도한 원전이 바로 캐나다 중수로였다. 이처럼 여러 나라가 원전 확대 및 수출에 적극 나서면서 1970년에는 15개국에서 90기의 원전이 가동되고 있었다.

1973년 터진 '오일쇼크'는 원전 사업에 날개를 달아줬다. 석유의 대안으로 원자력이 각광을 받으면서 매년 20~30기의 원전이 새로 지어졌다. 이로 인해 1980년 원전 가동국은 22개국, 총 원전 수는 253기로 폭증했고, 건설 중인 원전도 230기에 달했다. 이로 인해 미국의 전력 생산에서 원전이 차지하는 비중이 1973년 4%에서 1990년에는 20%까지 높아졌고 프랑스에서는 1974년 8%에서 2004년 78%까지 치솟았다. 서독도 1975년부터 1989년 사이 모두 17기의 원전을 지었고, 유럽의 상당수 국가와 남북한, 일본, 중국 등 아시아 국가들도 원전에 본격적으로 뛰어들었다. 가히 '원전 르네상스'라고 부를 법했다.

거침없이 질주하던 원전은 미국에서 제동이 걸렸다. 펜실베이니아 스리마일섬에서 대형 원전 사고가 발생한 것이다. 이 사고가 일어나기 12일 전에 〈차이나 신드롬〉이라는 영화가 개봉되었는데, 공교롭게도 '노심용융(meltdown)'을 다룬 것이었다. 영화와 현실이 상승작용을 일으키면서 미국의 원전 산업도 직격탄을 맞았다. '원전 반대'는 환경운동에서 가장 중요한 분야로 부상했고, 미국 내에서 계획된 원전 사업이 줄줄이 취소되는가 하면 월스트리트까지 등을 돌렸다. 원전은 싸지도, 안전하지도 않다는 인식이 팽배해진 것이다. 스리마일 원전 사고는 유럽 원전에도 영향을 주었다. 오스트리아와 스웨덴은 국민투표를 거쳐 '탈핵'을 선언했고, 많은 나라가 원전 확대정책을 철회하거나 재검토에 들어갔다.

그러나 원전 마피아들 및 이들과 결탁된 세력은 "스리마일 사고를 반면교사로 삼으면 더 안전하고 신뢰할 수 있는 원전을 건설·가동할 수 있다"며 선전하고 다녔다. "막대한 에너지 수요를 충족할 수 있는 유일한 방법은 원자력밖에 없다"는 선전도 맹위를 떨쳤다. 이로 인해 원전 가동과 확대의 고삐가 다시 풀렸고, 이를 반영하듯 1990년에는 모두 480기의 원전이 가동될 것으로 예측되었다.[129] 이처럼 스리마일의 교훈은 쉽게 잊혔다. 그러나 인간의 망각과 오만의 대가는 컸다. 체르노빌 원전 사고가 발생하면서 또다시 핵과 인간의 관계에 대한 근본적인 성찰을 과제로 던져준 것이다.

이상한 조약과 핵무기 '비확산'

인류 절멸의 무기로 일컬어지는 핵무기의 등장은 '자기보호 본능'을 다양한 방식으로 발동시켰다. 이미 핵을 가진 나라, 즉 미국과 소련은 '더 많이, 더 멀리, 더 강력한' 무기로 상대방보다 전략적 우위를 점하거나 억제력을 갖고자 했다. 또한 다른 여러 나라는 독자적 핵무장으로 안보와 권력을 추구하고자 핵클럽의 문을 두드렸다. 대표적인 나라는 영국, 프랑스, 중국이었다.

제2차 세계대전 종전 직후 영국 내에서는 '2류 국가'로 전락하는 것 아니냐는 우려가 팽배해졌다. 또한 맨해튼 프로젝트에서 영국의 권유와 지원을 받았던 미국이 1948년 원자력법을 제정해 핵물질과 기술 이전을 금지하기로 하자 미국이 영국을 따돌리고 핵 독점을 유지하려는 것 아니냐는 불만도 커졌다. 이에 애틀리 정부는 1947년 세 가지 원칙을 발표했다. ▲과거 대영제국과 같은 강대국의 지위 확보 수단으로서의 핵무기 보유 필요성 ▲영국 본토와 영연방 소속국들에 대한 소련의 위협 대비책으로서 핵무장의 절박성 ▲미국이 고립주의로 회귀할 가능성에 대비한 핵무장 필요성 등이 바로 그것이었다. 국가적 차원에서 핵무장을 결심한 영국은 1952년 10월 원자폭탄 실험에, 5년 후에는 수소폭탄 실험에 성공함으로써 세 번째 핵보유국이 되었다.[130]

프랑스가 영국의 뒤를 이었다. 영국의 핵무장에 '강대국의 향수'가 강하게 드리워져 있었다면, 프랑스의 핵무장에는 '강대국을 향한 열망'이 깔려 있었다. 1954년 UN 회의에서 푸대접받았다고 여긴 프랑스 외교관은 "만약 프랑스가 핵폭탄을 갖지 못한다면 우리는 국제협상에서 아무것도 아닌 존재가 된다"고 말했다. 1958년 대통령 권좌에 복귀한 샤를 드골도 핵무기가 "강대국의 테이블에 프랑스를 앉힐 수 있는 정치적 수단"이라며 핵무장 의지를 불태웠다. 주목할 점은 동맹국들인 미국과 영국의 핵무장이 프랑스의 핵무장 야심을 꺾기보다는 오히려 부채질한 측면도 있었다는 것이다. 이는 프랑스 외교부가 1955년 "우리가 핵무기를 갖지 못하면, 우리의 안보는 전적으로 앵글로-색슨에게 의존하게 된다"고 밝힌 것에서 잘 드러난다. 결국 프랑스는 1960년 핵실험에 성공하면서 네 번째로 핵클럽에 가입했다. 당시 프랑스의 분위기는 프랑스 "핵무기의 아버지"로 일컬어지는 펠릭스 가야르 박사의 환호성에 잘 담겨 있다. "프랑스는 결국 1940년의 패배를 극복했다!"[131]

그리고 앞선 글에서 다룬 것처럼 중국도 1964년 핵실험에 성공함으로써 다섯 번째, 즉 마지막 공식적인 핵보유국 대열에 합류했다. 이들 5개국은 핵실험을 거쳐 공식적인 핵보유국이 되었고, 그 외에 몰래 개발을 시도한 나라들도 있었다. 대표적인 국가가 이스라엘이다. 이스라엘은 1952년 원자력위원회를 만들어 핵개발에 착수했고, 5년 뒤에는 프랑스와 비밀협약을 맺었다. 하지만 프랑스가 이듬해 핵개발 지원을 중단하자 자체 기술로 핵개발을 마무리하려고 했다. 그런데 미국이 이를 포착했다. 핵무기 비확산 구상에 박차를 가하고 있던 케네디 행정부는 이스라엘에 압박을 가했다. 이로 인해 양국관계가 악화되기도 했지만, 케네디가 암살당하자 이스라엘은 이 틈을 타 핵개발을 완수했다. 이제 남은 것은 미국의 묵인이었다. 미국은 1968년부터 서명에 들어간 NPT와 이스라엘의 핵무장이 야기할 중동 핵확산을 동시에 우려했다. 결국 닉슨은 1969년 9월 골다 메이어 이스라엘 총리를 만나 비밀협약을 체결했다. 이스라엘의 핵무장을 용인하는 대신에 이스라엘은 이를 공개하지 않기로 한 것이다.

이처럼 1960년대 들어 핵무기 확산 징후가 뚜렷이 나타나자, 당시 핵보유국이었던 미국, 영국, 소련은 서둘러 핵클럽의 문을 닫으려고 했다. 빨리 문을 닫지 않으면 1970년대에는 핵보유국이 20개 안팎에 달할 것이라는 우려가 커진 것이다. 공교롭게도 이런 우려는 숙적이었던 케네디와 흐루쇼프를 의기투합하게 만들었다. 흐루쇼프의 지시를 받은 안드레이 그로미코 외교장관은 1962년 8월 23일 딘 러스크 미국 국무장관을 만나 소련의 구상을 제시했다. '핵보유국이 핵무기와 그 노하우를 비핵국가에 이전하지 말자' '비핵국가가 핵무기나 핵무기 제조 정보를 갖지 못하도록 하자' '동맹국들에 핵무기를 이전하지도 말자'는 게 주된 요지였다.[132] 하지만 미소가 본격적인 논의에 들어갈 무렵 쿠바 미사일 위기가 터지면서 흐지부지되는 듯했다.

그러나 쿠바 미사일 위기는 어김없이 핵무기의 이중성의 문을 두드렸다. 핵전쟁의 위험을 몸소 체험한 케네디는 자신이 대선 유세에서 했던 말, 즉 "핵실험과 핵무기 통제, 그리고 우주 군비경쟁 제한 및 핵군축에 적극 나서겠다"는 약속을 다시 불러냈다. 그리고 이런 구상을 구체화하기 위해 '군비통제 및 군축국(ACDA)'을 창설해 본격적인 비확산 외교에 나섰다. 그 첫 결과물이 1963년 미국, 소련, 영국이 체결한 '제한적핵실험금지조약(Limited Test Ban Treaty)'이다. 지하 핵실험은 남겨두면서 대기권, 우주, 수중에서는 핵실험을 금지하기로 한 것이다.*

뒤이어 이들 세 나라는 NPT를 향해 의기투합했다. UN 회원국들을 대

---

*   이 조약은 부분핵실험금지조약으로도 불린다.

상으로 외교적 설득과 압력을 병행하면서 1965년에 결의안 2028호를 이끌어낸 것이다. 결의안의 핵심요지는 역시 비핵국가의 핵무기 보유를 금지토록 하는 것이었다. 하지만 상당수 비핵국가들은 이에 반발하고 나섰다. 비핵국가의 핵무기 보유 금지는 명확한 의무사항으로 명시한 반면에, 핵보유국의 핵 폐기 의무는 명확한 약속도, 시한도 담겨 있지 않았기 때문이다. 대표적인 불평등조약이라는 오명은 이때부터 씌워졌다. 그러자 미국과 소련은 비핵국가들에도 핵의 평화적 이용 권리는 보장하고, 자신의 동맹국들엔 핵우산을 확대하는 정책을 지렛대로 삼아 NPT를 관철시켰다. 1968년 미국, 소련, 영국이 공동으로 제출한 조약문은 UN 총회에서 결의안 2372호로 채택되어 승인됐다.

1968년 7월 1일부터 서명이 개시되어 미국, 소련, 영국 3개국의 기탁국을 포함해 62개국이 서명했고, 이들 가운데 43개국이 비준 절차를 완료함에 따라 NPT는 1970년 3월 5일 공식적으로 발효되었다. 이 조약에서는 "1967년 1월 1일 이전에 핵무기 또는 핵폭발 장치를 제조하고 폭발시킨 국가들"을 핵보유국으로 인정하기로 했다. 이로써 미국, 소련, 영국, 프랑스, 중국이 공식적인 핵보유국이 되었다. 흥미로운 점은 공식적인 핵보유국으로 인정받은 중국과 프랑스는 NPT가 불균형적이고 차별적인 조약이라고 계속 반대하다 1992년에 가서야 가입했다는 것이다.

어쨌든 1970년 이후 가입국들은 꾸준히 늘어나 2018년 말에는 191개국에 달했다. 이로써 UN 회원국 가운데 인도, 파키스탄, 이스라엘은 미가입 상태로 남고, 북한은 1985년 가입했다가 1993년과 2003년 두 차례에 걸쳐 탈퇴한 독특한 이력을 갖고 있다.* 이들 네 나라의 공통점은 NPT가 공

---

* NPT에는 최고의 국가이익이 위협받을 경우 이 조약에서 탈퇴할 수 있는 권리를 명시하고 있다. 북한은 이를 근거로 이 조약에서 탈퇴했다.

인하지 않는 핵보유국이라는 것이다. 이들 네 나라가 NPT에 가입하기 위해서는 핵무기를 폐기하거나 핵무기 폐기를 약속하고 IAEA의 감시와 사찰에 동의해야 한다.

NPT는 '3개의 기둥'으로 이뤄져 있다. 비확산과 핵군축, 평화적 핵 이용이 바로 그것이다. 그런데 비핵국가의 핵무기 보유를 금지하는 비확산 의무는 IAEA에 의해 검증되고 이를 위반할 경우 UN 안보리를 통한 제재 대상이 된다. 반면 핵보유국의 핵군축 의무는 '선의'로 남겨둔 채, 어떠한 강제조항이나 검증체제도 없다. NPT를 가리켜, 가진 자와 못 가진 자로 나눈 대표적인 불평등조약이라고 일컫는 이유가 바로 여기에 있는 것이다.

또한 NPT는 가장 이상한 조약이라고 해도 과언이 아니다. 생물무기금지협약, 화학무기금지협약, 대인지뢰금지협약, 집속탄금지협약 등에서 알 수 있듯이, 일반적으로 군축조약은 해당 무기의 개발·보유·실험·사용 등을 금지하고, 보유한 것은 폐기하도록 하고 있다. 반면 NPT에는 이런 내용이 없다.

이런 NPT의 결함은 다양한 보완책과 대안을 부각시켰다. 핵실험 금지 및 핵무기용 핵물질 생산 금지는 NPT의 결함을 보완하기 위한 첫걸음이다. 그러나 포괄핵실험금지조약(CTBT)과 핵물질생산금지조약(FMCT)은 핵보유국들의 소극적인 태도와 관련국들 사이의 이견으로 아직 발효조차 되지 않고 있다. 비핵국가를 상대로 핵보유국이 '핵무기 사용 및 위협을 하지 않는다'는 소극적 안전보장과 핵보유국 간에도 핵무기 선제 사용을 금지하는 것을 국제법으로 만들자는 제안은 NPT 협상 당시부터 나왔다. 그러나 이 역시 핵보유국들의 반대로 아직까지 빛을 보지 못하고 있다.

급기야 핵보유국들의 성의 없는 태도에 분개한 상당수 국가와 국제반핵평화단체들은 NPT를 대체할 새로운 조약 체결 운동에 돌입했다. 그 결과 나온 것이 2017년 7월 UN 총회에서 122개국의 찬성으로 채택된 핵무기

금지협약(Treaty on the Prohibition of Nuclear Weapons)이다. 이 조약은 NPT 의 본질적인 한계를 극복하고 핵전쟁 예방과 모든 핵무기의 궁극적인 폐기 를 목표로 하고 있다. 핵무기 개발·실험·생산·제조·비축·사용 및 위협 등 모든 핵무기 관련 활동을 포괄적으로 금지할 뿐만 아니라, 기존 핵무기의 완전한 폐기를 요구하는 내용도 담겨 있다. 하지만 이 역사적인 협약에 UN 안보리 상임이사국이자 공인된 핵보유국인 미국, 러시아, 중국, 영국, 프랑 스와 NPT 비회원국이면서 핵무기를 제조·보유하고 있는 인도, 파키스탄, 북한, 이스라엘은 협약 채택을 위한 협상부터 거부했다. 또한 NATO 회원 국들도 모두 거부했다. 세계 양대 피폭 피해국이자 미국의 핵우산 아래에 있는 한국과 일본도 북한의 핵위협을 이유로 반대했다.

체르노빌
사람들

8

　　핵'무기'와 핵'발전'의 차이는 핵분열 연쇄반응 속도 조절에서 비롯된다. 핵분열 연쇄반응이 지속되는 상태를 '임계 상태'라 하고, 이런 임계 상태를 유지하는 데 필요한 핵분열 물질의 양을 '임계량'이라고 한다. 이때 핵분열 연쇄반응을 지수함수 방식으로 급격히 증가시키면 대량의 에너지가 폭발적으로 발생하는데, 이것이 바로 핵폭탄의 원리다. 반면 핵분열 연쇄반응의 속도를 조절하여 일정량의 에너지를 지속적으로 발생하게 만든 것이 원자로다. 원자로는 우라늄이나 플루토늄의 핵분열 반응으로 만들어진 열이 물을 끓이고 고온의 물이 터빈을 돌려 터빈과 연결된 발전기로 전기를 만드는 방식으로 가동된다. 흔히 말하는 핵의 평화적 이용과 군사적 이용의 차이는 여기에서 발생한다. 그러나 핵발전소의 위험성은 핵무기와 근본적으로 동일하다.

　　1945년 맨해튼 프로젝트에 참여한 천재적인 과학자들이 '신의 불'을 훔친 이후 2018년 현재까지 모두 2119차례 핵폭발이 있었다. 이 가운데

2114번은 미국, 소련(러시아), 영국, 프랑스, 중국, 인도, 파키스탄, 남아프리카공화국, 북한 등이 지상, 지하, 수중, 대기권 등에서 벌인 핵무기 실험이었다. 두 차례는 미국이 히로시마와 나가사키 주민 수십만 명의 목숨을 집어삼키며 만들어낸 버섯구름이었다. 그리고 나머지 세 차례는 미국 스리마일, 소련 체르노빌, 일본 후쿠시마로 이어진 핵발전소의 폭발이었다.

핵폭발의 영향은 한없이 크고 끝없이 길다. 히로시마와 나가사키에 떨어진 단 두 발의 핵폭탄은 약 20만 명의 목숨을 순식간에 앗아가면서 폭심지 반경 수십km를 평평하게 만들어버렸다. 부상자의 상당수는 평생 후유증에 시달려야 했고 그 고통은 2세, 3세로 이어지고 있다. 1954년 3월 1일 태평양 비키니섬에서 실시된 미국의 수소폭탄 실험은 높이 80km, 넓이 150km의 거대한 구름을 만들어냈다. 이 구름은 아름답던 섬을 송두리째 집어삼키고 지구촌 곳곳에 '죽음의 재'를 뿌렸다. 그런데 핵'무기'의 폭발만 무시무시한 게 아니다. 핵'발전소'의 폭발은 보다 은밀하게 죽음의 문을 두드려온다. 핵무기 폭발이 수반하는 폭발음과 엄청난 크기의 버섯구름 및 초고온, 그리고 A급 태풍을 능가하는 핵폭풍은 없지만, 핵발전소의 폭발이 뿜어내는 방사능의 양은 핵무기보다 훨씬 많다. 그런데 인간의 감각을 초월해 다가오는 공포의 실체가 드러났다. 바로 체르노빌 원전 사고다.

'체르노빌의 목소리'

1986년 4월 26일 새벽 1시, 우크라이나의 체르노빌 핵발전소 4호기가 수차례 폭발 후 무너져내렸다. 대재앙을 몰고 온 원전은 출력 100만kW로 소련의 신형 흑연 감속로였다. 1984년 3월부터 가동된 이 원전의 노심에는 히로시마 원자폭탄의 2600개에 달하는 '죽음의 재'가 쌓여 있었다. 사고 결과 5000만 Ci(퀴리)의 방사성 핵종이 방출됐고, 이 가운데 70%

가 이 원전과 인접한 벨라루스를 덮쳤다. 마을 485개가 '죽음의 땅'으로 변했고, 이 가운데 70개는 땅속으로 영원히 묻혔다.

시간이 지나면서 죽음의 재는 지구촌 전체로 퍼져갔다. 체르노빌 사고를 그저 먼 나라의 참사 정도로 간주하기에 방사능은 넓고 지구는 좁았다. 당초 소련은 이 사고를 감추려 했지만, 체르노빌 원전에서 1250km 떨어진 스웨덴의 포스막 원전에서 4월 29일 고농도 방사능이 검출돼 세상에 알려졌다. 뒤이어 유럽 전역에서 고농도 방사성 물질이 측정되기 시작했고, 5월 2일 일본, 4일 중국, 5일 인도, 그리고 6일에는 미국과 캐나다에서도 방사능이 차례로 검출됐다. 당시 교토대 원자로연구소에서 방사능 측정을 담당했던 고이데 히로아키의 증언을 들어보자.

처음에는 이상한 방사능이 발견되지 않았습니다. 그러면 그렇지, 8200km나 떨어져 있는데 설마 일본에까지 날아오지는 않을 것이라고 나는 생각했습니다. 그러나 5월 3일이 되고, 내가 호흡하고 있는 공기 중에서 이상 방사능이 발견되었습니다. 방사능이 8200km라는 거리를 날아서 일본에 당도한 것입니다. 그때의 오염 수치는 그 후 날이 가며 서서히 내려갔습니다. 그러다가 5월 하순이 되자 다시 수치가 올라가기 시작했습니다. 일본 상공까지 날아온 오염이 태평양을 넘어 아메리카 대륙을 통과해 유럽, 아시아를 넘어 이렇게 지구를 한 바퀴 돌아서 다시 일본으로 돌아온 것이었습니다.[133]

원자로 제염과 안정화 등 사고 수습을 위해 약 80만 명의 인력이 투입되었다. IAEA는 이들 가운데 약 4000명이 사망했다고 발표했다. 하지만 사망자 수는 오늘날까지도 계속 불어나고 있다. 당시 투입된 80만 명 가운데 2009년까지 12만 명이 목숨을 잃었고, 2004년까지 유럽 전역의 사망자 수가 98만 5000명인 것으로 집계되었다. 이렇게 사망자가 계속 늘어나고 있는 핵심적인 이유는 시간이 지날수록 방사능이 신체기관에 축적되면서 암을 비롯한 각종 질병을 유발하기 때문이다. 사고 피해가 가장 컸던 벨라루스는 사고 전 암환자가 10만 명당 82명이었으나 2002년에는 6000명으로 급증했다. 2016년 4월 17일자 〈USA 투데이〉에는 이런 보도도 나왔다. "우크라이나 보건부에는 239만7863명이 등록되어 체르노빌 사고 관련 치료를 계속 받고 있다. 그런데 이들 가운데 45만3391명은 사고 당시 태어나지도 않았던 아이들이다. 이 아이들의 증상은 호흡기, 소화기, 근골격계 질환, 안질환, 혈관질환, 암, 선천성 불구와 기형, 트라우마 등에 걸쳐 있다."[134] 체르노빌의 고통이 대를 이어 계속되고 있다는 것을 여실히 보여주는 증거가 아닐 수 없다.

사고 발생 당시 소련 공산당 서기장이었던 미하일 고르바초프는 이 참사를 목도하고, 핵과 인류의 미래는 양립할 수 없다는 신념을 더욱 굳건히 했다. 이런 '신사고'는 미소 냉전을 평화적으로 종식시킨 결정적 힘이었고, 노벨상위원회는 1990년 고르바초프에게 노벨평화상을 수여해 그의 업적을 기렸다. 고르바초프는 원전 사고 발생 및 악화의 큰 원인이 소련의 경직되고 불투명한 관료주의에 있다고 보고 정치개혁(glasnost)에도 박차를 가했다. 그러나 체르노빌 원전 사고는 한때 미국과 세계 패권을 겨뤘던 소련 몰락의 원인 중 하나로 지목될 정도로 엄청난 결과를 초래했다.

폭발한 원전 4호기의 이름은 '우크리티예'였다. 우라늄과 플루토늄을 비롯해 약 200톤의 핵물질을 품고 있던 이 원전은 사고 직후 거대한 석관으로 봉쇄되었다. 그러나 체르노빌 참사는 그 끝을 가늠하기 어려운 '현재진행형'이다. 석관의 수명은 30년에 불과한 2016년까지였다. 석관 곳곳에 균열이 생겨 방사능이 계속 새어 나오고 있었다. 균열 사이로 빗물이 스며들면 핵분열 연쇄반응이 일어날 우려도 제기되었다.

이에 따라 우크라이나 정부는 국제사회의 지원을 받아 '새로운 안전 강철관' 공사에 들어갔다. 높이 108m, 길이 162m, 폭 257m에 달하는 이 거대한 구조물에는 무려 3만6000톤의 금속이 사용되고, 수조 원의 예산이 투입됐다. 당초엔 2015년 완공 목표였으나 국제사회의 미진한 기부로 공기가 계속 늦춰졌다. 그러나 후쿠시마 참사에 화들짝 놀란 세계 각국은 우크라이나에 7억8500만 달러의 재정지원을 약속했고, 그 결과 2018년에 완공되었다. 그런데 강철관의 수명은 100년이다.[135] 100년 후에는 더 큰 구조물을 만들어 '새로운 안전 강철관'을 덮어야 한다.

우크라이나 출신의 세계적인 작가 스베틀라나 알렉시예비치의 역작 《체르노빌의 목소리》에는 '체르노빌레츠(체르노빌 사람들)'의 증언이 생생하게 담겨 있다.[136] 그녀는 태생부터 체르노빌의 비극에서 자유롭지 않았다. 아버지는 체르노빌 사고가 발생한 우크라이나 사람이었고 어머니는 가장 큰 피해를 입은 벨라루스 사람이었던 것이다. 그녀는 이 책의 한국어판 서문에 이렇게 썼다. "히로시마와 나가사키, 체르노빌을 겪어본 인류는 핵 없는 세상을 향해 갈 것만 같았다. 원자력의 시대를 벗어날 것만 같았다. 다른 길을 찾을 줄 알았다. 하지만 우리는 아직도 체르노빌의 공포 속에서 살아간다." "체르노빌의 증인"을 자처한 알렉시예비치는 "사고가 발생한 지 벌써 20년이나 흘렀지만, 내가 증언하는 것이 과거인지 또는 미래인지" 자신에게 묻고 있다며, "우리 눈에는 안 보이지만 더욱 잔인하고 총체적인 과제가 우리를 기다린다"고 역설했다.

약 20년에 걸쳐 체르노빌레츠를 인터뷰해 내놓은 이 책에 담긴 증언의 일부를 보자. 마을 주민들은 주변의 겉모습은 너무나 익숙하기만 한데, 그 익숙한 환경이 자신들을 죽일 수 있는 무기가 되어버린 현실에 몸서리쳤다. "낚아올린 물고기가, 사냥한 들새가, 사과가" 말이다. "해도 떴고, 연기도 안 보이고 가스 냄새도 안 나는데…. 총도 안 쏘는구먼. 이게 전쟁이야? 그런데 피난을 가라니…." 사고 발생 직후 소련 정부는 대규모 병력을 투입해 주민들을 대비시키고 "흙을 흙으로 묻었으며", 길거리를 배회하는 개와 고양이 등 동물들을 죽였다.

체르노빌 사태 직후 소련 정부나 언론은 거의 아무런 설명도 해주지 않았다. 당연히 주민들은 큰 불이 났다고 생각했다. 그런데 이상한 일들이 발생했다. "아침에 정원에 나가 보니 익숙했던 소리가 들리지 않았소. 왠지 벌이 한 마리도 없었소. (중략) 나중에야 원전에 사고가 났다고 들었는데, 그 원전이 옆에 있던 거였소. 벌들은 알았는데, 우리는 모른 거지." 늙은 양봉업자의 말이다. "텔레비전으로 설명해주기를 기다렸어. 어떻게 살아남아야 하는지 얘기해줄 줄 알았어. 그런데 지렁이가, 평범한 지렁이가 땅 깊숙이 들어갔어. 그런데 우리는 모르잖아. 그래서 땅을 파고 또 팠지. 그런데도 지렁이를 한 마리도 못 찾아 고기를 못 잡았지." 어부들의 증언이다.

사랑과 죽음 중 하나를 선택해야 했던 임산부의 사연은 "셰익스피어도, 위대한 단테도 혀를 내두를 정도다". "가까이 다가가면 안 됩니다! 입 맞추면 안 됩니다! 만지면 안 됩니다! 이제 그는 사랑하는 사람이 아니라 방사선 오염 덩어리입니다." 원전 화재를 진압하기 위해 투입되었던 소방대원의 젊은 아내 류드밀라 이그나텐코는 의사의 만류를 뿌리치고 남편에게 다가가 입을 맞춘 뒤 그가 세상을 떠날 때까지 곁을 지켰다. 몇 개월 후 이 여인은 나타샤라는 딸을 낳았다. 남편이 죽기 전에 지어준 이름이었다. 그러나 그 아이는 4시간 만에 숨졌다. 2년 후 다른 남자를 만난 이그나텐코는 사내아이를 낳고 안드레이라는 이름을 지어주었다. 주위의 걱정과 달리 건강해 보이는 아이였다. 그녀가 말한 "행복한 때"였다. 그러나 모자의 행복은 오래가지 못했다. 엄마는 뇌출혈로 쓰러졌고 아들 역시 한 달에 보름은 의사와 함께 집에서 지낼 정도로 아팠다.

2015년 노벨상위원회는 "그녀의 다성음악과 같은 글은 우리 시대의 고통과 용기에 대한 기념비"라며 알렉시예비치에게 문학상을 선사했다. 2017

년 5월 서울에 온 그녀는 체르노빌 사고 직후 그곳에 갔을 때의 느낌을 이렇게 풀어냈다. "수많은 군인, 난민, 피난 행렬, 전쟁용어로 도배된 기사들… 전쟁을 연상케 하는 그 현장에는 명확한 육체를 지닌 적병도, 총탄도, 폭탄도 없었어요. 방사능이라는 보이지 않고 냄새를 맡을 수도 없는 새로운 위협이 존재한 것이지요." "체르노빌이 새로운 형태의 전쟁이라는 생각이 들었다"며, "제2차 세계대전은 10여 년 만에 끝났지만 체르노빌이나 후쿠시마는 수만 년에 걸쳐 지속될 것이고 계속해서 사람들이 죽어나갈 것"이라고 말했다. "인류는 새로운 형태의 전쟁에 준비되지 않았습니다."[137]

이 끔찍한 사고가 발생한 지 25년 후, 고르바초프는 〈핵과학자협회보 (Bulletin of the Atomic Scientists)〉 3/4월호 기고문을 통해 '체르노빌을 잊지 말 것'을 호소하고 나섰다. 그는 "체르노빌 사고 25주년은 우리가 스스로에게 장엄한 임무를 되새기게 할 수 있는 중요한 역사적 이정표"라며, "우리 모두 체르노빌을 기억하자. 체르노빌 사태의 부정적 측면뿐만 아니라, 더 안전하고 보다 지속 가능한 미래를 위한 희망의 횃불로서 되새기자"고 호소했다. 고르바초프는 25년 전 자신의 경험담을 소개하면서 제2의 체르노빌 사태를 막기 위해서는 예방, 재생에너지, 투명성, 테러리즘과 폭력에의 취약성 등 네 가지 문제에 인류사회가 우선적인 관심을 기울여야 한다고 강조했다.

이 가운데 그가 가장 강조한 것은 바로 '재생에너지'다. 그는 "우리가 오늘날 핵에너지를 쉽게 거부할 수는 없지만, 핵발전이 에너지 공급과 기후변화에 만병통치약이 아니라는 것을 깨달을 필요가 있다"고 주문했다. 그는 마치 핵발전이 '비용 절감형' 에너지인 것처럼 알려져 있지만, 이는 "과장된 것"이라며, 미국의 예를 들었다. 미국 정부는 1947년부터 1999년까지 원자력 분야에 모두 2600억 달러의 보조금을 지급한 반면에, 풍력과 태양열 발전에는 불과 55억 달러밖에 지급하지 않았다는 것이다. 미국을 비롯한 선진국들이 원자력만큼이나 재생에너지에 투자했다면, 상황은 크게 달라졌을 것이라는 의미다. 그러면서 "우리는 대안적이고 지속가능한 에너지원, 즉 바람, 태양열, 지열, 수소 등에 투자"해, "에너지 수요를 충족시키면서도 깨지기 쉬운 지구를 보존"할 수 있어야 한다고 호소했다.

원전은 안전한가?

　　　체르노빌 참사 25주년이 다가오면서 고르바초프를 비롯한 여러 사람이 '탈원전'의 필요성을 강조하던 바로 그때, 원전 선진국이라고 자부하던 일본의 후쿠시마 원전이 폭발했다. 체르노빌을 과거지사로 묻고 또다시 원전 르네상스에 심취해 있던 인류 사회는 충격에 빠졌다. 미국 스리마일 원전 사고는 기술자의 실수가, 체르노빌 참사는 과학자들의 무리한 실험 과정이, 그리고 후쿠시마 참사는 지진과 쓰나미가 직접적인 원인이었다. 지진 8.0 규모에도 끄떡없던 일본의 자존심은 9.0이라는 수치 앞에 비참하게 무너져내렸다. 또다시 참사를 거치고서야 인류 사회는 다시 묻기 시작했다. '핵과 인간'은 양립 가능하냐고.

　우리는 원자력이 깨끗하고 안전하며 저렴한 에너지원이라는 말을 귀에 못이 박히도록 들어왔다. 방사능에 피폭되더라도 "기준치 이하는 안전하다"라는 말에도 익숙하다. 화석연료가 주범으로 일컬어지는 지구온난화 시대에 원전은 유력한 대안으로 일컬어지기도 한다. 과연 그럴까? '죽음의 재'로 일컬어지는 방사능 물질이 인체에 들어가면 DNA를 포함한 분자결합이 절단·파괴·손상되고, 피폭 수준에 따라 그 증상이 빠르게 나타날 수도 있고, 아주 서서히 나타날 수도 있다.

　그런데 바로 원전은 어마어마한 양의 '죽음의 재'를 만들어낸다. 히로시마 원폭과 비교하면 그 심각성을 가늠해볼 수 있다. 히로시마에 떨어진 우라늄 핵폭탄에서 실제로 연소된 우라늄의 양은 800g 정도였다. 그런데 100만kW의 현대식 원자로가 1년에 태우는 우라늄양은 약 1000kg으로 히로시마 핵폭탄보다 1200배가량 많다. 당연히 죽음의 재도 이에 비례해서 만들어진다. 이를 세슘-137로 비교해보면, 히로시마 원폭이 뿜어낸 양은 약 3000Ci[138]였고, 체르노빌 원전사고료 방출된 양은 약 250만Ci, 그리고 100만kW 원전이 1년간 만들어내는 양은 약 300만Ci이다.[139]

문제는 여기서 끝나지 않는다. 오늘날 표준이 된 100만kW급 원전은 원자로 내부에서 300만 kW의 열을 만들어내는데, 이 중 전기로 전환되는 양은 100만kW에 불과하고 나머지 200만kW는 바다에 버리는 구조로 운전된다. 원전의 효율이 이렇게 떨어지는 이유는 연료 건전성의 제약에 있는데, 터빈으로 보내는 증기의 온도를 280℃ 이상 올릴 수 없다. 반면 화력발전소는 500℃까지 올릴 수 있어 발전 열효율이 50% 이상이다. 원전은 바닷물을 냉각수로 이용하는데, 100만kW 원전 1기는 초당 바닷물 70톤의 온도를 7℃가량 상승시킨다. 이를 두고 도쿄대의 미토 이와오 교수는 "'원자력발전소'라고 부르는 것은 옳지 않아. 정확히 말하면 '바다 데우기 장치'야"라고 지적했다. 수온의 급격한 상승은 해양 생태계에 여러 부작용을 동반할 뿐만 아니라, 바닷물의 수온이 상승하면 대기 중으로 뿜어져나오는 이산화탄소도 늘어난다.[140]

'죽음의 재'를 어떻게 처리하느냐는 인류 사회가 안고 있는 최대 숙제이기도 하다. 핵 폐기물은 원전 전 과정에서 나온다. 우라늄을 채굴·정련할 때도, 이를 농축·가공해 핵연료봉을 만들 때도, 원자로를 가동할 때도 나오고, 무엇보다 사용후연료봉은 그 자체가 엄청난 방사능 덩어리다. 죽음의 재 가운데 반감기가 짧은 것으로 알려진 세슘-137은 30년이고, 플루토늄-239는 무려 2만4000년이다. 장갑, 옷, 장비 등 저준위 폐기물의 반감기는 300년이다. 사용후연료를 일컫는 고준위 폐기물은 무려 100만 년에 달한다.

과학자들은 반감기도 대단히 길고 방사능 농도도 대단히 높은 고준위 폐기물, 즉 사용후연료봉 처리에 골몰해왔다. 우주에 갖다버리는 것은 기술적으로 어렵고, 해양 처분은 런던 조약에 의해, 남극 깊이 파묻는 것은 남극조약에 의해 금지돼 있다. 그래서 처분 방법은 두 가지로 압축된다. 하나는 재처리인데, 그 타당성 여부를 떠나 재처리하더라도 고준위 폐기물은 남는다. 또 하나는 심지층 처분이다. 그런데 원전이 가동된 지 60년 넘게 지났지만, 핵 폐기물 처리를 확실히 하는 나라는 단 하나도 없다. "인류는 원전이 만들어내는 폐기물 처분방법도 없이 오늘날까지 와버린" 셈이다.[141]

원자력이 지구온난화를 늦출 유력한 대안이라는 주장도 검증할 필요가 있다. 한국수력원자력(한수원)은 "원자력발전은 이산화탄소를 배출하지 않는 친환경적 에너지로서 지구환경 문제를 방지할 뿐만 아니라 전 세계가 관심을 갖고 있는 기후변화협약에도 대비할 수 있습니다"라고 홍보하고 있다. 그러나 이는 눈 가리고 아웅 하는 격이다. 원자력이 발전할 때는 이산화탄소를 배출하지 않는 것이 맞지만, 우라늄 채굴, 제련, 농축 및 가공, 원자로 건설 및 운전, 핵 폐기물 처리 과정에서 엄청난 자재와 에너지가 소모되고, 소모되는 자재와 에너지의 상당 부분은 화석연료에 의존하기 때문이다. 더구나 원전의 원리가 되는 핵분열 반응 시 이산화탄소는 배출되지 않지만, 이산화탄소보다 훨씬 위험한 방사성 물질, 즉 죽음의 재를 배출한다.

"기준치 이하라서 안전하다"라는 말도 사람들을 안심시키기에는 턱없이 부족하다. 여기서 기준치는 IAEA가 정하고 WHO가 동의한 것이다. 그러나 WHO가 IAEA에 굴복한 결과라는 비판이 많다. 동국대 의대 미생물학과 김익중 교수는 이렇게 반박한다. "방사능은 그 피폭량에 비례하여 암을 발생시킨다. 이는 기준치 이하에서도 마찬가지다. 안전한 방사능은 없다."[142] 방사선이 인체에 미치는 영향을 조사한 미국국립과학아카데미는 2005년 6월 발표한 보고서에서 "최소한의 피폭이라도 인간에게 위험을 줄 가능성이 있다"고 결론지었다. 일본의 원자력 전문가 고이데 히로아키 역시 "아무리 적은 양이라도 피폭량에 비례해서 영향이 있다"고 결론짓고 있다.[143]

레이건의 '두 얼굴'과 고르바초프의 혁명

9

"아직도 소련을 악의 제국이라고 생각하세요?"

"아니요."

1988년 5월 모스크바의 붉은 광장을 산책하면서 소련 공산당 서기장 미하일 고르바초프와 미국 대통령 로널드 레이건이 나눈 대화의 한 대목이다. 소련을 "악의 제국"으로 부르면서 '스타워즈'를 주창했던 레이건의 대변신을 상징적으로 보여주는 장면이다. 레이건도 훗날 회고록에서 "고르바초프와 나는 화학작용을 일으켜 우정과 대단히 유사한 뭔가를 만들어낸 게 분명하다"고 말했다. 고르바초프 역시 낸시 레이건에게 "당신 남편과 어떤 화학작용을 일으킨 것 같다"고 말했다. 레이건과 고르바초프의 정상회담은 불신과 권력 정치가 지배한다는 국제정치의 현실을 '인간적 요소'가 바꿔놓을 수 있다는 것을 보여준 대표적 사례로 일컬어진다.[144]

'냉전의 전사', 레이건의 등장

"나는 핵무기의 확산을 저지하고 핵무기 없는 세계를 추구한 존 F. 케네디와 로널드 레이건의 비전을 환영합니다." 버락 오바마 미국 대통령이 2010년 1월 연두교서를 통해 한 말이다. 오바마가 '핵무기 없는 세계'를 추구하면서 공화당의 우상이자 '냉전의 전사'로 일컬어지는 레이건을 언급한 이유는 무엇일까? 아마도 자신의 구상에 대한 초당적인 지지를 이끌어내기 위한 의도였을 것이다. 동시에 레이건이 '핵무기 없는 세계'를 주창했다는 역사적 사실을 반영하고 있다. 레이건은 '스타워즈'로 불리는 '전략방위구상(SDI)'을 천명해 소련과의 핵 군비경쟁을 새로운 국면에 올려놓은 인물이다. 신냉전이 절정에 달했던 1986년에는 두 나라의 핵무기 보유량이 7만 개에 육박했다. 두 나라가 수십 개의 핵무기만 주고받아도 지구는 '핵겨울'에 직면할 것이라는 과학자들의 경고도 이즈음 나왔다. 핵과학자협회가 '운명의 날 시계(Doomsday Clock)'를 지구 멸망 3분 전인 11시 57분에 맞춘 것도 이때였다.

그러나 '절대무기'를 통해 '절대안보'를 꿈꿨던 레이건에게서도 영화 〈반지의 제왕〉에 등장하는 골룸과 같은 '이중인격'이 발견된다. '절대반지'를 손에 쥐면 세상을 지배할 권력을 가질 수 있다는 욕망의 존재 골룸과 절대반지를 파괴하지 않으면 자신을 포함한 모든 생명체의 파멸을 가져올 것이라고 믿는 고뇌의 존재 스미골은 한몸이었다. 마찬가지로 핵미사일이라는 창과 SDI라는 방패를 양손에 쥐고 세계의 지배자를 꿈꿨던 1기 레이건과 임기 2기에 접어들어 '핵무기 없는 세계'를 주창하고 나선 레이건도 동일인물이다. 이를 두고 미국의 핵 전문가인 조지프 시리시오네는 "두 명의 레이건"이라고 불렀다.[145]

미국과 소련의 핵 군비경쟁은 1972년 들어 중대한 전환점을 맞이하는 듯했다. 잠정협정(interim agreement)과 탄도미사일방어(ABM) 조약을 두 축으로 하는 1차 전략무기제한협정(SALT I)이 체결된 것이다. 미국은 소련과 SALT I을 체결하기에 앞서 중국과의 관계 정상화에 합의했다. 미중 화해와 미소 핵 군비제한이 이뤄지면서 데탕트의 시대가 열린 것이다. 하지만 SALT I은 탄생 때부터 불안을 잉태하고 있었다. ABM 조약은 2002년 파기될 때까지 "국제평화와 전략적 안정의 초석"이라고 극찬을 받았지만, 동시에 '절대안보'를 꿈꾸는 미국 내 강경파들의 끊임없는 공격에 시달려야 했다. 잠정협정에 대한 미국 내 반발도 컸다. 이 협정에 따라 미국은 ICBM 1054개와 SLBM 656개를, 소련은 ICBM 1607개와 SLBM 740개를 상한선으로 정했다. 이렇게 차이가 난 데는 미국이 잠정협정에 포함되지 않은 전략폭격기에서 압도적인 우위에 있었고, 다탄두 및 정확도에서도 우위에 있었기 때문이다.

하지만 미국 의회는 이런 차이를 인정하지 않았다. "모든 군비통제 조약은 모든 무기 시스템에서 수적인 균형을 맞춰야 한다"는 요지의 결의안을 통과시켜 2차 SALT의 지침으로 제시한 것이다. 국내 정치의 문제는 미국에만 존재한 것이 아니었다. SALT의 소련 측 주역인 레오니트 브레즈네프 소련 공산당 서기장은 1970년대 후반 들어 과도한 약물 복용으로 정상적 통치가 불가능한 상태에 빠져들었다. 그 빈자리는 소련 군부가 차지했다. 이들은 은밀하게 서유럽을 사정거리에 둔 신형 중거리 핵미사일 SS-20을 배치했다. 나중에 이 사실이 드러나자 미국은 모스크바를 사정거리에 둔 퍼싱(Pershing)II 핵미사일을 서유럽에 전진 배치했다. 1979년 12월에 소련이 아프가니스탄 침공을 강행하자 지미 카터 대통령은 "제2차 세계대전 이후 평화를 위협하는 가장 심각한 문제"라고 비난하면서 SALT 협상 중단, 1980년 모스크바 올림픽 보이콧, 대소 경제제재와 대규모 국방비 증액을 발표했다. 이로써 미소 간의 데탕트는 종말을 고하고 말았다.

1970년 말에 시작된 미소 간 신냉전은 1981년에 초강경 성향의 레이건 행정부가 등장하면서 절정으로 치닫기 시작했다. 레이건은 대선 유세 때 카터의 정책을 제2차 세계대전 직전 영국의 대독일 '유화정책'에 비유하면서 맹공격했다. 그는 카터의 유화정책으로 "서구 문명은 앞으로 수십 년간 가장 위험한 상태에 직면할 것"이라고 주장했다. 소련이 이란과 중동을 협박해 자기편으로 끌어들이고, 베트남이 인도차이나반도 전체를 병합하며, "소련의 꼭두각시"인 카스트로의 쿠바가 카리브해를 "적색 바다"로 만들어 멕시코를 포위하고 있다고 주장했다. 특히 소련이 1970년대 10년간 미국보다 2400억 달러 많은 군사비를 썼고, 앞으로 그 격차가 더 벌어질 것이라고 주장하면서, "우리는 군비경쟁을 하고 있다. 그런데 오로지 한쪽만 달리고 있다"라는 유명한 말을 남기기도 했다. 또한 그는 1981년 1월 취임사를 통해 "데탕트는 지금까지 소련이 자신의 목적을 추구하기 위해 이용한 일방 통로였다"며, 그 목적은 바로 "세계의 공산화"라고 못 박기도 했다. 또한 소련을 "범죄와 거짓말과 속임수를 일삼는" 집단으로 묘사하면서 대화 무용론을 강조했다.[146] 이를 두고 〈LA 타임스〉는 "지난 20년 동안 백악관에서 나온 가장 강력한 냉전적 공격"이라고 평가하기도 했다.

'냉전의 전사' 레이건의 폭주는 집권 직후부터 시작됐다. 카터 행정부 때 소련과 협상을 벌였던 SALT II를 완전 중단시켰고, 그 대신 글로벌 핵전쟁에서 이길 수 있는 방안을 모색했다. '핵전쟁에서 어떻게 하면 이길 수 있을까?' 당시 레이건 행정부를 지배한 이 담론은 이전과 전혀 다른 군사력을 요하는 문제였다. 이런 사고에 사로잡힌 레이건 행정부는 10개의 핵탄두를 하나의 미사일에 장착하는 MX 미사일과 B-1 전략폭격기를 개발·배치했고, 잠수함에서 발사되는 트라이던트 핵미사일 보유량도 대폭 늘렸다. 또한 소련이 SS-20 미사일을 철수하지 않았다는 이유로 퍼싱II 미사일의 유럽 배치량을 늘렸다. 그리고 "이길 수 있는 핵전쟁"의 총아로 SDI를 들고 나왔다. 이에 따라 미국의 국방비는 하늘 높은 줄 모르고 치솟아, 1985년 국방비는 1980년에 비해 2배로 늘어났다.

레이건 행정부의 이런 노선은 캐스퍼 와인버거(Casper Weinberger) 국방장관이 취임 일성으로 "저는 미국의 재무장을 열정과 열성을 다해 학수고대하고 있다"고 말한 것에서도 예견된 것이었다. 외교안보 분야에서 경험이 일천했던 와인버거의 뒤에는 대표적인 매파였던 리처드 펄(Richard Perle) 국방부 차관보가 있었다. 당시 그의 영향력은 미국 언론이 "어둠의 황태자"라고 부른 것에서도 잘 드러났다. 국무장관 알렉산더 헤이그(Alexander Haig)는 "평화보다 더 중요한 것이 있다. 바로 미국이 싸우고자 하는 의지"라고 말하고 다녔다. 레이건을 지근거리에서 보좌하는 백악관 국가안보보좌관 리처드 앨런(Richard Allen)은 "군사력 강화 대신 군비통제 협상을 추구하는 것은 환상에 불과하다"는 생각을 갖고 있었다. 심지어 군비통제 및 군축국(ACDA)의 유진 로스토(Eugene Rostow) 국장은 "군비통제는 건전한 사고를 몰아낸다"고 말할 정도였다. ACDA의 존재 이유를 부정하는 발언이었다. 이처럼 레이건 행정부에는 매파들이 득실거렸다.[147]

레이건의 대소 강경책은 1983년 3월 들어 더욱 거칠고 강경해졌다. 레이건은 3월 8일 연설에서 소련과의 대결을 "정의와 불의, 선과 악의 투쟁"으로 묘사하면서 소련을 "현대 세계의 악의 초점" "악의 제국(evil empire)"이라고 불렀다. 이런 강경론은 3월 23일의 유명한 '스타워즈 연설'에 고스란히 담겼다. 레이건은 역설했다. "우리가 적의 전략 미사일이 미국이나 우리 동맹국의 영토에 떨어지기 전에 요격할 수 있다면 무엇이 문제입니까?" SDI 추진을 공식선언한 순간이었다. 미국의 능력이라면 여러 가지 기술적 어려움도 극복할 수 있다고 자신했다. SDI를 통해 핵미사일을 무력화해서 핵미사일을 "쓸모없는 것"으로 만들면, 핵군축을 앞당길 수 있다는 황당한 주장도 곁들였다.[148]

미사일방어체제(MD)의 원조격인 SDI는 소련의 ICBM을 우주 공간에서 레이저로 요격하는 시스템을 의미했다. 이 구상이 '스타워즈'라는, 찬사와 조롱이 섞인 별명을 동시에 갖게 된 까닭이 바로 여기에 있었다. SDI가 중대한 의미를 갖는 것은 미국이 더 이상 핵 시대의 안보를 '억제'에 의존하지 않겠다는 의사를 밝혔다는 데 있다. 즉, 핵무기를 비롯한 막강한 공격력과 적의 미사일을 무력화할 수 있는 방어력을 동시에 갖춰 소련과의 핵전쟁에서 승리를 도모해보겠다는 것이다.

기실 ABM 조약은 선뜻 이해하긴 힘든 조약이었다. 상대방의 핵미사일을 중간에 막을 수 있는 방어망 구축을 사실상 금지한 것이기 때문이다. 그렇다면 왜 미국과 소련은 방어망 건설을 포기한 것일까? 1950년대 이후 미국과 소련은 서로를 절멸시킬 수 있는 핵미사일을 증강시켜나갔다. 그러면서 양측은 마음만 먹으면 상대방을 초토화시킬 수 있다는 '자신감'과 언제든 상대방의 핵미사일 공격을 받을 수 있다는 '두려움'에 사로잡혔다. 이에 따라 미국과 소련은 상대방의 핵미사일이 자신의 땅에 닿기 전에 막을 수 있는 '신의 방패'를 꿈꾸기 시작했다. 그러나 방패를 만들려고 하면 할수록 그 꿈에서 멀어져갔다. 모든 조건이 공격자에게 유리하고, 시제품을 만들어 실험해보면 실패하기 일쑤며, 방패를 무력화할 수 있는 대응 수단이 얼마든지 있고, 비용 자체도 천문학적으로 들어간다는 점을 깨닫게 된 것이다. 탄도미사일 요격미사일(ABM)이 절대안보를 실현시켜줄 수 있다는 환상은 곧 절대안보를 추구하는 것이 더 큰 불안을 초래한다는 이성의 밑거름이 된 것이다.

여기서 나온 개념이 바로 '전략적 안정'이다. 이와 관련해 미국국립과학아카데미는 상호 군비경쟁을 최소화하는 '군비경쟁 안정'과 선제공격을 가하려는 동기를 제거하는 '위기 안정'이 확보될 때, 전략적 안정이 달성될 수 있다고 설명한다.* 이런 맥락에서 볼 때, MD는 전략적 안정을 해치는 가장 대표적인 무기체계이자 군사전략이다. 어느 일방이 방패를 갖게 되면, 다른 일방은 그 방패를 무력화하기 위해 더 많은 창과 화살을 만들려고 한다. 전략적 안정의 한 축인 '군비경쟁 안정'과 역행하는 결과를 낳는 것이다. 동시에 방패를 갖고 있는 나라는 자신이 먼저 창이나 활을 사용하더라도 상대방의 창이나 활을 방패로 막을 수 있다고 여길 수 있다. '선제공격'이 훨씬 수월해지는 것이다. 내가 그렇게 생각하지 않더라도 상대방은 그렇게 우려한다. 이렇게 되면 전략적 안정의 또 다른 축인 '위기 안정'이 극히 어려워진다.

1972년 미국과 소련이 ABM 조약을 체결했던 핵심적인 사유도 여기에 있었다. 그 의미는 당시 미국 협상 대표였던 헨리 키신저 국가안보보좌관이 "ABM 조약은 잠재적으로 위험한 방어 경쟁을 제거할 수 있을 뿐만 아니라, 공격용 무기를 배치하려는 동기도 위축시킬 수 있다"고 발언한 것에 잘 담겨 있다.[149] 존 가디스는 ABM 조약의 역사적 의미를 이렇게 일갈했다. "이 조약은 처칠과 아이젠하워의 아이디어, 즉 즉각적인 절멸에 대한 전망을 동반하는 취약성이 미소관계의 안정적이고 장기적인 기초가 될 것이라는 인식을 양측이 최초로 공식 인정했다는 것을 의미한다." 한마디로 "취약성이 안보에 기여한다"는 의미다.[150]

그런데 이런 생각, 즉 서로가 절멸의 취약성을 안고 사는 것이 방어망을 구축하는 것보다 낫다는 주장에 레이건 행정부는 동의하지 않았다. 전략적 안정이라는 알쏭달쏭한 표현은 달리 말하면 '상호확증파괴(Mutually Assured Destruction, MAD)'다. '너 죽고 나 죽고 모두 죽는 공포의 균형'을 유지해야 평화가 유지된다는 전략은 현실 세계에서는 불가피한 측면이 있지만

---

*   이와 관련된 구체적인 내용은 이렇다. "전략적 안정의 목표는 '군비경쟁 안정'과 '위기 안정'으로 나뉜다. 군비경쟁 안정은 핵 군비경쟁을 중단하거나 완화하는 것을 의미하고, 위기 안정은 어느 일방이 선제적 공격을 통해 군사적 우위를 확보하려는 동기를 제거함으로써 이뤄질 수 있다."

도덕적·정치적 관점에서 볼 때에 대단히 모욕적인 것으로 해석할 수 있었다. 이를 현실 정치에서 전면으로 들고 나온 정권이 바로 레이건 행정부였다. 이들의 눈에 MAD에 의존하는 평화는 모욕적인 것이고, "방어력에 기초한 평화는 재앙의 그림자를 말끔히 치울 수 있는 길"로 비쳤다.[151]

그래서 레이건은 "우리가 적의 전략 미사일이 미국이나 우리 동맹국의 영토에 떨어지기 전에 요격할 수 있다면 무엇이 문제인가"라며, MAD와의 결별을 선언했다. 그는 또한 "우리는 SDI를 추진하면서 ABM 조약에 대한 좁은 해석이 이 구상에 어떤 차질을 빚고 있는지 깨달았다"고 말했다. 이는 ABM 조약을 넓게 해석해 SDI 구상을 밀어붙여야 한다는 의미였다. 레이건 행정부가 스타워즈 구상을 받아들이는 데 막대한 영향력을 행사한 '수소폭탄의 아버지' 에드워드 텔러는 "미국은 SDI를 통해 '상호확증파괴에서 확실한 생존(assured survival)'"으로 이동할 것이라고 호언장담했다.[152]

그러나 MAD가 전략적 안정의 다른 표현이듯이, 미국이 MAD에서 절대안보로 방향을 튼다는 것은 소련과의 전략적 안정의 기초가 허물어진다는 것을 의미했다. 실제로 소련은 미국의 SDI 및 핵 전력 증강을 '핵전쟁 준비'로 간주했다. 1960년대에 주미 소련 대사로 있으면서 쿠바 미사일 위기 해결에 큰 역할을 했고 레이건 재임 시 소련 공산당 중앙위원회 위원이었던 아나톨리 도브리닌은 이런 말로 소련 내 강경 분위기를 전했다. "레이건의 강경책은 소련의 강경파를 강화하면서 레이건 정책의 거울 이미지를 연출했습니다."[153]

실제로 소련도 대규모 핵 전력 증강에 나서 1986년에는 핵무기 숫자가 4만 개까지 치솟았다. 또한 '경보 즉시 발사(launch on warning)' 시스템을 강화해 미국이 선제공격할 조짐을 보이면 먼저 공격하기 위한 준비태세에도 박차를 가했다. 또한 소련은 다탄두 핵미사일과 하나의 미사일에 장착된 여러 탄두가 각기 다른 목표물을 공격할 수 있는 MIRV(multiple independently targetable reentry vehicle) 개발 및 배치에도 박차를 가했다. SDI 라는 방패를 뚫기 위한 것이었다. 미국 역시 이런 군사적 조치를 취해나갔다. 이에 따라 전략적 안정의 두 축인 '군비경쟁 안정'과 '위기 안정' 모두 뿌리째 흔들렸다.

이 와중에 "인류 역사상 가장 위험했던 순간"으로 일컬어지는 쿠바 미사일 위기 이후 최악의 핵전쟁 위험이 엄습해왔다. 사건의 발단은 'KAL기 폭파'였다. 1983년 9월 1일 뉴욕을 출발해 서울로 향하던 대한항공 보잉747 여객기가 사할린 부근 상공에서 소련 전투기의 공격을 받고 추락해 269명 전원 사망한 사건이 발생한 것이다. 소련의 방공부대가 한국 여객기를 미국의 정찰기로 오인해서 발생한 참사였다. 소련 측이 경고사격을 수차례 했지만, 회신이 없자 격추한 것이다. 격추 직후에도 소련 당국은 피격체가 민항기인지 미국의 정찰기인지 확신을 갖지 못했다. 미국에 대한 불신이 워낙 컸던 탓이다. 그런데 이런 사건이 벌어지면 강경파의 목소리가 커지는 경우가 많다.

실제로 소련 정부는 미국의 군사침략에 대한 정당방위라는 성명을 발표했다. 이는 소련에 대해 강한 불신을 갖고 있던 미국 정부를 더욱 자극하고 말았다. 소련이 고의로 민항기를 격추시켜놓고서는 미국에 책임을 전가한다는 해석이 팽배해졌다. 레이건은 격한 어조로 소련을 비난했다. 정작 CIA는 레이건에게 "소련의 실수로 보인다"고 보고했지만, 레이건은 이를 무시하면서 대소 강경 입장을 분명히 했다. 이런 레이건의 태도는 소련 지도부의 대미 의구심을 더욱 증폭시켰다. 거짓말을 하는 쪽은 미국이라고 반박했다. 심지어 소련 내 일각에서는 미국이 대규모 공격을 정당화하기 위해 소련의 항공기 공격을 유도한 것이라는 무시무시한 음모론도 나왔다.

그런데 이런 음모론을 뒷받침해주는 듯한 사건이 벌어졌다. 9월 26일 소련의 조기경보위성이 미국이 5기의 지상 발사 미사일을 소련을 향해 발사한 것으로 탐지한 것이다. 위성 정보를 접한 소련 장교에게 정보의 진위 여부를 판단할 시간은 불과 몇 분밖에 없었다. 진짜 미사일 공격이라고 상부에 보고하면 소련도 즉각적인 핵 보복태세로 진입할 터였다. 하지만 이 장교는 미국이 소련에 미사일 공격을 가할 경우 5개보다는 훨씬 많을 수밖에 없을 것이라고 여겼다. 5기의 핵미사일로는 소련의 보복 능력을 무력화시킬 수 없다고 봤기 때문이다. 이런 판단에 근거해 그는 상부에 "잘못된 정보일 가능성이 높다"고 보고했다. 이로써 1962년 쿠바 미사일 위기 이후 최악의 핵전쟁 위험이 지나갔다. 그런데 추후 조사 결과가 충격적이었다. 태양빛이 구름에 반사된 것을 소련의 위성이 미국의 미사일 공격으로 착각한 것이었다.

이를 두고 35년 후 〈뉴욕타임스〉는 "불완전한 정보, 호전적인 국방태세, 몇 분에 불과한 반응시간이 미국과 소련 모두 원하지 않았던 핵전쟁으로 몰고 갈 뻔했다"고 평가했다.* 당시 핵전쟁위기 당사자였던 레이건은 훗날 이렇게 회고했다. "KAL기 사건은 세계가 얼마나 핵재앙에 다가설 수 있는지를 증명해주었다. 그리고 핵 군비통제의 필요성을 일깨워줬다." 당사자는 아니었지만, 그 직후 소련의 지도자가 된 고르바초프도 이렇게 말했다. "전쟁은 반드시 정치적 결정에 의해서만 일어나는 것이 아니다. 기술적 실패로도 일어날 수 있다."[154]

---

* 〈뉴욕타임스〉가 이 사건을 새삼 재조명한 이유는 '하와이 미사일 탐지 오인 사건' 때문이었다. 하와이 시간으로 2018년 1월 13일 오전 8시 7분, 하와이 주민과 관광객들의 휴대폰에 긴급 문자가 전송됐다. "탄도미사일이 하와이를 위협하고 있다. 즉각 대피처를 찾아라. 이건 훈련이 아니다." 메시지를 받은 주민들은 북한의 핵미사일이 날아오고 있다는 공포에 휩싸였다. 하지만 38분 후 하와이 주정부로부터 잘못된 메시지였다는 또 다른 메시지를 받고서는 안도의 한숨을 내쉬었다.

트랜스포머, 고르바초프의 등장

　　1980년대 들어 지구 생존을 담보로 한 미국과 소련의 핵 군비경쟁이 격화되자, 미국과 유럽 등에서는 반핵운동이 들불처럼 일어났다. 유럽에서는 퍼싱II 등 핵미사일 배치 반대 운동이 주요 대도시를 집어삼켰다. 당황한 NATO 국가들은 레이건 행정부에 핵미사일 배치를 재검토하고 소련과의 핵군축 협상에 나설 것을 요구하기도 했다. 미국 내에서도 SDI를 비롯한 급격한 군비증강과 이에 따른 경제와 복지를 우려하는 목소리가 높아졌다. 핵문제 비평가로 명성을 떨친 스트로브 탤벗은 이렇게 말했다. "유럽인들은 유럽에 새로운 미사일이 들어오는 것을 막을 것이다. 미국 의회는 SDI 구축이라는 레이건 행정부의 야심에 찬 계획에 제동을 걸 것이다. 미국인들은 1984년 대선에서 레이건을 거부할 것이다."[155] 그러자 레이건 행정부 내에서도 신중론이 부상했다. 소련과 핵군축 협상을 재개하지 않으면, 대서양 동맹이 뿌리부터 흔들릴 위기에 처했기 때문이다.

　변화의 기운은 유럽과 미국에만 있던 것이 아니다. 1985년 3월 체르넨코의 사망 및 고르바초프의 등장을 계기로 소련의 정책 결정에도 극적인 변화가 일어나기 시작한 것이다. 고르바초프는 스탈린주의와 제2차 세계대전에 사로잡혀 있던 전임 지도자들과 달리 흐루쇼프 개혁 시대에 교육을 받은 인물이었다. 그는 엄청난 군비부담에서 벗어나는 것을 최우선 과제로 삼았고, 이는 미국 등 서방세계와의 데탕트를 추진해야 할 강력한 동기로 작용했다. 고르바초프가 공산당 부서기장이었을 때인 1984년 12월에 그를 만난 또 한 명의 '냉전의 전사' 마거릿 대처 영국 총리는 그를 "대단한 러시아인"이라고 치켜세웠고, 소련 공산당 서기장을 지낸 콘스탄틴 체르넨코의 장례식에 참석한 조지 H. W. 부시 부통령과 조지 슐츠 국무장관 역시 이전 지도자들과는 차원이 다른 인물이라고 그를 칭찬했다.[156] 이런 고르바초프의 등장은 공교롭게도 레이건 행정부 2기 출범과 조우하게 된다.

고르바초프의 혁명적 행보는 국내외를 가리지 않았다. 그는 정치개혁인 글라스노스트(glasnost)와 개방정책인 페레스트로이카(perestroika)를 추진해 소련 체제의 체질 개선에 나섰다. 신냉전 촉발의 중대 계기가 된 아프가니스탄에서의 군사행동을 중단하기 시작했고, 베트남을 설득해 캄보디아에서 철수하도록 했다. 1960년대 이후 미국 못지않은 전략적 라이벌이었던 중국과도 관계개선에 나섰고, '브레즈네프 독트린'을 폐기해 동유럽 내정 문제에 더 이상 군사적으로 개입하지 않겠다고 선언했다. '신사고(new thinking)'를 앞세워 핵무기와 재래식 무기 군축에도 박차를 가했다.[157] 이런 고르바초프의 혁명은 유라시아 서쪽에서는 정치혁명을 촉진시켰고 그 '나비효과'는 1988년 서울올림픽을 동서화합의 장으로 만드는 데까지 다다랐다.

한편 레이건의 핵문제에 대한 자기분열적이고 모순된 인식은 쉽게 고쳐지지 않았다. 그는 '너 죽고 나 죽고 모두 죽을 수 있는 공포'가 핵전쟁을 억제한다는 MAD에 반감을 갖고 있었다. 그 반감은 두 가지 경로로 나타났다. 하나는 위에서 설명한 것처럼 미국이 압도적 우위를 점해 소련을 제압하는 것이었고, 다른 하나는 SDI를 통해 "핵무기를 무력화해 폐기시키는 것"이었다. 즉, 레이건은 SDI를 통해 핵무기를 필요 없는 무기로 만들면 핵 폐기를 촉진할 수 있다는 천진난만한 생각도 품고 있었다. 레이건은 "한편으로는 강경한 냉전 전사이고 다른 한편으로는 평화의 십자군을 자임했던 것"이다.[158] 어쨌든 1기 때 강경 드라이브를 걸었던 레이건은 2기 들어 고르바초프와 함께 핵군축 협상과 냉전종식에서 큰 진전을 이뤄낸다.

두 사람의 첫 만남은 1985년 11월 스위스 제네바에서 이뤄졌다. 그런데 정상회담을 앞두고 미국 내에서 심각한 이견이 표출됐다. 레이건은 SDI 기술을 소련과 공유하자는 황당한 생각을 갖고 있었고, 펜타곤은 SDI를 군비경쟁을 격화시켜 소련을 굴복시킬 수 있는 유력한 카드로 간주했다. 조지 슐츠 국무장관은 이 구상이 1972년 ABM 조약을 위반하는지 여부와 정상회담의 주도권을 둘러싸고 백악관 NSC와 갈등을 빚었다. 고르바초프는 정상회담 사전 논의차 모스크바를 방문한 슐츠에게 "우리는 당신의 방패를 부수는 전력을 강화할 것"이라며, 미국이 SDI를 철회하지 않으면 핵군축 협상에 진전이 없을 것임을 명확히 했다. 그러면서도 소련은 변할 준비가 되어 있으니 미국도 군산복합체의 영향력에서 벗어나야 할 것이라고 충고했다. 정상회담이 시작되자 SDI를 둘러싸고 격론이 벌어졌다. 레이건은 이 기술을 소련과 공유하자는 입장에서 물러서지 않았다.

이에 고르바초프는 SDI와 같은 우주 무기는 언제든 공격 무기로 전환될 수 있고, 우주 무기는 확인하기가 더욱 어려워 의혹과 불신을 증폭시킬 것이라고 비판했다. 그러면서 미국이 SDI를 고집하면 소련은 "당신의 방패를 파괴하기 위해 군비를 강화할 것"이라고 경고했다. 그러나 SDI를 스스로 고안했다는 레이건의 집착 역시 만만치 않았다. 그는 SDI를 통해 "핵무기 제거를 논의하고 그것으로 전쟁의 위협을 제거할 것"이라고 반박했다. 고르바초프는 둘 다 창을 갖고 있는 상태에서 어느 한쪽이 방패를 갖게 되면 다른 한쪽은 어떻게 되겠느냐며, "나의 권력을 총동원해 이 프로젝트의 성사를 방해하겠다"고 엄포를 놓았다. 그러면서 미국이 SDI를 포기하고 양국이 50% 이상 핵무기를 감축하자는 제안도 거듭 내놓았다. 결국 두 정상은 이 사안에 대한 이견을 좁히지 못한 채, 추가 정상회담을 비롯한 교류 협력 확대에 합의하는 수준에서 정상회담을 마무리했다.

제네바 정상회담 이후 고르바초프는 '신사고'를 구체화하기 시작했다. 적극성의 계기는 미국의 변화보다 그 자신의 더욱 확고한 신념과 소련 관료주의에 대한 절망감에 있었다. 1986년 1월, 고르바초프는 2000년까지 모든 핵무기를 폐기하자고 제안했다. 또한 2월 공산당 전당대회에서는 핵전쟁 위험이 도사리고 있는 시대에 양대 진영은 MAD에 기초한 '평화 공존'을 넘어 '상호 의존'한다고 피력하면서 '신사고'를 거듭 강조했다. 그의 핵군축에 대한 신념과 관료주의에 대한 실망감은 1986년 4월 26일 발생한 체르노빌 핵발전소 폭발 사건으로 더욱 강해졌다. 레이건 행정부의 수준이 '스타워즈'에서 맴돌고 있을 때, 고르바초프는 '핵무기 없는 세계'를 그리고 있던 것이다.

　교착 상태에 빠져 있던 미소관계의 중재자로 사회주의자이면서 미국 동맹국 지도자인 프랑스의 프랑수아 미테랑 대통령이 나섰다. 당시 레이건과 고르바초프는 개인적인 유대감의 진전에도 불구하고 상대방의 체제에 근본적인 불신을 갖고 있었다. 레이건은 소련의 의도, 즉 "세계 공산화 노선" 포기가 실현될 수 있을지에 대해, 고르바초프는 레이건이 과연 군산복합체의 영향력에서 벗어날 수 있을지에 대해 의구심을 떨쳐버리지 못했다. 미중 데탕트의 주인공이자 미소 핵군축 협상의 물꼬를 텄던 리처드 닉슨 전 대통령도 중재자로 뛰어들었다. 그는 모스크바를 방문해 고르바초프를 만난 자리에서는 보수 정권인 레이건 행정부와의 합의 유용성에 대해 설명하고, 레이건에게는 고르바초프의 '신사고'를 설명하면서 두 사람이 다시 만날 것을 설득했다.

　이런 과정에 힘입어 두 사람은 1986년 10월에 아이슬란드 레이캬비크에서 2차 정상회담을 가졌다. 이 회담에서 고르바초프는 파격적인 핵군축 제안을 내놓았는데, ABM 조약을 고수하는 조건으로 5년간 "모든 공격 전략무기"를 50% 감축하고, 이후 5년간 나머지 ICBM을 모두 폐기하자는 것이었다. 이는 고르바초프의 통큰 제안이었다. SDI 철회를 명시적으로 요구하지 않았을뿐더러, 완전 폐기 대상을 ICBM으로 한정할 경우 전략폭격기를 다량 보유한 미국이 핵 전력에서 압도적인 우위를 달성할 수 있었기 때문이다. 레이건 행정부로서는 마다할 이유가 없었다. 그러나 SDI는 여전히 걸림돌이었다. 고르바초프는 완전 철회에서 '연구용'으로 낮춰줄 것을 요구했지만, 레이건은 이마저 거절했다. 이에 따라 핵군축에 이정표를 세울 기회는 또다시 유실되고 말았다.

그런데 2차 정상회담 이후 양국 내부에서 중요한 변화가 일어났다. 1986년 11월 미국 의회 중간선거에서 공화당이 패배하면서 SDI 예산 확보에 비상이 걸린 것이다. 또한 이란-콘트라 사건이 터져 레이건 행정부는 더욱 궁지에 몰렸다. 백악관 NSC가 레바논에 억류되어 있는 미국인 인질을 석방시킬 목적으로 비밀리에 이란에 무기를 판매하고 그 대금의 일부를 니카라과의 콘트라 반군에 지원한 일이 발각된 것이다. 이란에 대한 무기 판매는 이란에 지원하지 않고 테러리스트와 흥정하지 않는다는 백악관의 공식입장에 위배되는 것이었다. 또한 콘트라 반군에 대한 지원도 미국 의회의 '볼런드 수정법'을 위반한 것이었다. 이 사건은 레이건 행정부가 외교정책에서 성과를 내야 할 필요성을 더욱 부각시키는 한편, 대외정책 강경파들의 줄사퇴를 초래하며 협상파인 슐츠의 입지를 더욱 높여주었다.

미국 정계가 대혼란에 휩싸여 있는 동안에도 고르바초프는 개혁개방의 속도를 늦추지 않았다. 언론과 출판의 자유, 부분적인 자유선거 제도 및 시장경제 도입 등에 박차를 가했고, 1986년 12월에는 반체제 인사인 안드레이 사하로프를 가택연금에서 풀어줘 미국의 대소 강경론을 누그러뜨렸다. 또한 1987년 2월에는 핵군축 협상을 SDI와 연계하지 않기로 방침을 정했다. 이는 핵군축 협상의 가장 큰 걸림돌을 제거하고자 하는 동기와 함께 이미 SDI가 생명을 다하고 있다는 계산에 따른 것이었다.

이런 변화에 힘입어 1987년 12월 워싱턴에서 열린 세 번째 정상회담에서 양국은 전술핵무기에 해당하는 중거리 미사일 폐기(INF) 협정에 서명했다. 이 협정은 특정 무기를 모두 폐기하기로 한 미소 간 최초 합의에 해당하는 것으로서, 사정거리 500~5500km 사이의 지상 발사 탄도미사일 및 순항미사일을 폐기하기로 했다. 특히 상호 검증을 통해 폐기 여부를 확인하기로 했는데, 이는 비밀주의를 선호하던 소련 체제의 일대 변화를 보여준 것이었다. 이 협정에 따라 미소 양국은 양측 참관단의 확인하에 신냉전의 상징인 SS-20와 퍼싱II 등 중거리 미사일 폐기에 돌입했고, 1991년 6월 1일에 모두 2692기의 미사일을 폐기했다.[159] 이는 유럽과 미국을 휩쓴 반핵 평화운동의 빛나는 성과이기도 했다.

레이건-고르바초프 시대 미소관계의 패러다임 전환은 안보관의 변화에 바탕을 두었고 또 이를 촉진했다. 핵무기가 지배하는 MAD 시대의 안보가 기껏해야 '공포의 균형'에 기반을 둔 것이었다면, 고르바초프의 '신사고'는 이와 같은 제로섬 게임이 아니라 '상대방이 안전을 느껴야 나도 안전을 느낀다'는 공동안보 정신에 바탕을 둔 것이었다. 더디긴 했지만 레이건 행정부의 변화와 두 정상 사이의 개인적 유대 증진은 고르바초프로 하여금 신사고를 더욱 믿게 했고, 이 신사고는 핵무기의 폭발음이나 총격 소리 없이 미소 두 정상의 악수로 냉전종식이 이루어지는 데 결정적 역할을 했다. 그러나 고르바초프의 파트너는 레이건이 아니라 조지 H. W. 부시가 됐다. 1989년 12월 3일 고르바초프와 부시가 몰타에서 만나 냉전종식을 공식 선언한 것이다.

냉전,
끝의 시작

10

냉전의 두 주역인 미국과 소련의 지도자가 냉전종식을 선언하면서 조지 오웰의 예언도 끝을 맺는 듯했다. "100만의 사람들을 몰살시킬 수 있는 무기를 보유한 두세 개의 괴물과 같은 슈퍼파워 국가들이 세계를 분단시키는 상황"이 빠르게 종식되기 시작했기 때문이다. 고르바초프와 조지 H. W. 부시가 냉전종식을 선언하기 1개월 전에는 냉전의 상징이자 현실인 베를린 장벽이 무너졌다. 이를 전후해 동유럽 사회주의 국가들에서도 자유화 바람이 거세게 일어났다. 1950년대와 1960년대에는 이를 무력으로 진압했던 소련이 1980년대 말에는 자국군의 철수로 호응했다. 이런 세계적 수준의 탈냉전 흐름에 한반도도 예외가 아니었다. 체제경쟁에서 이겼다는 자신감을 바탕으로 노태우 정권은 북한, 중국, 소련을 상대로 북방외교의 시동을 걸었고, 체제 위기에 봉착한 김일성 정권은 남한, 일본, 미국을 상대로 관계개선의 문을 두드렸다.

하지만 미국은 승리감에 도취되는 한편, 소련이라는 거대한 주적이 사라짐에 따라 허전함에 휩싸였다. 소련은 평화적으로 냉전을 끝냈다는 자부심 대신 제국의 몰락에 따른 당혹감에 휩싸였다. 전쟁국가이자 패권국가로 성장해온 미국은 주적이 사라진 상실감을 북한과 이라크 같은 "불량국가"와 떠오르는 강자 중국을 상대로 달래려고 했다. 소련 해체로 공식적인 승계국이 된 러시아는 어느덧 국제무대에서 2류, 3류 국가로 취급받으면서 제 몸 하나 챙기기도 급급한 처지에 내몰렸다. 고도의 경제성장을 달성한 중국은 1980년대까지 억제했던 군사비 지출을 크게 늘리면서 소련을 대체할 강대국으로 부상하기 시작했다. 미국을 위협할 정도로 경제대국이 된 일본은 경제대국에 이어 군사대국의 문을 노크했다. 냉전종식 이후 유럽은 경제통합에 이어 정치통합으로까지 발전하고 있었고, 이에 반해 한반도 평화 프로세스는 일장춘몽으로 끝나고 말았다.

냉전의 경계 자체가 모호했듯이, 끝났다던 냉전도 그 종식의 경계가 모호했다. 특히 핵의 역사가 그러했다. 미국과 러시아는 전술핵 폐기에 이어 전략핵 감축에도 나섰다. 냉전시대 미소 간의 경쟁관계를 이용해 핵무기 보유에 성공했던 남아프리카공화국도 핵 폐기의 길로 접어들었다. 소련 몰락으로 하루아침에 세계 3, 4, 5위의 핵보유국이 된 우크라이나, 벨라루스, 카자흐스탄도 핵 폐기에 동의했다. 하지만 한반도 핵문제는 이때부터 더욱 거칠게 부상했고, 카슈미르를 맞댄 인도와 파키스탄도 비밀 핵무기 개발에 박차를 가했다. 무엇보다 미국과 러시아는 핵무기 감축 문제에서 지지부진했고, 또 다른 '전략적 문제'를 놓고 다시 대립하기 시작했다.

고르바초프의 신사고와 레이건의 변신에 힘입어 탄력이 붙을 것으로 기대되었던 핵군축 협상은 1988년 조지 H. W. 부시가 대통령에 당선된 직후 정체되었다. 미소 양국의 해제된 비밀문서들에 따르면, 부시 행정부는 고르바초프에 대해 오판하고 있었다. 고르바초프는 여러 차례에 걸쳐 NATO와 유럽 주둔 미군이 "독일의 재무장을 방지하는 등 유럽에서 안정자 역할을 할 것"이라며 미군 철수를 요구하지 않을 것이라고 말했다. 그러나 부시는 소련이 냉전종식을 근거로 유럽에서 미군 철수를 요구할 것으로 의심했다. 이에 따라 고르바초프는 부시가 대통령 당선자일 때부터 관계개선을 추구했지만, 부시는 소련정책에 대한 재검토에 착수했다. 여기에는 자신이 고르바초프의 명성에 크게 떨어질 것이라는 질투심도 작용했다.[160]

미소 간 핵군축 협상이 다시 탄력을 받기 시작한 것은 1991년 6월부터다. 부시가 동유럽 방문을 통해 고르바초프의 신사고에 힘입어 크게 바뀌고 있는 유럽의 정세를 몸소 체험하고, 쿠데타 발생 등 소련 분열이 가속화되어 고르바초프의 권력이 눈에 띄게 약화되기 시작한 시점과 일치한다. 부시는 기술적 성능은 입증되지 않은 반면에 막대한 예산 낭비와 국제관계의 불안을 초래한 SDI를 사실상 철회했다. 주로 전술핵무기 폐기를 염두에 둔 INF 조약도 이행했고, 한국에서 전술핵무기 철수도 선언했다.

1987년 체결된 INF 조약 이행이 마무리 단계에 접어들어 전술핵무기 폐기가 상당 부분 완료되자, 미소 양국은 전략무기감축협상을 개시했다. 이번에는 SALT처럼 전략무기를 '제한'하는 것에 그치지 않고 '감축'하는 것을 목표로 삼았다. 전략무기감축협정(START) 프로세스가 시작된 것이다. 1차 서명은 1991년 7월에 이뤄졌다. 이 협정을 통해 양측은 핵무기 운반수단을 1600개로, 핵탄두를 6000개로 감축하기로 했다. 1600개를 넘어선 운반수단을 폐기하고 핵탄두 수에 제한을 두기로 한 것은 SALT보다 진일보한 것이다. 또한 양측의 합의 이행을 검증하기 위해 현장방문과 위성활동도 허용했다. 그러나 이 합의 6개월 후 소련이 붕괴하면서 우크라이나, 카자흐스탄, 벨라루스 등 구소련 국가들의 핵무기 폐기를 우선순위로 다루기로 했다. 이에 따라 미국-러시아의 START I 이행은 당초보다 4년 늦은 2001년 12월에야 완료됐다.

START I 합의에 성공한 미국과 러시아 양국은 1992년 6월, 2차 전략무기감축협정(START II) 협상에 들어가 1993년 1월에 서명하기에 이른다. 이 협정의 골자는 양측의 전략핵탄두를 2003년 1월까지 3000~3500개로 감축한다는 것이었다. 그러나 2001년 조지 W. 부시 행정부가 등장하고 그해 9·11 테러를 틈타 12월에 ABM 조약에서 일방적으로 탈퇴함으로써 이 협정은 발효되지 못했다. START는 ABM 조약의 유지를 전제로 한 것이었는데, 미국이 MD 구축의 장애물을 없애기 위해 이 조약에서 일방적으로 탈퇴함으로써 START도 중단된 것이다. 이에 따라 1997년부터 협상에 들어갔던 START III도 무산되고 말았다.

미국 안팎에서 조지 W. 부시 행정부에 대한 비판이 비등해지자 부시도 핵군축 협상에 나섰다. 대신 START라는 이름을 버리고, 전략공격무기감축조약(SORT)을 들고 나왔다. 부시와 블라디미르 푸틴 대통령이 2002년 5월 서명한 이 조약의 골자는 양측의 전략 핵탄두 수를 1700~2200개로 감축하는 것이었다. 언뜻 보면 START보다 핵탄두 감축량이 더 많아 진일보한 것 같지만, 여기에는 중대한 '꼼수'가 숨어 있었다. START와 달리 SORT는 감축된 핵탄두와 운반체의 '폐기'를 명시하지 않아, 핵탄두를 미사일에서 분리해 비축할 수 있게 한 것이다. 많은 군비통제론자들이 SORT를 '무늬만 핵감축'이라고 비판한 까닭이 바로 여기에 있다.

냉전을 꼬리표처럼 따라다녔던 '핵겨울'을 예방하기 위한 최선의 방법은 모든 핵무기를 폐기하는 것이다. 하지만 핵 폐기 자체도 불확실할 뿐만 아니라 시간도 엄청 걸릴 터였다. 그래서 핵전쟁 태세를 낮추는 것이야말로 인류 종말을 피할 수 있는 가장 시급한 과제 가운데 하나로 거론되었다. 실제로 냉전 초기 여러 차례 핵전쟁 위험을 겪었던 미국과 소련은 1971년 9월 우발적인 핵전쟁을 방지하기 위한 협약을 체결했다. 그 취지는 이랬다. "가장 정교한 주의에도 불구하고, 기술적인 결함이나 인간의 실수, 그리고 의도하지 않은 사건이나 비인가자의 행동에 의해 핵 재앙이나 핵전쟁이 일어날 수도 있다."

그러나 그 이후에도 우발적인 핵전쟁이 일어날 뻔한 적은 여러 차례 있었다. 예를 들어 1979년 11월 미국의 핵시설에서 근무하던 기술자가 대규모 핵전쟁에 대비해 만든 '연습용' 테이프를 실수로 '작전용' 컴퓨터에 삽입한 일이 벌어졌다. 이로 인해 미국 전략사령부 정보 시스템에는 소련이 대규모 핵미사일을 미국에 발사했다는 신호가 잡혔다. 이듬해에도 미국 핵정보망의 컴퓨터칩이 오작동해 미국과 소련이 핵전쟁에 돌입할 뻔했다. 이런 일들은 1989년 미국과 소련이 냉전종식을 선언한 이후에도 발생했다. 미국과 러시아가 상대방의 미사일 공격이 탐지되면 15분 이내에 핵보복이 가능한 '경보 즉시 발사(launch on warning)' 체제를 유지해온 탓이 크다.

대표적인 사례가 1995년 1월 25일 러시아에서 발생했다. 러시아가 노르웨이의 과학위성 발사를 미국의 SLBM 발사로 오인한 것이다. 불과 5분이면 모스크바에 미사일이 떨어질 것이라고 오판한 보리스 옐친 러시아 대통령은 핵공격 명령을 내릴 수 있는 '핵 가방(nuclear briefcase 또는 football)'을 가동했다. 역사상 처음 있는 일이었다. 다행히 몇 분 후 러시아의 조기경보 레이더가 미사일의 탄착지가 러시아가 아니라는 결론을 내렸고 미국의 추가적인 미사일 발사 징후가 없다는 것을 확인하고는 핵 보복 태세를 해제했다. 그런데 사건의 발단 자체가 황당했다. 노르웨이는 러시아를 비롯한 35개국에 로켓 발사를 통보했으나, 이 정보가 레이더를 운용하는 러시아 장교들에게까지 전달되지 못해 발생한 것이었다. 의사소통의 실패가 불러온 '아찔한 소동'이었다.

이처럼 핵군축 협상과 핵전쟁 태세 완화는 게걸음 상태에서 벗어나지 못한 반면에, 또 다른 전략적 문제가 부상하기 시작했다. MD가 바로 그것이었다. 레이건이 소련을 "악의 제국"으로 부르면서 추진한 SDI는 당시 돈으로 약 500억 달러를 군산복합체의 호주머니에 넣어주면서 냉전 해체와 함께 사라지는 듯했다. 조지 H. W. 부시는 1991년 연두 교서에서 SDI 를 '제한적 미사일 공격에 대한 지구 방어(Global Protection against Limited Strikes)'로 대체한다고 발표해, 사실상 SDI 폐기를 선언했다. 뒤이어 집권한 클린턴 행정부는 레이건 정부 때 설치된 전략방위구상기구(SDIO)를 탄도미사일방어기구(BMDO)로 대체하면서 MD 규모를 더욱 축소했다.

1993년 출범한 1기 클린턴 행정부의 MD정책은 해외 주둔 미군 및 동맹국 방어용인 '전역미사일방어체제(Theater Missile Defense, TMD)'에 방점이 찍혀 있었다. 그래서 러시아의 반발도 그리 크지 않았다. 러시아가 미국의 MD에 반대하는 근본적인 이유는 MD가 러시아의 미국 본토에 대한 보복 능력을 약화시켜 미러 간의 '전략적 균형'이 무너진다는 데 있었는데, 중단거리미사일 요격용인 TMD는 여기까지 미치지 못하기 때문이었다. 그러나 1998년 들어 클린턴 행정부가 강경파에 밀려 미국 본토 방어용인 '국가미사일방어체제(National Missile Defense, NMD)' 구축을 시도하면서 러시아의 반발이 거세졌다.

러시아만 반발한 것이 아니다. 중국 역시 미국의 MD가 북한을 구실 삼아 중국을 겨냥하고 있다는 판단하에 러시아와 공동대응에 나섰다. 두 나라는 1999년 10월 정상회담을 통해, 미국의 MD는 "국제사회에 단일한 생활양식, 가치관, 이데올로기 등을 수용할 것을 강요하는 단극체제를 강화할 것이며, 진영 간의 군사적 대립을 확대·강화하고, 국제법을 권력 정치로 대체하거나 무력에 더 의존하게 만들고 있다"고 비난했다. 냉전시대 미국의 핵심 전략 가운데 하나는 유라시아의 거대 국가인 중국과 소련을 이간질하는 것이었다. 그런데 냉전종식 이후 미국이 MD에 박차를 가하면서 중국과 러시아가 다시금 손을 잡기 시작했다. 이로써 MD는 국제정세의 핵으로 부상했고 '신냉전'이라는 말이 다시 지구촌을 배회하기 시작했다. 그리고 한반도의 운명은 또다시 강대국들의 전략적 게임의 한복판에 던져지고 만다.

핵 시대
1.5의
한반도

4부

콘돌리자 라이스의
'결정적 회고'

1

       1990년대 초반, 잠복해 있던 북핵문제가 터진 직접적인 원인은 '플루토늄 불일치'에 있었다.[1] 불일치의 진실을 밝히는 것은 대단히 중요하다. 한국과 국제사회에서는 북한이 핵무기 개발에 본격적으로 나선 시점을 이 기간으로 보고 있다. 북한이 1990년을 전후해 핵무기 제조에 필요한 다량의 플루토늄을 추출해놓고는 국제사회에 거짓으로 보고했다는 것이 핵심적인 이유다. 2002년 11월 미국 CIA가 의회에 제출한 문서에도 "미국은 북한이 1992년 이전에 생산한 플루토늄을 이용해 1~2개의 핵무기를 갖고 있을 가능성을 우려해왔다"고 적시되어 있다.[2] 그러나 2010년을 전후해 드러난 여러 가지 팩트는 이런 통념에 강한 의문을 품게 한다. 약 20년의 시차를 두고 벌어진 '불일치'의 진실을 추적해보자.

북한의 "기만 계획"?

　　북한은 NPT에 가입하면 경수로를 제공하겠다는 소련의 제안을 받아들여 1985년 12월 이 조약에 가입했다.[3] NPT 3조에는 조약 체결 비준 이후 18개월 이내에 IAEA 안전조치협정에 서명하고 이를 이행하도록 명시되어 있다. 하지만 북한은 한미군사훈련 '팀스피릿' 중단 및 미국의 남한 내 핵무기 철수를 요구하면서 협정 체결을 계속 미뤘다. 이 문제는 북한과 IAEA의 대화에서도 핵심쟁점이었다. 북한은 1991년 여러 차례에 걸쳐 진행된 IAEA와의 접촉에서 미국의 북한에 대한 핵무기 사용 및 위협 금지, 한반도에서의 핵무기 완전 철수, 그리고 팀스피릿 훈련 중단이 충족될 경우 IAEA의 요구사항을 수락할 수 있다고 밝혔다. 이에 대해 IAEA는 북한 측의 요구가 IAEA 권한 밖의 일이라는 입장이었다.

　　돌파구는 1991년 9월에 열리기 시작했다. 9월 27일 조지 H. W. 부시 대통령은 전술핵무기를 한반도에서 철수하겠다고 발표했다. 남북한의 핵 재처리 및 우라늄 농축시설 보유를 예방하고 한반도 비핵화를 확고히 달성하겠다는 "중대한 외교적 이니셔티브"를 추구한 것이다.[4] 이에 부응하듯 노태우 대통령은 11월 8일에 미국 핵무기 부재와 함께 한국은 핵무기를 개발할 뜻이 없다는 점을 분명히 선언했다. 이에 힘입어 남북한은 1991년 말과 1992년 초에 걸쳐 남북기본합의서와 한반도 비핵화 공동선언을 채택했다.

　　그런데 이 과정에서 주목할 점이 있다. 1970년 NPT가 발효된 이후 국제적으로 통용되는 국제법적 용어는 '비핵지대(nuclear weapons free zone)'다. NPT 조약을 비롯한 각종 UN 문서에도 비핵지대가 일반적인 용어로 통용되고 있다. 그런데 왜 한반도에서는 비핵지대가 아니라 '비핵화(denuclear-ization)'라는 표현을 사용해온 것일까? 이 질문에 대한 답을 찾는 과정은 한반도 핵문제의 속성을 이해하는 데도 필요할 뿐만 아니라 북핵문제 해법을 찾는 데도 도움이 된다.

한반도를 비핵지대로 만들자는 제안은 북한이 먼저 내놓았다. 1981년 한반도를 포함한 동북아시아 비핵지대 창설을 제안했고, 1986년 6월 23일에는 정부 성명을 통해 "조선반도 비핵지대 창설"을 논의하기 위한 남북미 3자회담을 제안했다. "핵무기의 시험과 생산·저장과 반입을 하지 않으며 외국의 핵기지를 포함한 모든 군사기지를 허용하지 않으며 외국의 핵무기들이 자국의 영토·영공·영해를 통과하는 것을 허용하지 않을 것"이라는 게 요지였다. 북한은 이후에도 비핵지대를 여러 차례 주장했다.

한미 양국은 북한의 제안을 수용하지 않다가, 1991년 들어 북핵문제가 대두되자 이에 대한 입장을 정리했다. 해제된 미국의 비밀문서에 따르면, 한국에서는 김종휘 청와대 외교안보수석이, 미국에서는 폴 월포위츠 국방부 차관이 수석대표로 나서 8월 6~7일 하와이에서 협의를 가졌다. 이 자리에서 양측은 "북한이 제안해온 비핵지대는 북핵문제의 해법이 될 수 없다"는 점을 명확히 했다. "필요한 것은 북한이 국제 의무를 완전히 이행하는 것"이라는 이유 때문이었다.[5]

그렇다면 왜 미국은 "조선반도 비핵지대"를 거부하고 한반도 비핵화를 고집한 것일까? 이는 당시 비핵국가이자 NPT 회원국이었던 남북한의 권리, 즉 우라늄 농축과 사용후핵연료 재처리는 제한하고 핵보유국인 미국의 의무는 최소화하기 위한 의도에서 비롯되었다고 할 수 있다. 특히 1989년 프랑스의 위성이 촬영한 북한의 영변 핵시설이 처음으로 공개되자, 미국은 북한의 핵개발은 물론이고 남한의 핵개발 가능성에도 촉각을 곤두세웠다. 이에 따라 제임스 베이커 국무장관은 최호중 외교부 장관에게 친서를 보내, 미국이 북한의 핵개발을 기필코 저지할 테니 한국은 "일방적 행동"에 나서지 말라고 요구했다. 일방적 행동이란 "한국의 자체적인 핵무기 개발이나 영변 핵시설 폭격과 같은 군사행동"을 의미했다. 서한을 받아든 최호중 장관은 "한국이 독자적 행동을 취하지 않을 테니" 북한의 핵개발은 반드시 막아야 한다는 답장을 보냈다. 이 답장을 기안한 송민순 외교부 안보국 과장은 미국이 북핵문제 못지않게 "한국의 핵개발 가능성을 우려한다는 인상을 받았다"고 한다.[6]

이에 따라 미국은 남북한의 핵무기 개발 능력을 제거하면서도, 자국의 핵전략에는 영향을 주지 않는 방안을 고안해냈다. 실제로 한반도 비핵화 공동선언에는 미국을 비롯한 핵보유국의 의무사항은 단 한 마디도 언급되어 있지 않다. 한반도 핵문제의 핵심 당사자인 미국이 빠진 공동선언은 애초부터 한계가 있을 수밖에 없던 것이다. 반면 비핵지대 조약에서는 핵보유국에 비핵국가에 대한 소극적 안전보장과 지대 내 핵무기 배치 금지 등을 포괄한다. 이에 따라 미국이 "조선반도 비핵지대"에 동의하면 한반도와 그 인근에서 누려왔던 특권적 권리에 상당한 제약이 가해질 터였다. 여기서 특권적 권리란 미국이 자신의 필요에 따라 핵 선제공격 옵션을 유지하고, 핵무기를 한국에 재배치하거나 일시적으로 경유하는 것 등을 의미한다.

비핵화와 비핵지대의 개념상 차이에도 불구하고,* 핵문제를 비롯한 한반도 문제는 해결 국면으로 접어드는 것 같았다. 한미 양국은 1992년 1월 7일 팀스피릿 중단을 공식발표했고 발표에 앞서 북한에 이를 통보했다. 당시 조지 H. W. 부시는 "북한이 안전조치협정을 이행하는 조치를 취하고 의무를 다한다면 노태우 대통령과 나는 팀스피릿 훈련을 중단할 준비가 되어 있다"고 말했다. 다음 날 노태우 정부는 이 훈련의 중단 방침을 공식적으로 발표했다. 이런 조치들에 힘입어 북한도 같은 날 IAEA 안전조치협정에 서명하겠다고 발표했다. 그리고 남북한은 1월 20일 '한반도 비핵화

---

*   이런 차이는 2000년대 6자회담 과정에서 다시 불거졌다. 통상적으로 한반도 비핵화는 북한의 핵 포기를 의미하지만, 북한이 주장하는 "조선반도 비핵화"는 내용적으로 비핵지대와 흡사하기 때문이다.

에 관한 공동선언'에 서명했고, 이틀 후에는 뉴욕에서 김용순 노동당 국제부장과 아놀드 캔터 국무부 차관의 첫 북미 고위급회담이 열리기도 했다. 대북접촉에 관심이 없던 미국이 북한과의 접촉에 나선 것이다. 북한의 핵과 미사일 문제가 대두되어야 북미협상이 이뤄지는 패턴이 이때부터 만들어졌다.

뒤이어 북한은 그해 5월 초 IAEA에 1989~1990년에 89개의 손상된 연료봉에서 플루토늄 90g을 추출했다고 보고했다. 그러나 IAEA는 북한의 신고량과 미국이 제공한 위성사진을 바탕으로 추정한 분량이 불일치한다고 주장했다. 그리고 미국과 IAEA는 불일치 문제를 해소하기 위해 2개의 미신고 시설에 대한 특별사찰을 요구했다. 핵 폐기물 저장소로 의심되는 미신고 시설들에 대한 특별사찰을 진행해야 북한의 정확한 플루토늄 생산량을 파악할 수 있다는 것이었다. 그러나 북한은 미신고 시설이 핵과 무관한 군사시설이라고 주장하면서 "주권 침해"를 이유로 특별사찰을 거부했다. 이른바 '플루토늄 불일치' 문제가 시작된 것이다.

그러자 IAEA는 이듬해인 1993년 2월과 3월 북한에 특별사찰 수용을 촉구하는 결의안을 채택했고, 북한은 이에 반발하면서 3월 NPT 탈퇴를 선언했다. 북한의 NPT 탈퇴 선언은 한미 양국이 중단하기로 했던 대규모 군사훈련인 '팀스피릿'을 재개하기로 발표한 것도 결정적으로 작용했다. 주목할 점은 IAEA가 특별사찰을 결의한 것도, 북한이 NPT 탈퇴를 선언한 것도 1970년 발효된 NPT 역사상 최초의 일이었다는 것이다.

IAEA가 사상 최초로 북한을 상대로 특별사찰을 결의한 데는 북핵문제 못지않게 또 다른 중요한 이유들이 있었다. 1년 전에 벌어진 걸프전이 끝난 이후 미국 주도의 UN은 이라크에 대한 강도 높은 사찰과 대량살상무기 해체 작업에 돌입했다. 그런데 일반적으로 알려진 것보다 이라크 후세인 정권의 핵개발이 많이 진전된 것으로 밝혀지면서 IAEA 사찰의 허점을 질타하는 목소리가 높아졌다. 이에 따라 IAEA는 이라크에서의 결함을 북한에서의 고강도 사찰을 통해 만회하려 했다. IAEA 관계자가 "북핵 특별사찰은 IAEA의 힘을 가늠할 리트머스 시험과 같다"며 "IAEA는 같은 실수를 두 번 하지 않겠다는 결의가 강하다"고 말한 것은 이런 분위기를 잘 보여줬다.[7] 이를 두고 〈뉴욕타임스〉는 "이라크의 핵무기 개발 수준에 대한 미국의 오판이 북한의 핵개발 수준의 불확실성에도 불구하고 촉각을 곤두세우게 된 배경"이라고 평했다.[8] "종로에서 뺨 맞고 한강에서 눈 흘긴다"는 속담을 떠올리게 하는 대목이다.

IAEA가 이처럼 회원국의 핵사찰을 두고 전례 없이 강경한 태도를 선택한 데는 미국의 힘도 결정적으로 작용했다. 우선 미국은 북한의 핵무기 비밀개발 의혹을 강하게 제기하고 있었다. 대표적으로 당시 CIA 국장이었던 로버트 게이츠의 의회 증언을 들 수 있다. 그는 1992년 2월 25일 하원 청문회에 출석해 북한의 '기만 계획(A Deception Plan)'을 제기하고 나섰다. "우리는 북한이 핵 능력을 감추기 위한 기만 계획을 갖고 있다는 정보를 갖고 있다"는 것이었다. 게이츠는 또한 "북한은 외화를 벌어들이기 위해 무엇이든 판매하려고 한다"며 핵확산 가능성까지 제기했다.[9]

이때만 해도 북한이 비교적 협조적으로 나왔다. 북한은 1991년 12월 남북기본합의서와 1992년 1월 한반도 비핵화 공동선언에 서명했고, 같은 달 IAEA와 안전조치협정도 체결했다. 이런 배경에는 한미 양국이 팀스피릿 훈련을 중단하기로 한 방침이 결정적으로 작용했다. 그런데 바로 이때 CIA가 북한의 비밀 핵개발 의혹을 제기하고 나선 것이다. 주목할 점은 그 근거의 빈약함이다. 게이츠는 북한이 흑연 감속로와 재처리시설을 신고하지 않았다는 점을 유일한 근거로 제시했다. 그러나 핵시설 신고는 IAEA 안전조치협정 체결 이후 이뤄지는 것이고, 당시 IAEA와 북한은 이를 위한 대화에 나서고 있었다. 그리고 북한은 1992년 5월에 이들 시설을 포함한 핵 신고서를 IAEA에 제출했다.

그러자 미국은 북한의 신고하지 않은 시설 가운데 핵폐기물 처리장이 있을 가능성이 높다며, 위성사진을 IAEA에 제공했다. 동시에 북한이 1989, 1990, 1991년 세 차례에 걸쳐 10kg 안팎의 플루토늄을 추출했다는 구체적인 수치까지 제시했다. 이는 핵무기 1~2개를 만들 수 있는 분량으로 북한이 신고한 90g과는 천양지차였다. 이게 바로 북핵문제의 발단이었던 '플루토늄 불일치'다. IAEA는 이를 근거로 특별사찰을 요구했고, 북한은 IAEA가 미국의 꼭두각시로 전락해 공정성을 잃었다며 강경하게 맞대응했다. IAEA에 대한 북한의 뿌리 깊은 불신은 여기서 비롯된 것이다.

참고로 조지 H. W. 부시 행정부 때 CIA 국장을 지낸 게이츠는 조지 W. 부시 행정부 말기에 국방장관으로 발탁됐고 오바마 행정부 1기 때까지 국방장관직을 수행했다. 그리고 그는 오바마 행정부 초기에 "같은 말(horse)을 세 번 사지 말아야 한다"며 북한과의 타협을 반대한 대표적인 인물이었다. 1994년 제네바 합의, 2005년 9·19 공동성명에 이어 또다시 북한과 합의를 해서는 안 된다는 의미였다.

1993년 들어 핵사찰을 둘러싼 갈등이 고조되는 가운데, IAEA는 1993년 4월 "북한이 IAEA의 안전조치협정에 불응하고 있다"며 북한을 UN 안전보장이사회에 회부하는 결정을 내렸다. 다행히 그해 6월부터 북미 고위급회담이 열리면서 사태는 수습되는 듯했다. 북한은 NPT 탈퇴를 유보하기로 하고는 IAEA와의 협조를 약속했고, 미국은 불가침 약속을 비롯해 북미관계 개선에 나서기로 한 것이다. 이후 한반도 정세는 대화와 위기를 반복하다가 1994년 10월 21일 북미 제네바 기본합의가 체결되면서 새로운 시대를 맞이하는 듯했다.

그러나 살얼음판을 걷던 제네바 합의는 2001년 조지 W. 부시 행정부 출범과 함께 위기에 봉착했다. 조지 W. 부시 대통령 당선자 진영은 빌 클린턴 대통령의 방북을 반대했고, 집권하자마자 북한과의 미사일 협상을 중단시켰다. 또한 2002년 1월에 북한을 이란, 이라크와 함께 "악의 축"으로 지목했고, 핵 선제공격 대상에도 올려놓았다. 이에 맞서 북한은 제네바 합의 파기 가능성을 시사했다. 결국 2002년 10월 우라늄 농축 문제를 둘러싼 북미 간 충돌이 발생하면서 제네바 합의는 역사의 무대에서 퇴장하고 만다.

15년 만에 컴백한 플루토늄 불일치

1차 핵위기 발발 이후 15년 정도 지난 2007~2008년, '플루토늄 불일치' 문제는 새로운 국면에 접어든다. 2007년 6자회담의 10·3합의에 따라 북한은 "완전하고 정확한 핵 신고서"를 제출하기로 했다. 이와 관련해 6자회담 미국 측 수석대표인 크리스토퍼 힐 국무부 차관보는 북한이 신고해야 할 플루토늄의 가이드라인을 제시했다. 그는 10·3합의 직후 미국의 공영방송 PBS와의 인터뷰에서 북한이 신고하고 폐기해야 할 플루토늄 양은 50kg이라고 말한 데 이어, 10월 16일 호주 시드니 연구소 연설에서도 '50kg'이라는 말을 수차례 강조했다. 한편 노무현 정부의 백종천 청와대 안보실장은 2007년 10월 24일 한 강연에서 "현재 북은 45kg 안팎의 플루토늄을 보유"하고 있다고 밝혔다. 한미 양국의 추정치가 45~50kg이었다는 것을 알 수 있는 대목이다.

그런데 북한이 2007년 말에 신고한 양은 30.6kg이었다. 한미 양국의 추정치와 북한의 신고치 사이에 15~20kg 차이가 난 것이다. 이 정도 차이면 핵무기 3개 안팎에 해당된다는 점에서 중차대한 문제였다. 그런데 아무 문제없는 것처럼 넘어갔다. 왜 그랬을까?

이 궁금증을 풀기에 앞서 2007년까지 북한의 플루토늄 생산량을 대략적으로 살펴볼 필요가 있다. 이는 크게 네 단계로 나눌 수 있다. 첫 번째 단계는 1994년 제네바 합의 이전에 추출한 분량이다. 앞서 설명한 것처럼 북한은 1990년대 초 IAEA에 90g 정도 추출했다고 신고했다. 이는 미국의 추정치 10kg과 상당한 차이가 있는 것이었다.

두 번째 단계는 2002년 10월 2차 핵위기가 터진 이후 북한이 재처리에 들어간 8000여 개의 사용후핵연료봉에서 추출한 플루토늄 양이다. 이들 연료봉은 제네바 합의에 따라 수조에 보관되어 있었다. 그러나 북미 간의 갈등으로 제네바 합의가 깨지자 북한은 재처리에 들어갔고, 2003년 여름경 마무리한 것으로 알려졌다. 작업 손실률에 따라 추정치는 달라질 수 있지만, 8000여 개의 연료봉을 재처리한 북한은 20~28kg 정도의 플루토늄을 확보했다고 할 수 있다.

세 번째 단계는 2005년 4월경부터 재처리에 들어가 추출한 플루토늄이다. 북한은 2003년 초부터 5MWe 원자로를 재가동해 2005년 4월경 연료봉을 교체하고 폐연료봉을 재처리했다. 이를 통해 북한이 생산한 플루토늄은 13~17kg 정도다.

끝으로 2005년 6월부터 2·13합의 직전인 2007년 2월까지 가동한 5MWe 원자로의 연료봉에 포함되어 있는 플루토늄이다. 이들 연료봉에는 10~13kg가량의 플루토늄이 있는 것으로 추정되었다. 하지만 북한은 2·13합의 및 10·3합의에 따라 2008년까지는 이들 연료봉을 재처리하지 않았다.[*]

이에 따라 북한이 2007년에 보유한 플루토늄 총량은 51~69kg이고, 재처리가 완료된 무기급 플루토늄은 33~55kg으로 추정되었다. 여기서 북한이 2006년 10월 1차 핵실험 때 사용한 것으로 추정되는 5kg 정도를

---

[*]   북한은 6자회담이 결렬된 2008년 12월에 재처리를 경고했고, 실제로 2009년 하반기부터 재처리에 돌입했다.

제외할 경우, 그 분량은 총량 기준으로 46~64kg, 재처리된 플루토늄은 28~50kg 정도였다.

라이스의 '결정적 회고'

　　　앞에서 제기한 의문점으로 다시 돌아가 보자. 북한은 10·3합의에 따라 2007년 말 6자회담 의장국인 중국에 핵 신고서를 제출했다. 이 신고서에는 플루토늄 추출량이 30.6kg이라고 표기되어 있었다. 한국과 미국이 추정한 양보다 15~20kg 가까이 적다. 이 수치의 차이는 북한이 IAEA의 사찰을 받기 전인 1992년까지 얼마만큼의 플루토늄을 추출했느냐에서 비롯된 것이다. 이처럼 한미 양국과 북한의 추정치에 큰 차이가 있었는데 왜 그대로 넘어간 것일까?

　북한은 2008년 5월 평양을 방문한 성김 6자회담 차석대표에게 중요한 문서 다발을 전달했다. 1986년 이후 5MWe 원자로와 재처리시설을 가동한 일지를 세세하게 기록한 자료였다. 그런데 이들 자료에는 북한이 1992년 이전에 다량의 플루토늄을 추출했다는 증거가 없는 것으로 드러났다. 미국 국무부가 전담팀을 구성해 북한이 제출한 1만8822쪽에 달하는 문서를 검토한 결과 내린 평가였다.

　1990년대 초반 당시 플루토늄 불일치 문제를 해소할 수 있는 방법 가운데 하나로 거론된 것이 바로 북한의 5MWe 원자로와 재처리시설 운전기록 검토였다. 당시 북한이 가동하던 유일한 원자로가 5MWe 원자로였고, 여기서 나온 사용후연료봉에서 플루토늄을 추출하기 위해서는 재처리시설을 가동해야 했다. 이에 따라 두 가지 시설의 운전 기록을 분석하면 플루토늄 추출량을 파악할 수 있다고 봤던 것이다. 그런데 15년이 지나 북한이 제공한 문서를 검토한 결과 당시 북한의 신고와 일치한다는 결론이 나왔다.

그렇다면 북한이 조작한 문서를 미국에 넘겨주기라도 한 것일까? 이와 관련해 미국 국무부는 북한이 제출한 문서는 조작된 것이 아니라고 확인했다. 이는 이 문서들이 북한의 과거 핵시설 운영 당시의 기록을 담은 것이지, 미국에 제출하기 위해 새롭게 만든 것은 아니라는 것을 의미했다. 당시 미국의 6자회담 수석대표였던 크리스토퍼 힐도 2014년에 펴낸 회고록《전초기지: 미국 외교 최전방의 삶(Outpost: Life on the Frontlines of American Diplomacy)》에서 이런 사실을 거듭 확인해주었다.

그러자 미국의 몇몇 언론이 이를 주목했다. 〈맥클라치(McClatchy)〉는 2008년 5월 28일자 보도를 통해 "북한의 문서가 CIA의 주장에 도전하고 있다"며 CIA가 과거에 북한의 플루토늄 추출을 과장했을 가능성을 제기했다. 이와 관련해 미국의 핵전문가 데이비드 올브라이트는 "북한이 제출한 문서는 북한이 주장해온 것과 일치한다"며, "내적으로 일관성이 있고, 이걸 위조하는 것은 대단히 어렵다"고 말했다.[10] 〈뉴욕타임스〉 역시 "북한이 미국에 전달한 문서가 미국 정보기관이 이전에 북한이 핵무기 프로그램을 위해 생산한 플루토늄의 양을 과대평가한 것인가의 여부를 놓고 논쟁을 일으키고 있다"고 전했다. 당황한 미국 정부의 한 관리는 "북한의 문서를 그대로 믿을 수는 없다"며 추가적인 검토가 필요하다고 주장하기도 했다.[11]

이와 관련해 2기 조지 W. 부시 행정부의 대북정책 컨트롤 타워였던 콘돌리자 라이스 국무장관의 '결정적 회고'를 주목할 필요가 있다. 그는 2011년 11월에 출간한 회고록《더 이상의 영광은 없다(No Higher Honour)》에서 "북한은 플루토늄 프로그램에 대한 신고를 (우리가) 매우 수용할 만한 수준으로 준비한 것으로 보였다"고 적었다. 핵 신고서를 분석한 결과 "플루토늄 프로그램에 대해 매우 포괄적인 기록이 있었고," "북한이 생산한 플루토늄 양의 기록"도 있었다는 것이다. 그러면서 "플루토늄 문제는 성공"이라고 평가했다.

라이스는 특히 "북한이 제출한 약 1만8000쪽 분량의 문서에는 1986년부터의 운전기록이 담겨 있었다"며, 이에 대한 보상으로 북한을 테러지원국에서 해제하는 것은 "시도할 가치가 있었다"고 평가했다. 더구나 그는 이를 근거로 테러지원국 해제를 주저하는 부시 대통령에게 "매우 설득력 있는 주장을 펼쳤다"고 회고했다.[12] 크리스토퍼 힐 역시 회고록에서 북한이 제출한 핵 신고서에는 "핵실험에서 사용한 플루토늄의 정확한 양을 포함해 중요한 요소들이 담겨 있었다"고 밝혔다.[13] 이렇게 플루토늄 불일치 논란이 일단락되면서 북한을 "악의 축"으로 불렀던 부시는 임기 말에 북한을 '테러지원국'에서 해제하는 결단을 내렸다.

이런 내용을 종합해보면, 1992년 북한의 플루토늄 최초 신고가 정확했다는 것을 부시 행정부가 인정했음을 알 수 있다. 이에 따라 북핵문제의 최초 발단이 되었던 '플루토늄 불일치'를 완전히 새롭게 조명해야 할 이유는 분명해졌다. '북한이 1990년을 전후해 핵무기 1~2개를 만들 수 있는 10kg 정도의 플루토늄을 추출했다'는 미국의 주장은 아직까지도 정설처럼 여겨지고 있다. 하지만 상기한 내용은 북핵문제가 미국의 허위, 혹은 과장된 정보 판단에서 비롯되었을 가능성이 대단히 높다는 것을 말해준다.

조지 H. W. 부시와 노태우, 그리고 '숨은 네오콘들'

2

　　나는 앞선 글에서 세 가지 중요한 사실을 밝혀냈다. 첫째는 북한이 2008년 제출한 핵 신고서와 핵시설 운전기록을 조지 W. 부시 행정부가 검토한 결과, 1992년 북한의 플루토늄에 대한 최초 신고가 사실에 부합했을 가능성이 높다는 것이다. 둘째는 북한이 제출한 핵시설 운전기록 문서는 진본이었다는 것이다. 끝으로 미국 측 핵심 관계자였던 콘돌리자 라이스와 크리스토퍼 힐이 이런 사실들을 인정했다는 것이다. 북핵문제 발단의 최초 원인을 완전히 새롭게 구성해야 할 필요성을 일깨워준다.

한반도 평화와 주한미군의 충돌

　　결론부터 말하면 이른바 '1차 북핵위기'는 미국 내 강경파의 농간이었을 가능성이 농후하다. 이를 추적하기 위해서는 1990년대 초반 미국의 세계 전략을 살펴보는 것에서부터 출발할 필요가 있다. 동유럽의 체제전환, 베를린 장벽의 붕괴와 독일 통일, 소련의 몰락 등을 거치면서 미국은 '승리의 샴페인'을 터뜨렸다. 그러나 이는 곧 세계 전략을 둘러싼 백가쟁명으로 이어졌다. 특히 해외주둔 미군을 어떻게 할 것이냐는 최대 논란거리 가운데 하나였다.

주한미군도 예외는 아니었다. 1990년 4월 미국 의회는 '넌-워너 수정안'을 통과시켰고, 이에 따라 조지 H. W. 부시 행정부는 〈동아시아 전략구상〉을 작성했다. 여기에는 주한미군 3단계 감축 계획이 담겨 있었다. 1단계(1990~1992년)로 공군 병력 2000명과 지상군 중 비전투 요원 5000명 등 총 7000명을 감축하고, 2단계(1993~1995년)에서는 전체 병력 수를 3만 명가량으로 줄이며, 마지막 3단계(1996~2000년)로 한국군이 한미연합전력에서 주도적인 역할을 해야 한다고 밝혔다.[14]

이런 내용은 한미연례안보회의(SCM)에도 담겼다. 1990년 SCM에서는 주한미군 감축계획이 "한국의 방위력 증강을 포함한 전반적인 한반도 상황 변화를 반영한 것"이라고 설명했다. 1991년에는 양측이 "한국 방위에 대한 미국의 역할을 점차 지원적 역할로 전환해나간다는 원칙"에 합의했다.[15] 이런 합의가 제대로 이행되었다면, 전시작전권 전환을 포함한 한미동맹의 양상은 근본적으로 달라졌을 것이다.

그런데 주한미군 3단계 감축계획은 1단계에서 끝나버렸다. 1991년 말부터 딕 체니 국방장관은 "주한미군 감축을 중단해야 한다"는 주장을 내놓기 시작했고, 급기야 1992년 SCM에서 "2단계 주한미군 감축을 연기하기로 합의"했다. 이어 미국은 1993년 〈국방정책 전면 재검토 보고서(Report on the Bottom-up Review)〉에서 "미국이 북한과 이라크에 맞서 동시에 양대 전쟁을 승리로 이끌기 위해서는 대규모 병력을 계속 주둔시켜야 한다"고 결론지었다.[16] 이런 전략 변화를 반영하듯, 1994년 SCM에서는 "주한미군이 한반도 전쟁 억제와 동북아 지역의 안정에 지대하게 기여해왔으며 앞으로도 계속 기여할 것이라는 데 인식을 같이"했다.[17] 주한미군을 지원자 역할로 전환하기로 했던 당초의 방침을 바꿔 주도적 역할을 계속하기로 한 것이다. 이에 따라 한국은 작전통제권도 1994년에 '평시'만 환수하게 됐다.

그렇다면 미국은 왜 주한미군 감축계획을 철회한 것일까? 공식적인 설명과 지배적인 인식은 북한 핵문제 때문이다. 그러나 그 인과관계는 전면적인 재검토가 필요하다. 미국이 영변 핵시설 동향을 예의주시하기 시작한 시점은 1980년대 말부터다. 5MWe 원자로 가동에 이어 플루토늄 재처리 공장과 50MWe 및 200MWe 원자로의 건설이 포착된 것이다. 프랑스 상업 위성인 SPOT도 1989년 9월에 영변 핵시설 사진을 공개했다. 그런데도 미국은 주한미군 감축계획을 마련해 추진하고 있었다. 또한 미국이 미군 감축계획을 번복할 때도 북핵 상황이 특별히 악화된 것이 없었다. 오히려 북한은 미국이 강력히 요구했던 IAEA 안전조치협정에 서명해 핵사찰을 받고 있었다.

이런 사실관계는 북핵문제가 터져 주한미군 감축계획이 철회되었다고 보기 어렵게 만든다. 오히려 대규모 미군 주둔을 정당화하고 남북관계 및 북일관계 진전을 견제하기 위해 미국 강경파들이 북핵문제를 침소봉대했을 가능성이 농후하다. 미국의 비밀해제 문서들을 중심으로 그 내용을 추적해보면 이렇다.

남북관계와 북일관계가 급물살을 타던 1991년 11월 중순, 제임스 베이커 국무장관은 서울과 도쿄 방문을 앞둔 체니에게 서신을 보냈다.[18] 이 서신은 베이커가 서울과 도쿄를 방문하고 돌아온 직후에 작성된 것이었다. 당시 노태우 정부는 세계적인 탈냉전 분위기 속에서 남북관계 개선에 자신감을 갖고 북핵 해결에서도 한국이 주도적인 역할을 해야 한다는 입장이었다. 이에 대해 베이커는 "남한이 독자적으로 북한의 핵 포기를 유도하는 데는 한계가 있을 수밖에 없다"며, 이 점을 남한에 분명히 전달해달라고 체니에게 요구했다. 특히 "남한에 대한 우리의 안보공약 및 이익이 미국에 큰 발언권을 주고 있다는 점을 인식시킬 필요가 있다"고 덧붙였다. 미국이 한국에 대한 안보공약을 지렛대로 삼아 한국의 주도적 역할을 견제해야 한다는 의미였다.

서신에는 이런 내용도 있었다. 급물살을 타고 있던 북일관계 정상화도 "북한이 IAEA 안전조치협정에 서명하고 이행하는 것뿐만 아니라 플루토늄 재처리 능력을 폐기하는 것과 연계되지 않으면 안 된다"는 것이었다. 이건 북핵문제가 완전히 해결되기 전까지 북일 수교는 꿈도 꾸지 말라는 의미라고 해도 과언이 아니었다. 특히 "일본의 일부 관리들이 이런 미국의 입장을 경시하는 경향이 있다"며 "그들에게 우리의 입장을 분명히 해두어야 한다"고 강조했다.

중국의 전략에 대해서도 강하게 견제구를 던졌다. 베이커가 체니에게 보낸 서신에는 중국이 북핵문제 해결을 위해서는 남북한 교차승인과 북미 고위급회담이 필요하다는 입장을 전달했다는 내용이 담겨 있었다. 남한은 1990년 수교를 맺은 소련에 이어 중국과도 수교를 맺을 예정이었던 만큼, 북한도 미국 및 일본과 관계 정상화를 해야 한다는 게 중국의 입장이었던 것이다. 또한 중국은 북한과 미국이 직접 협상을 해야, 불거지기 시작한 북핵문제를 풀 수 있다고 봤다. 이에 대해 베이커의 서신에는 북미회담의 수준을 높이는 것에는 동의하지만, 회담의 목적은 "평화 문제를 협상하는 것이 아니라 오로지 핵문제에 대한 미국의 입장과 기대를 분명히 하기 위한 것"이라고 못 박았다. 북미협상을 "조미 간의 적대관계를 평화관계로 대체하기 위한 것"이라는 북한의 입장과 가급적 북핵문제에 국한시키려는 미국의 입장 차이가 이때부터 존재했음을 확인할 수 있다.

이처럼 미국 일각의 견제에도 불구하고 한반도는 화해협력과 평화를 향해 뚜벅뚜벅 걸어갔다. 1991년 말~1992년 초 한반도 비핵화 공동선언, 남북기본합의서 체결, 북한의 IAEA 안전조치협정 서명 등 중대한 조치들이 잇따라 이뤄졌다. 이런 배경에는 한미 양국이 팀스피릿 훈련을 중단하기로 한 방침이 결정적으로 작용했다. 노태우와 부시는 1992년 1월 7일 정상회담을 갖고 북한이 IAEA와 적극 협조하면 이 훈련을 중단하겠다고 밝혔다. 북한도 즉시 IAEA 안전조치협정에 서명하겠다고 화답했다. 그리고 그해 5월부터 IAEA의 핵사찰이 시작됐다.

당시 북한의 IAEA 안전조치협정 체결 및 사찰 수용은 중대한 의미를 지닌 것이었다. 미국이 남북관계 및 북일관계 개선의 핵심조건으로 내세웠던 것이 상당 부분 해결된 셈이었기 때문이다. 그러자 미국 국무부 일각에서도 새로운 구상이 부상하기 시작했다. 1992년 7월 찰스 카트먼 국무부 한국과장은 드세이 앤더슨 동아태 담당 수석 부차관보에게 메모를 보냈다. 그는 "남한과 일본 등은 북핵문제 너머를 생각하고 있다"며 미국도 북미관계 정상화 및 한반도 통일을 염두에 두어야 한다고 주문했다. "이 제안이 국무부가 행정부에 권고할 정책의 기초가 되기를 희망한다"면서 말이다.[19]

그런데 이사이 미국 내에서는 다른 기류가 형성되고 있었다. 조지 W. 부시 행정부 때 이라크 침공을 비롯한 강경한 대외정책으로 맹위를 떨쳐 국내에도 잘 알려진 네오콘의 발호가 바로 그것이었다. 이와 관련해 주목해야 할 문서가 있다. 조지 H. W. 부시 행정부 때 국방장관이었던 체니의 지시로 당시 국방부 차관이었던 폴 월포위츠가 작성한 〈국방정책지침〉이 바로 그것이다.

월포위츠는 한반도 문제와 관련해 특기할 만한 인물이다. 그가 레이건 행정부 때 국무부 동아태 담당 차관보를 맡고 있을 때 일이다. 1970년대 말부터 1980년대 중반까지 미국의 주 중국 부공사를 지낸 찰스 프리먼에 따르면, 중국의 최고지도자 덩샤오핑은 1983년과 1984년에 걸쳐 남북한과 미·중이 참여하는 베이징 4자회담을 제안했다. 이에 대해 프리먼은 한중관계 정상화와 북미관계 정상화를 통한 한반도의 안정과 평화 구축을 달성해 "중국이 경제발전에 집중하고자 하는 동기에서 나왔다"고 분석했다. 그런데 프리먼은 월포위츠의 강력한 반대로 4자회담이 번번이 무산되었다고 밝혔다. 그는 월포위츠가 4자회담에 반대한 이유로 두 가지 분석을 내놓았다. 하나는 월포위츠가 "이념적으로 중국의 구상에 의구심을 품고 있었다"는 것이었고, 다른 하나는 "그가 정치적으로 밀접히 연관되어 있는 공화당 우파들의 반발을 의식했기 때문"이라는 것이었다.[20]

레이건 정부 당시 국무부 차관보였던 월포위츠는 조지 H. W. 부시 행정부 때 국방부 차관으로 기용되었다. 그리고 그는 자신의 상관인 체니와 함께 주한미군 감축계획을 중단하고 중국의 부상에 대비해야 한다는 강경론을 주도했다. 한반도와 월포위츠의 악연은 이것으로 끝나지 않았다. 2001년 출범한 조지 W. 부시 행정부 때는 8년 만에 국방부 부장관으로 돌아온 그는 네오콘의 일원으로 대북강경책과 한미동맹 재편을 주도한다. 그가 1992년 2월에 작성한 〈국방정책지침〉 초안에는 아래와 같은 내용이 담겨 있다.

> 우리는 북한의 도발을 억제하고, 억제 실패 시 이를 격퇴하기 위해 (한국에) 충분한 군사적 능력을 유지해야 한다. 한반도에 대한 우리의 종합적인 목표는 한국인들이 수용할 수 있는 조건으로 평화적 통일을 지지하는 데 있다. 우리는 통일된 민주주의 한국과 동맹을 유지해야 한다.[21]

이 문서는 한반도 전략과 관련해 두 가지 핵심목표를 제시했다. 하나는 "충분한 군사적 능력", 즉 대규모 주한미군을 유지하는 것이었다. 이는 앞서 언급한 주한미군 감축 및 한미동맹 전환계획과 정면으로 충돌하는 것이었다. 또 하나는 통일 코리아와도 군사동맹을 유지한다는 것이었다. 그 전략적 이유는 다른 구절에 담겨 있다. "우리의 최고 목표는 (소련 붕괴 이후) 새로운 경쟁자가 부상하는 것을 예방하는 데 있다." 당시 펜타곤은 중국이 아시아의 강자로 부상할 가능성을 경계하고 있었던 것이다.

한미 강경파의 반격, '팀스피릿' 재개

문제는 초기 단계에 있던 북핵문제가 해결되면, 이런 전략적 목표를 이루기가 어려워진다는 점이었다. 핵문제가 해결되면 남북관계와 북일관계는 더더욱 급물살을 탈 터였다. 한반도 평화체제 구축 및 북미관계 정상화 압박도 커지고, 이렇게 되면 대규모 주한미군을 주둔시켜야 할 명분이 더더욱 없어질 수 있었다. 오히려 카트먼의 권고처럼 미국도 북한과의 관계를 근본적으로 바꿔야 했다.

그런데 바로 이 시기에 노태우의 레임덕과 정부·여당 내 강경파의 발호도 본격화되고 있었다. 1992년 대선에 출마한 민주자유당(민자당)의 김영삼 후보는 "남북관계 개선이 야당의 김대중 후보에게 유리하게 작용할 것을 걱정하고 있었다".[22] 그리고 이들에게는 비장의 카드가 있었다. 중단하기로 한 팀스피릿 훈련 재개가 바로 그것이었다.

팀스피릿은 1976년부터 1993년까지 실시된 한미연합군사훈련이다. 이 훈련에는 최대 20만 명의 병력과 미국의 전략폭격기를 비롯한 핵공격 무기가 대거 투입되었고, 이는 당시 세계 최대 규모였다. 북한은 팀스피릿을 한미동맹의 핵전쟁 준비훈련으로 간주하고 훈련이 실시될 때마다 사실상 전시태세로 돌입하곤 했다. 1993년에 김일성을 면담한 게리 애커먼(Gary Ackerman) 미국 의원은 "그가 팀스피릿을 거론할 때, 손을 부들부들 떨었다"고 말했을 정도다. 이를 두고 제임스 클래퍼(James Clapper) 미국 국방정보국(DIA) 국장은 의회에서 "북한은 팀스피릿 훈련에 거의 미쳐버릴 지경"

이라고 증언하기도 했다.[23]

북한의 팀스피릿 훈련에 대한 태도는 1991년에 인민군 최고사령관으로 임명된 김정일의 권력승계와도 관련이 있었다. 1992년에 한미 양국이 이 훈련을 중단하기로 발표함에 따라 "북한이 전시태세를 해제하고 인민들의 고초를 덜 수 있게 되었다"는 점을 김정일의 공로로 돌릴 수 있었다. 그러나 10월에 이 훈련을 재개하겠다고 발표하자 김정일의 이런 공로가 물거품이 될 위기에 처했다. 이와 관련해 CIA는 김정일이 자신에 대해 불만을 품고 있는 세력에 "상징적 승리"를 보여줄 필요를 느끼고 있다며, 김일성이 항일 빨치산 투쟁으로 정당성을 확보했듯이 자신도 외부세계와의 대결에서 승리함으로써 권력승계를 확고히 하려 한다고 분석했다.[24]

이처럼 팀스피릿은 발생 초기 있었던 북핵문제뿐만 아니라 남북관계와 북일관계, 그리고 한국의 대선과 북한의 권력승계, 심지어 미국 대선에 이르기까지 다방면에 영향을 미칠 중대변수였다. 그런데 한미 국방장관은 1992년 10월 8일 워싱턴에서 열린 SCM에서 "남북관계의 의미 있는 발전과 남북 상호 핵사찰에 진전이 없을 경우 1993년 팀스피릿 훈련을 실시하기 위한 준비조치를 계속해나갈 것"을 천명했다. 하지만 재개 발표 사유 자체가 석연치 않은 것들이었다. 급물살을 타던 남북관계는 1992년 하반기 들어 악화되기 시작했다. 그 결정적인 이유는 9월에 있었던 '제8차 남북 고위급회담'에서 안기부 특보 이동복 남측 대표단 대변인이 노태우의 훈령을 조작한 사건에서 비롯됐다.

훈령조작 사건의 내막은 이랬다. 노태우는 북한이 요구한 비전향 장기수 출신인 이인모 송환의 3대 조건으로 이산가족의 고향 방문 정례화와 판문점 면회소 설치, 그리고 동진호 선원 송환을 협상지침으로 내렸다. 이에 대해 북측은 평양에서 열린 고위급회담에서 이인모 송환을 보장해주면 이산가족 문제 해결에 적극적으로 나설 뜻을 남측 대표단에 전했다. 동진호

선원 송환은 포함되지 않았지만, 남측 대표단으로서는 충분히 검토할 만한 제안이었다. 이에 따라 남측 대표단은 청와대에 훈령을 요청했다. 그러자 노태우는 "세 가지 전제조건이 다 수용되는 것이 바람직하나 불가피할 경우 이산가족의 고향 방문 정례화와 다른 두 가지 중 하나가 관철될 경우 이 노인의 송환을 허용할 수 있다"는 훈령을 보냈다. 하지만 이동복은 정원식 국무총리에게 "3대 조건을 유지하라"는 가짜 훈령을 전달했다. 이로 인해 남북대화는 결렬되고 말았다.[25] 이처럼 남한 내 강경파 스스로 남북관계 개선을 훼방 놓고는 이를 이유로 팀스피릿 훈련 재개를 밀어붙인 것이다.

당시 미국의 태도도 납득하기 힘든 것이었다. 위에서 본 것처럼, 베이커와 체니는 노태우 정부가 북핵 해결의 주도권을 행사하려는 움직임을 견제했다. 미국이 선호한 방식은 자신의 영향력 아래 있는 IAEA가 핵사찰을 주도하는 것이었다. 그리고 사찰 범위와 대상을 두고 북한과 갈등은 있었지만, IAEA의 영변 핵사찰이 진행 중이었다. 그런데도 남북한 상호 핵사찰에 진전이 없다는 이유를 들어 팀스피릿 훈련을 재개하기로 한 것이다. 여기서 주목할 점은 펜타곤은 노태우 정부가 북핵사찰을 제대로 수행할 능력도 의지도 별로 없다고 여겼다는 것이다. 1992년 10월 27일 작성된 펜타곤의 비밀문서에 따르면, 펜타곤은 "핵사찰과 관련해 한국은 미국의 요구를 충족시킬 준비가 되어 있지 않다"고 판단했다. 북한 핵 신고의 정확성과 완전성을 파악하기 위해서는 군사시설은 물론이고 민간시설에 대해서도 무제한 사찰이 요구되는데, "한국이 북한과 이런 합의를 추진할 정도의 정치적 의지가 강한지 의문"이라는 것이었다.[26]

미국 내 상황도 비정상적으로 돌아가고 있었다. 한국 안기부와 군부로부터 팀스피릿 훈련 재개를 요청받은 체니가 "워싱턴의 다른 정책 부처에 이를 알리지도, 협의하지도 않고" 독단적으로 훈련 재개를 발표한 것이다. 여기서 주목할 것은 한미 국방장관의 팀스피릿 재개 발표는 불과 9개월 전에 있었던 부시-노태우 대통령의 발표를 뒤집는 것이었다는 점이다. 그렇다면 조지 H. W. 부시 행정부는 이를 견제할 수 없었을까? 당시 주한미국 대사였던 도널드 그레그는 2014년에 펴낸 회고록 《역사의 파편들(Pot Shards)》에서 그 사유를 이렇게 밝힌다.

치열한 승부가 펼쳐지던 미국 대선은 막바지에 이르고 있었다. 이런 상황에서 부시 대통령이 국방장관의 발표를 번복하면 민주당에 정치적 빌미를 줄 수 있었다. 나는 국무부로부터 팀스피릿 훈련 재개 발표에 항의해봐야 아무런 소용이 없을 것이라는 말을 들어야 했다.[27]

결국 팀스피릿 훈련 발표로 한미 강경파들은 각기의 목적을 달성할 수 있었다. 남한 내 강경파들이 기대했던 것처럼 북한은 이 방침에 강력히 반발하면서 남북대화를 중단시켜버렸다. 그리고 김영삼 후보는 대선에서 승리했다. 대규모 주한미군을 유지하길 원했던 펜타곤의 의도도 충족됐다. 오히려 미국은 북핵 상황이 악화되고 있다는 이유로 주한미군 전력을 증강하기 시작했다. 한반도 정세가 팀스피릿 중단과 재개에 따라 양극단을 오간 것이다. 훈련 재개를 "미국의 가장 큰 정책 실수"라고 말해왔던 그레그는 훗날 〈중앙일보〉와의 인터뷰에서 이렇게 말했다.

가장 자랑스러운 일 중 하나가 주한 미국 대사로 있으면서 팀스피릿 훈련을 중단시킨 것이다. 그러나 당시 미 국방장관이었던 딕 체니가 나와 한마디 상의도 없이 이를 부활시켰다. 그로 인해 1991년을 전후해 남북관계와 북미관계에서 이루어진 모든 긍정적 성과가 물거품이 되고 말았다.[28]

아마도 우리는 당시 상황에서 세 가지 역사적 교훈과 과제를 추출할 수 있을 것이다. 첫째, 미국 내에는 한반도 평화를 원하지 않는 강경파들이 존재한다는 것이다. 이는 곧 이들을 견제하면서 미국 내 온건파와 어떻게 협력을 강화할 수 있을지에 대한 숙제를 남긴다. 둘째, 한국 내에는 자신의 정략적 이익을 위해 남북관계를 희생시키는 세력이 존재한다는 것이다. 이 문제 역시 현재진행형이고, 지속 가능한 대북정책을 위해 반드시 풀어야 할 숙제다. 끝으로, 한미군사훈련의 문제다. 1990년대 초 한반도 평화 프로세스는 팀스피릿 훈련 중단선언 덕분에 본궤도에 올랐고, 반대로 훈련 재개 선언은 북한의 반발과 맞물려 한국전쟁 이후 최악의 전쟁위기로 이어졌다. 이런 메커니즘은 여전히 유효하다.

반전 드라마
'코리아 핵위기'

3

　　1993~1994년 한반도 문제의 전개 양상은 그야말로 '반전 드라마' 그 자체였다. 1차 D-day는 1993년 6월 12일이었다. NPT 조약상 회원국이 탈퇴를 선언하면 90일 이후 탈퇴가 공식화될 터였는데, 6월 12일이 바로 '그날'이었다. 새롭게 출범한 클린턴 행정부는 이를 용납할 수 없었다. 북한의 NPT 탈퇴는 곧 북한이 본격적인 핵무장으로 가는 문이 열린다는 것으로 간주됐다. 이에 못지않게 중요한 이유도 있었다. 1995년 NPT 무기한 연장회의를 앞두고 회원국인 북한의 NPT 탈퇴와 핵무장이라는 선례를 남기면 미국 주도로 만들어진 NPT 체제가 붕괴될 것이라는 우려가 팽배해진 것이다. 이로 인해 미국 내에서는 대북 공격론부터 협상론까지 "모든 옵션"이 검토되기 시작했다.

　　그런데 북한은 NPT 탈퇴를 미국과의 협상 지렛대로 삼았다. 그 결과 나온 것이 1993년 6월 11일(1단계)과 7월 19일(2단계)에 나온 북미공동성명이다. 이들 성명을 통해 미국은 대북 안전보장 및 고위급회담 지속을 약속했고 북한은 NPT 탈퇴를 유보하기로 했다. 특히 2단계 회담에서는 북한이 IAEA와 핵사찰에 관한 논의 의사를 피력하고 북미 양측이 무기급 플루토늄 추출이 용이한 흑연 감속로를 경수로로 대체하는 방안을 논의하기로 했다. 이로써 미국의 핵사찰 수용 압박과 북한의 NPT 탈퇴 경고로 인해 위험하게 치닫던 한반도 위기는 수습 단계로 접어든 것처럼 보였다. 1993년 팀스피릿 훈련을 이전보다 규모와 시기를 대폭 축소해 실시한 것도 주효했다.

그러나 북미대화 및 합의에 불만을 품어왔던 미국 내 강경파들이 들고 일어나기 시작했다. CIA와 국방부로 대표되는 강경파들은 북한이 과거에 1~2개의 핵무기를 만들 수 있는 10kg 이상의 플루토늄을 추출했다는 주장을 굽히지 않았다. 특히 "경수로 제공은 악행에 대한 보상"이라며 이 문제를 집중적으로 물고 늘어졌다. 대북협상을 주도한 국무부의 반격도 만만치 않았다. 국무부는 흑연 감속로를 경수로로 대체하기로 한 것은 "북핵문제 해결에 따라 이뤄지는 것으로서, 우리의 핵 비확산 이익과도 부합한다"고 반박했다.[29] 이 과정에서 김영삼 정부 역시 북미 간의 협상안에 불만을 나타냄으로써 미 강경파에게 힘을 실어주고 말았다.

한국전쟁 이후 최악의 전쟁위기

미국 내에서 대북정책을 둘러싼 갈등이 격화되고 김영삼 정부마저 강경론에 힘을 실어주면서 한반도 정세는 최악의 상황으로 치닫기 시작했다. 북미대화는 겉돌기 시작했고, 이는 곧 특별사찰을 둘러싼 북한과 IAEA 사이의 갈등으로 이어졌다. 급기야 1994년 1월 CIA는 북한이 이미 1~2개의 핵무기를 제조한 것으로 추정된다는 입장을 밝혔다. 실체조차 불분명한 '북한의 10kg 이상 플루토늄 보유설'이 핵무기 제조 단계까지 둔갑한 것이다. 그러자 미국 내에서는 북핵문제를 UN 안보리로 회부해야 한다는 목소리가 높아졌고, 북한은 "제재는 곧 전쟁을 의미한다"며 강경 자세를 누그러뜨리지 않았다.

북한과 IAEA 사이의 갈등은 1994년 3월로 접어들며 파국으로 치닫기 시작했다. IAEA는 3월 21일 북한에 "IAEA의 완전한 사찰 수용과 안전조치협정의 완전한 이행을 촉구"하는 결의안을 채택했고, 북한은 이를 "배격한다"고 발표했다. 이처럼 사찰 문제를 둘러싸고 북한과 IAEA 사이의 대결이 격화되는 와중에 새로운 문제가 불거졌다. 5월 19일 IAEA가 북한이 5MWe 원자로에서 사용후연료봉을 인출하기 시작했다고 발표한 것이다. 북한이 이들 연료봉을 재처리하면 무기급 플루토늄을 추가로 추출할 수 있기 때문에, IAEA와 미국 등 국제사회는 이를 '금지선(red line)'으로 간주했다. 그러자 IAEA는 북한이 8000개의 연료봉 가운데 900개를 인출했고, 연료봉 인출이 "안전상의 이유"라는 북한의 주장은 설득력이 없으며, 북핵문제를 UN 안보리에 회부하기 위한 조치를 취할 것임을 미국에 전달했다.[30]

6월 들어 한반도 정세는 전쟁위기로까지 치달았다. 6월 2일 한스 블릭스 IAEA 사무총장은 "북한이 IAEA의 감독 없이 연료봉을 대거 원자로에서 제거했다"며, UN 안보리에 국제적 조치, 즉 대북제재를 요청하는 서한을 보냈다. 당시 IAEA가 문제 삼은 것은 북한이 연료봉을 재처리해서 군사용으로 사용하는지 여부를 규명하기 위해서는 시료 채취, 즉 사실상의 완전사찰이 필요한데 북한이 이를 거부한 점이었다. 그러나 북한은 연료봉 추출 및 봉인 작업에 IAEA의 '입회'를 허용한 것이지 '사찰'을 허용한 것이 아니기 때문에 IAEA의 요구는 당시 북미 간 및 북한과 IAEA의 합의를 넘어선 요구였다고 반발했다.

결국 IAEA는 북한의 핵 투명성을 규명하는 데 '입회'로는 한계가 있다며 북한의 연료봉 교체 작업에 입회하지 않겠다고 선언했다. 그러자 북한은 원자로의 안정성을 유지하기 위해서는 더 이상 연료봉의 교체를 늦출 수 없다며 IAEA 입회 없이 연료봉 추출을 강행했다. 이를 두고 IAEA와 한미일 강경파는 북한이 핵무기 개발을 시도하는 명백한 증거라며 대북제재 방침을 분명히 했다. 북한 역시 한걸음도 물러서지 않았다. "제재는 전쟁을 의미하고, 전쟁에 관용은 없다"며 전쟁불사론을 천명했다. 급기야 6월 13일에는 NPT 탈퇴의 전 단계라고 할 수 있는 IAEA 탈퇴를 선언했다. 이제 전쟁은 초읽기에 들어가는 듯했다.

이에 앞서 미국과 한국 군부는 1994년 2월 초 북미 간의 핵협상이 교착 상태에 빠졌을 때, 한반도 유사시 단시간에 전쟁을 승리로 이끌고 북한을 군사적으로 통일한다는 '작전계획 5027'을 언론에 공개했다. 이 계획에 따르면 1단계로 신속전개가 가능한 억제력을 강화하고, 2단계로 북한의 서울 이북 남침을 저지하는 것과 함께 북한의 후방을 파괴하며, 3단계로 북한의 주요 전력을 격멸하고 대규모 상륙작전을 전개한 후, 4단계로 평양을 고립시킨 뒤 점령 지역에서 군사통치를 실시하고, 마지막 5단계로 한반도를 한미동맹의 주도 아래 통일한다는 것이었다.

3월에는 '서울 불바다 소동'이 벌어졌다. 3월 19일 남북한 특사교환 실무접촉에서 북측 대표인 박영수는 '서울 불바다' 발언을 내놓았다. 그러자 김영삼 정부와 대다수 언론은 전후맥락을 삭제하고 이 발언만 집중적으로 부각시켰다. 불안에 빠진 일부 국민들은 생필품을 사재기했고, 주가도 폭락했다. 그러나 당시 박영수의 발언은 '방어적 성격'이 강했다. "대화에는 대화로, 전쟁에는 전쟁으로 대응할 수밖에 없다. 그쪽에서 전쟁을 강요한다면 피할 생각은 없다. 불은 불로 다스린다는 말이 있다. 여기서 서울은 멀지 않다. 전쟁이 일어나면 불바다가 될 것이다."

'서울 불바다 발언'은 한순간의 소동으로 끝났지만, 정작 한반도 전쟁위기는 한국인도 제대로 모르는 상태에서 워싱턴으로부터 오고 있었다. 미국은 핵 항공모함인 칼빈슨호를 9년 만에 처음으로 요코스카 주일미군 기지에 보냈고, 패트리엇 미사일과 미군 선발대를 한국에 투입했다. 이와 더불어 UN 안보리를 통한 강력한 제재조치 마련에도 돌입했다. 3단계로 구성된 미국의 결의안 초안은 제1단계로 무기 및 부품 수출 금지 및 국제 개발원조 중단, 북한 외교관 여행 제한 등이 포함되었고, 2단계에서는 대북송금 동결이, 3단계에서는 2단계에서 제외된 완전한 무역 금지가 포함되어 있었다. 이런 미국의 제재안에 대해 영국과 프랑스는 더욱 강경한 조치를 주문했고, 남한과 일본은 지지 입장을 밝혔다. 그러나 중국과 러시아는 제재를 가하면 사태를 악화시킬 것이라며 소극적인 태도를 보였다.

클린턴 행정부는 군사적 대응과 관련해서 3단계 조치를 강구했다. 1단계는 한반도에 대규모 군사력을 증강해 북한에 핵개발 중단을 촉구하는 '최후통첩'을 보내는 것이었다. 2단계는 북한이 불응하면 영변 핵시설에 대한 '외과수술적 공격'을 가하는 것이었다. 그리고 3단계는 북한이 보복에 나서 전면전이 벌어지면 조속히 북한을 패퇴시키는 것이었다. 미국 행정부와 군 수뇌부는 이런 군사계획을 논의하기 위해 한자리에 모였다. 6월 16일 오전 백악관 회의가 바로 그것이다.

운명의 날과 카터의 전화

전쟁위기 4년 후인 1998년에야 미국 관리로부터 'D-day H-hour'에서 한 시간만 늦었다면 한반도에 대단히 큰 위기가 왔을 것이라는 말을 듣고 깜짝 놀랐다.

1994년 당시 대통령 비서실장이었던 박관용이 2000년 7월 9일 '1994년 한반도 전쟁위기'라는 제목으로 방송된 MBC의 〈이제는 말할 수 있다〉 제작팀에게 한 말이다. 일반적으로 'D-day H-hour'는 군사작전의 개시 날짜 및 시간을 의미하는 군사용어다. 당시 미국 행정부는 한국 정부의 대통령 비서실장도 모를 정도로 은밀하게 북폭을 검토하고 있었던 것이다. 그리고 D-day는 6월 16일로 맞춰졌다.

이날의 긴박성은 백악관 회의에 참석했던 로버트 갈루치 북핵 특사의 회고에도 잘 담겨 있다. "우리는 동북아시아에서 미군 병력을 정치적으로나 군사적으로 신뢰할 수 있는 수준까지 증강시키기로 했다. 미국 대통령은 허세를 부린 것이 아니며, 우리들 역시 마찬가지였다."[31] 당시 미국의 대통령이었던 빌 클린턴은 "내 첫 임기 때 북한과 심각한 상황에 있었다. 우리는 북한의 원자로를 파괴할 계획을 가지고 있었고, 만약 북한이 핵 프로그램을 포기하지 않는다면 공격할 것이라고 북한에 경고했었다"라고 말했다.[32] 국방부 장관으로 북폭 계획을 주도한 윌리엄 페리의 회고는 더욱 구체적이다.

1994년 6월의 북핵위기는 국방부 장관으로서 미국이 전쟁을 각오해야 하는 심각한 상황이었다. (중략) 당시 북한은 핵연료 재처리 과정을 막 시작하려 하고 있었으며, 방치하면 6개의 핵폭탄 제조가 가능한 플루토늄을 확보할 터였다. 특히 "서울을 불바다로 만들겠다"는 북한의 위협을 심각하게 받아들인 나는 전쟁 비상계획을 검토하라고 지시했다. 이틀 동안 군 지휘자들을 만나 전쟁계획의 모든 세부 상황을 검토했다. 파견할 육군·공군부대를 결정했고 이동방법, 도착시간 등에 대해 심사숙고하는 한편 기습공격을 언제 어떻게 할 것인지 고려했다. 검토 결과 전쟁이 발발하면 승리하겠지만 한국군, 미군, 한국 국민의 피해가 엄청날 것이라는 게 드러났다. 나와 군 지휘관들은 주한미군을 강화하면 피해를 대폭 줄일 수 있을 것으로 보고 주한미군을 수만 명 증원하는 계획을 입안했으며, 주한 미국 대사관에 민간인 철수계획을 준비하도록 지시했다.[33]

당시 미국은 '북한의 핵무장을 방치할 것인가, 아니면 제2차 한국전쟁의 위험을 감수할 것인가?'라는 양자택일에 직면해 있었다. 이런 압박 속에서 페리는 영변 핵시설에 대한 '외과수술적 선제공격'을 입안했다. 북한이 5MWe 원자로에서 연료봉을 인출해 재처리를 준비하는 시점을 D-day로 잡았다. 재처리에 돌입하지 않은 상황에서 영변 재처리시설에 대한 정밀타격은 방사능 물질을 유출시키지 않을 것이고, 크루즈 미사일로 원거리에서 공격하면 미군의 피해도 거의 없을 것이라는 펜타곤의 시뮬레이션도 나와 있었다. 그러나 문제가 없었던 것은 아니다. 북한이 주한미군 기지를 포함해 남한에 대한 보복에 나선다면? 그건 전면전이었다. 전면전의 위험성이 펜타곤 회의 테이블에 오르자, "공격계획은 테이블 끝으로 밀려났다". 그리고 미국 정부는 대북제재 카드를 꺼내 들었다. 그러자 북한은 제재를 "선전포고로 간주하겠다"고 으름장을 놓았다. 이와 관련해 페리는 "궁지에 몰린 북한이 절망 어린 행동에 나설 가능성을 배제할 수 없었다"고 회고했다.[34]

운명의 시계가 한반도 전쟁을 향해 째깍째깍 움직이고 있던 1994년 6월 16일, 페리는 백악관 NSC에서 클린턴 대통령에게 행동계획을 설명하고 있었다. "북한에 제재를 부과하고, 한국에서 미국인을 소개하며, 주한미군을 증강시킨다"는 것이 주요 골자였다. 북한은 "제재는 곧 전쟁"이라는 입장이었고, 미국인 소개계획도 김영삼 대통령에게 통보된 터였다. 이로써 한반도 전쟁은 피할 수 없는 운명이 되는 듯했다.

하지만 워싱턴에서 회의가 열리고 있던 시점에 평양에서도 역사적인 회담이 열리고 있었다. 김일성 주석과 지미 카터 전 대통령의 만남이 그것이었다. 아마도 이 장면은 한반도 반전 드라마의 백미에 해당한다고 할 수 있을 것이다. 두 사람의 만남이 없었거나 합의에 도달하지 못했거나 합의 사실이 워싱턴에 전달되지 않았다면, 한반도는 또다시 화염에 휩싸였을 가능성이 대단히 높았기 때문이다. 이는 페리의 회고에도 잘 드러난다. "클린턴 대통령이 전쟁이 일어날 수도 있는 조치를 승인하기 불과 몇 시간 전에 우리는 '북한이 영변의 핵활동을 중지하고 의미 있는 협상을 할 준비가 됐다'는 김일성의 전언을 (카터로부터) 받고는 협상에 나서기로 했다."

그렇다면 카터는 어떤 경위로 방북하게 된 것일까? '서울 불바다 발언' 소동이 지나가면서 한국은 비교적 차분해졌지만, 정작 미국 내 분위기는 심상치 않았다. 그러자 미국에 체류 중이던 김대중은 5월 18일 코리아소사이어티 연설에서 북미 간 일괄타결을 제안하면서 카터를 대북특사로 파견해야 한다고 주장했다. 하지만 김영삼 정부는 "카터 전 대통령 대북특사 파견 주장은 여러 단계를 뛰어넘는 비약으로서 우리 측 협상 입장에 도움이 되지 않는 부적절한 방안이며, 또한 남북 당사자 해결원칙에 입각해 남북관계를 풀어 간다는 정부 입장과 배치되는 것"이라며 강한 거부감을 나타냈다.[35] 김영삼과 김대중의 라이벌 관계가 이 대목에서도 여실히 드러난 셈이다.

그러나 방북 논란의 중심에 있었던 카터는 강력한 중재 의사를 갖고 있었다. 그는 6월 1일 클린턴에게 전화를 걸어 전쟁위기에 대해 우려를 표명하면서 방북 의사를 건넸다. 그러자 클린턴은 갈루치를 카터의 집으로 보내 카터를 진정시키려고 했다. 그런데 갈루치의 설명은 오히려 카터에게 사태의 심각성을 재확인시켜주는 결과를 낳았고, 그 직후 카터는 김일성을 만나 사태 수습에 나서보겠다는 취지의 편지를 클린턴에게 보냈다. "상황 자체를 반전시킬 수 있는 북한의 유일한 사람, 즉 김일성을 만나 담판을 짓는 것만이 전쟁위기를 막을 수 있는 길"이라고 여겼던 것이다.[36]

클린턴으로서는 난감하지 않을 수 없었다. '전직' 대통령을 특사로 보내면 정부의 협상력이 약화될 수 있고, 김영삼 정부의 반대 입장도 고려하지 않을 수 없었다. 반면 카터의 방북을 불허할 경우 미국이 전쟁을 피하려 노력하지 않는다고 보이는 것 역시 큰 부담이었다. 그래서 클린턴이 선택한 방법은 카터가 "개인 자격"으로 평양을 방문하는 것이지, "미국 정부의 특사"로 가는 것은 아니라고 밝히는 것이었다. 그런데 카터는 평양 방문에 앞서 6월 13일 서울에 왔을 때 게리 럭 주한미군 사령관으로부터 이런 말을 들었다. "우리가 이기는 것은 분명하지만, 그것은 승리라고 말할 수 없습니다." 전쟁이 일어날 경우에 대한 끔찍한 상황을 브리핑 받은 카터는 반전·평화 의지를 더욱 강하게 다졌다.

그리고 6월 15일 오후 김일성을 만난 카터는 그로부터 중대한 제안을 들었다. 북미 3단계 회담이 재개되면 북한은 IAEA 사찰단의 감시하에 핵동결을 계속 유지하겠다는 것과 함께, 미국이 경수로를 제공할 경우 기존의 흑연 감속로를 영구 동결할 의사가 있다고 말한 것이다. '바로 이것이다'라고 생각한 카터는 곧바로 백악관에 전화를 걸었다.

당시 미국 시간으로 16일 오전 10시 30분이었다. 클린턴이 주한미군 전력 증강과 미국인 소개 작전, 그리고 대북제재안에 서명하려는 순간, 카터의 전화가 걸려와 회의가 중단되었다.[37] 카터의 전화를 받고 돌아온 갈루치가 카터와 김일성의 회담 내용을 백악관 회의에 참석한 사람들에게 전했다. 그러자 백악관은 대혼란에 빠져들었다. "정부 특사"로 가는 게 아니라고 그렇게 당부했건만 카터가 김일성을 상대로 특사 회담을 한 결과가 나왔기 때문이다. 갈루치와 전화 통화를 마친 카터는 동행한 CNN 방송국의 카메라 앞에서 생방송으로 김일성의 제안을 발표했다. 그러자 약속이나 한 것처럼, 중국과 러시아 정부는 즉각 성명을 발표해 대북제재를 반대하고 미국에 대북협상에 나설 것을 촉구했다.

공은 백악관으로 넘어갔다. 앨 고어 부통령이 흥분된 분위기를 가라앉히려고 했다. "카터와 김일성의 협상안이 미국에 이로운지 검토해봅시다." 이내 회의 분위기는 반전되었다. '전쟁을 모의하는 군사회의'에서 '북한의 제안에 어떻게 답장을 보내야 할지 논의하는 외교전략회의'로 바뀐 것이다. 동시에 워런 크리스토퍼 국무장관은 서울과 도쿄에 전화를 걸어 긴급 한미일 외무장관 회의를 열었다. 당시 서울과 도쿄는 새벽 5시였다. 백악관과 서울 그리고 도쿄에서 열띤 토론을 거친 클린턴은 북한과 고위급회담 재개최를 검토하는 것으로 긴박했던 16일간의 상황을 마무리했다. 결과적으로 "카터가 미국과 한반도의 수많은 사람을 대단히 심각한 위기 상황으로부터 구했다"고 해도 과언이 아닌 셈이었다.[38]

사실 김일성과 카터는 오래전부터 서로 만나고 싶어 했다. 카터는 대통령으로 재임하던 1970년대 말 비무장지대에서 남북미 정상회담을 추진했었다. 그러나 당시 한미관계는 최악이었다. 카터의 주한미군 철수 계획 및 박정희 정권의 인권 탄압이 핵심적인 갈등 요인이었다. 1979년 6월 한미정상회담에서 카터가 인권 개선 조치를 요구하자 박정희가 이렇게 말할 정도였다. "만약 볼티모어에 소련군이 대거 주둔하고 있다면, 미국 정부는 현재 미국인들이 누리고 있는 자유를 보장할 수 있겠습니까? 만약 소련군이 땅굴을 파고 특수부대를 워싱턴 D.C로 보낸다면, 미국의 자유도 크게 위축되겠지요."[39]

한미관계만 최악이었던 것이 아니다. 카터의 구상, 즉 'DMZ 남북미 정상회담'에 대한 미국 내부의 반대 역시 격렬했다. 펜타곤 고위관료들이 "형편없는 생각" "속임수", 심지어 자신의 대통령을 "패배자(loser)"라고 표현할 정도였다.[40] 이처럼 카터 재임 시 한미관계 갈등과 미국 내부의 반대로 그와 김일성의 만남은 성사되지 못했다. 카터가 퇴임한 후 김일성이 그를 여러 번 평양으로 초청했고 카터도 응할 뜻을 내비쳤다. 김일성은 카터를 "정의로운 사람"이라고 부를 정도로 호의적인 입장을 갖고 있었던 것이다. 그러나 조지 H. W. 부시와 클린턴은 그의 방북을 매번 불허했다. 그리고 오랜 기다림 끝에 성사된 첫 만남에서 극적인 장면이 연출됐다.

반전에 반전을 거듭하던 한반도 정세와 관련해 당시 김영삼 정부의 태도도 복기해볼 필요가 있다. 취임사에서 "동맹보다 민족이 우선"이라며 전향적인 대북정책 의지를 피력했던 김영삼 정부는 북한이 NPT 탈퇴선언을 하자, "핵을 가진 자와는 악수도 할 수 없다"며 강경노선으로 돌아서고 말았다. 그 후 김영삼 정부는 클린턴 행정부의 대북협상정책에 불만을 나타내며 미국 내 대북강경파를 지원하는 입장을 보였다. 하지만 전쟁위기가 고조되자 미국의 군사행동 움직임에 반대하는 태도를 보였다. 김영삼 대통령은 1994년 6월 초 주한 미국 대사인 제임스 레이니로부터 주한 미국인 철수 계획을 통보받고는 명확한 반대 입장을 전달했다. 그는 미국인의 소개작전을 전쟁 전야로 해석하고는 "한반도에서의 전쟁은 수천만 명의 사람을 죽이고 남한의 경제적 번영을 잿더미로 만들 것"이라고 경고하면서 "미국의 영변 폭격으로 전쟁이 발발하면 나는 단 한 사람의 한국군도 동원하지 않을 것"이라는 입장을 전달했다는 것이다.[41]

그러나 중요한 것은 당시 한반도 상황이 이미 김영삼 정부의 통제권에서 벗어났다는 점이다. 김영삼이 레이니와 클린턴에게 '전쟁 반대' 입장을 밝혔음에도 불구하고, 클린턴 행정부는 6월 16일 한반도 전쟁계획을 상정한 미국의 대규모 증원군 파견 및 단계적인 전쟁계획을 논의했다. 미국 정부가 한국 정부와 의견 조율이나 사전 논의 없이 전쟁의 전 단계인 증원군 파견을 사실상 결정하고 있었다는 점에서 '한반도의 운명이 누구 손에 달려 있는가'라는 근본적인 의문을 갖게 한다. 동시에 한국 정부의 일관성 없는 외교안보정책이 얼마나 위험한 상황을 초래할 수 있는지에 대한 성찰도 요구된다.

제네바 합의

전쟁 일보 직전까지 갔던 1994년 6월 위기는 카터의 중재에 힘입어 협상 국면으로 반전되었다. 당시 북미회담의 협상 대표였던 강석주 외교부 제1부부장과 갈루치 국무부 차관보는 6월 20일과 22일 교환한 서신을 통해 고위급회담을 재개하기로 합의했다. 이에 따라 1993년 6~7월 2단계 회담 이후 무려 13개월 만에 재개된 3단계 고위급회담에서 북미 양측은 공동성명을 채택해 제네바 합의의 골격을 다졌다. 이 성명에서 북한은 ▲핵동결 유지 및 추가적인 흑연 감속로 건설 중단 ▲재처리 중단 및 시설 봉인 ▲NPT 잔류 및 한반도 비핵화 공동선언 이행 등을 약속했다. 이에 대한 상응 조치로 미국은 ▲경수로 제공 ▲정치적·경제적 관계의 완전한 정상화 추진 ▲소극적 안전보장* 제공 등을 약속했다.

3단계 회담에 대한 미국의 긍정적인 평가는 국무부가 재외 외교공관에 보낸 문서에서도 확인되었다. 국무부는 3단계 회담에서 "중요한 진전"을 이뤘다고 평가하면서, 9월 23일로 예정된 차기 회담에 대한 협상 방침을 밝혔다. 국무부는 한반도 비핵화 공동선언이 북핵문제 해결의 준거가 되어야 한다는 점을 거듭 확인하면서 경수로 제공을 대가로 북한은 재처리 및 농축시설을 포함한 기존의 모든 핵시설을 폐기해야 한다는 입장을 밝혔다. 또한 경수로 사업은 다국적 컨소시엄으로 진행되어야 하고, 특히 남한의 참여가 필요하다고 강조했다. 아울러 북미관계 정상화는 남북관계, 북일관계 등과 보조를 맞춰 추진하겠다고 밝혔다. 남아 있는 핵심쟁점은 ▲북한의 과거 핵활동을 규명할 특별사찰 시점 ▲사용후연료봉 처리 ▲합의사항 이행 순서 등이라며, 미국은 다음 회담에서 이들 문제를 논의하는 데 집중하겠다고 밝혔다.[42]

국무부의 예상처럼, 9월 23일 3단계 2차 회담에서는 이들 문제에 대한

---

* 핵보유국이 비핵국가에 대해 핵무기 사용 및 사용 위협을 가하지 않겠다는 약속을 의미한다.

합의가 쉽게 도출되지 않았다. 미국은 북한에 특별사찰을 조기에 수용하도록 요구했고, 북한은 경수로 제공 완료 및 북미관계의 포괄적인 개선 이후에나 특별사찰이 가능하다고 맞섰다. 연료봉 처리 문제도 미국은 제3국 이전을 요구했으나 북한은 자국 내 보관을 고집했다. 또한 '한국형' 경수로 채택 문제도 쟁점으로 부상했다. 미국은 경수로 비용의 상당 부분을 부담하기로 한 김영삼 정부의 요구에 따라 '한국형' 경수로를 제안했다. 하지만 당시 남북관계는 최악의 국면이었다.

악화 일로를 걷던 남북관계는 카터가 남북정상회담을 중재하고 남북한도 이에 합의하면서 중대한 전환기를 맞이하는 듯했다. 하지만 분단 이후 최초의 남북정상회담 개최를 보름 앞두고 김일성이 사망하면서 정상회담이 있어야 할 자리를 '조문 파동'이 대신하고 말았다. 국내에서는 정상회담에 합의한 당사자가 사망한 만큼 조문해야 한다는 주장과 "6·25 전쟁의 원흉"에게 조문하는 것은 있을 수 없다는 주장이 팽팽하게 맞섰다. 이 와중에 북한의 조국평화통일위원회(조평통)는 "남측 조문단을 환영한다"는 입장을 밝혔지만, 김영삼 정부의 반응은 정반대였다. 전군과 경찰에 비상경계령을 내리는 한편, 조문에 대한 일체의 언행을 사법처리하겠다는 강경 입장을 밝힌 것이다. 심지어 정부는 소련과의 수교를 통해 넘겨받은 한국전쟁 당시 문서를 대거 공개해 6·25가 김일성에 의해 발생했다는 점을 부각시켰다.

이런 상황 전개는 남북관계뿐만 아니라 북미 간의 핵협상에도 부정적인 영향을 미쳤다. 북한은 남한에서 벌어진 조문 파동에 격한 감정을 드러내면서 한국형 경수로에 강한 거부감을 보였다. 김영삼 정부 역시 북한의 핵 투명성, 인권 문제, 통일 문제 등을 거론하면서 북한의 과거 핵활동에 대한 특별사찰이 확실히 보장되지 않으면 경수로를 제공할 수 없다는 입장을 고수했다. 이는 거꾸로 북한이 한국형 경수로를 더더욱 거부하도록 하는 빌미로 작용하면서 협상 지연의 중대한 요인으로 작용했다. 또한 미국 공화당은 11월 중간 선거를 앞두고 북미 간의 타협 움직임을 "악행에 대한 보상"이라며 맹공을 퍼부었다.

하지만 북미 양측은 점차 타협의 길로 들어서고 있었다. 북한은 경수로 사업이 보장된다면 특별사찰을 수용할 수 있다는 입장을 피력했다. 기존의 '선 경수로, 후 특별사찰'에서 한층 유연해진 것이다. 미국 역시 과거보다는 미래의 문제에 우선하겠다는 태도를 보였다. 이는 미국이 특별사찰 시점에 유연한 태도를 보일 수 있다는 것을 의미했다. 한 가지 예로 크리스토퍼 국무장관은 "미국의 우선순위는 (과거보다는) 앞을 내다보는 것이며 북한이 핵개발 프로그램을 향상시키는 것을 방지하는 것에 있다"는 입장을 밝혔다.[43]

한미 양국이 북한의 '과거' 핵활동에 대한 특별사찰을 통해 검증하려고 한 것은 '불일치' 문제였다. 미국이 추정한 10kg이 맞는지, 북한이 신고한 90g이 맞는지 특별사찰을 통해 확인해야 한다는 것이었다. 하지만 미국은 '미래'의 문제도 염두에 두지 않을 수 없었다. 당시 CIA는 "북한이 50MWe와 200MWe 원자로를 완공해 가동했다면 매년 275kg의 플루토늄을 생산할 수 있었을 것"이라 분석하고 있었다.[44] 이는 핵무기 40~50개에 달하는 양이다. 과거에 발목이 잡혀 미래의 문제를 방치할 경우, 북핵이 눈덩이처럼 불어날 것을 우려하지 않을 수 없었던 셈이다.

결국 북미 양측은 특별사찰과 경수로 문제를 절충하는 선에서 합의에 도달했다. 절충 내용은 두 문제를 선후관계로 해결하는 게 아니라 경수로 사업 공기(工期) 중간에 특별사찰을 실시한다는 것이었다. 제네바 합의문에는 "경수로 사업의 상당 부분이 완료될 때, 그러나 주요 핵심부품 인도 이전에, 북한은 북한 내 모든 핵물질에 관한 최초 보고서의 정확성과 완전성을 검증하는 것과 관련, IAEA와의 협의를 거쳐 IAEA가 필요하다고 판단되는 모든 조치를 취하는 것을 포함해 IAEA 안전조치협정을 완전히 이행한다"고 기술되었다.* 이와 함께 제네바 합의문에서는 3단계 1차 회담 때의 합의사항을 재확인했다. 이로써 반전에 반전을 거듭해온 1차 한반도 핵위기의 대단원이 막을 내리게 되었다.

제네바 합의를 통해 북한은 북미관계 정상화를 비롯한 국제사회 진출과 안보 불안감 해소, 경수로를 통한 에너지 문제 해결을 이룰 수 있는 발판을 마련했다. 미국은 북핵동결뿐만 아니라 이듬해 NPT의 무기한 연장을 결정하는 회의를 앞두고 NPT 체제를 공고히 하는 기반을 닦았다. 또한 남한은 북한이 한반도 비핵화 공동선언의 재확인을 통해 농축 및 재처리시설을 보유하지 않겠다고 약속함으로써, 당시 논란이 되었던 핵 주권 포기 문제를 잠재울 수 있었다.

그러나 이런 제네바 합의의 '예상된' 성과는 동시에 많은 문제점을 내포하고 있었다. 제네바 합의를 통해 클린턴 행정부는 북한의 현재 및 미래의 핵개발은 동결시킬 수 있었으나, 과거 핵활동에 대해서는 수년 후에나 규명할 수 있게 되었다. 특히 핵개발 포기 대가를 지불하겠다고 약속함으로써 "악행을 보상했다"는 미국 내 강경파들의 끊임없는 정치적 공세에 시달리게 되었다. 북한 입장에서는 핵 카드를 이용한 특유의 벼랑끝 전술로 미국을 협상 테이블로 끌어내 합의에 도달하는 데는 성공했지만, 정작 제네바 합의와 함께 미국의 관심에서 멀어지는 상황을 경험해야 했다. 특히 미국이 합의사항 이행에 미온적인 태도로 나옴으로써, 국제적 고립을 겪었고, 국가적 위기를 해소할 수 있는 토대를 상실했다. 협상 과정에서는 배제된 채, 제네바 합의 이후 경수로 건설비용의 70%를 떠안아야 하는 남한 입장에서도 그 결과가 달갑지 않았다. 한반도 평화 문제에 당사자로 참여할

---

*   이는 특별사찰 시점에 대한 해석상의 중대한 차이를 남겨둠으로써, 부시 행정부 출범 이후 북핵문제 재발의 원인이 되고 말았다.

기회를 놓치고 말았기 때문이다.

특히 다시금 '불일치' 문제를 복기하지 않을 수 없다. 1990년대 초반 미국의 정보기관들은 북한이 비밀리에 10kg 안팎의 플루토늄을 추출했고 심지어 이를 이용해 1~2개의 핵무기를 만들었다는 주장까지 내놓았다. 하지만 이는 진실과 거리가 먼 것이었다. 이와 관련해 1차 핵위기 당시 국방정보국(DIA) 국장을 맡았던 제임스 클래퍼가 1996년에 한 말을 주목할 필요가 있다. 그는 "정보기관의 판단과 다르게, 나는 개인적으로 북한이 핵무기를 보유했다는 평가에 대해 회의적이었다"며, "우리는 어떠한 결정적 증거도 갖고 있지 않았다"고 회고했다. 선뜻 납득하기 힘든 발언이다. 클래퍼 자신이 DIA 국장을 맡고 있었고 그 DIA가 북핵에 대한 과장된 평가를 내놓았기 때문이다. 이에 대해 클래퍼는 "북한의 경우에는 가장 보수적인 최악의 시나리오를 적용해야만 했다"고 말했다.[45]

당시 미국이 "결정적인 증거도 갖고 있지 않은" 상태에서 제기한 '불일치 문제'는 2008년 북한이 미국에 건네준 '결정적 증거', 즉 1만8000쪽 넘는 핵 가동일지를 조지 W. 부시 행정부가 정밀 분석한 결과 거짓일 가능성이 높아졌다. 하지만 이 문제는 북핵문제의 발단과 전개 과정은 물론이고, 제네바 합의 파국에도 중대한 영향을 미치고 말았다. 이는 미국의 과장되거나 조작된 정보가 얼마나 큰 재앙을 잉태할 수 있는지 여실히 보여준 사례다.

동시에 북한의 비협조적인 태도도 지적하지 않을 수 없다. 북한이 문제 발단 초기부터 특별사찰에 더 협조적인 자세로 나왔다면 상황은 크게 달라질 수도 있었기 때문이다. 하지만 북한은 특유의 피포위 의식에 휩싸여 있었을 뿐만 아니라, 걸프전과 그 후 미국 주도의 초강경 이라크 사찰을 보면서 "우리는 이라크와 다르다"는 결기에 사로잡히고 말았다. 이것이 시사하는 바는 크다. 북한의 이런 피해의식을 풀어주지 않는 한 북핵 해결은 요원해질 것임을 말해주기 때문이다.

"MD 보일러"와
'게임 체인저'의 등장

4

    1994년 10월 21일 체결된 제네바 합의를 둘러싼 평가는 극과 극을 달린다. 긍정론자들은 한반도 전쟁위기와 핵문제 해결의 전기를 마련한 역사적인 합의였다고 평가하는 반면, 부정론자들은 "악행에 대한 보상"이자 "북한의 속임수에 넘어간 것"이라고 혹평한다. 오늘날 북한이 10개 안팎의 핵무기를 갖고 있고 협상무용론이 득세하고 있다는 점을 고려하면 '평가의 추'는 후자 쪽으로 기우는 것 같다. 1기 오바마 행정부 때 백악관 아시아 담당 선임보좌관으로 재직했던 제프리 베이더는 북핵 역사를 두고 이렇게 말한다.

> 북한의 도발 → 강요 → (다른 나라들과의) 합의 → 보상의 반복이었다. (중략) 수십 년간 북한의 지도자들은 오로지 핵무기 프로그램만 추구해왔다. 그들의 전술은 변하기도 했지만, 목표는 변하지 않았다.[46]

"MD 보일러" 럼스펠드의 등장

제네바 합의 이후 나온 미국의 비밀해제 문서들을 종합해보면, 미국은 북한의 약속 이행에 대체로 긍정적인 평가를 하고 있었다. 1996년 5월 한미일 3자협의 직후 국무부가 작성한 문서에서는 "제네바 합의의 핵 관련 부분에서 긍정적인 진전이 있다"며, 그 예로 북한의 사용후연료봉 봉인 작업 개시를 들었다. 김영삼 정부는 "북한이 IAEA 안전조치협정을 준수하지 않고 있다"며 불만을 나타냈지만, 정작 미국은 "전체적으로 북한은 훌륭하다"는 평가를 내렸다.[47]

그러나 제네바 합의 체결 및 이행에도 불구하고 한반도 정세는 불안이 계속되었다. 경제정책의 실패와 국제적 고립으로 경제난에 처했던 북한은 설상가상으로 대홍수와 대가뭄이 잇따라 발생하면서 최악의 식량난·경제난에 직면하고 말았다. 그러자 한미 양국에서는 북한의 붕괴는 시간문제라며 "연착륙"을 대북정책의 목표로 삼았고, 김정일은 "고난의 행군"을 선포하면서 허리띠를 졸라매는 것으로 응수했다. 1차 핵위기 및 조문 파동을 거치면서 악화되었던 남북관계도 좀처럼 회복되지 않았다. 제네바 합의를 통해 북핵문제가 잠잠해지자, 미국은 북한의 탄도미사일 개발 및 수출 문제를 집중적으로 부각시키면서 또 다른 쟁점을 만들어갔다. 설상가상으로 이 합의는 "미국 내에서 서서히 일종의 '정치적 고아' 신세가 되었다". 공화당이 장악한 의회는 경수로 제공에 필요한 북미 원자력협정 체결에 반대하고 대북 중유 제공에도 제동을 걸려고 했다. 그러자 클린턴 행정부는 "중유 지원 자금 마련을 위해 일본은 물론 유럽과 호주 등 여러 나라에 손을 벌려야 했다".[48]

그런데 정작 중대한 문제는 다른 곳에서 만들어지고 있었다. 바로 미사일방어체제(MD)다. '별들의 전쟁(스타워즈)'이라는 찬사와 조롱을 동시에 받았던 미국의 MD 구상은 1989년 미소냉전 종식과 소련 붕괴와 함께 사라지는 듯했다. 하지만 미국의 군산복합체 및 이와 결탁된 세력은 집요하게 스타워즈를 부활시키려고 했다. 엄청난 돈이 들어가는 MD는 미국 납세자에게는 '돈 먹는 하마'이자 '밑 빠진 독에 물 붓기'였지만, 군산복합체에는 '황금알을 낳은 거위'이자 '마르지 않는 샘'이었다.

이런 MD 사업은 대전제가 필요했다. 누군가가 대량살상무기(WMD)를 장착한 탄도미사일을 갖고 있어야 하고, 그걸로 미국이나 미국의 동맹국을 공격할 것이라는 가정이 그것이다. 그런데 미국이 러시아나 중국 때문에 MD가 필요하다고 주장하기는 곤란했다. 대국 간의 관계를 망쳐 미국의 이익과 전략에 큰 손실을 입힐 수 있기 때문이었다. 그래서 미국의 MD 신봉자들은 북한을 주시했다. 제네바 합의가 '끝의 시작'이 된 가장 본질적인 이유였다.

단언컨대, MD는 1990년대 이후 북핵을 비롯한 한반도 문제를 이해하는 키워드다.[49] 또한 MD만큼이나 한반도 분단의 삐뚤어진 현실을 보여주는 것도 드물다. 한반도의 북쪽은 MD 구실의 단골 메뉴처럼 등장해왔다. 북한이 탄도미사일 개발·보유·확산 국가이고, 그 지도부가 비이성적이고 예측할 수 없으며 도발을 일삼는 집단이라는 이미지에 편승해서 말이다. 반면 한반도의 남쪽은 MD 포섭의 대상이 되어왔다. 한미동맹의 종속성과 더불어 MD의 명시적·잠재적 대상국인 북한, 중국, 러시아와 가장 가까운 곳에 있는 한국이야말로 미국에 최고의 지정학적 이점을 제공하기 때문이다.

MD와 북핵의 악연은 1994년으로 거슬러 올라간다. 40년 만에 의회 다수당을 되찾기 위해 절치부심하던 공화당은 11월 중간선거를 40여 일 앞둔 시점에 '미국과의 계약(Contract with America)'이라는 정강정책을 내놓았다. 이 공약집에 담긴 외교안보정책 1순위는 이런 것이었다. "효과적인 국가미사일방어체제(NMD)를 만들겠다는 미국의 약속을 부활시키겠다."* 레이건 행정부 때의 스타워즈 구상을 되살리겠다는 것이었다. 그런데 공화당이 정강정책을 발표한 지 4주 만에 클린턴 행정부는 북한과 제네바 기본 합의를 체결한다. 공화당의 MD에 대한 광적인 집착과 북한과의 협상에 대한 체질적인 거부감이 조우하는 순간이었다.

'공화당 혁명'이라는 말이 나올 정도로 1994년 중간선거에서 압승을 거둔 공화당은 제네바 합의를 맹렬히 공격하는 한편, MD를 되살리기 위해 총력을 기울였다. 공화당의 시각에서는 북한과의 협상을 통해 "악행을 보상"할 것이 아니라 MD를 만들어 북한 위협을 무력화하는 것이 미국식 가치와 도덕에 부합하는 것이었다.[50] 상하원을 장악한 공화당은 제네바 합의에 따라 미국이 북한에 제공하기로 한 중유 예산을 수시로 깎거나 늦췄다. 동시에 매년 MD 관련 법안을 만들고 예산을 늘리면서 클린턴 행정부를 압박했다.

이 과정에서 미국의 군산복합체와 보수적 싱크탱크도 맹활약했다. 록히드마틴, 보잉, 레이시온, TRW 등 주요 군수업체들로선 MD 계획이 말 그대로 '황금알을 낳는 거위'였다. 우선 초기 사업 규모가 2400억 달러로 추정될 정도로 규모 자체가 엄청났다. 또한 단기적인 수입은 물론이고 중장기적인 수입을 보장하는 측면에서도 MD는 탁월했다. '절대안보'를 신봉하는 미국식 문화에서 현 단계에서 MD의 성능 미비는 이 사업의 취소가 아니라 더 많은 예산을 투입해 반드시 실현해야 하는 과제로 인식되었다. 또한 MD는 '공급이 수요를 창출한다'는 '세이의 법칙'에 딱 맞는 것이었다. 미국이 MD를 구축할수록 그 대상 국가들은 더 많은 미사일을 만들기 마련이고, 이는 곧 더 많은 MD로 이어지기 때문이다.

---

*   클린턴 행정부는 미사일방어체제(MD)를 미국 본토 방어용인 NMD와 해외주둔 미군 및 동맹국 방어용인 전역미사일방어체제(TMD)로 나누어 접근했다. NMD에 대해서는 신중한 입장을 보인 반면에, TMD에는 비교적 적극적이었다. 그러나 조지 W. 부시 행정부는 이를 MD로 통합해 다층-다각도로 이뤄진 전 지구적 미사일방어망 구축에 나섰다.

바로 이런 이유로 주요 군수업체들은 MD에 사활을 걸고 뛰어들었다. 이들은 막강하고 치밀한 로비망을 이용해 정치권에 정치자금을 대는 한편, 보수적 싱크탱크를 통한 여론화 및 정책결정 과정에 개입했다. 그런데 조속히 MD를 구축하기 위해서는 '누군가 탄도미사일로 미국이나 동맹국을 공격할 수 있다'는 위협이 있어야 했다. 이에 따라 공화당이 장악한 미국 의회는 1995년 클린턴 행정부에 '미국이 직면한 탄도미사일 위협에 대한 국가정보평가 보고서'를 제출하도록 요구했다. 이런 요구에 따라 CIA, DIA, 백악관과 국무부의 정보부서 등이 참여해 보고서를 작성했다. 결론은 "미국 본토에 대한 즉각적인 탄도미사일 위협이 있다고 보기 어렵다"는 것이었다.

이런 결론에 발끈한 공화당은 초당적이고 독립적인 위원회를 구성하자고 제안했다. 이렇게 해서 1996년에 만들어진 것이 바로 '럼스펠드 위원회'라고도 불린 '미국에 대한 탄도미사일 위협평가위원회'였다.* 그런데 위원회 구성 자체가 대단히 정파적이었다. 우선 위원장으로 기용된 도널드 럼스펠드는 "MD 보일러"라는 별명을 얻고 있던 안보정책센터와 하이 프론티어의 고문을 맡고 있었다. 또한 의회 내 열렬한 MD 주창자인 뉴트 깅리치와 트렌트 로트 의원이 소속된 공화당에서 9명의 위원 중 6명을 지명했다. 이에 따라 친공화당 인사들이 위원회의 다수파를 점했다. 아울러 안보정책센터의 프랭크 가프니 소장은 럼스펠드와의 친분을 내세워 자신의 측근들로 하여금 럼스펠드 위원회의 보고서 작성을 돕게 했다.

그 결과 1998년 7월에 나온 것이 바로 〈럼스펠드 보고서〉다. 이 보고서의 핵심요지는 "북한을 비롯한 깡패국가들(rogue states)이 5년 이내에 미국

---

*   이 위원회의 영어 명칭은 다음과 같다. Commission to Assess the Ballistic Missile Threat to the United States.

본토까지 다다를 수 있는 ICBM 개발에 성공할 것"이라는 추정이었다. 이는 CIA 등 정보 당국이 예상한 시점을 무려 10년 이상 앞당긴 것이었다. 또한 북한이 처한 경제적·기술적 난관을 무시하고 "중국이 북한에 선진적인 미사일 기술이나 완제품을 제공한다면"과 같은 가정법을 대거 동원했다. 당연히 이 보고서의 신뢰성에 강한 의문이 제기되었다.

그러나 1994년 중간선거에서 '공화당 혁명'을 주도한 깅리치 의원은 〈럼스펠드 보고서〉가 "냉전 이후 미국 안보에 대한 최대 경고"라며 MD를 조속히 구축해야 한다고 목청을 높였다. 안보정책센터는 럼스펠드에게 '키퍼 오브 클레임(Keeper of Klame)'이라는 상을 수여해 그의 업적(?)을 기렸다. 그리고 "바로 지금 미국을 지키자"라는 캠페인을 개시해 조속한 MD 구축의 필요성을 역설하고 다녔다. 이로 인해 MD 문제는 또다시 미국 국내외 정치의 '태풍의 눈'으로 부상하기 시작했다.

그런데 1998년 8월 들어 두 가지 사건으로 MD 논쟁은 새로운 국면을 맞이한다. 하나는 〈뉴욕타임스〉가 미국 정보기관 관계자들을 인용해 "북한이 금창리에 비밀 핵시설을 만들고 있다"는 의혹을 보도한 것이었다. 다른 하나는 "기다리면 망할 것 같다"던 북한이 건재함을 과시하듯 3단계 로켓 (광명성 1호)을 쏘아 올린 것이었다. 북한이 비밀 핵시설을 보유하고 있다는 의혹은 공화당이 그토록 저주한 제네바 합의를 무너뜨릴 수 있는 절호의 기회였다. 또한 북한이 장거리 로켓을 쏘아 올린 것 역시 MD에 새로운 활력을 불어넣는 호재였다. 미국 내 MD파들로서는 그야말로 '광명'을 만난 셈이었다.

럼스펠드는 "내 말이 맞잖아" 하면서 무릎을 쳤고, 공화당 주도의 미 의회는 "가능한 한 빨리 NMD를 구축하라"는 법을 또다시 통과시켰다. 공화당의 압박에 직면한 클린턴 행정부는 이른바 '3+3 계획', 즉 3년간의 시험 평가를 통해 이후 3년간 초기 NMD를 실전배치한다는 계획을 거듭 확인했다. 이로써 NMD는 거스를 수 없는 대세가 된 듯했다.

하지만 반전이 찾아오는 데는 오랜 시간이 걸리지 않았다. 클린턴 행정부는 북한과의 협상 끝에 1999년 두 차례에 걸쳐 핵시설이 있다는 금창리 동굴을 방문했다. 이 과정에서 김대중 정부의 설득이 주효했다. 미국이 여러 가지 정황 증거를 제시하면서 대북제재를 요구하자 "현장 확인 등 구체적인 증거를 확보할 필요가 있다"고 제안한 것이다. 이에 따라 미국은 60만 톤의 식량을 북한에 제공하기로 하고, 금창리 현장 확인에 나섰다. 결과는 '텅 빈 동굴'이었다.[51] 이로써 미국 내에서 고개를 들던 제네바 합의 무용론은 수그러들었다. 북미 간 미사일 협상도 본격화되면서 북한은 "북미대화가 진행되는 동안 로켓 발사를 하지 않겠다"고 약속했다. 2000년에 들어서는 남북정상회담과 북미 간 특사교환이 이뤄졌다. 클린턴도 NMD 문제를 차기 정권으로 넘기겠다고 발표했다.

이런 화해 분위기에서 북한 미사일 문제를 해결할 절호의 기회가 찾아왔다. 2000년 10월 하순 평양을 방문해 김정일과 회담을 가졌던 올브라이트 국무장관은 "김정일이 미사일 수출 문제와 관련해 미국의 요구사항 대부분을 수용할 정도로 매우 협력적인 태도를 보였다"고 밝혔다. 미사일 수출 문제와 관련해 북한은 현금 보상을, 미국은 현물 보상을 선호했는데, 김정일이 미국의 제안을 수용했다는 의미였다. 또한 김정일은 "남한이 사거리 500km 이상의 탄도미사일을 개발하지 않는다는 보장이 있다면" 추가적인 미사일 생산도 중단할 수 있다고 말했다. 그리고 김정일은 올브라이트를 데리고 5·1 경기장에 가서 카드섹션으로 로켓 발사 장면을 연출한 뒤 이렇게 말했다. "이것이 마지막 발사입니다."[52]

올브라이트는 물론이고 그를 수행했던 미국의 고위 외교관들도 김정일에 대해 긍정적으로 평가했다. 북미 미사일 협상의 미국 측 수석대표를 맡고 있던 로버트 아인혼은 12시간에 걸친 김정일과 올브라이트의 회담에 배석하고는 이렇게 평했다. "나에겐 김정일이 미사일 문제에 대해 매우 잘 알고 있고, 매우 진지하고도 합리적인 인물로 비쳤다." 그 자리에 함께했던 웬디 셔먼 대북정책조정관 역시 "당시 미해결 상태의 문제가 14가지 있었는데, 김정일이 올브라이트의 질문 모두에 대해 답변할 정도로" 사안을 꿰뚫고 있었다고 말했다.[53]

이처럼 당시 최대 쟁점이었던 북한 미사일 문제 해결은 초읽기에 들어가는 듯했다. 클린턴이 방북해 김정일과 만나 합의문에 서명만 하면 되는 상황까지 진전되었다. 당연히 북한을 먹잇감으로 삼아 살을 찌우려던 MD도 크게 힘이 빠졌다. 그러나 굶주린 MD는 더더욱 난폭해지고 있었다. 그리고 클린턴 행정부에서 부시 행정부로 사육사가 바뀌면서 MD라는 괴물은 포식성을 유감없이 발휘하기 시작했다. 한반도 평화를 첫 먹잇감으로 삼고 말이다. 올브라이트는 이렇게 회고했다. "의회와 전문가 그룹의 많은 사람이 북한과의 거래가 NMD 구축의 명분을 약화시킬 것이라고 우려했기 때문에 북미정상회담에 반대했다."

그렇다면 북미관계 개선이 급물살을 타던 1999~2000년에 럼스펠드는 무엇을 하고 있었을까? 만약 북미 간 미사일 협상이 타결되면, MD는 또다시 수포로 돌아갈 수도 있는 상황이었다. 럼스펠드위원회의 권고와 상반된 결과로 말이다. 그래서 나는 당시 북미관계에 대한 럼스펠드의 입장을 찾아봤다. 북미관계 개선에 대한 비난은 찾아볼 수 없었고, 대신 흥미로운 사실을 알게 됐다.

럼스펠드는 이 무렵 취리히에 본사를 둔 ABB라는 회사의 비상임이사를 맡고 있었다. 비상임임에도 연봉이 2억 원에 육박했다. 그런데 이 회사는 1994년 제네바 합의에 따라 북한에 제공하기로 한 경수로 사업에 1999년부터 뛰어든 업체였다. 경수로 설계 및 부품 가운데 일부를 조달하기로 했고, 그 대가로 20억 원에 달하는 계약도 수주했다. 이 회사의 회장은 1999

년 9월 평양을 방문해 북한과 원자력 협력을 약속했고, 2000년 하반기에는 평양 사무소를 열 정도였다. 이런 내용은 럼스펠드에게도 공유되었고, 그는 특별히 반대 의견을 표하지 않았다. 럼스펠드를 포함해 공화당 쪽에서 그토록 저주했던 경수로 사업에 럼스펠드도 관련되어 있던 것이다.[54]

이는 럼스펠드가 1998년과는 달리 1999년과 2000년에 왜 북미관계 개선에 대해 침묵하고 있었는지 잘 알려준다. 북미관계의 핵심이었던 경수로 사업으로부터 개인적인 이익을 얻고 있었기에 대놓고 북미관계 개선을 비난할 수 없었던 것이다. 그러나 럼스펠드는 2001년 부시 행정부가 출범하면서 ABB 비상임이사를 그만두고 국방장관을 맡았다. 그리고 제네바 합의를 포함한 북미관계와 한반도 평화의 저격수로 나선다. 동시에 "MD 보일러"로서의 면모를 유감없이 발휘한다.

'게임 체인저' DJ의 등장

한반도 핵문제의 기본적인 갈등구조는 북미관계에 있다. 한국전쟁 때부터 오늘날에 이르기까지 지속되어온 미국의 대북 핵 위협은 그 한 축이다. 이에 맞서 협상용이든 '핵 억제력'이든 북한의 핵무기 개발 시도 역시 기본적으로 미국을 겨냥한 또 하나의 축이다. 두 축은 한국에 엄청난 딜레마를 불러왔다.

한국에 미국은 크게 세 가지 얼굴로 다가온다. 유일한 동맹국인 미국은 주한미군과 핵우산으로 상징되는 '안보 제공자'다. 동시에 미국이 북한의 핵개발을 저지한다는 명분으로 북한에 대한 공격이나 붕괴를 시도하면 '한국의 안보를 위협하는 존재'가 된다. 아울러 미국은 한국의 대외정책, 특히 대북정책에서 가장 중요한 '파트너'다. 반면 북한은 한국에 크게 두 가지 얼굴을 띤다. 한국의 안보를 가장 위협하는 상대이자 화해와 협력, 그리고 평화와 통일의 대상이다. 더구나 대북정책과 한미관계는 국내 정치적으로도 대단히 민감한 이슈들이다. 이에 따라 한국의 외교는 동맹국인 미국과 양면적 존재인 북한 사이에서, 그리고 남남갈등 사이에서 힘겹게 펼쳐져왔다.

정부 수립 이후 최초의 수평적 정권교체에 성공한 김대중 정부는 "두 개의 코리아"가 건국 이후 최악의 위기로 치달은 상황에서 출범했다. 휴전선 너머에 있는 북한의 붕괴는 시간문제로 간주되고 있었다. 반면 휴전선 이남에 있는 남한은 IMF 외환위기라는 전례 없는 경제위기에 직면해 있었다. 남북한 각자의 위기는 남북관계의 악화 국면과도 맞물려 있었다. 미국 국무부는 이렇게 분석하고 있었다. 김영삼 정부는 "김정일 정권이 오래가지 못할 것이라 판단하고 북한의 붕괴를 촉진하는 정책을 추구"했고, 김정일은 "김영삼이 권좌에 있는 한" 남한을 상대하지 않겠다고 결심했다.[55] 이 와중에 미국의 대북정책은 MD를 둘러싼 극심한 내부 논란으로 그 좌표를 잃고 있었다.

김대중 정부 출범 직전까지만 하더라도 한미 양국에서는 흡수통일론이 맹위를 떨치고 있었지만, 이건 김대중의 선택지가 될 수 없었다. 우선 흡수통일론은 남북한의 평화공존과 화해협력, 그리고 점진적인 통일론과 미일중러 4대국 평화보장론으로 구성된 DJ의 오랜 통일 철학과 배치되는 것이었다. 또한 국가 부도 상태에 있던 한국이 세계 최빈국으로 전락한 북한을 흡수통일한다는 것은 도저히 견적이 나오지 않는 경제적 자해조치로 간주되었다. 무엇보다 '평화적' 흡수통일에 성공한 독일과 달리 한반도에서 흡수통일 시도는 제2의 한국전쟁으로 귀결될 위험도 컸다.

그래서 김대중 정부는 '게임 체인저'로 나섰다. 1998년 2월 출범과 함께 대북정책의 목표를 근본적으로 재구성하고 나선 것이다. 먼저 김대중은 "대북정책의 전제를 '붕괴 임박론'에서 '점진적 변화론'으로 수정"한다.

북한의 붕괴는 "대외적 폭발(전쟁)이나 내부적 폭발(내란, 대규모 탈북사태 등)을 초래할 위험이 있어 바람직하지" 않고, "그것은 희망사항이자 가능성이 희박한 것"으로 판단했기 때문이다. 이에 따라 김대중 정부는 한미 간의 첫 대북정책 공조를 1998년 3월 중순에 예정된 2차 남북미중 4자회담 전략 마련에 두었다. 즉, 북한 붕괴에 대비해 국제적 관리체제 구축을 목표로 두었던 김영삼-클린턴의 4자회담 전략을 북한의 점진적 변화에 방점을 두는 방향으로 바꾸기로 하고 미국을 설득하기로 한 것이다. 이와 동시에 김대중 정부는 4자회담에 종속되어 있던 남북대화를 분리해 상호보완적인 '병행 전략'을 채택한다. 흡수통일 배제, 무력사용 불용, 화해협력 추진 등을 3대 원칙으로 제시하고 국제공조와 조화를 이루면서도 남북관계의 독자적 영역을 구축하는 것이 필요하다고 봤던 것이다.[56]

대북정책의 목표와 전략을 새롭게 가다듬은 김대중은 클린턴과의 첫 정상회담을 위해 1998년 6월 중순 방미길에 올랐다. DJ로부터 햇볕정책에 대한 설명을 들은 클린턴은 "김 대통령의 비중과 경륜을 볼 때 이제 한반도 문제는 김 대통령이 주도해주기 바란다"며, "김 대통령이 핸들을 잡아 운전하고 나는 옆자리로 옮겨 보조적 역할을 하겠다"고 화답했다.[57] DJ의 방미는 정주영의 소떼 방북과 조우하고 있었다. 정주영 현대그룹 회장이 6월 16일 500마리의 소떼를 몰고 군사분계선을 넘어간 것이다. 이를 두고 프랑스의 세계적인 문화비평가인 기 소르망(Guy Sorman)은 "1991년 베를린 장벽이 무너진 이래 20세기 최후의 전위예술"이라고 표현했다.[58]

김대중의 방미와 정주영의 방북이 우연히 일치한 것은 아니었다. 김대중 정부는 방미에 앞서 정경분리에 입각한 '남북경제협력 활성화' 조치를 발표했다. 정주영의 소떼 방북은 이런 방침에 힘입은 것이었다. 이는 김대중의 첫 성과였다. 워싱턴에서는 한국 주도의 포용정책에 양국이 합의하고, 한반도에서는 정주영의 소떼 방북길을 열어줌으로써 남북관계의 문도 활짝 연 것이다.

　그러나 김대중 정부는 곧 도전에 직면한다. 1998년 여름 세 가지 사건이 잇따라 터지면서 중대고비를 맞게 된 것이다. 첫째는 도널드 럼스펠드가 위원장을 맡은 '미국에 대한 탄도미사일 위협평가 위원회'에서 7월 15일 보고서를 발표한 것이다. 보고서에서는 "북한이 5년 이내에 ICBM을 만들어 미국 본토에 심각한 타격을 줄 수 있는 능력을 갖추게 될 것"이라고 주장했다. 둘째는 〈뉴욕타임스〉가 8월 17일 정보기관을 인용해 "북한이 금창리에 핵 의혹 시설로 보이는 지하시설을 건설 중"이라고 보도한 것이었다. 셋째는 북한이 8월 31일 함경북도 화대군 무수단리에서 3단계 로켓을 발사한 것이었다.*

　세 가지 사건은 화학작용을 일으키면서 상당한 파장을 일으켰다. 위협 평가를 과장했다고 비난받았던 럼스펠드 위원회는 대반격의 호재로 삼았다. 공화당 주도의 의회는 대북 중유 제공 예산을 삭감했고, 군부 일각에서는 대북 선제공격이 거론되었다. '대포동 충격'에 빠진 일본 역시 경수로 분담금 서명을 취소하고 대북 식량지원 중단을 발표하는 한편, 북한과의 수교협상도 중단했다. 그리고 의회의 위세에 눌린 클린턴 행정부는 3년간 시험평가를 거쳐 3년 후에 NMD 배치를 개시한다는 '3+3 법안'을 재확인했다. 일본 역시 미국과 전역미사일방어체제(TMD) 공동 연구개발에 발을 내디뎠다.

　급기야 클린턴 행정부는 의회로부터 대북정책을 전면 재검토하라는 압력에 직면했다. 이에 따라 윌리엄 페리를 대북정책조정관으로 임명했다. 페리는 1차 한반도 핵위기 때 국방장관을 맡아 영변 핵시설 폭격 등 강경

---

*　미국은 이를 탄도미사일인 '대포동-1호'라고 불렀고, 북한은 인공위성인 '광명성-1호'라고 불렀다. 나중에 미국은 인공위성 발사로 수정하는 한편, 궤도 위에 올려놓는 데 실패했다고 분석했다.

론을 주도한 인물이었다. 김대중 정부의 적극적인 대미 외교에 힘입어 '포용'으로 가닥을 잡았던 클린턴 행정부의 대북정책이 강경 기조로 돌아서는 것 아니냐는 우려도 자연스럽게 팽배해졌다. 더구나 미국은 일본뿐만 아니라 한국에도 TMD에 참여해달라고 요구했다.

그러나 미국의 대북정책 재검토는 결국 전화위복이 되었다. 김대중 정부가 페리의 대북정책 검토에 적극 개입하면서 '페리 프로세스'를 탄생시킨 것이다. 김대중 정부는 '한반도 냉전구조 해체를 위한 포괄적 접근전략'을 만들어 페리를 설득하는 데 집중하기 시작했다. 임동원 청와대 외교안보수석비서관이 입안한 이 전략은 북한의 핵개발과 미사일 문제는 '한반도 냉전구조'에서 기인한다며, 이들 사안을 해결하기 위해서는 냉전구조 해체라는 "큰 산을 바라보면서 (북핵과 미사일이라는) 바위를" 넘을 수 있는 포괄적 접근이 필요하다고 역설했다. 한반도 냉전구조가 '남과 북의 불신과 대결' '미국과 북한의 적대관계' '북한의 폐쇄성과 경직성' '대량살상무기' '군사적 대치상황과 군비경쟁' '정전체제'라는 여섯 가지 요소가 복합적으로 맞물려 있는 만큼, 이런 문제의 해결을 지향하는 일괄타결과 단계적 동시 이행의 필요성을 강조했다.[59]

대북정책 조정관으로 기용된 페리도 본격적인 활동에 들어갔다. 페리는 1993~1994년 위기 당시 국방장관으로 있으면서 대북정책의 민감성과 포괄성을 간파하고 있었다. 이에 따라 부처 간 협력, 의회와의 관계, 한국 및 일본과의 공조, 중국 및 러시아와의 협의, 그리고 북한과의 직접대화 등을 두루 염두에 두었다. 페리는 우선 1994년 당시 자신의 참모였던 애슈턴 카터를 대북정책 부조정관으로 영입했다. 또한 자신의 활동이 대북정책의 주무부서인 국무부와 마찰을 일으킬 수 있다고 여겨 매들린 올브라이트 국무장관에게 국무부 내 유능한 인물들을 파견해달라고 요청했다. 그 결과 웬디 셔먼, 에번스 리비어, 필립 윤 등이 페리팀에 합류했다. 뒤이어 제네바 합의를 맹렬히 비난했던 존 매케인 상원의원을 비롯한 의회 내 대북 강경 파들을 1대1로 만나 설득하는 데 주력했다. 페리는 이 일이 "가장 도전적이었다"고 회고한다.[60]

이처럼 한미 양국에서 대북정책 컨트롤 타워가 세워지자 한미 및 한미일 정책공조도 본격화되었다. 1998년 12월 초 페리의 방한과 1999년 1월 말 임동원의 방미, 그리고 3월 페리의 방한을 거치면서 '페리 프로세스'의 윤곽이 잡히기 시작한 것이다. 핵심적인 요지는 "새로운 전략과 전통적인 전략"을 함께 마련하되, 새로운 전략을 먼저 시도해본다는 것이었다. 여기서 새로운 전략은 북한의 핵과 미사일 문제 해결을 "포괄적인 관계 정상화 및 평화협정 체결과 함께 단계적으로 추진한다"는 것이었다. 반면 전통적인 방식은 북한이 이 제안을 거부하면 대북제재와 억제력을 강화해 북한의 양보를 강제한다는 것이었다.[61]

북미관계도 회복 기미를 보이기 시작했다. 미국 방문단이 1999년 5월 초 금창리를 방문한 결과 핵시설이 아니라 '텅 빈 동굴'임이 확인된 것이다. 그리고 5월 중순 페리는 역사적인 방북길에 올랐다. 5년 전 영변 핵시설 폭격론을 주도했던 그가 한국 주도하에 한미일 3국이 합의한 '상호위협감소를 통한 한반도 냉전종식' 전략을 들고 평양을 찾은 것이다. 그의 방북은 북한의 미사일이 기본적으로 '억제력'의 성격을 갖고 있다는 발상의 전환에 큰 역할을 했다. 페리는 북한이 미사일을 개발하는 가장 큰 이유는 "안보와 억제력"이라며, "우리는 북한을 위협하지 않는다고 생각하지만, 북한은 우리를 위협으로 간주하고 있다"고 말했다. 또한 그는 당시 미국 내에 팽배했던 북한 붕괴론을 일축하면서 "우리는 우리가 원하는 북한이 아니라, 있는 그대로의 북한을 상대해야 한다"고 강조했다.[62]

1999년 9월 10일에는 북미 간에 베를린 합의가 도출되었다. 이 합의에서 북한은 미국과의 회담이 진행되는 동안에는 미사일의 추가 발사 시험을 유예하기로 했다. 이에 미국은 경제제재를 일부 해제하고 북미 고위급회담을 개최하겠다고 화답했다. 이에 따라 페리 프로세스의 두 가지 장애물, 즉 금창리 핵의혹 시설 논란과 북한의 미사일 시험발사 문제가 해결되었다. 이에 힘입어 페리는 9월 12일 의회에 〈페리 보고서〉를 제출했다. 보고서에서는 "포괄적이고 통합적인 전략"의 유용성을 강조하는 다섯 가지 정책권고를 제안했다. 그 내용은 ▲상호위협 감소에 기초한 포괄적이고 통합적인 정책 채택 ▲대북정책을 수행할 강력한 정부체계 구축 ▲한미일 대북정책 조정감시 그룹 유지 ▲지속 가능하고 초당적이며 장기적인 대북 시각 마련 ▲북한 도발 대비책에 대한 승인 등이다.[63] 페리가 이 보고서를 두고 김대중 정부의 대북정책을 "표절"한 것이라고 말할 정도로 DJ의 정책이 깊이 반영된 것이었다.[64]

이후 한반도 평화 프로세스는 고속도로로 접어들었다. 우선 북미 미사일 협상이 본궤도에 올랐다. 협상은 주로 'K-K 라인'이라고 불렸던 김계관 외무성 부상과 찰스 카트먼 한반도평화회담 특사가 맡았다. 이들은 2000년 1월 22~28일(베를린), 3월 7~15일(뉴욕), 5월 24~30일(로마), 9월 27일~10월 2일(뉴욕)에 연쇄회담을 가졌다. 회담을 통해 북한의 미사일 수출 및 개발 포기와 이에 대한 미국의 보상방안, 미국의 대북 테러지원국 해제와 북한의 테러방지 국제협약 가입, 북한의 아세안지역안보포럼(ARF) 가입, 제네바 합의 이행방안, 대북지원과 경제제재 해제, 북미 최고위급회담 및 관계 정상화 방안, 북한의 미사일기술통제체제(MTCR) 가입, 미사일 검증방안 등을 집중 협의했다. 다만 미사일 수출 중단에 대한 보상방안과 규모,* 현장사찰 문제, 테러지원국 해제 시점 등을 둘러싼 진통은

---

* 　북한은 30억 달러 현금 보상안을 철회하고 이에 상응하는 현물 보상을 요구했지만, 미국은 보상 규모가 너무 크다며 거부했다.

계속되었다.

급기야 2000년 6월 중순에는 미국과의 사전협의 및 미국의 지지 속에 첫 남북정상회담이 열렸다. 분단 55년 만에 처음 열린 남북정상회담은 김대중 정부 최대 업적이라고 할 수 있다. 김대중 대통령은 특히 남북정상회담을 추진하면서도 한미공조를 중시했다. 정상회담 직전에는 페리의 후임자로 발탁된 웬디 셔먼 대북정책조정관을 접견했고, 직후에는 황원탁 외교안보수석비서관을 미국에 보내 클린턴 대통령을 만나게 했다. 뒤이어 올브라이트 국무장관의 방한, 9월 한미정상회담이 잇따라 이뤄졌다. 이런 접촉을 통해 김대중 정부는 미국의 가장 큰 우려사항, 즉 주한미군의 미래에 관해 미국을 안심시켰다. 김정일에게 주한미군이 통일 이후에도 주둔하는 문제에 관해 동의를 받았다는 입장을 전달한 것이다. 가장 첨예한 문제에 관해 남북미 3자가 공감대를 이룬 것은 분명 주목할 만한 일이었다.

하지만 이 과정에서 김대중은 아쉬운 결정을 하고 만다. 총선을 불과 3일 앞둔 4월 10일 남북정상회담 합의 소식을 발표한 것이다. 이는 당시 야당이었던 한나라당이 정상회담을 '총선용 신북풍' '퍼주기'로 비난하는 결과로 이어지고 말았다. 대북정책을 둘러싼 남남갈등이 본격화된 것이다. 만약 김대중이 정상회담 합의를 총선 이후에 발표하거나,* 여야 대표들을 초청해 미리 알려주었더라면, 남남갈등의 수위도 낮아지지 않았을까 하는 아쉬움이 드는 대목이다. 따라서 김대중이 남북 및 한미 간에는 긴밀한 협의를 통해 정상회담을 성사시켰지만, 초당적 협력과 국민적 공감대 형성에는 소홀했다는 비판이 일었던 것이다.

---

* 임동원에 따르면 당시 국정원은 정치적 후폭풍을 우려해 대통령에게 정상회담 개최 합의 발표를 총선 후로 미루자고 건의했다고 한다. 《피스메이커》(개정증보판, 창비, 2015), 29쪽. 그러나 김대중은 남북한의 합의사항이라는 이유로 총선 전 발표를 강행했다.

남북정상회담이 '게임 체인저'였던 이유

　　　　　분단 이후 최초로 열린 남북정상회담의 지정학적 파장은 상당했다. 당시 국제정치의 최대 이슈였던 MD 및 ABM 조약의 흐름에 상당한 영향을 미친 것이다. 공화당이 장악한 의회의 압력으로 클린턴 행정부는 거듭 러시아에 ABM 조약 개정을 타진하고 있었다. 특히 클린턴은 ABM 조약 개정과 전략무기감축을 연계시키는 방안을 들고 나왔다. 남북정상회담 사흘 전인 2000년 6월 11일 클린턴은 블라디미르 푸틴 대통령과의 정상회담에서 러시아가 ABM 조약 개정 요구를 받아들일 경우, 6500개에 달하는 핵탄두를 1500~2000개로 줄이는 것을 적극 검토할 의사가 있다고 밝혔다. 그러나 푸틴의 반응은 냉담했다. 북한의 위협 자체가 ABM 조약을 바꾸면서까지 MD를 추진해야 할 사유가 되지 않는다는 입장이었다. 오히려 그는 대안을 내놓았다. 미국이 MD 구상을 포기할 경우 러시아가 북한에 장거리 미사일 개발 포기를 설득하고, 그 대가로 북한이 필요로 하는 민간위성 기술을 지원할 의사가 있다고 밝힌 것이다.

　　당시 MD 문제는 미러관계에만 국한된 것이 아니었다. 러시아와 중국은 미국의 MD를 일방적 패권주의로 규정하고 공동대응을 다짐하고 있었다. MD가 냉전시대 라이벌이었던 중국과 러시아를 결속시키는 결과를 낳기 시작한 것이다. MD가 야기한 국제질서의 변화와 균열은 여기서 멈추지 않았다. 미국이 냉전시대부터 세계 전략의 핵심축으로 삼아왔던 NATO마저 흔들릴 조짐을 보인 것이다. MD 및 ABM 조약을 둘러싼 미러 간의 갈등이 격화되자 유럽연합(EU)의 핵심관료들은 2000년 5월 중순 워싱턴으로 날아가 미국을 설득하려고 했다. 하지만 이렇다 할 성과를 거두지 못하자 노골적인 불만을 터트렸다. EU 외무장관인 하비에르 솔라나는 "만약 미국이 MD 배치를 끝까지 고집한다면, 국제사회는 미국의 건방진 일방주의에 실망하게 될 것"이라고 직격탄을 날렸다. 요슈카 피셔 독일 외무장관 역시

"이 문제는 미국과 러시아의 충돌을 가져올 수 있는 핵심적인 사안"이고, "미국 한 나라의 결정에 국제사회는 엄청난 영향을 받게 될 것"이라며 미국의 신중한 결정을 촉구했다.[65]

남북정상회담은 이처럼 미국과 러시아가 MD 및 ABM 조약을 둘러싸고 신경전을 벌이고 있을 때 성사됐다. 이는 한반도뿐만 아니라 국제사회의 평화와 안정을 회복하는 데도 크게 기여했다. 우선 미국 언론의 태도부터 달라졌다. "북한을 미친 국가 취급해온 선입견이 근거 없는 것으로 판명 나고 있다"는 보도가 쏟아졌고, 일부 언론은 비판의 화살을 북한에서 미국의 MD파들에게로 돌렸다. 북한의 위협이 과장되었을 뿐만 아니라, 외교적으로 충분히 해결 가능하다는 목소리도 높아졌다. 시들어가던 MD가 1998년 8월 북한의 광명성 1호 발사로 되살아났다면, 1차 남북정상회담은 MD를 역사의 뒤안길로 돌려보내는 듯했다. 남북관계가 획기적으로 발전하고 북한에 대한 국제사회의 인식이 크게 달라지면서 북한 위협을 최대 구실로 삼은 MD의 추진력이 크게 저하된 것이다. '살 만한 세상을 위한 위원회(Council for a Livable World)'의 존 아삭 회장은 "북한은 MD의 구실이 되어왔다. 그러나 남북정상회담은 MD 풍경을 변화시켰다"라고 말하기도 했다.

이런 분위기를 잘 보여준 것이 바로 일본 오키나와에서 열린 G8 정상회담이었다. 남북정상회담 한 달 후에 열린 이 회담의 최대 쟁점은 MD였다. 미국은 ABM 조약 개정 및 MD에 대한 선진국들의 지지를 확보하려 했고, 러시아는 반(反)MD 여론을 결집시키는 계기로 삼으려 했다. 결과는 러시아의 완승이었다. 캐나다는 MD에 반대한다는 입장을 분명히 했고, 프랑스는 "MD의 필요성에 회의감을 느끼고 있다. EU의 다수 국가도 마찬가지"라고 입장을 밝혔다. 결국 미국도 G8 공동성명에 "전략적 안정의 초석이자 전략공격무기 감축의 기초인 ABM 조약을 보존하고 강화한다"는 내용에 동의하지 않을 수 없었다. 이런 내용은 이전 주요 정상회담 공동성명에도 간혹 담기곤 했지만, 미국이 ABM 조약 개정을 위해 외교력을 집중하던 시기였다는 점에서 이전과는 그 의미와 맥락이 달랐다.

당시 남북정상회담을 비롯한 한반도 정세의 변화가 MD에 구체적으로 어떤 영향을 끼쳤는지는 불확실하다. 그러나 최대 명분이 북한이었고 그 북한이 남한과 최초로 정상회담을 하는 모습이 교차되면서 MD 명분이 약화된 것만은 분명했다. 이 기회를 포착한 푸틴은 G8 정상회담 참석에 앞서 평양을 찾아가 김정일 국방위원장을 만났다. 그리고 기자회견을 통해 "다른 나라가 위성 발사를 지원하면 장거리 미사일 개발을 포기할 의사가 있다"는 김정일의 발언을 공개했다. 이를 두고 영국 일간지 〈텔리그래프〉는 "미국의 MD에 제동을 걸려는 푸틴이 이 기회를 즉각 잡았다"고 평했다.[66]

결국 클린턴은 2000년 9월 1일 조지타운대 연설에서 "우리는 NMD 체제가 제대로 작동할 것이라는 절대적인 확신을 가질 때까지는 (배치를) 추진해서는 안 될 것"이라며 배치 승인을 차기 정권으로 넘기겠다고 발표했다. 이런 결정은 NMD가 기술적으로 여전히 미진한 부분이 많고, 러시아와 중국은 물론이고 미국의 상당수 동맹국들조차 반발하고 있으며, 남북정상회담을 계기로 '북한 위협론'이 상당 부분 설득력을 잃으면서 내려진 것이었다. 동시에 클린턴 행정부는 북한과의 고위급대화에 본격 시동을 걸었다. 양측 정권의 2인자들이 워싱턴과 평양을 교차 방문했고 클린턴은 방북도 약속했다. 남북정상회담을 계기로 남북미 3자관계가 황금기를 구가하기 시작한 것이다.

그러나 2000년 '정(正)'의 시간은 '반(反)'을 잉태하고 있었다. 7월 G8 정상회담에서 채택된 공동성명에 담긴 ABM 조약 부분은 8개월 후 한국에 비수로 다가온다. 신처럼 떠받들어온 MD와 한반도 평화가 양립할 수 없다는 점을 확인한 미국 공화당 진영은 한반도 평화 프로세스를 베어버릴 칼을 더욱 날카롭게 갈았다. 이들은 이미 〈페리 보고서〉에 대한 맞대응 성격으로 북한 자문 그룹을 구성해 〈공화당 보고서〉를 의회에 제출한 상태였다. 1999년 11월 하원의장에게 제출된 보고서에는 온갖 추측과 가정을 동원해 북한의 핵·미사일 위협이 제네바 합의 때보다 증대되었고, 대북지원은 김정일 정권의 생존만 연장시켜주고 있으며, 마약 생산 및 밀매, 위조지폐 유통 등의 혐의를 제기하면서 북한 정권을 범죄조직으로 묘사했다.[67] 그리고 공화당 인사들은 11월 대선에서 정권교체에 성공하면서 이 보고서를 대북정책의 교과서로 삼았다.

김대중과
부시의 충돌

5

　　돌이켜보면 김대중 정부 5년간(1998년 2월~2003년 2월)의 한반도 정세는 한마디로 '천국'과 '지옥'을 오갔다. 빌 클린턴 행정부와 짝을 이룬 1998~2000년은 '햇볕정책'으로도 불리는 대북 포용정책(engagement policy)으로 한반도 평화 프로세스로 가는 길이 활짝 열린 시기였다. 그러나 미국의 대북정책 공조 대상이 조지 W. 부시 행정부로 바뀐 2001~2003년 초까지는 양측의 엇박자가 최고조에 이르면서 한반도는 또다시 시련의 세월을 보내야 했다. 비유컨대 김대중 대통령은 임기 전반 3년 동안은 운전대를 잡고 한반도를 탈냉전으로 인도하려고 했다. 하지만 보조석에 앉아 있던 미국 대통령이 바뀌면서 이후 2년 동안 운전대를 놓고 다투는 시기가 되고 말았다.

　　5년간 DJ의 업적은 컸지만, 주목할 만한 실책도 있었다. 기실 햇볕정책으로 불린 DJ의 대북정책의 진수는 대미정책에 있었다. 대북정책을 놓고 갈 길을 잃은 미국에 한국이 가야 할 길을 비춰주면서 양국이 동반자가 되었기 때문이다. 이를 토대로 남북관계의 문도 활짝 열 수 있었다. 하지만 클린턴과 김정일을 상대로 성과를 거둔 햇볕정책에 대한 확신이 지나친 나머지 시야가 흐려지고 말았다. 미국의 정권교체가 한반도에 어떤 후폭풍을 몰고 올지 제대로 간파하지 못했던 것이다.

첫 전화통화

조지 W. 부시가 미국 대통령으로 취임한 지 닷새 후인 2001년 1월 25일 오전, 김대중과 부시는 전화 통화를 하면서 "가능한 한 빨리 한미정상회담을 갖기로 합의"했다. 박준영 청와대 대변인은 "김 대통령이 김정일 국방위원장의 상하이 방문에서 선보인 새로운 사고"를 강조하면서 한미정상회담을 통해 대북포용정책 공조에 나서자고 제안했다고 밝혔다. 김대중이 서둘러 한미정상회담을 제안한 데는 새로운 미국 대통령을 상대로 하루빨리 대북포용정책에 대한 지지와 합의를 이끌어내야 한다는 조바심과 할 수 있다는 자신감이 깔려 있었다. 김대중 정부는 미국의 정권교체에도 불구하고 대북정책에는 변화가 없을 것이라 기대하고 있었던 것이다.

그러나 백악관 풍경은 전혀 달랐다. 당시 국무부 대북교섭 특사로 두 정상의 전화 통화를 곁에서 지켜본 찰스 프리처드의《실패한 외교》에는 다음과 같은 회고가 담겨 있다.*

---

* 프리처드는 NSC와 국무부에서 북한 문제를 8년 동안 다뤄온 부시 행정부 내 거의 유일한 대북정책 전문가였지만, 2003년 8월 6자회담이 시작되는 과정에서 협상 대표에서 밀려나자 사임했다.

김대중 대통령이 북한을 포용할 필요성을 (부시) 대통령에게 말하기 시작하자, 대통령은 손으로 전화기의 송화구를 막으면서 '이자가 누구야? 이렇게 순진하다니 믿을 수 없군!'[68]

전화 통화를 마친 부시는 프리처드에게 김대중에 대한 보고서를 작성해 보고하라고 지시했다. 프리처드는 밤샘 작업으로 보고서를 작성해 부시에게 보고했지만, "대통령의 시각을 바꾸지 못했다"고 밝혔다. 그의 회고는 이렇게 이어진다. "그때 나는 부시 대통령이 취한 행동과 그가 김대중 대통령과의 대화에 전혀 흥미가 없다는 사실에 충격을 받았다."[69] 40일 후 김대중–부시의 재앙적인 정상회담의 불씨는 이렇게 잉태되었다.

같은 날 북한 역시 기대감과 불안감을 동시에 품은 입장을 내놓았다. 외무성 대변인은 "미국의 새 행정부가 우리와의 관계에서 어떻게 나오든 그에 대처할 만반의 준비가 되어 있다"며 이렇게 덧붙였다. "우리는 이성적인 미국 정치인들과의 협상을 통해 지금까지 마련된 조미관계의 진전에 대해서는 평가하지만, 이를 달가워하지 않는 세력들에게 구태여 기대를 걸 생각이 없다. 미국이 우리에게 칼을 내밀면 칼로 맞설 것이고, 선의로 나오면 우리도 선의로 대답할 것이다."

이처럼 2001년 미국의 정권교체기에 한반도 정세는 중대한 분수령을 맞이하고 있었다. 김대중 정부는 2000년에 있었던 남북미 3자관계의 황금기를 이어가고 싶어 했다. 국무장관으로 기용된 콜린 파월이 클린턴 행정부의 대북정책을 계승하겠다는 입장을 밝히면서 김대중 정부의 기대감도 커져갔다. 실제로 파월은 1월 17일 국무장관 인준 청문회에서 김정일을 "독재자"라고 부르면서도, 남북관계 발전 적극 지지, 북미 제네바 합의 준수, 북미 미사일 협상 계승 등이 부시 행정부 대북정책의 주요 골자가 될 것이라고 밝혔다. 한 달 뒤 파월을 만난 임동원 국정원장도 "미국의 국무장관인 그가 한반도 문제에 대한 올바른 시각과 합리적인 생각을 가지고 있다는 인상을 받아 크게 고무되었다."[70]

그러나 정작 백악관의 분위기는 정반대로 흐르고 있었다. 파월은 주로 클린턴 행정부 때 국무부 고위관료들로부터 자문을 받았지만, 부시의 멘토는 딕 체니 부통령이었다. 부시는 외교안보 문제에 문외한이었던 반면에, 체니는 포드 대통령 비서실장과 공화당 원내총무에 이어 조지 H. W. 부시 때는 국방장관을 지낸 인물이다. 체니는 김정일 정권에 대한 도덕적 반감과 더불어 클린턴 행정부에 대한 정치적 반감을 갖고 있었다. 그리고 체니는 부시와 함께 백악관에 들어가자마자 "악마와는 대화할 수 없다"며, 북한과의 협상을 중단해야 한다고 부시를 설득하고 있었다. 더구나 미국의 강경파들은 북한을 MD의 최대 구실로, 남한을 그 포섭 대상으로 삼고 있었다.

부통령은 미국 권력서열 2위이지만, 외교정책의 2인자는 국무장관이다. 그런데 체니와 파월은 대북정책을 놓고 출범 직후부터 갈등하고 있었다. 그리고 부시의 귀와 입을 잡은 사람은 체니였다. 〈뉴욕타임스〉의 백악관 담당 선임기자인 피터 베이커가 출간한《불의 나날: 백악관의 부시와 체니 (Days of Fire: Bush and Cheney in the White House)》에는 그 장면이 생생하게 묘사되어 있다.

김대중과 부시의 정상회담을 불과 5시간 앞둔 3월 7일 새벽 5시(미국 시간), 부시는 〈워싱턴포스트〉를 집어 들었다가 기사 제목을 보고 화들짝 놀랐다. '부시, 클린턴 때 북한과의 미사일 회담 계승하기로!' 이 기사는 파월의 3월 6일 기자회견을 바탕으로 작성된 것이었다. 그는 "부시 행정부는 클린턴 대통령이 물려준 부분에서 북한과의 대화를 준비할 계획이다. 테이블 위에는 몇 가지 유망한 요소가 남아 있고, 우리는 그러한 요소들을 검토해나갈 것이다"라고 말했다. 그러나 이건 부시가 체니로부터 받은 자문과 정반대였다. 〈워싱턴포스트〉를 보고 단단히 화가 난 부시는 콘돌리자 라이스 백악관 안보보좌관에게 전화를 걸었다.

"〈워싱턴포스트〉 읽어봤어요?"

"아니요, 대통령님, 아직…."

"당장 나가서 신문을 가져와요!"

라이스가 신문을 집어 들자, 부시는 퉁명스럽게 말했다.

"내가 이 문제를 처리할까요? 아니면 당신이 할래요?"

"대통령님, 제가 하겠습니다."

부시와 통화를 마친 라이스는 즉시 파월에게 전화를 걸었다. 그리고 부시와의 전화통화 내용을 전달하고는 한미정상회담에 앞서 이 문제를 수정해달라고 요청했다.

그날 한미정상회담을 마치고 김대중 및 부시와 나란히 기자회견 자리에 선 파월은 이렇게 말했다. "북한과의 협상이 곧 시작될 것이라는 보도가 있지만, 그것은 사실이 아닙니다." 파월은 "내 스키가 조금 앞서나갔다"고 우스갯소리로 넘어가려고 했지만, 이 일을 계기로 파월은 부시 행정부 내에서 왕따 신세로 전락하고 말았다.[71]

기실 파월은 전날 기자회견에 별문제가 없다고 봤다. 클린턴 행정부의 대북정책을 그대로 계승하겠다는 것도 아니고 정책을 재검토하면서 "유망한 요소"를 살리겠다는 취지로 말했기 때문이다. 그러나 파월은 훗날 왜 부시가 그토록 화를 냈는지 알게 되었다고 회고한다. "치명적인 단어, 클린턴을 사용했기 때문이죠."[72] 당시 미국 내에서는 'ABC(Anything But Clinton)'라는 말이 유행했다. '클린턴만 아니라면 괜찮다'는 의미다. 그만큼 공화당과 백악관 새 주인들은 클린턴에 대한 반감이 컸다.

그런데 부시의 백악관이 파월에게 열 받은 이유는 클린턴에 대한 반감이나 김정일에 대한 도덕적 거부감 때문만은 아니었다. 보다 본질적인 원인은 MD를 향해 전력질주할 준비를 갖추고 예열을 가하던 시점에 파월이 찬물을 끼얹었다고 봤기 때문이다. 부시의 대통령 취임을 2주 앞둔 2001년 1월 7일, 〈워싱턴포스트〉의 칼럼니스트 데이비드 이그나티우스는 미국 대북정책의 방향을 가늠할 수 있는 주요 변수는 MD 문제라며 다음과 같이 예상했다. 그리고 그의 예상은 적중했다.

> MD에 대한 부시의 열망을 고려할 때 부시 행정부는 현재 진행 중인 (북한과의 미사일) 협상 과정을 뒤엎을 가능성이 있다. (중략) 부시 행정부가 북한을 바라보는 시각은 대단히 부정적이고, (그들은) 북한이 '왜 미국이 MD를 구축해야 하는지'를 보여주는 명백한 증거라고 여긴다. (중략) 부시가 북한과의 협상을 중단하고 MD 구축을 선택할 경우 절망적으로 가난한 북한으로서는 군사력을 마지막 지렛대로 삼게 될 것이다.[73]

서울-워싱턴-모스크바가 동시에 뒤집어진 사연

> 오늘날의 세계는 냉전시대와는 근본적으로 다르다. 억제와 방어에 대한 우리의 접근법도 변화가 필요하다. 부시 대통령은 대량살상무기와 운반수단으로서의 미사일 위협이 점증하고 있다고 강력하게 주장해왔으며, 우리는 이 문제에 대한 부시 대통령의 리더십을 신뢰하고 있다. 미사일 방어(MD)는 이런 반응의 중요한 요소다. 우리는 미국이 이 점에 대해 합당한 태도를 취하고 있는 점을 인정하며, 특히 우리 군과 영토 방위를 위해 효과적인 MD를 배치할 필요를 인정한다.[74]

위의 성명에서 '우리'를 '한국 정부'로 바꿔 읽어보면 이 성명의 성격이 분명해진다. 한국이 미국의 MD를 지지할 뿐만 아니라 적극 참여하겠다는 의미다. 그런데 세 문장으로 이뤄진 이 성명은 한국 정부가 작성해 발표한 것이 아니다. 2001년 3월 초 부시 백악관이 청와대에 전달한 비밀 외교 전문에 담긴 것이다. 외교 전문에는 김대중이 워싱턴 방문에 앞서 위와 같은 입장을 공식적으로 발표하면 부시와의 정상회담 분위기가 좋아질 것이라는 설명도 덧붙어 있었다.

DJ의 방미 나흘 전인 3월 2일, 이정빈 외교부 장관은 MD 문제에 대한 한국 정부의 입장을 발표했다. 첫 번째와 두 번째 문장은 미국이 제시한 문안을 거의 받아쓰기한 것이었다. 그러나 세 번째 문장은 달랐다. "MD를 배치할 필요를 인정한다"는 미국 측 요구를 그대로 받아들이는 대신 "우리는 미국 정부가 국제평화와 안전을 증진하는 방향으로 동맹국 및 관련 국가들과 충분한 협의를 통해 이 문제에 대처해나가기를 바란다"고 했다. 가장 중요한 부분에 대해 김대중 정부가 미국 측의 요구를 사실상 거부한 것이다. 이에 대해 부시 행정부는 김대중 대통령의 워싱턴 방문 때 철저한 푸대접으로 보복했다. 그렇다면 어떻게 이런 일이 발생할 수 있었을까? 미국은 왜 DJ의 워싱턴 방문에 앞서 MD 성명 문안까지 작성·전달해, 한국 정부에 읽고 오라고 한 것일까?

이들 질문에 대한 답을 찾기 위해서는 2001년 2월 말 서울에서 열린 DJ와 푸틴의 한러정상회담을 복기해볼 필요가 있다. 2월 27일 한러 공동성명에는 "ABM 조약이 전략적 안정의 초석이며 이를 보존·강화"한다는 내용이 담겼다. 앞선 글에서 소개한 G8 정상회담 성명에 담긴 내용을 재확인하는 수준이었다. 그런데 이 한 구절로 인해 서울-워싱턴-모스크바가 동시에 뒤집혔다. 미국을 비롯한 서방 언론들은 일제히 한국 정부가 러시아의 입장을 지지함으로써 결국 MD 반대 의사를 나타낸 것이라고 보도했다. 러시아 언론은 푸틴의 외교적 승리라고 자축했다. 국내 대다수 언론도 김대중 정부가 MD에 반대해 한미 간 갈등이 일어나고 있다는 요지의 보도를 쏟아냈다.

그러자 김대중 정부는 "ABM 조약 지지와 NMD 반대는 별개"라며 진화에 나섰다. 이정빈 외교부 장관은 기자회견과 언론 인터뷰를 통해 "ABM 조약 강화는 미국이 주장해온 표현이다. NMD 반대와는 관계없다"고 해명했다. 그러나 두 가지가 별개라는 말은 스스로 무지를 자인하는 것과 다르지 않았다. ABM 조약이 있으면 MD를 제대로 할 수 없다는 점은 미국도 알고, 러시아도 알고, 웬만한 전문가들도 알고 있었기 때문이다. 특히 미국은 이미 예전의 미국이 아니었다. 공화당의 공세에 밀려 '울며 겨자 먹기'로 NMD를 추진했던 클린턴과 '스타워즈'에 사활을 건 부시는 차원이 다른 정권이었다. 안타깝게도 김대중 정부는 바뀐 정세를 제대로 인지하지 못하고 있었다.

현실적으로 더욱 심각한 문제는 이 정도 해명으로는 이미 단단히 뿔난 부시 행정부의 마음을 달랠 수 없다는 점이었다. 오히려 약삭빠른 부시 외교안보팀은 'ABM 조약 파동'을 MD에 대한 한국의 지지와 참여를 이끌어내기 위한 전화위복의 기회로 삼았다. 위에서 소개한 성명을 발표하고 워싱턴으로 오라며 노골적인 압력을 행사한 것이다. 부시 행정부의 토켈 패터슨 NSC 선임보좌관은 워싱턴에서 유명환 주미 공사와 만나 이렇게 말했다. "부시 대통령이 NMD 추진에 최우선 순위를 두고 국내외적으로 어려운 싸움을 하고 있는 상황에서 한국 같은 동맹국이 러시아와 함께 ABM 조약을 지지하는 내용을 발표한 것은 정말로 혼돈스럽다." 특히 "콘돌리자 라이스 (국가안보)보좌관은 물론 부시 대통령도 화가 나 있다"고 전했다. 그러면서 "다음 주 (한미)정상회담이 좋은 분위기에서 진행될 수 있도록 한국 정부가 3월 2일 NSC 회의 후 다음과 같은 문안으로 입장을 발표해달라"며 미리 작성한 문안을 건넸다.[75] 패터슨이 건네준 문안이 바로 위에서 소개한 성명이다.

그렇다면 한러 공동성명에 ABM 조약 구절이 들어간 경위는 무엇일까? 주무 부처인 외교부의 이정빈 장관은 "ABM 조약 강화는 미국이 주장해온 표현"이라고 말했다. 미국이 사용했던 표현을 한국이 다시 사용하는 게 뭐가 문제냐는 뜻이다. 당시 김대중 정부의 통일외교안보정책 핵심참모이자 국가정보원 원장이었던 임동원의 회고는 더욱 구체적이다. "외교부가 자주적인 외교를 위해 이런 입장을 취한 것은 분명 아니었다. 작년에도 오키나와에서 있었던 G8 정상회담에서 미국의 이런 입장이 발표되었기 때문에 여전히 문제가 없을 것이라고 판단했다."[76] 당시 한국 외교안보팀은 불과 8개월 전에 미국 대통령도 동의한 G8 정상회담 공동성명에 담긴 구절을 한러정상회담에서 다시 사용한다고 해서 문제가 될 것이라고는 상상도 못 했던 것이다.

그런데 내막을 깊이 들여다보면 주목할 만한 점을 발견하게 된다. ABM 사태가 일파만파로 번지자, 청와대 민정수석실은 진상조사에 들어가 〈한러 공동성명 관련사항 조사보고서〉를 작성했다. 〈한국일보〉가 입수·보도한 내용에 따르면, 한국 외교부의 한러정상회담 준비팀은 관련 부처 및 주러시아 대사관 등의 의견을 반영해 "양측은 ABM 조약의 유지·강화를 희망했다"는 문안을 작성해 러시아 측에 제시했다. 놀랍게도 ABM 조약 부분을 한국이 먼저 제안한 것이다. 그러자 러시아는 "미국의 NMD 계획에 반대"한다는 내용도 넣자고 수정 제안했지만, 한국 외교부는 수용하지 않았다.[77] 이후 외교부에서도, 청와대에서도 ABM 관련 조항이 제대로 검토되지 않았고, 결국 김대중-푸틴 공동성명에 담기고 말았다.

그렇다면 김대중 정부는 ABM 조약 파동을 사전에 막을 수 없었을까? 최소한 미국 대선 유세 때부터 공화당 및 부시 후보가 발표한 입장만 알고 있었다면, ABM 조약의 민감성을 충분히 파악할 수 있었다. 부시는 공화당 대선후보 시절이었던 2000년 6월 23일 외교안보정책 공약을 발표한 자리에서 이렇게 말했다. "냉전을 뒤로하고 새로운 위협에 대응할 때가 왔다. 러시아가 ABM 조약 개정 요구를 받아들이지 않으면 미국은 더 이상 이 조약에 구속받지 않겠다." 그는 특히 "차기 대통령의 손을 묶어놓는 어설픈 합의를 하느니 차라리 아무런 결정도 하지 않는 게 미국 안보에 좋다"며 ABM 조약 개정을 타진하고 있던 클린턴을 정조준하고 나섰다. 그는 이후에도 "러시아가 ABM 조약 개정에 동의하지 않으면 폐기하면 그만"이라는 입장을 줄곧 밝혔다.

이런 입장은 부시의 대선 공약집에도 명시되었다. 러시아가 ABM 조약의 대폭적인 개정에 동의하지 않으면, "공화당 대통령은 6개월 전에 탈퇴할 수 있다는 조약상의 규정에 따라 즉시 그 권리를 행사할 것"이라고 밝혔다. 특히 "새로운 공화당 대통령은 국가안보상의 필요 때문만이 아니라 도덕적인 이유 때문에 MD를 배치할 것이다"라고 밝혔다. 그만큼 적대국의 미사일로부터 미국을 보호하는 것은 대통령의 도덕적 의무라는 시각이 강했다.

한국 외교의 상당 부분이 대미 외교에 편중되어 있었고, 정보수집과 분석에 막대한 인력과 예산을 사용하고 있었다. 그런데 한미관계의 중대성을 누구보다 잘 알고 있던 김대중 정부가 이런 외교적 미숙함을 드러낸 것은 놀라운 일이 아닐 수 없다. 이 파문의 1차적 책임이 주무 부처인 외교부에 있었다 하더라도, 청와대 역시 그 책임으로부터 자유로울 수 없었다. 사안 자체가 외교장관 회담이 아니라 정상회담이었고, 청와대 역시 ABM 조약의 민감성을 파악한 것은 파문 '이전'이 아니라 '이후'였기 때문이다.

더구나 2001년 초는 MD에 대한 한국의 입장이 초미의 관심사로 부상하던 시점이었고, 김대중 정부는 한미정상회담의 성공적인 개최를 위해 총력을 기울이던 때였다. 그럼에도 불구하고 김대중 정부는 ABM 조약 파동을 예방하지 못하고 말았다. 어쨌든 이 파문으로 인해 김대중 대통령의 방미길은 가시밭길이 되고 말았다. 심지어 그는 방미 기간에 "ABM 조약 문구가 들어가지 않는 게 좋았다"고까지 말해야 했다. DJ를 수행했던 임동원의 회고이다.

'MD 반대'로 비춰진 이 사건은 한국은 독자적으로 '남북평화조약'을 추진하려한다는 미국의 오해와 함께 '외교 대통령'이라는 김 대통령의 이미지에도 큰 손상을 입혔다. 뿐만 아니라 새로 집권한 미국 대통령과 첫 정상회담을 하기 위해워싱턴에 가야 하는 김 대통령의 어깨를 매우 무겁게 만들었다. 김 대통령은 몇차례에 걸쳐 유감을 표명하지 않을 수 없었다.[78]

국무부의 대북교섭 특사로 재직하면서 김대중-부시 정상회담 실무자가운데 한 사람이었던 찰스 프리처드의 회고록에도 같은 내용이 담겨 있다. "(한러정상회담에서) ABM 조약의 중요성이 공개적으로 언급된 것은 돌이킬 수 없는 실수였다. 이런 실수가 본질적으로 부시-김대중 정상회담의 운명을 갈라놓았다." 그러면서 김대중이 부시 행정부의 "첫 번째 희생자"였다며 안타까워했다.[79]

한국 시간으로 2001년 3월 8일 오후, 한미 정상은 공동발표문을 통해 ▲한국 정부의 '햇볕정책'에 대한 미국 정부의 지지 ▲한미 간 긴밀한 공조 ▲한미동맹의 유지·발전 ▲한반도 문제에 있어서 한국 정부의 주도권 존중 ▲김정일 위원장 답방 지지 ▲억제와 방어를 위한 새로운 접근 등에 합의했다고 발표했다. 발표문만 놓고 보면 큰 성과가 있는 것 같다. 그러나 프리처드는 양국 합의 가운데 '억제와 방어를 위한 새로운 접근'이 "공동성명의 본질"이라고 봤다.[80] 부시 행정부가 염두에 둔 "새로운 접근"의 핵심은 바로 MD였기 때문이다.

부시는 기자회견 자리에서 북한에 대한 불신도 여과 없이 드러냈다. "나는 북한이 세계에 각종 무기를 수출하고 있는 데 대해 우려를 갖고 있다"며 "북한이 앞으로 무기를 수출하지 않는다고 해도 이런 것들에 대한 검증 장치가 마련돼야 한다"고 밝혔다. 북한의 미사일 개발·생산·실험뿐만 아니라 '수출'까지 철저한 검증을 요구할 것임을 분명히 밝힌 것이었다. 또한 "북한을 상대할 때 발생하는 문제는 투명성"이며 "비밀에 싸인 나라와 협정을 맺을 때 그 나라가 협정 내용을 준수할 것인가를 어떻게 확신하겠는가"라고 반문했다.

그러나 대다수 국내 언론은 '부시, 대북포용정책 지지' '한미 정상, 대북포용정책 공조하기로' 식의 제목을 뽑아 긍정적인 보도를 쏟아냈다. 이와 달리 〈뉴욕타임스〉는 정상회담 다음 날 부시 행정부의 강경 기류를 전했다. 부시가 김대중에게 "클린턴 행정부 후반기 북한과의 미사일 협상 결과에 연연하지 않겠다"며 "당분간 북한과 미사일 회담을 재개할 생각이 없다"고 말했다는 것이다. 이를 두고 〈뉴욕타임스〉는 "김대중 대통령에 대한 분명한 퇴짜"라고 표현했다.

한미정상회담을 누구보다 유심히 지켜본 북한도 퇴행적인 선택을 하고 말았다. 3월 13일부터 16일까지 서울에서 열릴 예정이던 5차 남북 장관급회담을 돌연 연기하겠다고 통보해온 것이다. 당시 장관급회담에서는 김정일의 답방 등 중요한 현안을 논의할 예정이었다. 그러나 부시의 대북 강경기조로 한미 간에 불협화음이 드러나고 북한이 남북대화마저 연기하면서 한반도 정세는 암흑 속으로 들어가기 시작했다.

9·11 테러와 "악의 축", 그리고 MD

앞에서 밝힌 것처럼, 북한과 MD의 악연은 1994년으로 거슬러 올라간다. 북미 간 제네바 합의와 미국 공화당과 군산복합체의 스타워즈를 향한 열망은 양립할 수 없었기 때문이다. 그리고 1차 남북정상회담은 MD를 요격했다는 평가가 지나치지 않을 정도로 지정학적 파장을 몰고 왔다. 하지만 그해에 집권에 성공한 공화당 정권은 한반도 평화를 희생양으로 삼고 꺼져가던 MD의 불씨를 살리기 위해 안간힘을 썼다. 말이다. 안타깝게도 김대중 정부는 이 점을 제대로 포착하지 못했다. '민족 공조'를 내세웠던 북한의 김정일 정권은 정작 남북관계의 발전이 중요했던 시기에 부시의 대북 강경 기조를 이유로 남북대화를 중단시키고 말았다.

2001년 1월에 출범한 부시 행정부가 북한과의 협상보다는 북한 위협을 근거로 MD에 방점을 찍을 것임은 이미 1년 전 공화당의 대선 캠프에서부터 분명히 하고 있었다. 부시 대선 캠프의 외교안보 참모였던 라이스는 〈포린 어페어스〉 2000년 1~2월호 기고문을 통해 두 가지 대북정책 방향을 밝혔다. 하나는 "북한을 매수하려고 했던" 클린턴 행정부와 달리 "북한을 의연하고 단호하게 다뤄야 한다"는 것이었다. 또 하나는 북한의 위협에 대응하기 위해서는 "가능한 한 빨리 국가미사일방어체제(NMD)를 배치하는 것이 가장 중요하다"는 것이었다.[81] 그리고 부시 캠프는 ABM 조약의 대폭적인 개정 내지 파기, 그리고 조속한 MD 구축을 최대 대선 공약 가운데 하나로 내세웠다.

하지만 이런 부시 진영의 입장과 한반도 평화는 양립할 수 없는 것이었다. 그러자 클린턴 행정부 때 고위관료들은 부시 행정부 출범을 전후해 대북협상이 좌초될 위기에 처하자 짙은 아쉬움을 토로하고 나섰다. 웬디 셔먼 전 대북정책조정관은 "미국의 대선 공방이 북한 미사일 문제를 풀 수 있는 절호의 기회를 침몰시켰다"며, "중요한 세부사항이 남아 있기는 했지만, 북한과의 타협은 거의 이루어질 뻔했다"고 말했다. 국무장관으로 평양을 처음 방문했던 올브라이트 역시 "북한은 변화할 수 있는 지역 중 하나였다"며 "우리가 이것을 하지 못한 것을 후회하느냐고 묻는다면, '그렇다'고 대답할 것"이라고 말했다. 이들과 인터뷰한 〈뉴욕타임스〉는 "북한의 미사일 위협이 미국 MD의 강력한 추진력이었기 때문에, 미국의 미사일 협상 중단과 MD는 밀접한 연관을 갖는다"고 논평했다.[82]

실제로 부시 행정부는 집권하자마자 북한과의 협상을 중단시켰고, ABM 조약의 굴레에서 벗어나 MD 구축에 박차를 가하기 시작했다. 부시는 2001년 5월 1일 취임 이후 첫 대외정책 연설에서 "미국은 30년 동안이나 미국의 손발을 묶어온 ABM 조약에서 벗어나 앞으로 나아가야 할 것"이라고 말했다. 부시가 이 조약을 탈퇴하고 싶었던 이유는 두 달 뒤 라이스 국가안보보좌관의 입을 통해 단순명쾌하게 나왔다. "MD는 이 조약을 위반한다".[83] ABM 조약과 MD는 양립할 수 없다는 점을 분명히 한 것이다. 그러나 ABM 조약은 미국은 물론이고 20세기 역사에서 가장 중요한 조약 가운데 하나였다. 아무리 부시 행정부가 일방주의의 화신이라고 해도 쉽게 파기하기에는 안팎의 도전이 만만치 않았다.

미국이 MD를 본격적으로 추진하기 위해서는 ABM 조약을 파기해야 했고, 이를 위해서는 그만한 명분이 필요했다. 부시 행정부는 그 명분을 북한에서 찾으려고 했다. 이는 미국 고위관료들의 몇 가지 발언만 보더라도 잘 알 수 있다. 도널드 럼스펠드는 2001년 6월 말 미 하원에 출석해 "북한이 ICBM 개발에 매우 근접해 있으며, 소수의 핵무기를 개발할 수 있는 핵물질을 보유하고 있다"고 주장했다. 그러면서 이렇게 덧붙였다. "일본이 진주만을 공격할 것이라고 누가 상상이나 했겠는가? 북한이 (탄도미사일 보유를 통해) 행동의 자유를 갖게 되면, 그런 행동에 나설 가능성을 나는 부인하고 싶지 않다." 미국인들에게 강한 정신적 트라우마로 남아 있는 진주만 피격을 북한 위협론과 연계시켜 MD 구축을 정당화하려는 것이었다.[84]

7월 중순 콘돌리자 라이스 백악관 안보보좌관은 "탄도미사일 기술이 대규모로 확산되고 있는데, 이는 북한이 세계 각지에 미사일 기술을 팔고 다니기 때문"이라고 말했다. 그러나 북한의 미사일 수출은 2000년 들어 급감하고 있었다는 점에서 이 역시 과장된 것이었다. 같은 날 폴 월포위츠 국방부 부장관은 "만약 금년에 한반도에서 전쟁이 터질 경우, 우리가 직면할 가장 가공할 위협들 가운데 하나는 북한의 탄도미사일 위협이 될 것"이라며 조속히 주한미군을 보호할 MD를 배치할 계획이라고 말했다.

하지만 당시 국제사회의 여론은 미국의 MD 추진에 대해 대단히 부정적이었다. 그러자 부시 행정부는 〈모든 미국 대사관에 보내는 미 행정부의 대책문서〉를 작성해 전 세계 미국 대사관에 발송했다. MD에 대한 반대 여론이 세계적으로 큰 만큼, 이 문서를 이용해 로비를 전개하라는 의미였다.* 이 문서에서 가장 많이 등장하는 나라는 러시아와 북한이었다. 그런데 "러시아는 소련이 아니며, 따라서 적이 아니다"라고 했다. 미국이 ABM 조약을 파기하고 MD를 구축하더라도 이는 러시아를 겨냥한 것이 아니어서 "전략적 균형"에 별다른 영향을 미치지 않는다는 것이었다. 반면 "오늘날의 긴급한 위협은 WMD로 무장한 깡패국가들의 손에 있는 소수의 미사일에서 유래한다"며 북한을 지목했다. 북한은 "가장 무책임한 국가"이기 때문에 억제가 통하지 않고 그래서 MD로 대응해야 한다는 것이었다.[85]

이처럼 부시 행정부가 MD 구축에 사활을 걸고 동분서주하고 있을 때, 충격적인 사건이 발생한다. 커터 날로 무장한 테러리스트들이 여객기를 납치해 뉴욕의 세계무역센터와 워싱턴 인근 펜타곤을 공격한 일이 벌어진 것이다. "9·11 테러"로 명명된 이 사건의 여파는 엄청났다. "철옹성의 신화"가 무너진 미국은 "테러와의 전쟁"을 선포했고 유일 초강대국 미국의 포효

---

*   당시 각국의 미국 대사관은 이 문서를 "MD 행동요령"으로 삼아 치밀한 로비를 벌였고, 나 역시 그 대상 가운데 하나였다. 공교롭게도 나는 9·11 테러 발생 12시간 전 미국 대사관에서 미 국방부 및 국무부 대표단을 만나 MD를 둘러싸고 설전을 벌인 바 있다.

앞에 전 세계는 잔뜩 긴장했다. 북한 역시 예외가 아니었다. 조선중앙통신은 테러 발생 다음 날, "매우 유감스럽고 비극적인 사건은 테러리즘의 위험성을 다시 한 번 상기시켜주고 있다"며 "UN 회원국으로서 모든 형태의 테러, 그리고 테러에 대한 어떤 지원도 반대하며 이 같은 입장은 변하지 않을 것"이라고 밝혔다. 대단히 신속하고도 이례적인 반응이었다.

그런데 여기서 짚고 넘어갈 것이 있다. 9·11 테러 자체가 부시 행정부가 얼마나 MD에 광적으로 집착하고 있었는지 너무나 잘 보여주기 때문이다. 미 의회 9·11 사건 조사위원회에 따르면, 알카에다가 미국을 상대로 테러를 자행할 것이라는 우려는 2001년 초부터 제기되었다. 예를 들어 부시 행정부 초기 백악관 대테러 담당 선임보좌관이었던 리처드 클라크(Richard Clarke)는 알카에다의 테러 가능성에 주목해 이를 우선순위로 다뤄야 한다고 건의했지만, 부시 행정부 수뇌부가 묵살했다고 증언했다. 또한 FBI 번역가 출신인 시벨 에드먼즈(Sibel Edmonds)는 "2001년 6월과 7월에 이미 충분한 테러 정보가 있었다"며, 구체적인 증거로 5월에 테러범들 일부가 미국으로 입국했고 여름부터는 비행훈련까지 하고 있었다고 진술했다. 마땅히 테러 경보를 격상하고 대비했어야 하는데 부시 행정부는 전혀 그렇게 하지 않았다고 한다.[86]

9·11 이전부터 대형 테러 가능성이 미국 당국 내에서도 제기되었지만, 정작 부시 행정부의 수뇌부는 MD에 정신이 팔려 있었다. 부시는 4월에 NATO 정상회의를 마치고 다섯 가지 안보 우선순위를 제시했는데, 첫째가 MD였고 테러 대비는 아예 빠져 있었다. 부시의 멘토이자 대통령보다 더 강력한 부통령으로 불렸던 딕 체니는 9·11 테러 발생 40일 전에 공화당 의원들을 대거 동반해 기자회견을 가졌다. 이 자리에서 체니는 "우리가 MD와 공격용 전략무기의 변화에서 목도하고 있듯이, 부시 행정부는 세계와의 전략적 관계를 근본적으로 변화시키고 있다"고 말했다. 그가 말한 전략적

변화의 핵심이 바로 MD였다. 테러 발생 이틀 전 NBC 방송에 출연한 라이스는 "탄도미사일이 곳곳에 편재해 있다"며, "우리 행정부는 이처럼 긴박한 위협을 다룰 수 있는 사업에 진지한 자세로 임하고 있다"고 밝혔다. 그가 말한 사업 역시 MD였다.

이런 일도 있었다. 럼스펠드는 9·11 테러 발생 약 1시간 전인 오전 8시에 펜타곤 회의실에서 공화당 하원의원들과 조찬 회동을 하고 있었다. 3개월 가까이 지난 12월 5일 CNN과 같은 방에서 대담을 나눈 럼스펠드는 당시 의원들과의 회동이 테러리즘을 논의하기 위한 자리였다고 말했다. 그러나 이는 새빨간 거짓말이다. 2010년 비밀해제된 당시 펜타곤 메모에 따르면, 9월 11일 조찬 회동의 목적은 MD에 있었다. 럼스펠드가 MD에 대한 공화당 의원들의 지지를 재확인하고 관련 예산을 확실히 확보하고자 의원들을 부른 것이었다. 이 자리에서 럼스펠드는 MD가 필요한 이유로 "북한이 ICBM을 개발할 수 있는 능력을 입증했다"고 말했다. 그는 특히 회계연도 2002년의 MD 예산은 달랑 83억 달러라며, 이는 "2001년에 사용된 대테러 관련 예산 110억 달러"보다 훨씬 적다고 불평했다.[87] 미국이 직면한 최대 위협은 미사일인데 테러 방지 예산보다 MD에 적은 돈을 쓰는 게 말이 되느냐는 의미였다.

럼스펠드가 공화당 의원들을 만나고 있을 때, 라이스는 존스홉킨스대 국제관계대학원(SAIS)에서 연설을 하기 위해 백악관을 나설 준비를 하고 있었다. 주제는 '어제의 세계가 아니라 오늘과 내일의 세계의 위협과 문제'였다. 라이스의 원고는 국가안보전략의 요체를 담은 것으로 부시와 체니, 럼스펠드 등 핵심 수뇌부와 긴밀한 협의를 통해 준비된 것이었다. 그러나 차에 오르기 직전 대형 테러가 발생하면서 라이스는 백악관 지하 벙커로 피신해야 했다. 라이스는 이날 연설에서 무엇을 말하려고 했을까? 그는 9·11 테러가 발생하자 이전부터 부시 행정부가 테러리즘에 대한 대책 마련에 몰두하고 있었고 자신의 원고도 이런 내용을 담고 있었다고 주장했다. 그러나 이 역시 거짓말이다. 2004년 4월 1일 〈워싱턴포스트〉는 2001년 9월 11일 발표할 예정이었던 라이스의 연설문을 입수해 이를 1면 머리기사로 실었다.[88] 보도에 따르면, 라이스는 테러 위협에 대한 언급은 거의 없이 탄도미사일 위협을 미국이 직면한 최대 위협이라 규정하고 MD 구축이 미국 안보의 최우선 과제라고 발표할 예정이었다.

이처럼 부시 행정부는 북한위협론을 앞세운 MD에 정신이 팔려 있었고, 정작 실체적 위협이었던 대형 테러 대비에는 무관심했다. 당연히 미국 내에서는 부시 행정부의 정책 실패에 대한 비판이 거세지려고 했다. 하지만 부시 행정부는 이를 전화위복의 계기로 삼았다. MD에 정신이 팔린 사이 벌어진 9·11 테러를 오히려 MD 구축을 가속화하는 기회로 삼은 것이다. 먼저 미국은 9·11 테러 발생 3개월 후인 2001년 12월 ABM 조약에서 탈퇴하겠다고 선언했다. "초상집에서 빚 독촉 하지 말라"는 격언을 상기시키듯, 러시아는 미국의 일방적 탈퇴 선언에 대해 유감을 표명하는 수준에 그쳤다.

또한 MD 관련 예산도 클린턴 행정부 때의 약 2배로 늘렸다. 9·11 테러가 발생하기 일주일 전, 민주당이 장악하고 있던 상원 군사위원회는 MD 예산을 일부 삭감하기로 했다. 또한 의회의 승인 없이 MD 실험을 금지한다는 조항도 포함시켰다. 그러나 테러 발생 일주일 후, 민주당은 이런 조항을 삭제했다. 왜 그랬는지는 민주당 상원 원내총무인 토머스 대슐 의원의 발언에 잘 담겨 있다. "우리는 이 시점에 MD 논쟁이 필요 없다고 생각한다. 국가재난 극복과 안보 강화를 위해 초당적으로 협력할 것이다." MD에 대한 비판 여론은 9·11 테러를 거치면서 증폭된 '국가안보 지상주의' 앞에서 숨 쉴 공간조차 없었던 것이다.

이처럼 ABM 조약에서 탈퇴하고 MD 예산을 대폭 늘리기 위해서는 이에 걸맞은 명분이 필요했다. 부시 행정부는 이 명분을 북한에서 찾으려 했다. 앞서 언급한 것처럼, 북한은 9·11 테러 직후 테러에 반대한다는 입장을 신속히 밝혔다. 하지만 미국의 반응은 싸늘했다. 오히려 북한을 이라크와 함께 최대 위협 국가로 지목하면서 대북 강경태세를 더욱 구체화했다. 11월 중순 럼스펠드는 북한이 알카에다에 생화학무기를 제공했다는 증거에 대해 확실히 얘기할 수 없으나, "북한이 과거에 테러행위를 했고 테러지원국 리스트에 올라 있으며 그런 기술을 확산시키는 데 적극 기여했다"고 주장했다. 존 볼턴 국무부 차관은 "이라크가 가장 큰 우려이고, 북한은 극도로 불안한 국가"라고 거들었다. 심지어 부시는 11월 26일 기자회견에서 "이라크와 북한이 대량살상무기를 개발하지 않고 있다는 것을 세계에 보여주기 위해 사찰을 받지 않을 경우 그 책임을 져야 할 것"이라고 경고했다. 기자회견 직후 백악관 대변인은 기자들에게 부시가 대선 유세 때부터 북한의 대량살상무기 문제를 집중적으로 거론해왔다는 점을 상기시켰다. 그러면서 "이것이 바로 대통령이 MD를 추진하려고 하는 이유 가운데 하나"라고 강조했다.[89]

급기야 부시는 2002년 1월 29일 자신의 첫 국정연설에서 "미국은 세계에서 가장 위험한 국가들이 세계에서 가장 파괴적인 무기들로 미국을 위협하도록 허용하지 않을 것"이라며, 북한, 이라크, 이란을 별도로 지목해 '악의 축(axis of evil)'이라고 규정했다. 북한에 대해서는 "미사일과 대량살상무기를 보유하고 있으며 국민을 굶주리게 하는 나라"라고 그 이유를 밝혔다. 그런데 이들 세 나라의 공통점은 9·11 테러 주범으로 지목된 알카에다와 아무런 연관이 없다는 것이었다. 부시의 대외정책을 주도한 네오콘은 이라크에서 후세인 정권을 제거하고 친미정권을 세울 기회를 호시탐탐 노리고 있었다. 이런 점에서 이라크가 부시 독트린의 1차 타깃이 되고 '악의 축'으로 표현될 것이라는 점은 어렵지 않게 예상할 수 있었다. 반면 이란과 북한 역시 미국과 적대관계에 있었지만, 이란은 민주적 요소를 갖고 있었고 북한은 미국과의 합의를 비교적 성실히 이행하고 있었다. 그런데 왜 이들 나라까지 '악의 축'으로 지목된 것일까? 〈뉴욕타임스〉의 백악관 담당 선임기자인 피터 베이커에 따르면, 부시의 연설문 초안에는 이라크 한 나라만 명시되어 있었다고 한다. 그러나 "콘돌리자 라이스와 스티븐 해들리(국가안보부보좌관)가 부시 대통령이 이라크와의 전쟁을 준비하고 있는 것처럼 비칠 것을 우려해", 북한과 이란을 추가했다는 것이다.[90]

북한에 초점을 맞춰본다면, 부시 행정부가 MD 구축의 명분을 갖기 위해 북한을 '악의 축'에 포함시켰을 공산이 대단히 크다. 1994년 공화당의 정강 정책인 '미국과의 계약'과 제네바 합의가 조우하면서 시작된 북한 위협론과 MD의 악연은 시간이 지날수록 네오콘의 의식 속에서 더욱 강해졌다. 그런데 공교롭게도 부시가 북한을 악의 축으로 규정한 시점에 북한은 핵과 미사일 관련 합의를 비교적 잘 지키고 있었다. 핵무기 개발을 중단하기로 한 제네바 합의를 이행해 부시 행정부로부터 중유도 받고 있었다. 나중에 논란이 된 북한의 비밀 우라늄 농축 프로그램 보유 여부는 여전히 논란거리이지만, 확실한 것은 부시가 북한을 "악의 축"으로 지목하기 전후 이에 대한 언급이 전혀 없었다는 점이다. 탄도미사일과 관련해서도 북미대화가 진행되는 동안 발사를 유예하겠다고 약속한 1999년 베를린 합의 및 2000년 북미공동코뮤니케를 준수하고 있었다. 그럼에도 불구하고 북한은 "악의 축"으로 지목되고 말았다.

결론적으로 부시는 9·11 테러를 이용해 MD에 필요한 세 마리 토끼를 한꺼번에 잡았다. ABM 조약이라는 제도적 제약에서 벗어났고, MD 관련 예산을 대폭 늘렸으며, 북한의 위협을 크게 부풀려 MD 구실까지 거머쥐었다.

네오콘과
우라늄

6

핵무기의 핵심인 핵분열 물질을 만드는 경로는 크게 두 가지가 있다. 원자로 연료로 쓴 사용후핵연료를 재처리해서 플루토늄을 뽑아내는 방법과 천연 상태의 우라늄을 농축해 고농축 우라늄(HEU)을 생산하는 방법이다. 1992년 '플루토늄 불일치'로 시작된 1차 한반도 핵위기는 1994년 10월 제네바 합의로 봉합되었으나 2002년 10월 '우라늄 불일치' 문제가 불거졌다. 북한이 비밀리에 고농축 우라늄을 만들고 있다는 미국의 주장과 북한의 부인이 강하게 충돌한 것이다. 결국 이는 2차 한반도 핵위기로 이어지고 말았다. 기가 막힐 정도로 유사한 형태를 띠고 말이다.

역사의 반복

실제로 1990년대 초반과 2000년대 초반의 유사점은 한두 가지가 아니다. 먼저 남북관계다. 돌이켜보면 1990년대 초반과 2000년은 남북관계의 황금기였다고 해도 과언이 아니다. 세계적인 탈냉전 기회를 포착한 노태우 정부는 서독의 동방정책에 비견되는 북방정책을 추구했다. 남북기본합의서는 그 상징이었다. 하지만 한반도 데탕트 분위기는 1차 한반도 핵위기로 좌초되고 말았다. 제네바 합의로 반전의 기회가 오는 듯했지만, 남북관계는 최악의 상황을 면치 못했다. 그러나 또다시 한반도에 봄이 찾아왔다. 적극적인 남북화해협력정책을 추진한 김대중 정부와 클린턴 행정부의 포용정책 공조에 힘입어 남북관계와 북미관계가 병행발전한 것이다. 2000년 남북정상회담 및 6·15공동선언, 그리고 북미공동코뮤니케는 이를 대표한다. 그런데 2001년 부시 행정부 출범부터 심상치 않았던 한반도 정세는 2002년 10월 2차 한반도 핵위기가 불거지면서 파국을 맞고 만다. 공교롭게도 남북관계의 해빙 무드가 조성될 때마다 핵문제라는 한파가 몰아친 것이다.

남북관계뿐만이 아니었다. 1990년대 초반 미국의 반대 및 북핵문제 여파로 중단되었던 북일관계 개선도 2002년 들어 새로운 국면에 접어들었다. 그해 9월에 고이즈미 준이치로 일본 총리가 평양을 전격 방문해 김정일 위원장과 회담을 갖고는 '평양선언'을 발표한 것이다. 그의 방북은 1차 남북정상회담에 비견될 정도로 큰 사건이었다. 동북아 냉전의 또 다른 축인 북일관계 정상화의 시동이, 그것도 보수파인 고이즈미 정권에서 다시 걸렸기 때문이다. 하지만 한 달 후 2차 핵문제가 터지면서 북일관계 개선 움직임도 좌초되고 말았다.

이런 현상을 어떻게 이해할 수 있을까? 왜 남북관계와 북일관계가 중대한 전환점에 설 때마다 이른바 "북핵문제"라는 것이 불거진 것일까? 나는 이미 1차 핵위기의 원인이었던 '플루토늄 불일치'가 미국 강경파의 농간이었을 가능성이 높다는 점을 지적한 바 있다. 후술하겠지만, 2차 핵위기의 발단이었던 '우라늄 불일치'에도 석연치 않은 대목이 많다. 그런데 주목할 점이 있다. 이 두 가지 불일치를 꺼내들어 한반도 평화 프로세스를 좌초시킨 인물들이 거의 동일하다는 점이다. 조지 H. W. 부시 때 국방부 장관 및 차관으로 있던 딕 체니와 폴 월포위츠는 조지 W. 부시 때 부통령과 국방부 부장관으로 화려하게 컴백했다. 조지 H. W. 부시 때 국무부 차관보로 재직했던 존 볼턴은 조지 W. 부시 때 국무부 차관으로 승진해 "네오콘의 대변인"으로 불렸다. 1970년대 초중반 공화당 정권에서 NATO 대사, 백악관 비서실장, 국방장관 등 요직을 거쳤던 럼스펠드는 1990년대 "MD 보일러"를 거쳐 조지 W. 부시 때 또다시 국방장관으로 기용됐다.

이들의 북한에 대한 호명부터 남달랐다. 1990년대 초반에는 북한을 주로 "깡패국가"라고 불렀다. 이런 표현은 이후에도 유지되다가 2002년부터는 북한을 이라크, 이란과 함께 "악의 축"이라고 불렀다. 북한에 대한 혐오감과 적대감이 유사하면서도 더욱 커진 것을 알 수 있는 표현이었다. 그런데 북한에 대한 이들의 악의가 커지고 있을 때, 북한은 미국과 맺은 제네바합의와 베를린 합의, 그리고 북미공동코뮤니케를 대체로 준수하고 있었다. 앞서 언급한 것처럼, 남북관계와 북일관계도 중대한 전환점에 있었다.

주한미군 및 한미동맹 역시 빼놓을 수 없는 유사성이다. 1990년대 초반 펜타곤은 당초의 주한미군 감축 및 역할 변경 계획을 번복하고는 대규모 미군 주둔 및 주도적 역할을 추구했다. 이 과정에서 북핵문제가 침소봉대되었다. 마찬가지로 2000년대 초반에도 미국은 주한미군의 변형(transformation) 및 전략적 유연성을 추진했다. 주요 골자는 한국 방어의 주도적인 역할은 한국군에 넘기고 주한미군은 다른 일, 즉 '테러와의 전쟁' 및 동북아 분쟁 발생 시 개입하겠다는 것이었다.

그런데 주한미군과 관련해 1990년대와 2000년대 초반을 비교해보면, 전술적인 차이와 전략적인 공통점을 발견하게 된다. 전술적인 차이는 주한미군이 1990년대에는 한미동맹에서 '주도적인 역할'을 계속하길 원했던 반면에, 2000년대에는 '보조적인 역할'로 변경을 추구했다는 것이다. 그러나 전략적인 목표, 즉 중국을 겨냥한 동북아 지역군으로의 재편 의도는 유사했다. 1990년대 초반에 북핵문제가 미국이 자신의 의도를 관철시키는 데 좋은 구실이었던 것처럼, 2000년대에도 마찬가지였다. 공교롭게도 2차 핵위기와 한미동맹 재편 계획이 조우하면서, 미국은 주한미군 기지 재배치, 기지 이전 및 건설비용 분담, 전략적 유연성 등과 관련해 유리한 협상 고지를 점할 수 있었다. 1990년대에 북한의 위협을 빌미로 MD를 되살리려고 했던 모습도 2000년대에 그대로 재연되었다.

동맹 재편과 MD 구축을 통해 군사패권주의를 공고히 하려고 했던 네오콘에게 제네바 합의는 '눈엣가시'와 같은 존재였다. 그래서 네오콘은 제네바 합의를 못마땅하게 여겼다. 한 가지 예를 들면 부시의 대통령 당선 직후인 2000년 12월 초 폴 월포위츠가 한국을 방문해 반기문 외교부 차관 및 송민순 북미국장과 면담을 가졌다. 송민순의 회고에 따르면, 월포위츠는 제네바 합의는 잘못된 것으로서 이행되기도 어렵다는 의사를 밝혔다. 북한에 제공하기로 한 경수로에서도 무기급 플루토늄을 추출할 수 있다는 이유를 들면서 말이다.[91] 경수로에서 나온 사용후연료를 재처리하면 플루토늄을 추출할 수 있다는 주장은 틀린 것이 아니었다. 하지만 이는 기술적으로 대단히 어렵고, 경수로에서 사용한 사용후연료봉은 북한 외부로 반출하기로 합의된 상태였다. 더구나 북한이 약속한 폐기 대상에는 재처리시설도 포함되어 있었다. 이에 따라 북한에 제공하기로 한 경수로를 이용해 북한이 핵무기를 만든다는 것은 거의 불가능에 가까운 일이었다. 하지만 월포위츠는 그 일말의 가능성이라도 경계해야 한다면서 제네바 합의에 대한 적대감을 누그러뜨리지 않았다.

그렇다고 부시 행정부가 무턱대고 파기할 수도 없는 노릇이었다. 명분과 논리도 없었을 뿐만 아니라, 동맹국인 한국과 국제사회의 입장을 전적으로 무시할 수 없었기 때문이다. 이에 따라 부시 행정부는 우라늄 농축 문제를 둘러싸고 북한과 정면충돌했던 2002년 10월까지 북한에 중유를 계속 보내기도 했다. 그러나 제네바 합의는 부시 행정부 초기 때부터 위태로운 길로 접어들고 있었다. 부시는 2001년 1월 취임 직후 북한과의 미사일 협상을 중단했고, 5월 1일에는 북한의 미사일 위협을 이유로 MD 구축을 선언했다. 제네바 합의의 기본정신인 북미관계 개선 약속을 되돌림으로써 합의의 축을 흔들기 시작한 것이다.

그러자 미국 안팎에서는 대북협상을 재개해야 한다는 목소리가 높아졌다. 부시는 마지못해 6월 6일 새로운 대북정책을 발표했다. 부시는 "(미국의) 국가안보팀이 북한과 협의할 내용은 핵 계획 동결에 관한 기본합의 이행을 개선하는 문제를 포함해 미사일 계획의 검증 가능한 억제, 미사일 수출 금지, 재래식 군사력 태세 등이 될 것이다"라고 말했다. 이는 핵무기와 미사일 등 대량살상무기는 물론 재래식 전력까지 의제에 포함시킨 것으로 사실상 북한의 무장해제를 추진하겠다는 것과 다름없었다. 그러자 북한은 이를 즉각 거부했다.

9·11 테러가 발생하자 국내외 많은 전문가는 북한이 '테러와의 전쟁'에 적극 협력하면, 북미관계 개선 기회를 잡을 수 있을 것이라고 주장하기도 했다. 실제로 북한은 신속하게 반테러 입장을 분명히 밝힌 뒤, '테러에 대한 재정지원금지 국제협약'과 '인질반대 국제협약'에 가입하고, '폭탄테러 억제를 위한 국제협약' 등 5개 반테러 협약 가입의사를 표명했다. 그러나 부시 행정부는 북한의 이런 반테러 입장을 "말이 아닌 행동으로 보여달라"며 일축했다. 오히려 MD 구축과 선제공격 채택을 정당화하기 위해 북한의 생화학무기와 미사일 위협을 부풀리는 모습을 보였다.

급기야 부시 행정부는 2001년 12월에 작성된 〈핵태세 검토 보고서 (NPR)〉를 통해 미국의 적성국가들을 상대로 핵무기 선제 사용이 가능하다는 새로운 핵전략을 입안했다.[92] 특히 북한을 이라크와 함께 "만성적인 군사적 우려"라고 언급하면서 핵 선제공격의 우선적인 적용 대상으로 지목했다. 이는 1994년 제네바 합의뿐만 아니라 1995년 NPT의 무기한 연장의 근본전제였던 "비핵국가에 대한 핵무기 사용 및 사용 위협을 하지 않겠다"는 약속을 정면으로 위반한 것이었다. 그리고 2002년 1월 29일에는 북한을 이라크, 이란과 함께 "악의 축"으로 규정하는 연두교서를 발표했고, 그해 9월에는 미국이 필요하다고 판단할 경우, 이른바 '깡패국가들'에 선제공격을 할 수 있다는 국가안보전략(NSS)을 발표했다. "테러리스트와 테러 지원국을 구분하지 않겠다"면서. 이들의 위협을 분쇄하는 데 "단독으로 행동하는 것을 주저하지 않고, 필요하다면 선제공격을 통해 자위권을 행사할 것"이라고 천명한 것이다.[93]

미국이 특정 국가를, 그것도 비핵국가로 분류된 나라들을 상대로 공개적으로 핵 선제공격 가능성을 공식화한 것은 대단히 이례적인 일이었다. 국방장관을 지낸 로버트 맥나마라가 "나는 오늘날 미국의 핵정책을 비도덕적이고 불법적이며 군사적으로 불필요하고 대단히 위험천만한 것이라고 규정한다"고 한탄했을 정도다.[94]

이 문제를 복기해보는 것은 대단히 중요하다. 1990년대 1차 한반도 핵위기 당시 북미 양측이 타협을 모색할 수 있었던 결정적인 배경 가운데 하나는 미국의 대북 핵위협 감소조치들에 있었다. 당시 미국이 한국에 배치했던 전술핵 철수, 세계 최대 규모의 핵전쟁 훈련이었던 팀스피릿 중단 발표, 그리고 제네바 합의문에 명시된 소극적 안전보장 등이 이에 해당한다. 이는 거꾸로 부시의 "비도덕적이고 불법적이며 군사적으로 불필요하고 대단히 위험천만한" 핵정책이 제네바 합의의 기초를 허무는 결과를 잉태하고 있었다는 것을 의미한다. 이런 핵정책의 핵심대상이 바로 북한이었기 때문이다.

카터 행정부 이래로 미국은 "어떤 나라가 핵무기를 보유하지 않고 핵무기를 보유한 국가와 연합해 공격하지 않을 시 미국은 핵무기 사용 및 사용 위협을 하지 않겠다"는 소극적 안전보장을 핵정책의 근간으로 삼았었다. 하지만 적어도 북한을 상대로는 말과 행동이 달랐다. 카터 행정부는 최초로 소극적 안전보장을 천명했지만, 핵공격이 포함된 팀스피릿 훈련은 정작 카터 행정부 때부터 시작되었다.

클린턴 행정부 역시 제네바 합의와 NPT 재검토 회의, 그리고 UN 안보리 상임이사회 등에서 소극적 안전보장을 연이어 약속했다. 하지만 북한을 상대로는 그 약속을 지키지 않았다. 북미 간 핵협상 당시 클린턴의 핵정책 특별보좌관이었던 스티브 페터는 "만약 미국이 핵 선제공격을 하지 않겠다고 약속하면, 북한은 남한이나 일본을 더 쉽게 공격할 수 있게 되었다고 믿을 것"이라며, 이로 인해 "북한에 소극적 안전보장을 해줄 것인가 하는 문제는 중요한 토론 주제"였다고 밝혔다. 토론 결과는 '겉 다르고 속 다른 형태'로 나타났다. 제네바 합의에서는 소극적 안전보장을 약속한 반면에, 북한을 상정한 모의 핵공격 훈련은 계속하기로 한 것이다.[95]

2002년 9월 미국의 싱크탱크인 노틸러스 연구소가 정보자유법(Freedom of Information Act)에 따라 미국 정부로부터 입수한 문서는 이런 분석을 뒷받침해준다. 1990년대 전반기에 한반도에서 핵무기를 철수하고 제네바 합의를 체결한 미국은 '대안'을 마련했다. 북한에 대한 핵공격 계획을 계속 유지하기 위해 원거리 작전이 가능한 F-15E, B-1 등 장거리 폭격기와 트라이던트 SLBM 등을 이용하기로 한 것이다. 그리고 대북 핵공격을 담당하는 미군 부대도 미 본토에 있는 제4전투비행단으로 바꾸었다. 1998년 상반기 노스캐롤라이나에 있는 세이머 존슨 미 공군기지에서 실시된 수차례의 대북 핵공격 모의훈련은 이런 미국의 계획을 잘 보여주었다.[96]

미국은 팀스피릿 훈련이 핵공격 훈련이 아니라 대북 억제를 위한 것이라고 주장이라도 할 수 있었다. 제네바 합의 이후에도 지속되어온 대북 핵공격 계획과 훈련도 이들 문서가 공개되지 않았다면 알려지지 않았을 것이다. 그런데 부시 행정부는 차원을 달리했다. 국가안보와 관련된 최고위 문서라고 할 수 있는 〈국가안보전략 보고서(NSS)〉와 〈핵태세 검토 보고서(NPR)〉에 대북 선제 핵공격 옵션을 명시했기 때문이다. 이처럼 부시 행정부의 핵전략이 공세적인 성격을 띤 근본적인 요인은 핵무기에 대한 인식의 변화에서 비롯된다. 이전 정부들은 핵무기를 '최후의 보루(last resort)'로 인식한 반면에 부시 행정부는 미국의 군사행동을 뒷받침해주는 '사용 가능한 무기(usable weapon)'로 간주했다. 2001년 NPR에서 "규모와 범위, 그리고 목적에서 각기 다른 핵공격 옵션들은 다른 군사적 능력을 보충해줄 것이다. 이와 같은 조합은 적들에게 신뢰할 만한 억제력을 부과할 때 필요한 다양한 옵션들을 제공해줄 수 있다"고 강조한 것은 이런 인식을 잘 보여주었다.

그런데 부시의 핵정책은 문서상으로 끝나지 않았다. 당시 미국의 고민은 "각기 다른 핵공격 옵션들"을 뒷받침할 만한 핵무기가 없었다는 점에 있었다. 즉, 대다수 전술핵무기는 이미 폐기했거나 폐기 과정에 있었고 실제 사용 가능한 핵무기는 전략 핵무기밖에 없었다. 그런데 아무리 부시 행정부라도 전략핵을 선제공격 수단으로 삼기는 어려웠다. 현대식 전략핵의 폭발력은 히로시마와 나가사키에 투하된 핵폭탄보다 수십, 수백배나 강력했기 때문이다. 그래서 고안한 것이 바로 '지표 관통형 핵무기(earth -penetrating nuclear weapon)'였다. 미국은 이 무기 개발을 '튼튼한 지표 관통형 핵무기(Robust Nuclear Earth Penetrator)' 프로그램으로 명명하고는 그 장점을 이렇게 설명했다. "저강도(low-yield) 핵무기이기 때문에 기존의 핵무기보다 낙진과 핵 오염을 줄이는 반면, 지하시설 파괴에는 동일한 효과를 가져올 수 있다." 부시 행정부가 이 프로젝트를 추진하면서 수천 개의 지하시설을 갖고 있는 북한을 최대 명분으로 삼았음은 물론이다.[97]

하지만 "핵 벙커 버스터"로도 불렸던 이 프로그램은 추진 3년 만에 조기 종영되고 만다. 야당이었던 민주당은 물론이고 공화당의 상당수 의원이 반대하고 나섰기 때문이다. 그리고 첨예한 논란 끝에 2005년 미국 의회는 이 프로그램의 예산을 삭감해버렸다. 하지만 예방적 선제공격을 요체로 하는 '부시 독트린'과 이를 뒷받침하는 MD 및 소형 핵무기 개발 프로그램의 정치적 역효과는 대단히 컸다. 부시 행정부 출범 직후부터 미국의 의도에 대해 강한 의구심을 품었던 북한이 미국과의 합의 파기를 시사하고 나선 것이다. 북한은 부시 독트린이 미국 언론을 통해 대대적으로 알려진 직후인 2002년 3월 중순, "미국이 핵 선제공격 계획을 철회하지 않으면, 우리는 미국과의 모든 합의를 전면 재검토하게 될 것"이라고 경고했다. 여기서 "모든 합의"는 제네바 합의와 미사일 시험발사를 중단하기로 한 베를린 합의, 그리고 북미공동코뮤니케를 의미한 것이었다.

부시 행정부 출범 직후부터 제네바 합의의 기초가 하나둘 흔들리고 있을 때, 1차 핵위기의 발단이 되었던 '플루토늄 불일치' 문제가 2차 핵위기를 잉태하고 있었다. "악행에 대한 보상"이라며 호시탐탐 제네바 합의를 파기할 구실을 찾고 있었던 네오콘의 발호가 본격화된 것이다. 이들은 2002년 초부터 북한이 IAEA의 특별사찰을 수용하지 않으면, 중유 제공 및 경수로 사업을 중단할 수 있다는 입장을 노골적으로 밝히기 시작했다. 심지어 3월 17일에 부시는 제네바 합의 체결 이후 처음으로 북한이 핵무기 개발을 동결하고 있다는 확인을 의회에 해주지 않기로 했다고 발표했다. 이것은 미국이 북한의 핵동결 대가의 하나로 매년 50만 톤의 중유를 제공하기로 한 것이 중단될 수도 있다는 것을 암시했다.[98] 중유 제공 및 경수로 사업이 중단된다는 것은 곧 제네바 합의 파기를 의미했다. 또한 부시가 2001년 6월에 발표한 제네바 합의의 "이행된 개선"이 바로 "북한이 하루빨리 특별사찰을 수용해야 한다"는 것이었다는 점도 분명해졌다. 이들이 요구한 특별사찰은 북한이 1992년 IAEA에 신고한 플루토늄 90g이 맞는지, 미국이 추정한 10kg이 맞는지 강도 높은 사찰을 통해 확인해보자는 것이었다.

그러나 미국의 이런 요구는 제네바 합의에도 맞지 않은 것이었다. 이 합의에 따르면 특별사찰은 "경수로 사업의 상당 부분이 완료될 때, 그러나 주요 핵심부품의 인도 이전에" 실시하기로 되어 있었다.* 하지만 2002년 당시 경수로 사업의 진행 상황은 30% 정도를 맴돌고 있었다. 완공 목표인 2003년은 고사하고 언제 완공될지도 기약할 수 없는 상태였다. 당시 전체 공정률을 볼 때, "경수로 사업의 상당 부분 완료"는 순탄하게 진행되어도 2005년에야 가능할 것으로 추정되었다.** 객관적으로 보더라도 미국의 요구가 지나쳤다는 것을 알 수 있다. 이에 따라 북한은 미국의 요구에 강하게 반발하면서 경수로 사업 지연에 따른 전력 손실부터 보상하라고 맞불을 놓았다. 북미 간 갈등이 이처럼 커지면서 제네바 합의는 2002년 10월 우라늄 농축 문제가 터지기 전부터 "실 끝에 매달린 상태"에 놓이고 말았다.

---

* 제네바 합의문 4조 3항의 전문은 이렇다. "경수로 사업의 상당 부분이 완료될 때, 그러나 주요 핵심부품의 인도 이전에, 북한은 북한 내 모든 핵물질에 관한 최초 보고서의 정확성과 완전성을 검증하는 것과 관련해 IAEA와의 협의를 거쳐 IAEA가 필요하다고 판단되는 모든 조치를 취하는 것을 포함하여 IAEA안전조치협정(INFCIRC/403)을 완전히 이행한다."

** KEDO-북한 간의 경수로 공급협정에는 경수로 사업의 상당 부분 완료에 대해 다음과 같이 기술되어 있다. (1)경수로 사업을 위한 계약의 체결 (2)부지 준비 완료, 굴착, 경수로 사업 건설지원에 필요한 시설의 완료 (3)선정된 부지에 대한 발전소 초기 설계 완료 (4)사업계획과 일정에 규정된 바에 따라 경수로 발전소 1호기의 주요 원자로 기기 사양서 작성 및 제작 (5)사업계획과 일정에 따른 터빈과 발전기를 포함한 경수로 1호기의 주요 비핵부품 인도 (6)사업계획과 일정에 규정된 단계에 부합되는 경수로 1호기 터빈용 건물과 기타 부속건물 건설 (7)핵증기 공급 계통의 기기를 설치할 수 있는 단계까지의 경수로 1호기 원자로 건물과 격납 구조물 건설 (8)사업공정에 따른 경수로 2호기의 토목공사와 기기 제작 및 인도. 참고로 원자력 핵심부품으로는 원자로용기, 원자로용기 내부구조물, 제어봉 집합체 및 구동장치, 중성자원, 증기발생기, 원자로 냉각제 펌프, 핵연료 집합체가 있다.

이처럼 북미관계의 기본틀이라고 할 수 있는 제네바 합의는 위태로운 상황에 있었지만, 남북관계와 북일관계는 다른 방향을 향해 움직이고 있었다. 부시 취임 이후 교착 상태에 빠졌던 남북관계는 2002년 하반기부터 숨가쁘게 전개되었다. 북한이 2002년 6월 29일 발생한 2차 서해교전에 대해 사과의 뜻을 표명한 이후, 2차 남북경제협력추진위원회 개최, 경평축구대회, 부산 아시안게임 북한 참가, 태권도 시범단 교류, 경의선·동해선 철도 및 도로 연결공사 동시착공 등이 잇따라 이뤄진 것이다. 또한 제2차 세계대전 이후 미국의 외교 그늘에서 좀처럼 벗어나지 못했던 일본이 고이즈미 총리의 평양 방문을 통해 북일정상회담을 갖고 납치자 문제와 전후보상 문제 해결의 큰 틀을 잡았다. 더구나 이런 정세는 북한의 신의주 경제특구 지정, 7·1 경제개선 조치 발표 등 북한의 개혁·개방 움직임과도 맞물려 있었다.

이제 남은 것은 북미관계였다. 때마침 국제사회는 물론이고 미국 내부에서도 북한과의 관계개선에 나서라는 요구가 높아졌다. 그런데 부시 행정부가 깜짝 발표를 내놓았다. 9월 25일에 부시는 김대중에게 전화를 걸어 제임스 켈리 국무부 동아태 담당 차관보를 평양에 보내기로 결심했다고 말했다. 미국의 통보에 김대중 정부는 "(미국이) 드디어 북한과의 대화를 시작하려는 것이 아닌가 하는 낙관적인 해석과 함께 기대감에 부풀게 되었다."[99] 그리고 닷새 후 미국 정부는 대북특사 파견을 공식발표했다.

'우라늄 불일치'의 진위는?

북한이 제네바 합의와 여타 합의들을 위반하면서 핵무기 개발을 위해 우라늄 농축 프로그램을 보유하고 있다는 것을 알려주는 정보를 미국이 최근 확보했다는 점을 북한 측에 설명했다. 북한 관리들은 그러한 프로그램을 갖고 있다고 시인했다. 북한 관리들은 미국을 비난하면서 제네바 합의가 파기된 것으로 간주한다고 말했다. 켈리 차관보는 북한이 수년 동안 우라늄 농축 프로그램을 계속해왔다고 지적했다.

2002년 10월 16일 오전(미국 시간) 미국 국무부 대변인이 발표한 위의 내용은 충격 그 자체였다. 이른바 '2차 북핵위기'의 시발점이었고, 국내는 물론 국제사회에서도 북한에 대한 비난이 거세지기 시작했다. 하지만 상식적으로 납득할 수 없는 게 한두 가지가 아니었다. 도대체 켈리가 평양에 있을 때 무슨 일이 있었던 걸까? 미국이 어떤 정보를 제시했기에 북한이 "시인했다"는 걸까? 시인한 것이 맞긴 한 것인가? 이런 엄청난 일이 예고되었는데, 미국의 동맹국들인 한국과 일본은 불과 며칠 전까지 켈리의 평양행에 왜 기대를 걸고 있었던 것일까? 무엇보다 북한이 고농축 우라늄(HEU) 프로그램을 이용해 핵무기를 비밀리에 만들고 있었다는 게 사실일까?[100]

부시 행정부는 켈리를 평양에 파견하기에 앞서 8월 하순 존 볼턴 국무부 차관과 리처드 아미티지 국무부 부장관을 각각 서울과 도쿄에 보내 "HEU 문제의 심각성"을 양국 정부에 통보했다. 그러나 김대중 정부는 자체적인 정보 분석을 바탕으로 미국이 전달한 HEU 문제를 심각하게 받아들이지 않았다. 일본 정부 역시 마찬가지였다. 고이즈미가 미국으로부터 사전에 HEU 문제를 통보받았지만, 대수롭지 않게 여겨 예정대로 방북할 정도였다. 그리고 양국 정부는 미국의 대북특사 파견이 북미관계 개선의 물꼬를 틀 것이라고 기대했다. "그러나 그것은 오판"이었다.[101] 미국의 대북특사 파견은 북미대화를 위한 것이 아니라 HEU 문제를 제기하기 위한 것이었기 때문이다.

'HEU 파동'으로 인해 김대중 정부는 운전대를 부시에게 뺏기고 말았다. 김대중 정부는 미국의 HEU 주장에 대해 의구심을 갖고 있었음에도 불구하고 10월 하순에 열린 한미일 정상회담 공동발표문에 "HEU 계획은 제네바 합의 위반이며 신속히 검증 가능한 방법으로 폐기할 것을 촉구"한다는 내용을 포함시키는 데 동의했다. 세 나라가 북한의 HEU 보유를 기정사실화하는 듯한 내용을 채택한 것은 결국 부시의 대북 중유 제공 지원 중단과 제네바 합의 파기의 빌미로 작용했다. 더구나 대선을 앞두고 국내 보수 진영에서는 '북한에 속았다'며 햇볕정책에 대한 맹공을 퍼부었다. 연이어 터진 김대중 아들들의 비리에 이어 '5억 달러 대북 비밀 송금' 논란도 거세지면서 김대중 정부의 레임덕도 가속화되었다.

한편 북한은 미국의 발표 9일 후인 10월 25일 외무성 대변인 담화를 내놓았다. 크게 세 가지 내용이었다. 첫째는 "미국 특사가 아무런 근거자료도 없이 우라늄 농축 의혹을 들고 나와" 북한이 제네바 합의를 위반했다고 주장했다는 것이다. 둘째는 제네바 합의를 어긴 당사자는 미국이며 "미국 특사에게 미국의 가중되는 핵 압살 위협에 대처하여 우리가 자주성과 생존권을 지키기 위해 핵무기는 물론 그것보다 더한 것도 가지게 되어 있다는 것을 명백히 말해주었다"는 것이다. 셋째는 문제 해결 방식으로 "협상 방법도 있을 수 있고 억제력 방법도 있을 수 있으나 우리는 될수록 전자를 바라고 있다"는 것이었다. 특히 문제 해결의 조건으로 미국에 "불가침 조약" 체결을 제시했다. 여기서 주목할 점은 북한이 우라늄 농축 보유 여부에 대해서는 언급을 피하면서 협상 의지를 밝혔다는 것이다.[102]

그러나 미국은 "악행을 보상할 수 없다"며, 중유 제공 중단 방침을 밝히고 예멘으로 항하던 북한의 미사일 수출 선박 '서산호'를 나포했다. 그러자 북한도 핵시설 재가동을 선언하고 IAEA 감시단을 추방했다. 그리고 미국이 거듭 협상을 거부하고 북핵문제를 UN 안보리에 회부할 방침을 밝히자, 북한은 2003년 1월 NPT 탈퇴를 선언했다. 2차 한반도 핵위기가 본격화되는 순간이었다.

그렇다면 '우라늄 불일치'의 진실은 무엇일까? 불일치에는 크게 두 가지가 있다. 하나는 진실게임이다. 당시 "비밀리에 우라늄 농축 프로그램을 이용해 핵무기를 만들고 있다"는 미국의 주장과 "날조된 것"이라는 북한의 반박이 팽팽히 맞서고 있었다. 그런데 북한은 2009년 6월 우라늄 농축 개시를 선언했고, 2010년 11월에는 미국 전문가들에게 그 시설을 공개했다. 이것만 놓고 보면 북한이 오래전부터 우라늄 농축에 관심이 있었다는 추정이 가능하다. 2002년 10월 당시 북한의 우라늄 농축 프로그램이 어느 정도 수준이었는지는 여전히 안갯속에 있지만 말이다.

하지만 당시 부시 행정부의 정보 신뢰도와 그 의도에 대해서도 의구심을 갖지 않을 수 없다. 먼저 부시 행정부는 자신의 주장을 뒷받침할 만한 명확한 근거를 제시하지 못했다. "북한이 처음에는 이를 부인했지만, 켈리가 증거를 제시하자 나중에는 시인했다"는 것이 미국 측의 주장이었다. 이를 두고 국내외 언론에서는 켈리가 제시한 증거는 북한과 파키스탄 사이의 원심분리기 거래를 입증하는 자료였다는 보도를 쏟아냈다. 그런데 정작 켈리는 이런 보도를 부인했다. 그는 11월 19일 기자회견에서 "북한 측에 제시한 근거가 북한과 파키스탄 간의 핵 프로그램 거래 내용을 담은 것이냐?"는 한 기자의 질문에 대해 "북한 관리들과 대화할 때 파키스탄이라는 나라는 언급되지 않았다"고 밝힌 것이다.[103]

켈리를 수행했던 잭 프리처드와 김동현(미국명 통 킴)의 증언 역시 마찬가지다. 클린턴 행정부에 이어 부시 행정부 때도 국무부 대북교섭 담당 대사로 근무한 프리처드는 2003년 11월 20일 한 세미나에서 "일부 언론을 통해 보도된 바와 달리, 미국 대표단은 북한 외무성 직원은 물론 어떤 이에게도 HEU 관련 증거를 제시하지 않았다"고 밝혔다.[104] 또한 당시 통역을 맡았던 미 국무부 통역관 김동현 역시 "켈리가 강석주에게 증거를 보여준 것은 아니다"라고 설명했다.[105] 이와 같은 당사자들의 증언은 미국이 증거를 제시하고 북한이 결국 이를 시인했다는 당시의 보도가 잘못된 것임을 확인시켜준 셈이다.

이처럼 '북한의 HEU 보유설'을 둘러싼 진실 공방이 계속되는 와중에 부시 행정부를 궁지에 몬 사건이 발생했다. 부시 행정부가 이라크 침공 명분으로 내세웠던 이라크의 대량살상무기 보유설이 거짓으로 드러난 것이다. 미국은 이라크 점령 직후부터 이라크의 WMD 보유 흔적을 찾기 위해 이라크 전역을 샅샅이 뒤졌다. 하지만 WMD는 이라크에 있었던 것이 아니라 침공 명분을 찾으려고 했던 부시 행정부의 마음속에 있었던 것이다.* 그러자 부시 행정부가 이라크와 흡사하게 북핵 정보도 조작·과장했을 것이라는 주장이 제기되었다. 당황한 부시 행정부는 적극적인 해명에 나섰다.

미국 국무부는 "북한이 비밀 우라늄 농축 프로그램을 추진하고 있다는 사실을 1990년대 후반부터 인지하고 있었다"고 주장했다. 심지어 켈리는 "2000년 북한의 조명록 차수가 (김정일의 특사로) 워싱턴을 방문할 당시 이미 명백한 사실"이었다는 주장까지 내놓았다. 그런데 이는 상식적으로 납득하기 힘든 것이었다. 이들의 주장에 따르면, 당시 클린턴 행정부는 북한의 비밀 우라늄 농축 프로그램을 알고 있었으면서도 이에 대한 문제제기를 하지 않은 채, 북미공동코뮤니케를 채택하고 빌 클린턴의 방북까지 약속한 셈이 되기 때문이다. 북한이 우라늄 농축을 시도하고 있다는 의혹을 제기한 최초의 공개 문서는 1999년 11월 하원의장에게 제출된 〈공화당 보고서〉였다. 이와 관련해 송민순 북미국장은 찰스 카트먼 국무부 한반도 특사에게 이 문제에 대한 대책을 논의할 것을 제안했다. 하지만 "그는 우라늄

---

* 예를 들면 부시 행정부는 이라크 침공 직전에 후세인 정권이 HEU를 이용해 핵무기를 개발하고 있다는 증거로 이라크의 고강도 알루미늄 수입을 제시했다. 그러나 국무부 대량살상무기 분석팀은 2002년에 이미 고강도 알루미늄이 포탄 제조용이라고 결론을 내렸으나, 이라크 침공 명분 찾기에 분주했던 백악관과 국방부는 이를 원심분리기 제조용으로 둔갑시켰다.

농축을 통해 핵무기 개발까지 가려면 최소한 100억 달러 이상 소요되는 거대한 프로젝트인데, 북한의 능력상 감당하기 어렵다는 미국 측 판단을 제시했다"고 한다.[106] 그 후 2002년 8월까지 이 문제는 한미 간의 논의 테이블에 올라오지 않았다.

또한 부시 행정부는 2001년 1월 취임 직후부터 대북강경책을 분명히 했다. 이에 따라 자신들이 알고 있었다는 북한의 HEU 보유 근거는 이를 위한 확실한 구실이 될 수 있었다. 그러나 부시 행정부는 2002년 1월 북한을 "악의 축"이라고 규정할 때도, 이후 대북강경책으로 일관할 때도 HEU를 언급한 바 없다. 아울러 당시 미국이 핵개발 문제를 확인하기 위해 적성국가에 특사를 파견한 것 자체가 생경한 일이었다. 부시 행정부의 주장처럼 2002년 여름에 "확실한 증거"를 가지고 있었다면, 이를 공개하면서 북한을 압박할 수 있었을 것이기 때문이다. 그런데 미국은 대북특사를 통해 북한에 증거를 제시하지도 않고 북한이 "시인했다"고 주장했다.

여기서 주목할 점은 2002년 10월 북미 간 특사회담 때 통역의 문제로 양측이 오해했을 가능성도 있다는 것이다. 이와 관련해 로스앨러모스 핵연구소의 시그프레이드 헥커 선임연구원과 미국 스탠퍼드대의 존 루이스 교수 등 5명으로 구성된 방북단이 2004년 1월 평양을 방문했다. 이들은 2002년 10월 당시 북미 간 대화록을 보고 HEU 문제는 통역상 오류로 불거진 것 같다고 주장했다. 이들이 확인한 바에 따르면 북한 측 대화록에는 "우리(북한)는 핵 프로그램을 가질 권리를 갖고 있다(We are entitled to have a nuclear program)"고 나와 있다. 그런데 켈리는 "우리는 핵 프로그램을 갖고 있다(We have a nuclear program)"는 말로 잘못 알아들었다는 것이 방북단의 잠정결론이었다.[107] 2005년 7월 초순 방북해 고위관리들과 면담한 짐 월시 하버드대 핵 프로젝트 국장 역시 "북측은 2002년 10월 켈리가 방북했을 때 자신들의 말을 잘못 알아들었다는 말을 반복하며 HEU 문제를 부인

했다"고 밝혔다.[108]

HEU 문제는 한반도 평화 프로세스를 집어삼키고 있었지만, 정작 한국 정부는 그 진위 여부를 판단할 만한 독자적인 정보를 갖고 있지 못했다. 그래서 미국과 러시아 등에 관련 정보와 평가를 요청했다. 미국으로부터는 "북한이 2000년을 전후해 파키스탄으로부터 우라늄 농축 설계와 원심분리기 모델을 입수했고, 2002년에는 원심분리기 2600개 제작이 가능한 특수 알루미늄 140톤을 러시아로부터 수입했다"는 브리핑을 받았다. 반면 러시아로부터는 "북한이 원심분리기 12개 이상을 구입하여 농축계획을 추진 중인 것으로 보인다"면서도, "아직은 초보적인 상태고 이를 군사무기화하는 데 20~30년이 소요될 것으로 본다"는 평가를 들었다.[109] 결론적으로 미국은 북한의 HEU를 과대평가한 반면에 러시아는 과소평가한 것으로 드러났다. 미국은 북한이 HEU를 이용해 2000년대 중반 핵무기 1~2개를 만들 것이라 분석했고 러시아는 20~30년이 걸린다고 했지만, 북한이 HEU를 본격 생산한 시점은 2010년부터였기 때문이다.

"같이 밥도 먹지 마라"

HEU의 진위 여부와 함께 '의도의 불일치'도 심각한 문제였다. 우라늄 농축 문제가 불거졌을 때, 북한은 협상을 통한 문제 해결을 선호했다. 북한은 1990년대 초반에 플루토늄 문제로 북미 직접대화를 했던 것처럼, 2002년에는 우라늄 문제를 카드화해 미국을 협상 테이블로 불러내고 싶어 했다. 이런 사실은 "북한이 우라늄 농축 의혹 문제를 해결할 수 있는 일관되고도 가능한 조치들이 있다고 제안했다"는 켈리의 발언에서도 확인할 수 있었다.[110] 그러나 부시 행정부가 켈리를 평양에 보낸 목적은 대화와 협상을 통해 문제를 풀라는 것이 아니었다. 당시 백악관 안보보좌관이었던 콘돌리자 라이스의 회고를 보자.

> 통상 연륜이 있는 협상가에게는 충분한 신뢰가 부여된 만큼 정부의 지침은 협
> 상의 대본이 아닌 참고할 요점으로 활용되기 마련이다. 하지만 제임스 켈리가
> 평양에 갔을 때 주어진 미국 정부의 지침은 가서 그대로 읽으라는 것이었다. 켈
> 리에게는 그야말로 무대에서 이렇게 하라는 지침만 주어진 것이다. 그는 북한
> 측과 지침에 담겨 있지 않은 어떠한 대화도 나눠서는 안 됐다. 이로 인해 켈리는
> 북한 관리들을 피해 협상 테이블의 구석으로 움직여야 했다.[111]

그런데 켈리는 평양에서 북한 측과 협상만 하지 못할 처지가 아니었다.
북한 사람과 밥도 같이 먹지 말라는 게 부시 행정부의 분위기였다. 네오콘
의 핵심인 도널드 럼스펠드 국방장관은 켈리 방북 이틀째인 10월 4일 라
이스에게 보낸 메모에서 이렇게 따졌다. "저는 당신이 대통령에게 켈리 일
행이 북한인들과 함께 식사를 하지 않을 것이라고 말했다고 들었습니다.
그런데 켈리 일행이 한두 차례 북한인들과 저녁식사를 했다는 얘기가 있
더군요."[112]

당시 대북정책과 관련해 부시 행정부의 분위기를 보여주는 또 다른 일
화가 있다. 켈리 일행이 평양을 다녀가고 4주 후 도널드 그레그 전 주한 미
국 대사 일행이 평양을 방문했다. 이들 역시 김계관, 강석주 등 켈리가 만났
던 북한 외무성 고위관리들을 연이어 만났다. 강석주는 그레그에게 김정일
이 부시에게 전하길 희망하는 친서를 건넸다. 방북단은 워싱턴으로 돌아
가 백악관에서 스티븐 해들리 국가안보 부보좌관을 만나 메모를 전달했다.
"우리는 이 메모에 반응하지 않을 겁니다. 이건 악행에 대한 보상이거든
요." 해들리의 짧고도 싸늘한 답변이었다.[113] 그레그와 동행했던 돈 오버도
퍼가《두 개의 한국(The Two Koreas)》에서 밝힌 김정일의 메모 내용은 이

러 했다.

만약 미국이 우리의 주권을 인정하고 확고한 불가침 보장을 해준다면, 저는 핵 문제를 새로운 세기의 요구에 맞게 해결할 방법이 있을 것이라고 믿습니다. 부시 대통령께서는 미국은 우리나라를 침공할 어떠한 의도도 없다고 말씀하신 바 있습니다. 그래서 현재 핵심적인 문제는 미국이 법적인 구속력을 갖춘 불가침 확약을 제공하는 것입니다. 만약 미국이 이 문제와 관련해 전향적인 결정을 내린다면, 우리 역시 호응할 것이라는 점을 부시 대통령께 약속할 수 있습니다.[114]

김정일이 친서를 통해 가장 강조한 것이 "법적인 구속력을 갖춘 불가침 확약"이었다. 이는 제네바 합의에 대한 학습효과가 반영된 것이었다. 의회의 동의를 받지 않은 불가침 약속은 미국의 정치적 환경 변화에 따라 언제든 바뀔 수 있다는 것을 경험하고는 "정치적 약속이 아니라 법적 구속력이 있는 조약 체결"을 요구하기 시작한 것이다.[115] 그런데 부시 행정부는 김정일의 메시지에 아무런 답변도 전달하지 않았다. 철저히 무시하기로 한 것이다. 당시 대북정책에서도 주도권을 행사하고 있던 럼스펠드는 딕 체니 부통령, 콜린 파월 국무장관, 라이스 등에게 보낸 문건에서 이렇게 주장했다. "김정일은 협박을 통해 우리를 협상 테이블로 불러내려고 합니다. 이에 대한 가장 좋은 방법은 단호하면서도 가만히 있는 것입니다. 우리는 김정일로 하여금 협박이 더 이상 통하지 않을 것이라고 이해하도록 훈련시켜야 합니다." 그는 특히 "지금 우리가 협상에 나가는 것은 곧 북한의 승리를 의미한다"며, 협상 대신 부시가 2002년 11월 13일 승인한 '맞춤형 봉쇄(tailored containment)'에 나서야 한다고 주장했다.[116]

무시당한 북한은 2003년 1월 NPT 탈퇴를 선언하고 플루토늄을 생산할 수 있는 원자로 및 재처리시설 가동에 들어가겠다고 발표했다. 그러자 대북정책은 미국 내에서도 첨예한 논란으로 부상했다. 그 단면은 3월 부시 행정부 핵심관료들 사이에 오간 메모를 보면 알 수 있다. 라이스는 2003년 3월 4일, 대통령·부통령·국무장관·국방장관 등에게 대북정책에 관한 메모를 보냈다. 이 메모에는 라이스가 제안한 대북정책의 기본 골격이 담겨 있었다. 라이스가 부시에게 발표를 권고한 내용은 이랬다. "미국은 평화적이고 외교적인 해결을 추구한다. 대통령은 모든 옵션은 테이블 위에 있다고 말하면서도 미국은 북한을 침공할 의사가 없다고 말한 바 있다."[117]

"미국은 북한을 침공할 의사가 없다고 말한 바 있다"는 구절은 부시가 2002년 2월 김대중과 함께 한국의 최북단인 도라산역을 방문했을 때 한 말이었다. 당시 부시 행정부는 북한을 이라크, 이란과 함께 "악의 축"으로 지목하면서 선제공격도 가능하다는 '부시 독트린'을 채택하고 있었다. 이에 김대중 정부는 부시의 방한을 기회로 북한을 공격할 의사가 없다는 입장을 이끌어내기 위해 총력을 기울였고, 결국 관철시킨 것이다.

그러나 라이스의 메모를 받아든 럼스펠드는 사인펜을 들고 이렇게 바꿨다. "미국은 평화적이고 외교적인 해결을 추구한다. 그러나 모든 옵션은 테이블 위에 있다." 가장 중요한 대목, 즉 "미국 대통령이 북한을 침공할 의사가 없다"고 말했던 부분을 삭제한 것이다. 이뿐만이 아니다. 라이스는 이 메모에서 "우리는 북한에 다자 간 회담을 제안했고, 다자회담에 임할 준비가 되어 있다. 우리는 다자회담에서 북한에 대한 안전보장을 포함해 모든 문제를 논의할 준비가 되어 있다"고 적었다. 그러나 럼스펠드는 가장 중요한 부분, 즉 "북한에 대한 안전보장을 포함해"라는 부분을 지워버렸다.

사실 북한의 플루토늄 문제는 1990년대 초반에 충분히 해결할 수 있었던 사안이다. 마찬가지로 2002년에 불거진 우라늄 문제 역시 미국이 초기부터 능동적인 협상을 했다면, 충분히 해결할 수 있었을 것이다. 그러나 호미로도 막을 수 있었던 이들 핵물질은 훗날 가래는 물론이고 불도저로도 막기 힘들 정도로 커져버렸다. 1990년대 초 플루토늄 문제가 남북관계와 북일관계 개선, 그리고 주한미군 감축을 막을 카드였던 것처럼, 2002년 우라늄 문제는 "제네바 합의를 깨부술 해머"로 간주된 것이다.[118] 적어도 네오콘에게는 그랬다.

노무현 '반미'의 역설과 이라크 전쟁

7

북미관계가 정면충돌로 향하던 2002년은 한국에서 반미 감정이 폭발한 해였다. 조지 W. 부시 대통령이 북한을 "악의 축"으로 규정하자 이에 대한 동조 여론보다는 비판 여론이 더 높았다. 많은 한국인들의 눈에는 부시 행정부가 남북한의 화해협력과 한반도 평화 프로세스의 훼방꾼으로 비친 것이다. 각종 여론조사에서 북한보다 미국에 대한 반감이 더 높게 나올 정도였다. 이 와중에 안톤 오노의 '할리우드 액션' 사건이 벌어졌다. 일본계 미국인 쇼트트랙 선수인 오노는 2002년 미국 솔트레이크시티 올림픽 1500m 결승에서 라이벌 김동성이 자신을 앞지르자 마치 김동성이 자신을 밀친 것처럼 두 손을 드는 모습을 연출했다. 결국 심판은 이를 김동성이 물리력을 행사하여 추월한 증거로 여겨 실격시키고 오노에게 금메달을 안겼다. 이로 인해 한국의 반미 감정은 대중적으로도 크게 확산됐다. 그런데 2002년 11월에는 반미 감정에 기름을 붓는 일이 발생했다. 6월 미군 장갑차에 압사된 2명의 한국 여중생 사망 사건에 대해 미군 법정이 무죄 평결을 내린 것이다. 그러자 수십만 명이 연일 촛불을 들고 "미국은 사죄하라" "SOFA를 개정하라"라고 외쳤다.

그런데 2002년은 대통령 선거가 있는 해였다. 당연히 '미국 문제'는 뜨거운 쟁점으로 부상했다. 보수적인 이회창 한나라당 대선후보가 SOFA 개정을 위한 '대선후보 서약서'에 서명할 정도였다. 하지만 민심은 민주당 경선에서 돌풍을 일으켜 후보가 되고, "사진 찍으러 미국에 가지 않겠다" "반미 좀 하면 어떠냐"며 반미에 가까운 발언을 즐겨 사용한 노무현을 선택했다. 반미를 마다하지 않겠다는 노무현 정부와 거침없는 일방주의 행보로 국제질서를 혼돈으로 몰아놓은 부시 행정부가 조우하는 순간이었다.

노무현의 당선은 "좋은 기회"

2002년 12월 19일 실시된 한국 대선에서 노무현 후보는 이회창 후보를 꺾고 승리했다. 그로부터 나흘 후 도널드 럼스펠드 국방장관은 몇몇 측근들에게 편지를 보냈다. 수신자는 국방부의 폴 월포위츠 부장관과 더글러스 페이스 차관, 그리고 리처드 마이어스 합참의장 등 극소수였다. 럼스펠드는 이 편지 내용을 "롤리스와 로드먼을 비롯한 소수만 공유하길 바란다"고 했다. 피터 로드먼 국제안보 담당 차관보와 리처드 롤리스 동아태 담당 부차관보는 한미동맹 재조정을 비롯한 미국의 신군사전략을 입안·추진했던 핵심인물이다. 그는 또한 이 문제를 이미 리언 라포트 주한미군 사령관과도 상의했다고 했다. 그가 이들에게 전한 내용은 이러했다.

한국의 새로운 대통령 당선자는 (한미)관계를 재조정하길 원한다고 밝혔습니다. 우리는 이걸 거부하기보다는 좋은 생각으로 받아들여야 합니다. 만약 우리가 재조정을 요구했다면 한반도를 위태롭게 한다고 비난을 받았겠지요. 그런데 한국 대통령 당선자가 재조정을 제안했습니다. 나는 이걸 기회로 여깁니다.

언뜻 이해하기 힘든 내용이다. 노무현은 대선 유세 때 미국과의 대등한 관계 및 자주국방을 주창한 인물이었다. 그런데 왜 럼스펠드는 노무현의 등장을 "좋은 기회(fine opportunity)"로 간주한 것일까? 그의 편지는 이렇게 이어졌다.

이제는 (한미)관계를 재조정해 한국이 더 많은 부담을 갖도록 해야 합니다. 우리는 북한이 촉발한 충돌에서 한국을 거점 기지(lily pad)로 활용하면서도 우리의 군사력이 한반도 중심으로 치우치는 것을 멈추고 그 대신 지역적으로 초점이 맞춰지도록 해야 합니다. 특히 유사시 한국을 지원하는 것뿐만 아니라 지역에도 전개될 수 있도록 우리의 해공군력을 갖춰야 합니다.[119]

사흘 후 럼스펠드는 딕 체니, 콜린 파월, 콘돌리자 라이스 등 최고위급 관료들에게 대북정책에 대한 자신의 생각을 담은 편지를 썼다. 그는 북한이 제안한 대화에 응하는 것은 북한에 "트로피"를 주는 셈이라며 철저하게 무시해야 한다고 주장했다. 대신 "부시 대통령이 11월 13일 승인한 '맞춤형 봉쇄'를 즉각적으로 구체화해야 한다"고 요구했다. 당시 부시 행정부는 이라크 침공 준비에 여념이 없었다. 이를 의식한 탓인지 럼스펠드는 "이라크로 인해 이런 대북 접근이 초점을 잃어서는 안 된다"며, 오히려 "그 반대"라고 주장했다. 북한에 강력한 힘을 보여줘야 "대량살상무기 확산과의 전쟁에서 미국의 결의에 대한 신뢰성"을 과시할 수 있다는 것이었다.[120]

럼스펠드가 대북정책의 기조가 되어야 한다던 '맞춤형 봉쇄'는 2002년 12월 29일 〈뉴욕타임스〉의 단독 보도로 그 윤곽이 전해졌다. 북한과의 협상도 하지 않고 대북 무력 사용도 일단 배제하는 것을 출발점으로 삼았다.

그 대신 북한의 국제적 고립과 정치적·경제적 제재를 가하는 데 초점을 뒀다. 이를 위해 ▲UN 안보리를 통한 대북제재 및 북한 고립 ▲북한의 미사일과 대량살상무기 수출에 대한 군사적 봉쇄 ▲한반도 주변 국가의 대북 경제교류 축소 ▲미국의 대북 인도주의 지원 중단 ▲북한 외화수입원 차단 등이었다. 이는 북한의 경제난을 가속화시켜, 북한의 굴복 내지 붕괴를 유도하겠다는 전략이었다. 이에 대해 당시 대통령이던 김대중은 물론이고 노무현 당선자도 강력히 반대한다는 입장을 표명했다. 중국과 러시아 역시 마찬가지였다.

우연의 일치인지 모르지만, 2002년 말에 터진 2차 한반도 핵위기는 또다시 한미동맹 재조정과 조우하고 만다. 1차 핵위기는 펜타곤이 주한미군 3단계 감축 및 작전통제권 전환을 골자로 했던 한미동맹 재조정 계획을 무산시키는 빌미로 작용했다. 이 과정에서 미국 강경파들이 북한의 '플루토늄 문제'를 침소봉대했을 가능성이 상당히 높다는 점을 이미 지적한 바 있다. 반면 2차 핵위기는 펜타곤이 한미동맹을 재조정하겠다는 계획을 세우고 있을 때 발생했다. 당시 네오콘이 한미동맹 재조정을 유리하게 끌고 가기 위해 '우라늄 농축' 문제 역시 침소봉대했는지는 알 수 없다. 다만 체니와 럼스펠드가 북한과의 협상 불가를 주장하면서 대북강경책을 주도한 것은 분명하다. 또한 네오콘의 핵심인물이었던 럼스펠드는 자주국방을 주창한 노무현의 당선을 "좋은 기회"로 간주했다.

'반미'의 역설

2003년 2월 노무현 정부 출범 직후 "안보 IMF"라는 말이 유행했다. 1998년 김대중 정부가 국가부도 사태인 "IMF 외환위기"를 떠안고 출범한 것을 비유한 말이다. 실제로 "안보 IMF"라는 말은 지나친 것이 아니었다. "악의 축" 발언과, 필요하다면 선제공격에 나설 수 있다는 '부시 독 트린'으로 대표되는 미국의 대북강경책, 그리고 이에 맞서 핵 카드를 꺼내 든 북한의 선택은 한반도를 극도의 불확실성으로 몰아넣었다. 불확실성에 는 미국의 대북 선제공격에 의한 전쟁 가능성도 포함되었다. 또한 미영 연 합군은 노무현의 대통령 취임 한 달 후 기어코 이라크 침공을 강행했고, 한 국에 파병을 요청했다. UN 사무총장이 "불법전쟁"으로 규정한 이라크 전 쟁에 참전할지 여부는 노무현 정부에 또 하나의 딜레마로 다가왔다.

그런데 이뿐만이 아니었다. 앞서 언급한 한미동맹 재조정도 중대한 안보 이슈로 떠올랐다. 노무현은 "지난 50년간 한미동맹관계의 발전과 탈냉전시 대에 맞추어 이제 한미관계는 보다 수평적이고 균형적인 관계로 나아가야 한다"는 입장을 갖고 있었다. 노무현 정부의 국방정책 및 한미관계의 핵심 을 자주국방으로 설정한 것이다. 그런데 부시 행정부는 이를 새로운 군사전 략에 박차를 가할 수 있는 호기로 삼았다. 주목할 점은 양측의 동상이몽이 었다. 노무현 정부는 한미관계 재조정을 통한 자주국방을 핵심목표로 삼으 면서도 그 시기를 북핵 해결을 비롯한 한반도 안보 정세 안정화 이후로 상 정했다. 하지만 부시 행정부의 생각은 달랐다. 오히려 북핵 국면을 이용해 한미동맹 재조정을 서두르려고 했다. 또한 노무현 정부는 총론은 있었지만 각론이 별로 없었던 반면에 부시 행정부는 총론과 각론 모두 갖고 있었다.

럼스펠드는 노무현 당선 직후 측근들에게 보낸 편지에서 한미동맹 재조 정과 관련해 크게 두 가지 구상을 밝혔다. 하나는 한국의 부담 증대였고, 또 하나는 주한미군의 활동 영역을 한반도에 국한시키지 않고 아시아 지역으 로 확대하는 것이었다. 이런 계획을 갖고 있던 럼스펠드는 2003년 2월 3일 노무현 당선자의 고위 대표단을 만난 자리에서 무릎을 쳤다. 대표단 단장 인 정대철 민주당 최고위원이 "한미동맹 50주년을 맞아 동맹관계의 균형 을 다시 조정할 필요가 있다"고 말하자 "동맹의 균형 재조정 필요성에 동의하며 긴밀히 협의할 용의가 있다"고 화답한 것이다. 그가 측근들에게 보낸 편지에서 노무현의 당선은 "좋은 기회"라고 말했던 것을 떠올리게 하는 대목이다.

럼스펠드는 이 자리에서 각론도 꺼내들었다. 용산기지와 2사단 등 한강 이북의 미군기지 이전을 위해 노무현 정권과 긴밀히 협력하자고 제안한 것이다. 정대철 일행이 워싱턴으로 출발하기 직전인 2월 2일 새벽, 라포트 주한미군 사령관이 급하게 정대철의 집을 찾았다. "럼스펠드 장관이 미군기지 이전 문제에 대해 논의했으면 한다"는 메시지를 전달하기 위함이었다.[121] 그렇다. 럼스펠드가 편지에서 밝힌 것처럼 라포트는 이미 럼스펠드의 지시를 받아 한미동맹 재조정의 구체적인 계획을 입안하고 있었고 그 첫 단계로 주한미군 기지 이전 방침을 전달한 것이다. 용산기지 이전은 노무현 정부도 염두에 두었지만, 천천히 추진하자는 생각이었다. 반면 펜타곤은 용산기지는 물론이고 2사단까지 조속히 이전하고 싶었던 것이다.

이렇듯 미국이 미군기지 재배치 및 미군감축까지 언급하고 나오자, 국내의 상당수 언론과 야당은 그 책임을 노무현 정부에 돌렸다. 노무현 정부가 반미 노선을 추구하면서 한미동맹이 위태롭게 되었다는 것이었다. 미국 언론이나 전문가들이 이와 흡사한 진단을 내놓으면 국내 보수 언론은 이를 대서특필·침소봉대하면서 노무현 정부를 공격하는 소재로 삼았다. 이런 현상은 노무현 임기 5년 내내 지속됐다. 2007년 12월 대선에서 이명박 한나라당 후보가 "무너진 한미동맹을 다시 세우겠다"며 한미동맹 강화를 최대 안보공약으로 내세울 정도였다.

하지만 이는 본질을 보지 못한, 말 그대로 '비난을 위한 비난'에 불과했다. 실상은 전혀 달랐기 때문이다. 앞서 강조한 것처럼 럼스펠드를 비롯한 부시 행정부의 네오콘들은 노무현의 등장을 한미동맹의 위기가 아니라 자신들의 구상을 관철시킬 수 있는 호기로 여겼다. 또한 한미동맹에 대한 부시 행정부의 평가도 국내의 보수 언론 및 야당의 평가와 180도 달랐다. 미국 국무부는 '2004 회계연도 업무 및 회계평가 보고서'에서 2사단 재배치는 "목표 달성"했고, 용산기지 이전 합의는 "초과 달성했다"고 밝혔다. 한미동맹 재편과 관련해 미국 측 대표를 맡았던 롤리스는 2006년 9월 27일 의회 청문회에서 "용산기지와 2사단 이전은 정치적으로 쉽지 않은 문제였고 대단히 야심에 찬 계획"이었음에도 불구하고 대단히 빠른 시일 내에 합의에 도달할 수 있었다고 강조했다. 특히 그는 이에 적극적으로 협력한 노무현 정부는 "인정받을 가치가 있다"고 평가했다. 심지어 마이클 그린 백악관 아시아 담당 선임국장은 노무현 대통령의 퇴임 직전인 2008년 2월 "한미동맹에 대한 노무현 대통령의 기여는 전두환·노태우 이상이다"라고 말했다.[122]

이런 평가들이 지나치지 않다는 지표들이 있다. 우선 미군기지 이전비용 부담이다. 한미 양국은 2004년에 용산기지 및 2사단을 평택에 있는 캠프 험프리를 확장해 이전하기로 합의했다. 재배치 비용은 약 10조 원으로 추산되었다. 당시 노무현 정부는 용산기지는 한국 측이, 2사단은 미국 측이 이전을 요구한 것을 반영해 5대5로 비용을 분담하기로 했다고 발표했다. 하지만 실상은 한국이 92% 부담하는 것으로 나타났다. 미국이 자국 부담의 상당 부분을 한국이 제공한 방위비 분담금으로 충당한 것이다. 그런데 이는 당시에도 충분히 예견되었을 뿐만 아니라 내가 만난 외교부와 국방부 고위관료들도 인정한 것이었다.

어쨌든 미국은 자국 예산을 거의 들이지 않고 세계 최고 수준의 해외 군사기지를 확보하게 되었다. 이를 두고 2017년 7월 평택기지에서 개최된 사령부 개관식에 참석한 토머스 밴달 미 8군 사령관은 감격스러운 표정으로 "캠프 험프리의 규모를 확장해 미 국방부 해외 육군기지들 중 최대 규모의 기지로 거듭나게 했다"며 "펜타곤의 해외 시설들 중 단연 최고"라고 말했다. 또한 한국의 이라크 파병 규모는 침공 당사국이었던 미국과 영국을 제외하면 세계에서 가장 큰 규모였다.[*] 아울러 부시 행정부가 주한미군의 임무를 한반도에 국한시키지 않고 아시아 및 전 세계로 확대하려고 추진했던 '주한미군의 전략적 유연성'에도 합의해주었다.[**]

물론 노무현 정부의 자주국방을 향한 노력은 일부 결실을 맺기도 했다. 대표적으로 전시작전통제권 전환 합의다. 한미 양국은 2006년 말에 주한미군 사령관이 보유한 전시작전권을 2012년 4월 15일을 기해 한국군으로 이양하기로 했다.[***] 럼스펠드는 당초 2006년을 제안했고, 그다음에는 2009년을 제안했다. 그리고 럼스펠드가 이라크 전쟁 실패의 책임을 지고 사임한 후 2012년으로 합의할 수 있었다. 전작권 환수는 군사주권을 회복해 자주국방의 역량을 구축하기 위한 전제조건이라고 해도 과언이 아니었다. 하지만 동시에 따져볼 것이 있었다. 왜 럼스펠드는 전작권을 빨리 넘겨주고자 했을까? 그건 바로 대북 억제 및 방어의 주도적인 역할은 한국군에 넘기고 주한미군은 이를 위한 보조적인 역할로 전환하면서 한반도 밖 임무를 수행하고 싶었기 때문이다. 럼스펠드가 노무현 정부 초기부터 용산기지와 2사단 이전을 밀어붙이고 주한미군의 전략적 유연성을 추구한 본질적인 이유가 바로 여기에 있었던 것이다.[****]

---

[*]　노무현 정부는 2003년에 의료·공병 부대였던 서희·제마 부대를 파병한 데 이어 2004년에는 비전투 임무를 맡은 3600명 규모의 자이툰 부대를 파병했다.

[**]　전략적 유연성에 대한 합의는 해석상의 논란을 낳기도 했다. 부시 행정부는 동북아 유사시 주한미군 투입도 가능하다고 주장한 반면, 노무현 정부는 동북아 밖에 국한된 것이라고 반박했다.

[***]　이후 이명박 정부는 전작권 전환 시기를 2015년으로 늦췄고 박근혜 정부는 무기한 연기했다.

[****]　럼스펠드는 2003년 5월 한미정상회담에서 2사단 이전을 한반도 안보 상황을 고려해 "신중하게 추진한다"는 합의에 아랑곳하지 않고 2사단 '조기' 이전 합의를 관철시켰을 정도로 주한미군 재배치에 대한 의지가 강했다.

이는 한미동맹의 미래 및 한국의 주권과 안보와 관련해서도 중대한 함의를 지녔다. 미국은 중국이 전략적 경쟁자로 부상하면서 주한미군의 임무를 한반도에 국한시키지 않고 중국을 염두에 둔 '동북아 기동군'으로 재편하고 싶어 했다. 한국군의 능력 강화와 전작권 전환은 이런 미국의 전략적 의도를 부지불식간에 도와주는 결과를 낳을 수 있다. 그런데 주한미군의 임무가 중국까지 확대되면 한국의 주권 및 안보에도 중대한 부작용을 일으킬 수 있다. 한국이 중국을 겨냥한 군사기지를 미국에 제공하면 이는 국제법적으로 중국에 대한 군사적 적대행위가 될 수 있기 때문이다. 그래서 한국 주권을 정상화하기 위해 당연히 필요한 전작권 환수는 이와 같이 뜻하지 않은 바도 염두에 두어야 한다.

노무현 정부 때 "좌측 깜빡이를 켜고 우회전한다"는 말이 유행했다. 재벌개혁을 공약했지만 실제 결과는 한미 FTA 체결 같은 신자유주의적 경제정책을 상당 부분 채택했다는 이유였다. 마찬가지로 그것이 지지든 비난이든 '반미'라는 단어가 노무현을 그림자처럼 따라다녔다. 노무현 스스로도 반미성 발언을 즐겨 사용하고는 했다. 그런데 정책의 상당 부분은 친미적인 결과로 나타났다. 이걸 어떻게 설명할 수 있을까?

한미동맹의 비대칭성은 '상수'에 가까운 것이었다. 양국의 국력 차이, 한국의 미국에 대한 안보 의존도, 정계·학계·언론·관료·군부 등 주류집단의 친미적 관성 등은 반미는 고사하고 탈미나 미국 비판조차 힘들게 만들고는 했다. 데이비드 바인은 저서 《기지 국가》에서 "미국이 많은 숫자의 기지와 수십만 명의 병력을 해외에 상시 주둔시켜야 한다는 생각은 미국의 대외정책과 국가안보정책에서 거의 종교적 신념이나 다름없다"고 일갈한다.[123] 아마도 한국은 이런 미국의 "종교적 신념"이 가장 깊숙이 내재화된 나라가 아닐까 한다.

그런데 노무현 정부 시기에는 몇 가지 '변수'도 있었다. 앞서 설명한 럼스펠드 주도의 한미동맹 재편과 노무현의 자주국방 추구가 그 첫 번째에 해당한다. 부시 행정부는 한국 대선 3개월 전에 발표한 〈국가안보 전략 보고서〉에서 이미 한미동맹 재편 방향을 밝혀두었다. 미국의 전략적 중심축을 대서양에서 아시아-태평양으로 옮기기로 해놓고, 한미동맹의 미래에 대해 "북한에 대한 경계를 유지하면서 장기적으로 아시아 지역의 안정에 기여할 수 있도록 준비해나갈 것", 즉 한미동맹을 '지역동맹'으로 재편하겠다는 방침을 밝혔다.[124] 앞서 설명한 것처럼, 럼스펠드에게 노무현의 등장은 "호기"로 간주되었다.

둘째는 노무현의 '반미성' 발언의 반작용이었다. 노무현은 역대 유력 대선후보 가운데 반미·자주적 발언을 가장 많이 한 후보였다. 이런 노무현 후보가 대통령에 당선되자, 한미 양국의 보수세력은 미국 내 반한 감정과 주한미군 철수론을 집중적으로 제기하면서 노무현 정부를 집중 공격했다. 그러자 노무현 정부는 '반미' 혐의를 벗고자 노력했다. 핵심적인 대선공약인 SOFA 개정을 "북핵 해결" 뒤로 미뤘고, 주한미군 재배치와 이라크 파병 등 미국의 요구를 대폭 수용했다. 노무현이 2003년 8월 15일 광복절에 천명한 자주국방이나 2005년 3월 8일의 동북아 균형자 발언도 마찬가지 맥락에서 이해할 수 있다. 이런 안보전략이 한미동맹을 저해할 수 있다는 비판이 제기되자, 노무현 정부는 자주국방 앞에 "협력적"이라는 수식어를 붙여 한미동맹과 병행·발전하는 개념이라 강조했고, 동북아 균형자 역시 한미동맹 강화를 전제로 한 것이라고 설명했다. 미국을 상대로 한 자주적 발언들이 '반미 혐의'를 야기하고 이런 혐의를 씻으려다 보니 미국을 달래야 하거나 미국의 요구에 취약해지는 결과를 낳았던 것이다.

셋째는 북미 대결이었다. 북미 대결은 노무현 정부에 두 가지 근본적인 우려로 다가왔다. 하나는 북한의 핵무장 가능성이었고, 또 하나는 미국의 대북 선제공격 가능성이었다. 특히 노무현은 대통령 당선자 때부터 미국발 한반도 전쟁 가능성을 크게 우려하고 있었다. 당연히 노무현 정부의 첫 번째 전략과제는 "북핵문제의 평화적 해결"이었다. 그리고 이를 위해서는 한미동맹이 가장 중요하다고 여겼고, 이라크 파병과 한미동맹 재편 협력 등 미국의 요구를 수용하는 것이 북핵문제의 평화적 해결에 필요한 "기회비용"이라는 인식을 갖고 있었다. 노무현의 핵심참모였던 이종석 NSC 사무처장의 말이다. "무력충돌만은 안 된다는 메시지를 우방(미국)에 전달하는 데 모든 노력을 다했고, 기회비용도 많이 들었습니다."[125]

아마도 노무현 정부의 고민을 가장 잘 보여준 장면은 2003년 5월 중순 노무현의 첫 방미가 아닐까 한다. 당시 미국의 위세는 엄청났고 북미 대결은 정면충돌로 향하는 듯했다. 개전 3주 만에 이라크의 바그다드를 점령해 후세인 동상을 무너뜨린 부시 행정부는 5월 1일 "주요 전투의 종결"을 선언하고 '다른 악의 축 국가들도 각오하라'는 취지의 발언을 쏟아냈다. 특히 네오콘은 "김정일이, 무너진 후세인의 동상을 보면서 아버지 동상을 떠올렸을 것"이라며 이라크 점령이 북한의 굴복을 유도할 수 있다는 자신감을 내비쳤다. 하지만 북한은 이라크와 달랐다. 오히려 재처리를 완료해 핵무기를 제조할 수 있는 플루토늄을 만들어냈고 이를 대외적으로 공표하면서 미국과의 정면대결을 선택했다.

이 와중에 노무현은 난생처음 미국 땅을 밟았다. 하지만 "미국에 사진 찍으러 가지 않겠다"던 대선후보 시절의 호기는 사라지고 민망할 정도로 친미성 발언을 쏟아냈다. "미국이 53년 전 도와주지 않았다면, 오늘날 나는 (북한의) 정치범 수용소에 있었을 것이다" "미국의 대북 공격 위협이 북핵문제에 도움이 된다" "현 단계에서 북한과 정치적·경제적 공동체를 만드는 것에 대해 회의적이다" "북한의 행동과 요구는 국제사회가 받아들일 수 없는 것들이라고 생각한다" 등이 이에 해당한다. 그러자 국내 개혁진보 세력을 중심으로 '굴욕 외교' 논란이 일었다. 이에 대해 노무현은 귀국 직후 "좀 오버했다"는 점을 인정하면서도, 북핵문제의 평화적 해결을 위해서는 그럴 필요가 있었다고 강조했다. 또한 북핵문제를 최우선 해결 과제로 상정하다 보니, 미국에 대한 생각이 이전과 달라졌다는 점도 덧붙였다.[126] 그의 심정 은 5월 19일 전남대 강연에서 나온 "한신 장군은 어렸을 때 동네 부랑아에 게 고개 숙이고 가랑이 밑을 기었다"는 발언에 잘 담겨 있기도 했다.

한미동맹과 북핵문제의 연계전략은 이라크 파병에 대한 정당화 논리 로도 이어졌다. 부시는 2003년 10월 한국 정부가 추가 파병을 결정한 직 후 가진 한미정상회담에서 "북한의 안전을 서면으로 보장할 수 있다"고 발언했다. 이를 두고 이종석은 이것은 최초의 일로서 "꺼져가던 6자회담 의 불씨를 살리는 계기가 되었다"고 주장했다.[127] 즉, 부시 행정부가 대북 안전보장을 서면으로 밝힐 용의가 있다고 밝힌 것이 '추가 파병의 효과'라 는 것이었다. 그러나 이는 사실과 다른 측면이 있다. 이미 파월 국무장관 은 노무현 정부의 추가 파병 결정 이전인 2003년 8월에 서면 안전보장 제 공 의사를 밝힌 바 있고, 오히려 이라크 파병과 북핵문제를 연계시키려 했 던 윤영관 외교부 장관에게 "그것은 동맹국을 대하는 태도가 아니다"라며 핀잔을 주었다.[128]

미국의 환심을 사서 북핵문제의 평화적 해결을 도모하겠다는 노무현 정 부의 연계전략은 애초부터 한계를 가질 수밖에 없었다. 노무현 정부가 북 핵 해결과 한미동맹을 연계시킨다면, 부시 행정부로서는 이를 활용할 수 있게 된다는 점이었다. 북핵문제 해결을 지연시킬수록 한미동맹과 관련된 자신의 요구를 관철하기가 훨씬 용이해진다는 공식이 성립할 수 있었기 때 문이다. 실제로 부시 행정부는 북한과의 대화를 거부하면서 핵문제 해결에 별다른 관심을 보이지 않은 반면에, 한미동맹 재편은 일사천리로 밀어붙였 다. 이를 두고 노무현 정부 초기에 국정원 기조실장을 지낸 서동만은 나중 에 이렇게 탄식했다. "부시 행정부의 우선적인 관심은 북핵문제가 아니라 한미동맹이었다."[129]

당시 나는 노무현 정부의 대미정책을 두고 '공미형 친미주의'라고 비판했다. 미국의 요구와 정책이 부당함에도 불구하고 이를 수용하지 않으면 미국의 해코지를 당할 것이라는 두려움 때문에 미국의 요구에 끌려다녔다는 취지였다. 이런 생각에는 변함이 없지만 반성할 대목도 있다. 나 역시 당시 부시 행정부가 전쟁을 일으킬 가능성을 크게 걱정해 글과 말을 통해 정부와 국민에게 알리려고 노력했다. 공미증의 책임으로부터 자유로울 수 없었던 셈이다. 또한 노무현의 심정을 이해하려는 노력도 부족했다. 아마도 그의 눈에는 한반도의 운명이 물가에 있는 아이처럼 비쳤을 것이다. 다른 부모의 눈에는 별로 위험해 보이지 않을 수 있었지만, 대통령 자신의 눈에는 위태롭게 보였을 것이라는 의미다. 그래서 부시의 가랑이 밑이라도 기어야 한다고 생각했을 것이다. 그런데 노무현의 비참한 최후를 목도하고선 '운명'처럼 대통령이 된 문재인이 비슷한 상황에 처했다. 이에 대해서는 후술하기로 한다.

"북한은 이라크와 다르다"

우연의 일치일까? 두 차례에 걸친 미국-이라크 전쟁은 두 차례에 걸친 "북핵위기"와 조우했다. 1991년 1월 17일 이라크를 상대로 '사막의 폭풍' 작전에 돌입한 미국은 불과 42일 만에 이라크를 패퇴시키고 전쟁 종결을 선언했다. 냉전 승리와 함께 유일 초강대국으로 등장한 미국의 전쟁 영웅 콜린 파월 합참의장은 "이제 남은 나라는 북한"이라고 말하기도 했다. 공교롭게도 이때 터진 북핵문제를 빌미로 미국 내에서는 북폭론이 맹위를 떨치기도 했다. 하지만 북한은 "우리는 이라크와 다르다"며 결사항전을 다짐했다. 한국전쟁 이후 최악의 전쟁위기는 지미 카터 전 대통령의 중재에 힘입어 북미 간의 제네바 합의로 봉인되었다.

그로부터 10년 후, 아버지에 이어 정권을 잡은 조지 W. 부시 행정부는 북미 간의 제네바 합의를 깨부수는 한편, 이라크 침공에 박차를 가했다. 부시는 "사악한 지도자가 대량살상무기를 갖지 못하게 하겠다"며 2003년 3월 20일 영국과 함께 이라크 침공을 강행했다. "사악한" 독재자 사담 후세인과 "대량살상무기"의 조합은 미국 내에서 강력한 호소력을 발휘하면서 미국 국민의 60~70%가 이 전쟁을 지지하게 만들었다. 후세인이 1980년대 후반 자국 내 쿠르드족에게 독가스를 사용한 전례도 침공을 전후해 회자되었다. 그런데 이때 후세인 정권에 화학무기를 제공한 당사자는 바로 미국이었다. 걸프전 이전 중동의 석유 부국이었던 이라크는 걸프전 때 미국이 주도하는 다국적군의 폭격과 그 후 무분별한 경제제재로 산업시설이 거의 황폐화되었다. 그 속에서 5세 미만의 어린이 50만 명을 포함해 약 200만 명의 주민이 목숨을 잃었다. 이는 인류 역사를 통틀어 사용된 모든 대량살상무기 희생자 수보다 많은 것이었다. 국제사회에서는 최소한 민생에 영향을 끼치는 경제제재를 해제해야 한다는 목소리가 높아졌지만, 매들린 올브라이트는 유엔 주재 미국 대사 시절이었던 1997년에 "그럴 만한 가치가 있다"고 말해 국제사회의 공분을 사기도 했다.

1차 걸프전 이후 약 10년간 혹독할 정도의 무기사찰 및 해제 작업으로 이라크의 대량살상무기는 대부분 제거되었다. 후세인 정권도 미국의 침공 직전까지 UN 무기사찰단 활동에 거의 전적으로 협력하고 있었다. 그러나 이런 객관적인 사실조차 부시 행정부의 마음을 돌려놓지는 못했다. 후세인의 WMD는 애초부터 이라크에 있던 것이 아니라 부시의 마음속에 있었고, 침공 목적은 있지도 않는 이라크의 WMD 제거가 아니라 석유를 손에 넣고 기축통화로서 달러의 위상을 회복함으로써 세계 패권을 강화하고자 하는데 있었기 때문이다. 이런 분석을 뒷받침하듯 2001년 1월 말에 열린 부시 행정부의 첫 국무회의에서 폴 오닐 재무부 장관은 후세인 제거 필요성을 강하게 제기했다. 2개월 전에 후세인이 석유 거래 화폐를 달러에서 유로로 대체하겠다고 발표했기 때문이다.[130] 또한 앨런 그린스펀은 미국 연방준비 은행(FRB) 의장 퇴임 직후 "이라크 침공의 이유는 석유에 있다"고 말해 백악관을 발칵 뒤집어놓기도 했다.

전쟁 초기만 하더라도 미국의 위세는 대단했다. 개전 3주 만에 바그다드를 점령한 미국은 5월 1일 사실상 종전을 선언했다. 2003년 5월 1일 부시 대통령은 전투기를 타고 항공모함 에이브러햄 링컨호에서 내려 이렇게 선언했다.

이라크에서 주요 전투 작전은 끝났다. 미국과 우리의 동맹국은 승리했다. 그리고 우리의 연합은 이제 이라크 안정화와 재건에 나서고 있다. (중략) 이제 우리는 이라크에서 생화학무기를 찾아나설 것이다. (중략) 테러와의 전쟁은 계속될 것이다. 미국 국민을 상대로 한 테러 공격에 가담하거나 계획하는 자들은 미국의 적이고, 정의의 심판을 받을 것이다. 테러 집단과 연계되어 있거나 대량살상 무기를 개발·보유하려는 어떠한 무법 정권도 분쇄될 것이다.

미국은 혹시나 하고 이라크 전역을 샅샅이 뒤졌지만, 아무것도 찾을 수 없었다. 오히려 부시가 승리를 선언한 직후, 이라크 저항세력의 반격이 본격화되었다. 집에 돌아갈 꿈에 부풀어 있던 미군들은 여기저기에서 날아드는 총탄과 곳곳에 매설된 폭탄, 그리고 폭탄을 가득 실은 자살 테러 차량에 하나둘 쓰러지기 시작했다. 이라크인과 미군 사상자 소식은 하루가 멀다 하고 언론의 머리기사를 장식했고, 미국은 깊은 수렁에 빠져들었다. 미국의 위세에 눌렸던 여러 나라에서 부시의 일방주의를 성토하기 시작했고, 이라크 전쟁에 참전한 "의지의 연합(coalition of willingness)"은 갈라졌다.

또한 미국이 중동에 발이 묶인 사이 부시가 "전략적 경쟁자"로 일컬었던 중국은 급격히 강해졌고, 고유가와 반미 여론에 힘입어 러시아도 국제 무대의 전면에 재등장했다. 일국 패권주의를 꿈꾸며 미국이 강행한 이라크 전쟁이 오히려 다극체제를 재촉한 셈이다.

결과적으로 1차 걸프전이 냉전 해체 이후 미국 단일패권 시대의 개막을 알린 전쟁이었다면, 2차 전쟁은 그 반대의 결과를 낳았다. 이를 두고 1기 부시 행정부 때 국무부 정책기획국장을 지낸 리처드 하스 미국외교협회(CFR) 회장은 "1차 이라크 전쟁으로 개막된 중동에서의 미국 시대가 2차 이라크 전쟁으로 그 끝을 재촉하고 있다"며 "중동에서의 미국 패권은 종말을 고했고 새로운 시대가 열리고 있다"고 주장했다.[131] 무엇보다 미국의 이라크 침공 강행은 온건한 패권국가이자 현상유지 세력으로서의 미국의 이미지에 치명타를 가했다.

미국의 위신이 땅에 떨어진 현실을 상징적으로 보여준 일화가 있다. 부시는 퇴임 직전인 2008년 12월 14일 이라크 바그다드에 마련된 기자회견장에 섰다. 이라크 전쟁의 정당성과 성과를 한참 설명하던 차에 그의 면전에 신발이 날아들었다. 문타다르 알 자이디 기자가 신발을 던지면서 이렇게 쏘아붙였다. "전쟁은 끝났다. 이게 너한테 주는 마지막 작별 키스다, 개놈아! 이 신발은 이라크에서 살해된 사람들과 그 부인들과 고아들이 던지는 것이다."

한편 2006년 11월 5일 자신의 고향 티크리트 인근에서 생포된 후세인은 50여 일 후 교수형에 처해졌다. 이라크 특별재판소가 1982년에 후세인이 148명의 시아파 주민들을 학살한 혐의를 인정해 사형을 선고한 것에 따른 조치였다. 이라크 정부는 그의 교수형 장면을 담은 비디오를 전 세계에 공개했다. 이로써 1979년부터 2003년까지 철권통치를 휘둘렀던 후세인은 수많은 논란을 뒤로하고 역사의 무대에서 퇴장했다. 후세인은 교수형 집행 직전에 한 교도관의 "두렵느냐"는 질문에 이렇게 답했다고 한다. "아니다. 나는 군인이기 때문에 두렵지 않다. 나는 지하드(성전)와 침략자들과 맞서 싸우는 것으로 내 생애를 보냈다. 이 길을 걸은 사람은 누구라도 두려워할 필요가 없다."[132]

이라크의 사례는 핵문제의 현실과 관련해서 시사하는 바가 크다. 핵개발 의혹이 아무리 불확실하더라도 그 의혹이 침공의 명분으로 작용한 사례이기 때문이다. 당시 국제사회에서는 이라크의 후세인 정권이 강력한 UN 사찰과 제재하에 있었기 때문에 핵무기를 개발할 능력이 없었다고 보고 있었음에도 불구하고, 미국은 관련 정보를 왜곡·과장하면서까지 침공을 강행했다. 부시 행정부는 "후세인이 핵무기를 갖는다면"이라는 화법을 즐겨 사용했다. 이는 후세인이라는 '광폭한 독재자'와 핵무기라는 '대단히 위험한 무기'를 조합해 사람들의 공포 심리를 자극함으로써 침공의 명분을 쌓고자 하는 의도에서 나온 것이다.

지구촌이라는 말을 실감하게 하듯, 이라크 전쟁은 한반도에도 '강 건너 불'이 아니었다. 노무현 정부는 부시의 이라크 침략전쟁을 도우면서 한반도 평화를 도모하고자 했다. 두 차례에 걸친 이라크 파병을 통해 부시의 대북강경책을 완화해보겠다는 것이었다. 그러나 부시의 대북정책을 변화시킨 힘은 남한의 파병이 아니라 이라크 저항세력의 반격과 이에 따른 네오콘의 몰락으로부터 나왔다. 또한 파병 추진 당시 원유 확보와 제2의 중동 특수에 기초한 경제실리론도 맹위를 떨쳤다. 불난 집에 가서 장물을 챙기겠다는 속셈도 문제였지만, 파병이 10여 년 가까이 지나도록 수천억 원의 파병 비용과 엄청난 사회적 비용을 상쇄할 만한 어떠한 경제적 실리도 없었다. 이런 국익론은 이라크 현지 상황에 대한 몰이해가 낳은 '블랙 코미디'였던 셈이다.

이라크-북한-미국 사이의 상호작용도 흥미롭다. 부시가 이라크 침공 준비에 여념이 없던 2002년 말에서 2003년 초에 북한은 미국에 맞서 핵 카드를 꺼내들었고 NPT에서도 탈퇴했다. 당연히 미국 기자들은 대량살상무기 보유 여부가 극히 의심스러운 이라크에는 무력 사용을, 대놓고 핵무기를 개발하겠다고 나선 북한에게는 "평화적 해결"을 말하는 부시 행정부에 질문 공세를 퍼부었다. 그러자 부시 행정부는 "북한은 이라크와 다르고, 이에 따라 다른 방법을 채택해야 한다고 보고 있다"는 진땀 해명에 급급했다. 같은 하늘 아래에서 도저히 같이 살 수 없을 것처럼 보였던 김정일과 부시가 "북한은 이라크와 다르다"고 이구동성으로 말하고 있던 셈이다. 어쨌든 북한이 핵 카드를 전면화시킴으로써 미국의 이라크 침공을 '명분 없는 전쟁'으로 만드는 데 일조하는 결과를 낳았다.

또한 2003년 4월 하순 미국이 바그다드를 점령해 후세인 동상을 쓰러뜨리자, 네오콘들은 "김정일은 후세인 동상이 쓰러지는 것을 보고 아버지의 동상이 흔들리는 것을 느꼈을 것"이라고 말했다. 네오콘의 대변인으로 불리던 존 볼턴 국무부 차관은 "우리는 다른 정권들이 이라크로부터 적절한 교훈을 얻길 바란다"고 말했다. 이라크에서 선보인 미국의 막강한 힘에 김정일도 고분고분해지거나 그렇게 되어야 한다는 의미였다. 그러나 북한이 이라크의 처지를 보면서 길어 올린 교훈은 정반대였다. "초현대식 무기로 뒷받침되는 군사적 억제력만이 전쟁을 막고 국가의 안보를 수호할 수 있다"는 것이었다.

6자회담과
BDA

8

　　우리 속담에 "소 뒷걸음치다가 쥐 잡는 격"이라는 말이 있다. 2003년 8월에 시작된 6자회담이 이에 해당한다. 부시 행정부는 '일방주의'의 화신으로 불렸지만, 유독 북핵문제와 관련해서는 '다자주의'를 고집했다. 그 결과 나온 것이 바로 6자회담이다. 이 회담은 주로 북핵문제 해결에 초점을 맞춘 것이지만, 한반도 평화체제는 물론이고 동북아 평화안보체제 구축도 목표로 삼았다. 일방주의의 상징이었던 부시 행정부의 고집으로 동북아에 다자주의의 씨가 뿌려진 것은 분명 주목할 일이었다. 그런데 또 하나의 역설이 존재한다. 부시의 일방주의를 맹렬히 비난하면서 다자주의를 추구했던 버락 오바마 대통령 임기 8년 동안에는 6자회담이 한 번도 열리지 않았다. 그렇다면 6자회담은 어떻게 시작된 것일까?

6자회담의 개막과 전개 과정

　　　　북핵문제가 또다시 전면으로 대두된 2003년 상반기, 부시 행정부는 이라크 전쟁에 여념이 없었다. "우리는 이라크와 다르다"고 호언장담한 김정일 정권은 이 시기에 핵 능력을 빠르게 증강시키면서 부시에게 담판을 요구했다. 미국이 맹렬한 기세로 바그다드를 향해 돌진할 때, 북한은 "8000여 대의 폐연료봉들에 대한 재처리 작업까지 마지막 단계에서 성과적으로 진행되고 있다"고 천명할 정도였다.[133] 북한이 8000여 개의 연료봉을 재처리하면 5~6개의 핵무기를 만들 수 있는 플루토늄을 확보하게 될 터였다. 아마도 미국이 이라크를 침공하지 않았다면, 북한을 공습했을 수도 있는 상황이었다. 그래서 부시 행정부는 내심 '후세인을 끝장내고 보자'고 다짐했을 것이다.

　　이 상황에서 중국이 중재자를 자처하고 나섰다. 양자회담을 고집하던 북한과 다자회담을 고수하던 미국을 설득해 4월 23일 베이징에서 북미중 3자회담을 개최한 것이다. 하지만 3자회담은 북미 양측의 입장 차이만 확인한 채 끝나고 말았다. 미국 대표로 나선 제임스 켈리는 "완전하고 검증 가능하고 돌이킬 수 없는 방식으로(CVID) 북한이 먼저 핵 프로그램을 폐기해야만 협상할 수 있다"는 기존 원칙을 고수했다. 북한 대표로 나선 리근은 이를 일축하면서 켈리를 복도로 불러내 "우리는 이미 핵무기를 갖고 있고, 이를 폐기할 수 없다. 우리가 물리적인 증명을 할지, 양도를 할지 여부는 당신들에게 달려 있다"고 말했다.[134]

　　북미 간 정면대결이 초읽기에 들어가는 듯했지만, 예상치 못한 일이 이라크에서 발생했다. 부시가 사실상 종전선언을 한 5월 이후 이라크 저항세력의 반격이 본격화된 것이다. 그러자 부시 행정부는 북핵문제에 대해 관리의 필요성을 절감하게 됐다. 7월 들어 관련국들이 참여하는 다자회담을 제안하면서 "다자회담에서 북한의 안전보장 문제를 논의할 수 있다"는 입장을 밝힌 것이다.[135] 라이스가 권고했던 제안이 럼스펠드의 반대로 막혔다가 4개월 만에 공식적인 입장으로 나온 것이다. 북한도 양자회담이 보장되면 다자회담도 수용할 수 있다며 다소 유연한 입장을 보였다. 초기에는 남북미중 4자회담이 유력하게 검토되었지만, 일본의 강력한 로비를 받은 미국은 일본도 참여해야 한다는 입장이었다. 그러자 러시아는 '나는 왜 안돼?'라며 참가 의사를 밝혀 '6자'가 된 것이다.

부시가 다자회담을 고집한 이유는 북미 양자 간 게임의 법칙을 '국제사회 대 북한'으로 바꿔 북한을 압박하고 굴복시키려는 의도에 있었다. 이는 2003년 노무현과 부시의 정상회담에서 잘 드러났다. 당시 NSC 사무차장으로 있으면서 노무현 정부의 통일외교국방정책을 총괄한 이종석이 소개한 두 정상의 대화 요지를 보자.[136] 6자회담에서 한국이 미국을 따라주기를 바랐던 부시와, 최소한 6분의 1의 "동등한 발언권을 행사하려" 했던 노무현 사이의 긴장과 협력의 이중주가 잉태된 순간이었다.

부시: 북핵 게임의 룰은 북한 대 미국이 아니라 북한 대 주변국입니다. 5개국이 단합해서 북한에 동일한 메시지를 보내야 합니다. 김정일은 믿을 수 없는 사람이니까요.

노무현: 우리 속담에 "쥐도 궁지에 몰리면 고양이를 물고, 개를 쫓을 때도 도망갈 길을 열어주고 쫓는다"는 말이 있습니다.

부시: 고양이가 한 마리면 쥐가 물 수 있지만 고양이가 다섯 마리인데 물 수 있겠습니까?

노무현: 쥐가 물 첫 번째 고양이가 바로 우리가 될 수 있다는 점이 문제지요.

우여곡절 끝에 2003년 8월 27부터 29일까지 의장국을 맡은 중국 베이징에서 1차 6자회담이 열렸다. 이 자리에서 북한의 6자회담 수석대표인 김영일 외무성 부상이 타협안을 제시했다. "미국이 대조선 적대시 정책을 근원적으로 바꾸어야 한다"며 "미국이 우리를 적대시하지 않는다는 판단의 기준은 조미 사이에 불가침조약이 체결되고 조미 외교관계가 수립되며 미국이 우리와 다른 나라들 사이의 경제거래를 방해하지 않는 때로 볼 수 있다"고 말했다.* 또한 그는 동시행동 원칙도 밝혔다. "미국이 중유 제공을 재개하고 인도주의 식량지원을 대폭 확대하는 동시에 조선은 핵 계획 포기의 사를 선포하고, 미국이 불가침조약을 체결하고 전력손실을 보상하는 시점에서 조선은 핵시설과 핵물질 동결 및 감시사찰을 허용하며, 조미·조일 외교관계가 수립되는 동시에 조선은 미사일 문제를 타결하고, 경수로가 완공되는 시점에서 조선은 핵시설을 해체"한다는 것이었다. 하지만 미국 측 대표인 켈리는 'CVID'가 선행되어야 한다는 기존 입장을 되풀이했다.**

이처럼 미국의 'CVID'와 북한의 '동시행동'이 충돌하면서 악화 일로를 걷던 북핵문제는 2004년 들어서도 교착 상태에서 벗어나지 못했다. 파국을 우려한 한국과 중국의 적극적인 중재와 조율로 2차 6자회담이 열렸지만, 북미 양측의 입장 차이는 쉽게 좁혀지지 않았다. 그러다가 6월 23일부터 26일까지 열린 3차 6자회담에서 미국이 변화된 모습을 보였다. 우선 미국은 말싸움의 진원이었던 'CVID'라는 표현을 이 회담에서 사용하지 않았다. 이전까지 부시 행정부는 이를 북핵문제 해결의 기본원칙으로 삼았고, 북한은 이에 대해 패전국에나 적용되는 표현이라며 수용을 거부해왔다. 그

---

* 　북한은 이후에도 지속적으로 "미국의 적대시 정책 철회"를 비핵화 회담의 조건으로 제시해왔다. 북한이 말하는 "적대시 정책 철회"는 북미 간 불가침조약 체결이나 평화협정 체결, 북미관계 정상화, 그리고 미국 주도의 대북 경제제재 해제라는 것을 알 수 있게 하는 대목이다. 아울러 "미국 핵 위협의 근원적인 제거"도 요구해왔다.

** 　이후 6자회담은 2005년 9·19 공동성명이 나올 때까지 'CVID'라는 표현을 둘러싼 북미 간 공방전으로 허송세월하고 만다.

러나 3차 회담에서는 이런 논쟁이 재연되지 않았다.

또한 미국은 이 회담에서 2단계로 이뤄진 구체적인 협상안을 제시했다. 첫 번째 단계는 3개월간의 '핵 폐기를 위한 준비단계'로, 북한이 취해야 할 조치로는 ▲모든 핵 프로그램 폐기 약속 ▲모든 핵 프로그램 신고 ▲핵시설 운영 중단 및 봉인 ▲핵무기 및 부품의 사용 불능 조치 ▲국제사찰 및 감시 수용 등이다. 이에 대한 미국의 상응조치로는 ▲미국을 제외한 남한, 중국, 러시아, 일본의 대북 중유 제공 ▲잠정적 다자안전보장 제공 ▲북한 에너지 수요 및 비원자력 프로그램을 통한 수요충족 방안 연구 ▲테러지원 국 명단 삭제 및 경제제재 해제문제 협의 개시 ▲북한의 핵 관련 과학자·기술자 재교육 및 핵 폐기 과정에서의 기술적·재정적 지원 등으로 구성되었다. 두 번째 단계는 '핵 폐기 단계'로, "북한의 모든 핵 프로그램 폐기가 완료되면 미국은 북한에 항구적 안전보장을 제공하고 관계 정상화 및 경제협력 장애를 해소한다는 것"이었다.

미국이 다소 유연해진 모습을 보이자 북한도 강경 자세를 누그러뜨렸다. 북한은 6월 28일 외무성 대변인 담화에서 "우리가 내놓은 '말 대 말' '행동 대 행동' 원칙에 기초한 동시행동조치를 취할 데 대하여, '동결 대 보상' 문제를 기본으로 토의할 데에 대한 합의가 이룩된 것은 이번 회담이 이룩한 하나의 긍정적인 진전으로 된다"고 평가했다. 특히 미국이 3차 회담에서 'CVID'라는 표현을 사용하지 않은 것에 대해 주목했다.* 그러나 미국이 핵 폐기 준비기간으로 3개월을 제시한 것을 "매우 비과학적이고 비현실적인 억지주장"이라며, "구태여 기간에 대해 말한다면 그것은 (북한의) 보상요

---

*   실제로 3차 6자회담 의장 성명을 보면, "참가국들은 핵문제의 평화적 해결을 위하여 '말 대 말'과 '행동 대 행동'의 단계적인 과정에 대한 필요성을 강조"하면서, "참가국들은 공통의 기반을 확대하고 기존 차이점을 줄여나가기 위해 추가 토의가 필요하다"고 나와 있다. 이는 3차 회담에서 문제 해결의 공통분모를 발견하기 시작했다는 것을 의미한다.

구를 (미국이) 어떻게 충족시키는가에 따라 좌우되는 것이다"라고 밝혔다. 동시행동원칙에 따라 적절한 보상이 충족되지 않으면 일방적인 핵동결은 있을 수 없고, 동결 기간 역시 현실에 맞게 조정되어야 한다는 것이었다.

이처럼 어렵게 문제 해결의 접점을 찾기 시작한 북한과 미국은 2004년 7월 중순 들어 다시 대결적인 자세로 돌아선다. 6자회담 미국 측 수석대표인 켈리는 7월 15일 상원 청문회에서 미국의 목표는 'CVID'로 북핵문제를 해결하는 데 있다고 밝혔다. 또한 7월 21일에는 하원에서 북한인권법이 만장일치로 통과되었다. 이에 대해 북한은 미국이 '동결 대 보상' 원칙을 거부했을 뿐만 아니라 "미국의 적대시 정책이 더 노골화되고 있다"며 강력히 반발했다. 미국의 CVID 표현 자제로 조성된 협상 국면이 다시 미국의 CVID 표현 사용으로 물거품이 된 것이었다.

2005년 들어 북미 대결은 더욱 심각하게 전개되었다. 재선에 성공한 부시는 2기 대외정책의 기조로 "폭정의 종식"을 통한 "자유의 확산"을 내세웠다. 또한 백악관 안보보좌관에서 국무장관으로 자리를 옮긴 라이스는 1월 말 상원 인준 청문회에서 북한을 가리켜 "폭정의 전초기지"라고 불렀다. 심지어 부시 행정부 내 강경파들은 이렇다 할 근거도 없이 북한이 리비아에 핵물질을 수출했다는 정보를 언론에 흘렸다. 2003년 12월에 핵무기를 비롯한 대량살상무기 개발을 포기한 리비아를 사찰한 결과, 핵시설에서 육불화우라늄(UF6)이 발견되었는데, 이것은 북한이 수출한 것이라는 게 미국의 주장이었다. 특히 미국은 이것이 북한의 HEU 보유를 강력히 뒷받침하는 근거라고 주장했다. 하지만 이 주장은 과학적인 검증과 거리가 먼 것이었다. 당시 미국이 사용한 기법은 '배제법'이었다. 즉, 북한의 우라늄 샘플과 리비아의 핵시설에서 채취한 육불화우라늄을 비교분석한 것이 아니라 다른 나라의 샘플과 비교해 보니 이들 나라에서 온 것이 아니기 때문에 북한이 수출한 것이라는 결론이었다.

이처럼 2기 부시 행정부가 대북 강경 기조를 분명히 하자, 북한은 깜짝 카드를 꺼내들었다. 2월 10일 외무성 성명을 통해 핵무기 보유를 선언한 것이다. 북한은 부시와 라이스의 발언을 예로 들면서 "우리 공화국을 적대시하고 기어이 고립·압살해보려는 2기 부시 행정부의 기도가 완전히 명백해졌다"고 주장했다. 그러면서 두 가지를 천명했다. 첫째는 "6자회담 참가 명분이 마련되고 회담 결과를 기대할 수 있는 충분한 조건과 분위기가 조성되었다고 인정될 때까지 불가피하게 6자회담 참가를 무기한 중단할 것"이라는 발표였다. 둘째는 최초의 공개적인 핵무기 보유 선언이었다. 북한은 "미국이 핵몽둥이를 휘두르면서 우리 제도를 기어이 없애버리겠다는 기도를 명백히 드러낸 이상" "자위를 위해 핵무기를 만들었다"고 천명했다. 그러나 성명 말미에 "대화와 협상을 통해 문제를 해결하려는 우리의 원칙적인 입장과 조선반도를 비핵화하려는 최종목표에는 변함이 없다"고 덧붙여 협상의 여지를 남겨두었다.

북한의 핵무기 보유는 부시 행정부가 설정한 금지선에 해당하는 것이었다. 그런데 정작 미국은 북한의 핵보유 선언에 대해 "예전부터 들어왔던 얘기"라며 대수롭지 않다는 반응을 보였다. 여기에는 두 가지 판단이 깔려 있었다. 하나는 기술적 판단이었다. 북한이 5~6개의 핵무기를 만들 수 있는 플루토늄을 보유한 것은 확실했지만, 아직 핵실험을 하지 않았기 때문에 '무기화'되었다고 볼 수 없다는 것이었다. 또 하나는 정치적 판단이었다. 부시 행정부는 북한의 핵보유 선언을 벼랑끝 전술로 여기면서 이에 과민반응하면 북한의 의도에 말려드는 것이라고 간주한 것이다. 이에 따라 미국은 북한의 언행이 국제사회의 고립만 가속화시킬 것이라며, 조건 없는 6자회담 복귀를 촉구했다. 또한 북한이 6자회담에 참가하지 않으면, UN 안보리 회부 등 강경 조치를 의미하는 "다른 선택"을 공개적으로 언급하기 시작했다.

북한의 강공책도 계속되었다. 3월 31일 외무성 대변인 담화를 통해 6자 회담의 성격과 의제를 근본적으로 재구성해야 한다고 주장하고 나선 것이다. 자신도 핵보유국이 된 만큼, 6자회담은 북한의 핵 포기와 이에 대한 미국의 상응조치를 주고받는 수준이 아니라 핵군축 회담이 되어야 한다는 것이 요지였다. 구체적으로 "조선반도 비핵화"는 북한의 비핵화뿐만 아니라, 남한에 대한 미국의 핵우산 제거를 포함한 미국 핵문제와 남한의 핵 투명성 문제도 6자회담에서 논의되어야 한다는 것이었다.

또한 북한은 "핵 억제력을 늘려나가겠다"는 공언을 행동으로 옮기고 있었다. 4월 들어 5MWe 원자로 가동을 중단하고 폐연료봉 추출에 나선 것이다. 이에 대해 미국은 4월 19일 북한의 UN 안보리 회부를 검토하겠다고 공식발표했고, 그러자 북한은 4월 25일 UN 안보리 회부를 선전포고로 간주하겠다고 받아쳤다. 북미 간 갈등은 양측 최고지도자에 대한 비방전으로 이어졌다. 먼저 부시는 4월 29일 기자회견에서 김정일을 지칭해 또다시 "폭군"이라 불렀고, 이에 질세라 북한은 5월 10일자 〈노동신문〉을 통해 부시를 "불망나니"라고 맹비난했다.

그러나 정면대결의 이면에는 반전(反轉)의 기운도 싹트고 있었다. 5월 들어 북미대화와 남북대화가 거의 동시에 복원된 것이다. 우선 2004년 12월 이후 중단된 뉴욕 접촉이 6개월 만에 재개되면서 북미 간 직접접촉이 이뤄졌다. 5월 13일 조지프 디트러니 국무부 대북협상 특사와 제임스 포스터 한국과장이 뉴욕 UN 주재 북한대표부를 찾아가 박길연 대사 및 한성렬 차석대사를 만난 것이다. 이 자리에서 미국은 북한을 주권국가로 간주하고 공격하거나 침공할 의사가 없다는 점을 직접 전달했다. 아울러 북한의 6자회담 복귀를 강력히 촉구하면서 6자회담이 재개되면 미국은 유연한 자세를 보일 수 있다는 입장도 전달했다. 이런 배경에는 네오콘이 주도한 이라크 전쟁의 패색이 짙어지면서 네오콘의 영향력이 약해지기 시작한 것이 주효했다. 동시에 크리스토퍼 힐 주한 미국 대사가 국무부 동아태 담당 차관보 및 6자회담 수석대표로 기용되면서 라이스-힐 라인이 구축되었다. 힐은 "미치도록 협상하고 싶다"며 강력한 대북협상 의지를 지닌 인물이었다.

나는 힐을 2005년에 두 차례 만났다. 첫 만남은 내가 대표로 있는 평화네트워크 초청 토론회였다. 4월 하순에 열린 이 토론회는 '주한미국 대사' 힐의 마지막 공식일정이었다. 당시 사회자였던 나는 힐과 여러 차례 언쟁을 벌이기도 했다. 두 번째 만남은 5월 초 국무부 동아태 담당 차관보 집무실에서 이뤄졌다. 당시 〈오마이뉴스〉 기자를 겸직하고 있던 나의 목표는 '어떻게 해서든 힐로부터 긍정적인 메시지를 받아내 6자회담 재개에 기여해보겠다는 것'이었다. 그래서 논쟁적인 질문보다는 유도성 질문을 던졌다. 그런데 놀랍게도 힐이 호응했다. 예를 들어 "북한을 주권국가로 칭한 라이스 장관의 발언은 북한과 평화공존할 수 있다는 뜻이냐"라는 집요한 질문에 "우리는 의지를 밝혔다. 북한에 좋은 의도를 갖고 있다"고 답했다. 또한 "미국은 3차 6자회담에서 내놓은 제안 내용을 수정할 의사가 있느냐"라는 질문에 "물론이다"라고 답했다. 직전까지 미국의 고위관리들이 "우리는 3차 6자회담에서 매우 좋은 제안을 했다. 미국은 그 제안을 고수하고 있다"고 말한 것과는 분명 달라진 것이었다. 반면 북한은 미국의 제안을 두고 "일고의 가치도 없는 것"이라고 일축했다. 그래서 혹시나 하고 질문을 던진 것인데 힐이 "기존 제안을 수정할 수 있다"고 답한 것이다. 아울러 북한이 6자회담에 복귀하면 정전협정을 평화협정으로 대체하는 문제도 논의할 수 있다고 밝혔다. 이런 내용은 〈오마이뉴스〉를 통해 기사화되었고,[137] 이를 본 청와대 관계자는 평화네트워크 사무실로 전화를 걸어 "정부가 할 일을 정 대표가 대신해줬다"며 감사의 뜻을 전하기도 했다.

노무현의 반격과 네오콘의 재반격

한국의 대통령제는 '5년 단임제'다. 하지만 노무현 정부의 통일 외교안보정책은 두 시기로 구분할 수 있다. 전반기는 2003~2004년이고, 후반기는 2005~2007년이다. 눈치 빠른 독자는 알아차렸겠지만, 두 시기의 구분 기준은 부시의 재선이다. 노무현 정부의 전반기 정책은 한미관계에 방점이 찍혀 있었다. 주한미군 재배치를 비롯한 한미동맹 재조정과 이라크 파병 등 미국의 요구를 대폭 수용하고 대북정책에서도 미국과의 마찰을 최대한 피하려 했다. "대통령은 고조되는 북미 간 대립이 전쟁으로 비화될지 모른다는 위기의식을" 가졌지만, "한국 정부가 북핵문제를 놓고 북한을 설득할 수단을 사실상 갖지 못한 상태에서 우리가 이 문제의 한쪽 당사자인 미국과의 대화에 진력한 것은 불가피한 전략"이었다고 본 것이다.[138]

노무현 정부가 "북핵문제 해결을 위해 한미공조에 주력"하면서 남북관계는 후순위로 밀렸다. 임기 초반에 대북송금 특검을 수용해 남북관계의 동력이 떨어졌고 남북정상회담도 '북핵 해결 진전' 이후로 미뤘다. 2004년에는 10주기를 맞이한 고(故) 김일성 주석 조문을 불허하고 동남아에 체류하던 탈북자 460여 명을 남한으로 데려왔다. 이로 인해 남북관계는 대화마저 단절되는 지경에 이르렀다. 하지만 기대했던 미국의 대북정책 변화는 더디기만 했고 북한의 핵개발은 가속도가 붙었다.

이대로는 안 되겠다고 판단한 노무현 정부는 부시 재선 직후부터 달라진 모습을 보이기 시작했다. 노무현 대통령이 선봉에 섰다. 그는 부시 재선 열흘 후 한미정상회담을 위해 미국을 방문했다. 첫 기착지인 LA에서 노무현은 본인이 직접 수정한 원고를 들고 연설대에 올랐다. 그는 '북핵 해법'으로 미국 내에서 거론되던 무력 사용은 물론이고 제재와 봉쇄, 그리고 북한 붕괴 유도에 대해 반대 입장을 분명히 했다. 또한 "한반도 비핵화에 대한 우리의 의지와 북한의 핵보유는 결코 용납할 수 없다는 입장은 아주 명확하다"면서도 "외부의 위협으로부터 자신을 지키기 위한 억제수단이라는 (북한의) 논리가 여러 상황에 비춰 일리 있는 측면이 있다"고 언급했다. 이를 두고 국내 보수 진영에서는 친북성 발언이라고 비난했지만, 노무현의 마음속에는 "한국 정부가 문제 해결을 위해 과거보다 더 적극적인 역할을 하겠다는 의지"가 담겨 있었다.[139]

하지만 한반도 정세는 악순환의 늪에서 좀처럼 벗어나지 못했다. 앞서 설명한 것처럼, 북미 간에 험악한 말들이 오갔고 남북관계도 정체 상태에서 벗어나지 못했다. 그러다가 5월 중순부터 서광이 비치기 시작했다. 5월 16일부터 19일까지 개성에서 열린 남북 차관급회담에서 평양 6·15 공동행사에 장관급 대표단 파견, 6월 21일부터 24일까지 서울에서 제15차 장관급회담 개최, 비료 20만 톤 제공 등에 합의했다. 그리고 남북관계는 '정상화' 수준을 넘어 "제2의 6·15 시대"라는 말이 나올 만큼 급진전되기 시작했고, 노무현 정부는 남북관계 개선을 북한의 6자회담 복귀 및 한국의 주도적 역할의 계기로 삼고자 했다.

욕설에 가까운 말로 불신의 벽을 높게 쌓았던 부시와 김정일도 그 벽을 허물기 시작했다. 부시는 6월 11일 노무현과 정상회담을 마치고 가진 기자회견에서 노무현의 권유를 받아들여 "미스터 김정일"이라는 표현을 썼다. 이는 라이스가 3월 하순부터 "폭정의 전초기지"라는 발언을 자제하면서 북한을 "주권국가"라고 표현한 것보다 진일보한 것이었다. 그러자 김정일도 화답했다. 6·15 남북공동행사 참석차 평양을 방문한 정동영 통일부 장관을 면담한 자리에서 정동영의 권유를 받아들여 "부시 대통령을 각하라고 부를까요?"라고 말한 것이다. 특히 이 자리에서 김정일은 "미국의 성의 표시"라는 조건을 달았지만 7월 중으로 6자회담에 참가할 수 있다는 입장을 밝혔고, NPT 복귀 및 IAEA 사찰 수용 의사도 밝혔다. 아울러 이 자리에서 정동영은 노무현 정부가 "안중근 프로젝트"라는 이름을 붙여 비밀리에 검토한 '중대제안'도 설명했다. 이 제안의 골자는 북한이 핵을 포기하면 경수로 사업을 중단하는 대신 남쪽에서 200만kW의 전력을 직접 보내겠다는 것이었다. 뇌사 상태에 빠진 경수로 사업에 들어갈 비용을 남북한의 전력망을 연계하는 쪽으로 전환해 핵협상의 돌파구를 마련해보겠다는 복안이었다.

노무현 정부의 적극적인 중재에 힘입어 6자회담 재개는 초읽기에 들어갔다. 7월 들어 북한과 미국의 6자회담 수석대표 접촉, 라이스의 아시아 순방, 후진타오 중국 국가주석의 대북특사 파견, 13개월 만에 남북경제협력추진위원회 회의 개최 등이 연이어 성사되었다. 그리고 7월 29일부터 4차 6자회담이 개최되었다. 3차 회담 이후 무려 13개월 만이었다. 힐은 모두 발언에서 '김정일 위원장'이라는 표현을 사용하고 'CVID' 표현은 자제하면서 분위기를 조성했다. 김계관은 "협력과 이해의 정신에 따라 머리를 짜낸다면 긴 항해로의 첫 운항을 시작한 이 배가 암초에 부딪히지 않고 비핵화라는 최종 목적지에 도달할 수 있을 것"이라고 말했다. 송민순 6자회담 수석대표는 '긴 항해'라는 표현을 주목했다. "미국과 한국은 정부 재임 기간에 맞추어 북핵문제의 성과를 내기 위해 단기적으로 접근하는 경향"이 있는 반면에, "북한은 핵문제를 생존의 수단으로 관리하면서 길게 늘여 협상하려는 것"이라고 해석한 것이다.[140] 이는 30년간 북핵을 두고 밀당을 벌여오며 협상의 본질을 꿰뚫은 것이었다.

어렵게 6자회담이 다시 열렸지만, 합의 도달까지는 첩첩산중이었다. 특히 북한의 평화적 핵 이용 문제가 최대 쟁점으로 부상했다. 북한은 주권국가로서 평화적 핵 이용 권리는 보장받아야 한다면서 폐기 및 검증 대상을 "핵무기 및 핵무기 관련 계획"으로 한정하려 했다. 반면 미국은 평화적 핵 이용도 허용할 수 없다며, 모든 핵 프로그램이 검증 가능하게 폐기되어야 한다는 입장을 고수했다. 당시 평화적 핵 이용 문제는 경수로 제공 문제를 의미했다. 미국은 경수로 등 평화적 핵 이용 불가 사유로 ▲북한의 NPT 위반 전력 ▲남한의 '중대제안'으로 평화적 핵 이용 불필요 ▲우라늄 농축 프로그램 부인 ▲평화적 핵 이용의 군사용 전환 우려 등을 제시했다. 이에 대해 북한은 "우리는 전쟁 패전국도 아니고 죄지은 것도 아닌데 왜 핵활동을 할 수 없느냐"고 반문하면서 "조선은 응당 경수로를 갖고 이것은 핵문제를 해결하는 관건"이라고 맞섰다.[141] 또한 경수로가 핵무기 제조용으로 전용될 수 있다는 우려를 해소하기 위해 미국의 직접 참여 등 "엄격한 감시하에 운영할 의사가 있다"고도 밝혔다.[142]

이처럼 김계관이 경수로에 강한 집착을 보이자, 송민순은 그 이유를 물었다고 한다. 이에 대해 김계관은 북한이 "석탄도 거의 고갈되고 원유도 사올 형평이 못 되어 우라늄을 이용한 흑연 감속로와 경수로로 생산하는 전력에 의존해야 한다"고 말했다고 한다. 그런데 핵 포기에 합의하면, 핵무기 생산에 전용될 수 있는 흑연 감속로는 포기해야 했다. 그래서 김계관은 "결국 경수로가 필요한데 언제 지어주느냐는 것은 나중의 문제라 하더라도 경수로를 가질 가능성까지 막아서는 안 된다"고 말했다. 그러나 송민순은 힐로부터 "경수로라는 말이 공동성명에 들어가지 않기를 바란다"며, 경수로가 들어간다면 "북한이 핵 포기 의무를 다하기 전에는 경수로 문제를 논의할 수 없다는 문구를 넣어야 한다"는 말을 들어야 했다.[143]

이렇듯 북한의 평화적 핵 이용, 즉 경수로 문제는 6자회담의 최대 쟁점이되었다. 공동성명의 다른 조항은 대체로 합의에 도달했으나, 이 문제는 끝까지 합의 도출에 실패함에 따라 공동성명 채택이 무산되는 것 아니냐는 긴장감마저 돌았다. 그러자 회담 주최국인 중국이 미국의 반대 때문에 공동성명이 채택되지 않으면 그 책임은 미국이 져야 할 것이라는 경고를 미국에보냈다. 또한 노무현 정부도 미국이 동의하지 않으면 6자회담에서 미국이고립될 수도 있다며 미국을 집중적으로 설득했다. 결국 부시가 막바지에 경수로가 포함된 중국 측 문안을 수용하라고 지시함으로써 극적인 합의에 도달했다. 경수로 제공 문제는 "적절한 시기에" 논의하기로 합의한 것이다.

진통 끝에 합의한 9·19 공동성명은 한반도 문제에 대한 포괄적인 해결방안을 남겼다. 모두 6개항으로 이뤄진 공동성명에는 북한의 핵 포기 및 미국의 무력 불사용 약속에서부터 북미·북일관계 정상화와 한반도 평화체제 구축, 그리고 동북아 안보협력 증진 등 한반도와 동북아의 평화와 공동번영을 위한 다양한 목표와 과제가 포함되었다.[144] "핵문제 해결의 구조를 먼저 정하고 구체적 이행방법은 차후 단계적으로 합의해나가는 것을 상정"한 합의였다.[145] 이에 고무된 노무현은 새로운 시대를 향해 "거보(巨步)"를 내딛게 되었다고 평가했다.

그런데 9·19 공동성명은 채택과 동시에 위기에 처했다. 네오콘을 비롯한 대북강경파가 반격에 나선 것이다. 미국 정부의 강경파들은 작심이라도 한 듯, 미국 언론을 통해 9·19 공동성명을 폄하하고 나섰다. 〈뉴욕타임스〉는 복수의 미국 정부 관계자들을 인용해 "크리스토퍼 힐이 두 가지 실책을 했다"며, 핵 폐기 일정을 담지 않고, 경수로 문제에 대해 양보한 것이 바로 그것이라고 보도했다.[146] 〈워싱턴포스트〉 역시 미국 정부 관리의 말을 인용해, 우라늄 농축 문제가 공동성명에 포함되지 않은 것을 집중적으로 문제삼았다. 이와 관련해 힐은 "모든 핵무기와 현존하는 핵 계획"이라는 표현에 우라늄 농축 문제도 포함되어 있다고 주장했지만, 강경파들은 이를 명확히 했어야 했다고 반박했다.[147]

또한 힐의 상관이자 체니의 측근인 로버트 조지프 국무부 차관은 힐에게 경수로 사업에 대한 입장 발표 지침을 보냈다. 지침을 받은 힐은 9·19 공동성명 채택 직후 기자회견을 열어 이렇게 발표했다. "북한이 핵무기와 핵 프로그램을 모두 없애고, NPT에 복귀하고 IAEA의 안전조치를 받을 때, 비로소 경수로 논의가 가능합니다."[148] 이를 두고 송민순은 "힐이 워싱턴

네오콘의 압력을 감안해야 했고, 베이징 현지 미국 대표단 중에서도 국방부의 리처드 롤리스 부차관보나 백악관의 빅터 차 (아시아 담당) 국장"등을 의식하는 것으로 보였다고 회고했다.[149] 그러자 북한은 바로 다음 날 외무성 대변인을 통해 "미국이 대북 신뢰 조성의 기초가 되는 경수로를 제공하는 즉시 NPT에 복귀하고 IAEA와 담보협정을 체결하고 이행할 것"이라고 받아쳤다. 이에 따라 후순위로 밀어놓기로 했던 경수로 문제는 또다시 '뜨거운 감자'로 부상하고 말았다.

부시 행정부는 북미관계 정상화에도 까다로운 조건을 내걸었다. 스티븐 해들리 백악관 안보 담당 보좌관은 10월 하순 모스크바 방문 중에 기자회견을 열어, "북한이 핵 프로그램을 포기하더라도 당분간 북한과는 외교관계를 수립할 계획을 갖고 있지 않다"고 밝혔다. 핵문제말고도 미국이나 국제사회가 우려하는 또 다른 문제들이 있기 때문이라는 것이었다. 여기에는 "북한의 미사일 개발 프로그램, 대규모 군사병력, 북한 주민들에 대한 김정일 정권의 태도 등이 포함된다"고 설명했다.[150] 해들리의 기자회견 다음 날 백악관 대변인도 "북한에 대한 우리의 우려가 해소될 때 관계 정상화가 가능하다는 기존의 입장을 말한 것"이라며, 해들리의 발언이 부시 행정부의 입장임을 확인해주었다.[151] 이에 대해 북한이 강력히 반발하고 나서자 힐은 11월 방북을 추진했다. 그러자 체니는 "평양에 가면 영변 핵시설 가동 중단을 약속받아 오라"고 요구했다. 이는 사실상 평양에 가지 말라는 뜻과 마찬가지였다. 그로 인해 힐의 평양행은 5월에 이어 또다시 무산되고 말았다.

이런 와중에 마카오 소재 방코델타아시아(BDA) 문제가 '태풍의 눈'으로 등장했다. 미국 재무부는 베이징에서 6자 간 협상이 한창 진행되던 9월 15일, BDA를 돈세탁 우려 대상으로 지목했다. 그러자 BDA는 대규모 인출 사태를 막기 위해 보유계좌를 전부 동결했다. 그런데 여기에는 2400만 달러가 들어 있던 북한 소유 계좌 50여 개도 포함되었다. 이뿐만이 아니었다. 각국의 여러 금융기관이 BDA와 같은 제재를 받을 것을 우려해 북한과의 금융거래를 대거 중단했다. 유무형의 피해가 눈덩이처럼 불어나고 있다고 판단한 북한은 BDA 문제가 해결되기 전까지 6자회담 참가를 거부하겠다고 발표했다. 하지만 북한의 약점을 잡았다고 판단한 미국의 강경파들은 이를 근거로 북한을 더더욱 압박하려고 했다. 그러자 북한은 이런 이유 때문에 BDA 문제 해결에 더더욱 집착했다. 제재에 굴복해 밀리기 시작하면 계속 밀릴 것이라고 판단했기 때문이다.

BDA 사태는 일파만파로 번졌다. 미국은 북한의 위조지폐 범죄와 관련된 "법집행의 문제"라면서 6자회담과는 무관한 사안이라고 주장했다. 하지만 BDA는 대북정책과 관련된 미국 내 역학관계에도 큰 변동을 가져왔다. 북한을 자극하는 발언을 자제했던 미국 고위관료의 입에서 "북한은 범죄정권"이라는 말이 다시 등장했다. 영국의 〈파이낸셜 타임스〉는 "부시 행정부 내 강경파들이 대북정책을 둘러싼 내부투쟁에서 승리하고 있는 것 같다"며, 미국의 정책이 "외교적 협상에서 북한을 봉쇄하고 불법적인 외화수입원을 차단하는 방향으로 이동하고 있다"고 보도했다. 아울러 "힐 수석대표가 대북정책을 둘러싼 내부 다툼에서 주변으로 밀려날 위기에 처해있다"고 분석했다.[152] 북한의 반발 수위도 더욱 높아졌다. "BDA 제재는 선핵 포기를 관철하기 위한 우회적 압박공세"라며 6자회담이 열리면 미국의 책임을 "따지고 계산할 것"이라고 선전포고했다. 그 결과 11월에 열린 5차 6자회담은 BDA 제재를 둘러싼 북미 간의 거친 말싸움으로 결렬되고 말았다. 그 후 6자회담은 장기적인 공전 상태에 빠져들고 말았다.

이뿐만이 아니었다. 노무현 정부는 6자회담에서 9·19 공동성명이 채택되자 남북정상회담 준비에 본격적으로 착수했다. 이미 김정일도 2005년 6월 정동영 특사와의 면담에서 정상회담에 대해 긍정적인 입장을 밝힌 터였다. 또한 8·15 행사에 참석한 북한 대표단들과도 정상회담에 대한 필요성에 공감을 이뤘다. 한 달 뒤 9·19 공동성명이 나오면서 이제 장소와 날짜만 정하면 될 것 같았다. 그런데 BDA 사태가 터지면서 꼬이기 시작했다. 북한은 남한의 정상회담 실무접촉 제의에 대해 "기다려달라"는 말만 되풀이했다.[153] 결국 노무현과 김정일의 만남은 BDA 문제가 해결되고 북미대화와 6자회담이 다시 본궤도에 오른 2007년 10월에야 이루어졌다.

그렇다면 미국이 BDA 제재 이유로 제시한 북한의 달러 위조는 얼마나 신빙성이 있는 것이었을까? 미국은 북한이 구입한 화폐용 잉크를 근거로 제시했지만 이것을 확실한 증거라고 할 수는 없었다. 그래서 미국은 한국 정부에도 북한의 위조행위 입증을 위해 협조를 요청했다고 한다. 이에 따라 노무현 정부는 자체조사에 착수했고, "위조지폐 유통은 확실한 것 같지만 달러 위조에 대해서는 가능성은 있으나 물증이 없어 확실히 규명하기 어렵다"는 결론이 나왔다. 2005년 11월 경주에서 열린 한미정상회담에서 이 문제로 갈등을 겪자, 노무현 정부는 재조사를 했지만 결론은 비슷하게 나왔다. BDA는 마카오에 있었고 마카오는 중국령이어서 중국 정부의 조사결과도 중요했다. 그 결과는 "북한의 돈 세탁 관련 내용은 발견하지 못했으며", 다만 몇 차례에 걸쳐 다소간 규정에 어긋나는 정도의 거래내역만 확인했다는 것이었다. 그러고는 이렇게 덧붙였다. "과연 미국이 이것을 가지고 북한을 어떻게 압박할 수 있을지 의문이다."[154]

결국 BDA 사태는 파국으로 이어지는 듯했다. 북한은 "금융은 피와 같다. 이것이 멈추면 심장도 멈춘다"며 6자회담을 보이콧했다. 반면 "미국의 강경파는 금융제재를 통해 북한의 핵을 포기시킬 수 있을 것이라는 희망을 버리지 않았다."[155] 급기야 북한은 2006년 7월 여러 발의 탄도미사일을 시험발사했고, 10월에는 최초의 핵실험마저 강행했다. 미국은 북한을 UN 안보리에 회부해 대북제재를 본격적으로 부과하기 시작했다. 그런데 극적인 반전이 일어났다. 럼스펠드를 비롯한 네오콘의 핵심들이 이라크 전쟁 사태의 책임을 지고 물러나면서 북미대화가 본격적으로 시작된 것이다. 그리고 미국은 "호언장담해온 달러 위조 증거를 제시하지 못하고, 2007년 6월 북한의 BDA 자금 2400만 달러의 동결을 해제하여 북한에 돌려주었다".[156] BDA를 앞세워 대북정책의 주도권을 다시 잡았던 네오콘이 이라크 전쟁의 여파로 위축되면서 라이스와 힐이 다시 주도권을 되찾은 것이 주효했다.

"별난 사람"
노무현과
종전선언 논란

9

      BDA 문제로 9·19 공동성명이 좌초 위기에 처했지만, 물밑에서는 문제 해결을 향한 노력도 지속되었다. 라이스 국무장관과 6자회담 수석대표에서 청와대 안보실장으로 승진한 송민순이 함께 포괄적인 구상을 가다듬었다. 라이스는 이를 "전략적 도약(strategic leap)"이라고 명명했다. 북한이 핵을 포기하면 미국은 북한과 평화협정을 체결하고 관계개선에 나설 것이라는 의지를 분명히 하겠다는 것이었다. 라이스의 권고를 수용한 부시 대통령은 2006년 4월 후진타오 주석과의 정상회담에서 이런 방침을 전달했다. 그러나 북한이 7월 탄도미사일 시험발사에 이어 10월에는 핵실험까지 강행하면서 포괄적 구상은 도약조차 못하고 끝나는 듯했다. 그러나 결과적으로 핵실험은 '창조적 파괴'로 이어졌다. 부시 행정부가 한사코 거부했던 북미 직접대화의 막이 오르기 시작한 것이다.

    달라진 풍경은 2006년 10월 말 베이징 회동부터 펼쳐졌다. 라이스는 중국의 리자오싱 외무장관과 긴밀한 협의 끝에 '묘안'을 마련했다. 당시 백악관은 북미 양자대화를 불허하고, 북한은 미국과의 직접대화를 고집하고 있었다. 이에 따라 라이스-리자오싱은 중국이 3자대화를 주선하고 중국은 빠진 다음 북미 양자대화를 하는 것으로 절충안을 만들어냈다. 이렇게 하면 백악관에는 다자회담이라고 보고할 수 있고, 북한에는 양자회담으로 간주될 수 있었다. 그런데 3자회담장에 중국 대표가 나타나지 않았다. 어색했지만 자연스럽게 북미 양자회담이 이뤄진 것이다. 이건 부시 행정부 출범 이후 북미 간의 사실상 첫 대면이었다.

사실 이 장면은 이전까지 상상하기 힘든 것이었다. 앞선 글에서 밝힌 것처럼, 럼스펠드 국방장관은 미국 대표가 북한 대표와 밥 먹는 것조차 못마땅하게 여겼다. 그런데 럼스펠드는 2006년 10월 이라크 사태가 악화됨에 따라 경질론에 시달리고 있었다. 딕 체니 부통령은 심장병이 악화돼 병원 신세를 지고 있었다. 이처럼 북미 직접대화는 네오콘이 혼수상태에 빠진 상태에서 극적으로 이뤄진 것이다. 라이스와 힐은 중국의 결례를 외교적 압박 카드로 사용했다. 북한에 6자회담 복귀 약속을 받아내라는 것이었다.

다행히 북한이 미국과의 양자접촉에 이은 북미중 3자회동에서 6자회담 복귀를 약속했다. 라이스는 이걸 가지고 부시를 설득했다. "독재자가 핵을 포기할 수 있을지 (정권교체가 아니라) 협상을 통해 확인해보자"고 말이다. 이후 북미대화와 6자회담은 선순환을 그리기 시작했다. 2007년부터 힐과 김계관 라인에서 합의한 내용을 6자회담에서 추인하는 방식이 자리를 잡았다. 이로 인해 9·19 공동성명의 1단계와 2단계 이행조치인 2·13합의와 10·3합의도 나왔다. 이들 합의가 이행되면, 한반도 문제의 양대 축이라고 할 수 있는 북한의 핵 포기와 정전체제 문제가 테이블 위에 오를 터였다. 송민순은 "긴 여정을 거쳐 나는 한반도 문제 해결의 지렛대는 비핵화와 평화체제를 하나로 묶는 것이라는 결론에 다시 도달했다. 우리는 아직 한 번도

이 지렛대를 사용하고자 제대로 도전해보지 못했다"고 했는데,[157] 그 도전
이 임박한 것이다.

통역의 누락과 불협화음

노무현 대통령의 별난 성격(erratic nature)을 보여주는 일이 2007년에 있었다.
(중략) 노 대통령이 부시 대통령에게 갑자기 "제가 잘못 들었을 수도 있는데요,
대통령께서 종전선언을 언급하지 않은 것 같은데 좀 더 확실히 말해주시겠습니
까?"라고 요구했다. 그의 개입에 조금 놀란 부시 대통령은 자신의 입장을 재차
밝혔다. 그러자 노 대통령은 "대통령께서 좀 더 분명히 밝혀주셨으면 좋겠다"고
말했다. 이번에는 모두 당황했다. 놀란 통역사는 통역을 중단했지만, 노 대통령
은 통역을 계속해줄 것을 요구했다. 잠시 후 부시 대통령은 기자회견을 끝냈다.
두 정상은 악수를 나눴고 노 대통령은 웃으며 부시 대통령에게 감사를 표했다.
하지만 노 대통령은 그 당시 상황이 얼마나 이상했는지 모르는 것 같았다.[158]

라이스가 2011년 11월 펴낸 회고록에서 밝힌 내용이다. 그는 노무현을
"이해하기 힘든 사람"이라고 평가하면서 그 근거로 위의 일화를 소개했다.
당시 기자회견 자리에 있던 라이스는 "노 대통령의 예측하기 힘든 행동을
알고 있었지만, 한국이 기대한 것이 무엇이었는지 솔직히 몰랐다"고 덧붙
였다. 노무현에 대한 라이스의 평가는 국내 언론에도 대서특필됐다. 그러
자 노무현재단이 발끈하고 나섰다. 노무현 정부의 청와대 통일외교안보전
략비서관으로 있었던 박선원이 반박하고 나선 것이다. 그는 "라이스 전 장
관은 2007년 9월 8일 호주 시드니에서 열린 한미정상회담에 대해 사실을
왜곡하고 있다"며, 당시 상황을 아래와 같이 설명했다.

노 대통령은 부시 대통령에게 2006년 11월 베트남 하노이에서 가진 한미정상회담의 논의를 상기시켰다. 북한이 핵 프로그램을 포기하는 데 발맞추어 미국은 북한과의 관계 정상화를 추진하며 한반도에서 전쟁종식을 선언하는 평화협정에 부시 대통령, 노무현 대통령, 김정일 위원장 세 사람이 한자리에 모여 서명할 수 있다는 부시 대통령의 발언을 부각시켰다. 부시 대통령은 그와 같은 입장에 변화가 없다고 했다. (중략) 그리고 기자회견에서 관련 질문에 대해 부시 대통령은 "한반도에서 새로운 안보체제를 만들어낼 수 있을 것이다(We can achieve a new security arrangement in the Korean Peninsula)"라고 말했다. 그런데 미국 측 통역사가 '새로운 안보체제'라는 말을 빠뜨렸다. 노 대통령으로서는 한미정상회담에서 논의된 가장 중요한 부분이 누락된 셈이었다. 그래서 다시 한 번 한반도 평화체제에 관해 말해줄 것을 요청했다. 부시 대통령이 일시 당황스러워했던 것은 사실이다. 그러나 '평화협정(peace treaty)'이라는 표현을 써가면서 회담에서 논의된 사항을 구체적으로 확인해주었다.[159]

박선원이 반박한 핵심요지는 "미국 측 통역의 실수로 인해 빚어진 일"을 라이스가 노무현의 책임으로 돌렸다는 것이다. 그는 이를 두고 "이것은 매우 무례한 폄하 발언"이라고 비판하면서 이렇게 덧붙였다. "노 대통령은 그 발언이 한반도의 장래에 미칠 의미를 너무나 잘 알고 있었으며, 또 중시했다. 한반도에서 전쟁의 그늘을 걷어내고 종전선언을 거쳐 평화협정으로 이르는 로드맵을 미국 역사상 가장 강력한 일방주의자 부시 대통령의 발언을 통해 확보하는 것이었기 때문이다."

2011년 11월에 있었던 라이스와 박선원의 공방은 단순한 해프닝이 아니었다. 2007년 하반기 당시 종전선언과 평화협정을 둘러싼 한미 간의 혼란을 고스란히 반영하고 있기 때문이다. 더구나 종전선언을 둘러싸고 노무현 정부 내부에서도 혼선을 빚고 있었다.

노무현과 부시의 기자회견 해프닝의 발단은 통역사의 미숙함에 있었다. 부시는 모두발언에서 "나는 북한이 핵무기 프로그램을 완전히 공개하고 폐기하면, 한반도에서 새로운 안보체제(new security arrangement)를 달성할 수 있다는 것을 거듭 확인한다"고 말했다. 그런데 통역 과정에서 "새로운 안보협정"이라는 표현이 누락되었다. 그러자 노무현은 "한반도 평화체제 내지, 종전선언에 관한 말씀을 빠트린 것 같다"며 부시에게 확인을 요구했다. 그 순간 옆에 있던, 그리고 한국어를 몰랐던 라이스는 의아하게 여겼다. '새로운 안보체제'가 바로 노무현이 말한 평화체제를 의미하는데 이걸 다시 말해달라고 요구한 게 기이했던 것이다. 부시는 다시 "우리가 한국전쟁을 종결시키기 위한 평화협정(peace treaty to end the Korean War)에 서명할 수 있을지 여부는 김정일에게 달려 있다"고 말했다. 그런데 노무현은 "똑같은 얘기인데, 김정일 위원장이나 한국 국민들은 그다음 얘기를 듣고 싶어 한다"며, 거듭 종전선언에 대한 발언을 요구했다. 그러나 부시는 "더 이상 어떻게 분명히 말씀드릴지 모르겠다"며, "우리도 한국전쟁을 끝낼 수 있는 날이 오기를 바란다"고 말한 뒤 그때는 "김정일이 검증 가능하도록 핵무기를 폐기할 때"라고 말했다. 그리고 두 정상의 언론 회동은 어색한 분위기에서 끝나고 말았다.

1차 해프닝은 통역상의 실책에서 비롯된 것이었다. 그런데 그다음 문제는 이해하기 힘든 것이었다. 노무현의 부탁을 받고 부시는 "평화협정"을 언급했다. 그런데 노무현은 또 부탁했다. 노무현이 바란 것은 "종전선언"이라는 표현이었기 때문이다. 왜 그랬을까? 그 답은 노무현 정부가 "종전선언을 거쳐 평화협정으로 이르는 로드맵"을 짰다는 박선원의 언급에 담겨 있다. 노무현 정부는 종전선언을 평화협정의 전 단계로 간주하고 있었던 것이다. 반면 부시 행정부는 이 둘을 동일한 것으로 여기고 있었다. 그런데 이 불협화음은 이미 10개월 전에 잉태되었다.

북한의 1차 핵실험이 있고 40일 후, 그리고 북한이 6자회담 복귀 의사를 밝힌 지 3주가 지난 2006년 11월 18일, 노무현과 부시는 베트남 하노이에서 정상회담을 가졌다. 이 자리에서 부시는 북한의 핵 포기를 전제로 "한국전쟁의 종전을 선언할 수 있다는 입장을 밝혔다"고 청와대는 전했다. 그리고 이를 '종전선언'이라고 명명했다. 토니 스노 백악관 대변인 역시 한미정상회담 결과를 설명하는 자리에서 북한이 핵을 포기하면 "우리는 한국전쟁 종전선언(declaration of the end of the Korean War)과 경제협력 진전, 그리고 문화, 교육 등 이전부터 말해왔던 모든 것을 할 의사가 있다"고 말했다.* 그는 다음 날 브리핑에서 북한이 핵을 포기하면, "우리는 한국전쟁 종식을 공식적으로 선언할 수 있다"고 거듭 확인했다. 그러자 국내 언론은 미국이 북한에 "종전선언"이라는 새로운 유인책을 제시했다고 대대적으로 보도하면서 이를 "부시의 하노이 선언"이라고 불렀다.

　　노무현 정부는 이를 크게 주목했다. 북한은 '선 평화협정, 후 비핵화'를, 미국은 '선 비핵화, 후 평화협정'을 고수하고 있었다. 이런 상황에서 평화협정에 앞서 최소한 남북미 정상이 모여 '종전선언'을 하면 비핵화와 평화체제 구축에 큰 추동력을 부여할 수 있다고 여겼던 것이다. 노무현이 10개월 후 부시에게 '종전선언'이라는 표현을 거듭 요구한 속사정이 바로 여기에 있었다. 하지만 이건 오독이었다. 부시는 하노이 정상회담 직후 가진 기자회견에서 "북한이 만약 자신의 무기와 핵무기 야심을 포기한다면, 우리는

---

*　　원문은 다음과 같다. "The United States is willing, if the North Koreans dismantle their nuclear program and renounce any further nuclear ambitions, that we are willing to do a whole series of things, all of which have been discussed publicly before, including a declaration of the end of the Korean War and moving forward on economic cooperation, cultural, educational and other ties, that are going to be good for the North Korean people and for the government of North Korea, certainly in our view."

북한과 안보체제(security arrangements)에 들어갈 의사가 있다는 것을 북한 지도자가 듣기를 바란다"고 말했다. 애초부터 그에게 새로운 안보체제, 평화협정, 종전선언은 동일한 개념이었던 것이다. 그런데 그 후에도 한미 양국은 이런 중대한 차이를 해결하지 못했다.

더 커진 종전선언 논란

남과 북은 현 정전체제를 종식시키고 항구적인 평화체제를 구축해나가야 한다는 데 인식을 같이하고 직접 관련된 3자 또는 4자 정상들이 한반도 지역에서 만나 종전을 선언하는 문제를 추진하기 위해 협력해나가기로 하였다.

2007년 10월 초에 열린 남북정상회담 합의문에 담긴 내용이다. 노무현 정부는 상기한 두 차례 한미정상회담을 통해 한미가 종전선언을 추진하기로 합의한 것으로 판단하고 북한에 이를 제안한 것이다. 이런 내용을 접한 김정일은 "그것이 사실이라면 아주 의미가 있다"며, "조선전쟁에 관련 있는 3자나 4자들이 개성이나 금강산 같은 분계선 가까운 곳에서 모여 전쟁이 끝나는 것을 공동으로 선포한다면 평화 문제를 논의할 수 있는 기초가 마련될 수 있다"고 말했다. 그러면서 "노무현 대통령께서 관심이 있다면 부시 대통령하고 미국 사람들과 사업해서 좀 성사시켜보는 것도 나쁘지 않지 않는가 이렇게 생각한다"고 화답했다. 또한 "그다음에 그런 조건이 될 때 정전협정을 평화협정으로 완전히 바꾸는 게 어떻겠는가"라고 덧붙였다. 남북한 정상이 종전선언을 매개로 비핵화와 평화협정으로까지 가겠다고 합의한 것은 분명 의미 있는 일이었다. 이를 두고 김만복 국정원장은 "부시 미 대통령이 북한의 핵 포기를 전제로 한 종전선언을 제의했고, 여기에 김

정일 위원장이 화답했다"고 설명했다.[160]

하지만 이런 로드맵의 또 다른 당사국인 미국과의 불협화음, 심지어 노무현 정부 내의 엇박자는 오히려 더 커지고 말았다. 남북정상회담 이후 종전선언을 둘러싼 논란이 점입가경으로 치달은 것이다. 논란의 출발은 "3자 또는 4자"라는 표현을 둘러싼 종전선언의 당사자 문제였다. 백종천 안보실장은 "부시 미국 대통령이 남북한과 미국을 포함한 3자 종전선언을 제안했고 노무현 대통령은 정상회담에서 부시 대통령의 메시지를 김정일 국방위원장에게 전달한 것"이라고 말했다. 앞서 소개한 박선원도 같은 취지로 설명했다. 그런데 왜 '3자'가 아니라 "3자 또는 4자"로 기술되었을까? 노무현 정부는 김정일의 요구로 이 표현이 들어갔다고 설명했다. 실제로 앞서 소개한 것처럼 김정일은 "3자나 4자들"이라는 표현을 사용했다. 김정일은 중국의 참여를 염두에 두었던 것이다.

하지만 부시 행정부가 중국을 배제한 3자를 제안했다는 것은 상식적으로 납득하기 힘든 것이었다. 우선 이는 남북미중 4자 참여를 전제로 9·19 공동성명에서 합의한 "평화포럼"과 차이가 났다. 또한 줄곧 한반도 문제 해결에 중국의 참여가 필요하다는 미국의 일관된 입장과도 거리가 있었다. 실제로 당사자 논란이 불거지자, 미국은 평화협정 당사자는 4자라는 것을 명확히 했다. 존 네그로폰테 국무부 부장관이 10월 23일 미국 기업연구소(AEI) 오찬 연설에서 "분명히 가장 중요한 두 당사자는 남북한이지만 미국과 중국도 한국전쟁에 개입됐다"며, "그래서 우리는 4개 당사국들이 한반도의 궁극적인 평화체제를 논의하는 게 합당하다고 본다"고 말한 것이다. 이에 대해 노무현 정부 역시 남북미중 등 4자가 당사자가 되어야 한다는 입장을 밝히면서 당사자 논란은 누그러들었다.

그러나 종전선언과 평화협정 사이의 관계 및 종전선언 시기 논란은 수그러들지 않았다. 논란은 노무현 정부 내부에서 시작되었다. 백종천 청와대 안보실장은 10월 24일 "남북정상선언문에 담긴 3, 4개국 정상들의 종전선언은 평화협상을 이제 시작하자는 관련국들의 정치적·상징적 선언을 의미한다"고 밝혔다. "한반도에서 전쟁이 끝나고 평화로 가려면 평화협정이 맺어져야 하는데 그때까지 5년은 걸릴 것"이므로 "평화협정으로 가는 '터닝 포인트'"로 종전선언이 필요하다는 것이었다. 이는 종전선언이 평화협정 체결에 앞서 취하는 정치적 선언이라는 것을 의미했다. 그러나 송민순 외교통상부 장관은 이와 상반된 의견을 내놓았다. 그는 백종천의 발언 직후 "종전을 하려면 여러 가지 조치가 있어야 하며 정치적·군사적·법적 조건이 갖춰져야 한다"고 말했다. "종전선언이라는 것은 평화협정이나 다른 형태의 관계 정상화 협정 등의 문서에서 항상 첫 부분에 나온다"는 것이었다. 이는 종전선언은 평화협정에 선행되는 것이 아니라 평화협정의 일부여야 한다는 의미를 담고 있었다.

종전선언과 평화협정의 관계 및 시기에 대한 논란이 일자, 미국도 입장을 피력하고 나섰다. 알렉산더 버시바우 주한 미국 대사는 10월 25일 "평화협정이 종전을 의미하는 것이며 그것이 법적이고 정치적인 차원(의 종전)"이라고 말했다. 또한 "완전한 비핵화 후 관계정상화, 평화협정 서명을 생각해볼 수 있다"며, '선 비핵화, 후 평화협정 체결'이라는 입장을 거듭 밝혔다. 이는 종전선언과 평화협정을 구분하지 않고, 종전선언을 평화협정과 같은 개념으로 인식하고 있음을 보여준 것이었다.

논란이 확대되자 청와대가 진화에 나섰다. 천호선 대변인은 10월 26일 브리핑에서 "현재의 정전 상태에서 평화체제로, 더 구체적으로 평화협정으로 가는 과정에서 정치적·군사적·법률적인 의미에서 종전선언은 그 마무리 단계에서 이루어진다는 것이 상식일 것이다"라고 밝혔다. 종전선언을 평화협정의 일부라고 주장한 송민순과 미국의 입장을 대체로 수용한 것으로 볼 수 있었다. 그러나 "평화체제로 가는 과정에서 비핵화와 평화체제를 촉진시키고 추동하기 위해서 사전에 고위급의 공약이 있을 수 있다"며, "관련 당사국들 정상 간 한반도의 전쟁 상태를 종식시키기 위한 의지를 천명하자"는 것이 정부의 입장이라고 설명했다. 이를 두고 "종전선언, 또는 종전을 위한 선언이라고 할 수 있다"고 말했다. 이는 스텝이 꼬였다는 것을 자인한 것과 다르지 않았다. 종전선언과 종전을 위한 선언은 엄연히 다른 것이기 때문이다. 그러자 일각에서는 정부가 종전선언 조기 성사의 어려움을 인정하고, 대신 "종전을 위한 정상 간의 선언"을 추진하는 것으로 입장이 정리되었다는 평가를 내리기도 했다.

그러나 김만복 원장의 주장은 또 달랐다. 그는 10월 30일 국정브리핑에 기고한 글을 통해, "종전선언은 한국전쟁 종결을 선언함과 동시에 새로운 한반도 평화체제 협상을 시작"하는 것이라고 주장했다. "현재 종전선언 채택 시기에 대한 논란의 요체는 평화협정 체결 이전에 종전선언을 채택하여 평화체제 협상 착수 계기로 활용(입구론)할 것인지, 아니면 평화협정 체결의 마지막 단계에서 채택하여 평화체제 구축을 확인(출구론)할 것인지 여부"라고 주장했다. 그러면서 북미 간의 불신 및 평화체제 구축의 지난한 과정을 고려하고, 종전선언이 "북한의 핵 폐기를 견인하는 역할"을 할 수 있으므로, "금년 말까지 북핵 비핵화가 추진되고 있는 현시점이야말로 종전선언을 통해 북핵문제에 강력한 추동력을 부여할 필요가 있을 것"이라고 강조했다. "'9·19 공동성명'과 '2·13합의'를 통해 직접 관련 당사국들이 적절한 별도 포럼에서 평화체제 협상을 가지기로 합의한 만큼 종전선언을 시작으로 평화체제 프로세스를 시작하는 것은 당연한 것"이라는 '입구론'을 옹호한 것이다.

혼선에 혼선이 거듭되자, "평화체제 문제의 주무부처"는 외교부라고 자처한 송민순이 또다시 정리를 시도했다. 그는 10월 31일 브리핑을 통해 "먼저 실무선에서 (평화체제 논의를) 시작하고 협상하다 보면 가파른 단계로 가서 정치적 추동력이 필요할 때가 있는데 그 단계에서 대화의 수준이 올라갈 수 있다"고 말했다. 다음 날 내외신 기자회견에서도 "비핵화 과정이 진전돼 적절한 단계에 직접 관련된 당사국 정상이 모여서 어떤 형태의 선언을 할 수 있다고 합의한다면 그것은 가능하다고 본다"고 말했다. 그는 특히 "이런 현실적 합의는 결국 북한의 핵 폐기 과정에서 관련국들이 어느 정도 공통된 인식을 갖느냐, 즉 '핵이 폐기됐다 또는 돌이킬 수 없는 단계로 폐기됐다'는 데 대한 공통의 인식을 갖느냐에 따라 4자 정상 간 회담이 현실적이냐 아니냐가 갈릴 것"이라고 덧붙였다. "어떤 형태의 선언"을 위한 4자 정상회담이든, 비핵화 과정이 상당 부분 진척된 이후에나 가능하다는 입장을 피력한 것이다. 이는 '입구론'이 사실상 비현실적이라고 지적한 것이나 다름없었다.

외교안보 참모들 사이에서 논란이 계속되자 결국 대통령이 나섰다. 노무현은 11월 2일 〈아사히신문〉과의 회견에서 "핵 포기에는 실질적으로 긴 시간이 걸리기 때문에 핵 포기가 모두 끝난 후에 평화체제 협상을 시작하는 것은 비현실적"이라고 지적하면서 "상호 신뢰할 수 있는 약속을 하고 이것이 신뢰할 수 있는 수준이 되었을 때, 평화·종전선언을 하고, 그 후에 평화체제 협의와 핵 폐기가 동시에" 이뤄지는 것이 바람직하다고 말했다. 같은 날 〈코리아타임스〉 기고문에서도 "한반도에 전쟁 상태를 종식시키고자 하는 직접 관련 당사국 정상선언은 정치적·상징적 의미가 클 뿐 아니라 비핵화 일정을 촉진시켜 한반도 평화를 앞당기는 데 기여할 것"이라고 강조했다. 대통령의 마음은 '입구론'에 가까웠던 것이다.

하지만 같은 날 크리스토퍼 힐은 부정적 인식을 드러냈다. 그는 "우리는 핵을 가진 북한과는 평화협정을 체결하지 않을 것"이라며 '선 비핵화, 후 평화협정 체결' 입장을 거듭 밝혔다. 또한 평화협정 이전에 종전선언을 추진하자는 노무현 정부의 입장을 두고 "상징적 제스처는 그동안 많았다"며 부정적인 입장을 밝혔다. 그리고 11월 7일 송민순과 라이스는 외교장관 회담을 갖고 "적절한 시점에 전반적인 비핵화 진전을 위한 정치적 추동력이 필요하다는 평가가 관련국들 간에 내려질 경우 '정상급(top level)'에서 정치적 의지를 결집하는 방안에 대해 계속 검토하기로 했다"고 밝혔다. 한미 정상회담에서 합의했다던 종전선언은 언급조차 안 된 것이다.

결국 종전선언 추진은 흐지부지되고 말았다. 종전선언을 통해 한반도 평화의 양대 과제라고 할 수 있는 비핵화와 평화체제 구축에 활력을 불어넣겠다는 노무현 정부의 접근법은 이해할 법하다. 하지만 이를 위해서는 대전제가 필요했다. 종전선언이 평화협정의 선행조치가 될 수 있다는 현실적·논리적 기반이 바로 그것이다. 그런데 이를 확보하기란 애초부터 어려웠다. 부시 행정부는 종전선언과 평화협정을 동일한 것으로 간주했던 반면에, 이를 오독한 노무현 정부는 종전선언을 평화협정의 선행조치로 여겼다. 나중에도 한미 간의 불일치는 해소되지 않았을 뿐만 아니라 노무현 정부 내에서도 이견이 쏟아졌다. 이로 인해 노무현의 회심의 카드는 씁쓸한 해프닝으로 끝나고 말았다.

"경기 중에
골대를 옮기다"

10

2007~2008년은 한반도 핵 역사에서 중대한 분수령이었다. 2006년까지만 하더라고 부시의 대북강경책과 김정일의 핵실험이 맞물리면서 반전을 거듭해온 한반도 드라마는 막장으로 치닫고 있었다. 하지만 2007년 들어 북미대화와 6자회담, 남북대화가 선순환을 만들어내면서 희망이 되살아났다. 협상타결과 결렬, 그리고 전쟁위기와 평화의 기운이 롤러코스터를 타던 '핵 시대 1.5의 한반도'가 운명적 순간에 다다른 것이다.

백화원 초대소와 백악관

핵 시대 1.5 시기에 가장 극적인, 그러나 국내에는 잘 알려지지 않은 장면이 하나 있다. 2007년 10월 초 평양의 백화원 초대소와 워싱턴의 백악관에서 거의 동시에 연출된 장면이 바로 그것이다. 백화원에서 있었던 노무현 대통령과 김정일 위원장의 정상회담 내용은 국가정보원이 전문을 공개하면서 이미 잘 알려져 있다. 그런데 거의 같은 시점에 백악관에서도 중요한 회동이 있었다. 라이스-힐 라인이 네오콘과 건곤일척의 승부를 벌인 것이다.

김계관 외무성 부상은 남북정상회담 중간에 들어와 6자회담에 대해 보고했다. 그는 이 자리에서 9월 30일 6자회담 폐막회의에서 문건에 합의했는데, "조금 특이한 일이 벌어졌다"고 말했다. 힐이 "라이스 국무장관하고 부시 대통령한테 보고하고 승인을 받겠다"며 워싱턴에 다녀와야 한다고 요청했다는 것이다. 그만큼 10·3합의 초안에 대한 미국 내 반발이 만만치 않았다. 그렇다면 힐은 워싱턴에 가서 무슨 얘기를 나눈 것일까? 그 생생한 장면이 〈뉴욕타임스〉의 백악관 담당 선임기자인 피터 베이커가 쓴《불의 나날》에 묘사되어 있다.

미국 시간으로 10월 1일 이른 아침, 그러니까 남북정상회담이 열리기 이틀 전의 일이다. 부시는 베이징에서 서둘러 귀국한 힐을 집무실로 불러 6자회담 결과를 듣고 있었다. 밥 먹을 시간이 되자 부시는 체니와 라이스, 스티븐 해들리 국가안보보좌관 등 외교안보 수뇌부를 불러 함께 식사하면서 회담 결과를 논의했다. 힐은 주요 합의사항을 설명했다. 그러자 체니의 최측근인 에릭 에델만(Eric Edelman) 국방부 차관이 "북한이 이미 무기로 만든 핵은 어떻게 되는 거죠?"라고 물었다. 이와 관련해 김계관은 노무현-김정일 정상회담에 배석해 이렇게 말했다.

핵물질 신고에서는 무기화된 정형은 신고 안 합니다. 왜? 미국하고 우리하고는 교전상황에 있기 때문에 적대상황에 있는 미국에다가 무기 상황을 신고하는 것이 어디 있겠는가. 우리 안 한다. 이렇게 합의했습니다.

에델만의 질문은 이걸 노린 것이었다. 정작 중요한 핵무기가 신고 대상에서 빠졌다는 걸 지적한 것이다. 그러자 노련한 협상가이자 체니 진영과 일전불퇴를 결심한 힐이 흥분하면서 반격을 가했다. "당신은 느슨한 플루토늄을 걱정해야 합니다. 테러리스트가 이걸 가지고 우리를 날려버릴 수 있으니까요." 북한에 핵물질인 플루토늄 신고를 받기로 한 것만도 큰 진전이라는 의미였다. 힐이 분을 삭이지 못했는지, 부시는 힐에게 "진정하세요"라고 말하면서 체니에게 시선을 돌렸다. "질문 없나요?"

과묵하기로 소문난 체니는 라이스와 힐을 번갈아 보면서 말했다. "글쎄요, 저는 여기에 있는 몇몇 사람들만큼 들뜬 기분은 아닙니다." 그러자 힐이 또 응수했다. "분명히 해두고 싶은 게 있는데요, 저 역시 이 합의에 들떠 있는 건 아닙니다. 단지 제가 해야 할 일을 하려고 하는 것입니다." 분위기가 더 냉랭해지자 부시가 또 끼어들었다. "체니가 그런 뜻으로 말한 건 아니에요. 그는 단지 북한이 정말 핵 신고서를 제출할지에 대해 걱정하고 있는 겁니다."

라이스가 나서서 "우리에겐 대안이 많지 않다"고 말했다. 여전히 마뜩지 않은 체니가 퉁명스럽게 물었다. "북한이 미사일은 포기한다고 하던가요? 북한이 또 다른 플루토늄 원자로를 갖고 있지 않은지 우리가 어떻게 아나요?" 이쯤 되면 막가자는 것이었다. 미사일은 6자회담 의제가 아니었고 추가 원자로의 존재 여부는 미국의 정보자산으로 충분히 파악할 수 있었기 때문이다. 화가 난 힐이 자리를 박차고 일어나려 하자 라이스가 가까스로 진정시켰다. 부시는 힐의 노고를 격려하는 것으로 조찬 모임을 끝냈다. 그러나 체니 진영과 라이스-힐 팀 사이의 앙금마저 사라진 것은 아니었다. 집무실에서 나오면서 에델만이 투덜거렸다. "대통령이 속고 있다."

워싱턴에서 6자회담 못지않게 힘겨운 내부협상을 벌였던 힐은 베이징에 있던 김계관에게 여러 차례 전화를 걸었다. 김계관이 노무현-김정일 회담에서 보고한 내용이다. "(힐이) 한 자만 고치자. 우리는 동의할 때 한 자도 고치지 못한다는 전제하에서 동의했는데, 한 자만 고치자. 뭔가 하면 '2007년 12월 31일까지 신고한다.' 이렇게 고치자는 내용을 보내왔습니다."

힐이 고치자고 한 건 북한의 핵 신고서 제출시한을 못 박자는 것이었다. 그래야 체니의 불만을 조금이라도 누그러뜨리고 부시의 최종 재가를 받을 수 있다고 여겼기 때문이다. 결국 북한은 힐의 요구를 수용했다. 그러나 '말 대 말' '행동 대 행동'을 협상의 원칙으로 삼은 북한은 테러지원국 해제 및 적성국 교역법 종료도 핵 신고서 제출과 동시에 이뤄져야 한다고 요구했고 미국은 이를 수용했다. 9·19 공동성명의 2단계 이행조치인 10·3합의는 이런 우여곡절을 거치면서 나온 것이다.

어렵게 10·3합의에 도달하면서, 또한 2차 남북정상회담도 성공적으로 이뤄지면서 한반도 비핵평화 프로세스는 순조롭게 진행되는 듯했다. 그러나 '터닝 포인트'가 될 것이라고 기대되었던 종전선언 추진은 제자리를 맴돌면서 추동력을 잃었다. 이런 와중에 '검증 파동'까지 불거지면서 상황은 예측하기 힘든 형국으로 치달았다. '악마는 디테일에 있다'는 말을 입증하듯, 당시 검증을 둘러싼 첨예한 논란은 결국 6자회담을 좌초까지 몰고 간 핵심적인 요인이었다. 그런데 이 와중에 새로운 돌출변수가 등장했다. 2007년 9월 6일 이스라엘이 모종의 시리아 건물을 공습했는데, 이스라엘과 미국은 이 시설이 북한이 지어준 흑연 감속로라고 주장하고 나선 것이다. 이에 따라 북핵문제의 초점은 북한의 핵 '개발'에서 '확산'으로 옮겨갔다.

당시에도 '북한-시리아 핵 협력설'은 여러 가지 의문이 제기되었다. 그럼에도 불구하고 IAEA는 2011년 5월 북한이 시리아에 흑연 감속로를 지어주려고 했을 가능성이 매우 높다는 취지의 보고서를 내놓으면서 이 의혹은 기정사실화되고 말았다. 이는 모하메드 엘바라데이 IAEA 사무총장이 사건 초기였던 2007년 10월 말 "이스라엘과 미국은 피격된 시설물이 비밀 핵시설임을 증명하기 위한 어떠한 증거도 제공한 적이 없다"고 밝혔던 것과 완전히 달라진 태도였다.

하지만 미국의 독립언론인이자 연구자인 가레스 포터는 끈질긴 추적 끝에 이스라엘의 공습으로 파괴된 시설은 원자로가 아니라 폐기된 미사일 격납고였다고 밝혔다. 그가 2017년 11월 〈컨소시엄 뉴스〉에 두 차례 게재한 원고는 '북한-시리아 핵 협력설'의 진실을 전면 재구성해야 할 필요성을 일깨워준다. 포터는 실체적 진실에 접근하고자 1993년부터 2003년까지 열다섯 차례 방북해 영변 핵시설 감시를 맡았던 IAEA의 전 조사관, 이스라엘의 공습 당시 시리아의 방공 업무를 맡았던 시리아 공군 소령과 원자력 개발 책임자, 미국의 핵전문가 등을 광범위하게 인터뷰했다.[161] 그의 기사들을 바탕으로 당시 사건을 전면적으로 재구성해보자.

차도살인

2007년 4월 모사드의 수장인 메이어 다간은 워싱턴으로 찾아가 부시 행정부 최고위 인사들에게 약 100장의 사진을 보여주었다. 그러면서 시리아 동부 사막에 북한의 지원을 받은 흑연 감속로가 건설되어 곧 가동될 것이라고 주장했다. 브리핑 직후 에후드 올메르트 이스라엘 총리는 부시에게 전화를 걸어 "조지, 미국이 그 핵시설을 공습해주길 부탁하네"라고 요청했다. 하지만 부시는 이 요청을 받아들이지 않았다. 라이스에 따르면 "체니는 미국의 공습을 지지했지만 로버트 게이츠 국방장관과 자신은 반대했다"고 한다. 결정적인 이유는 마이클 헤이든 CIA 국장이 "이스라엘이 지목한 시설이 핵무기 프로그램의 일환이라고 확신할 수 없다고 말했기" 때문이었다.[162] 또한 아프가니스탄 전쟁이 장기화되고 이라크 전쟁에서는 사실상 패배하고 있는 상황에서 부시가 시리아로 전선을 넓힐 수도 없는

노릇이었다. 더구나 부시는 2·13합의를 계기로 한반도 비핵화의 진전 가
능성을 주목하고 있었다. 결국 차도살인(借刀殺人)에 실패한 이스라엘은 직
접 나서서 시리아 시설을 폭격했다.

체니는 이걸 기회로 잡으려 했다. 자신의 강력한 반대에도 불구하고
2·13합의에 이어 10·3합의까지 나오자 대북협상을 파탄 내려고 안간힘을
썼다. 그가 회고록에서 2008년 1월 "만일 북한이 시리아에 대한 핵확산을
인정하지 않는다면, 그것으로 북핵협상은 끝이라고 라이스를 몰아붙였다"
고 밝혔을 정도였다. 10·3합의에서는 북한이 "완전하고 정확한 핵 신고"를
2007년 12월 31일까지 하기로 했다. 그런데 체니를 비롯한 네오콘은 북한
이 신고하기로 한 플루토늄 프로그램뿐만 아니라 우라늄 농축 프로그램,
심지어 핵확산 내역까지 신고에 포함되어야 한다고 주장했다. 하지만 북한
은 우라늄 농축 및 핵확산 의혹을 강하게 부인했다. 이 문제로 북미협상과
6자회담이 좌초될 위기에 처하자, 북미 양측은 2008년 4월 8일 싱가포르
에서 접점을 만들어냈다. 북한이 플루토늄은 6자회담 참가국들에 신고하
고 우라늄 농축 및 시리아 문제는 미국과 별도로 계속 협의하기로 한 것이
다. 이런 합의에 힘입어 성김 6자회담 차석대표를 비롯한 미국 실무단이 4
월 22~24일 방북했다.

미국 방북단이 서울로 내려왔을 때, CIA는 깜짝쇼를 연출했다. '북한-시
리아 핵 협력'의 증거라며 11분짜리 동영상을 공개한 것이다. 이것은 1년
전 모사드가 건네준 약 100장의 사진을 영상으로 편집한 것이었다. 헤이든
은 초기에는 신중한 입장이었지만 결국 체니와 손잡고 "미 의회와 국민이
극히 최근의 매우 중대한 북핵 관련 증거를 모른 채 북핵협상이 계속되어
서는 안 된다"며 동영상 공개 이유를 밝혔다. 이를 근거로 체니를 비롯한 대
북협상 반대파들은 "어떻게 미국이 핵 신고에서 거짓말을 일삼고 여전히
핵무기를 만들고 있으며 시리아의 원자로 건설을 도와준 나라를 상대할 수

있느냐"며 제동을 걸려고 했다. 라이스에 따르면, 이는 8월 11일까지 이행하기로 한 미국의 대북 테러지원국 해제의 중대한 장애물로 등장했다.[163]

그런데 이 동영상을 면밀히 검토한 IAEA의 한 사찰관은 이틀 후 CIA와 정반대 결론을 내렸다. "북한의 영변형 흑연 감속로일 수 없다"는 것이었다. 그러고는 그 근거로 네 가지를 제시했다. 첫째, 영변 흑연 감속로의 높이는 50m에 이르는 반면에, 시리아 시설물의 높이는 영변 원자로의 3분의 1밖에 안 된다는 것이다. 둘째, 영변 흑연 감속로에는 본 건물 이외에도 20개 정도의 지원 건물이 있는 반면에, 시리아 건물 주위에는 전혀 없다는 것이다. 셋째, 영변 원자로는 냉각탑이 필요한 이산화탄소 가스를 냉각재로 사용한 반면에, 시리아 시설에는 냉각탑 자체가 없다는 것이다. 넷째, 영변과 달리 시리아 시설에는 냉각 수조도 없다는 것이다.

이런 분석을 내놓은 사람은 바로 포터가 수개월간 인터뷰한 IAEA 최고 흑연 감속로 전문가였던 이집트 출신의 유스리 아부샤디이다. 그는 포터와의 인터뷰에서 또 다른 증거를 제시했다. IAEA는 2008년 6월 시리아 피격 현장에서 시료를 채취해 분석했는데 방사성 탄소가 전혀 검출되지 않았다는 것이다. 그는 심지어 모사드가 미국에 건넨 사진들조차 조작된 것이라는 의혹을 제기했다. 급기야 헤이든도 2016년에 발간한 회고록에서 피격된 시리아 건축물이 원자로였다는 것을 입증할 수 있는 "핵심요소들이 여전히 오리무중"이라고 실토했다.

그렇다면 이스라엘이 공습한 시리아의 시설은 무엇이었을까? 포터는 공습 당시 시리아의 방공 임무를 맡았던 시리아 공군장교 및 원자력위원회 책임자의 진술을 바탕으로 피격시설은 핵시설이 아니라 2002년에 폐기된 미사일 격납고라고 밝혔다. 여기서 의문이 꼬리에 꼬리를 문다. 이스라엘은 왜 미사일 격납고를 원자로로 왜곡하거나 오판한 것일까? 그리고 시리아는 왜 이스라엘의 공습을 사실상 방관한 것일까? IAEA는 왜 초기 판단을 뒤집고 2011년에 피격된 시설이 북한의 지원으로 건설된 원자로였을 가능성이 높다는 보고서를 내놓은 것일까?

포터는 이런 수수께끼를 풀 수 있는 열쇠를 2006년 여름 '이스라엘과 헤즈볼라의 전쟁'에서 찾는다. 당시 이스라엘은 헤즈볼라의 미사일 공격으로 큰 곤욕을 치렀고, 그 후 헤즈볼라의 미사일 기지를 집요하게 찾아다녔다. 그리고 모사드는 시리아 동부의 한 사막에 있는 건물을 주시하고는 "북한의 도움으로 만들어진 원자로"라고 미국에 제보했다. 왜 그랬을까? 포터는 "이스라엘이 정말 원했던 것은 미국이 헤즈볼라의 미사일 격납고를 공습해주는 것이었다"고 결론짓는다. 미사일 격납고를 북한형 원자로로 둔갑시키면 "미국의 숙적인 북한과 시리아를 동시에 악마화시킬 수 있고", 이를 통해 미국의 공습이나 최소한 이스라엘의 공습을 지지하게 만드는 효과를 기대했다는 것이다. 포터는 또한 시리아가 이스라엘의 공습을 사실상 방치한 이유도 이렇게 설명한다. 시리아는 이 격납고를 이미 5년 전에 폐기했기 때문에 "이스라엘이 이 격납고를 파괴해 헤즈볼라의 미사일 기지를 파괴했다고 믿게 된다면, 자신의 진짜 미사일 기지를 보호할 수 있다"고 봤다는 것이다.

IAEA의 일탈도 지적하지 않을 수 없다. 앞서 소개한 아부샤디는 피격된 시리아 시설 검증팀에 자신도 포함시켜달라고 요구했지만, IAEA의 안전 담당 사무부총장 올리 하이노넨은 황당한 이유로 그를 검증팀에서 배제했다. 하이노넨은 "IAEA 사찰관은 자신의 조국에 대한 사찰에 참여할 수 없다"는 규정을 제시했지만, 아부샤디는 시리아가 아니라 이집트 출신이었다. 검증팀에서 배제된 아부샤디가 항의하자 하이노넨은 이렇게 말했다. "자네는 아랍 국가 출신이고 무슬림이잖아!"

최고의 전문가가 배제된 채 나온 IAEA의 검증 결과도 황당한 것이었다. IAEA는 공습 현장에서 채취한 우라늄 입자들을 분석한 결과 "인위적 가공의 흔적이 보인다"는 보고서를 내놨다. 하지만 이런 분석 결과 자체가 신빙성이 거의 없는 것이었다. IAEA는 "우라늄이나 플루토늄의 방사성 동위원소 여부를 판단하기 위해서는 3, 4개 연구소에 분석을 의뢰해 그 결과가 모두 일치해야 한다는 원칙"을 깨고, 1개의 연구소, 그것도 공습시설 인근의 탈의실에서 발견된 우라늄 입자를 근거로 삼았다. 하지만 이건 교차 오염, 즉 "사찰관의 옷 등 외부에서 묻혀온 우라늄 입자가 내부에 원래 있던 것으로 오인된 경우"일 가능성이 상당히 높다. 피격된 시설이 흑연 감속로일 가능성이 거의 없다는 결정적인 근거는 방사성 흑연이 전혀 검출되지 않았다는 데 있었다.[164]

알려진 상식과 달리 2007년 9월에 이스라엘이 폭격한 시리아의 시설은 북한이 지어준 흑연 감속로가 아니었다고 할 수 있다. 이는 숨가쁘게 전개된 2007년 하반기부터 2008년 말까지 핵협상의 양상을 전면적으로 재구성해야 할 필요성을 일깨워준다. 네오콘은 북한의 시리아 원전 건설 지원설을 근거로 북핵협상을 좌초시키기 위해 안간힘을 썼다. 실제로 테러지원국 해제가 2개월 가량 늦춰졌다. 또한 이 사안은 3단계에서 논의하기로 했던 북핵 검증 문제를 미국이 2단계로 가져오는 데도 결정적인 구실이 되었다.

이뿐만이 아니었다. 한국과 중국은 10·3합의가 나오면서 2007년 12월 말을 목표로 한반도 평화체제 포럼 출범을 준비하고 있었고, 이를 위해 6자 외교장관 회담을 추진하고 있었다. 그런데 부시 행정부는 "시리아 문제가 해결되어야 종전과 관련한 논의를 시작할 수 있다"는 입장이었다. 송민순에 따르면, 라이스는 "시리아 문제로 워싱턴의 분위기가 악화되어 그동안 논의되어온 한반도 평화체제 협상은 워싱턴에서 거론하기도 어려운 사정"이 되고 말았다고 밝혔다. "미국의 강경파는 북한의 우라늄 농축 계획보다는 시리아와의 핵 협력 문제를 더 긴박하고 심각하게 제기"했을 정도다.[165]

미국이 "깡패국가", 심지어 "악의 축"으로 지목했던 북한의 핵확산 문제는 네오콘에 최후의 반격 카드였다. 그 대상이 미국이 지목한 또 다른 "깡패국가"이자 헤즈볼라와 같이 미국이 지목한 "테러 집단"과 연계 있는 시리아여서 더욱 자극적이었다. 더구나 9·11 테러 이후 "최악의 시나리오는 테러 집단이나 테러 지원국이 미국이나 동맹국을 상대로 핵 테러를 감행하는 것"이라는 '핵 테러 9·11'도 미국에서 크게 유행하고 있었다. 부시 행정부 스스로 테러지원국이나 테러 집단에 핵물질이나 기술을 이전하는 것을 "금지선"이라고 공공연히 언급했다. 네오콘은 바로 북한이 그 금지선을 넘어섰다며 대북협상을 좌초시키려고 했던 것이다.

'북한-시리아 핵 협력설'은 이후에도 '북한 악마화'의 단골 메뉴였다. 당시 미국 부통령이었던 체니는 2016년 10월 서울에서 열린 세계지식포럼에서 북핵문제가 "한국만의 이슈가 아니라 전 세계적인 이슈"라며 그 근거로 이 사례를 들었다. 그는 "2007년 봄 당시 (이스라엘 정보기관인) 모사드 책임자가 내 집무실로 와서 북한이 직접 만들어준 핵 원자로가 시리아에 있다는 컬러 사진을 보여줬다"며, "(원자로가) 북한에만 있는 것이 아니라 중동까지 진출했다"고 주장했다. 그러면서 "이스라엘이 (이 시설을) 제거하지 않았다면, 그래서 이슬람국가(IS)가 시리아에서 이 원자로를 쥐고 있었을 생각을 하면 끔찍하다"고 말했다.[166] 국제사회 공공의 적으로 떠오른 IS와 북한을 연계시켜 북한을 악마화하고자 했던 것이다.

트럼프 행정부 들어 북한을 상대로 예방전쟁론을 피력한 허버트 맥마스터 백악관 안보보좌관 역시 그 이유 가운데 하나로 북한의 핵확산 전력을 든 바 있다. 그는 2017년 9월 18일자 〈뉴요커〉와의 인터뷰에서 "북한은 자신이 만든 모든 능력을 확산시켜왔다며, 여기에는 화학무기와 원자로도 포함된다"고 주장했다.[167] 렉스 틸러슨 국무장관 역시 "미국은 러시아와 중국을 비롯한 핵보유국들과 공존"해왔지만, "북한은 다르다"고 주장했다. "북한은 핵무기 보유를 단지 억제 용도로만 사용하지는 않을 것이라는 점이 분명하다"며, "상업적 목적"으로도 이용될 가능성이 높다고 지적했다. 그는 러시아와 중국을 비롯한 다른 핵보유국들은 핵확산을 금지한 국제규범을 준수했으나 북한은 "그렇지 않았다"고 주장했다. 그러면서 "이것이 바로 미국이 북한을 핵보유국으로 인정할 수 없는 이유"라고 강조했다.[168]

검증 논란의 진실

다시 검증 문제로 돌아가보자. 2008년 12월 6자회담이 파탄난 데는 북한이 약속, 즉 핵 신고 내용에 대한 검증 약속을 지키지 않았기 때문이라는 인식이 여전히 팽배하다. 국내외 일반인들은 물론이고, 전문가들과 정부 관료들도 이렇게 알고 있는 사람이 많다. 정말 잘 몰라서 그런 것인지, 무슨 의도를 갖고 그러는 것인지는 추측의 영역에 있다. 그러나 분명한 점은 당시 약속을 지키지 않은 쪽은 한미 양국이었다는 것이다. 불편한 진실일 수 있다. 그러나 그 진실을 직시할 수 있는 용기를 가질 때, 비로소 문제 해결에 조금이나마 접근할 수 있다.

북한은 2007년 12월 31일까지 핵 신고서를 제출하기로 했지만, 계속 지연되고 있었다. 핵심적인 사유는 핵 신고서에 북한의 우라늄 농축 의혹 및 시리아 핵개발 지원설까지 포함시킬 것인지 여부였다. 또한 체니 등 네오콘은 북한의 플루토늄 신고도 강력한 사찰을 통해 검증되어야 한다는 입장이었다. 우여곡절 끝에 북한은 2008년 5월에 1만8000쪽이 넘는 원자로 및 재처리시설 가동일지를 미국에 넘겼다. 6월에는 6자회담 의장국인 중국에 핵 신고서를 제출했다. 임기는 끝나가고 마땅한 업적은 없었던 부시는 평양의 움직임을 예의주시하고 있었다. 그리고 2008년 6월 27일(미국 시각) 텔레비전을 틀자 기쁜 소식을 접했다. 북한이 영변 냉각탑까지 폭파한 것이다. 이를 본 부시는 이렇게 말했다. "그래, 저건 검증 가능하군!" 부시가 검증을 앞세운 네오콘의 반발에 얼마나 시달렸는지 상징적으로 보여주는 장면이었다.

이에 앞선 6월 18일, 라이스 국무장관은 검증 문제와 관련해 의미심장한 발언을 했다. "우리는 3단계에서 다루기로 했던 검증과 원자로 접근 등의 문제들을 2단계로 가져왔다." 라이스가 말한 2단계는 10·3합의이고, 이 합의에는 검증에 대한 내용은 포함되지 않았다는 점을 지적한 발언이었다. 그런데 한미 양국은 검증을 들고 나왔다. '경기 중에 골대를 옮긴 셈'이었다. 라이스의 발언 맥락을 정확히 이해하기 위해 한 걸음 더 들어가보자. 당시 핵심 문제는 검증 '단계'였다. 미국 내 강경파는 검증의정서(verification protocol) 초안을 통해 핵심적인 검증 방식으로 "시료채취와 불시사찰"을 명시했다. 또한 북한에 2단계에서 이를 수용할 것을 압박했다. 이명박 정부도 미국의 강경파와 보조를 같이했다. 반면 북한은 검증은 "최종 단계"에서 논의할 사안이라고 맞섰다. 그렇다면 당시 합의서에는 어떻게 나와 있을까?

우선 9·19 공동성명의 2단계 이행조치인 10·3합의에 따르면 북한의 핵심적인 의무사항은 핵시설 불능화와 함께 "완전하고 정확한 핵 신고"였다. 북한의 핵 신고에 대한 검증 조항은 10·3합의에 없었다. 그런데 한미 양국이 검증 문제를 2단계로 가져와 북한에 수용할 것을 압박하면서 6자회담이 결렬될 위기에 처했다. 밀고 당기는 협상 끝에 2008년 7월 6자회담 수석대표 언론 발표문에 절충안이 담겼다. 핵심내용은 ▲비핵화 실무그룹 책임하에 6자 전문가로 검증체제 구축 ▲검증조치는 시설 방문, 문서 검토, 기술인력 인터뷰 및 6자가 만장일치로 합의한 기타 조치 포함 ▲필요 시 IAEA의 자문과 지원 제공 ▲검증의 구체적인 계획과 이행은 전원합의 원칙에 따라 한반도 비핵화 실무 그룹에서 결정 등이다. 이런 합의에 따르면,

한미 양국이 핵심적인 검증 방식으로 채택하고 있는 시료채취와 불시사찰 등은 합의 수준을 넘어선 요구라는 것을 알 수 있다.

북한이 "가택수색"이라는 표현까지 사용하면서 한미 양국의 시료채취 및 불시사찰 요구에 과민반응을 보인 데는 이라크의 사례를 염두에 둔 측면도 있었다. 이라크는 1991년 걸프전 이후 미국 주도의 UN 사찰을 8년간 받은 바 있다. 그러나 미국의 부시 행정부는 2003년 3월에 후세인 정권이 대량살상무기 개발을 은폐하고 있다며 침공을 강행했다. 그런데 여기서 주목할 점이 있었다. 이라크 사찰에 참여했던 일부 사찰단이 "후세인의 은신처 등 이라크의 민감한 정보를 미국에 전달했다"고 양심선언을 한 것이다. 실제로 미국은 이라크 침공 과정에서 이런 정보를 활용해 후세인 은신 추정 지역을 비롯한 핵심시설에 정밀타격을 가했다.

이런 사례는 북한이 "검증은 최종단계에서나 논의할 사안"이라며 강하게 반발한 배경을 알 수 있게 해준다. 북미관계가 완전히 정상화되고 정전협정을 평화협정으로 대체하지 않은 상황에서 미국 주도의 강도 높은 사찰을 받아들이면, 결과적으로 미국에 민감한 정보를 제공하는 셈이 된다는 것이다. 이런 북한의 인식은 "(강도 높은 사찰은) 서로 총부리를 맞대고 있는 교전" 상태를 해결해야만 받아들일 수 있다는 주장에도 잘 담겨 있었다.

이처럼 2008년 여름 들어 6자회담은 검증 문제로 좌초될 위기에 처했다. 북한은 미국이 약속한 테러지원국 해제를 주저하자 영변 핵시설 불능화를 중단하겠다고 위협했다. 그해 8월에는 김정일이 뇌 관련 질환으로 쓰러진 것으로 알려지면서 북핵협상은 더더욱 불확실해졌다. 그런데 바로 이 시기에 부시는 용단을 내린다. 체니는 "북한이 제출한 핵 신고서에는 우라늄 농축 활동도, 핵확산 내역도, 심지어 플루토늄 활동에 대한 완전한 내용도 담겨 있지 않았다"며 테러지원국 해제를 강력히 반대했다. 반면 라이스는 북한이 핵 신고서를 제출한 것을 긍정적인 진전으로 판단했다. 그리고

"테러지원국 명단에서 북한을 제외하더라도 우리가 부과한 제재에는 거의 영향을 주지 않을 것"이라며 부시의 결단을 촉구했다.[169] 체니와 라이스 사이에서 갈팡질팡하던 부시는 결국 라이스의 손을 들어줬다. 10월 11일 북한을 테러지원국에서 해제한다고 발표한 것이다. 그러자 체니는 이렇게 분개했다.

(테러지원국 해제) 절차와 결정을 보고 있노라니, 부시 대통령이 과거에 보여줬던 냉철한 결정에서 이탈했다는 생각이 들었다. 나는 대통령의 연설을 들으면서 우리가 앞으로 어떻게 잘못된 신고를 검증할 수 있을지 의아해졌다. 이에 앞서 나는 하나의 대안으로 힐을 평양에 보내 (검증 문제에 관한) 문서화된 확인을 받아 올 것을 제안했다…. 그러나 라이스는 그걸 원하지 않았고 그렇게 할 수도 없었다. 참으로 슬프다. 테러지원국 해제는 부시 독트린을 포기하는 것이자 1기 때 이룩한 비확산 업적을 훼손하는 것이었기 때문이다. 대통령이 클린턴 시대의 실패한 접근을 폐기한다고 했을 때는 옳았다. 그러나 지금 우리는 그걸 반복하고 있다.[170]

그런데 체니가 낙담하기에는 일렀다. 뜻하지 않은 동지를 만난 것이다. 청와대의 새로운 주인이 된 이명박 정부 인사들이 바로 그들이었다. 이명박 정부는 첨예한 문제였던 검증 문제와 관련해 "우리가 달성해야 할 검증의정서가 과학적이고 국제적인 기준에 바탕을 둔 것이어야 한다는 것이고, 이런 핵심원칙은 지켜져야 한다는 점"이라는 입장을 견지했다. 특히 "핵 신고서에 핵무기가 빠졌다"며 불만을 나타내기도 했다. 하지만 9·19 공동성명의 2단계 이행 조치 합의인 10·3합의에서는 국제적 검증과 핵무기 문제를 3단계 협상에서 논의하기로 한 바 있다. 미국 네오콘처럼 이명박 정부역시 '경기 중에 골대를 옮긴 것'이다.

이명박 정부의 강경 기조는 행동으로도 옮겨졌다. 북한이 2008년 8월 미국의 대북 테러지원국 해제 지연에 대한 보복조치로 불능화된 영변 핵시설 재가동에 돌입하자, 이명박 정부는 에너지 지원 중단 카드를 꺼내들었다. 구체적으로는 10·3합의에 따라 북한에 제공할 예정이었던 자동용접강관 3000톤 중 이미 생산된 1500톤의 북송을 늦췄다. 이는 부시 행정부가 어떻게 해서든 협상의 동력을 살리고자 에너지 제공을 계속했던 것과 상반된 것이었다. 더구나 이명박 정부는 북한이 영변 핵시설을 원상복구한 이유를 김정일의 와병과 연결시켜 북한 내 불안정이 증폭되는 징후로 간주했다. 그러나 북한은 미국이 10월 들어 테러지원국 해제를 결정하자 즉각 영변 핵시설 불능화에 다시 착수했다. 1년여 만에 10·3합의 이행이 막바지에 이른 것이다.

하지만 이명박 정부는 바로 이 중차대한 시기에 일본과 '몽니 연대'를 구축했다. 양국 정부는 "어떤 종류의 합의가 어떤 형태로 나오든 간에 거기엔 시료채취가 의심의 여지 없이 있어야 한다"며 한목소리를 냈다. 그러면서 시료채취를 에너지 지원과 연계했다. 이게 '몽니 부리기'인 까닭은 10·3합의나 그 후 수석대표 합의 어디에도 이런 내용이 담겨 있지 않았기 때문이다. 2008년 7월 12일 채택된 6자회담 수석대표회의 합의문에는 "북한의 영변 핵시설 불능화와 여타 참가국들에 의한 대북 중유와 비중유 잔여분 지원은 병행하여 완전하게 이행될 것이다"라고 나와 있다. 합의문 어디에도 에너지 지원 조건으로 시료채취를 포함한 검증의정서 채택이 있어야 한다는 언급은 없었다.

결국 6자회담은 그해 12월 중순에 결렬되고 말았다. 부시 행정부도 북한과의 물밑 교섭을 통해 검증의정서 채택을 요구한 것이 무산되자, "관련국들 사이에 (검증의정서 채택에) 진전이 없는 상태에서는 에너지 지원을 계속하기 어렵다는 공감대가 형성되었다"고 발표했다. 2단계 합의의 핵심 축인 대북 에너지 지원을 중단하기로 한 것이다. 이렇듯 한미일 3국이 경기 중에 골대를 옮기자 북한은 경기장을 뛰쳐나가버렸다. 만약 이 시기에 이명박 정부가 기존 합의에 충실해 미국 내 협상파와 보조를 맞췄다면, 2단계는 마무리될 수 있었을 것이다. 그리고 2009년부터는 미국의 새로운 파트너인 오바마 행정부와 함께 최종게임, 즉 북한의 핵무기 폐기 및 검증 협상에 돌입할 수 있었을 것이다. 그러나 이미 딴생각에 빠진 이명박 정부는 오바마 행정부에 딴생각을 심어주는 데 관심이 컸다. 그건 바로 김정일이 사망하면 북한은 오래갈 수 없으니 흡수통일을 준비하자는 것이었다.

〈뉴욕타임스〉는 2008년 12월 28일 사설에서 핵협상 게임을 이렇게 평했다. "부시 대통령이 오바마 대통령 당선자에게 북핵협상은 단호하고 참을성 있게 임해야 한다고 말한 것은 좋은 충고다. 이런 처방은 맞는데 정작 부시 행정부는 이를 따르지 않고 있다." 이렇게 지적한 이유는, 북핵 검증은 필수적이지만 "합의에 따르면, 나중에 다뤄야 할 사안으로 되어 있다"는 것이다. 그런데 부시 행정부는 미국의 강경파 및 한일 양국 정부에 밀려 무리하게 검증의정서 채택을 추진했다. 신문은 이렇게 되면 "북한은 영변 핵시설 불능화를 중단하고 무기급 플루토늄을 다시 생산할 권리가 있게 된다"며, "이런 상황 전개는 오바마에게 긴박한 위기를 줄 수 있다"고 우려했다. 〈뉴욕타임스〉의 경고성 예언이 현실로 나타나는 데는 반년도 채 걸리지 않았다.

공교롭게도 미국이 제기했던 3대 북핵 이슈, 즉 약 10kg의 플루토늄 비밀 추출, 고농축 우라늄을 이용한 비밀 핵무기 개발, 그리고 시리아 흑연 감속로 건설 지원설은 남북관계를 포함한 한반도 정세가 중대 전환점에 다다를 때마다 제기됐다. 그리고 미국 강경파들은 자신들의 의도대로 한반도 평화 프로세스를 매번 좌초시키거나 이에 큰 영향을 미쳤다. 한국은 이때마다 수세에 몰렸다. 미국의 의혹 제기에 북한이 강하게 부인할수록 미국

은 이를 강한 긍정으로 받아들였다. 차도살인이 아닐 수 없다. 미국의 강경
파가 실체가 불분명한 북핵문제를 제기해 한반도 평화 프로세스를 매번 희
생시켜왔으니 말이다. 이 점이야말로 '한반도 핵 시대 1.5'의 가장 두드러진
특징 가운데 하나다.

한반도,
제2의
핵 시대로

5부

쓰러진 김정일과 통일몽에 빠진 이명박

1

한반도 핵 시대 1.5에서 빼놓을 수 없는 인물이 있다. 바로 조지 W. 부시 대통령이다. 그는 임기 초반에 북한을 '악의 축'으로 불렀다가, 임기 막바지에는 북한을 테러지원국에서 해제했다. 어떻게 이런 대변신이 가능했을까? 여러 가지로 설명할 수 있겠지만, 북한과 직접 만나본 결과 선입견을 버리고 기대를 키울 수 있었다는 것이 핵심적인 이유였다. 부시 행정부가 실질적으로 북한을 처음으로 만난 시점은 이라크 전쟁 패배의 책임을 물어 네오콘을 쫓아내고 북한이 핵실험을 강행한 지 3개월이 지난 2007년 1월이었다. 그리고 북한 협상단을 만나 보니 생각이 달라졌다. 뒤늦게 만나서 느낀 첫인상이 극적 반전을 연출한 것이다. 부시는 2001년 1월 백악관에 들어가자마자 대북협상을 중단시킨 바 있다. 그런데 2009년 1월 백악관에서 나오면서 부시 임기 8년 최고의 외교 업적으로 대북 외교의 성과를 꼽았다. "6자회담을 통해 북한의 핵무기 및 핵 프로그램 약속을 받아낸 것" 말이다.

그런데 부시의 대북정책이 변화하던 와중에 한국에서 정권교체가 일어났다. 정권만 바뀐 것이 아니라 정책까지 확 바뀌었다. 나는 이를 두고 "백악관에서 쫓겨난 네오콘이 청와대로 들어갔다"고 표현했다. 이명박 정부는 9·19 공동성명의 2단계 합의, 즉 10·3합의에 없었던 북핵 검증을 미국보다 더 강하게 요구해, 결과적으로 6자회담을 파탄낸 책임으로부터도 자유로울 수 없었다. 돌이켜보면 이명박 정부는 역사에 큰 획을 그을 수 있는 절호의 기회를 맞이하고 있었다. 극우에 가까웠던 부시 행정부의 변신은 한반도 핵문제를 비롯한 정전체제에서 빚어진 비정상을 정상화할 수 있는 절호의 기회였다. 또한 2차 남북정상회담 합의사항을 이행하면 그 공도 이명박 정부에게 돌아갈 터였다. 그러나 이명박 정부는 역주행을 선택했다. 왜 그랬을까? 청와대의 머릿속은 딴생각으로 가득했기 때문이다.

김정일의 와병과 이명박의 "기다리기 전략"

이명박 정부가 딴생각을 품은 결정적 계기는 김정일 국방위원장의 와병설이었다. 김정일이 2008년 8월 14일 군부대 시찰 이후 공개활동이 뚝 끊기고, 특히 9월 9일 북한 정권 수립 60돌 행사에도 불참하면서 와병설은 더욱 증폭되었다. 그러자 국가정보원은 "김정일이 뇌졸중이나 뇌일혈로 쓰러져 수술을 받았고 현재는 회복 중"이라고 주장했다. 그러면서 "부축하면 걸어다닐 수 있을 정도로 상태가 호전되고 있다"거나, "양치질을 할 정도의 건강 상태인 것으로 파악하고 있다"는 등 마치 김정일을 옆에서 보고 있는 것처럼 상세한 언급들을 쏟아냈다. 이렇게 김정일의 일거수일투족을 면밀히 파악하고 있는 것처럼 자랑했던 국정원을 비롯한 정보기관들은 정작 그가 2011년 12월 17일 사망했을 때는 이를 까맣게 모르고 있었다. 국정원 직원들이 선거 등 국내 정치에 대거 동원되면서 가장 중요한 정보를 놓치고 만 것이다.

김정일 와병설이 불거지자, 이명박 정부 안팎에서는 '이 기회에 통일하자'는 분위기가 팽배해졌다. 서재진 통일연구원 원장은 2008년 9월 하순에 "김정일의 건강 이상설이 발표되면서 통일이 가까워지고 있다는 생각이 든다"고 했고, 이기택 민주평통 수석부의장도 "언제 다가올지 모르는 통일에 이제라도 서둘러 대비해야 한다"고 말했다. 이명박 대통령 역시 "그동안 통일에 비해 평화의 가치를 과도하게 내세운 적이 있었다"며, "그러나 평화와 통일은 대립되는 것이 아니라 동시에 추구해야 할 우리의 가치"라고 강조했다. 11월 중순 워싱턴 기자간담회에서는 "자유민주주의하에서 통일하는 것이 최후의 궁극목표다"라고 말했다. 그러면서 "기다리는 것도 전략"이라는 유명한 말을 남겼다. 김정일의 죽음이 다가오고 있고, 그의 죽음이 북한 붕괴로 이어질 테니 한국은 이를 기다리면서 통일을 준비해야 한다는 뜻이었다.

김정일 와병설은 북한 급변사태 대비론으로 급격히 옮겨 붙었다. 이상희 국방장관은 11월 초에 "북한의 불안정 상황을 대비하는 게 군의 책무"라고 강조했다. 이어서 12월 초에는 "북한에 급변사태나 불안정 사태가 발생할 때 중국이 부정적인 영향을 미치지 않도록 모든 수단을 동원해 조치해야 한다"고 말했다. 그러면서 북한의 급변 사태 발생에 대비해 개념계획인 5029를 작전계획으로 격상하는 것을 비롯해 대응책 마련에 나설 것이라고 공개적으로 언급했다.*

---

* 1990년대 후반에 만들어진 것으로 알려진 5029는 당초 북한 붕괴에 대비하기 위한 성격이 강했다. 그러나 부시 행정부가 일부 적성국가의 정권교체를 염두에 두고 "대량살상무기와의 전쟁"을 선포하면서 5029에도 근본적 변화가 일어났다. 이른바 '예방전쟁'의 개념을 적용해 북한에 대한 군사적 개입을 '붕괴'에서 '급변 사태(contingency)'로 바꾼 것이다. 그 이유는 이렇다. 북한 내에서 급변 사태가 발생하면 핵무기를 비롯한 대량살상무기에 대한 중앙권력의 통제력이 약화돼, 위험

2008년 12월 31일 통일부 업무보고 자리에서는 이명박 정부의 흡수통일 야심이 여실히 드러났다. 이 자리에서 김하중 통일부 장관은 남북대화 재개와 관계 정상화 방안을 보고했다. 2009년에는 2008년 내내 정체 상태를 벗어나지 못한 남북관계를 풀기 위한 방안이 주를 이뤘다. 그러나 이명박은 "과거와 같이 북한에 뭔가를 주고 경제협력을 하는 것으로 남북관계가 개선됐다고 생각하는 것은 안 된다"며 김하중을 강하게 질타했다. 그러면서 대화 재개가 목표가 되어서는 안 된다며, "통일부는 제대로 된 근본적인 전략을 세워보라"고 주문했다.[1] 이명박이 말한 "근본적인 전략"은 바로 북한 급변 사태 대비 및 흡수통일 전략이었다. 그리고 이런 전략을 구체화하기 위해 김하중을 경질하고 현인택을 통일부 장관으로 기용했다.

폭로 전문 사이트 위키리크스가 공개한 미국 외교 전문에는 이명박 정부가 흡수통일에 얼마나 집착했는지 생생하게 보여준다. 먼저 현인택 통일부 장관은 2009년 7월 20일 커트 캠벨 미국 국무부 동아태 차관보를 만난 자리에서 "김정일이 앞으로 3~5년밖에 살지 못할 것 같다"면서 "북한의 갑작스러운 붕괴 시 한국과 미국 정부는 한반도 통일을 향해 빠르게 움직여야 한다"고 말했다. "이에 대해서 한국 정부기관들은 어떠한 이견도 없다"고 덧붙이면서 말이다.[2] 또한 2010년 1월 11일 유명환 외교통상부 장관은 로버트 킹 미국 북한인권특사를 만난 자리에서 "정확히 몇 명인지 확인해줄 수는 없지만 해외에서 활동해온 고위급 북한 관료들이 최근 한국으로 망명했다"고 밝혔다. 북한 고위급 인사들의 탈북은 북한 내 불안정성 증대와 조기 붕괴론의 징후로 간주되었다.

세력의 손으로 넘어가거나 알카에다와 같은 반미 테러집단에 판매할 가능성이 제기된다는 것이다. 이를 방지하기 위해서는 김정일 유고나 군부 쿠데타와 같은 급변사태 발생 시 한미연합군을 투입해 대량살상무기를 안전하게 확보할 필요가 있고, 이런 군사계획이 바로 5029의 골자다.

천영우 외교부 차관과 캐슬린 스티븐스 주한 미국 대사의 2010년 2월 17일 오찬 회동 내용도 주목됐다. 천영우는 "중국은 김정일 사후 북한의 붕괴를 막을 수 없을 것"이라며, "북한은 이미 경제적으로 붕괴되었고 김정일 사후 2~3년경 정치적으로도 붕괴할 것"이라고 주장했다. 그는 특히 "대규모 무역과 노동력 수출 기회를 중국 회사들에 제공하면" 중국의 우려를 더는 데 도움이 될 것이라고 말했다. 상업적 거래를 통해 중국이 한미동맹 주도의 한반도 흡수통일에 동의하게 만들어야 한다는 취지의 발언인 셈이다. 이에 대해 스티븐스는 "강력한 한일관계가 일본으로 하여금 통일된 한반도를 받아들이는 데 도움이 될 것"이라 말했고 천영우도 "스티븐스 대사의 주장을 인정했다".[3] 이 대화 내용은 중차대한 의미를 지닌 것이었다. 미일동맹은 이명박의 흡수통일론을 한일 군사협력 및 한미일 삼각동맹으로 이용하기로 했고, 이명박 정부도 이에 맞장구를 쳐준 셈이기 때문이다. 그 구체적인 내용을 추적해보자.

"뼛속까지 친미·친일"과 한미일 삼각동맹

이상득은 이명박 대통령이 '뼛속까지(to the core) 친미·친일'이니, 그의 시각에 대해선 의심할 필요가 없다고 말했다.

위키리크스가 폭로한 주한 미국 대사관의 2008년 5월 29일자 비밀 외교 전문의 일부 내용이다. 당시 국회 부의장이자 대통령의 친형으로서 '상왕'으로까지 불린 이상득 의원이 알렉산더 버시바우 주한 미국 대사를 만나 "이명박 대통령은 미국·일본 양국과 잘 협력할 것"이라며 이렇게 말했다는 것이다. 결과적으로 이 발언은 그냥 흘러버릴 수 있는 것이 아니었다. 앞서 소개한 것처럼 이명박은 강력한 반북정서를 바탕으로 흡수통일을 추구했다. 동시에 친미·친일 시각도 강했다. 한국 대통령이 반북과 친미·친일이라는 이분법적 사고에 갇혀 있으면 이는 미일동맹에 좋은 먹잇감이 되고 만다. 북한의 위협은 물론이고 북한의 붕괴, 그리고 중국의 부상까지 대비한 한미일 삼각동맹 구축의 좋은 구실이 되기 때문이다. 그런데 이즈음 워싱턴에서는 심상치 않은 분위기가 형성되고 있었다. 북한과의 협상보다는 한미일 삼각동맹에 무게중심을 둬야 한다는 주장이 힘을 얻고 있었던 것이다.

2009년 1월 버락 오바마 행정부 출범 직후 미국 국무부는 "북한에 정책이 연속될 것이라는 인식을 심어줄 필요가 있다"고 백악관에 권유했다. 6자회담의 9·19 공동성명 2단계 이행계획인 10·3합의 이행을 다시 추진하고, 부시 행정부 말기에 활발하게 진행되었던 북미 직접대화가 필요하다는 의미였다. 그러나 백악관 아시아 담당 선임보좌관이었던 베이더는 "우리는 한국, 일본, 이상적으로는 중국 및 러시아와 먼저 대북공조체제를 이루기 전에는 북한과 소통하지 않을 것"이라며 국무부의 권유를 사실상 묵살했다. 미국 내에서 대북 대화파와 한미일 공조파 사이의 미묘한 갈등이 2009년 초부터 있었다는 것을 확인할 수 있다.

사실 이명박 정부는 오바마 행정부의 등장에 긴장한 기색이 역력했다. 오바마가 대선후보 유세 때 부시의 대북정책을 강력히 비판하면서 김정일과의 정상회담을 포함한 적극적인 협상 의지를 내비쳤기 때문이다. 이를 뒷받침하듯 이명박 정부는 오바마가 대통령에 당선된 직후부터 강한 견제구를 던지기 시작했다. 위키리크스가 폭로한 미국 외교문서에 따르면, 오바마 당선 한 달 후인 2008년 12월 5일, 김태효 청와대 대외전략비서관은 주한 미국 대사관 측과 오찬 회동을 가졌다. 이 자리에서 김태효는 이렇게 강조했다. "미국의 새로운 행정부는 북한에 사용할 '광범위한 채찍 목록'을 만들어야 한다. 왜냐하면 유인책은 북한의 행동을 변화시키는 데 결코 유용하지 않을 것이기 때문이다."⁴ 이명박 정부의 대외정책 실세였던 김태효는 2009년 1월 상순 워싱턴을 방문한 자리에서도 "미북 고위급 대화는 기본적으로 찬성하지만, 남북관계와 6자회담 모두 정체된 상황에서 대북특사를 너무 서두르면 북한에 좋지 않은 신호를 줄 수 있기 때문에 신중을 기해달라"고 요청했다.⁵ 이런 이명박 정부의 입장은 오바마 대통령의 대선 공약 및 집권 초기의 움직임과 상당한 긴장관계를 형성했다. 베이더의 회고다. "이명박 대통령은 오바마 대통령과 함께 일하는 것에 대해 걱정하고 있었다. 그의 접근은 오바마 행정부의 대북정책과 잘 어울릴 것으로 보이지 않았다."⁶

이뿐만이 아니었다. 이명박 정부는 그해 1월부터 미국이 제공한 북한의 로켓 발사 준비 정보를 유출하면서 대북 강경여론 조성을 도모했다. 당황한 미국 정부는 2월 9일 한국 정부에 항의서한을 전달했다. 주한 미국 대사관 측은 이용준 외교부 차관보를 만나 정보 유출을 따져 물었다. "한국 정부가 미국의 비밀정보를 흘린 것은 이번이 처음 아니기 때문에, 미국 정부는 북한 미사일 프로그램에 관한 위성사진으로부터 나온 정보를 한국 정부가 최근 유출한 것에 대해 강력한 우려를 전달한다."

오바마 행정부 출범을 전후해 대북정책을 둘러싼 한미 간의 미묘한 갈등은 6자회담 문제로도 이어졌다. 미국은 검증 논란에도 불구하고 6자회담의 10·3합의에 따라 북한에 제공하기로 한 20만 톤 상당의 에너지 지원을 완료했다. 또한 1월 13일 인준청문회에 나선 힐러리 클린턴 국무장관은 "북핵문제를 우선순위로 다룰 것"이라며 "6자회담과 북미 직접대화를 조화시켜 북핵 해결을 위한 최선의 방도를 찾을 것"이라고 밝혔다. 그러나 이명박 정부의 행보는 달랐다. 검증 문제를 이유로 북한에 제공하기로 한 20만 톤 가운데 5만5000톤의 잔여분 선적을 계속 늦추고 있었던 것이다. 일본 역시 납치 문제를 이유로 중유 한 방울도 북한에 보내지 않고 있었다. 이로 인해 2008년 12월 결렬된 6자회담의 재개 가능성은 2009년 들어 더더욱 위축됐다.

그런데 미국의 대북정책 분위기조차 3월 들어 강경한 방향으로 기울기 시작했다. 북한의 장거리 로켓 발사 징후가 구체화되면서 대북강경론이 득세한 것이다. 이에 따라 대북정책을 둘러싼 한미 간의 엇박자는 빠르게 봉합되었다. 이를 잘 보여주는 에피소드가 있다. 4월 2일 런던에서 열린 G20 정상회담에서 한미 두 정상은 당초 사진만 찍을 계획이었다. 그러나 오바마는 "한미관계에 대해 할 말이 있다"며 마이크를 잡고는 미국의 한국에 대한 확고한 안보공약과 북한의 로켓 발사 시 강력한 대응 의지를 밝혔다. 이를 두고 베이더는 이 말이 "이명박 대통령을 놀랍고 기쁘게 했다"고 전한다.[7]

이처럼 오바마의 대북정책을 걱정했던 이명박 정부에 북한의 로켓 발사 움직임은 반전 카드로 활용됐다. 먼저 이명박 정부는 북한의 로켓 발사 시 UN 안보리 회부 및 제재 부과를 강하게 밀어붙였다. 위키리크스가 폭로한 2009년 3월 5일자 주한 미국 대사관 외교 전문에는 다음과 같은 내용이 담겨 있다. 이 문서는 3월 2일 서울에서 열린 21차 안보정책구상회의(SPI) 회의 결과를 정리한 것이다.[8]

전제국 국방부 정책실장은 한국 정부는 (북한의) 어떤 미사일이나 로켓 발사도 군사 도발로 간주한다고 말했다. 전 실장은 한미동맹이 정보와 감시태세 강화, 로켓 발사 공동 모니터링, 합동 대응을 준비하기 위해 효과적으로 협력해야 한다고 말했다. 그는 또한 북한의 미사일 발사 이전에 미국과 한국 정부는 가능하다면 UN 안보리를 비롯한 국제사회에서 협력해야 한다고 말했다.

또한 원태호 합참 전략기획부장은 같은 회의에서 "북한의 로켓 발사는 탄도미사일 프로그램과 관련된 기술적 요소 때문에 UN 안보리 결의안

1718호를 위반하는 것"이라고 말했다. 또 다른 외교 전문에는 이명박 정부가 미국에 대북제재 강화를 주문하는 내용도 담겨 있다. SPI 회의 참석차 방한한 데이비드 세드니 국방부 동아태 담당 차관보를 만난 김성환 외교안보수석은 "미국 정부가 BDA(방코델타아시아)와 같은 제재를 가할 것이라고 북한이 여긴다면, 북한은 감히 추가적인 대포동 미사일 발사를 하지 못할 것"이라고 말했다. 이에 대해 세드니가 "한국 정부가 대북제재를 요청하는 것이냐"고 묻기까지 했다.[9]

그리고 유명환 외교통상부 장관은 클린턴과 스티븐 보즈워스 대북정책 특별대표의 방한 직후인 3월 11일 이렇게 말했다. "북한의 미사일 발사는 인공위성이라 하더라도 UN 안보리 결의 1718호를 위반하는 것으로서, 동북아시아뿐만 아니라 국제사회에 긴장을 조성하고 6자회담에 악영향을 미칠 것이다." 그러자 워싱턴의 외로운 협상파인 보즈워스는 서울을 떠나면서 이런 말을 남겼다. "북한의 움직임에 과잉대응해서는 안 된다."

이렇듯 2009년 4월 5일 북한의 로켓 발사를 전후해 이명박 정부는 오바마 행정부보다 더 강경한 입장을 보였다. 이는 "대북정책 결정 시 한국의 입장을 가장 중시하겠다"는 오바마의 약속과 맞물려 이명박 정부가 대북정책의 주도권을 잡는 데 결정적인 계기가 되고 만다. 워싱턴 내 한미일 삼각동맹파의 입지도 크게 강화되었다. 실제로 북한이 장거리 로켓 발사를 강행하자 미국의 대북정책은 '북한' 없는 정책으로 굳어지기 시작했다. 대북정책이라는 명칭에 어울리지 않게, 대북정책의 최우선 순위를 한미일 공조 및 3자 안보협력에 두기로 한 것이다.

이를 잘 보여주는 풍경이 있다. 주일 미국 대사관은 4월 13일 한국과 일본의 관료들과 학자들을 초청해 비공개회의를 열었다. 이 회의를 평가한 미국 외교 전문은 "최근 북한의 대포동 2호 탄도미사일 발사 전후의 전개과정에서 일본과 한국 정부가 보여준 긴밀한 협력은 (한일) 양국 사이의 장벽이 깨질 수 있다는 점을 시사한다"고 적었다. 그러면서 "한국 및 일본과 함께하는 3자안보 및 국방 대화는 두 정부에 대한 미국의 면밀한 감독과 능동적 개입을 요한다"고 강조했다.[10]

2009년 7월 16~17일 도쿄에서 열린 차관보급 한미일 3자 국방회담에서 미국의 의도는 더욱 적나라하게 드러났다. 이 회담에서 마이클 시퍼(Michael Schiffer) 국방부 동아태 담당 부차관보는 북한의 로켓 발사 및 핵실험 강행으로 한반도 정세가 "변곡점"에 와 있다며, "미국의 대북정책은 동맹국들과의 협력을 강화하는 데 맞춰져 있다"고 강조했다. 그가 말한 변곡점이란 "북한이 ICBM 능력을 갖춘 핵보유국이 되려고 하는 것"이었고, 이를 저지하기 위해서는 한미일 삼각 동맹 구축을 본격화해야 한다는 것이었다.

이 자리에 함께한 에드워드 라이스(Edward Rice) 주일미군 사령관은 "북한의 대포동 2호 발사에 대한 대처는 3자협력을 제고할 수 있는 좋은 기회"라며, "3국 정부는 정보 공유, 합동기획 및 작전을 포함한 정책 및 작전 협력을 위한 필요한 구조를 준비해야 할 것"이라고 말했다. 그는 또한 "정보 공유가 미일, 미한 양자 사이에서 배타적으로 이뤄지고 있기 때문에 MD에 차질을 빚고 있다"고 지적하면서 "공유된 지식과 능력으로부터 나오는 중요한 장점들과 함께 3자 정보공유가 이뤄지면 더욱 효과적인 MD가 가능하다"고 주장했다.[11] 2012년 여름 이명박 정부가 국회와 국민 몰래 추진했던 한일 군사정보보호협정의 애초 의도가 MD를 고리로 한미일 삼각 동맹을 구축하려는 데 있었다는 것을 분명히 보여준 대목이다.

정리하자면 2009년 4월 북한의 로켓 발사와 한미일의 강경 대응은 한반도와 동북아 정세에 있어서 '전환기적 사건'이었다고 할 수 있다. 우선 오바마 행정부의 대북정책이 '포용'에서 '봉쇄'로 전환된 결정적 순간이었다. 또한 한미 대북정책 공조에서 이명박 정부가 주도권을 잡게 되었다는 점도 중요하다. 북한이 한미 양국의 대북 적대시 정책을 이유로 본격적인 핵 능력 강화로 나선 시기도 바로 이때였다. 장거리 로켓 발사 → 6자회담 거부 및 2차 핵실험 → 플루토늄 재처리 재개 및 우라늄 농축 활동 발표 등으로 이어진 북한의 숨가쁜 행보는 북한의 핵문제 해결에 대한 진정성을 의심케 하기에 충분했다. 아울러 동북아 차원에서도 한미일은 MD를 고리로 3자 간 군사협력을 크게 강화시키기 시작했다. 이는 중국과 러시아의 반발을 야기하며 동북아에 또다시 냉전의 먹구름을 드리우는 결과로 이어지고 말았다.

사실 보수정권이었던 김영삼, 이명박, 박근혜 정부 시기에 한반도 핵문제를 관통하는 핵심적인 문제 가운데 하나는 '북한 붕괴 및 흡수통일론'에 있다고 해도 과언이 아니다. 김일성 사망 직후에도, 북한의 대기근 시기에도, 김정일 사후에도, 그리고 김정은이 "국가 핵무력 건설"을 향해 폭주를 하고 있을 때도, '북한은 곧 망하고 통일할 수 있을 것'이라는 묵시록적 예언이 판을 쳤다. 하지만 기다린 결과는 참혹했다. 북핵은 비약적으로 강화되었고, 곧 망할 것이라던 김정은 체제는 빠르게 안착되었다.

흡수통일론이 안고 있는 가장 근본적인 모순은 이것이 북핵협상과 양립할 수 없다는 점이었다. 상대가 곧 망할 것이라고 믿어버리면 협상에 나설 동기 자체가 사라진다. 또한 협상을 통해 북핵을 해결하려면 북한의 요구사항 가운데 상당 부분을 들어줘야 한다. 에너지 제공과 경제제재 해제부터 정전체제의 평화체제로의 대체, 북미·북일관계 정상화에 이르기까지 말이다. 그런데 이런 요구사항을 들어주면 '북한은 곧 망하거나 망해야 한다'는 자기 신념을 배신하는 셈이 된다. 그래서 이명박·박근혜 정부는 "북핵문제의 궁극적인 해법은 통일에 있다"고 말했다. 하지만 김정일과 김정은은 이런 남한을 상대하기 위해서라도 핵무기를 손에 쥐어야 한다고 여겼다. 이렇게 남한의 통일몽과 북한의 핵몽이 악순환을 일으키면서, 그리고 미국이 "전략적 인내"에 맴도는 사이 한반도는 제2의 핵 시대로 접어들고 말았다.

오바마와
"전략적 인내"

2

2009년 1월 백악관의 새로운 주인이 된 오바마 대통령의 다짐 속에는 "북미 직접대화와 6자회담을 통해 한반도 비핵화를 달성하겠다는 것"도 포함되어 있었다. 하지만 2017년 1월 백악관을 나오면서 오바마는 후임자인 도널드 트럼프에게 이렇게 말해야 했다. "미국이 현재 직면한 가장 큰 위협은 북핵입니다." 세상만사 뜻대로 되는 일이 별로 없다고는 하지만, 백악관을 들어갈 때의 다짐과 나올 때의 한탄 사이 간극이 너무나 컸다.

'핵무기 없는 세계'와 북한 로켓 발사의 충돌

오바마는 대선후보 시절과 임기 초반에 적극적인 대북 메시지를 전달했다. 대선후보 시절에는 김정일과의 정상회담 등 "적이든 우방이든 관계없이 모든 나라를 상대로 '단호하고 직접적인 외교'를 추구하겠다"고 말했다. 취임 직후에는 한반도 비핵화 달성을 5대 외교목표 가운데 하나

로 제시했다. 그러나 결과는 정반대로 나타나고 말았다. 그의 임기 8년간 6
자회담은 한 번도 열리지 않았고, 북미 고위급대화도 별로 없었다. 2010년
이후에는 북한이 오히려 "조건 없는 대화"를 제안했지만, 오바마 행정부는
"대화를 위한 대화에는 흥미가 없다"며 북한이 먼저 비핵화 조치를 취해야
대화가 가능하다는 입장을 고수했다. 이는 오바마가 대선 유세 때 그토록
비판했던 네오콘의 화법과 너무도 닮은 것이었다.

도대체 무슨 일이 있었기에 이렇게 된 것일까? 시계를 돌려 오바마 취임
초기인 2009년 2~4월로 가보자. 이 3개월 동안 오바마의 대북정책은 세
시기로 구분해볼 수 있다. 2월은 대북포용정책 시도기로, 3월은 대북정책
조정기로, 4월은 대북정책의 최우선 순위를 한미일 삼각공조로 잡은 것으
로 말이다.

먼저 2월의 상황을 보자. 힐러리 클린턴 국무장관은 2009년 2월 9일 해
외 첫 순방지로 동아시아를 선택하면서 이렇게 말했다. "북한이 진정으로
완전하고 검증 가능하게 핵무기 프로그램을 폐기할 준비가 되어 있다면,
오바마 행정부는 양자관계를 정상화하고 정전협정을 평화협정으로 대체
하며 다른 나라들과 함께 북한 주민들의 에너지 수요와 경제적 필요를 충
족시키기 위한 지원에 나설 것이다." 이 발언은 대단히 주목할 만한 것이었
다. 북핵 해법으로 관계 정상화, 평화협정 체결, 경제 및 에너지 지원 등 포
괄적인 상응조치를 제시했을 뿐만 아니라, 북핵 폐기 '완료'가 아니라 "준
비가 되어 있다면"이라는 표현을 사용했기 때문이다. 발언 자체로는 부시
행정부 말기 때보다 전향적인 것이었다. 그리고 이런 문제를 논의하기 위
해 스티븐 보즈워스를 대북정책 특별대표로 임명해 대북특사로 파견하고
자 한다는 입장도 밝혔다.

그러나 여기에는 조건이 달려 있었다. 당시 북한과 미국은 북한의 장거
리 로켓 발사를 둘러싸고 첨예한 신경전을 벌이고 있었다. 이와 관련해 "국

무부는 평양에 북한이 발사를 취소하면 보즈워스 특별대표가 방북할 것이지만, 만약 발사를 취소하지 않으면 그의 방북계획은 취소될 것이라는 입장을 전달했다."[12] 그러나 북한은 미국의 '조건부' 특사 제의를 거부하면서 로켓 발사 의사를 굽히지 않았다.

신경전은 북미 사이에만 있던 것이 아니다. 앞선 글에서 설명한 것처럼, 이명박 정부는 오바마의 대북정책에 강한 견제구를 던지고 있었다. 오바마 행정부 내에서도 대북협상론과 한미일 삼각동맹 추진론이 미묘한 긴장관계를 형성하고 있었다. 또한 미국 의회 내에서는 MD 관련 예산 삭감을 두고 격론이 벌어지고 있었다. 상원 군사위원회 위원장인 칼 레빈 민주당 의원은 "적절하고 현실적인 시험평가가 이뤄지기도 전에 너무 많은 돈이 MD에 쓰이고 있다"며 MD 예산 삭감을 강력히 시사하고 나섰다. 심지어 그는 "동유럽에 미국이 MD 배치를 강행하기보다는 러시아와의 공동 프로그램을 추진해야 한다"는 입장까지 밝혔다. 공화당으로서는 도저히 수용할 수 없는 것이었다. 오바마는 진퇴양난에 빠졌다. 그 역시 MD에 대해 회의적인 생각을 갖고 있었지만, 그가 야심차게 준비하고 있던 러시아와의 핵군축 협상을 성사시키기 위해서는 상원 다수당인 공화당의 협조가 필수적이었기 때문이다.

이런 상황에서 북한의 장거리 로켓 발사 움직임은 미국의 강경파에게 힘을 실어주는 결정적인 계기가 되고 말았다. 실제로 3월 들어 오바마 행정부의 분위기가 바뀌기 시작했다. 부시 행정부에 이어 오바마 행정부에서도 국방장관으로 기용된 로버트 게이츠는 NSC에서 "같은 말을 세 번이나 사지 말아야 한다"며, 북한을 협상 테이블에 불러내기 위해 유인책을 제공해선 안 된다고 주장했다. 게이츠 발언의 취지는 1994년 제네바 합의와 2005년 9·19 공동성명에 이어, 또다시 북한과의 합의를 시도해선 안 된다는 것이었다. NSC 회의를 주재하던 오바마도 게이츠의 주장에 맞장구를 쳤다. "15년간 미국 행정부가 직면했고 결국 양보했던 방식, 즉 도발-강요-합의-보상으로 이어지는 악순환과 결별하는 정책을 원한다"며, 북한에 강한 메시지를 전달해야 한다고 말한 것이다.[13]

6자회담 재개에 대해서도 강경론이 부상하기 시작했다. 베이더에 따르면, 클린턴은 NSC 회의 직후 자신을 불러 "미국은 6자회담 개최에 대해 보다 유보적이어야 한다"고 말했다. 회담의 지속은 "미국이 나약해 보일 수 있고 또한 미국의 지렛대를 약화시킬 수 있다"는 이유 때문이었다. 또한 "중국은 6자회담을 자신의 중대한 외교적 업적으로 간주하기 때문에" 6자회담에 대한 미국의 유보적인 태도는 중국을 압박하는 효과도 있을 것이라고 강조했다.[14] 그러나 오바마 행정부의 공개적인 발언은 내부의 기류와 사뭇 달랐다. 우선 클린턴은 중국에 가서는 위에서 소개한 발언과 다른 취지의 얘기를 했다. 그는 3월 12일 중국 외교부 장관과 회동을 마치고 가진 기자회견에서 북한이 로켓을 발사하면 UN 안보리 결의안을 위반하는 것이라고 경고하면서도, 이렇게 강조했다.

북한이 미사일을 발사하더라도, 6자회담을 재개하려는 노력은 계속되어야 합니다. 둘 사이를 혼동하지 말아야 합니다. 한반도 비핵화 목표는 최고의 목표이고, 6자회담이 조속히 재개되어 이런 목표를 위해 일해야 합니다. (중략) 북한이 앞으로 미사일을 쏘든 그렇지 않든 관계없이, 우리가 하려고 하는 일인 것입니다.

스티븐 보즈워스 특별대표도 이와 비슷한 입장을 거듭 강조했다. 그는 4월 3일 대북정책을 설명하는 기자회견에서 북한의 로켓 발사가 UN 안보리 결의안을 위반하는 도발적 행위이기 때문에 그에 따른 "결과가 있을 것"이라고 기존 입장을 되풀이했다. 그러나 "동시에 우리는 중대한 이익과 우선순위의 관점에서 6자회담을 재개할 필요가 있다"며, "단기적인 문제와 관계없이 모든 당사자는 가능한 한 신속하게 6자회담을 재개하는 것에 장기적인 이익을 갖고 있다"고 말했다. 그는 또한 "북한의 미사일 발사 이후 어떻게 될지 모르겠지만, 유용하다면 언제든 평양에 갈 준비가 돼 있다"고 방북 의사를 강력하게 피력했다. 아울러 북한과의 미사일 협상 재개도 희망했다. 보즈워스는 "현재 상황은 미사일 문제를 왜 다뤄야 하는지를 잘 보여주고 있다"며, "미사일 문제는 클린턴 행정부 막바지에 중대한 진전이 있었던 사안"이기 때문에, "그때로 돌아가야 할 시점이라고 생각한다"고 강조했다.

이처럼 북한의 로켓 발사 전까지는 오바마 행정부 내에 강온 입장이 공존했다. 강경론이 우세했지만, 보즈워스를 중심으로 북한이 로켓을 발사하더라도 6자회담과 북미대화를 통한 한반도 비핵화 달성을 변함없는 목표로 추진해야 한다는 주장도 있었다. 그러나 4월 5일 북한이 로켓 발사를 강행하자, 분위기는 강경론으로 완전히 넘어가고 말았다. 여기에는 이명박 정부의 강력한 요청도 한몫했다.

북한이 로켓을 쏘아올린 시간에 오바마는 체코 프라하에서 '핵무기 없는 세계'를 주제로 한 연설문을 마무리한 뒤 잠자리에 들어 있었다. 체코 시간으로 4월 5일 새벽에 보좌진들이 깨워서 북한의 로켓 발사 소식을 전하자, 오바마는 연설문을 직접 수정했다. 오바마는 연설에서 "북한의 도발은 UN 안보리의 행동뿐만 아니라 이런 무기의 확산을 방지할 수 있는 우리의 결단도 요구하고 있다"며, "규범은 구속력이 있어야 하고, 이를 위반하면 벌을 받아야 하며, 말(words)은 무언가를 의미해야 한다"고 강조했다. 그러면서 "지금이야말로 강력한 국제적 대응이 필요하다"고 주문했다.

오바마가 이런 강경 입장을 천명한 데는 북한이 국제사회의 만류와 경고에도 불구하고 로켓 발사를 강행한 것이 주효했다. 동시에 자신의 역사적인 연설에 북한이 재를 뿌리는 것으로 간주한 영향도 있었다. 북한의 로켓 발사는 '핵무기 없는 세계'에 대한 도전이었고, 자신의 연설을 불과 몇 시간 앞둔 시점이었다. 이로 인해 프라하로 모이던 국제사회의 이목이 평양으로 향했다. 세계의 주요 언론들이 오바마의 연설보다는 북한의 로켓 발사를 비중 있게 보도한 것이다. 이는 오바마의 북한에 대한 첫인상이 나빠지게 된 결정적인 원인이었다.

평양의 시각에서 본다면

당시 오바마 행정부의 관리들은 북한의 로켓 발사가 대북정책의 방향에 결정적인 영향을 끼쳤다고 입을 모은다. 2009년 5월 13일 필자가 만난 국무부 관리는 "취임 한 달 만에 대북특사를 보내기로 한 것은 오바마 행정부로서는 큰 결단이었는데, 북한의 행동은 대단히 실망스러웠다"고 말했다. 캐슬린 스티븐스 주한 미국 대사 역시 〈오마이뉴스〉와의 인터뷰에서 "오바마 대통령은 취임 이후 이것(9·19 공동성명과 그 이후의 진전)을 토대로 상황을 더 진전시키고 싶다는 뜻을 분명히" 했는데, "평양은 대화보다는 미사일과 핵실험 같은 도발행위로 반응"했다고 비난했다.[15]

취임 초기 적극적 포용 시도가 "북한의 도발"에 의해 배신당했다고 판단한 오바마 행정부는 강력한 한미일 공조체계를 바탕으로 "북한의 패턴을 종식시키겠다"는 강경 기조로 돌아서고 말았다. 이런 분위기는 오바마 행정부의 대표적인 협상파였던 보스워스의 발언에도 잘 드러난다.

오바마 행정부 초기만 하더라도 북한과 적극 대화해야 한다는 의지가 강했어요. 그러나 출범 6개월 동안 우리의 열망은 싸늘하게 식어버렸습니다. 북한은 우리의 대화 의지에 미사일과 핵실험으로 응했습니다. 그러자 미국 정부 내에서는 회의론이 강해졌습니다.[16]

그런데 실망과 좌절은 미국만의 몫이 아니었다. 당시 미국에 대한 북한의 실망감도 대단히 컸다. 미국이 대북 특사 파견을 타진한 2009년 2월 중순~3월 초는 북한이 강력히 반발했던 한미합동군사훈련 '키 리졸브 및 독수리 훈련'을 앞둔 시점이었다. 북한은 이 훈련의 실시 여부를 새롭게 출범한 미국 행정부의 대북정책에 대한 판단기준으로 삼고 UN 사령부의 장성급 회담을 통해 이 훈련의 취소를 요구했다. 그러나 미국은 한미군사훈련은 연례적이고 방어적인 것이라며 북한의 요구를 일축했다.

더구나 이때를 전후해 주한미군 사령관 등 미군 수뇌부는 수시로 김정일의 건강 문제를 거론하면서 북한 급변사태 발생 시 한미연합군의 투입 필요성을 공개적으로 언급했다. 이명박 정부는 물론이고 새롭게 출범한 미국 행정부가 북한 지도자의 건강 문제까지 언급하면서 군사훈련을 강행하자, 북한의 반발 수준도 급격히 올라갔다. 조국평화통일위원회는 한미군사훈련 기간 동안 북한의 영공과 그 주변을 통과하는 남한 민항기들의 "항공안전을 담보할 수 없게 되었다"고 위협했다. 또한 미국이 MD로 북한의 로켓을 요격할 수 있다고 언급하자, "우리의 평화적 위성에 대한 요격은 곧 전쟁을 의미한다"며, "가장 위력한 군사적 수단으로 보복타격전을 개시하게 될 것"이라고 응수했다.

결국 북한은 4월 5일 소형 인공위성 '광명성 2호' 발사를 강행했다. 북한의 위성 발사는 1998년 이후 11년 만이었다. 북한이 미국 등 국제사회의 강력한 경고에도 불구하고 로켓 발사를 강행한 데는 내부적 목적도 컸던 것으로 보인다. 우선 4월 5일이라는 발사 시점 자체가 김정일을 국방위원장으로 재추대하기로 한 12기 최고인민회의 및 4월 15일 고(故) 김일성 주석의 생일(태양절)을 앞둔 때였다. 또한 김정일 와병설이 맹위를 떨치고 있어 자신의 건재함을 과시할 필요도 느꼈을 것이다. 무엇보다 북한은 김일성 탄생 100주년이 되는 2012년에 "강성대국의 문패를 달겠다"고 주장하던 시점이었고, 위성 발사를 그 상징적이면서도 대표적인 사업으로 간주하던 터였다.

그러나 미국의 해석은 달랐다. 우선 북한의 의도는 위성 발사가 아니라 '위성의 탈을 쓴 장거리 미사일 개발에 있다'고 봤다. 오바마 행정부가 북한의 발사체를 위성이 아니라 탄도미사일로 규정한 데는 "북한의 위성 생산 능력이 아주 초보적이었다"는 판단도 있었다. 위성을 만들 능력도 없는 나라가 위성을 쏜 것은 결국 탄도미사일의 로켓을 시험하기 위한 용도라고 단정했다.[17] 클린턴은 북한을 "엄마에게 젖 달라고 떼쓰는 아기"에 비유하면서 "미국의 관심 끌기"라는 해석도 내놓았다.

결국 미국은 한국과 일본의 강력한 요구 속에 북한의 로켓 발사를 UN 안보리에 회부했다. 어떤 나라가 위성을 발사했다는 이유로 UN 안보리에 회부된 것은 이때가 처음이었다. 미국은 "북한의 탄도미사일 기술을 이용한 모든 발사"를 금지한 UN 안보리 결의 1718호를 근거로 들었지만, 북한은 이를 강대국의 전횡으로 규정하면서 배격하고 있었다. 더구나 안보리는 이란에도 같은 규제를 하고 있었지만 정작 이란이 2009년 2월 위성을 발사했을 때는 이렇다 할 조치를 취하지 않았다. 이란과의 관계개선을 모색하던 오바마 행정부는 "유감"을 표하는 수준에서 자제했던 것이다.

자주권을 유린당하고 불공정하게 대우받았다고 여긴 북한은 격렬하게 반발했다. 6자회담 전면 거부 및 영변 핵시설 재가동, 2차 핵실험 및 ICBM 시험발사 경고, 우라늄 농축 프로그램 개발 시사 등 북한이 꺼내들 수 있는 초강경 카드를 모두 내놓은 것이다. 실제로 북한은 5월 25일 2차 핵실험을 강행하고 말았다. 1킬로톤 정도로 분석되었던 1차 핵실험보다 폭발력이 3~4배 향상된 것이었다. 이때부터 악순환의 공식이 만들어졌다. '북한의 위성 발사 → UN 안보리 회부 → 북한의 반발 및 핵실험 → UN 안보리의 추가 결의'가 바로 그것이었다.

아마도 북한은 2009년 들어 핵보유국이 되겠다고 결심했던 것 같다. 이전까지는 협상용 성격이 짙었다면, 이때부터는 핵무기를 손에 넣는 것을 우선순위로 삼았을 가능성이 높다. 북한이 2차 핵실험의 빌미로 삼았던 UN 안보리 대북 규탄성명 채택과 2차 핵실험 사이의 기간이 42일에 불과했다는 것도 이런 분석을 뒷받침해준다. 즉, 북한은 안보리 규탄성명이 나오기 전부터 핵실험을 준비하고 있었던 것이다. 이와 더불어 영변 핵시설을 재가동하고 이전까지 존재 자체를 부인했던 우라늄 농축 활동 개시를 선언한 것도 핵무장을 선택한 근거라고 할 수 있다.

악마는 디테일 속에 있었다

경제학에 '더블 딥(double dip)'이라는 용어가 있다. 경기침체 후에 일시적으로 경기가 좋아졌다가 다시 나빠지는 현상을 의미한다. 2009년 4월 북한의 로켓 발사 및 한미일의 강경대응으로 이후 한반도 정세는 3년 동안 암흑기에 빠졌다. 오바마 행정부는 "전략적 인내"로 후퇴했다. 당초 "전략적 인내"는 보즈워스가 2009년 12월 평양을 다녀온 직후에 클린턴의 입에서 나온 표현이었다. 그는 이렇게 말했다. "우리가 취하는 접근은 6자회담 참가국들과의 긴밀한 조율을 통한 전략적 인내다."

애초 취지는 북한이 비핵화 및 6자회담 복귀를 주저하고 있는 상황에 대해 미국과 동맹국들은 인내심을 가져야 한다는 것이었다. 그런데 시간이 지나면서 알쏭달쏭하게 변질됐다. 북한이 조건 없는 6자회담 개최 의사를 피력했지만, 미국은 "비핵화에 대한 진정성이 부족하다"는 이유로 대화를 기피하는 현상이 벌어졌다. 오바마의 전략적 인내는 이명박 정부의 "기다리기 전략"과 궁합이 잘 맞았다. 이를 두고 〈워싱턴포스트〉는 오바마의 대북정책은 "한국의 판단을 지켜보고 한국이 가고자 하는 곳을 따라가겠다"

는 것이라고 혹평하면서 "지켜보고 따라가기 정책(wait-and-follow policy)"이라고 표현했다.[18]

이처럼 이명박과 오바마가 뭔가를 기다리는 사이 김정일은 플루토늄과 농축 우라늄 생산에 박차를 가했고, 이를 미국 전문가들을 초청해 보여주기까지 했다. 북한의 초청으로 영변 핵시설을 방문한 지그프리드 헤커 박사 일행은 놀라운 시설들을 목격했다. 현대식 원심분리기 2000개를 갖춘 우라늄 농축 시설과 25~30MWe 실험용 경수로 건설 현장을 육안으로 확인한 것이다.[19] 북한이 이들 시설을 핵무기 제조용으로 이용할 경우 연간 핵무기 생산량은 10개 안팎이 될 터였다. 오바마의 전략적 인내가 중대한 시험대에 오른 것이다. 매년 10개 안팎의 핵무기를 만들 수 있는 북한의 능력을 더 이상 방치할 수 없게 된 것이다. 김정일도 평생 숙원이었던 "조미 간 적대관계를 평화관계로 전환"하는 일을 포기할 수는 없었다. 그가 2009년부터 다시금 핵무기 개발에 박차를 가하고 이를 미국 전문가들에게 공개한 이유는 미국을 압박해 협상 테이블로 불러내기 위한 성격이 짙었다.

이에 따라 2011년 하반기 들어 북미 간 물밑교섭도 재개되었다. 그해 12월 17일 김정일 급사라는 중대변수가 발생했지만, 그의 아들 김정은도 미국과의 교섭을 계속했다. 그 결과 나온 것이 2012년 북미 2·29합의다. 북한은 "북미 간 대화가 진행되는 동안" 우라늄 농축을 비롯한 영변 핵시설 활동을 중단하고 핵과 장거리 미사일 실험을 유예하며 IAEA 감사단의 영변 복귀를 허용하겠다고 약속했다. 이에 대한 상응조치로 미국은 24만 톤의 인도적 지원을 하기로 했다. 이 합의는 6자회담 재개를 포함한 한반도 정세 안정화에 크게 기여할 것으로 기대됐다.

그러나 북한이 2012년 3월 중순 인공위성 '광명성 3호'를 4월 12~16일 사이 발사하겠다고 발표하면서 상황은 또다시 반전되기 시작했다. 오바마 행정부는 "국제적인 의무를 터무니없이 깨버린 정권과는 더 이상 일을 진행할 수 없다"며 북한을 강력 비난했다. 2·29합의를 내심 못마땅하게 생각했던 이명박 정부는 북한의 발표를 "중대도발"로 규정하면서 UN 안보리에 회부하겠다는 입장을 분명히 했다. 하지만 북한은 4월 13일 로켓 발사를 강행했고, 미국은 "북한이 약속을 어겼다"며 대북 영양지원 계획 및 북미 고위급회담을 중단했다. 결과적으로 2·29합의는 안 하니만 못한 것이 되고 말았다. 또한 이 사례는 "악마는 디테일에 있다"는 격언을 새삼 확인시켜준다.

당시 핵심적인 논쟁거리는 북한의 광명성 3호 발사가 미국과의 2·29합의를 위반하는 것인가 여부였다. 위성 발사도 탄도미사일 발사로 간주했던 미국은 북한의 광명성 3호 발사는 2·29 베이징 합의에 어긋나는 것이라고 주장했다. 반면 북한은 미국과 합의한 내용은 장거리 미사일 발사 중단이며 위성 발사 중단은 해당되지 않는다고 반박했다. 그런데 주목할 점이 있다. 2·29합의문에는 "어떤 종류(any kind)"나 "모든 종류(all kind)"라는 표현이 없다. 북한의 로켓 문제를 회고해보면 이 단어의 포함 여부는 대단히 중요하다. 1998년 8월 북한이 광명성 1호를 쏘아올리자, 북미 간에 이를 위성으로 볼 것이냐, 탄도미사일로 볼 것이냐 하는 첨예한 공방이 있었다. 결국 2000년 북미공동코뮤니케에서 "북한은 모든 종류의 장거리 미사일을 발사하지 않겠다"고 약속했다. 맥락상 "모든 종류" 속에는 위성 발사도 포함되어 있었다.

그런데 정작 2·29합의에는 이 표현이 빠졌다. 미국은 합의 이후 북한에 위성 발사도 약속 위반이라는 구두경고를 보냈다고 해명했지만, 북한은 이미 여러 차례에 걸쳐 직간접적으로 위성 발사 의사를 밝혔다. 이는 결국 오바마 행정부가 시간이 걸리더라도, 혹은 협상 타결에 실패하더라도 이 문제를 반드시 짚고 넘어갔어야 했다는 비판으로부터 자유로울 수 없게 한다. 또한 이 사례는 국가 사이의, 특히 적대관계에 있는 나라들 사이의 합의에서 디테일의 중요성을 거듭 확인시켜준다.

　물론 이런 해석이 북한의 행태에 대한 변명이 될 수는 없다. 북한이 당시 위성 발사를 자제했다면, 이후 한반도의 상황은 크게 달라졌을 가능성이 높았기 때문이다. 이미 2009년에도 북한의 위성 발사에 대해 국제사회는 UN 안보리 회부로 대응한 전례가 있던 터라, 또다시 발사하면 파국을 면하기 어렵다는 점을 김정은도 모르지 않았을 것이다. 하지만 김정은은 위성 발사를 아버지의 유훈 사업으로 간주했고, 부친이 "강성대국의 원년"으로 삼고 싶었던 2012년에 기어코 위성 발사를 성공하고 싶어 했다. 실제로 4월 13일 발사는 실패로 끝났지만, 부친 서거 1주기를 닷새 앞둔 12월 12일에는 발사에 성공했다. 그는 이를 아버지의 업적으로 선전하면서 대대적인 경축 행사까지 벌였다.

리비아 모델과 우크라이나의 절규

3

북한이 ICBM급 발사체를 연이어 쏘아 올리면서 미국과 정면대결을 불사하던 2017년 7월, 미국 트럼프 행정부의 정보 수장인 댄 코츠 미국 국가정보국(DNI) 국장은 방송 인터뷰와 강연을 통해 김정은을 변호하고(?) 나섰다. "김정은이 매우 특이한 타입이지만, 미친 것은 아니다"라고 말하고 다닌 것이다. "그의 행동은 정권 및 국가의 생존을 위한 합리적 사고에 기반한 것"이라고도 했다. 그러면서 이렇게 강조했다.

제가 보기에 김정은은 세계 도처에서 일어난 일들을 예의주시해왔습니다. 핵무기를 가진 국가들과 그걸 지렛대로 삼았던 국가들을 말이죠. 김정은은 자신의 주머니에 핵 카드를 넣고 있어야 강력한 억제 능력을 갖게 된다는 것을 목도했습니다. (중략) 북한이 리비아와 우크라이나의 핵 포기에서 얻은 교훈은 불행하게도 '만약 핵이 있으면 절대 포기하면 안 된다. 핵무기가 없다면 그걸 가져야 한다'라는 것이었죠.[20]

이 발언은 북핵문제에 대한 시야를 넓히는 데 도움이 된다. 핵무장과 포기 사이에서 끊임없이 고뇌했던 김정일이 막판에 핵무장 쪽으로 기운 이유를, 그리고 그의 아들인 김정은이 "국가 핵무력 건설 완성"을 향해 질주한 이유의 단면을 잘 보여주기 때문이다. 북한이 핵무장을 결심한 데는 내부적 요인도 있고, 미국을 비롯한 다른 국가들과의 상호작용도 있다. 하지만 북한과 직접적으로 관련되지 않은, 그러나 북한의 결정에 큰 영향을 미친 사례들도 눈여겨봐야 한다. 북한의 눈에는 이들 사례가 반면교사로 작용했기 때문이다. 이라크의 사례는 앞서 살펴봤고 이란의 사례는 추후에 다루기로 하고, 여기서는 리비아와 우크라이나에 시선을 돌려보자. 특히 '리비아 모델'의 신봉자인 존 볼턴이 2018년 3월 백악관 국가안보보좌관으로 전격 발탁되었다는 점에서 리비아 사례를 주목해야 할 사유는 더욱 커졌다.

핵개발을 포기해도 죽은 남자, 카다피

무아마르 카다피. 1969년 쿠데타로 집권해 2011년까지 리비아의 절대 권력자로 군림했던 그도 아랍을 휩쓴 '재스민 혁명'의 거센 바람을, 보다 정확하게는 '민간인 보호 책임'을 앞세운 서방세계의 포탄을 비켜가지 못했다. 2011년 2월 들어 리비아에도 튀니지와 이집트를 휩쓴 반정부 시위의 여파가 몰아닥쳤다. 카다피 정권은 무자비한 진압에 나섰고, 이에 반대 세력은 벵가지에 국가과도위원회를 설립해 본격적인 항전에 돌입했다.

리비아 사태가 내전으로 치닫자 UN 안보리는 결의안 1973호를 채택해 비행 금지구역과 카다피 일가의 자산동결을 선포하고 민간인 보호에 나섰다. 이를 근거로 NATO는 리비아 반군에 대규모 군사지원을 하면서 공습에 돌입했다. 결사항전을 다짐하던 카다피는 2011년 10월 20일 시르테에서 반군에게 생포되어 최후를 맞이했다.[21] 카다피의 운명은 다양한 각도에서 해석할 수 있지만, 핵무기를 비롯한 대량살상무기(WMD)라는 잣대를 들이대면 여러 가지 의미 있는 해석이 가능해진다.

적어도 WMD 문제와 관련해 카다피는 미국을 비롯한 서방세계에서 '모범생'으로 통했다.[22] 리비아는 2003년 12월 19일 WMD 포기 선언을 하고, 2004년에는 미국, 영국, IAEA와의 협력 속에서 이들 프로그램의 폐기를 완료했다. IAEA에 따르면, 리비아는 1980년대 초부터 핵개발에 착수했다. IAEA는 "리비아가 1980년대 초부터 2003년 말까지 핵물질을 수입하고 IAEA에 신고하지 않은 상태에서 광범위한 핵활동을 하고 있었다"고 결론지었다. 구체적으로 리비아가 파키스탄으로부터 우라늄 농축에 필요한 원심분리기를 도입해 가동하고 있었고, 중국제 핵무기 설계도와 제조기술을 확보하고 있었다는 것이다. 특히 1990년대 후반부터 2003년 10월까지 파키스탄의 '핵무기 아버지'로 일컬어지는 A. Q. 칸으로부터 원심분리기를 밀수해 2003년 10월 우라늄 농축 실험에 성공한 것과 고농축을 할 경우 핵무기 1개를 만들 수 있는 분량의 '육불화우라늄(UF-6)'을 수입한 것이 드러나기도 했다. 그러나 앞서 언급한 것처럼 리비아는 2003년 말 WMD 포기를 선언했다.

리비아의 카다피가 WMD 포기를 선언하자, 부시는 곧바로 득의양양한 표정으로 기자회견장에 나섰다. 그는 "WMD 확산 방지를 위한 우리의 지속적인 노력이 중대한 결실을 맺었다"며 카다피의 결단을 높이 평가했다. 그러고는 이렇게 덧붙였다. "카다피의 선택이 전하는 메시지는 분명한 것입니다. 생화학무기와 핵무기, 그리고 WMD를 운반할 수 있는 수단을 추구하다가 이를 포기한 지도자들은 미국 및 국제사회와 더 좋은 관계로 갈 수 있는 길을 찾게 된다는 것 말입니다."[23] 국무부도 "우리는 리비아가 다른 나라들의 모델이 되길 바란다"는 입장을 발표했다.

그렇다면 카다피 정권은 왜 핵무기를 비롯한 WMD 개발을 포기한 것일까? 미국이 이라크에서 선보인 "충격과 공포의 작전"이 자신에게도 뻗칠 것을 우려했기 때문일까? 부시 행정부로서는 이라크 전쟁에 대한 점증하는 안팎의 비판을 무마하기 위해 이라크에서 보여준 미국의 힘이 리비아의 자발적인 WMD 포기를 가져왔다는 정치선전이 필요했다. 그래서 리비아의 자발적인 WMD 포기는 '이라크 효과'라는 유행어를 만들어냈다.

하지만 부시 행정부 초기 국무부 정책기획국에서 일하면서 리비아와의 협상 과정에 직접 참여했던 플린트 레베레트는 "리비아의 WMD 포기를 이라크 전쟁과 연결시키는 것은 리비아 모델의 진정한 교훈을 잘못 전달하고 있는 것"이라고 비판했다. "리비아의 최근 행동의 뿌리는 이라크 전쟁이 아니라 부시 행정부가 출범하기 전으로 거슬러 올라간다"는 것이다.[24] 즉, 부시 행정부는 이라크에서 '힘'을 보여줌으로써 리비아의 양보를 얻어낸 것처럼 묘사하고 있지만, 리비아의 대미정책은 미국의 이라크 침공이 있기 훨씬 전부터 변화하고 있었다는 것이다.

실제로 리비아는 클린턴 행정부 2기 때인 1990년대 후반부터 미국과의 관계개선을 시도했다. 이에 대해 클린턴 행정부는 카다피 정권이 1988년 발생한 팬암 103기 폭파 사건에 대한 책임을 지지 않으면 관계개선을 하지 않겠다고 응수했다. 이 과정에서 사우디아라비아가 중재에 나섰다. 중재에 힘입어 리비아는 팬암기 테러 사건과 연루된 2명의 정보원을 네덜란드 법정에 인도했고, 미국은 UN의 리비아 제재 해제 방침에 동의하기로 했다. 미국과 리비아 사이의 화해 분위기를 넘겨받은 부시 행정부는 추가 조건으로 팬암기 테러 사건의 희생자에 대한 리비아 정부의 보상을 제시했고, 이를 리비아 정부가 수용함으로써 미국의 동의하에 UN의 리비아 제재가 2003년 여름 해제됐다.

부시 행정부는 여기에서 한 걸음 더 나아가 리비아가 미국과의 완전한 관계개선을 이루기 위해서는 WMD를 포기해야 한다고 요구했다. 국제적 고립에서 벗어나기 위해 미국과의 관계 정상화가 절실했던 리비아는 미국의 이라크 침공 '이전'인 2003년 3월 초부터 미국 및 영국과 비밀협상에 들어갔다. 리비아는 협상 초기에는 핵개발 의혹을 강하게 부인했지만 10월에 원심분리기를 싣고 리비아로 향하던 선박이 중간에 나포되어 더 이상 핵개발을 부인하기 어려워졌다. 이뿐만이 아니었다. 카다피와 부시는 리비아에서 암약하던 이슬람 근본주의 세력을 '공동의 적'으로 삼았다. 카다피에게는 정치적 도전세력이었고 부시에게는 극단적인 테러리스트였기 때문이다. 이에 따라 카다피는 국내의 반대세력을 제압하고 부시는 이를 "테러와의 전쟁"에 활용하는 방식으로 공동의 이해를 추구했다. 리비아의 WMD 포기 및 미국의 완전한 관계 정상화 약속은 이런 과정과 이해관계에 따라 이뤄진 것이다.

미국의 약속은 리비아의 포기선언 이후 30개월 만에 이뤄졌다. 미국의 약속 이행이 더딘 만큼이나 리비아의 불만도 커졌다. 우여곡절 끝에 미국은 2006년에 리비아를 '테러지원국'에서 해제하고 관계 정상화 조치를 취했다. 그러자 북한과 이란 핵문제 해법으로 '리비아 모델'은 더욱 힘을 얻었다. 콘돌리자 라이스 미국 국무부 장관은 "리비아는 북한과 이란 같은 나라의 중요한 모델"이라며, "2003년이 리비아 국민들에게 전환점이 됐던 것처럼 2006년은 북한과 이란 국민들에게도 전환점이 될 수 있다"고 주장했다. 반기문 당시 외교부 장관도 "리비아는 WMD를 스스로 포기해 미국으로부터 여러 가지 인센티브를 받게 됐다"며, 북한도 리비아의 길을 따라가야 한다고 거들었다. 김정일의 친구로 알려졌던 카다피도 2005년 5월 반기문 외교통상부 장관을 만난 자리에서 "북핵문제는 심각하고 위험한 일"이라며 "북한과 이란도 리비아가 한 것과 같은 조치를 따라야 한다"고 충고했다.

그러나 '리비아 모델'은 북한과 근본적으로 차이가 있었다. 우선 부시 행정부는 리비아와 직접협상을 통해 WMD 포기와 정치적·경제적 관계 정상화를 맞바꾸는 방식으로 협상했다. 반면 북한에 대해서는 2006년까지 양자협상을 거부했다. 또한 부시 행정부는 리비아와 협상을 진행하면서 클린턴 행정부 때 합의한 사항들을 이행함으로써 상호 신뢰를 쌓을 수 있었다. 반면 북한에 대해서는 기존 합의를 뒤엎는 선택을 했다. 따지고 보면 리비아 모델을 거부한 당사자는 부시 행정부였던 셈이다. 이를 반증하듯 북핵 해결에 가시적인 성과가 나오기 시작한 것은 부시 행정부가 클린턴의 대북 포용정책으로 되돌아가면서 북한과 '직접협상'에 나선 2007년부터였다.

한반도 문제와 관련해 또 한 가지 주목할 현상은 NATO가 카다피 정권을 축출하기 위해 군사적 개입을 선택한 2011년 들어 나타나기 시작했다. WMD를 포기한 카다피 정권을 비확산의 모범사례로 일컬었던 미국 등 서방 국가들은 그를 권좌에게 몰아내기 위해 군사행동을 포함한 모든 수단을 동원했다. 그러면서 2003년 카다피와 WMD 포기협정에 도달한 것이 천만다행이라고 안도의 한숨을 쉬었다. 만약 합의에 실패해 카다피가 핵과 미사일을 갖게 되었다면 어떻게 되었을까? 많은 서방 언론과 전문가들은 이렇게 자문하면서 다음과 같이 자답했다. "카다피는 권력을 유지하기 위해 이들 무기의 사용도 주저하지 않았을 것이다." 2003년 합의를 통해 "최악의 악몽"을 예방할 수 있었다는 것이다.

바로 이 지점에서 미국이 적대국의 핵과 미사일 보유를 결사적으로 저지하려는 이유를 발견하게 된다. 미국이 군사적 개입의 필요를 느낄 때, 그 대상이 되는 국가의 핵과 미사일 보유 여부는 미국의 가장 중요한 고려 대상이 될 수밖에 없다. 도널드 럼스펠드가 국방장관이 된 직후 작성한 메모에는 이렇게 적혀 있다. "미국의 적대국가들은 우리가 지역분쟁에 재래식 무기나 핵무기를 동원하려는 것을 억제하기 위해 (WMD로) 무장하려 하고 있다. WMD 기술은 우리 군대를 격퇴시킬 수는 없지만 우리 군대의 접근을 거부할 수 있는 '비대칭' 능력을 창출할 수는 있다."[25]

이는 거꾸로 북한이 핵과 미사일 능력 보유에 집착하는 이유를 설명해준다. NATO가 리비아를 상대로 군사행동에 나선 직후 〈뉴욕타임스〉는 이렇게 보도했다. "핵무기 포기 압력을 받고 있는 다른 나라들은 리비아의 경험이 주는 메시지가 미국 정부가 의도하는 것처럼 되지 않을 것이다. 오히려 리비아의 예를 따르라고 서방으로부터 자주 거론되었던 이란과 북한은 카다피가 치명적인 실수를 저질렀다는 결론에 도달할 것이다."[26] 여기서 "치명적인 실수"란 카다피가 WMD를 포기한 것을 의미한다.

리비아 사태는 남북한 당국에도 중대한 영향을 미쳤다. 이명박 정부는 김정일의 유고나 대규모 민중봉기 발생 등을 '북한 급변사태' 범주에 포함시키고 이런 상황 발생을 '흡수통일'의 호기로 바라봤다. 이명박은 리비아 사태 직후 "변화의 움직임은 어느 누구도 막을 수 없을 것이라는 생각을 해본다"고 말했다. 또한 '리비아의 나비효과'가 북한에까지 번지길 기대하면서 군부와 한나라당 일부 의원들까지 나서 전단 살포 등 대북 심리전에 열을 올렸다.

그러나 김정일 정권은 '리비아의 나비효과'를 차단할 힘은 "핵 억제력"에 있다는 믿음을 다지고 있었다. 북한 외무성 대변인은 2011년 3월 22일 "'리비아 핵 포기 방식'이란 바로 '안전담보'와 '관계개선'이라는 사탕발림으로 상대를 얼려넘겨 무장해제를 성사시킨 다음 군사적으로 덮치는 침략 방식이라는 것이 드러났다"고 주장했다. 그러면서 "지구상에 강권과 전횡이 존재하는 한 자기 힘이 있어야 평화를 수호할 수 있다는 진리가 다시금 확증됐다"고 말했다. 이처럼 리비아의 사례는 북한으로 하여금 핵에 더욱 집착하게 만들었다. 나비의 두 날개가 한반도 남쪽에서는 통일몽을, 북쪽에서는 핵몽을 부채질한 셈이었다.

안타깝게도 북한의 이런 믿음은 시간이 지나면서 더욱 강해졌다. 미국의 도널드 트럼프 대통령은 2017년 9월 UN 총회 연설에서 북한의 김정은

위원장을 "로켓맨"이라 부르고, 미국과 동맹국을 방어하기 위해서는 "북한을 완전히 파괴할 수밖에 없다"고 말했다. 그러자 북한 〈노동신문〉은 "만약 우리에게 핵이나 ICBM이 없었다면 어찌 되었을 것인가"라고 자문하고는 "벌써 이 땅은 시리아나 아프가니스탄, 리비아처럼 처참한 폐허가 되었을 것"이라고 주장했다.

2018년 3월부터 '리비아식 해법'이 또다시 거론되기 시작했다. 두 가지 계기가 맞물렸다. 하나는 김정은과 트럼프가 정상회담을 하기로 한 것이고, 또 하나는 '리비아 모델'의 신봉자로 불리는 볼턴이 백악관 안보보좌관으로 기용된 것이다. 이를 기회로 국내 보수 언론과 일부 전문가들은 북핵 해법으로 '리비아식 해법'을 띄웠다. 하지만 우리가 진정 한반도 비핵화를 원한다면 리비아식 해법이라는 말은 아예 꺼내지도 않는 것이 현명하다. 이 방식을 '선 핵 포기, 후 정권교체'로 간주해온 북한을 상대로 이를 운운하는 것은 핵 포기를 하지 말라는 것과 마찬가지인 셈이기 때문이다.

우크라이나가 핵무기를 포기하지 않았다면?

우크라이나가 20년 전에 핵무기를 포기하지 않았다면, 오늘날 우크라이나의 처지는 달라질 수 있었을까?

2014년 2월 러시아가 우크라이나의 크림반도를 강제로 병합하면서 많은 언론과 전문가들은 이 질문을 놓고 논쟁을 벌였다. 그 포문은 우크라이나의 파블로 리자넨코(Pavlo Rizanenko) 의원이 열었다. 그는 2014년 3월 미국 한 매체와의 인터뷰에서 우크라이나가 20년 전에 핵무기를 포기한 것을 두고 "우크라이나 내에서는 우리가 큰 실수를 저질렀다는 후회가 커지고 있다"고 전했다. 그는 러시아에 대한 원망과 분노만 쏟아낸 것이 아니었다. "모든 우크라이나인들은 미국이 세계 경찰이 되어줄 것이라고 믿었다. 하지만 오바마 대통령은 이를 포기했다. 그 결과 러시아가 크림반도를 침공했다"며 미국의 안전보장 약속도 믿을 수 없게 되었다고 한탄했다. 그러면서 "만약 당신이 핵무기를 갖고 있다면, 다른 사람이 당신을 침공하지 못할 것"이라고 주장했다.[27] 아마도 이 말에 가장 귀를 기울인 사람은 북한의 김정은이었을 것이다. 댄 코츠 미국 DNI 국장의 말처럼 말이다.

리자넨코의 이 인터뷰는 적지 않은 파문을 일으켰다. 미국 백악관과 국무부는 이에 대한 논평을 요청하는 미국 언론들의 요구에 침묵으로 일관했다. 우크라이나 외무장관을 지낸 블라디미르 오그리즈코(Vladimir Ogryzko)는 우크라이나가 NPT에서 탈퇴해 핵무기를 다시 만들어야 한다는 주장까지 내놓았다. "우크라이나의 안보를 보장할 수 있는 유일한 방법이" 핵무장이었다는 것이다.

〈USA투데이〉의 논설위원 제임스 로빈슨도 리자넨코의 주장을 옹호하고 나섰다. "우크라이나가 러시아의 약속과 가장 강력한 무기를 맞교환한 것의 문제점은 명백해졌다"며 "우크라이나는 러시아의 침공을 억제할 수 있는 수단을 포기했고, 그 결과 러시아의 침투에 맞서 싸우는 데 어려움을 겪고 있다"고 주장했다.[28] 〈아메리칸 인터레스트〉의 편집장인 월터 미드(Walter Russell Mead) 역시 우크라이나가 강대국들의 공약을 믿고 핵을 포기한 건 실수였다며 "핵무기를 갖고 영토를 지킬 것이냐, 아니면 핵무기를 포기하고 봉변을 당할 것이냐"의 선택이 우크라이나 사태로 더욱 극명해졌다고 논평했다.[29]

이에 대해 호주 외무장관 출신인 개러스 에번스(Gareth Evans)가 반박하고 나섰다. 외무장관으로 재직할 때는 물론이고 그 이후에도 국제 핵 비확산 외교를 주도해온 에번스는 우선 핵 억제론 자체에 의문을 표했다. "핵무기는 대부분의 사람들이 생각하는 것처럼, 효과적인 억제 수단이 아니다"라며 "그건 핵 강대국들 사이의 전쟁이든, 재래식 공격으로부터 약소국을 보호하기 위한 목적이든 마찬가지"라고 주장했다. 그러면서 우크라이나가 설사 핵무기를 갖고 있었다고 하더라도 결과는 달라지지 않았을 것이라고 반박했다. "러시아의 푸틴 대통령은 우크라이나가 크림반도를 방어하기 위해 핵무기를 사용하지는 않으리라고 생각했을 것이기 때문"이라는 것이다.[30]

역사에 가정은 부질없다고 하지만, 우크라이나의 사례는 시사하는 바가 대단히 크다. 한때 세계 3위 핵보유국이었던 우크라이나가 핵 포기 이후 20년 만에 강대국들에 의해 유린당했다는 정서가 우크라이나에 팽배했고, 이에 동조하는 국제사회의 여론도 만만치 않기 때문이다. 이는 2003년 핵개발을 포기했다가 8년 후 서방 국가들이 지원한 반군세력에 의해 비참한 최후를 맞이한 리비아의 카다피 사례와 맞물려 '핵무기의 가치'에 대한 근본적인 논쟁을 불러일으키고 있다. 북한 자신은 물론이고 상당수 전문가들이 리비아와 우크라이나 사례를 언급하면서 "북한은 절대로 핵무기를 포기하지 않을 것"이라고 주장하기도 한다.

우크라이나는 왜 핵무기를 포기한 것일까? 1991년 12월 소련이 해체되면서 분리·독립한 우크라이나는 하루아침에 미국과 러시아에 이어 세계 3위 핵보유국이 되었다. 약 1900개의 전략 핵탄두와 2300개의 전술핵무기가 이 나라의 영토에 남게 된 것이다. 핵무기의 면면도 가공할 만했다. 우크라이나는 당시 176기의 SS-19 및 SS-24 ICBM을 보유하고 있었다. 이들 미사일 1개에 6~10개의 전략 핵탄두 탑재가 가능했고 개당 폭발력은 히로시마에 투하된 핵폭탄의 20배가 넘었다. 또한 44기의 전략폭격기 및 다량의 공대지 전술핵미사일도 보유하고 있었다. 우크라이나와 마찬가지로 분리·독립된 카자흐스탄과 벨라루스가 4위와 5위로 그 뒤를 이었다.

당연히 국제사회에서는 구소련으로부터 다량의 핵무기를 물려받은 이들 세 나라의 핵문제가 초미의 관심사로 부상했다. 당장 소련 붕괴 6개월 전에 체결된 미소 간 제1차 전략무기감축협정(START I) 비준이 불확실해졌다. 러시아와 이들 세 나라의 핵무기 및 핵물질 관리 소홀로 핵무기가 판매되거나 탈취될 수 있다는 우려도 팽배해졌다. 이런 시나리오는 소련 붕괴를 전후해 할리우드 영화의 단골 소재로 등장하기도 했다. 그러자 국제사회에서는 러시아를 소련의 공식적인 핵보유국 승계국으로 삼기로 했고, 러시아는 이들 세 나라를 설득해 각국이 보유하고 있는 핵무기를 공동으로 통제하기로 합의했다.

한편 소련의 몰락으로 세계 유일 패권국이 된 미국의 우크라이나 정책은 세 가지로 이뤄졌다. 우크라이나의 핵 포기 유도, 러시아로부터 우크라이나 보호, 그리고 정치적·경제적 개혁지원이 바로 그것들이다. 그렇다면 이들 세 가지 가운데 최우선 목표는 무엇이었을까? 주 우크라이나 대사를 지내는 등 1990년대 미국의 우크라이나 정책을 주도했던 스티븐 피퍼(Steven Pifer)는 이렇게 밝혔다. "당시 미국의 최대 목표는 우크라이나의 핵무기를 폐기하는 것이었다. 많은 우크라이나 사람에게 미국의 유일한 목표가 핵 폐기로 비쳤을 정도다."[31]

이처럼 미국과 러시아가 우크라이나, 카자흐스탄, 벨라루스의 핵 포기를 최대 당면과제로 삼으면서 양국의 공조도 빨라졌다. 미러 양국은 이 세 나라를 제1차 START에 포함시키는 한편, 리스본 의정서를 통해 세 나라의 핵 폐기를 추진하기로 했다. 미국과 러시아의 요구에 따라 이 두 나라와 우크라이나, 카자흐스탄, 벨라루스는 1992년 5월 23일 리스본 의정서에 서명했다. 의정서의 핵심내용은 5개국 모두 START의 당사국이 되고, 우크라이나, 카자흐스탄, 벨라루스는 가능한 한 빠른 시일 내 비핵국가의 지위로 NPT에 가입하며, 이들 세 나라는 모든 핵무기를 러시아로 이전해 폐기한다는 것이었다.[32] 특히 미국은 '협력적 위협 감소(Cooperative Threat Reduction, CTR)' 프로그램을 만들어, 이들 나라의 핵무기를 비롯한 대량살상무기와 탄도미사일 폐기 비용 및 기술을 제공할 의사를 밝혔다.

그러나 우크라이나는 쉽게 핵 포기에 동의하지 않았다. 자국 내 반대여론도 높았고 신생 독립국가로서 안보 및 경제 문제도 고려하지 않을 수 없었다. 1992년 11월에는 "가장 높은 가격을 지불하는 국가에 핵무기를 판매할 의사가 있다"고 말해 국제사회를 발칵 뒤집어놓기도 했다. NATO 대표단이 황급히 우크라이나를 방문해 "핵무기를 판매할 의사가 없다"는 약속을 받아냈을 정도다. 하지만 우크라이나 정부는 핵무기를 포기하는 금전적 대가를 서방에 지속적으로 요구했다. 또한 핵무기를 유지하는 것보다 폐기하는 데 더 많은 비용이 소요된다며 서방에 핵 폐기 비용 부담을 요구하기도 했다. 아울러 일방적인 핵 폐기는 곤란하다며, 러시아와 미국의 핵무기 감축에 맞춰 핵군축을 단행하겠다는 입장을 밝혀 이들 나라와 갈등을 빚기도 했다.

또한 우크라이나 정부는 1993년 3월 "과도기적 국가", 곧 핵무기를 보유하고 있으나 폐기 의사가 있는 국가의 지위로 NPT에 가입할 의사를 밝혔다. 이는 "비핵국가"로 NPT에 가입하겠다는 리스본 의정서의 내용과 차이가 있는 것이었다. 아울러 11월에 우크라이나 의회(라다)는 결의안을 채택했는데, 그 내용은 핵무기 운반수단의 36%와 핵탄두의 42%만 폐기하고, 러시아와 미국으로부터 확고한 안전보장 약속을 받아내자는 것이었다.

그러자 미러 정상은 '3자 정상회담'을 제안했고, 이듬해 1월 14일 세 나라 정상은 '3자 성명'을 채택했다. 핵심요지는 우크라이나가 핵무기를 포기하면, 미국과 러시아가 우크라이나의 안전을 보장하고 핵연료도 제공하겠다는 것이었다. 또한 세 나라는 119억 달러에 달하는 거래에 합의했는데, 그 내용은 미국과 러시아가 우크라이나의 고농축 우라늄을 사들이기로 한 것이다. 영국, 프랑스, 중국 등도 이 합의를 지지하고 나섰다. 그 결과 나온 것이 바로 '부다페스트 합의'다. 1994년 12월 우크라이나, 미국, 러시아, 영국 정상이 부다페스트에 모여 양해각서에 서명한 것이다. 이들 세 나라는 "우크라이나의 독립과 주권, 국경선을 존중하고 우크라이나의 영토적 통합과 정치적 독립에 반하는 무력 사용 및 사용 위협을 자제한다"고 약속했다. 또한 이 협정 이행에 문제가 생길 경우 4자 간 회담을 개최한다는 조항도 포함됐다. 당시 우크라이나 정부는 이 약속을 받아내고서야 비로소 NPT에 가입한 뒤 핵 포기를 선택했다.[33]

이후 우크라이나는 1996년까지 자국 내에 있는 핵탄두를 러시아로 이전시켜 폐기했고, 핵무기 운반수단인 전략폭격기와 ICBM 및 그 격납고도 2002년까지 모두 폐기하거나 러시아로 이전했다. 국제 비확산 규범에도 적극 참여했다. 1995년에는 IAEA에, 1996년에는 핵 공급 그룹에 가입했고, 2000년과 2005년에는 각각 포괄적핵실험금지조약(CTBT)과 IAEA 추가 의정서를 비준하기도 했다. 카자흐스탄과 벨라루스도 우크라이나와 비슷한 경로를 밟았다.

역사적인 '부다페스트 합의'가 체결되고 20년이 지난 2014년, 우크라이나 정부는 크림반도를 병합한 러시아가 부다페스트 협정을 위반했다며 4자회담을 요구했다. 그에 따라 3월 5일 미국, 영국, 우크라이나 외교 수장들이 파리에서 만났다. 그러나 러시아의 외무장관은 파리 체류 중이었음에도 불구하고 끝내 회의장에 모습을 드러내지 않았다. 대신 부다페스트 합의가 휴지 조각이 되었다고 여긴 우크라이나에서 핵무장론이 고개를 들고 있다. 가능성은 희박하지만 말이다.

후쿠시마의 경고와 이명박의 '원전 자랑'

4

3·11 후쿠시마 재앙을 겪은 뒤 생각을 바꿨습니다. 우리는 도쿄를 포함해 수도권에서 살지 못하고 피난을 가야 할 수도 있는 상황에 마주했습니다. 상황이 그 정도까지 가면 국민들이 고난을 겪을 뿐 아니라 일본이라는 나라의 존재 자체가 위험에 빠질 것입니다.

2011년 3월 11일 후쿠시마 참사 당시 일본 총리였고, 이 사고의 수습 과정에서 사퇴했던 간 나오토가 2012년 2월 17일자 〈로이터 통신〉을 통해 한 말이다. 그는 사고가 발생하고 1년 가까이 지난 뒤에도 더 큰 재앙이 발생하면 수천만 명의 도쿄 주민이 피난을 떠나고 국가의 존립 자체가 위태로워지는 환영에 시달렸다고 고백했다. 그러면서 "나는 가장 안전한 길은 원전에 의존해서는 안 되는 사회를 건설하는 데 있고 그런 사회를 만드는 것이 가능하다는 생각에 도달했다"고 역설했다. 인류에게 핵을 선사해 '아메리칸 프로메테우스'라 불리는 로버트 오펜하이머를 비롯한 많은 사람이

'반핵'의 사도로 변신했듯이, 간 나오토도 후쿠시마 참사를 겪고는 '탈원전'의 전도사를 자임하고 나선 것이다.

거기서 그치지 않았다. 2014년 2월 9일 도쿄 도지사 보궐선거를 앞두고 일본 정계에 진풍경이 벌어졌다. 자민당 출신인 호소카와 모리히로와 아베의 '정치적 스승'이자 '우경화의 상징'으로 일컬어지던 고이즈미 준이치로, 민주당 출신인 간 나오토와 노다 요시히코 이렇게 4명의 전직 총리가 '반아베 연합전선'을 형성한 것이다. 이처럼 정파와 이념을 초월해 거물급 정치인들이 모인 이유를 두고 고이즈미 전 총리는 이렇게 말했다. "원전 없이도 일본이 발전할 수 있다는 집단과 원전 없이는 안 된다는 집단 사이의 싸움입니다."

그러나 일본의 참사를 기회로 여기면서 '원전 전도사'를 자처하는 사람이 있었다. 바로 한국의 이명박이었다. 일본 정부가 후쿠시마 원전에서 방사능이 유출되었다고 공식발표한 날, 이명박은 아랍에미리트(UAE)의 한국형 원전 기공식에 참석했다. 정부 관리들은 후쿠시마 참사로 원전에 대한 경각심이 크게 높아진 시기에 한국의 원전은 안전하다며 원전정책을 고수할 방침을 분명히 했다. 급기야 이명박은 취임 4주년 기자회견에서 "금년 12월 말에 우리가 100% 국산기술이 되면 5대 (원전) 강국에 들어가 세계와 경쟁할 수 있다"고 말했다. 후쿠시마 참사로 일본을 비롯한 여러 나라가 탈원전을 고민하는 사이 한국이 치고 나가자는 심보를 드러낸 것이다.

이명박식 뒤집기의 비밀

이명박의 원전 자랑의 백미는 UAE 원전 건설사업 수주였다. 수주에 성공한 2009년 12월 27일, 아부다비로 날아간 이명박은 기자회견을 열어 감격스러운 표정으로 이렇게 말했다. "이번 프로젝트는 규모 면에서도 역사적으로 최대지만 보다 더 의미 있는 것은 우리가 이제 원자력 발전 시설을 수출하게 됐다는 것입니다. 이제 우리는 미국, 프랑스, 일본, 러시아와 세계에서 나란히 어깨를 겨룰 수 있게 됐습니다." 그러면서 "지금 중국이 100기를 건설할 계획을 갖고 있으며 (세계적으로는) 400기, 중장기적으로는 1000기 이상의 건설계획을 갖고 있다"며 "이것은 한국 경제에도 크나큰 영향을 줄 것이라 확신한다"고 덧붙였다.

당시 UAE의 원전 수주에는 한국의 한국전력과 미국의 웨스팅하우스, 프랑스의 아레바(AREVA)와 미국 및 일본의 GE-히타치 컨소시엄 등이 뛰어들었다. 당시 원전 수주에는 이명박을 비롯해 프랑스의 사르코지 대통령, 일본의 하토야마 유키오 총리 등 정상들이 총출동하다시피 했다. 그리고 이명박 정부는 다년간 UAE와 원자력 협력을 하고 있던 프랑스가 선두 주자였지만, 한국이 막판에 뒤집었다고 주장했다. 그러면서 "해외 수주 경험이 풍부한" 이명박의 세일즈 외교력에서 그 비결을 찾았다. 〈조선일보〉는 사설에서 "이 대통령은 경제 외교 분야에서 세계 어느 정상에도 뒤지지 않을 경쟁력을 갖고 있다. 우리 기술력과 대통령의 경제 외교력이 합쳐지면 앞으로도 좋은 소식이 이어질 것"이라며 찬사를 보냈다.[34]

하지만 이명박의 뒤집기 비결은 다른 곳에 있었다. 크게 두 가지였다. 하나는 '헐값' 수주였다. 이와 관련해 위키리크스가 폭로한 2009년 12월 28일자 미국의 비밀 외교 전문을 주목할 필요가 있다.[35] 당시 미국 정부는 UAE의 원전 사업에 핵심적인 자문 역할 및 원자력 협정 협상을 하고 있었기 때문에 한국과 UAE의 원전 계약 내용을 속속들이 알고 있었다. 주 UAE 미국 대사관이 작성해 에너지부와 국무부 등 미국 정부 부처에 발송한 외교 전문에 따르면, UAE 원전 회사인 ENEC와 한전 컨소시엄이 합의한 수주액이 "200억 달러"라고 나온다. 이는 이명박 정부가 발표한 400억 달러의 절반 수준이다.

주 UAE 미국 대사관이 파악한 한국의 수주 비결은 '초저가 입찰'에 있었다. 이와 관련해 UAE 원전정책의 핵심적인 자문역이었던 UAE 행정청의 데이브 스콧 경제국장은 세 가지 사항을 지적했다. 첫째, "한전의 시간당 1kW 전력 생산단가가 다른 경쟁사에 비해 훨씬 낮았다"는 것이다. 경쟁사인 GE-히타치 컨소시엄도 "최종 입찰가를 수십억 달러나" 낮췄지만, 한전의 입찰가보다 무려 "82%"나 높았다. 미국 외교 전문은 "프랑스 회사도 마찬가지였다"고 덧붙였다. 이는 한전이 경쟁사에 비해 턱없이 낮은 입찰가를 제시해 수주에 성공했다는 분석을 가능케 한다. 둘째, "한전 입찰액의 92%를 달러를 기준으로 고정가격으로 했다"는 점이다. 이는 약 10년에 걸친 공사 기간 동안 물가상승률을 반영하지 않기로 한 것이다. 이에 따라 수익률은 지속적으로 감소할 수밖에 없다. 셋째, "UAE는 60억 달러를 상업적인 파이낸싱으로 조달하기를 원하는데, 한국수출입은행이 프로젝트 파이낸싱을 할 것으로 보인다"는 것이었다. 이는 한국 측에서 UAE에 원전 건설비용의 상당액을 장기간 대출해주고 나중에 회수하기로 했다는 것을 의미한다.

더구나 잇속은 미국이 챙기고 있었다고 해도 과언이 아니다. 미국 외교 전문에서는 한국의 원전 공사비 가운데 "15억 달러의 미국제 부품이 공급될 것"이라고 밝혔다. 왜 이런 내용이 들어간 것일까? 한국-UAE 원전 수주 계약 체결 열흘 전 미국과 UAE가 체결한 '123 원자력 협정'이 발효되었다. 이명박 정부로서는 낭보가 아닐 수 없었다. 한국이 원전을 수출하기 위해서는 한국 원전의 원천기술을 갖고 있는 미국이 수입국과 원자력 협정을 체결해야 하기 때문이다. 이런 분석을 뒷받침하듯, 미국 외교 전문은 "12월 17일에 발효된 미국-UAE 협정이 (한국-UAE 원전 체결) 최종결정을 촉진시켰다"고 평가했다. 이에 따라 "15억 달러의 미국제 부품"은 원천기술의 사용 대가를 이런 방식으로 지불하기로 한 것으로 분석할 수 있다. 문제는 여기에서 끝나지 않는다. 외교 전문에는 "한전과는 대조적으로, GE-히타치는 어떤 종류의 위험도 ENEC에 넘기려고 했다"고 적혀 있다. GE-히타치는 원전 사고와 같은 "'우발적 상황들'을 모두 감안"한 반면에, 한전은 그러지 않았다는 것이다. 이는 원전 사고 발생 시 그 책임을 한국이 지기로 한 것 아니냐는 의혹을 불러일으킨다.

이명박식 원전 수주의 또 하나의 비결은 비밀군사협정 체결에 있었다. 그 실체는 원전 수주 8년 만에 드러났다. 2017년 12월 10일 문재인 대통령은 임종석 비서실장을 UAE 특사로 파견했다. 대통령의 중국 국빈 방문 중에, 그것도 비서실장을 특사로 파견한 것은 선뜻 납득하기 힘든 일이었다. 그래서 초기에는 북한과의 비밀접촉설이 제기됐다. 이게 사실이 아닌 것으로 드러나면서 문재인 정부가 이명박 정부 시절의 비리를 캐기 위한 것이라는 보도도 나왔다. 또한 UAE 정부가 문재인 정부의 탈원전 계획에 불만을 나타내자 이를 무마하기 위해 보낸 것이라는 추측도 유행했다. 하지만 진실은 다른 곳에 있었다. 정의당 김종대 의원이 임종석 특사 파견의 결정적 배경은 이명박 정부가 UAE와 체결한 비밀군사협정에 뒤탈이 났기 때문이었다고 폭로한 것이다.

논란이 커지자 이명박 정부 때 국방장관이었던 김태영이 천기를 누설했다. 그는 UAE 원전 수주를 전후해 그곳에 세 번 다녀오면서 UAE와의 군사협정을 논의한 당사자였다. 그리고 8년 만에 〈중앙일보〉를 통해 입을 열었다. 그는 "UAE와의 군사협약은 내가 책임지고 비공개하자 했다"고 주장하면서 충격적인 내용도 공개했다. UAE의 유사시 한국군이 자동개입한다는 조항에 대해 "그렇게 약속했다"고 밝힌 것이다.[36] 자동개입은 타국에 대한 공격을 자국에 대한 공격으로 간주한다는 것을 전제로 한다. 한미상호방위조약 및 미일상호방위조약에도 없는 조항이다. 한미동맹과 미일동맹은 어느 일방이 무력 공격을 당하면 다른 당사국의 개입 여부를 "헌법적인 절차"

에 따라 결정하도록 되어 있다. 심지어 가장 강력한 군사동맹으로 일컬어
지는 NATO에도 자동개입은 명시되어 있지 않다. 그래서 자동개입이 포함
된 군사협정은 최고 수준의 동맹에 해당한다.

이에 대해 김태영은 두 가지 해명성 주장을 내놓았다. 하나는 "UAE는
오랜 기간 전쟁이 일어나지 않은 나라"이고 "위험 상황이 발생할 가능성
도" 적다는 것이다. 쉽게 말해 'UAE 유사시'는 상정하기 어렵다는 것이다.
또 하나는 "만일 UAE에 한국군을 보내야 하는 상황이 실제로 일어난다면
국회 동의 없이는 할 수 없다"며, "실제 문제가 일어나면 그때 국회 비준을
받으면 된다고 생각했다"는 것이다. 하지만 UAE는 예멘 내전 등 중동 분
쟁에 군사적으로 개입하는 국가이고, 오래전부터 호르무즈 해협에서 3개
섬의 영유권을 둘러싸고 이란과 영토 분쟁 중이다. 또한 김태영은 상황 발
생 시 국회 동의를 받으면 된다고 했지만, 이렇게 되면 '자동'개입이 아니라
'조건부' 개입이 되고 만다. 더구나 한국군의 자동개입까지 포함된 군사협
정을 체결하면서 국회의 동의를 받지 않은 것은 명백한 위헌에 해당한다.
현직이었다면 대통령의 탄핵소추 사유에 해당할 수 있다.

후쿠시마 참사와 주일미군 철수론

2011년 3월 11일 일본 동북부 해안에서 발생한 규모 9.0의 지진
과 이로 인한 쓰나미가 해안 지방을 덮쳤다. 지진과 쓰나미로 1만 명 이상
의 사망자가 발생했지만, 재난은 이것으로 끝나지 않았다. 후쿠시마 원전
1, 2, 3, 4호기의 원자로가 지진으로 인해 손상을 입은 것이다. 원자로에서
는 냉각수가 흘러나왔고 냉각 기능이 마비된 상태에서 핵연료봉이 공기 중
에 노출되고 말았다. 노심의 온도는 수천 도까지 올라갔고, 냉각수와 핵연
료봉 피복제인 지르코늄이 화학반응을 일으켜 수소를 만들어냈으며, 이는

곧 수소폭발로 이어졌다. 또한 3, 4호기의 사용후핵연료 저장소에서도 냉각수 유출로 인해 사용후연료봉의 멜트다운(노심용융)과 수속폭발이 일어났다. 참고로 후쿠시마에는 모두 10기의 원전이 있었으며, 방사능 물질이 대거 유출된 원전 1, 2, 3, 4호기는 모두 30년 이상 된 노후 원전들이었다.

이 사고로 인해 막대한 양의 방사능 물질이 토양과 대기, 바다로 계속 퍼져가기 시작했다. 사고 발생 1년 후 일본 기상청이 발표한 자료에 따르면, 이 원전 사고로 인해 약 4경 베크렐(Bq)에 달하는 세슘이 방출되었는데 이는 체르노빌 원전사고로 방출된 양의 20%에 달하는 수치였다.[37] 이로 인해 일본 영토의 절반가량이 방사능에 오염된 것으로 알려졌고, 한국은 물론이고 태평양 건너 미국에서도 방사능 물질이 검출됐다. 후쿠시마에서 200km 이상 떨어진 도쿄의 수돗물에서 세슘이 검출되었고, 도쿄보다 더 멀리 떨어진 시즈오카 일부 지역도 세슘 오염으로 인해 세계적으로 유명한 찻잎 수확을 포기했다. 후쿠시마 반경 30km 내외 지역에 있는 어린이들 사이에서는 설사와 코피를 쏟는 환자가 급증했다.[38]

더욱 심각한 문제는 후쿠시마 참사가 그 끝을 알 수 없는 '현재진행형'이라는 것이다. 사고 발생 9개월이 지나자 노다 요시히코 총리는 "원자로가 냉온정지 상태에 이르렀고, 사고 자체도 수습됐다고 판단할 수 있다"고 자신했다. 그러나 2개월 후 2호기 원자로 압력용기에 설치된 온도계의 수치가 400°C까지 치솟으면서 또다시 일본 전역과 주변국들을 긴장시켰다. 도쿄전력은 온도계의 고장에 따른 것이었다고 해명했지만, 불안은 가시지 않았다. 원자로 안에서 무슨 일이 벌어지고 있는지 밖에서는 알 수 없었기 때문이다. 더구나 원자로 1, 2, 3호기의 핵연료가 압력용기를 뚫고 격납용기 바닥에 쌓여 있으며, 사용후연료봉 저장수조도 취약해져 붕괴 가능성이 지속적으로 거론되고 있는 실정이다.[39] 또다시 지진, 쓰나미, 태풍 등 자연재해가 들이닥칠 경우 대형 참사가 재발할 수 있기 때문이다. 이를 반영하듯 일본인들은 지진이 일어났다는 소식을 들을 때마다, 원전 사고의 악몽을 떠올릴 만큼 '후쿠시마 트라우마'에 시달리고 있다고 한다. 더구나 사고 발생 7년이 지난 후에도 방사능 물질이 계속 유출되고 있다.

1973년 후쿠시마 원전유치위원회의 한 주민은 일본 최초의 원전 청문회에 출석해 이렇게 말했다. "우리는 방사능을 두려워할 필요가 없어요. 올해 전국고교야구대회에서 히로시마의 한 고등학교가 우승했잖아요. 그런데 원폭 피해를 당했을 때 히로시마에서는 앞으로 75년 동안 풀도 나무도 자라지 못한다는 말이 있었습니다." 풀도 나무도 자라지 못한다는 히로시마에서 고교야구대회 우승팀이 나왔다는 것은 방사능의 위험이 과장되었고, 그래서 후쿠시마에 원전을 유치해도 문제없다는 취지의 발언이었다.[40] 40년이 흐른 2012년 3월 1일 '비키니의 날'* 행사에 참석한 필자는 후쿠시마에서 온 여러 주민의 증언을 들을 수 있었다. 한 중년 남성은 이렇게 말했다. "저는 농사밖에 할 줄 아는 게 없는데, 제가 수확한 쌀을 먹고 혹시라도 아이들이 아플까 봐 걱정됩니다. 저는 어떻게 해야 합니까?" 어쩔 수 없이 후쿠시마를 떠난 주민들은 "언제 돌아갈 수 있을지 알 수 없다는 것이 가장 고통스럽다"고 호소했다.

이처럼 후쿠시마 참사는 '핵과 인간'이 양립할 수 있을지, 체르노빌에 이어 또다시 우리에게 근본적인 질문을 던져주었다. 특히 원전 일류 선진국으로 불려온 일본에서 일어난 사고이기에 충격은 더욱 컸다. 그런데 이런 충격은 전혀 새로운 것이 아니다. 세계 최강의 원자력 선진국으로 자부했던 미국은 1979년 스리마일섬에서 발생한 원전 사고를 겪고 나서야 신

---

* '비키니의 날'은 1954년 3월 1일, 미국이 태평양의 비키니섬에서 최초의 실전용 수소폭탄 실험으로 주변 일대가 방사능에 오염되고, 주변에서 조업 중이었던 일본 어부 수십 명이 목숨을 잃은 사건을 기억하기 위해 제정한 날이다. 일본의 반핵운동이 본격적으로 시작된 계기이기도 하다.

규 원전 건설을 중단하는 등 '원전 의존형' 에너지정책을 수정했다. 미국과 함께 양대 핵강국이었던 소련에서도 1986년 체르노빌 원전 폭발 사고가 발생했는데, 이 사고는 소련 몰락의 원인 가운데 하나로 거론될 정도로 엄청난 결과를 초래했다. 후쿠시마 참사를 목도하고 일부 나라들은 '탈원전'을 선언했다. 가장 대표적인 나라가 독일이다. 19개의 원전 가운데 노후한 8개는 즉각 폐쇄하고 나머지 11개의 원전도 2022년까지 모두 폐쇄하기로 한 것이다. 독일의 뒤를 이어 스위스와 이탈리아도 탈원전정책을 선언했고 스페인, 룩셈부르크, 쿠웨이트, 태국 등 많은 나라가 원전정책 재검토에 들어갔다.

국내에는 잘 알려지지 않았지만, 후쿠시마 참사 당시 미국의 오바마 행정부는 주일미군 철수까지 검토했었다. 당시 백악관 NSC 아시아 담당 선임보좌관이었던 제프리 베이더의 회고록에 따르면, 일본 본토의 핵심적인 주일미군 기지인 요코타와 요코스카 주둔 미군 및 그 가족의 철수 문제는 당시 미일동맹의 최대 난제였다. 미국인의 안전을 고려한 철수 단행과 철수 시 미일동맹에 미칠 파장을 놓고 고심을 거듭했다는 것이다.[41]

베이더에 따르면, 미국 정부 내에서는 이 문제를 놓고 격론이 벌어졌다. 한편에서는 미국인의 안전을 위해 철수를 단행해야 한다는 목소리가 나왔고, 그럴 경우 미일동맹은 사실상 종말을 고할 것이라는 반론도 있었다. 방사능 오염 추정치도 기관마다 달랐다. 이에 따라 오바마 행정부는 도쿄 거주 미국 민간인에게는 자발적인 철수를 권고하는 한편, 주일미군 철수에 관한 비상계획도 마련했다. 방사능 오염도가 높아질 경우 주일미군 철수를 단행하기로 한 것이다.

당시 미국과 일본 정부가 촉각을 곤두세운 대상은 후쿠시마 원전 4호기의 운명이었다. 연료 교체를 위해 가동 중단 중이던, 그러나 다량의 사용후 연료봉을 임시수조에 저장하고 있던 4호기마저 폭발하면 '재팬 아마겟돈'

을 피할 수 없다고 본 것이다. 일본 정부는 추가적인 상황 악화 시, 즉 4호기 폭발 시 3000만 명에 달하는 도쿄도 주민을 대비시킨다는 계획을 수립하고 있었다. 미국 정부도 요코타와 요코스카 주둔 미군을 철수한다는 비상 계획을 갖고 있었다. 다행히 4호기는 2호기 폭발로 손상을 입었지만, 폭발로 이어지지는 않았다. 그야말로 하늘이 도운 셈이다.

그렇다면 후쿠시마 원전 사고로 인한 피해 규모는 어느 정도일까? 답은 '아무도 모른다'이다. 크게 두 가지 이유 때문이다. 하나는 원전 사고의 특징 때문이다. 체르노빌의 사례가 보여주는 것처럼, 원전 사고에 따른 인명·환경·재산상의 피해는 그 끝을 알 수 없는 '현재진행형'이다. 후쿠시마도 마찬가지다. 일본 정부와 도쿄전력에 따르면, 폐로 작업은 최소 40년 이상 걸리고 그 비용은 21조 엔에 이른다. 도쿄전력의 한 관리자는 사고 발생 6년 8개월이 지난 시점에도 "우리는 현장에서의 방사선량 축소, 지하수 유입 정지, 소비된 연료봉 회수, 용해된 핵연료 제거를 위해 필사적으로 분투하고 있다"고 했다. 또 다른 관리자는 "로봇과 카메라를 이용해서 우리는 귀중한 사진과 정보들을 얻고 있지만, 실제로 원자로 내부에서 어떤 상황이 전개되고 있는지는 여전히 불분명하다"고 했다. "바로 이것, 즉 아무도 모르고 무엇을 해야 할지도 모르는 것이야말로 핵 용융 사고가 갖는 가장 중요한 위험 중 하나인 것이다."[42]

인명 피해는 어떨까? 일본의 주류 언론들은 세계원자력협회의 2017년 10월 자료를 근거로 "핵 사고로 인한 방사능 피해는 사망이든 기타 질환이든 없다"고 보도했다. 이게 사실일까? 후쿠시마 지역의 해체 및 제염 작업에 동원된 약 5만 명의 사람들은 대부분 거리의 부랑자들이었다. 그리고 몇몇 언론들과 사람들은 충격적인 사실을 전했다. 〈AP통신〉은 "대여섯 명의 미확인 노동자들의 유해가 사고가 난 후쿠시마 원전 북쪽에 있는 마을의 절에 봉인되었다"며, "연락처도 없고 신원도 확인할 수 없으며 유해를 확인해줄 가족도 찾을 수 없었다"고 보도했다. "그냥 제염작업팀"으로만 불렸다는 것이다.[43] 프리랜서 언론인 오시도리 마코는 후쿠시마에서 일했던 남자 간호사와 인터뷰하고는 "몇몇은 작업장 바깥에서, 예를 들면 주말이나 잠을 자고 있던 중에 갑자기 죽었지만, 그런 죽음은 보도되지 않는다"고 말했다. 일본인들뿐만이 아니다. 사고 직후 미국은 핵항공모함 로널드 레이건호를 파견해 사고 수습을 돕도록 했다. 이때 '인도주의적 작전'에 투입된 미군 병사들의 변호사로 활동해온 존 에드워드 전 상원의원의 말이다. "우리의 의뢰인들은 모두 그 배에서 작업한 해군 병사들이다. 그로부터 5년이 지났는데, 많은 이가 이미 사망했거나 지금 죽어가고 있다."[44]

그렇다면 이러한 피해, 특히 인명 피해 사실은 왜 알려지지 않고 있는 것일까? 아베 신조 정권은 2013년 '특정지정비밀보호법'을 제정했다. 이 법은 비밀을 누설한 사람은 최고 10년, 비밀을 보도한 언론인은 최고 5년의 징역형에 처하도록 했다. 또한 '암질환등록법'을 제정했는데, 이는 방사능에 관한 의학적인 데이터와 정보 공유를 불법화한 것이었다. 이듬해 1월에는 IAEA, UN 원자방사선 영향에 관한 과학위원회, 후쿠시마현과 후쿠시마 의대가 비밀협약을 체결했는데, 이는 방사능 피해에 관한 의료정보를 통제하기 위한 것이었다.[45] 이렇게 이중 삼중으로 비밀의 장막을 쳐서 후쿠시마 원전 사고에 따른 피해가 세상에 알려지는 것을 최대한 막아왔던 것이다. 주류 언론들도 이에 가세했다. 그 결과 '국경 없는 기자회'가 발표하는 언론자유지수에서 일본은 추락에 추락을 거듭해 2017년에는 72위를 기록했다.

이명박-박근혜의 질주와 문재인의 제동 걸기

이웃나라에서 원전 참사가 벌어졌고 방사능 공포가 국내에도 엄습해왔는데, 이명박은 이에 아랑곳하지 않았다. 취임 직후부터 원전을 '수출 동력' 확보와 '녹색성장'의 견인차로 삼겠다고 밝힌 이명박 정부는 임기 첫해인 2008년 21기이던 원전을 2024년에 34기로, 2030년까지 40기로 늘리겠다고 발표했다. 그의 원전 사랑과 자랑은 2012년 2월 22일 취임 4주년 기자회견에서 여실히 드러났다. 그가 주장한 근거들은 이런 것이었다.

> "독일이 원자력발전소를 폐기한다고 하지만 그건 경우가 다릅니다. 독일 국경에서 가까운 프랑스의 원자력발전소에서 나오는 전기를 그냥 갖다 쓰면 됩니다."
> "원자력 폐기한다고 하면 전기료가 40% 올라가야 합니다. 가구당 1년에 86만원 정도 더 부담해야 합니다. 국가적으로는 15조의 에너지 비용을 써야 합니다. 현실적으로 기름, 가스 안 나는 나라는 이 길(원전)밖에 없습니다."
> "일본도 후쿠시마 사태가 난 뒤, 원자력에 대해 일부 반대가 있지만 원전 산업을 계속하고, 국제시장에서 우리와 계속 경쟁하고 있습니다."
> "앞으로 신재생에너지가 나와서 경제성이 있으려면 적어도 빠르면 30~40년, 혹은 40~50년 지나야 어떤 길이 열릴 것 같습니다. 그때까지는 이 길밖에 없습니다."

마치 원전 마피아들의 발언을 녹음해 틀어놓은 것 같다. 그런데 이명박이 제시한 근거들은 하나같이 '새빨간 거짓말'이었다. 그의 주장과 달리 독일은 프랑스 원전이 생산한 전기를 수입하는 나라가 아니라 전력 수출국이었다. 거꾸로 전력 생산에서 원전 비중이 75%나 되는 프랑스는 전력 수입국이었다. 2000년대 들어 탈원전 시동을 걸었던 독일은 원자력 산업계의 경고에도 불구하고 전기요금 인상이 거의 없었다. 후쿠시마 참사 이후 54개 원전 가운데 단 1~2기만 가동해온 일본도 마찬가지다. 일본은 전체 전력 생산량의 27%를 원전에 의존하고 있어 원전 가동을 중단하면 전력 대란에 직면할 것이라는 경고도 많았다. 그런데 전력 대란설은 원자력계의 엄살에 불과했고, 일본의 많은 지역은 풍력과 태양열 등 재생에너지를 통해 전력 자급을 실현하고 있다.

특히 신재생에너지가 경제성을 확보하는 데 40년 정도 걸린다는 주장에는 실소를 금할 수 없다. 정부와 원자력 산업계, 그리고 여러 언론의 막강한 홍보 탓인지, 많은 사람이 원자력은 값싼 에너지인 반면에 재생에너지는 값비싼 방식이라고 생각해왔다. 그러나 진작부터 진실은 정반대로 나타나고 있었다. 원자력 생산단가는 사고 위험 및 핵 폐기물 처리 등으로 인해 갈수록 높아지는 반면에, 재생에너지 단가는 기술 발전과 투자에 힘입어 급격히 떨어지는 양상을 보여왔기 때문이다. 2003년 미국 MIT 공대와 2004년 시카고대 연구팀의 분석에 따르면, 전기 1kWh의 생산단가는 원자력이 6~7센트인 반면에, 풍력은 4~6센트 수준으로 떨어졌다.[46] 태양력도 마찬가지 추세를 보였다. 여러 나라에서 태양력 발전이 원자력 발전 단가보다 낮아지기 시작한 것이다. 이를 두고 노벨 경제학상 수상자이자 미국에서 '진보의 양심'으로 불리는 폴 크루그먼은 "태양력의 급격한 비용 하락에 따라 우리는 에너지 전환의 시대에 접어들 수 있다"고 주장했다.[47]

하지만 이명박 정부는 물론이고 박근혜 정부 때도 원전을 향한 질주는 계속되었다. 박근혜 정부는 2014년 1월 국무회의에서 확정한 '제2차 에너지 기본계획'을 통해, "2035년에 전력 수요가 2011년 대비 80% 증가할 것"이라며 핵발전소 5~7기를 추가로 건설하겠다고 발표했다. 당시 한국의 원전 보유 수는 21개로 영토 크기에 비해 그 밀집도가 세계에서 가장 높았다. 그런데 2035년까지 40개로 늘리겠다고 한 것이었다.

하지만 원전을 향한 질주에 제동이 걸렸다. 두 가지 이유 때문이었다. 하나는 2016년 9월 12일 경상북도 경주에서 발생한 규모 5.8의 지진이었다.

이는 1978년 지진 관측을 시작한 이후 한반도에서 발생한 역대 최대 규모였다. 이 자체도 충격적이었지만, 경주 인근에 원전이 밀집되어 있어 국민들의 불안감이 더욱 커졌다. 당시 나는 "북핵보다 남핵, 즉 한국의 핵발전소가 더 무섭다"는 취지의 글을 썼다.

북핵은 억제 및 통제 가능하지만, 남핵은 그렇지 못하다. 한미동맹의 강력한 보복 능력은 북한으로 하여금 핵무기 사용이 곧 자멸이라는 것을 일깨워줄 수 있을 정도로 강력하다. 그래서 대북 억제는 가능하다. 또한 관계개선과 협상을 통해 북핵을 통제하고, 동결·축소·폐기해나갈 수 있다. 하지만 남한의 핵발전소는 그렇지 못하다. 인간이 지진 발생을 억제할 수 있는 방법은 없다. 지진 규모를 억제할 수도 없다. 협상을 통해 지진을 통제할 수 있는 방법도 없음은 물론이다. 유일한 방법은 인간이 자연 앞에서 겸손해지는 것이다. 그리고 우리의 운명을 천운에 맡길 것이 아니라 우리가 할 수 있는 일을 해야 한다. 그건 바로 '탈핵'이다. 노후한 원전을 하루빨리 폐기하고 신규 원전 건설을 중단하는 것부터 시작해야 한다.[48]

또 하나는 박근혜·최순실의 국정농단 사건이 밝혀지면서 국민들의 '촛불혁명'의 힘으로 이룬 박근혜 대통령 탄핵이다. 이후 조기 대선을 거쳐 집권한 문재인 정부는 '탈원전 비전'을 밝혔다. 2017년 6월 19일 고리 1호기 영구정지 퇴역식에 참석한 문재인은 기념사를 통해 "핵발전 중심의 발전정책을 폐기하고 탈핵 시대로 가겠다"고 선언했다. 고리 1호기의 영구정지를 "탈핵 국가로 가는 출발"이자 "안전한 대한민국으로 가는 대전환"으로 삼겠다는 것이었다.

문재인은 건국 이래 처음으로 핵발전소를 줄이겠다는 계획을 발표한 대통령이다. 신고리 5·6호기를 끝으로 신규 원전 건설을 중단하고 노후 원전의 수명연장 역시 중단하기로 했다. 그러나 "역설적으로 문재인 정부 임기 동안(2017~2022) 핵발전소는 늘어난다." 이 기간 동안 신고리 4·5·6기와 신울진 1·2호기가 완공되고 월성 1호기가 폐쇄될 예정이기 때문이다. 아울러 마지막으로 2022년에 완공될 신고리 5·6호기의 설계수명은 60년이다. 문재인의 비전에 따르더라도 한국의 탈핵 시점은 2082년이 되는 셈이다.[49]

핵무기를
사랑한 남자,
김정일?

5

기아와 핵. 북한의 김정일이 살아 있을 때, "주민들은 굶어죽는데 핵무기 개발에만 몰두한다"는 말이 꼬리표처럼 따라다녔다. 김정일과의 대화와 협력을 통해 문제를 풀려고 했던 김대중과 노무현은 "우리가 퍼준 돈이 핵무기 개발로 돌아왔다"는 수구보수 세력의 정치공세에 시달려야 했다. 그리고 2011년 12월 17일 김정일이 급서했을 때 세계의 많은 언론은 그의 죽음을 기아와 핵으로 연상시켰다. 북한의 매체들은 "조국을 그어떤 원수도 감히 범접할 수 없는 강력한 핵보유국으로 전변시키신 것은 만대에 불멸할 업적"이라고 찬양했다. 핵에 내재된 양면성처럼, 그에게 핵은 비난의 대상이자 찬양의 대상이었던 것이다.

김정일에게 핵은 '악의 분신'처럼 따라다녔지만, '핵과 인간'에서 김정일은 이단적인 존재만이 아니었다. 미국과 소련의 이중위협에 직면한 중국의 마오쩌둥은 대약진운동의 처참한 실패로 약 3000만 명의 아사자가 발생하고 있었음에도 불구하고, 당시 "20억 달러"를 투입해 핵무기를 만들었다.

미국의 베트남전쟁 패배와 주한미군 감축에 직면한 박정희도 핵무장을 추진했다. 아랍 국가들에 둘러싸여 있는 이스라엘도, 중국과 경쟁관계에 있던 인도도, 그 인도와 적대관계에 있는 파키스탄도 핵무장을 통해 생존을 도모하려고 했다.

김정일에게 핵은 무엇이었을까? 애초부터 갖고 싶었고, 그래서 절대로 포기할 생각이 없었던 분신과도 같은 존재였을까? 아니면, 이러지도 저러지도 못하다가 얼떨결에 손에 쥐고는 아들에게 넘겨준 것일까? 아마도 이 중간 어딘가에 진실이 있을 것이다. 이 문제를 포함한 김정일에 대한 평가는 대단히 중요한 의미를 지닌다. 이념적 잣대를 내려놓고 상식과 이성의 눈으로 그에 대한 객관적 평가에 다가설수록 그의 아들인 김정은의 행보도 보다 많이 볼 수 있고, 그래서 핵을 포함한 한반도 문제의 뿌리를 캐내는 실마리도 찾을 수 있기 때문이다.

북한의 패턴 대 미국의 패턴

김정일 시대 막바지에 유행한 표현이 있다. '김정일의 패턴' 혹은 '북한식 패턴'이 바로 그것이다. 이명박은 북한의 2차 핵실험 직후인 2009년 5월 26일 오바마와의 전화 통화에서 이렇게 말했다. "2006년 10월, 1차 북한 핵실험 때 북한이 오히려 국제사회와의 대화가 재개되는 등 보상받은 경험을 우리가 참고할 필요가 있습니다. 이번에도 이런 비슷한 패턴이 반복되지 않도록 국제사회가 긴밀히 공조해서 대응해야 합니다." 그러자 오바마는 6월 16일 기자회견에서 이렇게 호응했다. "과거 북한에는 행동 패턴이 있었습니다. 호전적으로 행동하고 기다리면 도발행위에 대한 보상이 있었습니다. 그렇지만 우리가 보내는 메시지는 그런 패턴을 깨자는 것입니다."

이때부터 '북한식 패턴'이 유행어가 되었다. 이명박-오바마의 대북정책 이면에는 '김정일의 도발을 달래기 위해 대화를 하고 보상을 하는 약 20년 간의 패턴에서 벗어나야 한다'는 인식이 깔려 있었다. 이는 1기 부시 행정 부의 '북한의 악행에 보상하지 않겠다'는 접근법과 너무나 닮은 것이었다. 부시를 강력히 비판하면서 미국 최초의 흑인 대통령으로 등장한 오바마에 게 '부시의 향기'가 느껴진 것은 지독한 역설이 아닐 수 없었다. '엇박자'가 불가피해 보였던 이명박-오바마 조합은 북한의 연이은 강경책에 확고한 공조체계를 구축했고, '북한의 패턴'을 종식하자는 데 뜻을 모았다.

그렇다면 김정일은 한국과 미국을 손바닥 위에 올려놓고 자기 마음대로 요리한 '외교의 달인'이었을까? '도발 → 대화 → 보상'으로 이어진다는 '북한의 패턴'은 정말 존재하는 것일까? 아마도 김정일이 북한의 핵정책에 깊숙이 관여한 시점은 아버지 김일성과 '공동통치'했던 1990년대 초반부 터일 것이다. 그리고 '북한의 패턴에 놀아났다'는 한미 양국의 피해의식은 이 시기에 뿌리를 두고 있다. 1993년 북한이 NPT에서 탈퇴해 핵개발에 나 서자, 미국은 대화에 나서기 시작했고, 결국 북한의 핵동결 및 궁극적인 폐 기 약속의 보상으로 경수로와 중유 제공, 정치적·경제적 관계 정상화, 핵무 기 불사용 등을 약속했다. 이것이 바로 미국의 강경파가 "북한의 도발에 미 국이 굴복했다"고 말하는 1994년 10월 제네바 합의의 내용이다.

1998년 8월에는 북한 금창리 핵의혹 시설과 북한의 소형 인공위성 '광 명성 1호(한미일 3국은 이를 탄도미사일인 '대포동 1호'라 부른다)' 발사가 연이어 터졌다. 북미 간에는 거친 신경전이 전개되었지만, 결국 미국은 북한의 핵 의혹 시설을 방문하는 대가로 50만 톤의 식량을 지원했고, 북한이 추가 미 사일 발사를 유예한 것에 대한 보상으로 경제제재를 부분해제했다. 이러니 북한의 도발에 대한 보상처럼 보일 수 있다.

부시 행정부 막바지에도 이와 비슷한 패턴이 나타났다. 줄곧 북한과의 직접대화를 거부했던 부시 행정부는 2006년 7월 북한이 탄도미사일을 시험발사하고 3개월 뒤 핵실험을 벌인 이후에야 비로소 직접대화에 나섰다. 북한의 영변 핵시설 봉인과 폐쇄에 대한 보상으로 BDA 문제 해결, 20만 톤의 중유 제공을 약속했다. 미국의 BDA 문제 해결이 지연되자 북한도 핵시설 봉인과 폐쇄를 미루면서 각을 세웠다. 2008년 8월에는 북한이 진행 중이던 영변 핵시설 불능화를 중단했고 원상복구를 경고했다. 그러자 미국은 테러지원국 해제라는 '보상'을 하고서야 불능화 재개를 받아낼 수 있었다.

이명박은 물론이고 오바마도 이런 북한의 핵미사일 문제의 전개과정에 상당히 문제가 있다고 생각했다. 두 정상의 눈에 비친 패턴은 북한이 도발하면 미국과 한국이 대화에 나서 합의와 보상을 해주고, 그러면 보상을 받은 북한은 핵과 미사일 개발에 필요한 시간을 벌고 끌다가 또 도발해왔기 때문이다. 그래서 북한의 2009년 4월 장거리 로켓 발사도, 5월 2차 핵실험도 북한이 과거와 같은 보상을 노리는 도발로 규정하고 "도발에는 보상이 없다"고 한목소리를 낸 것이다. 이런 인식을 바탕으로 한미 양국은 북한의 '광명성 2호(한미일 3국은 이를 탄도미사일인 '대포동 2호'로 본다)'에는 UN 안보리 의장 성명으로, 2차 핵실험에는 고강도 대북제재가 담긴 안보리 결의안 1874호로 응수했다. 그리고 이후 북한의 대화 제의에 한미 양국은 극히 소극적으로 일관했다. 북한의 패턴을 끊겠다는 다짐과 함께.

그러나 김정일 집권기의 북핵협상을 '도발과 보상이 반복되는 패턴'으로 이해하는 것은 객관적인 진실과 상당한 거리가 있다. 1993년 3월 북한의 NPT 탈퇴는 특별사찰을 둘러싼 북한과 미국 및 IAEA와의 갈등, 한미 양국의 팀스피릿 훈련 재개, 미국의 북미 고위급회담 불응이라는 원인이 있었다. 반면 북한이 NPT 탈퇴를 유보할 수 있었던 것은 3개월 후 북미 고위급회담이 열려 상호 간의 우려를 대화로 풀기로 약속한 것에서 비롯됐다. 이후 비교적 순탄하게 전개되던 북미협상은 "핵을 가진 자와 악수할 수 없다"는 김영삼 정부의 초강경 대북정책과 미국 내 강경파의 반격, 그리고 북한의 핵연료봉 인출 시도*가 맞물리면서 최악의 위기로 치달았다. 미국의 북폭론과 북한의 전쟁불사론이 충돌하면서 전면전 위기가 감돌았던 한반도 정세는 카터 전 대통령의 방북으로 극적인 반전에 성공했다. 북미 고위급회담이 재개되었고, 김영삼 정부의 강력한 반발에도 불구하고 그해 10월 제네바 북미기본합의가 체결되었다.

한미일 3국은 제네바 합의를 통해 북한의 핵개발을 8년간 '동결'시키는 성과를 얻었다. "1993년 미국 정보기관의 비밀평가에 따르면 북한은 2000년까지 60~100기의 핵무기를 제조할 수 있는 양의 플루토늄을 보유"하고 있었는데, 제네바 합의를 통해 이를 봉쇄할 수 있었던 것이다.** 그러나 제네바 합의를 통해 북한이 얻은 것은 중유 수백만 톤밖에 없다. 2003년까지 북한에 지어주기로 한 경수로는 2003년부터 공사가 중단되었고, "남겨진 협상의 기념물은 콘크리트로 메워진 2개의 거대한 구덩이뿐이었다".[50] 미국이 약속한 소극적 안전보장(핵무기 사용 및 사용 위협을 하지 않겠다는 약속)도 미국이 1990년대 본토에서 북한을 상정한 모의 핵공격 훈련을 실시했다는 것이 비밀문서 해제로 확인되면서 공약(空約)으로 끝났다. 정치적·경제적 관계를 완전히 정상화하겠다고 약속했지만, 이 역시 지켜지지 않았다. 그러니 제네바 합의에 대한 배신감은 북한이 더 강할 수밖에 없다.

---

* 이는 무기급 플루토늄을 생산할 수 있는 재처리의 전단계로 간주되었다.

** 북한은 제네바 합의 체결 당시 5MWe 원자로를 가동하면서 50MWe 및 200MWe 원자로도 짓고 있었다. 이들 원자로를 완공하면 매년 30개 안팎의 핵무기를 만들 수 있었다. 하지만 북한은 제네바 합의에 따라 이들 원자로 건설을 포기하기로 했다. 현재까지 유효한 제네바 합의의 가장 큰 성과라고 하지 않을 수 없다.

그런데 제네바 합의에는 '숨은 그림'이 있었다. 합의 이면에 '북한이 곧 붕괴할 것'이라는 막연한 기대가 깔려 있던 것이다. 이와 관련해 〈워싱턴 포스트〉는 이렇게 보도했다. "클린턴 행정부 관료들은 사석에서 북한이 경수로 완공 이전에 붕괴될 것이라고 생각했기 때문에 그 계획에 동의했다고 말해왔다."[51] 미국만 북한붕괴론을 맹신한 것이 아니다. 김영삼 정부 역시 마찬가지였다. 그래서 제네바 합의 이후 한미 양국 대북정책의 초점은 '북한 연착륙'에 맞춰졌다. 북한의 붕괴가 예견되는 만큼, 그 붕괴가 전쟁과 같은 '경착륙'이 아니라 한미 양국 주도의 통일로 연결되어야 한다는 시각이 강했던 것이다.

미국의 비밀해제 문서는 이런 분석을 강력히 뒷받침해준다. 남북미중 4자회담에 임하는 미국의 전략을 담은 보고서가 바로 그것이다.* 미국은 4자회담이 "북한이 붕괴할 수도 있는 시점"에 열리게 되었다며, 북한의 붕괴는 "위험한 군사적 격변 사태나 기아 난민의 대량 발생, 그리고 평화적 통일"과 같은 다양한 결과로 이어질 수 있다고 전망했다. 그러면서 미국의 4자회담 전략은 "광범위한 선택을 충분히 아우를 수 있을 정도로 유연해야 한다"고 강조했다. "북한의 붕괴나 북한이 그럭저럭 계속 버티는 상황, 그리고 가능성은 매우 낮지만 북한 정권에 새로운 활력을 불어넣어줄 수 있는 유의미한 개혁에 이르기까지" 모든 상황을 염두에 두고서 말이다. 회담전략 보고서에서는 북한이 개혁에 나서고 체제를 유지할 능력을 입증한다면 "한반도에서 장기적인 안정을 도모할 수 있는 평화구조 정착"도 염두에 두어야 하지만, 전반적인 기조는 "북한이 붕괴하면 상황

---

* 　　4자회담은 1996년 4월 한미정상회담에서 합의되어 북한과 중국에 제안되었고 1997년 7월 예비회담을 거쳐 그해 12월 제네바에서 첫 본회담이 열렸다. 4자회담이 이처럼 제의에서부터 본회담까지 20개월이 걸린 데는 북한이 김영삼 정부의 남한을 상대하지 않겠다는 입장이 대단히 강했기 때문이다.

을 잘 관리해 '연착륙'을 도모해야 한다"는 점에 방점을 찍었다.[52]

제네바 합의 이후 곧 망할 것 같다던 북한은 1998년 8월 금창리 핵의혹 시설 논란과 '광명성 1호' 발사가 이어지면서 화려하게(?) 컴백했다. 그렇다면 이 두 가지를 북한의 악행이나 도발로 볼 수 있을까? 금창리 논란은 미국 정보기관이 〈뉴욕타임스〉에 첩보를 흘리면서 불거졌다. 이로써 미국에서는 북한이 제네바 합의를 위반했다는 주장이 비등해졌다. 그러나 미국이 지하 핵시설로 지목한 금창리는 '텅 빈 동굴'이었다. 이것은 북한의 해명을 믿지 않은 미국이 50만 톤의 식량지원을 약속하고 두 차례에 걸쳐 금창리를 방문하고 나서야 확인한 결과였다. 이에 따라 금창리 논란은 '북한의 악행을 보상한 것'이 아니라 '미국이 잘못된 정보의 대가를 스스로 지불한 것'이라고 보는 것이 정확하다.

'광명성 1호' 혹은 '대포동 1호'도 비슷한 맥락에서 이해할 필요가 있다. 사실 탄도미사일인 '대포동 1호'는 미국이 붙여준 이름이고, 북한이 당시 발사한 것은 미국 정보기관도 나중에 인정한 것처럼 인공위성인 '광명성 1호'였다. 당시에는 북한이 로켓 발사를 하지 않겠다고 약속한 적도 없었고, 이를 금지하는 UN 안보리 결의안도 없었다. 쉽게 말해 당시 '광명성 1호' 발사는 어떠한 합의나 국제규범을 위반한 일이 아니었다. 어쨌든 로켓 발사를 계기로 미국은 대북정책을 재검토하기 시작했고, 김대중 정부의 적극적인 대미 개입에 힘입어 〈페리 보고서〉가 나올 수 있었다. 1999년 9월에는 북미 간의 베를린 합의가 나와 북한이 추가적인 탄도미사일 발사 유예를 약속했고, 미국은 경제제재 완화를 약속했다. 9개월 후 이행된 미국의 경제제재 완화는 상징적 수준에 머물렀다. 이는 테러지원국 해제가 이뤄지지 않은 탓이 컸다.

북한의 탄도미사일 시험발사 유예 약속은 2006년 7월 초까지 지켜졌다. 2003년에는 부시 행정부의 대화 거부와 적대시 정책을 문제 삼으면서 유예 약속이 유효하지 않다고 발표하기도 했다. 그렇다면 북한이 미사일 발사를 유예한 8년간 '협력'의 대가로 얻은 것은 무엇일까? 앞서 언급한 상징적 수준의 경제제재 완화 이외에는 아무것도 없다. 클린턴 행정부 막바지에 타협 일보 직전까지 갔던 미사일 협상은 2001년 MD 구축을 사활적 이해로 간주한 부시 행정부의 등장과 함께 없던 일이 되었을 뿐이다. 이사이 북한이 미국으로부터 식량지원을 받았다고 주장할 수는 있다. 그러나 이를 두고 "악행에 대한 보상"이라고 말하는 것은 "식량지원은 정치와 무관하다"는 미국 외교원칙을 스스로 부정하는 것이다.

오히려 북한이 1994년 제네바 합의와 1999년 베를린 합의를 이행하던 시기에 미국은 '악행'으로 응수했다. 부시 행정부는 집권 직후부터 2000년 양국관계의 포괄적이고 근본적인 개선방안을 담은 북미공동코뮤니케를 무시했다. 타협 일보 직전까지 갔던 미사일 협상을 중단하고는 '북한위협론'을 근거로 MD 구축을 선언해버렸다. 급기야 2001년 〈핵태세 검토 보고서(NPR)〉에서는 북한을 핵 선제공격 대상으로 명시했고, 2002년 1월에는 9·11 테러와 아무런 관계가 없던 북한을 '악의 축'으로 지목했다. 그런데 당시에는 부시 행정부가 북한이 제네바 합의를 이행하고 있다며 중유를 제공하고 있었다. 따라서 북한의 '악행에 대한 보상'은 고사하고 '선행에 대한 배신'을 한 셈이다. 북한이 실시한 2006년 7월의 탄도미사일 시험과 10월의 핵실험 역시 BDA 문제와 함께 부시 행정부가 직접대화를 거부한 데서 비롯된 측면이 강했다. 이를 반영하듯 2007년 초부터 북미 직접대화가 시작되면서 비핵화 과정이 빠르게 진행됐다.

2007년 2·13합의에 따라 북한이 약속한 영변 핵시설 봉인과 폐쇄의 '일시' 불이행 역시 마찬가지 맥락에서 이해할 수 있다. 당시 미국은 30일 이내에 BDA 문제를 해결해주겠다고 약속했으나 시한을 지키지 못했고, 이에 따라 북한은 영변 핵시설을 봉인·폐쇄하지 않았다. 그러나 BDA 문제가 해결되자 북한은 즉각 약속을 이행했다. 2008년 하반기에도 비슷한 일이 발생했다. 8월 중순 북한은 10·3합의에 따라 진행한 영변 핵시설 불능화를 중단하고 원상복구를 경고하고 나섰다. 당시 많은 전문가는 이런 북한의 강경조치를 김정일의 건강 문제와 연계시켰다. 그러나 북한의 불능화 중단은 김정일의 건강 문제 때문이 아니라 미국이 8월 11일까지 하기로 했던 테러지원국 해제를 이행하지 않았기 때문에 불거진 일이었다. 10월 중순에 미국이 이 약속을 지키자 북한은 불능화 작업을 즉각 재개했다.

한반도 정세가 뒷걸음친 2009년 상반기의 상황도 재구성할 필요가 있다. 앞서 언급한 것처럼, 2009년 4월 북한의 장거리 로켓 발사와 5월 2차 핵실험은 이명박-오바마가 "북한의 패턴을 종식시키겠다"고 다짐한 결정적 사건들이었다. 당시 김정일의 선택은 분명 실망스러운 것이었다. 하지만 역지사지의 관점에서 바라볼 필요도 있다. 미국이 대북특사 파견을 타진한 2009년 2월 말~3월 초는 북한이 강력히 반발했던 한미합동군사훈련 '키리졸브'를 앞둔 시점이었다. 훈련의 실시 여부를 새롭게 출범한 미국 행정부의 대북정책에 대한 판단기준으로 삼은 북한은 UN군(미군)과의 장성급회담을 통해 훈련 취소를 요구했지만, 미국은 이를 일축했다. 더구나 이때를 전후해 한국의 국방부 장관과 주한미군사령관 등 한미연합군 수뇌부는 수시로 김정일의 건강 문제를 거론하면서 북한 급변사태 발생 시 한미연합군의 투입 필요성을 공개적으로 언급했다. 한미 양국이 상정한 급변사태의 범주에는 김정일의 사망도 포함되었다.

아마도 이 문제는 핵과 미사일 문제에 대한 김정일의 판단에 결정적인 영향을 미친 것으로 보인다. 김정일은 건강을 장담할 수 없는 상황에서 자신의 유고 시 한미동맹이 무력흡수통일까지 추진할 수 있다는 소식을 접했다. 그래서 핵과 미사일을 협상용으로 삼기보다는 우선 "자위적 억제력"을 확보해야 할 필요성을 느꼈을 것이다. 북한이 탄도미사일 기술로도 전용이 가능한 위성 발사를 강행하고, 뒤이어 2차 핵실험 실시 및 전면적인 핵무장 추진을 선언한 것은 이런 분석을 뒷받침해준다. 셋째 아들인 김정은으로의 권력승계에 착수한 시점도 이 무렵이었다. 김정일은 권력을 물려받을 어린 아들에게 가능성도, 기대 이익도 불분명한 한미일과의 관계개선보다는 '절대무기'를 안겨주는 것이 더 이롭다고 판단했을 것이다.

그런데 바로 이 시기에 이명박과 오마바는 '북한식 패턴'이라는 정체불명의 프레임에 스스로 갇히고 말았다. 정작 김정일은 핵무장 쪽으로 기울고 있었는데, 한미 양국은 북한의 의도를 "미국의 관심 끌기" "우는 아이가 엄마의 젖을 달라는 것" "대북지원을 협박하는 것"이라는 식의 일방적 해석에 매몰되었던 것이다. 하지만 이런 해석은 현실과 동떨어진 것이었다. 만약 북한의 위성 발사가 미국과의 대화를 노린 것이었다면, 북한은 위성을 발사하지 않고도 이를 달성할 수 있었다. 이미 미국은 2월 말 대북특사 파견을 제안해놓았기 때문이다. 또한 부시 행정부 말기에 재개된 미국의 식량지원을 중단해달라고 요구한 쪽도 북한이었다. 로켓 발사의 목적이 미국의 관심 끌기나 식량을 받아내기 위한 것이 아니었음을 확인할 수 있는 대목이다.

하지만 김정일에게 대미관계 개선은 끝까지 포기할 수 없는 목표이기도 했다. 2009년 한 해를 "핵무력 건설"을 향해 질주한 김정일은 이듬해부터 국면전환을 시도했다. 핵 능력 강화를 통한 협상력 제고와 협상 실패 시 핵무장 완성을 동시에 염두에 두고 미국의 문을 두드렸다. 북한 외무성은 2010년 1월 11일 "조선전쟁 발발 60년이 되는 올해에 정전협정을 평화협정으로 바꾸기 위한 회담을 조속히 시작할 것을 정전협정 당사국들에 정중히 제의한다"고 밝혔다. "평화협정이 체결되면 조미 적대관계를 해소하고 조선반도 비핵화를 빠른 속도로 적극 추동하게 될 것"이고, 이를 위한 평화협정 회담을 "조속히 시작할 것"과 "시간을 지체하지 말고 대담하게 근원적 문제에 손댈 용단을 내려야 할 것"이라고 촉구했다.

북한은 거칠고도 위협적인 외교 언사로 악명이 높다. 이런 북한이 "정중히"라는 표현까지 써가면서 평화협정 논의 착수를 제안한 데는 2009년 11월 미국의 스티븐 보즈워스 대북정책 특별대표의 방북 결과 북미대화의 기대감이 높아졌기 때문이다. 실제로 북한은 6자회담 복귀에 전향적인 자세를 보였고, 2010년 3월에는 보즈워스의 방북에 대한 답방 형태로 김계관 외무성 부상의 워싱턴 방문도 추진하고 있었다. 그러나 김계관 방미 직전인 2010년 3월 26일 천안함이 침몰하면서 상황이 돌변했다. 김계관의 방미를 둘러싸고 오바마 행정부 내에서는 의견이 엇갈렸고, 이명박 정부는 부정적인 입장을 전달했다. 결국 김계관의 방미는 무산되고 말았다. 천안함 침몰을 북한의 소행이라고 결론 내린 한미 양국은 북미·남북대화는 물론이고 6자회담 재개에 대해서도 부정적인 자세로 돌아섰다. 당연히 북한이 제안한 평화협정 논의 제안도 묵살되었다.

그러자 북한은 2011년부터 핵 강압외교의 수준을 크게 높이기 시작했다. 평화협정 논의 착수를 "정중히" 요청한다던 태도에서 "핵참화" 운운하면서 미국을 압박하는 방식으로 선회한 것이다. 북한은 2011년 신년 공동사설에서 남북한의 대결 상태 및 한반도 전쟁위기 종식을 위한 평화협정의 필요성을 강조하면서 "이 땅에서 전쟁의 불집이 터지면 핵참화밖에 가져올 것이 없다"고 위협했다. 그리고 1월 말 김영춘 인민무력부장은 로버트 게이츠 미국 국방장관에게 비밀서한을 보냈다. 정확한 내용은 알려지지 않았지만, 한국의 현인택 통일부 장관이 그 내용의 일부를 공개했다. "'이대로 두면 한반도에 핵참화가 일어날 것'이라며 북미 직접대화를 요구했다"는 것이다. 이명박 정부가 외교비밀을 공개하자 미국은 외교 채널을 통해 한국 정부에 항의하는 해프닝이 벌어지기도 했다. 아마도 현인택이 외교비밀을 언급한 사유는 북한의 호전성을 부각시켜 대북강경책을 합리화하고 싶었기 때문일 것이다.

　김정일의 핵 위협을 통한 강압외교는 1953년 미국의 아이젠하워가 했던 방식과 거의 일치했다. 한국전쟁 종식을 대선 공약으로 내세웠던 아이젠하워는 취임 직후부터 북한과 중국을 상대로 핵공격 계획을 수립했다. 특히 교착 상태에 빠졌던 휴전협상을 미국에게 유리한 조건으로 마무리하기 위해 여러 경로를 통해 북한 및 중국에 핵공격 위협 메시지를 전달했다. 그로부터 60년 가까이 지난 후, 김정일도 아이젠하워와 비슷한 방식을 택했다. 우선 핵 강압외교의 목표로 아이젠하워는 정전협정 체결을, 김정일은 평화협정 체결을 목표로 삼았다는 유사점이 있었다. 또한 김정일이 김영춘을 통해 게이츠에게 서한을 전달한 것도 아이젠하워가 클라크 UN군 사령관을 통해 김일성 및 팽더후이에게 최후통첩을 보낸 방식과 흡사했다. 한국전쟁 때부터 북한이 미국의 호전성을 부각시키기 위해 미국의 핵 위협을 끊임없이 강조해왔던 방식을 북한 스스로 취한 것이다. 하지만 김정일의 선택은 과유불급이었다. 위협을 받은 미국에는 더 강력한 핵무기들이 있었고, 한국의 이명박 정권은 "북핵문제의 궁극적인 해결책은 통일에 있다"며 흡수통일 의지를 다진 것이다.

　김정일이 권좌에 있던 1993~2011년의 핵문제 전개 과정을 살펴보면, 이명박-오바마가 공유하는 대북 인식은 역사적 진실이라기보다는 '선입견'에서 비롯된 측면이 강하다는 걸 알 수 있다. 이 기간의 역사를 살펴보면 이런 인식과 다른 네 가지 중요한 패턴을 발견하게 된다. 첫째, 흔히 일컫는 북한의 '도발' '악행' '벼랑끝 전술'은 아무 이유 없이 나온 것이 아니라, 약속 불이행이나 대화 거부 등 미국의 정책에 대한 북한의 반응인 경우가 대부분이었다는 점이다. 둘째, 미국은 북한이 핵개발에 나서거나 미사일을 쏘지 않으면 북한에 관심이 없다가, 북한이 '도발적인 행동'을 했을 때 비로소 관심을 가졌다는 점이다. 셋째, 미국은 북한이 협력하고 약속을 이행하면 엄청난 보상이 있을 것처럼 말했다가, 실제로는 북한의 '협력' 대가를 지불하는 데 대단히 인색했다는 점이다. 끝으로 시간을 끌거나 벌려고 한 쪽은 북한보다는 미국이나 때로는 한국이었다는 점이다. 북한붕괴론과 북한위협론에 편승한 MD가 대표적이다.

이런 비판적 분석이 북한을 두둔하거나 북핵을 옹호하려는 것은 물론 아니다. 여담이지만, 필자는 2005년 평양에 갔을 때 북측 인사와 논쟁을 벌인 적이 있었다. 나는 "소련이 핵이 부족해서 망했느냐"고 말했다가 북측 인사로부터 "미제 스파이 같은 소리를 하는구만"이라는 핀잔을 들었다. 여러 차례에 공개편지 형식을 통해 김정일에게 "조선반도 비핵화를 달성하지 못하면 아버지의 유훈을 지키지 못한 불효자가 된다"고 호소하기도 했다. 변명하자는 것이 아니다. 김정일에게서 김정은으로 넘겨진 북핵, 그것을 해결하기 위해서는 '북한의 패턴'이라는 신화에서 먼저 깨어나야 한다는 점을 강조하고 싶을 뿐이다.

'친미'의 좌절

흔히 국제정치에서는 "영원한 적도, 영원한 친구도 없다"고들 한다. 부시 부자(父子)의 숙적처럼 간주되었던 이라크의 후세인도 1980년대에는 미국의 친구였다. 하지만 이 명제(?)를 적용하기 힘든 관계가 있다. 바로 북미관계다. 북한과 미국은 1948년 조선민주주의인민공화국 수립 이후 단 한 번도 수교를 맺은 적이 없다. 한국전쟁 때는 냉전시대 가장 참혹한 전쟁을 치렀다. 그리고 이 전쟁은 아직도 끝나지 않은 채, 즉 휴전 상태로 65년이 지나고 있다.

왜 이렇게 적대관계가 오래 지속되고 있는 것일까? 북한은 지구상에서 둘째가라면 서러울 정도의 '반미 국가'이기 때문이다. 하지만 북한은 '친미국가'가 되고 싶어 했다. 적어도 세계적 수준의 냉전이 종식된 1990년대 초반부터 김정일이 살아 있던 2011년 말까지는 그랬다. 미국에 대한 호불호를 떠나 생존을 위해 불가피하다고 봤기 때문이다. 김정일은 그 상대가 자신을 "피그미"로, 북한을 "악의 축"으로 부른 부시가 되어도 상관없다고 여겼다. 2004년 5월 두 번째로 김정일을 만난 일본의 고이즈미 준이치로 총리는 부시에게 이렇게 말했다. "김정일이 당신과 목이 탈 정도로 춤추고 노래하고 싶어 합니다." 하지만 부시는 "그와는 춤을 출 의사가 없다"고 거절했다.[53]

북핵문제도 이런 맥락에서 이해할 수 있다. 북한에 핵과 미사일 개발은 미국을 협상 테이블로 불러내 최대한 대등한 관계에서 상호 간 관심사를 해결할 수 있는 "외교적 지렛대"이자 이것이 실패하면 군사적 억제력을 구비할 수 있는 "문 뒤의 총"이었다. 하지만 미국의 생각은 달랐다. 냉전 기간 내내 미국은 북한을 소련이나 중국의 '꼭두각시' 정도로 취급했다. 그래서 워싱턴은 평양과 무슨 문제가 발생하면 모스크바나 베이징과의 소통을 중시했다. 1990년을 전후해 불어닥친 세계의 냉전종식은 미국 전략가들에게 기회와 도전을 동시에 안겨줬다. 유일한 패권국가로서의 지위를 공고히 할 수 있었다는 점에서 '기회'였지만, 군사적으로는 '주적'이 사라져 허전함이 찾아왔다는 점에서 '도전'이었다. 그래서 미국의 매파들은 몇몇 국가들을 "깡패국가"라고 부르면서 이들을 '주적'으로 삼기 시작했다. 깡패국가의 자격에는 반미, 독재, 인권탄압, 대량살상무기 개발이라는 네 가지 기준이 세워졌다. 미국의 눈에는 북한이 이 조건에 딱 맞는 국가로 보였다. 그래서 조지 W. 부시 행정부가 북한을 이란, 이라크와 함께 "악의 축"이라고 부른 것이다.

북미관계의 '비극적 역설'은 바로 이 지점에서 발견할 수 있다. 반미인데 친미를 지향했던 김정일은 핵과 미사일 개발을 지렛대로 삼아 "미국의 적대시 정책 철회"를 도모했다. 하지만 미국은 바로 이 이유 때문에 대북강경책을 정당화해왔다. 보다 본질적인 이유도 있다. 만약 북미관계가 정상화되고 한반도 정전체제가 평화체제로 전환되면 어떻게 될까? 아마도 주한미군의 존재 이유는 크게 약화될 것이다. 세계 상위권을 다투는 한국의 미국 무기 수입도 크게 줄어들 것이다. 중국을 겨냥한 한미일 삼각동맹의 추진력도 크게 떨어질 것이다. 미국 주류, 특히 군산복합체는 한반도의 평화적 '현상변경'보다는 정전체제의 유지·관리를 통한 '현상유지'가 더 이득이라고 간주할 법한 상황인 셈이다.

돌이켜보면 1994년부터 2011년까지 북한의 1인자로 군림했던 김정일은 분명 미국과 친구가 되고 싶어 했다. 이를 잘 보여주는 일화가 있다. 2000년 10월 25일은 중국이 '항미원조'를 내세우면서 한국전쟁에 참전한 지 50주년이 되는 해였다. 혈맹으로 일컬어지는 북중관계를 고려한다면, 당연히 평양에는 중국의 고위관료가 있어야 했다. 그런데 당시 김정일이 만난 사람은 중국의 고위관료가 아니라 미국 국무장관인 매들린 올브라이트였다. 미사일 문제를 타결 짓고 빌 클린턴 대통령의 방북을 논의하기 위한 자리였다.

이 장면이 함축한 바는 컸다. 김정일이 원한 것은 단순히 북미 적대관계의 청산이 아니라 그 너머에 있었기 때문이다. 북한과 중국을 수십 차례 방문해 고위급 관리들과 면담했던 전 CIA 분석관 로버트 칼린과 스탠퍼드대 교수 존 루이스는 이렇게 분석했다. "북한이 진정으로 원하는 것은 미국과 전략적 관계를 수립해, 중국·러시아·일본 등 주변 강대국들의 틈바구니에서 생존과 발전을 모색하는 데 있다."[54] 그러나 김정일의 꿈은 이뤄지지 않았다. 그러자 두 전문가는 "1991년부터 2009년까지 미국과 관계를 정상화하려는 시도는 진심이었고, 지속적이었으며, 뿌리 깊은 것이었다"고 평가하면서 이런 시도가 무산되자 "북한 정책의 초점은 결정적으로 중국으로

이동했다"고 지적했다.[55]

김정일은 2009년 8월 빌 클린턴과 만난 자리에서 회한을 토로했다. 클린턴이 '전직' 대통령으로 두 명의 미국인 억류자 석방을 위해 김정일의 초청을 받아 평양을 방문했을 때였다. 위키리크스가 공개한 두 사람의 대화 내용에 따르면, 김정일은 클린턴에게 이렇게 말했다고 한다. "2000년 미국 대선에서 민주당이 이겼다면 조미관계가 이 지경이 되지는 않았을 것입니다. 모든 합의가 이행되었다면, 우리는 경수로를 갖게 되었을 것이고 미국은 복잡한 세계에서 동북아의 새로운 친구를 갖게 되었을 텐데 말이죠." 그리고 두 사람의 대화는 이렇게 이어졌다.[56]

> 김정일: 조미 간의 문제가 해결되면 클린턴 대통령께서 여행 삼아 우리 공화국을 또 방문해주십시오.
> 클린턴: 백화원 초대소 입구에 걸려 있는 그림에 묘사되어 있는 해안 절경을 보러 저 역시 언젠가 오고 싶습니다.
> 김정일: 거기뿐이겠습니까? 대통령께서 오시면 훨씬 아름다운 곳으로 안내하겠습니다. 꼭 오시길 부탁드립니다.

결국 두 사람의 약속은 지켜지지 않았다. 이들의 만남 이후 북미관계는 오히려 악화 일로를 걸었고 김정일은 끝내 "조미관계 정상화"를 보지 못한 채 눈을 감았다. 핵과 미사일을 카드로 삼아 반미에서 친미로 전환하려고 했던 그의 도전이 막을 내린 것이다.

김정일이 "2011년 12월 17일 8시 30분 현지지도의 길을 이어가시다가 겹쌓인 정신육체적 과로로 하여 열차에서 서거"하자,[57] 북한 문제를 둘러싼 다양한 행위자들의 민낯도 드러났다. 김정일의 와병을 통일의 호기로 간주했던 이명박 정부는 정작 그의 죽음을 알지 못했다. 국정원과 군의 정보기관이 대선 등 국내 정치 개입에 여념없었던 탓이 컸다. 이명박 정부와 함께 김정일의 사망을 급변사태의 범주에 포함시켰던 오바마 행정부는 그의 사망 직후 조의를 표하면서 한반도 정세의 안정을 희망했다. 현상유지를 선호했기 때문이다.

특기할 만한 개인도 있었다. 조지 W. 부시 행정부 때 백악관 아시아 담당 국장을 지냈고 그 후로도 워싱턴의 대표적인 한반도 전문가로 행세해온 빅터 차를 두고 하는 말이다. 그는 막판에 낙마하긴 했지만 트럼프 행정부 초기에 주한 미국 대사로 내정되기도 했다. 또한 여전히 국내 언론에 가장 많이 소개되는 미국 사람이기도 하다. 그런데 빅터 차는 1994년 김일성 사망 직후부터 북한 붕괴를 줄곧 예언해왔다. 번번이 자신의 예측이 빗나가던 차에 김정일 사망 소식을 들었다. 그러고는 이틀 후 '우리가 알고 있듯이 북한은 끝났다'라는 기고문을 〈뉴욕타임스〉에 보냈다. "몇 주가 될 지 몇 달이 될지는 알 수 없지만, (최악의 경제난에 봉착한) 북한 정권은 김정일의 갑작스러운 죽음을 감당할 수 없을 것"이라고 예상했다.[58] 6년 후 그는 〈뉴요커〉 기자에게 "저는 김정은이 2년을 버티지 못할 것이라 생각했죠"라고 말하기도 했다.[59] 하지만 자신의 예상과 달리 김정은 체제가 빠르게 안착되자 "북한의 붕괴에 대해 '속단'하지 않았다"고 발뺌했다.[60]

김정은의
등장

6

2011년 12월 17일 김정일의 급서로 20대 후반의 나이에 한 나라의 지도자로 등장한 김정은에게 핵무기는 무엇일까? 할아버지인 김일성에게 핵은 대미 '협상용'이었고, 아버지인 김정일에게는 대미협상과 핵보유를 동시에 염두에 둔 '헤징(hedging)'의 성격이 짙었다. 이에 반해 김정은에게 핵은 절대로 포기할 수 없는 "정의의 보검"으로 간주되었다. 북미관계에서 미국의 핵 독점을 깨뜨려 "힘의 균형"을 달성하고, "미국의 적대시 정책과 핵 위협"을 철회시킬 강압외교의 수단이었다.

또한 경제전략이었다. 김정은이 국가전략의 핵심으로 삼고 있는 "경제건설과 핵무력 건설 병진노선"의 핵심논리는 재래식 군사력 건설에 비해 비용이 저렴하다고 '믿는' 핵 억제력 확보를 통해 안보 문제를 해결하고 군비 부담을 줄여 경제 살리기에 매진하겠다는 것이다. 김정은의 이런 전략은 단순히 70년 가까이 이어져온 북미 간 적대관계의 산물만이 아니었다. 김정은에게 핵은 남한의 흡수통일을 저지할 수 있는 유력한 수단이기도 했다. 또한 김정은은 이라크, 리비아, 우크라이나 등을 반면교사로 삼았다. 그래서 김정은의 손에서 핵무기를 내려놓게 하는 것은 '미션 임파서블'이라고 여겨졌다. 적어도 "국가 핵무력 건설 완성"을 선언한 2017년까지는 말이다.

김정은, '북한의 덩샤오핑'을 꿈꾸다

2009년부터 3년 가까이 후계자 수업을 받았던 김정은이 김정일 사후 첫 일성으로 내세운 것은 아버지로부터 핵과 위성을 뽑아낸 것이었다. 북한은 김정일의 사망을 공식발표하면서 "그 어떤 원수도 감히 건드릴 수 없는 핵보유국, 무적의 군사강국으로 전변시켰다"고 주장했고, 사흘후 〈노동신문〉 사설에서도 "조국을 그 어떤 원수도 감히 범접할 수 없는 강력한 핵보유국으로 전변시키신 것은 만대에 불멸할 업적"이라고 밝혔다. 급기야 2011년 12월 28일자 〈노동신문〉은 김정일의 혁명유산은 "핵과위성, 새 세기 산업혁명, 민족의 정신력"이라며 "핵보유국과 위성발사는 대국들의 틈에 끼여 파란 많던 이 땅을 영영 누구도 넘겨다보지 못했다"고천명했다.

북한의 이런 화법은 중국의 마오쩌둥 사후 덩샤오핑이 개혁개방을 추진하면서 천명한 양탄일성(兩彈一星), 즉 '원자폭탄과 수소폭탄 그리고 위성보유'를 찬양하고 이를 바탕으로 강대국으로의 부상과 급격한 경제성장이 가능했다고 주장한 것을 떠올리게 한다. 어쩌면 북한이 꿈꾸는 '중국식 모델'은 바로 이런 것일지도 모른다. 중국이 걸어온 길은 북한이 걸어가고 싶은 길일 수 있고, 1950~1960년대 중소관계는 2012년부터 2017년까지 북중관계의 한 단면을 비추는 거울일 수 있다.

한국전쟁 당시 "조국해방전쟁"과 "항미원조전쟁(抗美援朝戰爭)"을 앞세워 혈맹이 되었던 북한과 중국의 엇갈림만큼이나 극적인 현상도 드물다. 정전협정 직후 급격한 경제성장으로 세계를 놀라게 했던 북한은 김정일 집권 시기에는 외부의 원조 없이는 먹고사는 문제조차 해결하지 못할 정도로 세계 최빈국으로 전락했다. 반면 1950년대 후반과 1960년대 전반에 걸쳐 약 3000만 명의 아사자가 발생했을 정도로 극빈과 기아에 시달렸던 중국은 오늘날 G2라는 말이 나올 정도로 세계적인 강대국으로 성장했다.

이에 따라 북한이 선택해야 할 바람직한 미래와 관련해 '전가의 보도'처럼 나온 말이 바로 '중국식 모델'이었다. 이명박은 2010년 11월 14일 일본 〈아사히 신문〉과의 인터뷰에서 "북한에는 중국을 모델로 해야만 한다고 항상 말하고 있으며, 중국 정부에도 북한을 중국처럼 했으면 좋겠다고 말하고 있다"고 밝혔다. 이보다 3일 앞서 가진 중국 후진타오 국가주석과의 정상회담에서도 이명박은 "북한이 중국을 보면서 '훌륭한 모델이 바로 옆에 있는 이웃'이라 생각하고 따라올 수 있도록 중국이 더 노력해달라"고 요구한 바 있다. 또한 10월 말 영국 〈파이낸셜타임스〉와의 인터뷰에서도 "평화 정착과 공동 번영이 궁극적으로 통일로 이어질 수 있기 때문에 북한에 대해서 중국식 개혁개방을 촉구한다"고 말했다. 당시 국내외 많은 전문가도 북한이 살길은 중국식 모델에 있다고 주장했다. 하지만 이런 권유의 이면에는 북한의 이런 노선 채택이 불가능할 것이라는 전망이 깔려 있었다.

김정은은 북한의 추락과 중국의 부상이 엇갈리는 시기에 성장하고, 후계자 수업을 받고, 지도자가 되었다. 그런데 주목할 점이 있다. 추측건대, '중국식 모델'을 가장 원한 사람은 바로 김정은일 것이라는 점이다. 이명박이 김정일-김정은 부자에게 따라 배우라고 요구한 대상인 중국의 개혁개방정책 이면에는 핵무장이 자리 잡고 있었다. 개혁개방의 기수였던 덩샤오핑은 이렇게 말했다.

1960년대 이래 중국에 원자폭탄, 수소폭탄, 인공위성 발사가 없었다면 중국은 중요한 영향력을 갖춘 대국이라 할 수 없었을 것이며 현재와 같은 국제적 지위도 없었을 것입니다. 이는 민족의 능력을 반영한 것이며 민족과 나라의 번영과 발전의 표지가 됩니다.[61]

그의 후계자인 장쩌민도 "양탄일성은 신중국의 발전과 중화민족의 영광과 자부심을 상징하는 위대함"이라고 극찬하기도 했다. 나라 이름만 북한으로 바꾼다면, 북한이 핵실험이나 인공위성, 혹은 장거리 미사일을 발사하고 나서 내놓은 성명과 거의 다를 바 없는 내용이라는 것을 알 수 있다.

또한 중국의 양탄일성을 완성한 인물도 다름 아닌 덩샤오핑이었다. 마오쩌둥은 극심한 경제난으로 인해 모든 분야에서의 군사 현대화에 나설 수 없었다. 그래서 그는 "자신이 가장 중요하다고 생각했던 영역, 즉 로켓과 핵무기에 모든 자원을 집중했다."＊ 덩샤오핑은 이를 양탄일성으로 칭송하면서 양탄일성 완성과 2차 공격 능력 확보에 심혈을 기울였다. 그 결과 1980년에는 ICBM 시험발사에 최초로 성공했고 2년 후에는 SLBM도 손에 넣었다. 양탄일성의 완성과 2차 공격 능력의 확보, 세계 질서의 변화에 덩샤오핑은 자신감을 가졌다. 그는 1985년 중앙군사위원회 연설에서 "과거 우리의 관점은 전쟁이 불가피하며, 또한 급박한 상황이라는 것"이었지만, 이제 미국과 소련 두 강대국도 "감히 움직일 수 없다"고 밝혔다. 그러고는 군비지출을 억제하고 민간 경제발전에 더더욱 심혈을 기울였다. 군비 억제의 유력한 방법은 병력 감축이었다. 1975년 610만 명이었던 중국의 병력

＊　중국은 1964년에 원자폭탄을, 1967년에 수소폭탄을 실험했고, 1970년에 최초의 위성을 발사했다.

수는 1980년대 들어 급격히 줄어들기 시작해 1988년에는 320만 명으로 축소되었다.[62]

중국은 핵무장 이후 개혁개방정책과 관련해 두 가지 중요한 성과를 거뒀다. 하나는 군사비 증액을 억제해 경제개발에 우선적으로 투자할 수 있었다는 것이다. 중국은 개혁개방정책을 본격화한 1980년 이후 10년간 연간 군사비를 50억 달러 수준으로 유지했는데, 이는 당시 한국의 군사비를 약간 상회하는 수준이었다. 또 하나는 핵무장에도 불구하고 숙적이었던 미국 및 일본과의 관계 정상화를 이뤄냈다는 것이다. 미국 및 일본과의 관계 정상화는 중국의 안보 불안을 크게 덜면서 개혁개방에 집중하는 대외적 환경을 창출하는 데 크게 기여했다. 미국은 중국과의 관계 정상화 이듬해인 1980년 중국에 최혜국 지위를 부여해 무역과 투자의 문을 열어주었다.[*63] 일본은 공적개발원조(ODA)를 통해 중국의 경제개발을 적극 도왔다. 일본 외무성 자료에 따르면, 1979년부터 25년간 일본이 중국에 차관, 무상원조, 기술협력 등의 형태로 제공한 공적개발원조는 약 3조4000억 엔에 달했다.[64] 중국 정부도 인정하고 있는 것처럼, 이것은 중국 경제성장의 중요한 물적·기술적 토대가 되었다.

정리하자면, 중국은 핵무기 보유를 통해 재래식 군사력 부담을 크게 줄여 경제성장에 필요한 자원의 일부를 조달할 수 있었다. 또한 핵무장에도 불구하고 미국 및 일본과의 관계 정상화를 통해 경제발전에 우호적인 대외 환경과 제도적·재정적·기술적 지원을 받을 수 있었다. 그리고 오늘날에는 세계 2위의 경제대국이자, 세계 2위의 군사비 지출 국가가 되었다. 김정은이 롤모델로 삼는 인물이 바로 덩샤오핑이라는 해석은 이런 맥락에

---

*   카터 행정부는 1979년 7월 7일 중국과 무역협정을 체결했고, 미국 의회는 이듬해 1월 24일 이 협정을 승인해 중국에 최혜국 지위(MFN)를 부여했다.

서 나온다. 아래 인용문은 일본 〈마이니치 신문〉이 입수한 북한 노동당 간부의 내부 강연 가운데 일부다. 강연 시점은 북한이 3차 핵실험을 강행한 2013년 2월 10일 직후였다. 이 내용은 김정은에게 핵무기가 무엇을 의미하는지 여실히 보여준다. 그건 바로 북한식 양탄일성을 하루빨리 완성해 경제발전 및 민생 향상, 그리고 이를 가능케 하는 국제적 환경 조성에 매진하자는 것이다.

중국은 핵·미사일 개발을 추진해 군사력을 강화한 뒤 경제 분야에 힘을 쏟게 됐습니다. 우리 역시 핵과 위성 발사 운반 로켓 확보 여부가 우리의 경제 건설 및 인민생활 향상에 얼마나 유리한 정세를 만들 수 있느냐로 이어지게 됩니다.[65]

병진노선의 성공?

(2011년 12월) 김정은 체제 등장 이후 북한의 움직임은 두 가지 측면에서 주목을 끈다. 하나는 고(故) 김정일 위원장의 최대 업적으로 핵보유를 내세우고 이를 (2012년 4월) 개정헌법에 명시한 것이다. 또 하나는 군사 우선의 선군정치에서 경제를 우선하는 선경정치로의 이행 움직임이다. 그런데 이 두 가지 움직임은 고도의 연속선상에 있다. '핵 억제력' 보유를 통해 선군정치가 완성된 만큼, 이제는 경제발전에 매진해야 한다는 논리 전개가 가능하기 때문이다. (중략) 이런 김정은 시대의 국가전략을 '핵보유-경제발전 병행노선'이라고 부를 수 있을 것이다.[66]

내가 김정은 체제 등장 이후 10개월 정도 지난 2012년 9월에 쓴 글이다. 실제로 북한은 2014년 3월 "경제 건설과 핵무력 건설 병진노선"을 천명했다. 순서와 표현은 약간 다르지만, 예측이 맞아떨어진 셈이다. 핵무장과 경제 문제를 둘러싼 다른 나라들의 사례와 북한이 처한 현실을 종합적으로 고려하면, 충분히 예측 가능한 일이었다. 병진노선이 옳다는 것은 아니지만, 그만큼 김정은 체제로서는 합리적인 선택을 했다는 것을 의미한다. 그건 바로 '안보의 경제성'이다.

1997년 이후 30여 차례 방북한 경험이 있는 유럽의 대표적인 북한통 글린 포드 전 유럽연합의회(EP) 의원의 진단도 흡사했다. 그는 '북한이 추구하는 핵·경제 병진노선이 가능할까?'라는 질문에 이렇게 답했다. "핵과 미사일을 통해 어느 정도 군사적 억제력을 갖춘 만큼 경제에 자원을 집중하려는 것 아니겠는가?" 포드 전 의원과 인터뷰한 배명복 〈중앙일보〉 논설위원은 그가 "평양의 입장에서 핵무장과 경제발전의 병진노선은 합리적인 선택"이라 평가했다고 전했다.[67]

북한 병진노선의 핵심기조는 '안보의 경제성'이다. 이런 분석은 북한의 공식발표를 통해서도 확인할 수 있다. 북한은 2013년 3월 31일 최고의사결정기구인 노동당 중앙위원회 전원회의를 열고 "조성된 정세와 우리 혁명발전의 합법칙적 요구에 맞게 경제 건설과 핵무력 건설을 병진시킬 데 대한 새로운 전략적 노선"을 채택했다고 발표했다. 그러면서 병진노선을 "자위적 핵무력을 강화 발전시켜 나라의 방위력을 철벽으로 다지면서 경제 건설에 더 큰 힘을 넣어 사회주의 강성국가를 건설하기 위한 가장 혁명적이며 인민적인 노선"이라고 설명했다. 발표 내용에서 주목할 것은 군비 억제 방침을 밝힌 부분이다. "새로운 병진노선의 참다운 우월성은 국방비를 추가적으로 늘리지 않고도 전쟁 억제력과 방위력의 효과를 결정적으로 높임으로써 경제 건설과 인민생활 향상에 힘을 집중할 수 있게 한다는 데 있다."

이런 북한의 병진노선은 1962년 12월 노동당 중앙위원회 전원회의에서 채택한 '경제-국방 병진노선'을 떠올리게 한다. 당시 북한은 신속한 전후복구와 급격한 경제성장을 통해 자신감을 갖고 있었다. 동시에 남한에서 군사 쿠데타에 의한 박정희 정권의 등장, 중소분쟁 격화, 쿠바 미사일 위기, 베트남전쟁 확전, 한미일 삼각관계 구축 움직임 등 대외적 환경변화에도 직면했다. 이런 점을 두루 고려해 국방비 투자를 비약적으로 늘렸고 4대 군사노선도 채택했다. 그 결과 군사모험주의는 더욱 기승을 부렸고, 경제성장은 크게 둔화되었다.

그러나 김정은의 병진노선은 할아버지의 병진노선과 근본적인 차이를 내포한 것이었다. 김일성의 병진노선은 국방에 우위를 둔 반면에, 김정은은 "핵 억제력"에 대한 자신감을 깔고 경제에 주안점을 두려고 한다. 2012년 6월 29일자 〈노동신문〉은 "선군정치로 국력이 다져진 조건에서 이제 경제강국의 용마루에 올라서야 한다"고 밝혔다. 또한 과거에는 국방산업으로 전환될 수 있는 중공업에 비중을 뒀으나 김정은 시대에는 "농업과 경공업에 역량을 집중하여 인민생활을 최단기간에 안정 향상시킬 것"을 핵심 목표로 제시해왔다.

핵의 위력에 의존해 안보 문제를 해결하고 경제발전에 집중하겠다는 김정은의 노선이 결코 유별난 것은 아니라는 점을 이해하는 게 대단히 중요하다. 김정은이 '롤모델'로 삼고 있는 사람이 다름 아닌 개혁개방의 기수로 세계적 칭송을 받아온 덩샤오핑이라고 앞서 주장한 바 있다. 또한 세계 최초로 핵보유국 지도자가 된 미국의 트루먼은 제2차 세계대전을 거치면서 폭등한 군비 부담을 핵 전력 강화를 통해 줄여보고자 했다. 소련의 흐루쇼프도 "군비 부담 때문에 못 살겠다"며 핵 능력을 비약적으로 증강시키고는 재래식 군축을 시도했다.

아이젠하워와 박정희로부터도 유사점을 찾을 수 있다. 아이젠하워의 핵심적인 국가전략은 '뉴룩'이었다. 이 전략의 핵심기조는 '안보의 경제성'이었다. 이는 "감당하기 힘든 안보 부담은 경제적 재앙으로 이어진다"는 아이젠하워의 발언에서도 여실히 드러난다. 이런 취지에 따라 아이젠하워 행정부는 전략공군사령부를 위시해 핵 능력을 대폭적으로 증대해 재래식 군비 부담을 줄이고자 했다. 주한미군의 대폭적인 감축과 한국 내 핵무기 대거 배치는 뉴룩의 상징이었다. 박정희는 어땠을까? 그 역시 김정은과 흡사하게 경제성장과 안보 문제 해결이라는 커다란 숙제를 안고 있었다. 아마도 박정희의 머릿속에는 '핵무기와 탄도미사일을 갖게 되면 경제와 안보 두 마리 토끼를 잡을 수 있을 것'이라는 믿음이 있었을 것이다. 그러나 미국의 개입으로 박정희의 '무궁화 꽃'은 피어나지 못했다.

한편 한미 양국 정부는 김정은의 병진노선이 절대로 성공하지 못할 것이라고 입을 모았다. 박근혜는 여러 차례에 걸쳐 "병진노선은 도저히 이룰 수 없는 '불가능한 정책'이다"라고 말했다. 버락 오바마도 "핵개발과 경제 발전을 동시에 추구하는 북한의 병진노선은 성공할 수 없다"고 장담했다. 어떤 전문가는 "북한의 비핵화가 이루어지지 않는 한 북한의 대외관계 개선과 국제사회로부터의 지원은 불가능할 것"이라며 병진노선은 실패할 수밖에 없다고 진단했다.[68] 하지만 북한은 "미국은 먼 앞날도 아니고 바로 오바마 행정부의 임기가 끝나기 전에 우리 병진노선의 승리를 목격하게 될 것"이라고 호언장담했다.

그렇다면 병진노선의 성적표는 어떨까? 김정은이 병진노선을 선포한 2013년부터 "국가 핵무력 건설 완성"을 선언한 2017년까지의 성적은 놀라울 정도였다. 이 기간 동안 병진노선의 한 축인 "핵무력 건설"에 비약적인 성장이 있었다는 점은 논란의 여지가 거의 없다. 또한 북한의 발표에 따르면, 국가예산 지출에서 국방비가 차지하는 비중은 16.0%(2013), 15.9%(2014 및 2015), 15.8%(2016, 2017)로 소폭이나마 감소했거나 정체 추세에 있었다. 국방비의 상당 부분이 핵과 미사일 개발에 사용된 만큼, 재래식 군사 비중은 줄어들었다고 해도 과언이 아니다. 덩샤오핑이 양탄일성 완성을 추구하면서 재래식 군사력을 감축한 것과 흡사하다.

그렇다면 북한의 핵 능력은 어느 정도 수준일까? 김정은은 2017년 말에 "핵무력 건설 완성"을 선언했지만, 이는 과장된 측면이 있다. "핵무력 건설 완성"이란 있을 수 없기 때문이다. 세계 최강의 핵보유국인 미국과 러시아 조차 끊임없이 현대화에 나서고 있는 것에서도 이를 알 수 있다. 또한 북한의 정확한 핵 능력은 여전히 베일에 가려져 있다. 이에 따라 상당 부분 추정에 의존할 수밖에 없다. 이는 크게 세 가지 관점에서 다뤄볼 수 있다. 북한의 핵무기 보유량, "소형화와 경량화"를 통한 핵탄두의 탄도미사일 탑재 여부, 핵 전력의 "다종화" 등이 바로 그것들이다.

먼저 핵무기 보유량이다. 북한은 핵 능력을 공개적으로 자랑해왔지만, 핵무기 보유량은 2018년 5월 현재까지 한 차례도 언급한 바 없다. 따라서 보유량에 대한 평가는 평가 주체에 따라 오차가 꽤 큰 편이다. 먼저 미국 국방부 산하 국방정보국(DIA)은 2017년 7월 말에 작성한 비밀보고서에서 북한의 핵무기를 최대 60개로 평가했다.[69] 하지만 이와 비슷한 시기에 미국의 전문가들은 이보다 낮게 추정했다. 미국의 핵무기 연구소인 로스앨러모스 연구소의 소장을 지냈고 2004년부터 2010년까지 북한을 일곱 차례 방문한 바 있는 헤커 박사는 25~30개로, 데이비드 올브라이트 과학국제안보연구소(ISIS) 소장은 최소 15개, 최대 34개로 추정했다. 또한 헤커는 북한이 매년 6~7개를, 올브라이트는 3~5개 정도 추가적으로 핵무기를 생산할 수 있다고 분석했다.[70] 이런 내용을 종합해보면, 북한은 2017년에 최소 15개에서 최대 60개를 보유한 것으로 추정된다.

다음은 핵탄두를 미사일에 장착할 수 있는 능력이다. 이와 관련해 DIA는 2017년 7월 말 작성한 보고서에서 "미국 정보 당국은 북한이 ICBM급 미사일을 포함해 탄도미사일로 운반할 수 있는 핵무기를 제조해왔다고 평가한다"고 밝혔다.* CIA 역시 2018년 이내에 북한이 핵탄두 장착 ICBM 개발을 완료할 것으로 봤다. 이에 반해 헤커는 "북한이 한국이나 일본까지 도달하는 미사일에 핵탄두를 장착할 수 있다는 점은 의심의 여지가 별로 없다"면서도, "핵탄두 ICBM은 적어도 2년 이상의 시험발사를 거쳐야 할 것"이라고 분석했다. 정리하자면 북한이 단거리와 중거리 탄도미사일에 핵탄두를 장착할 능력을 이미 확보했다고 할 수 있으니, ICBM 장착 여부 및 그 성공 시기에는 불확실성이 존재한다. 그런데 북한은 2018년 4월 21일에 노동당 전원회의 '결정서'를 통해 ICBM 시험발사 중단을 선언했다.**

끝으로 핵 전력의 "다종화"다. 국가마다 차이는 있지만, 모든 핵보유국들은 핵 전력 다종화를 추구해왔다. 그 본질적인 목표는 2차 공격 능력을 확보하는 데 있다. 적대국의 선제공격으로 자국의 핵 전력 일부가 파괴되어도 파괴되지 않은 여분의 핵 전력을 유지해 보복능력을 갖춰야 적대국의 공격을 억제할 수 있다고 여기기 때문이다. "다종화"를 선언해온 북한의 핵 전력은 2017년까지 크게 두 가지로 이뤄져 있었다. 하나는 "화성"이라는 명칭이 붙은 지대지 탄도미사일이다. "화성" 계열의 탄도미사일에는 단거리, 중거리, 중장거리, ICBM이 망라되어 있다. 또 하나는 "북극성"이라는 명칭을 부여한 SLBM이다. SLBM은 사전 탐지·추적 및 선제타격이 대단히 어렵기 때문에 2차 공격 능력의 핵심전력으로 간주되어왔다. 이에 따라 북한은 2015~2016년 SLBM을 집중적으로 시험발사했다. 하지만 2018년 3

---

* 여기서 ICBM급은 북한이 2017년 7월 두 차례 발사한 '화성-14형'을 의미한다. 당시 고각으로 발사된 이들 미사일은 정상 각도 발사 시 사거리가 8000km에 달할 것으로 분석되었다. 미국 정보 당국이 이를 ICBM급으로 표현한 이유는 이 정도로는 미국 서부에 도달할지 여부에 대한 확신을 갖지 못했기 때문이라고 할 수 있다.
** ICBM의 핵심기술은 재진입에 있다. 이 능력을 확보·입증하기 위해서는 열 차례 이상의 시험발사가 필요하다. 그런데 북한은 시험발사를 통해 재진입 기술을 명확히 입증하지 않은 상황에서 추가적인 시험발사를 중단하기로 했다.

월 현재까지 전력화가 이뤄졌다는 징후는 발견되지 않았다.

이것이 운반수단의 "다종화"라면 핵무기 자체의 "다종화"도 주목할 필요가 있다. 북한의 핵무기는 원자폭탄으로 분류되는 플루토늄 핵무기와 우라늄 핵무기, 핵융합 반응에 기초한 수소폭탄, 그리고 원자폭탄에 삼중수소 및 중수소를 넣어 핵분열을 극대화시키는 증폭핵분열탄 등으로 구분해볼 수 있다. 플루토늄탄은 5~10개, 우라늄탄은 10~20개가량 보유한 것으로 추정되며, 수소폭탄과 증폭핵분열탄의 실체는 베일에 가려져 있다. 다만 북한은 2017년 9월 9일 수소폭탄 실험에도 성공한 바 있는데, 이는 수소폭탄 개발에는 이미 성공했으며 증폭핵분열탄도 이미 보유하고 있을 가능성을 말해준다. 증폭핵분열탄은 수소폭탄 개발의 전단계로 간주되기 때문이다. 특히 증폭핵분열탄은 핵탄두 소형화의 핵심기술이라는 점에서 북한의 핵 능력이 만만치 않은 단계에 와 있음을 알 수 있다.

이처럼 병진노선 가운데 한 축인 "핵무력 건설"에는 상당한 성과가 있었다. 하지만 또 하나의 축인 "경제 건설"은 그 실체를 더더욱 파악하기 힘들고 그래서 이견도 크다. 북한은 공식적으로 경제성장률을 발표하지 않는다. 그래서 외부 기관이나 전문가마다 추정치가 천차만별이다. 한국은행은 북한의 실질 경제성장률을 2015년에 -1.1%로, 2016년에는 3.9%로 추정했다. 북한 사정에 밝은 사람들의 평가는 이를 훨씬 상회한다. 북한의 경제 사정을 면밀히 관찰해온 국내의 한 전문가는 "김정은 시대 북한의 경제성장률이 연평균 10%는 될 것"이라고 내게 말했다. 최문 중국 옌벤대 경제관리학원 동북아경제연구소장은 "최근 북한 경제학자들을 만나 보니 그들은 북한 경제성장률을 7~9%로 분석했다"고 밝혔다.[71] 북한을 자주 방문해온 중국의 북중관계 전문가 역시 "정확한 통계는 알 수 없지만, 북한의 경제성장이 놀라운 것만은 분명하다"고 말한 바 있다. 심지어 저명한 북한 인권운동가는 "적어도 사회경제권의 관점에서 볼 때, 북한의 인권 상황은 크게 호전됐다"고 평가하기도 했다.

이와 관련해 북한을 여러 차례 방문한 러시아의 북한 전문가 그레고리 톨로라야(Georgy Toloraya)의 관찰은 주목할 만하다. 그에 따르면 북한의 1인당 실질 GNP는 1980년대 이후 처음으로 1000달러를 넘어섰고, 평양 등 도시 중산층뿐만 아니라 농촌 주민들의 생활수준도 크게 개선되었다고 한다. 또한 "식량 사정도 눈에 띄게 개선되었고, 화폐가치도 안정화되었으며, 건설붐도 곳곳에서 일어나고 있다"고 덧붙였다.[72] 그가 가장 주목한 부분은 에너지 수급 체계였다. 도시는 물론이고 농촌 곳곳에도 태양광발전이 부쩍 늘었다고 했는데, 이는 다른 방북자들이 이구동성으로 강조한 부분이기도 하다.*

주목할 점은 김정은 집권 후 미국 주도의 대북제재가 지속적으로 강화되었음에도 불구하고 북한의 경제사정이 적어도 2016년까지는 계속 나아지고 있었다는 것이다. 그 이유는 무엇일까? 이 기간 동안 한국과 국제사회는 김정은의 핵과 미사일 개발, 그리고 고모부인 장성택 처형과 같이 김정은을 '악마화'하는 데 초점을 맞췄지만, 경제 = 개혁은 그의 집권 초기부터 이뤄졌다. 김정은은 할아버지 탄생 100주년인 4월 15일 공개연설에서 "우리 인민이 다시 허리띠를 조이지 않게 사회주의 부귀영화를 마음껏 누리게 하자는 것이 우리 당의 확고한 결심"이라고 선언했다.

그리고 이런 다짐을 뒷받침하듯 경제개혁에 박차를 가했다. 그는 2012년 1월에 당 간부들에게 "자본주의 방식 논의에 눈치 보지 말라"고 언급한 바 있고, '4·6 로작'에서는 "경제사업에서 제기되는 모든 문제를 내각에 집

---

* 이와 관련해 〈조선중앙통신〉은 "조선식의 태양빛에네르기(태양광에너지) 발전체계를 조성하는 데 필요한 각종 제품들을 공업적인 방법으로 대량생산할 수 있게 됨으로써 태양빛에네르기 개발이용에서 새로운 도약을 이룩할 수 있게 되었다"고 전했다. 〈통일뉴스〉, 2016. 3. 4.

중시키고 내각의 통일적인 지휘에 따라 풀어나가는 규율과 질서를 철저히 세워야 한다"고 주문했다. 김정일 시대에는 선군정치가 경제발전도 주도한다는 "선군경제"를 표방했는데, 김정은은 내각이 경제발전을 주도해야 한다는 방향을 제시한 것이다.

부분적이지만 구체적인 개혁조치도 나왔다. 2012년 6월 28일 내놓은 〈우리식의 새로운 경제관리 체계를 확립할 데 대하여〉란 내용의 '6·28 방침'이 바로 그것이다. 핵심내용은 비료와 원료, 농기계 등이 부족한 협동농장과 가동이 중단된 공장에 국가 투자로 자금을 돌려 농산물과 공산품 생산을 정상화하겠다는 것이었다. 특히 상품 매입 시 고정가격이 아닌 시장가격으로 한다는 내용을 포함시켰다. 또한 협동농장의 규모도 10~25명에서 4~6명으로 줄이기로 했고, 공업과 농업 분야에서 인센티브를 대폭 강화하기로 했다. 이런 부분적인 시장화 조치는 북한 경제 전반에 걸쳐 활력을 불어넣은 주요 요인이었다. 이런 성과에 자신감을 얻은 김정은은 2014년 '5·30 노작' 발표를 통해 〈우리식 사회주의 관리방법〉을 내놓았다. 개인의 처분권과 기업의 자율권을 확대함으로써 주민들은 시장에서 생필품을 구입하고, 기업들은 생산물을 시장에서 판매하는 시장화의 확대가 골자였다. 아울러 중국과의 교역 확대와 해외 노동자 파견, 그리고 경제특구 지정과 분권화 등도 일반적으로 잘 알려진 북한 경제 회복의 요인이었다.

주목할 다른 요인도 있었다. 하나는 군수경제의 민수경제로의 '전환'이다. 앞서 소개한 톨로라야는 김정은 시대의 경제성장 비결 가운데 하나를 재래식 군비 부담이 줄어든 것에서 찾았다. 그는 구소련의 군사비 산출방식에 기초해 북한의 군사비 지출을 "국내총생산의 2~3%"로 추정하면서 이런 군비 부담 경감은 병진노선에 힘입은 바가 크다고 주장했다. 북한이 상대적으로 군비 부담이 적은 핵개발에 집중하면서 재래식 군비 부담을 줄여 경제 분야에 투입한 것이 성과를 거두었다는 것이다. 그러면서 김정은의 병진노선은 김정일의 선군정치에 비해 "경제 친화적인 정책"이라는 분석까지 내놓았다. 또 하나는 '국산화'다. 북한은 국제사회의 제제가 강해질수록 국산화를 통해 자구책을 만들어냈다. 석탄 수출이 줄어들면 자체적인 화력발전소의 비중을 높이는 것으로 대응했다. 원유 수입이 줄어들면 석탄에서 원유를 추출하는 방식을 취했다. 경공업 제품 수입이 줄어들면 "군수공업의 선진 기술을 경공업에 이양"하는 것으로 버텨냈다.[73]

결론적으로, 김정은 정권 초기 5년 동안 병진노선은 비교적 성공적이었다고 해도 과언이 아니다. "핵무력 건설"은 비약적으로 이뤄냈고 "경제건설"도 부분적으로는 성공했다고 평가할 수 있기 때문이다. 이런 맥락에서 볼 때, 김정은에게 병진노선은 '긍정을 통한 부정'이라고 할 수 있다. 아버지가 물려준 핵과 미사일을 극찬하고 또한 완성을 추구했다는 점에서는 '긍정'이었다. 하지만 이를 통해 아버지 시대의 국가 정체성이었던 '선군' 시대에 종지부를 찍고 정상국가화와 더불어 '선경정치'로의 방향전환은 '부정'이라고 할 수 있다. 그리고 "국가 핵무력"을 앞세워 할아버지와 아버지가 이루지 못한 숙원에 도전장을 내밀었다.

박근혜와 사드

7

박근혜 대통령은 통일 신봉론자였다. 북한 인권 문제도, 핵문제도 "궁극적인 해법은 결국 통일"이라고 입버릇처럼 말했다. 특히 2016년 8·15 경축사에서, 통일이 되면 "어떠한 차별과 불이익 없이 동등하게 대우" 받게 될 것이라며, 북한 주민과 간부에게 통일에 동참해줄 것을 호소했다. 대통령의 마음이 흡수통일에 쏠리자, 관련 부처도 충성 경쟁을 벌였다. 국가정보원은 북한 체제의 불안정성을 극적으로 부각시키는 데 여념이 없었다. 국방부는 북한 급변사태 시 한미연합군을 투입해 통일을 시도할 것이고 북핵 사용 징후 시 "김정은 참수 작전"에 나설 것이라고 말했다. 통일부는 '탈북발표부'라는 오명을 얻을 정도로 집단 탈북과 고위층 탈북을 공개하면서 "북한 체제가 이미 한계에 이르고 있다는 인식이 확산되고, 지배계층의 내부결속이 약화하고 있지 않느냐"는 평가까지 내놓았다. 하지만 급변사태는 북한이 아니라 남한에서 발생했다. 최순실이 박근혜를 움직여 국정농단을 일삼은 것이 밝혀지면서 대통령 탄핵까지 치달은 것이다.

박근혜 정부와 그의 탄핵 이후 황교안 권한대행 체제에서 내려진 결정 가운데 가장 이해하기 힘들고, 또한 그 후폭풍이 강한 것은 사드 배치 결정이었다. 북핵 대처 실효성이 전혀 검증되지 않은 상태에서 내려진 이 결정으로 인해, 한중관계는 1992년 수교 이래 최악의 상황으로 빠져들고 말았다. 분개한 중국은 경제보복 카드를 꺼내들었고 이로 인해 많은 사람이 영문도 제대로 모르는 채 막대한 피해를 입었다. 중국의 보복이 가시화된 2017년 한 해 동안 경제적 피해가 최소 10조 원에서 최대 20조 원으로 추산될 정도였다. 또한 사드 문제를 둘러싸고 한미일관계 대 중러관계에 심각한 균열이 발생하면서 김정은 정권은 이 틈을 타 "핵무력 완성"을 향해 전력질주했다. 사드에 대한 찬반 입장을 떠나, 관련 정책 결정이 얼마나 어이없이 이뤄졌는지 그 실체에 접근해보자.[74]

'No'에서 돌변, 왜?

국내에서 사드 문제가 본격적으로 공론화된 시점은 2014년 5월 말이었다. 미국 언론과 군부가 한국에 사드 배치를 검토하고 있다는 소식이 전해진 것이다. 5월 28일 제임스 윈펠드 미국 합참차장은 "북한의 위협에 대비해 아시아·태평양 지역에 MD를 추가 배치하는 방안을 검토 중"이라고 밝혔다. 이어서 "2013년 괌에 사드를 배치한 데 이어 아태 지역의 다른 곳에서도 추가로 할 수 있는지 알아봐야 한다"고 했다. 그런데 그가 말한 "다른 곳"의 유력한 후보지가 바로 한국이었다. 윈펠드의 발언은 하루 전 〈월스트리트저널〉의 보도와 맞물리면서 커다란 논란을 일으켰다. 이 신문은 미국 국방관료들의 말을 인용해 "미국은 사드 배치를 위해 한국에서 현장조사를 실시해왔지만, 아직 최종결정은 내려지지 않았다"고 보도했다.

윈펠드의 발언과 〈월스트리트저널〉 보도를 국내외 언론이 대서특필하면서 사드 논란은 일파만파 번지기 시작했다. 특히 중국은 한국이 미국의 사드 배치를 허용하면 "한중관계가 희생될 것"이라고 경고했다. 논란이 확산되자, 한국 국방부는 5월 29일 "현재로서는 사드 도입을 고려하고 있지 않다"며 진화에 나섰다. 그런데 5일 후 커티스 스캐퍼로티 한미연합사령관이 다시 불을 지폈다. "사드 배치는 미국 정부에서 추진하는 부분이고 제가 또 개인적으로 사드의 전개에 대한 요청을 한 바 있다"고 말한 것이다. 그러자 박근혜 정부의 기류도 변하기 시작했다. 김관진 청와대 국가안보실장은 6월 중순 "주한미군이 사드를 전력화하는 것은 상관 없다"고 말했고, 한달 뒤 한민구 국방부 장관은 "미국이 주한미군을 통해 사드를 한반도에 전개해서 배치한다면 그것은 북한의 핵과 미사일을 억제하고, 한반도의 안보태세를 강화하는 데 도움이 될 것"이라며 발언의 수위를 높였다. 이는 사드가 한국 방어에 별로 실효성이 없다는 기존 입장과 크게 달라진 것이었다. 그러자 이번에는 러시아가 나섰다. 러시아 외교부는 7월 24일 발표한 논평을 통해 한민구의 발언은 "경각심을 불러일으키지 않을 수 없다"고 지적했다. 이에 앞서 시진핑은 7월 3일 박근혜를 만난 자리에서 사드 문제에 대해 신중한 대처를 요구했다.

이처럼 사드 문제가 동북아 국제 문제로 비화되자, 한국과 미국 정부는 진화에 나섰다. 7월 말 미국 국무부는 "러시아 내에서 미국의 MD에 대해 강경한 의견이 나오는 것을 이해하지만 이것은 러시아를 겨냥한 것이 아니다"라고 주장했다. 사드에 대한 중국의 우려 역시 근거 없는 것이라고 덧붙였다. 비슷한 시기 한국 국방부도 "(사드 배치는) 러시아 안보와 전혀 무관하기 때문에" 러시아의 반응은 "불필요한 우려와 확대해석"이라고 반박했다. 중국의 반응에 대해서도 마찬가지 방식으로 대응했다. 그리고 미국은 중국과 러시아를 상대로 설득에 나섰지만, 헛수고였다. 로버트 워크(Robert O. Work) 국방부 부장관은 이렇게 말했다. "미국은 러시아와 중국의 우려를 달래기 위해 계속 협의해왔지만, 이들 나라는 계속 우려를 나타내고 있다.”
이들 나라의 반발을 의식한 탓인지, 10월 1일 미국 국무부는 “사드 배치와
관련해 어떠한 결정도 내려진 바가 없다”고 밝혔다. 청와대 역시 “미국의
요청이 없었기(No Request) 때문에 한미 간의 협의도 없었고(No Consulta-
tion) 이에 따라 결정된 것도 없다(No Decision)”는 ‘3노(NO)’를 밝혔다. 이
로써 사드 논란은 일단 수그러들었다.

한동안 잠잠했던 사드 논란이 2015년 2월 들어 재점화되었다. 마크 리
퍼트 주한 미국 대사 피습 사건이 발생하면서 새누리당이 한미동맹 강화
차원에서 사드 배치의 필요성을 강조하고 나선 것이다. 그런데 애슈턴 카
터 미국 국방장관이 이런 바람에 찬물을 끼얹었었다. 4월 10일 한민구 국방
장관과의 회담을 마치고 가진 기자회견에서 “사드는 아직 생산 단계에 있
기 때문에 회담 의제에 포함되지 않았다”고 말한 것이다. 또한 박근혜는 9
월에 중국 전승절 행사에 참가해 “역사상 한중관계를 최고 수준으로 끌어
올렸다”는 평가를 낳았다. 이로써 사드 논란이 끝나는 듯했다.

그런데 박근혜는 2016년 1월 13일 신년 기자회견에서 “주한미군의 사
드 배치 문제는 북한의 핵미사일 위협을 감안하면서 우리 안보와 국익
에 따라서 검토해나갈 것”이라고 말했다. 일주일 전에 있었던 북한의 4차
핵실험이 표면적인 이유였지만 석연치 않은 부분들도 많았다. 먼저 미국
의 공식 요청도 없는 상태에서 갑자기 ‘검토’ 단계로 넘어갔다는 것이다.
‘3NO’가 순식간에 뒤집혔다. 또한 국방부와 외교부 등 관련 부처와 청와대
의 숙의 과정도 없었다. 국내적으로 공론화 과정이나 중국과 러시아 등 사
드 반대 국가들에 대한 외교적 설득 작업도 없었음은 물론이다.

대통령의 ‘검토’ 발언은 사드 배치를 전제로 실무를 추진하라는 지침이
나 다름없는 것이었다. 그러자 한미 양국 군부는 바쁘게 움직였다. 양측 국
방부가 2월 7일 긴급성명을 발표한 것이다. 이는 북한의 4차 핵실험 한 달

후이자 박근혜의 '검토' 발언 이후 25일 만에, 그리고 북한의 장거리 로켓 발사 하루 만에 나온 것이었다. 그 내용은 "주한미군의 사드 배치 가능성에 대한 공식협의 시작을 한미동맹 차원에서 결정하였다"며, "한미 공식협의의 목적은 가능한 한 조속한 시일 내에 사드의 한반도 배치 및 작전수행 가능성을 공동으로 모색하는 데 있다"는 것이었다. 그러자 중국 외교부는 "김장수 주중 한국 대사를 긴급히 초치해 한미가 정식으로 사드의 한국 배치 논의를 시작한다고 선포한 데 대해 엄중히 항의했다"고 밝혔다. 이에 앞서 알렉산드르 티모닌 주한 러시아 대사 역시 "분명한 것은 사드 배치 결정이 앞으로 지역 내에서 러시아의 대외정책을 세우는 과정에서 고려될 것"이라고 경고했다. 북한도 "조선반도와 동북아시아 지역의 평화와 안정을 유린하고 있다"고 비난했다. 이에 반해 일본의 아베 신조 정권은 사드 배치 논의 개시를 "지지한다"고 밝혔다. 사드 배치를 둘러싸고 한미일 대 북중러의 갈등 구도가 분명해진 것이다.

이처럼 사드 배치를 둘러싼 갈등은 커지고 있었지만, 배치 결정이 임박했다는 징후는 없었다. 한민구는 6월 28일에 "사드 배치가 올해 안에 결론이 나지 않겠느냐"고 언급했지만, "배치 시기와 지역은 아직 결정된 바 없다"고 밝혔다. 이즈음 중국을 방문해 시진핑을 만난 황교안 총리도 "결정된 바 없다"고 밝혔다. 한민구는 7월 5일 국회에 출석해 "한미 간 실무협의 단계에 있다"며 결정된 바가 없다고 재확인해주기까지 했다. 이에 따라 사드 배치 결정 발표는 2016년 10월이 유력하게 거론되었다. 9월 중국 항저우 G20 정상회담에서 한미 양국이 시진핑에게 설명하고, 10월 한미연례안보회의(SCM)에서 발표하지 않겠느냐는 추측이 나온 것이다.

그런데 7월 6일 김관진은 NSC를 긴급 소집했다. 긴급 소집된 회의였지만, 국방부 장관은 다른 일정으로 참석하지 않았고 대신 국방부 차관이 참석했다. 국방부가 서둘러 준비한 안건에 사드는 없었다. 그런데 이 자리에서 김관진은 "대통령이 직접 결정한 것"이라며 사드 배치 결정을 안건으로 상정해 통과시켰다.[75] 그리고 한미 양국은 7월 8일 사드 배치 결정을 전격 발표한다. 사드 배치 발표 당일 또 다른 주무 장관이라고 할 수 있는 윤병세 외교부 장관은 바지 수선차 백화점에 있었다. 검토 보고서 작성 완료는 물론이고 부지 선정조차 이뤄지지 않은 상황에서 배치 결정 먼저 한 것이었다. '마차가 말을 끈 셈'이다.

이처럼 국가적 대사를 숙의가 아니라 졸속으로 결정한 배경, 즉 대통령의 결심에 어떤 힘이 작용했는지 의문이 들지 않을 수 없었다. 가장 기본적인 의문, 즉 사드 배치 결정을 한국과 미국 정부 가운데 누가 먼저 제안했는지조차 밝혀지지 않았다. 문재인 정부 출범 이후 이에 대한 내사가 진행되었지만, NSC에는 관련 자료가 모두 파기되었고 국방부에는 이를 확인할 자료가 없었다고 한다.[*]

이 의문을 풀 수 있는 단초 가운데 하나는 박근혜 정부와 록히드마틴의 관계에 있다. 당초 미 육군 및 사드 제조업체인 록히드마틴은 2020년까지 9개 포대를 희망했다. 하지만 미국 행정부와 의회는 7개 포대 예산만 승인했다. 이에 따라 록히드마틴은 한국에 조속히 사드를 배치해야 추가적인 수익을 확보할 수 있다고 여겼을 수 있다. 그런데 록히드마틴과 사드 배치의 결정적 주역이었던 김관진은 석연치 않은 관계에 있었다. 2009년에 미국 연수 중이던 김관진이 록히드마틴의 로비업체인 '리빙스톤 그룹'으로부터 약 1억 원을 수수한 혐의가 기무사령부 보고서에 적시된 것이다. 이에 대해 김관진은 4500만 원을 받았지만 다시 돌려줬고 국방부 장관이 된 뒤 돈을 건네준 로비스트를 두세 번 만났지만 청탁은 없었다고 해명했다.

정확한 실체는 규명되지 않았지만, 이후 김관진은 록히드마틴에 우호적

---

[*]   이런 내용은 필자가 2017년 10월 중순 국방부 고위관료를 만나 청취한 것이다.

인 행보를 보였다. 국방부 장관 및 청와대 안보실장으로 재직하면서 록히드마틴에 막대한 수익을 안겨준 것이다. 사드 외에 차세대 전투기(F-X) 사업이 대표적이다. 당초 F-X 사업의 유력한 기종은 보잉의 F-15SE였다. 입찰 결과 유일하게 이 전투기가 총 사업비 8조3000억 원을 맞췄고, 이에 따라 2013년 9월 24일 방위사업추진위원회는 'F-15SE 차기 전투기 기종 선정'을 안건으로 상정했다. 하지만 방추위는 이 안을 부결했다. 수년간 검토 끝에 결정된 기종이 하루아침에 탈락한 것이다. 그리고 2014년 3월 24일 방추위는 록히드마틴의 F-35를 단일 기종으로 선정했다. 이 자리에서 김관진 당시 국방부 장관은 "정무적 판단을 해야 했다"고 말했다.

"정무적 판단"은 박근혜의 결단과 동의어였다. 그리고 그 결단은 중요한 문제들마저 깔아뭉갰다. 당시 F-35는 개발 및 시험 단계에 있었고 각종 결함과 개발비 폭등으로 미국 내에서조차 "스캔들이자 비극"이라는 말이 나올 정도였다. 또한 가격을 맞추려다 보니 도입 대수도 60대에서 40대로 줄여야 했다. 무엇보다 록히드마틴은 파격적인 기술이전을 제시한 보잉이나 유럽항공방위우주산업(EADS)과 달리 핵심기술 이전도 거부했다. 이에 따라 "정무적 판단"의 실체에 의혹의 시선이 모아졌다. 이와 관련해 SBS 등은 군 안팎의 소식통을 인용해 "이른바 비선 실세도 F-X 사업을 들여다봤다"며 "최순실이 사업 관계자들에게 직접 전화해서 사업 분위기를 파악한 것으로 알고 있다"고 전했다. 〈세계일보〉는 F-X 사업에 참여했던 전직 방위사업청 관계자가 "사업 추진 과정에서 최순실 씨 얘기는 들어본 적이 없다"면서도, "최 씨의 전 남편인 정윤회 씨에게서 전화를 받은 일은 있다"고 말했다고 보도했다. 그런데 F-X 사업 기종 변경 당시 두 사람은 부부관계였다.

너무나 비정상적이었던 사드 배치 결정은 2016년 12월 9일 박근혜 탄핵소추안이 국회에서 가결되고 그의 직무가 정지되면서 새로운 국면으로 접어들었다. 당초 대선은 2017년 12월로 예정되어 있었고, 한미 양국의 사드 배치 완료 시기도 12월로 잡혀 있었다. 하지만 탄핵으로 대선이 5월에 치러질 가능성이 높아졌고, 차기 대통령이 사드에 대응할 수 있는 여력도 생긴 것으로 보였다. 수백만의 촛불도 사드 배치 결정 철회나 전면 재검토를 요구하고 있었다. 하지만 황교안 대통령 권한대행 체제는 오히려 사드 배치에 속도를 높이는 식으로 대응했다. 당초 시점보다 무려 7개월이나 앞당긴 2017년 5월을 배치 시점으로 삼은 것이다. 그리고 황교안 체제는 새롭게 등장한 트럼프 행정부에 매달렸다. 총대는 김관진이 멨다. 그는 트럼프 행정부 출범을 전후해 미국을 부지런히 오가면서 사드 조기 배치를 관철시키려고 총력을 기울였다. 사드 부지를 2개로 쪼개 환경영향평가를 편법으로 진행하는 한편, 2월 28일에는 국방부와 롯데가 토지 교환 계약서를, 3월 20일에는 주한미군과 사드 기지 공여 협정을 체결했다.

하지만 4월 중순 들어 사드 조기 배치에 제동이 걸리는 듯했다. 4월 16일 마이크 펜스 부통령의 방한에 동행한 백악관 외교정책보좌관은 "5월 초 한국의 대통령 선거가 있기 때문에 (한국의) 다음 대통령이 이 문제를 결정하는 것이 맞다"고 말했다. 뒤이어 한국 국방부 관계자들도 "대선 전에 사드 배치는 물리적으로 어렵다"는 취지의 발언을 여러 차례 내놓았다. 국방부는 X-밴드 레이더도 아직 한국에 들어오지 않았다고 했고, 환경영향평가도 5월 이내 완료는 어렵다고 했다. 그러나 이는 결과적으로 기만전술이었다. 4월 26일 새벽에 사드 장비 상당 부분을 성주 롯데 골프장에 기습적으로 배치한 것이다. 이에 따라 한미 양국 정부가 국민들에게 역정보를 흘리면서 은밀하고 기습적으로 사드 배치 작전을 모의하고 있었다는 비판으로부터 자유로울 수 없게 되었다. 대한민국 국민이 한미동맹의 군사작전 대상으로 전락한 순간이기도 했다. 이 작전에 무려 8500명의 경찰이 동원되었다.

4월 26일 새벽 기습 배치를 주도한 사람은 누구였을까? 역시 김관진이었다. 그는 국회에서 박근혜 탄핵소추안이 가결된 직후 사드 임시배치 시기를 2017년 5월로 앞당기도록 국방부에 지시했다. 그런데 3월 10일 헌법 재판소에서 탄핵 결정이 나오자 서둘러 워싱턴을 방문해 맥마스터 안보보 좌관을 만났다. 그러고는 임시배치 시기를 또다시 한 달 앞당기자고 제안 해 미국 측의 수락을 받아냈다.[76] 대선 선거일이 5월 9일로 공표되자 그전 에 대못을 박기로 한 것이다. 그리고 사드 배치 재검토를 대선공약으로 내 세웠던 문재인 대통령은 대못을 뽑아내지 못했다. 오히려 9월 초순 나머지 사드 장비의 "임시배치"를 강행하고 말았다.

사드가 북핵 방어에 무용지물인 이유

사드 배치 논란과 관련해 가장 중요하게 따져봐야 할 문제는 북 한의 핵미사일 공격에 대한 '방어적 효용성'이다. 이와 관련해 박근혜-황교 안 정권의 국방부는 경북 성주에 사드를 배치하면 "대한민국 전체의 2분의 1에서 3분의 2 지역에 사는 우리 국민(2000여만 명)의 안전을 더 굳건히 지 켜드릴 수 있다"고 장담했다. 수도권과 강원도 북부 지역을 제외한 거의 모 든 지역이 방어 대상이 될 수 있다는 것이었다. 대다수 언론 역시 사드의 요 격 성공률이 목표물에 한 발 발사하면 85%, 두 발을 순차적으로 발사하면 95%에 달한다고 주장했다. 과연 그럴까?

이들은 사드의 최대 사거리가 200km라는 점에 기초해 성주 사드 기지 를 중심으로 반경 200km 지역을 모두 방어권으로 묘사한다. 평면 그림을 보면 속기 쉽지만 측면 그림을 떠올리면 그 한계가 명확히 드러난다. 평면 그림에서는 북한의 탄도미사일 비행고도와 관계없이 200km 반경 안에 들 어오면 요격할 수 있을 것처럼 착시현상을 불러온다. 그런데 측면 그림으 로 보면 북한의 탄도미사일 비행고도가 대단히 중요해진다. 사드의 최저 요격고도는 40km이고* 최고 요격고도는 150km이다. 이 사이로 북한의 탄도미사일이 날아오면 요격 시도를 해볼 수 있지만, 40km 밑으로 날아오거나 150km를 넘어가버리면 상황은 달라진다. 더구나 이게 어려운 것도 아니다. 북한은 현존 미사일만으로도 사드를 피해갈 수 있기 때문이다. 이것만 머릿속에 담아둬도 사드의 한계를 어렵지 않게 알 수 있다. 좀 더 자세히 살펴보자.

한반도 유사시 우선 방어 권역은 크게 네 곳으로 나눠볼 수 있다. 대한민국의 심장부인 수도권, 캠프 험프리와 오산 공군기지가 있는 평택권, 주한미군의 병참 허브인 왜관 및 사드 기지가 있는 성주, 그리고 핵발전소와 국가 기간산업이 집중되어 있고 미군의 증원전력이 전개되는 부산·경남권 등이다. 그런데 일단 수도권은 아예 방어권에서 제외된다. 사드의 요격 반경 밖에 있기 때문이다.

그렇다면 성주에서 약 170km 떨어져 있는 평택권은 어떨까? 국방부는 물론이고 대다수 언론은 사드 요격미사일의 사거리가 200km라는 점을 들어 평택권이 방어대상이라고 주장했다. 하지만 여기에는 몇 가지 문제가 있다. 우선 요격고도가 높아질수록 평면상의 사거리는 짧아진다. 사드 요격미사일을 대각선으로 놓고, 예각이 커질수록 가로의 길이가 짧아지는 삼각형을 떠올려보면 쉽게 이해할 수 있다. 또한 캠프 험프리나 오산기지를 겨냥한 북한의 탄도미사일은 북쪽에서 날아온다. 이런 기본적인 상식은 두 가지 현실적인 문제를 야기한다.

하나는 북한 탄도미사일이 사드의 최저 요격고도인 40km에 다다르는 위치는 평택권이 아니라 휴전선 인근이나 수도권이고, 이로 인해 북한 미사일의 캠프 험프리 및 오산기지 진입 시에는 사드의 최저 요격고도인

---

* 　사드의 최저 요격고도가 40km인 이유는 이 이하에서는 공기 밀도가 높아 바깥 공기와 탐색기 창의 마찰열이 잡음 구실을 해 탐색기가 잘 작동하지 않기 때문이다.

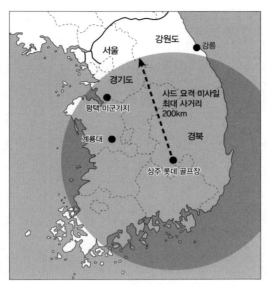

사드의 요격 평면도

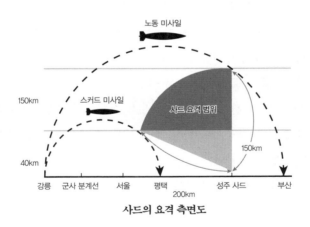

사드의 요격 측면도

40km에 훨씬 못 미친다는 것이다. 예를 들어 북한의 단거리 탄도미사일이 집중 배치된 북한 황주에서 평택권까지의 거리는 약 300km다. 유사시 북한이 황주에서 평택으로 사거리 300km의 미사일을 발사하면 최고 비행고

도는 사거리의 4분의 1인 75km 정도가 된다. 그런데 75km 고도는 북한의 연안권에서 도달하고 이 이후로는 고도가 지속적으로 낮아져 고도 40km는 휴전선에서 인천 사이에서 형성된다. 이에 따라 사드 요격미사일은 평택으로 날아오는 북한의 탄도미사일을 '이론적'으로도 잡을 수 없다.

또 하나는 북한의 탄도미사일이 북쪽에서 날아오는 반면에 성주와 평택은 거의 수평에 위치하고 있다는 것이다. 이는 곧 측면에서 요격을 시도해야 한다는 것을 의미한다. 그런데 운동에너지를 이용하는 직격탄 방식의 사드는 목표물과 정면으로 충돌할 때 그나마 요격 성공을 기대해볼 수 있다. 거꾸로 측면에서의 요격 시도는 성공 가능성이 더더욱 희박해질 수밖에 없다. 저고도 침투 및 측면 요격 시도의 문제점은 측면으로 성주와 약 110km 떨어진 계룡대, 160km 떨어진 군산 기지에도 마찬가지로 적용할 수 있다.

다음으로 사드의 최우선 방어 지역으로 거론되고 있는 부산·경남권의 방어적 실효성에 대해 살펴보자. 대규모 산업단지와 원자력발전소, 그리고 유사시 미군의 증원전력이 들어오는 부산·경남권은 북한의 미사일 공격으로부터 보호해야 할 주요시설 밀집 지역이다. 일단 북한의 탄도미사일이 사드의 요격범위를 고도 40~150km 사이로 통과할 때는 '이론적'으로 요격 대상이 될 수 있다. 하지만 북한은 사드를 회피할 수 있는 '실질적인' 방법을 보유하고 있다. 노동이나 화성 계열의 미사일을 사드의 요격범위 위로 지나가도록 발사하면 되기 때문이다. 예를 들어 북한의 황주에서 노동미사일을 부산·경남권을 향해 발사한다고 가정해보자. 두 지역 간의 거리는 500km 이내이고, 북한이 이 사거리로 노동미사일을 발사하면 최고 비행고도는 노동미사일의 최대 사거리인 1300km인 325km를 훨씬 상회한다. 연료를 완충하고 고각으로 발사하면 600km 안팎에 달할 수 있다. 이렇게 되면 북한의 노동미사일은 성주 인근 상공을 사드의 최대 요격고도인 150km 이상으로 비행한다.

이럴 경우 사드로 노동미사일을 요격하기란 불가능하다. 먼저 북한의 탄도미사일이 사드 기지를 넘어가면 전방을 주시하고 있는 X-밴드 레이더의 탐지 범위에서 사라진다. 미사일 요격에서 가장 중요한 미사일 탐지·추적정보를 발사 시스템에 제공할 수 없게 되는 셈이다. 이뿐만이 아니다. 사드의 요격미사일은 성주 상공을 지나 부산·경남권으로 향하는 북한 탄도미사일의 속도를 따라잡는 게 불가능하다. 사드 요격미사일의 최고 속도는 초속 2.5km인 반면에, 낙하하는 북한의 노동미사일이나 무수단미사일의 탄두 속도는 이와 비슷하거나 상회하기 때문이다. 더구나 달아나는 미사일을 쫓아가서 요격하는 방식은 운동에너지를 이용하는 미사일 요격 원리와도 맞지 않다.

성주의 사드 기지 역시 북한의 미사일 공격에 취약하다는 점도 간과할 수 없는 문제다. 북한이 스커드 미사일의 발사각도를 낮게 조정하면 사드를 충분히 뚫을 수 있기 때문이다. 황주에서 성주까지의 거리는 약 370km이고 사드의 최저 요격고도는 40km이다. 그런데 스커드는 사드 요격권 진입 시 40km보다 훨씬 아래로 비행할 수 있다. 이렇게 되면 사드는 '등잔 밑이 어두운 무기'가 되고 만다. 이런 상황을 뒷받침하듯, 미국은 사드 기지를 보호하기 위해 패트리엇까지 배치했다.

문제는 여기서 끝나지 않는다. "바람이 강하거나 먼지가 있거나 비가 오거나 눈이 내리면, 미사일 요격의 효율성은 떨어진다."[77] 사드 운용주체인 미 육군의 2016년 보고서에 담긴 내용이다. 이에 앞서 마이클 길모어 (J. Michael Gilmore) 국방부 작전시험평가국장은 2015년 3월 의회 청문회에서 "(사드는) 자연 상태의 시험에서는 결함을 보였다"며, "극한 온도와 온도 충격, 습기, 비, 얼음, 눈, 모래, 먼지 등을 견뎌낼 능력이 부족하다"고 증언했다. 그러면서 "이는 사드가 언제, 어디에 배치되든 적절하게 운용될 수 있음을 분명히 하기 위해 꼭 해결돼야 한다"고 주문했다.[78]

선뜻 납득이 가지 않을 수 있다. 고가의, 그리고 최첨단 기술이 집약된 사드를 비롯한 미사일방어체제(MD)가 기후에 영향을 받는다는 사실이 말이다. 앞서 인용한 미 육군 보고서에서는 악천후가 "레이더와 통신 시스템"에 영향을 줄 수 있다고 나와 있다. 예를 들어 "강한 바람은 안테나의 흔들림을 일으켜 시스템의 효율성을 방해하고 요격 작전에 해로운 영향을 줄 수 있다"는 것이다. 미 군부의 내부 소식지인 2015년 10월 7일자 〈인사이드 디펜스(Inside Defense)〉 역시 군 소식통을 인용해 악천후는 "데이터 수집 장비에 영향을 줄 수 있다"고 보도했다.[79]

초고속으로 날아오는 탄도미사일을 잡겠다는 사드는 악천후로 인한 약간의 오차만 발생해도 치명적인 결과를 낳는다. 사드가 요격 대상으로 삼고 있는 단거리·중거리 미사일 탄두의 낙하속도는 초속 3km 안팎에 달한다. 이에 따라 아주 미세한 레이더의 탄두 위치 파악의 오류가 발생하거나, 수백분의 1초라도 통신 에러가 발생하거나, 약간의 데이터 처리에 오류가 발생하면 요격 확률은 크게 떨어진다. 그런데 "사드는 열여섯 차례의 요격 실험에서 모두 성공했다"고 하지 않았던가? 날씨가 좋으면 예정대로 요격 시험을 실시했지만, 시험 예정일에 날씨가 나빠지면 취소하거나 연기한 경우도 여러 차례 있었기 때문이다.

요격시험에서는 공격자와 방어자가 동일하다. 그래서 날씨가 나쁘면 취소하거나 연기하는 것이 가능하다. 하지만 실전에서는 공격자와 방어자가 다른 정도가 아니라 공격자는 상대방을 교란시키기 위해 온갖 방법을 동원하기 마련이다. 물론 악천후에 공격자가 탄도미사일을 발사할 경우에도 정확도가 떨어지는 등 영향을 받을 수 있다. 하지만 '공격용' 미사일, 특히 사드가 요격 대상으로 상정하고 있는 핵미사일은 정확도가 약간 떨어지더라도 파괴력에 큰 영향을 주지 않는다. 반면 '요격용' 미사일은 악천후로 인해 단 0.01초의 '시간 에러'나 1m의 정확도 차이만 나도 요격에 실패한다.

시진핑과 푸틴이
손잡다

8

흔히 21세기 세계 질서의 핵심화두로 미중관계가 거론된다. 양
국관계의 경쟁과 협력 여부와 그 수위에 따라 세계 질서가 크게 달라질 것
이라는 의미다. 양대 핵보유국인 미국과 러시아의 관계도 주목해야 한다.
냉전시대의 두 주역이자 종식의 당사자였던 미러관계의 향방은 특히 핵의
미래와 관련해 중차대한 의미를 지닌다.

이에 못지않게 주목해야 할 변수가 바로 중러관계다. 유라시아의 두 거
대 국가가 손잡을 경우 세계 질서의 판도가 크게 달라질 수 있기 때문이다.
두 나라는 유라시아 대륙의 상당 부분을 차지할 정도로 광활한 영토를 보
유하고 있고, 국제정치의 핵심무대인 UN 안전보장이사회 상임이사국이
다. 공식적인 핵보유국이자 세계 2위(중국)와 3위(러시아)의 군사비를 지출
하고 있다. 이에 따라 냉전시대 가장 큰 지정학적 사건이 중소분쟁과 미중
데탕트였다면, 21세기 들어서는 중국과 러시아가 다시 손잡을지 여부가
주목된다.

핵미사일과 동전의 앞뒤 관계에 있는 MD는 미·중·러 3자관계를 이해하는 키워드 가운데 하나다. 유럽 MD를 놓고 미국과 러시아는 2000년대 중반 이후 끊임없이 갈등해왔다. 동아시아 MD를 둘러싸고는 미국과 중국이 2000년대 초반부터 전략적 갈등과 경쟁을 벌여왔다. 그런데 MD를 둘러싼 갈등은 양자관계에 머물지 않는다. 'MD 구축'은 NATO 동진 및 한미일 삼각동맹 추진과 맞물려왔고, 'MD 반대'는 중국과 러시아가 결속을 다지는 핵심적인 사유가 되어왔기 때문이다. 안타깝게도 한국 내 사드 배치는 이런 강대국의 경쟁에 한국을 끌어들이고 말았다.

MD는 중러관계의 '접착제'

1950년대 말부터 본격화된 중소분쟁과 1970년대 미중의 전략적 제휴는 중소관계 악화의 결정적 이유였다. 그런데 대소 강경노선을 고수했던 마오쩌둥이 사망하고 개혁개방을 주창한 덩샤오핑이 등장하면서 중소관계에도 변화가 일어날 듯했다. 덩샤오핑이 마오쩌둥의 반(反)수정주의 노선을 계승하지 않으면서 두 나라 사이의 정체성 갈등이 좁혀질 소지가 생긴 것이다. 그러나 중국이 1979년 소련의 핵심 동맹국인 베트남을 침공하고 소련이 아프가니스탄을 침공하면서 양국관계는 또다시 얼어붙었다. 중국은 미국에 베트남 공격 계획을 사전에 통보했고 미국은 이를 양해했다. 또한 미국뿐만 아니라 중국도 아프가니스탄의 대소 항쟁을 도왔다. 냉전시대 세 강대국의 관계를 여실히 보여주는 대표적인 사례들이라고 해도 좋을 것이다.

흥미롭게도 '중소 냉전'은 '미소 냉전'이 종식되면서 데탕트의 시대로 접어들었다. 덩샤오핑의 개혁개방 노선이 고르바초프의 페레스트로이카·글라스노스트와 조우하면서 두 나라 사이의 노선 대결은 확연히 줄어들었다.

고르바초프가 아프간 전쟁을 종결하고 중국과의 관계개선을 적극 도모한 것도 주효했다. 1989년 천안문 사태로 서방 국가들이 중국에 등을 돌렸을 때, 고르바초프가 베이징을 방문한 것은 양국관계의 변화를 예고한 것이기도 했다. 무엇보다 중국의 부상과 소련의 몰락이 교차한 것이 양국관계 재조정의 중요한 배경이었다. 자신감이 커진 중국이 자신을 추스르기에도 급급한 러시아를 주적으로 간주할 이유가 크게 줄어든 것이다. 이에 따라 양국관계는 1990년대 이후부터 가까워지기 시작했다. 1992년에는 갈등의 핵심요인이었던 국경분쟁을 마무리했고, 1994년에는 양국 정상 사이에 핫라인이 구축되었으며, 1998년에는 '상호 동등과 신뢰에 기반을 둔 전략적 동반관계'를 천명했다.

이처럼 1990년대 이후 중러관계가 가까워진 중요한 요인은 위협 인식의 공유에 있었다. 베를린 장벽이 무너진 직후인 1989년 12월, 조지 H. W. 부시는 고르바초프에게 "나는 베를린 장벽을 넘나들지 않겠다"고 말했다. 2개월 후 제임스 베이커 미국 국무장관 역시 "단 1인치도 동진(東進)하는 일이 없을 것"이라고 말했다. "NATO 확대는 용납할 수 없다"는 고르바초프의 발언에 대한 화답이었다. 미국 정부뿐만 아니라 서독과 영국 등 유럽 주요국들도 고르바초프에게 이와 같은 약속을 했었다.[80] 이는 고르바초프가 독일 통일과 동유럽 국가들의 체제전환을 수용한 결정적인 사유였다.

하지만 이후 동유럽 국가들이 대거 NATO에 가입하면서 미국 주도의 NATO는 무려 1440km나 동진했다. 냉전시대 러시아의 고도인 상트페테르부르크에서 NATO 최동쪽까지의 거리는 1600km였는데, 오늘날에는 그 10분의 1인 160km까지 단축되었다. 1990년대 NATO의 동진에 대한 러시아의 무대응을 서방세계는 "러시아도 이에 순응하는 것으로 간주했다". 보리스 옐친이 때때로 불만을 나타내면 "제국의 향수에 젖어 있다거나 국내용이라고 일축하는 경향도 강했다."

하지만 2000년에 집권한 블라디미르 푸틴은 달랐다. 그는 NATO의 동진뿐만 아니라 NATO의 성격 자체에도 불만을 품었다. 1999년 NATO의 코소보전쟁 개입, 2001년 이후 아프가니스탄, 이라크, 리비아 공격 등을 목도하면서 이렇게 여겼다. "NATO가 순수한 방어동맹이라는 것은 빈말에 지나지 않는다. 오늘날 NATO는 전투 그룹이다. 이건 냉전시대와도 달라진 것이다."[81] 그리고 푸틴은 반격에 나섰다. 2008년 조지아 사태에 이어 2014년부터 본격화된 우크라이나 사태가 대표적이다. NATO의 거듭되는 동진을 더 이상 용납할 수 없다며, 우크라이나의 친러세력을 지원하고 크림반도마저 합병한 것이다.

한편 미국의 매파들은 소련이라는 주적의 상실에 따른 허전함을 일부 반미 국가들을 "깡패국가"라고 부르고 중국을 "전략적 경쟁자"로 간주하면서 달랬다. 불확실할 수밖에 없는 중국의 부상에 따른 미래를 '중국위협론'으로 연결시켰다. 이런 미국의 분위기는 거울영상효과를 수반하면서 중국의 대미 불신을 키우기 시작했다. 1996년 대만해협 위기 당시 미국의 항모 전단 파견, 1999년 중국의 미국 핵기술 절취 혐의 및 미국의 〈콕스 보고서〉 발표, 1999년 5월 미국의 중국 대사관 오폭 사고, 2001년 4월 미국 정찰기 사건 등은 중국 내에서 '미국위협론'을 부채질하기도 했다.

이즈음 등장한 조지 W. 부시 행정부는 중국을 "전략적 경쟁자"로 규정함으로써, 미중관계의 불안한 앞날을 예고하는 듯했다. 그러나 9·11 테러 이후 미중관계는 협력 기조로 돌아섰다. 미국으로서는 '테러와의 전쟁'에서 승리하기 위해서는 중국의 협력이 필요했고, 중국 역시 '테러와의 전쟁'에 적극 협력함으로써 미국과의 관계를 개선하고 자국 내 분리주의 움직임을 '테러와의 전쟁'의 연장선상에서 다루고 싶어 했던 것이다. 아울러 북핵문제가 크게 대두되자 두 나라는 6자회담이라는 공간에서 갈등과 협력을 반복했다. 무역불균형이 심화되면서 미국의 불만이 커졌지만 양국의 경제의존도도 더욱 높아졌다. 이런 양국관계의 특징을 간파한 서방의 두 학자 니얼 퍼거슨과 모리츠 슐라리크는 양국관계를 중국(China)과 미국(America)의 합성어인 '차이메리카(Chimerica)'라고 불렀다. 양국관계가 마치 그리스 신화에 나오는 괴물 '키메라(Chimaera)'를 연상시킨다고 생각한 것이다. 하나의 몸에 사자와 염소와 뱀의 형상을 한 3개의 머리를 갖고 있는 키메라처럼, 미중관계도 다양한 양상을 띠고 있다는 것이다.[82]

2008년 대선에서 정권교체에 성공한 오바마 행정부는 "중국을 봉쇄할 의도가 없다"며 양국관계의 재조정을 시사했다. 하지만 이 말이 무색하게도 오바마 행정부는 2010년에 "아시아로의 귀환"을 선언했다. 나중에 '아시아 재균형'으로 이름이 바뀐 이 전략은 미국 해공군력의 60%를 아시아·태평양에 집중시키고, 기존 동맹관계를 전략동맹으로 재편하며, 인도 및 동남아 국가들과의 전략적 협력도 강화한다는 것을 골자로 삼았다. 중국이 이를 미국의 대중 봉쇄 및 포위전략으로 간주하는 것도 무리는 아니었던 셈이다. 특히 냉전시대 일본의 재무장을 억제하는 데 기여했던 미일동맹이 1990년대 이후, 특히 21세기 들어 본격적으로 일본의 재무장을 부추기는 역할을 하자 중국의 경계심은 더욱 커졌다. 설상가상으로 미일동맹에 한국까지 편입시키려는 움직임도 강해졌다.

이렇듯 냉전종식 이후 러시아는 미국의 동진에, 중국은 미국의 봉쇄전략에 강한 경계심을 갖게 되었다. 두 나라가 초강대국 미국 및 미국 주도의 동맹체제를 적으로 간주하는 경향이 강해지고 있는 것이야말로 중러 밀월의 핵심배경인 것이다. 이는 미국이 냉전시대 중소관계의 균열을 이용해 패권적 지위를 공고히 했던 것과는 분명 다른 양상이었다. 이런 와중에 중러관계의 접착체가 등장했다. 바로 MD였다. 미국이 북한의 위협을 구실로 이 구상에 박차를 가하자 중러 간 전략적 우려 공유현상이 나타나기 시작한 것이다.

이를 반영하듯 중국과 러시아는 1998년 11월, 1999년 4월, 1999년 12월에 정상회담을 통해 MD에 반대한다는 입장을 연이어 밝혔다. 주요 내용은 미국의 MD가 "국제사회로 하여금 단일한 생활양식, 가치관, 이데올로기 등의 수용을 강요하는 단극체제를 강화할 것이며, 진영 간 군사적 대립을 확대·강화하고, 국제법을 권력정치로 대체하거나 무력에 더 의존하게 만들고 있다"는 것이었다.

중국과 러시아가 미국의 MD에 대한 자신들의 입장을 가장 선명하게 보여준 것은 2000년 7월 장쩌민과 푸틴이 채택한 'MD 반대 공동성명'이었다. 두 정상은 ABM 조약을 보존·강화해야 하고 MD를 반대하는 이유를 구체적으로 명시하면서 "MD 문제와 관련해 긴밀히 협력할 것"이라고 밝혔다. 두 나라 정상이 MD 문제에 대해 별도의 성명을 낸 것도 이례적이었지만, 무엇보다 MD 문제에 대해 공동으로 전략적 대응을 하기로 한 것이 눈에 띈다. 이 성명에서 분명히 밝힌 대목은 양국이 "전략적 균형과 안정을 유지하기 위해 공동으로 노력한다"는 것이었다. 이후에도 MD 반대는 두 나라 정상회담의 단골 메뉴처럼 등장하고 있다.

당시 푸틴은 치밀한 계산 아래 베이징-평양-오키나와로 이어지는 동선을 짰다. 베이징에서는 중국과 함께 MD에 반대한다는 입장을 분명히 했고, 평양에서는 김정일 위원장과 북한 위성을 대리 발사하는 문제를 협의했다. 북한 미사일이 미국 주도 MD의 최대 명분이었던 만큼, 그 구실을 제거하기 위한 것이었다. 그리고 오키나와에 가선 MD 구축을 사실상 금지한 ABM 조약을 보존·강화한다는 내용을 G8 공동성명에 포함시키는 데 성공했다.

이를 통해 알 수 있는 것은 푸틴이 집권 1년 차부터 미국 주도의 MD를 전략적 위협으로 간주하고 이를 무력화하는 데 총력을 기울였다는 점이다. 푸틴의 이런 전방위적인 노력은 성과를 거두는 듯했다. 미국의 클린턴 행정부가 국가미사일방어체제(NMD) 구축을 유보하기로 하고는 북한과의 고위급회담에 나선 것이다. 하지만 뒤이어 집권한 조지 W. 부시 행정부는 호시탐탐 ABM 조약 파기 기회를 엿보고 9·11 테러 사건을 이에 이용했다. 그리고 2001년 12월 이 조약에서 탈퇴하겠다고 푸틴에게 통보함으로써 2002년 6월에 공식적으로 종료된 것이다. 이에 따라 MD를 둘러싼 미러 간 갈등이 서서히 가열되기 시작했고 미국이 유럽 MD를 본격화한 2007년부터는 "유럽 미사일 위기"가 회자될 정도로 비등점을 향해 치달았다.

그런데 2008년 미국 대선에서 부시의 외교노선을 강력히 비판한 민주당의 버락 오바마가 대통령에 당선되면서 미러관계에도 변화가 일어나는 듯했다. 이를 반영하듯 오바마는 백악관에 들어간 지 2개월 후 메드베데프 러시아 대통령에게 비밀서한을 보냈다. 요지는 "러시아가 이란의 핵무기와 탄도미사일 개발을 저지하는 걸 돕는다면, 미국은 동유럽에서의 MD 계획을 철회할 수 있다"는 것이었다. 부시 행정부 말기에 유럽 MD를 둘러싸고 신냉전이라는 말이 나올 정도로 악화되었던 러시아와의 관계를 '재설정(reset)'하겠다는 의지와 함께.

오바마는 MD와 관련해 메드베데프에게만 편지를 보낸 게 아니었다. 러시아와 합의한 '새로운 전략무기감축협정(New START)' 비준을 받아내기 위해 2010년 12월 상원의원들에게 편지를 보냈다. 그 요지는 "핵감축협정은 MD에 영향을 주지 않을 것이고 우리 행정부는 MD를 차질 없이 추진하겠다"는 것이었다. 공화당을 달래기 위한 조치인 셈이었다. 이 서한에 힘입어 오바마는 조약 비준에 필요한 상원의원 3분의 2의 지지를 받아낼 수 있었다.

러시아와 공화당에 따로 보낸 오바마의 편지 두 통은 그의 두통거리가 되었다. 이를 잘 보여준 장면이 있다. 대규모 국제회의인 2012년 3월 서울 핵안보 정상회의 중에 있었던 오바마와 메드베데프 사이의 밀담이 바로 그

것이다. 오바마는 마이크가 켜진 줄 모르고 메드베데프에게 이렇게 말했다.

제가 재선되면 이들 문제, 특히 MD 문제도 풀릴 수 있을 거예요. 그러나 그가 저에게 좀 여유를 주는 게 중요합니다. 이번이 저의 마지막 선거입니다. 제가 재선한 후에는 좀 더 '유연성'을 발휘할 겁니다.

그러자 메드베데프는 "알았어요. 블라디미르에게 전해드리지요"라고 답했다. 오바마가 말한 '그'는 블라디미르 푸틴이었다. 푸틴이 MD 문제를 제기하면 자신이 곤혹스러워지니 자제해주면 좋겠다는 의미였다. 재선에 성공하면 유연성을 보일 테니 말이다. 참고로 2000년부터 8년간 대통령으로 있었던 푸틴은 그 후 4년간 대통령 자리를 메드베데프에게 넘겨주고 자신은 총리직에 있다가 2012년부터 다시 대통령을 맡았다.

재선에 성공한 오바마에게 1년 후 "유연성"을 발휘할 기회가 찾아왔다. 2013년 하반기에 P5+1(안보리 상임이사국인 미국, 중국, 러시아, 영국, 프랑스 및 독일)과 이란 사이에 잠정적인 핵협정이 체결된 것이다. 그러자 러시아의 세르게이 라브로프 외무장관은 NATO 회원국 외무장관들과의 회담을 마치고 이렇게 말했다. "만약 이란의 핵 프로그램이 IAEA의 완전하고도 강력한 통제하에 놓인다면, 유럽 MD를 만들고자 했던 이유 자체가 사라진다." 하지만 오바마로부터 "차질 없이 MD를 추진하겠다"는 편지를 받았던 공화당 의원들도 견제구를 날렸다. 결국 오바마는 공화당의 손을 들어주었다. "유럽 MD와 관련된 우리의 계획과 NATO MD에 대한 미국의 기여 방안으로서의 EPAA(유럽형 MD)를 구축하겠다는 우리의 공약은 변하지 않았다"고 밝힌 것이다. 그리고 오바마 행정부는 이를 행동으로 보여주었다. 2014년 2월 MD 기능을 탑재한 이지스함을 스페인의 로타 해군기지에 배치한 것이다.

비슷한 일이 동아시아에서도 벌어졌다. 한반도 위기가 절정에 달하면서 미국이 서둘러 괌에 사드를 배치했던 2013년 4월의 일이다. 미국의 존 케리 국무장관은 4월 13일 중국 베이징에서 양제츠 외교 담당 국무위원을 만난 뒤 기자들에게 이렇게 말했다. "만약 북한의 위협이 사라진다면 우리로서도 강화된 방어 자세를 갖춰야 할 긴급성이 존재하지 않게 됩니다. 이것이 우리의 희망이며 빠를수록 좋을 것입니다." 쉽게 말해 '중국이 북핵을 해결해주면 동아시아 MD를 증강할 이유가 없다'는 취지의 발언이었다. 당연히 미국 공화당은 발끈하고 나섰다. 그러자 케리는 이렇게 해명했다. "미국 대통령은 분명 북한의 위협 때문에 MD 설비를 추가 배치했는데, 논리적으로 한반도 비핵화로 북한 위협이 사라진다면 그런 지시를 내릴 필요가 없을 것입니다. 그러나 이와 관련해 (중국 측과) 어떤 합의나 대화도 없었고 실제 협상 테이블에 올린 것도 없습니다."

사드의 등장과 중러 결속

미국은 줄곧 유럽 MD는 러시아가 아니라 이란의 핵미사일로부터 유럽을 방어하기 위한 목적이라고 설명했다. 그런데 이란 핵문제가 해결되어도 유럽형 MD를 계속할 수 있다는 메시지가 나오면서 러시아의 대미 불신은 극에 달했다. 푸틴은 미국이 MD라는 방패를 씌우면서 러시아의 문앞까지 전진하려고 한다는 의구심을 강하게 품었다. 우크라이나 사태는 이런 전략적 갈등이 증폭되는 와중에 터졌다. MD가 직접적인 원인은 아니지만, 중요한 배경으로 작용한 것은 분명했다. 사태는 이후 더욱 꼬였다. 2015년 7월에 P5+1과 이란이 포괄적공동행동계획(JCAOP)을 채택해 이란 핵문제가 사실상 해결의 길로 접어들었다. 하지만 그 이전에 푸틴의 크림반도 병합으로 유럽에서 러시아 위협론이 더욱 커졌다. 이로 인해 유럽

MD는 더욱 가속화됐다. MD 철회는 곧 미국의 유럽 안보공약의 후퇴로 간주될 것이기 때문이었다.

MD라는 프리즘으로 보면, 미국·러시아·이란의 삼각관계는 북한·미국·중국과의 삼각관계와 너무나 흡사하다. 21세기 들어 미국이 유럽 MD 구축의 최대 명분으로 이란 위협을 내세우는 것처럼, 동아시아 MD의 최대 구실은 단연 북한이다. 미국은 본토 방어용 MD를 구축하면서도 이들 두 나라를 거명했다. 그런데 러시아가 유럽 MD가 결국 자국을 겨냥하고 있다고 간주하는 것처럼, 중국도 동아시아 MD가 자국을 겨냥한 것으로 여긴다. 그래서 러시아는 이란 핵문제 해결을, 중국은 북한 핵문제 해결을 대단히 중시했다. 이를 이용해 미국은 때때로 러시아에는 이란 핵을, 중국에는 북핵 해결을 요구하고는 했다. 핵문제가 해결되면 MD를 그만둘 수 있다는 당근을 내밀면서 말이다.

우연인지는 모르지만, 미국이 MD라는 저울 양쪽에 북한과 이란을 올려놓고 저울질하는 상황이 10년 넘게 벌어지고 있다. 부시 행정부 말기인 2007~2008년에 북미관계는 2000년에 이어 제2의 황금기를 구가했다. 북한을 '악의 축'으로 규정했던 부시가 '테러지원국' 목록에서 북한을 삭제한 것이 이를 대표한다. 이에 따라 동아시아 MD 구축도 우선순위에서 밀려났다. 그러나 바로 이때 유럽에서는 '신냉전' '미사일 위기'가 언급될 정도로 분위기가 험악했다. 미국이 이란 위협을 이유로 MD 배치를 강행하려고 하자, 러시아가 중단거리 핵미사일을 재배치하겠다고 맞서면서 벌어진 일이다. 그런데 2009년 오바마 행정부가 들어선 이후 상황이 바뀌었다. 오바마는 북한의 조건 없는 6자회담 제의를 거듭 뿌리치면서 북한 위협을 이유로 한미일 MD 구축에 박차를 가했다. 반면 이란과의 핵협상에는 그야말로 올인했다. 그사이 동아시아에서는 '신냉전'이라는 말이 나올 정도로 MD를 둘러싼 한미일 대 북중러의 갈등이 커졌다. 2014년부터 불거진 사드 논란이 대표적이다.

　이런 상황은 미국이 북한과 이란을 상대로 동시에 관계개선에 나서기 어렵다는 것을 보여준다. 미국은 북핵협상에 집중할 때는 이란 핵 위협을 이유로 MD 구축에 박차를 가했다. 반대로 이란과의 협상에 몰두할 때는 북핵을 MD의 최대 구실로 삼았다. 이런 현상이 과연 우연일까? 대화를 통해 적대관계를 해소하려고 하면서 동시에 또 다른 적을 필요로 하는 것이 미국식 체제의 특징이라면, 이런 현상은 결코 우연이 아닐 것이다. 이를 반영하듯 트럼프 행정부는 2018년 상반기에 사상 최초의 북미정상회담에 응하면서 이란 핵협정에서는 탈퇴를 선언했다.

　또한 북핵은 미중관계에서 두 가지 얼굴을 품고 있다. 하나는 한반도 비핵화라는 협력적 목표다. 다른 하나는 북핵이 미중관계에서 '커튼'과도 같은 존재라는 것이다. MD가 좋은 예다. 미국은 북핵 위협을 이유로 MD를 추진하면서도 북핵을 커튼으로 쳐놓고는 중국의 반발을 가리려고 한다. 반대로 중국은 MD에 강한 불만을 갖고 있으면서도 이 커튼 때문에 자신의 불만이 잘 전달되지 않고 있다고 여긴다. 중국은 이에 더해 미국이 이 커튼을 치울 의사가 없는 것 아니냐는 의구심도 갖고 있다. 정작 문제는 이 커튼이 사라지고 미국과 중국이 직접 대면할 때 발생한다. 북핵이 해결된 이후에도 미국이 계속 MD를 추진하면, 미중관계는 정면충돌로 갈 수밖에 없다. 이런 맥락에서 볼 때, 북핵은 역설적으로 미중 간의 정면충돌을 흡수하는 완충적인 역할마저 했다.

　사드 배치는 이런 구도에 파열을 낸 사건이었다. 앞장에서 다룬 것처럼, 중국과 러시아는 한국 내 사드 배치가 공론화된 2014년부터 일관되고도 강력하게 반대 입장을 표명해왔다. 이들 나라는 개별적으로뿐만 아니라 시진핑과 푸틴이 여러 차례 공동성명을 통해 사드 반대 입장을 천명할 정도로 중대사안으로 간주해왔다. 시진핑과 푸틴은 2016년 6월 25일 '세계의 전략적 안정을 강화하는 것에 관한 공동성명'에서 사드 배치 강행 시 "양국이 전략적 협력을 강화하는 것으로 맞설 것"임을 경고했다. 중국의 경고는 더욱 직설적이었다. 시진핑은 2016년 3월 31일 오바마를 만난 자리에서 사드 배치는 "다른 이(중국)에게도 해가 될 뿐만 아니라 자신(미국)에게도 해가 될 것"이라고 경고했다. 중국 공산당 기관지인 〈인민일보〉는 2016년 8월 3일자 사설을 통해 "만약 미국과 한국이 자기만의 옹고집을 부린다면 중국과 러시아는 미국과 한국이 전혀 생각하지도 못한 방식으로 또 감당할 수 없을 정도의 대비 조치를 내놓을 것"이라고 위협했다.

특히 중러 양국은 전략무기 협력까지 시사하고 나섰다. 러시아는 냉전 시대부터 MD를 무력화시킬 수 있는 다양한 전략무기를 개발해왔다. 중국도 이 분야의 투자를 늘려왔지만 러시아의 기술력에는 미치지 못한다. 그래서 전략무기 협력은 러시아의 '기술'과 중국의 '돈'의 융합으로 나타나고 있다. 중국의 동북아 전문가 스인홍 런민대 교수는 "중국과 러시아의 전략적 군사 협력이 놀라운 속도로 진전되고 있다"며 "중국으로 러시아의 첨단 군사장비 기술이 유입되는 동시에 중국과 러시아가 공동으로 벌이는 군사작전을 보면 '준군사동맹'에 이르렀다고 볼 수 있을 정도"라고 말했다.[83] 전략무기 개발 협력은 다방면에 걸쳐 진행될 수 있다. 진짜 탄두와 가짜 탄두를 섞어 식별을 어렵게 하는 '교란체', 여러 개의 탄두가 중간에 각도를 바꿔 각기 다른 목표물을 향해 떨어지는 'MIRV', 현존 MD를 무력화시킬 수 있는 '극초음속 비행체', MD 등 현대 군사기술이 절대적으로 의존하는 위성 파괴용 무기 등이 여기에 해당한다.

이와 관련해 중국 매체의 사설도 주목된다. 이 매체는 "중국도 미사일 방어 시스템을 향상시키는 한편", "더 중요하게는 사드를 압도할 수 있는 미사일의 침투 능력을 획기적으로 증강시켜야 한다"고 주장했다. 또한 중국이 세계 2위의 경제대국임에도 불구하고 "2류 핵보유국으로 남아 있다"

며, 이는 "미국의 강경파들이 중국에 강하게 나오는 이유"라고 주장했다.[84] 앞서 소개한 스인홍 역시 "사드 한국 배치 결정은 미국에 대항한 중국의 전략적 억제 역량에 큰 타격을 준다는 것이 중국의 확고한 인식"이라며, "중국은 아마도 전략적 억제력의 신뢰성을 유지하기 위한 대응으로 '전략적 핵무력'을 더욱 발전시켜야만 할 것이기 때문에 중미 군비경쟁은 필연적으로 새로운 차원이 추가될 것"이라고 전망했다.

또한 중국은 트럼프 당선자에게 메시지도 보냈다. 2016년 11월 17일자 〈로이터 통신〉은 중국 시진핑과 긴밀한 관계에 있는 소식통을 인용해 "도널드 트럼프 당선자가 한국 내 사드 배치를 계속 추진할 것인지 여부야말로 트럼프가 중국과의 정치적 관계를 어떻게 풀어갈 것인지 판단할 핵심 지표가 될 것"이라고 보도했다. 이와 관련해 익명을 요청한 중국 측 인사는 "사드 배치 여부는 (미중관계의) 정치적 풍향계가 될 것"이라고 말했다. 또한 중러 양국은 2017년 1월 12일 6차 동북아안보회의에서 "사드에 견결히 반대 입장"을 거듭 밝히면서 사드 배치 강행 시 '추가적인 조치'를 취하기로 했다.

그런데 2017년에 접어들면서 시진핑과 푸틴은 두 가지 예상 밖의 사건에 맞닥뜨렸다. 하나는 사드 배치를 밀어붙인 박근혜가 한국 국민들의 촛불의 힘으로 탄핵을 당하고 조기 대선이 확정된 것이다. 이는 사드 문제를 풀 수 있다는 희망의 근거로 작용했다. 또 하나는 "국가 핵무력 완성"을 향한 김정은의 돌진과 이를 저지하겠다는 트럼프의 "최대 압박"이 격렬한 파열음을 내면서 전쟁위기가 고조된 것이다. 이제 시진핑과 푸틴에게는 국경을 맞대고 있는 한반도에서의 전쟁을 막는 것이 급선무로 떠올랐다.

끝의
시작

6부

2017년 김정은 대 트럼프

1

2017년, 한국 언론은 물론이고 세계 언론에 가장 많이 등장한 인물 두 명은 북한의 김정은 국무위원장과 미국의 도널드 트럼프 대통령일 것이다. 세계 유일 초강대국인 미국의 70대 지도자와 세계 최빈국 가운데 하나인 북한의 30대 지도자가 벌이는 건곤일척의 승부는 흥미와 불안을 동시에 수반하면서 1년 내내 세계 언론의 지면을 장식했다. 이를 뒷받침하듯 김정은과 트럼프의 대결을 상징하는 단어들이 2017년 '올해의 단어'를 휩쓸었다. 미국의 온라인 사전인 메리엄 웹스터는 2017년 9개의 단어들 가운데 하나로 '노망난 늙은이'라는 뜻을 지닌 'dotard'를 선정했다. 김정은이, 자신을 '리틀 로켓맨'으로 부른 트럼프를 가리키며 사용한 표현이었다. 또한 중국은 '올해의 한자'로 '조핵위기(朝核危機)'와 '핵'(核)'을 선정했고, 일본에서는 북한을 뜻하는 '북(北)'이 뽑혔다.[1]

ICBM과 핵 단추

　　포문은 김정은이 먼저 열었다. 그는 2017년 1월 1일 신년사에서 "대륙간탄도로케트(ICBM) 시험발사 준비 사업이 마감 단계"에 이르렀다고 주장했다. 그러자 대통령 취임을 앞두고 있던 트럼프는 "그런 일은 없을 것!"이라고 트위터를 날렸다. 하지만 적어도 ICBM과 관련해서는 김정은이 '의문의 1승'을 거뒀다고 해도 과언이 아니다. 북한은 7월에 두 차례에 걸쳐 '화성-14형'을 시험발사한 데 이어 11월 29일에는 '화성-15형'을 발사하고 "김정은 동지는 새형의 대륙간탄도로케트 '화성-15'형의 성공적 발사를 지켜보시면서 오늘 비로소 국가 핵무력 완성의 역사적 대업, 로케트 강국 위업이 실현되었다고 긍지 높이 선포하시었다"고 선언했다. '의문의 1패'를 당한 트럼프는 "북한 문제가 잘 관리되고 있고, 미국인들은 안심해도 된다"며 태연함을 보이려고 애썼다. 이를 지켜본 블라디미르 푸틴 러시아 대통령은 "김정은이 이번 위기 국면에서 트럼프를 누르고 명백하게 승리를 거뒀다"는 관전평을 내놨다.

　트럼프가 의문의 1패를 당한 데는 북한의 능력을 과소평가했던 탓이 컸다. 트럼프가 백악관에 들어갈 때, 그의 전임자인 오바마는 두 가지 정보를 그에게 제공했다. 하나는 북핵이 미국이 직면한 가장 큰 도전이라는 것이었다. 또 하나는 그럼에도 불구하고 북한이 핵탄두 장착 ICBM 개발에 성공하는 데는 "2~4년 정도의 시간이 더 필요할 것"이라는 정보분석이었다.[2] 그래서 트럼프는 북핵을 최우선 순위로 다루면서 "최대의 압박(maximum pressure)"을 선택했다. 대북제재와 강력한 무력시위를 동원해 북한을 압박하면 북한의 핵탄두 장착 ICBM 보유는 "없을 것"이라고 생각했다. 시간이 자기편이라고 여긴 것이다. 하지만 김정은은 미국 주도의 최대의 압박에 '최대의 속도전'으로 맞섰다. 북한의 능력을 총동원해 2017년 내에 핵탄두 장착 ICBM 개발을 완료하기로 한 것이다.

2018년 들어서도 두 지도자의 신경전은 어김없이 재연되었다. 이번에는 "핵 단추"가 등장했다. 김정은이 먼저 "미국 본토 전역이 우리 핵 타격 사정권 안에 있으며 핵 단추가 내 사무실 책상 위에 항상 놓여 있다는 것, 이는 결코 위협이 아닌 현실임을 똑바로 알아야 한다"고 위협했다. 그러자 트럼프는 이틀 후 자신의 트위터에 "나는 김정은이 가진 것보다 더 크고 강력한 핵 단추가 있다는 사실을, 식량에 굶주리고 고갈된 정권의 누군가가 그에게 제발 좀 알려주지 않겠느냐"고 응수했다. 그러면서 덧붙였다. "내 핵 버튼은 작동도 한다!"[3]

핵보유국 지도자들이 자신의 책상 위에 핵 단추가 있다고 공개적으로 자랑하듯 말하는 것부터가 대단히 이례적이다. 이는 핵무기는 절대로 사용되어서는 안 된다는 인류 사회의 '핵 금기(nuclear taboo)'를 건드는 것일 뿐만 아니라 자칫 우발적인 핵전쟁을 초래할 수 있기 때문이다. 하지만 김정은과 트럼프는 이에 아랑곳하지 않았다. 이들이야말로 군사적인 힘, 특히 핵무기에 의한 평화를 신봉하는 '핵 시대의 쌍생아'였기 때문이다.

하지만 적어도 미국에는 핵 단추가 존재하지 않는다. 대신 미국 대통령 곁에는 무게 20kg 정도 되는 핵 가방이 항상 따라 다닌다.[4] 5명의 군사참모 가운데 1명이 항상 이 가방을 들고 대통령을 수행한다. 핵 가방 안에는 블랙북(Black Book)으로 불리는 책자가 있는데 여기에는 즉각발사태세를 갖춘 핵미사일 900기의 공격목표 목록이 수록되어 있다. 또한 가방 안에는 대통령 진위 식별카드와 핵전쟁 발발 시 대통령의 피난처와 행동지침, 그리고 핵공격 명령을 전파할 수 있는 소형 통신장치도 있다. 아울러 미국 대통령은 비스킷(biscuit)이라고 불리는 보안카드도 받게 되는데, 대통령이 핵공격 명령을 내리기 위해서는 암호를 입력해야 한다.[5] 이렇듯 트럼프는 있지도 않은 핵 버튼 운운하면서 근력을 과시하고 싶어 했다. 트럼프의 책상 위에 버튼이 있기는 하다. 그런데 이 버튼은 핵공격 명령을 하달하는 용도가 아니라 콜라 주문용이다.

두 얼굴의 트럼프

2016년 11월 미국 대선 결과가 나오기 전까지만 하더라도 미국의 45대 대통령은 힐러리 클린턴의 몫이 될 것이라는 전망이 압도적으로 많았다. 그래서 국내외 한반도 전문가들은 클린턴 시대의 대북정책을 전망하기에 바빴다. 그렇다면 클린턴은 한반도 문제에 대해 어떤 속내를 갖고 있었을까? 이와 관련해 2013년 6월 4일 골드만삭스에서 '비공개'로 연설한 내용을 주목할 필요가 있다. 대통령 영부인, 상원의원, 국무장관, 민주당 대선후보 등을 지낸 클린턴의 발언에는 한반도 문제를 바라보는 미국 주류의 속내가 잘 담겨 있다고 할 수 있기 때문이다. 그 핵심은 바로 한반도의 현상유지다.

위키리크스가 공개한 내용은 크게 세 가지로 압축할 수 있다. 첫째, "미국은 한반도의 분단 상황을 선호한다"는 것이다. "통일한국의 위상이 원래 미국이 원했던 정도 이상으로 너무 커질 수 있다는 것이 부담"이기 때문이다. 둘째, "북한이 주기적으로 문제를 일으키고 있지만, 이는 굳이 나쁘게 볼 필요가 없으며 오히려 미국 입장에서는 반길 만하다"는 것이다. 북한이 "감당할 수 없는 사고를 쳐 적절한 힘의 균형이 깨지는 것은 원치 않는다"면서 말이다. 셋째, "김일성과 김정일까지는 다행히 미국과 최소한의 소통이 가능했고 양측의 이득을 보장해주는 일종의 '상호작용'도 암암리에 인정됐다"는 것이다. 하지만 "김정은은 조금 다를 수 있고, 이는 시급하게 해결해야 할 문제"라는 것이다.[6]

클린턴의 분석처럼 김정은은 할아버지 및 아버지와는 사뭇 다른 행보를 보였다. 2012년 헌법을 개정해 "핵보유국"을 명시했고, 2013년 상반기에는 잇따른 장거리 로켓 발사와 3차 핵실험, 그리고 정전협정 백지화 선언 등으로 미국과 한 치의 양보도 없는 정면대결을 불사한 바 있다. 클린턴이 골드만삭스 연설에서 북한 문제를 장시간 거론하면서 김정은의 행보를 "시급하게 해결해야 할 문제"라고 진단한 시점도 바로 이때였다. 아마도 클린턴은 본인이 대통령이 되어 김정은을 상대하고 싶었을 것이다. 하지만 그의 기대와는 달리 김정은의 상대는 트럼프가 되고 말았다.

트럼프는 미국 정계의 아웃사이더일 뿐만 아니라 주류에 대한 거부감이 대단히 강한 인물이다. 이러한 기질은 대북정책에서 여실히 드러났다. 우선 그는 2017년 '말폭탄'의 대명사가 되었다. 때로는 앞뒤가 안 맞고 핵심참모들과 다른 발언을 쏟아내면서 대북정책에 대한 궁금증을 유발했다. 그는 2017년 4월 시진핑 중국 주석과의 첫 정상회담을 앞두고 "중국이 마음만 먹으면 북핵문제를 해결할 수 있는데, 결심을 하지 않고 있다"고 비난했다. 그런데 정상회담을 마친 직후에는 "10분 동안 경청해보니, 쉬운 문제가 아니라는 것을 깨달았다"며, "나는 중국이 북한에 엄청난 영향력을 갖고 있다고 생각했는데, 그렇지 않은 것 같다"고 말했다.[7] 하지만 곧 말을 바꿨다. "중국이 북한 문제를 해결하지 않으면, 미국이 할 것"이라고 호언장담한 것이다.

그러고는 행동에 나섰다. 트럼프는 시진핑과의 정상회담 와중에 시리아에 대한 공습을 명령했다. 자신이 필요하다고 판단할 경우 미국 의회의 동의 및 UN 등 국제사회의 합의 없이도 독자행동에 나설 수 있다는 점을 과시한 것이다. 또한 중국과의 정상회담이 끝난 직후에는 호주로 간다던 항공모함 전단의 기수를 예고도 없이 한반도로 틀었다. 이를 두고 미국 국방장관과 국무장관은 호주와의 훈련이 취소되면서 "작전상의 편의"를 위해 한반도 쪽으로 간 것이라고 설명했다. 일각에서 거론된 북한 공격용은 아니라는 취지였다. 하지만 트럼프는 "북한의 추가행동을 막기 위한 것"이라고 했다. 심지어 4월 12일 시진핑과의 통화에서 "김정은에게 미국이 항공모함뿐만 아니라 핵잠수함도 가지고 있다는 것을 알게 해주라고 말했다"고 소개했다. 핵심참모들은 '4월 위기설'을 진화하려고 했던 반면에 최고사령관은 위기설을 부추긴 셈이다.

전쟁위기설은 4월 말에 더욱 커지는 듯했다. 4월 26일 새벽 주한미군이 황교안 권한대행 정부의 철통같은 엄호 속에 사드 장비의 상당 부분을 성주 롯데 골프장에 기습 배치했다. 미국이 예방적 대북공격론을 흘리면서 핵항모를 한반도에 보내고 사드 배치까지 해버리면, 북한은 미국의 공격이 임박했다고 여길 수 있었다. 실제로 미국은 타국을 공격하거나 예방적 공격을 검토할 때, 공격력과 함께 방어용 무기도 투입했다. 1991년 걸프전, 1994년 북한 영변 핵시설 타격 검토, 2003년 이라크 침공 및 대북공격 검토 등이 이에 해당된다. 북한도 이러한 사례들을 너무나 잘 알고 있었다. 더구나 북한은 사드 배치에 정밀타격으로 응하겠다고 경고한 터였다.

북한의 오판 가능성을 의식한 탓인지, 트럼프는 전례 없는 장면을 연출했다. 사드 배치 10시간 만에 100명의 상원의원 전원을 백악관으로 초청해 대북정책 설명회를 가진 것이다. 트럼프는 이 자리에서 달랑 3분만 발언하고 질문도 받지 않았다. 마이크를 넘겨받은 렉스 틸러슨 국무장관, 제임스 매티스 국방장관, 댄 코츠 국가정보국(DNI) 국장은 상원의원들에게 브리핑을 마치고 자신들 명의로 대북정책 합동성명을 발표했다. 성명에서는 북핵문제를 "국가안보에 대한 긴급한 위협이자 외교정책의 최우선 순위"라고 못 박았다. 그러나 "한반도의 안정과 평화로운 비핵화를 추구한다"며, "우리는 그 목표를 향해 협상의 문을 열어두겠다"고 밝혔다. 미국이 북한에 '아직은 전쟁할 생각이 없다'는 메시지를 보낸 셈이다. 기습적인 사드 배치와 대북성명을 통해 트럼프가 의도한 대북 압박의 핵심은 이렇게 정리할 수 있었다. '지금 당장 너를 공격하진 않겠다. 핵실험이나 미사일 발사 하지 마라. 그러면 협상도 할 수 있다. 하지만 끝내 핵무장, 특히 ICBM 개발로

간다면, 그때는 각오해라.'

하지만 김정은은 더 많은 미사일 시험발사로 응수했다. 5월 14일과 21일 중장거리 탄도미사일을 시험발사한 데 이어 7월 4일과 28일에는 사거리로는 ICBM으로 분류할 수 있는 '화성-14형'을 잇따라 발사했다. 그러자 미국 DIA는 "북한이 ICBM에 실을 수 있는 소형 핵탄두 개발을 마쳤다"는 취지로 트럼프에게 보고했다. "그런 일은 일어나지 않을 것"이라고 호언장담했던 트럼프는 이 보고를 계기로 극단적인 말폭탄을 쏟아내기 시작했다. 그는 8월 5일 "미국을 계속 위협하면 북한은 이제껏 세계가 보지 못했던 화염과 분노(fire and fury)에 직면하게 될 것"이라고 위협했다. 사흘 후 북한이 미국의 아시아-태평양 전략기지인 괌에 대한 포위사격을 위협하자 트럼프는 곧바로 "미국의 군사적 해결은 장전된 상태에 있다"며 위협의 수준을 높였다. 9월 19일 UN 연설에서는 한 걸음 더 나아갔다. "미국과 동맹을 방어해야만 하는 상황이 오면, 북한을 완전히 파괴할 수밖에 없다"고 말한 것이다. 그는 또한 김정은을 "로켓맨"으로 지칭하면서 "그가 자신은 물론이고 그의 정권에 대해 자살 임무를 수행하고 있다"고 비난했다.

트럼프가 툭하면 말폭탄을 쏟아내자 '정말 트럼프가 전쟁을 하는 것 아냐?' '미친 것 아냐?'라는 반응도 쏟아졌다. 그런데 정작 트럼프는 바로 이러한 반응을 기대했다. 그는 "김정은은 미치광이인 나를 상대해야 할 것"이라고 말하기도 했다. 일단 트럼프는 북한을 상대로 선보인 '헤드 게임'에 어느 정도 성공했다. 북한의 한 관리는 2017년 8월에 북한을 방문한 〈뉴요커〉의 올슨 기자에게 트럼프가 의도하는 바가 무엇인지 파악하는 것이 "너무 어렵다"고 말했다. 그는 올슨으로부터 "북한 당국은 트럼프에 대해 어떻게 평가하느냐"는 질문을 받고는 "비이성적인 것 같기도 하고 매우 영리한 것 같기도 하다"며 도통 모르겠다는 표정을 지었다고 한다. 또 다른 북한 관리는 올슨에게 미국의 선전포고 권한은 "대통령에게 있느냐, 아니면 의회가 결정하느냐"는 질문도 던졌다. 북한 당국이 트럼프의 의도에 촉각을 곤두세우며 전쟁 가능성을 의식하고 있었다는 점을 잘 보여준 대목들이다.

하지만 '광자(狂者)의 게임'은 트럼프만의 몫은 아니었다. 김정은도 마찬가지로 대응했다. 트럼프의 "북한 완전 파괴" 발언 다음 날에 뉴욕에 도착한 리용호 북한 외무상은 "개들이 짖어도 행렬은 간다는 말이 있다"며, "개 짖는 소리로 우리를 놀라게 하려 생각했다면 그야말로 개꿈"이라고 비난했다. 급기야 김정은은 본인 명의의 성명을 통해, 트럼프를 "미국의 늙다리 미치광이"라고 칭하면서 "(트럼프가) 역대 가장 포악한 선전포고를 해온 이상 우리도 그에 상응한 사상 최고의 초강경 대응조치 단행을 신중히 고려할 것"이라고 받아쳤다. 이러한 발언 속에는 '완전히 파괴되는 쪽은 북한만이 아니라 미국도 될 수 있'고, '짖는 개한테 물리지 않으려면 몽둥이를 확실히 들고 있어야 한다'는 북한식의 결기를 내포한 것이었다. 즉, 김정은은 트럼프의 '두려움 주기'를 '두려움 돌려주기'로 응수했다. ICBM을 그 유력한 수단으로 삼으면서 말이다. 2017년 말에 "국가 핵무력 건설 완성"을 선언한 김정은은 2018년 신년사에서 이렇게 말했다. "미국은 결코 나와 우리 국가를 상대로 전쟁을 걸어보지 못한다."

그런데 주목해야 할 점이 있다. 트럼프는 말폭탄만 쏟아낸 것이 아니었다는 점이다. 그는 2016년 대선후보 당시 "김정은과 만나는 건 문제없다"고 말해 놀라움을 자아냈다. 그러자 클린턴 캠프는 트럼프를 겨냥해 "가장 가까운 동맹국 지도자를 모욕하고 김정은과는 대화하고 싶다는 것이냐"며, "트럼프가 김정은에 기이하게 매료돼 있는 것 같다"고 비난했다. 하지만 트럼프는 물러서지 않았다. 그는 클린턴의 발언을 두고 "그들은 북한과 협상하는 것이 꺼려지지 않느냐고 말한다. 나는 아무런 문제가 없다"며 대화 용의를 거듭 확인했다. 아울러 김정은이 미국으로 오면 "국빈 만찬이 아니라 햄버거를 먹으면서 얘기를 나누겠다"고도 했다. 그런데 이게 끝이 아니었다. 대통령 취임 3개월여 후인 2017년 5월 초에는 "김정은과 만나는 것이 적절한 일이라면 단연코 그를 만날 의향이 있으며 이를 영광으로 생각하겠다"고 말했다.

대선후보든 미국 대통령이든 트럼프처럼 북한과의 정상회담에 이처럼 적극적인 발언을 내놓은 사람은 없었다. 거꾸로 "화염과 분노" "북한 완전 파괴"와 같이 전면적인 핵공격을 암시하는 발언을 한 미국 대통령도 트럼프 말고는 없었다. 존재하지도 않는 "핵 단추"가 있다며 "작동 가능하다"고 자랑을 늘어놓은 미국 대통령도 트럼프가 유일했다. 기이하게도 북미정상회담에 대한 가장 적극적인 발언을 한 사람도, 북한에 극단적인 말폭탄을 쏟아낸 사람도 동일인물이다.

'두 얼굴의 사나이' 트럼프의 이러한 언행에서 주목할 것은 크게 두 가지였다. 하나는 트럼프의 극단적인 널뛰기가 함의하는 바가 무엇이냐는 것이다. 양극단을 오가는 그의 발언이 고도의 전략을 내포하고 있는 것인지, 아니면 기분에 따라 즉흥적으로 나오고 있는 것인지는 확인하는 것조차 어려웠다. 다만 그는 불확실성을 극대화함으로써 특유의 '헤드 게임(head game)'을 만드는 데는 성공했다. 그 상대가 미국인들이든, 북한과 같은 주적이든, 한국과 같은 동맹국이든, 중국과 러시아 같은 전략적 경쟁자든, '도대체 저 사람이 무슨 짓을 하려는 것이냐' 하는 혼란스러움을 유발했기 때문이다. 심지어 이런 의구심은 미국 의회와 트럼프 행정부 내에서조차 팽배했다. 가히 '미친 자의 이론(madman theory)'의 '끝판왕'이라고 할 법했다.

또 하나는 트럼프의 널뛰기에 대한 미국 주류의 반응이다. 트럼프가 "김정은과 만나겠다"는 식으로 말했을 때도, "화염과 분노"나 "북한 완전 파괴"와 같은 극단적인 전쟁불사론을 말했을 때도 미국 주류의 반응은 대동소이했다. 한마디로 '미친 것 아니냐'는 것이었다. 여기에는 한반도 현상유지에 대한 미국 주류의 관성적인 집착이 고스란히 녹아 있다. 북미 간의 전쟁은 물론이고 북미정상회담을 통한 대타협도 한반도 현상변경으로 이어질 수 있다는 조바심이 트럼프에 대한 맹비난에 담겼다고 볼 수 있기 때문이다.

김정은과 트럼프의 닮은꼴

김정은과 트럼프의 설전에 내포된 '핵과 인간의 상호작용'과 '인간 대 인간 신경전'은 "싸우면서 닮아간다"는 말을 실감케 한다. 우선 트럼프 행정부가 2017년 12월에 발표한 〈국가안보전략 보고서(NSS)〉를 보면 "미국 제일주의(America First)"라는 표현이 압도적으로 많이 등장한다.[8] 트럼프가 대선 유세 때부터 '미국 제일주의'를 천명해왔기 때문에 익숙해진 표현이지만, 미국 정부가 전략 지침서라고 할 수 있는 NSS에 이 표현을 쓴 것은 처음이다. 그런데 공교롭게도 이러한 표현을 가장 즐겨 쓴 나라는 북한이다. "조선민족 제일주의"가 바로 그것이다. 또한 트럼프의 NSS에는 '주권'이라는 말도 많이 등장했다. '미국 제일주의'를 극대화하기 위해서는 자국의 주권을 그 어느 가치보다도 높게 두겠다는 의지가 강하게 반영되었다. 세계화 주도국이자 세계 경찰을 자임해온 미국이 이처럼 주권을 전면에 앞세운 것 자체가 이례적이다. 그런데 북한이야말로 "자주권"을 입에 달고 산다. 아울러 "힘에 의한 평화"도 양국 지도자들이 가장 즐겨 쓴 표현이다.

김정은과 트럼프가 힘의 정점으로 여기는 것이 바로 핵무기다. 그리고 두 사람의 핵 독트린을 비교해보면 싱크로율은 100%에 육박한다. 2018년 6월 현재 양국 핵 '전력'의 차이는 수백 배에 이르지만, 적어도 핵 '전략'은 갈수록 닮아갔다. 네 가지 내용을 짚어보면 이러한 분석이 지나치지 않다는 것을 알 수 있다.

첫째, 김정은과 트럼프 모두 핵무기를 국가안보의 중추로 삼으면서 그 비중을 크게 높였다는 점이다. 김정은은 2018년 신년사에 "지난해 우리 당과 국가와 인민이 쟁취한 특출한 성과는 국가 핵무력 완성의 역사적 대업을 성취한 것"이라며 "그 어떤 힘으로도 그 무엇으로도 되돌릴 수 없는 강력하고 믿음직한 전쟁 억제력을 보유하게 되었다"고 주장했다. 특히 핵무력을 가리켜 "평화수호의 강력한 보검"이라고 일컬었다. 트럼프도 대통령 취임 직후부터 "내 꿈은, 만약 핵무기를 갖고 있어야만 한다면 우리가 그중 최고(top of the pack)가 되는 것"이라고 밝혀왔다. NSS 보고서에서는 "핵무기는 지난 70년 동안 미국 국가안보전략의 사활적인 목표에 복무해왔다"며 핵무기를 국가안보전략의 중추로 삼겠다는 의사를 분명히 했다. 2018년 2월 2일 발표한 〈핵태세 검토 보고서(NPR)〉에서는 "미국의 핵무력은 미국의 외교관들이 전쟁과 평화의 문제와 관련해 힘을 가지고 말할 수 있게 해준다"고 밝혀, 핵무기가 강압외교의 수단이라는 점을 감추지 않았다.[9]

둘째는 핵무기 증강 및 현대화 계획이다. 김정은은 신년사에서 "이미 그 위력과 신뢰성이 확고히 담보된 핵탄두들과 탄도로케트들을 대량생산하여 실전배치하는 사업에 박차를 가해나가야 한다"고 주문했다. 연구개발 및 시험 단계에서 생산 및 배치 단계로 넘어가겠다는 의사를 밝힌 셈이다.[10] 트럼프 행정부 역시 핵무기 현대화 계획을 분명히 했다. 특히 냉전종식 이후 미국이 핵무기에 대한 투자와 비중을 줄여왔다고 비판하며, 핵 전력 증강 의사를 분명히 했다. 이러한 분석을 뒷받침하듯, 미국의 의회예산국(Congressional Budget Office)은 트럼프의 핵정책이 현실화될 경우 향후 30년간 핵무기 예산으로 1조2000억 달러가 소요될 것이라고 예측했다.[11]

미소냉전 시대에 미국의 핵 전력은 크게 전략 핵무기와 비전략 핵무기 두 축으로 이뤄졌었다. 메가톤급 폭발력을 보유한 전략핵은 주로 상대방에게 '종말'의 두려움을 안겨줌으로써 적대국의 핵공격을 억제하는 데 목적을 두었다. 이에 반해 전술(tactical), 혹은 전역(theater) 핵무기로도 불렸던 비전략핵은 폭발력을 낮추되 유사시 상대방의 군사력이나 지휘부를 겨냥하는 제한적인 목적을 띠었다. 전략핵이 전술핵보다 압도적으로 위험해 보였지만, 실상은 달랐다. 실전에서 사용 가능성은 전술핵이 압도적으로 높았기 때문이다. 미국과 소련이 전략핵 감축협상에 앞서 전술핵에 해당하는 중거리핵미사일폐기(INF) 협정부터 체결하고, 미국이 냉전종식 이후 전술핵을 대거 폐기한 까닭도 바로 여기에 있었다.

그런데 트럼프 행정부는 2018년 NPR를 통해 전술핵 부활을 선언했다. "효과적으로 핵 전력을 유지하기 위해서는 냉전시대의 유산을 재편해야 한다"고 천명한 것이다. 이를 위해 전략 삼축체계(nuclear triad)를 대폭적으로 현대화하고, 냉전형 무기로 불렸던 "비전략 핵무기" 보유를 다시 추구하며, 국방비에서 차지하는 핵무기 관련 예산을 대폭 늘리는 것을 펜타곤의 "최우선 순위"로 삼기로 했다. 전략핵 삼축체계 현대화 계획은 핵탄도미사일 발사 잠수함(SSBN), ICBM, 그리고 전략폭격기를 모두 포괄하고 있다. 개념적으로 전술핵에 해당하는 '비전략 핵무기' 개발계획 역시 삼축체계를 지향하고 있다. 현재 미국이 보유한 비전략 핵무기는 노후한 B61이 유일하다며 이를 대체할 B61-12 개발 및 생산·배치에 박차를 가하기로 한 것이다. 또한 잠수함발사탄도미사일(SLBM)의 일부를 저강도(low-yield) 핵탄두로 대체하고 해상발사순항핵미사일(SLCM) 개발계획도 밝혔다. 이렇게 해야만 "미국 핵 능력의 유연성과 다양성"을 증대할 수 있다는 것이다.

셋째는 핵무기 사용 독트린이다. 김정은은 2018년 신년사를 비롯해 여러 차례에 걸쳐 "우리는 평화를 사랑하는 책임 있는 핵강국으로서 침략적인 적대세력이 우리 국가의 자주권과 리익을 침해하지 않는 한 핵무기를 사용하지 않을 것이며 그 어떤 나라나 지역도 핵으로 위협하지 않을 것"이라고 밝혀왔다. 이를 두고 일각에서는 북한이 핵무기 선제 불사용 정책(No First Use)을 선언한 것으로 해석한다. 하지만 이렇게 해석하는 데는 무리가 따른다. 우선 북한이 조건으로 제시한 "침략적인 적대세력이 우리 국가의 자주권과 리익을 침해하지 않는 한"이라는 표현 자체가 대단히 모호하고 추상적이다. 또한 국제규범으로 통용되는 핵무기 선제 불사용 정책은 "상대방이 먼저 핵무기를 쓰지 않는 한"이라는 구체적이고도 엄격한 조건하에서 성립된다.

일반적으로 핵 사용 독트린은 두 가지로 나뉜다. 하나는 핵보유국을 상대로 하는 것이고, 또 하나는 비핵국가를 상대로 하는 것이다. 핵보유국 간의 독트린에서 가장 중요한 것은 핵무기 선제 불사용 정책을 채택하고 있느냐의 여부다. 비핵국가에 대해서는 소극적 안전보장(Negative Security Assurance), 즉 핵무기 사용 및 사용 위협을 하지 않겠다는 정책에 조건을 다느냐의 여부가 중요하다. 이와 관련해 북한의 핵 독트린은 2013년 4월 1일 최고인민회의 법령으로 제정된 '자위적 핵보유국의 지위를 더욱 공고히 할 데 대한 법'에 그 내용이 비교적 상세히 담겼다.

핵무기 선제 불사용 정책과 관련해 북한은 "적대적인 다른 핵보유국이 우리 공화국을 침략하거나 공격하는 경우 그를 격퇴하고 보복타격을 가하기 위하여 조선인민군 최고사령관의 최종명령에 의하여서만 사용할 수 있다"고 적시했다. 이는 북한이 먼저 핵무기를 사용해 다른 핵보유국을 공격하지는 않겠지만, 핵보유국이 핵무기는 물론이고 비핵무기로 북한을 침략하거나 공격해오더라도 핵무기로 보복할 수 있다는 의미를 내포하고 있다. 소극적 안전보장에 대해서는 "적대적인 핵보유국과 야합하여 우리 공화국을 반대하는 침략이나 공격행위에 가담하지 않는 한 비핵국가들에 대하여 핵무기를 사용하거나 핵무기로 위협하지 않는다"고 적시했다. 일종의 '조건부' 소극적 안전보장이다. 이러한 내용을 종합해볼 때, 북한은 '전략적 모호성'을 선택했다고 볼 수 있다. 한편으로는 "평화를 사랑하는 책임 있는 핵강국"이라는 점을 부각시키려 하고, 다른 한편으로는 미국 주도의 '비핵'

공격에도 핵 보복 가능성을 열어둠으로써 억제력을 과시하려는 욕구가 내재된 것이다.

그렇다면 트럼프의 핵 독트린은 어떨까? 일단 미국의 역대 정부는 단 한 번도 핵보유국을 상대로 핵무기 선제 불사용 정책을 천명한 적이 없었고, 비핵국가를 상대로 한 소극적 안전보장도 갈팡질팡해왔다. 그런데 2018년 NPR에 담긴 트럼프 행정부의 독트린은 훨씬 공세적이다. "유연한 맞춤형 핵 억제 전략(flexible, tailored nuclear deterrent strategy)"을 키워드로 제시하면서, "적들이 핵무기 사용으로부터 얻을 것은 아무것도 없고 모든 것을 잃게 될 것임을 각인시키는 게 목표"라고 밝혔다. "핵전쟁 문턱을 낮추는 것이 아니라 높이는 것"이라면서 미국 대통령은 "극단적인 상황"에서만 핵무기 사용을 고려하게 될 것이라고도 밝혔다. 이러한 주장이 신뢰성을 가지려면 세계 최강의 핵보유국인 미국이 먼저 핵무기를 사용하지 않겠다는 공약을 공식화해야 한다. 그런데 트럼프의 NPR은 "미국은 핵무기 선제 불사용 정책을 채택해지 않았고, 오늘날에도 그럴 이유가 없다"며 핵 선제공격 정책과 관련해 "모호성"을 유지하기로 했다.

더욱 심각한 문제는 핵 사용을 고려할 수 있다는 "극단적인 상황" 자체가 '극단적인 선택'을 담고 있다는 것이다. 미국이 핵공격을 고려할 수 있다는 "극단적인 상황"의 범주에 적대국의 핵공격뿐만 아니라 "중대한 비핵전략 공격"도 포함시키면서, 미국과 동맹·우방국의 인구 밀집지나 인프라에 대한 공격, 미국이나 동맹국의 핵무력이나 지휘통제, 혹은 경보시설에 대한 공격, 그리고 평가 능력에 대한 공격 등"이 이에 해당된다고 밝혔다. 다른 가능성도 염두에 두면서 "여기에만 국한되지 않는다"고도 했다. 아울러 미국의 핵전쟁 수행에 필수적인 지휘통제통신 체계에 대한 우주 및 사이버 공격에 대해서도 핵 보복 가능성을 강하게 암시했다. 특히 "미국이나 동맹·우방국에 대한 핵 테러 공격은 미국의 궁극적인 형태의 보복을 고려할 수 있는 '극단적인 상황'에 해당된다"고 밝혀, 핵 테러에 대해서는 핵 보복을 가할 것임을 분명히 했다.

주목할 점은 트럼프의 공세적인 핵 독트린의 주된 타깃이 북한이라는 점이다. 2010년 NPR에서는 4번 언급되었던 반면에 2018년 NPR에는 50번이나 언급되었을 정도다. 트럼프는 2017년 11월 8일 한미정상회담 공동언론발표문을 통해 "점증하는 북한의 위협에 대응하기 위해 핵과 재래식 전력 등 미국의 모든 범주의 군사력을 사용할 준비가 돼 있다"고 강조했다. 통상적으로 미국의 안보공약은 "확장 억제"라는 포괄적인 표현으로 언급되고는 했는데, 트럼프는 "핵 사용 준비"를 공식적·공개적으로 언급했다는 점에서 차별성을 지닌다. 이를 뒷받침하듯 2018년 NPR에는 "북한에 대한 맞춤형 전략"을 제시했다. "북한은 정권의 생존을 최고의 목표로 삼고 있다"며, "미국의 억제전략은 북한이 미국이나 동맹·우방국에 대한 핵공격 시 북한 정권의 종말을 초래할 것이라는 점을 분명히 해두는 것"이라고 밝혔다. 또한 "미국은 북한이 핵무기 기술이나 물질, 그리고 전문지식을 다른 나라나 비국가 행위자에게 이전 시 전적으로 그 책임을 물을 것"이라고도 했다. 아울러 북한의 지하시설을 겨냥해 "이들 시설을 탄착지로 삼는 재래식 및 핵 능력을 계속 배치할 것"이라고 밝혔다. 이는 현존하는 B61 및 개발 중인 B61-12의 우선적인 대상이 북한이라는 점을 시사한 것이다. 또한 한국 및 일본과 함께 MD 능력을 대폭 강화해 "북한의 미사일 위협에 앞서 나갈 것"이라고 밝혔다.

트럼프의 NPR에서 가장 주목할 부분 가운데 하나는 동북아에 비전략 핵무기 배치 가능성을 시사했다는 점이다. "비전략 핵무기 배치는 미국이 확전에 대응할 수 있는 전진 배치 능력을 보유하고 있다는 점을 잠재적인 적대국에게 보내는 확실한 억제 신호"라며, "필요할 경우, 미국은 동북아 지역에도 비전략 핵무기와 그 운반수단을 배치할 능력을 갖고 있다"

는 것이다. 미국이 최고위 핵정책 문서인 NPR을 통해 동북아에 핵무기 재배치 가능성을 시사한 것은 2018년이 처음이었다. 이는 논리적으로 '코피(bloody nose) 작전'과 같은 제한적인 대북공격 옵션과 연결된다. 미국이 '코피 작전'을 강행할 경우 북한도 반격을 강행할 가능성이 상당히 높다. 이러한 북한을 상대로 미국은 핵 보복을 가할 수도 있다고 위협함으로써 코피 터진 북한이 반격을 못하도록 하겠다는 논리가 담겨 있는 것이다.

그래서 트럼프는 전술핵이 필요하다고 여긴다. 전략핵은 그 폭발력과 지정학적·윤리적 파장이 너무나도 크기 때문에 미국도 실제 사용하기에는 큰 부담이 따르고 북한도 미국이 사용하지 못할 것이라고 여길 수 있다. 반면 폭발력을 크게 낮춘 전술핵은 실제로 사용될 수 있다는 메시지를 북한에 전달하는 데 효과적이라고 여긴다. 제임스 매티스 국방장관의 설명이다. "우리가 이야기하는 것은 핵 억제다. 핵 억제에서 우리는 일부 국가, 특히 한 나라가 전투에서 소형 폭탄을 사용할 경우 우리가 초대형 폭탄으로 제대로 대응하지 못할 것이라고 오판할 수 있다. 이에 대한 우리의 대응은 저강도 폭탄을 만들어 '오판하지 말라'고 이야기해주는 것이다."[12] 결국 트럼프 행정부는 협상이든 대북 선제공격이든 미국의 옵션을 가장 강력한 군사적인 힘, 즉 핵무기로 뒷받침하겠다는 생각을 품고 있다. 북한 지도부에게 최대한의 공포심을 불어넣어 북한의 군사행동은 억제하고 미국의 군사행동의 자유는 증대하겠다는 것이다.

넷째는 핵공격태세다. 핵보유국이 핵 사용 준비태세를 높일수록 우발적인 핵전쟁 가능성도 높아진다. 그런데 김정은과 트럼프는 적어도 선언적인 차원에서는 '경보 즉시 발사(launch on warning)' 태세를 구비하겠다는 뜻을 밝혔다. 김정은은 2018년 신년사에서 "적들의 핵전쟁 책동에 대처한 즉시적인 핵반격 작전태세를 항상 유지하도록 하여야 한다"고 지시했다. 트럼프도 핵미사일의 즉각적인 발사태세를 해제할 뜻이 없다는 점을 분명히 했다. 즉각 발사태세를 갖춰야 "미국의 핵 대응 옵션"을 유지할 수 있고, "적대국들에게 기습적인 선제공격으로 미국의 핵 전력을 파괴할 수 있다는 환상을 못 갖게 할 것"이라는 이유 때문이다. 즉각적인 발사태세 유지가 우발적인 핵전쟁이나 비인가자에 의한 핵 사용 위험을 높일 것이라는 지적에는 두 가지 답변을 내놨다. 하나는 "미국의 핵 사용 결정은 숙의 과정"을 거칠 것이라는 주장이고, 또 하나는 "일상적으로 전략 핵무기의 공해상 목표물 지정(open-ocean targeting) 관행을 유지하겠다"는 것이다.

그러나 미국 의회 일각에서는 핵 사용이 대통령의 배타적인 권한으로 되어 있다며 "숙의 과정"을 보완해야 한다는 입장이 줄곧 나오고 있다. "공해상 목표물 지정" 관행도 문제의 소지가 크다. "공해상 목표물 지정"은 우발적이거나 비인가자에 의한 핵미사일 발사 시 피해를 최소화하기 위해 사전에 공해나 남극을 핵미사일의 탄착지로 삼고 있다는 것을 의미한다. 아무리 인구 희박 지역이라고 하더라도 미국의 메가톤급 핵폭탄이 터지면 엄청난 피해는 불가피해진다. 이러한 가능성을 차단하기 위해서는 즉각적인 핵미사일 발사태세를 해제해 우발적이거나 비인가자에 의한 핵미사일 발사 가능성을 최소화해야 한다. 그런데 미국은 또다시 이러한 상식적인 요구를 거부하고 말았다.

이처럼 김정은과 트럼프는 싸우면서 닮아갔고 닮아가면서 싸웠다. 이에 따라 서로가 강력한 억제를 추구하다가 안보 딜레마를 야기하고, 이것이 핵전쟁 위험을 높일 수 있다는 냉전시대의 위험이 어느덧 우리 앞에도 성큼 다가선 듯했다. 하지만 보이는 게 전부는 아니었다. 싱가포르의 한 미국인 사업가는 김정은과 트럼프가 설전을 벌이고 있을 때, 트럼프의 사위인 재러드 쿠슈너 백악관 선임고문에게 접근했다. 그 사업가는 '김정은이 트럼프를 만나고 싶어 한다'는 북한의 메시지를 들고 있었다. 2017년 여름부터 있었던 일이다.[13]

"촛불 대통령", 문재인의 '운명'

2

        문재인 대통령은 친구이자 전임 대통령이었던 노무현의 비극적인 죽음을 목도하면서 운명처럼 정치를 선택했다. 그리고 대통령 당선 2주 후인 2017년 5월 23일 노무현 전 대통령 서거 8주기 추도식에서 이렇게 말했다. "현직 대통령으로서 이 자리에 참석하는 것은 오늘이 마지막일 것입니다. 이제 당신을 온전히 국민께 돌려드립니다. 반드시 성공한 대통령이 되어 임무를 다한 다음 다시 찾아뵙겠습니다. 그때 다시 한 번 당신이 했던 그 말, '야, 기분 좋다!' 이렇게 환한 웃음으로 반겨주십시오."

  우연의 일치인지 운명의 장난인지는 알 수 없지만, 노무현과 문재인은 매우 비슷한 환경에서 대통령직을 시작했다. 적어도 안보와 이를 둘러싼 국내의 정치적 환경에서는 그렇다. 노무현이 청와대에 들어가던 2003년 2월은 '안보 IMF'라는 말이 나올 정도로 상황이 심각했다. 미국은 북한을 상대로 정권교체(regime change)와 선제공격을 불사하겠다는 입장이었고, 북한은 NPT에서 탈퇴해 핵무기 개발로 맞섰다. 문재인도 이와 비슷한, 아니

더 심각한 상황에 직면해야 했다. 북한은 "국가 핵무력 건설 완성"을 향해 폭주를 거듭했고, 미국은 이런 북한을 상대로 '예방전쟁론'을 공공연히 입에 올렸다. 설상가상으로 사드 문제까지 겹치면서 미국과 중국을 상대로 힘겨운 외교를 펼쳐야 했다.

정권 초기에 노무현과 문재인의 대처 방향도 흡사했다. 때때로 북핵과 미국의 대북 선제공격 가능성이라는 '이중의 위협' 사이에서 무기력을 호소했다. 특히 미국이 한국의 동의 없이 북한을 공격할 가능성을 크게 우려했다. 그래서 선택한 것이 한미관계 강화였다. 미국의 요구를 상당 부분 수용하면서 한편으로는 미국의 환심을 사려고 했고, 다른 한편으로는 이를 지렛대로 삼아 한국의 발언권을 강화하려고 했다. 노무현과 문재인의 마지노선은 "한국의 동의 없이 대북 선제공격은 안 된다"는 것이었다.

'무기상 트럼프'와의 만남

2017년 5월 취임한 문재인의 해외 첫 방문지는 미국 워싱턴으로 정해졌다. 그는 한미정상회담에 앞서 미국 언론과 집중적인 인터뷰를 갖고 "북핵 동결과 완전한 폐기"로 이뤄진 2단계 해법을 제시했다. 그리고 6월 29~30일에 트럼프와 정상회담을 가졌다. 문재인 정부는 정상회담 준비 및 워싱턴 방문 중에 대북정책 및 사드와 관련해 트럼프 행정부의 우려를 불식시키기 위해 노력했고, 그 결과 한미정상회담은 큰 마찰 없이 끝난 것처럼 보였다. 특히 "트럼프 대통령은 인도주의적 사안을 포함한 문제들에 대한 남북 간 대화를 재개하려는 문 대통령의 열망을 지지하였다"라는 조항이 한미공동성명에 포함되면서 "한국이 운전대에 앉게 되었다"는 평가가 많이 나왔다. 하지만 냉정하게 바라봐야 할 대목도 많았다.

우선 공동성명에서는 "북한과 대화의 문이 열려 있다"고 하면서도 그 앞에 "올바른 여건하에서"라는 전제조건을 달았다. 북한이 핵실험과 미사일 발사를 중단하고 최소한 핵동결이나 더 나아가 비핵화 의사를 보이면 한미 양국이 대화에 나설 수 있다는 기존 입장이 되풀이되었다. 또한 트럼프의 남북대화 지지 입장 이면에는 "개성공단 및 금강산 관광 재개는 북핵문제 해결에 상당한 진전이 있어야 가능하다"는 문재인 정부의 입장 표명이 깔려 있었다. "기존 제재를 충실히 이행하면서 새로운 조치들을 시행하기로 하였다"는 내용도 포함되었다.

이에 반해 군비증강 계획이 공동성명을 도배하다시피 했다. 먼저 양 정상은 "모든 국가 역량을 활용하여 확장억제력을 강화할 것을 지시하였다". 또한 "대한민국은 상호운용 가능한 킬체인, 한국형 미사일 방어체계(KAMD) 및 여타 동맹 시스템을 포함하여, 연합방위를 주도하고, 북한의 핵미사일 위협을 방어·탐지·교란·파괴하기 위해 필요한 핵심 군사 능력을 지속적으로 확보해나갈 것이다"라고도 명시되었다. 이뿐만 아니었다. "양 정상은 한미일 3국 안보 및 방위협력이 북한의 위협에 대응하여 억지력과 방위력을 증진시키는 데 기여하고 있음을 확인"하면서 "이러한 협력을 더욱 발전시켜나가기로 하였다"는 내용도 담겼다.

문재인과 트럼프의 첫 만남은 이렇게 첫 단추를 잘못 꿰는 것으로 나타나고 말았다. 조건부 대화론, 제재 위주의 접근, 남북관계 속도조절, 그리고 한미동맹 및 한미일 3자 안보협력 강화는 두 정상이 그토록 비판했던 오바마 행정부의 '전략적 인내론'과 별 차이가 없는 것이었다. 특히 한미동맹이 공동의 적으로 삼고 있는 북한을 상대로 "모든 국가적 역량을 활용하여" 군사력 강화방침을 밝히고, 한미일 군사협력을 강화하겠다고 하면서, 북한에 핵과 미사일을 내려놓으라는 것이 과연 현실적인 접근법이 될 수 있느냐는 의문이 제기되었다. 여기에는 동맹을 바라보는 두 정상 사이의 동상이몽이 똬리를 틀고 있었다.

공동성명에는 "양 정상은 한미동맹을 더욱 위대한 동맹으로 만들어나 가기로 합의하였다"라는 내용이 담겼다. 그런데 "위대한 동맹"을 바라보는 시각이 판이하게 달랐다. 문재인은 정상회담 직전 미국의 한 싱크탱크 연설에서 "위대한 동맹은 평화를 이끌어내는 동맹"이라고 역설했다.[14] 하지만 트럼프는 문재인을 만난 자리에서 이렇게 말했다. "한국은 미국 방위산업체에서 매우 대량의 무기들을 구매하고 있어요. 록히드 마틴에서 F-35 전투기를 구매했고, 유례없이 많은 양의 군사장비를 구매하고 있지요. 그건 아주 좋습니다." 트럼프에게 위대한 동맹이란 한국이 미국산 무기를 많이 사서 미국의 일자리를 많이 만들어주는 것이라는 시각이 고스란히 담긴 것이다.[15] 6월 한미정상회담 이후에도 트럼프는 문재인과의 전화 통화에서 무기 구매를 집요하게 요구했고, 문재인도 한국이 국방비를 늘려 미국산 무기 구매를 늘리면 미국 경제에도 도움이 될 것이라며 화답했다.

무기상으로서의 트럼프의 면모는 2017년 11월 초순 그의 일본과 한국 순방 때 유감없이 발휘됐다. 그는 11월 4일 하와이 호놀룰루에서 도쿄로 향하는 대통령 전용기 에어포스원 기내에서 수행기자단을 찾아와 이렇게 말했다. "우리 시장이 이렇게 좋아지고, 우리 방위산업체들이 이토록 잘되고 있는 이유는 내가 동맹국들에게 우리의 군사장비를 사도록 요구했기 때문이죠."[16]

그리고 11월 6일 미일정상회담 직후 열린 기자회견에서 희한한 풍경이 연출됐다. 〈뉴욕타임스〉 기자는 트럼프에게는 미중 간 무역 불균형 문제를, 아베 신조에게는 북한의 탄도미사일 요격 대책을 물었다. 그러자 트럼프는 기다렸다는 듯이 "아베 총리의 답변"을 대신하겠다고 나섰다. "아베 총리가 미국으로부터 다량의 군사장비 도입을 완료하면 (북한의) 미사일을 공중에서 요격할 수 있을 거예요." 그러면서 트럼프는 "미국 무기는 세계 최고"라며 일본이 미국 무기를 많이 도입하면 "미국에서는 일자리가 많이 생기고 일본의 안전에도 크게 기여하게 된다"고 덧붙였다. 아베도 즉각 화답했다. 그는 F-35A 구매에 이어 "SM-3 Block IIA도 구매할 예정이며, 이지스함도 질적·양적으로 증강해야 한다"고 말했다. 그러면서 "일본은 미국으로부터 더 많이 (군사장비를) 구매할 것"이며, "이것이 내가 생각하고 있는 바"라고 덧붙였다.[17]

아베가 적극 호응하고 나선 데도 여러 가지 정치적 계산이 깔려 있었다. 우선 그는 트럼프와의 '찰떡궁합' 과시를 유력한 정치적 자산으로 삼았다. 또한 트럼프가 전격적으로 북한과의 대화에 나서는 것을 사전에 막기 위한 '보험'으로서의 성격도 짙었다. 아베는 1기 총리 재임 시, 믿었던 조지 W. 부시 행정부가 자신의 반대에도 불구하고 북한과 직접대화에 나섰던 쓰라린 경험을 한 바 있다. 무엇보다도 아베는 미국 무기 구입이 자신의 평생의 과업인 평화헌법 개악과 군사대국화 추진에 유리한 조건과 환경을 조성해줄 것으로 믿었다. 이와 관련해 미국의 〈워싱턴포스트〉는 "전후 미일동맹 관계에 대한 트럼프의 지지를 계속 얻기 위해 아베가 전략적 노예 상태에서 기꺼이 치르려고 한 것처럼 보인 비용"이라고 평했다.[18]

그런데 '무기상'으로서의 트럼프의 면모는 다음 날 한미정상회담 직후에 열린 기자회견에서도 어김없이 재연되었다. 미국 CBS 기자는 트럼프에게는 "북미 직접대화가 여전히 시간낭비라고 생각하느냐"고 물었다. 그리고 문재인에게는 "다량의 미국 무기 구매"가 한반도 정세에 미칠 영향을 물었다. 그런데 트럼프는 자신에게 한 질문에는 "대답하지 않겠다"고 해놓고는 문재인에게 한 질문에는 긴 답변을 내놓았다. 그는 "미국 무기는 세계 최고"라는 점을 여러 차례 강조하면서 "한국은 수십억 달러의 군사장비를 주문해놓고 있고, 미국은 이 가운데 일부를 이미 승인했다"며 자랑하는 투로 말했다. 그러고는 이렇게 덧붙였다. "솔직히 이건 매우 큰 의미가 있는 거예요. 이건 미국에게는 일자리를 의미합니다. 한국과의 무역적자도 완화될 수 있는 것이고요."[19] 그가 방한 첫 일성으로 내놓은 것도 이런 것이었다. "바라건대 문재인 대통령과의 회의가 잘 풀려서 우리가 미국 내에서 많은 일자리를 창출하게 되기를 바랍니다. 그것이 바로 내가 여기 있는 이유 중 하나죠."

트럼프의 기대는 문서로 나타났다. 청와대와 백악관이 11월 8일 발표한 '공동 언론발표문'에 따르면, "문 대통령은 2022년까지 국방예산을 상당한 규모로 증액하고자 하는 계획을 공유했다". "이는 F-35A 합동타격전투기, KF-16 전투기 성능개량, 패트리어트 PAC-3 성능개량, AH-64 아파치 대형 공격헬기, 글로벌호크 고고도 정찰용 무인기, 이지스 전투체계 등 지난 정부에서 합의한 대로 주요 미국산 프로그램을 구매하는 데 사용될 한국의 예산을 확보하는 데 도움이 될 것"이라는 내용도 담겼다. 또한 트럼프는 "한국의 첨단 정찰체계를 포함한 최첨단 군사자산 획득과 개발을 지지한다는 입장을 재확인했다". 문재인 정부는 GDP 대비 2.5% 수준인 국방비를 임기 내에 2.9%까지 올린다는 방침을 밝힌 바 있는데,[20] 이는 트럼프의 장삿속과 맞물려 대규모 군비증강으로 이어질 수 있다는 우려를 자아냈다.

공미형 친미주의?

아이젠하워는 1961년 1월 대통령직 퇴임사에서 이렇게 말했다. "거대한 군사집단과 대규모 무기산업이 결탁하여 행사하는 영향력은 미국의 새로운 경험입니다. (중략) 우리는 깨어 있는 시민들과 함께 정부 각 위원회에서 군산복합체가 부당한 영향력을 행사하는 것을 막아야 합니다." 소련을 비롯한 공산권의 위협에 맞서 자기 손으로 키운 군산복합체가 "이제 미국의 자유와 민주주의를 위협하고 있다"는 참회이자 경고였다. 이 발언을 소개한 이유는 간명하다. 트럼프의 정책적 선호가 군비증강과 무기 판매에 맞춰질수록 미국 대외정책의 왜곡현상도 심해질 것이라는 점을 지적하기 위함이다. 트럼프는 2018년 2월 9일, 상하원을 통과한 연방예산 법안에 서명한 직후 트위터에 이런 글을 남겼다.

"우리의 군사력은 이전보다 훨씬 강력해질 것이다. 우리는 우리의 군대를 사랑하고 필요로 하고 그들에게 모든 것을 주었다. 오랜만에 이러한 일이 일어났다. 또한 이건 일자리, 일자리, 일자리를 의미한다!"

2월 초에 통과된 연방예산 법안에 따라 트럼프 행정부는 2019 회계연도와 2020 회계연도에 각각 800억 달러와 850억 달러의 군사비 인상을 보장받게 되었다. 이를 반영하듯 2019년 회계연도 군사비는 전년보다 13%나 늘어난 7160억 달러가 책정되었다. 이러한 군사비 증액도 놀라운 것이지만, 더욱 주목해야 할 점은 트럼프가 이를 미국 경제재건 및 일자리 창출과 연결시켰다는 점이다. '군사 케인즈주의'의 부활이라고 해도 과언이 아닌 셈이다.

'군사 케인즈주의'는 대규모 군사비 지출이 경제성장과 일자리 창출에 도움이 된다는 신념에 기반을 둔 것이다. 케인즈는 1933년 루즈벨트에게 편지를 보내 정부의 대규모 재정지출과 신기술 창출은 "전쟁과 파괴가 아니라 평화와 번영"에 맞춰져야 한다고 역설했지만, 정작 미국은 거대한 전쟁국가를 지향하면서 군사경제를 일으켜 세웠다. 공교롭게도 1945년부터 1971년까지 미국의 '황금시대(golden age)'가 대규모 군비증강과 경제발전의 조우 속에서 이뤄지면서 '군사 케인즈주의'는 공화당 우파의 신념처럼 자리 잡았다. 하지만 그 대가는 막대한 재정적자였다. 그래서 대폭적인 군사비 증액을 추구했던 레이건조차도 재정적자가 눈덩이처럼 불어나자 공화당의 신념을 배신하고 증세정책을 추진하기도 했다. 걸프전으로 미국의 힘을 마음껏 과시하고 군수산업에 새로운 활력을 불어넣었던 조지 H. W. 부시가 재선에 실패한 원인 가운데 하나도 재정적자를 줄이기 위한 증세정책에 있었다는 평가가 나오기도 했다. 그런데 트럼프는 감세와 군사비 증액을 동시에 추구하고 있다.

만약 트럼프가 '군사 케인즈주의자'가 되려 한다면, 한국은 대단히 곤혹스러운 처지에 몰릴 수밖에 없다. 트럼프가 미국의 군비증강을 추구하면서 한국을 상대로 무기 판매를 늘릴 수 있는 유력한 환경은 북한의 위협이 증대되거나 그렇다고 믿을 때 만들어진다. 이렇게 되면 동시에 북한이 미국의 군(軍)·산(産)·정(政) 복합체의 '꽃놀이패'로, 남한은 '현금자동지급기(ATM)'로 전락할 가능성도 높아진다. 또한 한반도 안보환경이 약화되면 미국의 무역보복과 통상압력에 한국이 당당하게 대처하는 것이 어려워진다. 〈워싱턴포스트〉는 "북핵위기 속에 한국에 통상압력을 가하는 것은 무례한 것"이라고 비판했지만, 트럼프는 북핵을 한국에 대한 압박수단으로 삼았다.[21]

트럼프 행정부가 2017년 12월에 발표한 국가안보전략(NSS) 보고서가 동맹 및 우방국들을 향해 내놓은 키워드는 단연 '불공정(unfair)'이었다. "불공정한 무역 관행이 미국 경제를 약화시키고 미국의 일자리를 빼앗아 간다"는 것과 "동맹국들과의 불공정한 방위비 부담과 미국의 국방력 투자 저하가 위험을 초래했다"는 것이다. 또한 "동맹국과 우방국은 미국의 힘을 증대시킨다"며 "미국은 이들 나라가 공동의 위협에 맞설 책임 부담을 공정하게 분담할 것을 기대한다"거나 "협력은 책임과 부담을 공유하는 것을 의미한다"고 밝혔다. 아울러 "미국은 동맹국들이 필요한 능력을 현대화하면서 구비하고 군사적 준비를 향상시키며 군사력 규모를 증강하고 승전의 정치적 의지를 확고히 하도록 요구하겠다"고도 했다.

한국은 미국의 종속적인 동맹국이다. 그리고 한미동맹의 '공동의 적'은 북한이고, 동맹이라는 "정책적 고려"는 한국을 미국 무기의 최대 수입 국가 가운데 하나로 만들었다. 그러나 한미동맹에는 일반적인 동맹과는 본질적인 차이가 내재되어 있다. '공동의 적'인 북한은 남한에게는 갈라진 민족이고, 그래서 화해협력과 평화적 통일의 대상이다. 무엇보다도 한반도 전쟁은 아마겟돈 그 자체다. 이에 따라 미국 행정부의 대북공격 위협에 대다수 한국인들은 안심하기보다는 두려움을 느낄 수밖에 없다. 특히 한국 정부는 미국의 극단적 선택을 예방해야 한다는 부담을 느낄 수밖에 없다. 그리고 이는 '공미형 친미주의'를 유발할 수 있다.

노무현 정부 때 일이다. 노무현은 대선후보 시절에 "반미 좀 하면 어떠냐" "사진 찍으러 미국에 가지 않겠다"는 반미성 발언을 한 바 있다. 하지만 취임 후 미국을 처음 방문했을 때, "미국이 50년 전에 도와주지 않았다면" 자신은 북한의 정치범 수용소에 있었을 것이라고 말했다. 또한 이라크 파병과 주한미군 재배치 등과 관련해 미국의 요구를 대부분 수용했다. 마이클 그린 백악관 아시아 담당 선임국장이 "노무현의 한미동맹에 대한 기여도는 전두환, 노태우 이상"이라고 말했을 정도였다. 당시 나는 이러한 현실을 목도하면서 '공미형 친미주의'라는 표현을 만들었다. 미국의 요구가 부당하더라도 그 요구를 들어주지 않으면 미국한테 해코지를 당할 수 있다는 두려움이 친미적인 정책으로 이어지고 있다는 문제의식의 반영이었다.

문재인 정부의 초기 정책 방향도 이러한 틀에서 설명할 수 있다. 출범 이후 6개월을 복기해보면 문재인 정부는 트럼프의 요구를 대부분 수용하거나 그의 정책 방향에 맞춰주는 모양새를 띠었다. 쌍중단 일축, 미국 주도의 대북제재 지지와 동참, 미국이 제기해온 중국 책임론 공유, 미국산 무기 구매 약속 및 한미FTA 재협상 착수, 사드 임시배치 완료, 개성공단 및 금강산 관광의 조기 재개 공약의 북핵 해결 진전 이후로의 연기 등이 이에 해당된다. 또한 대선후보 때 공약했던 한일 위안부 합의 및 한일 군사정보보호협정 재검토 약속에도 미온적인 태도로 임한다는 비판이 나왔다. 이는 한일관계뿐만 아니라 한미관계도 의식했기 때문이라고 할 수 있다. 위안부 합의 및 한일 군사정보보호협정은 근본적으로 미국이 설계한 한미일 안보협력의 틀 속에서 이뤄진 것이기 때문이다.

이러한 친미형 정책들은 크게 두 가지 요인이 맞물린 결과라고 할 수 있다. 하나는 앞서 설명한 '공미증'이다. 내심으로는 내키지 않더라도 트럼프의 요구를 수용하지 않거나 그와 마찰을 일으키면 트럼프의 극단적인 선택을 막기 어려울 것이라는 판단이 강하게 작용했다고 할 수 있다. 일종의 '트럼프포비아'다. 또 하나는 정무적 판단이다. 한미관계의 갈등은 국내 보수 언론과 야당에 의해 침소봉대되기 마련이고 이는 정부의 국정운영에 도움이 되지 않을 것이라는 판단이 청와대에 강하게 형성됐다. 임종석 대통령 비서실장이 문정인 통일외교안보특보의 "북한의 핵과 미사일 활동 중단 시 한미군사훈련을 조정할 수 있다"는 취지의 발언에 대해 "엄중경고"를 한 것이 대표적인 사례다.

이러한 두 가지 요인은 북한의 핵과 미사일 활동 증대와 맞물리면서 문재인 정부 초기의 대외정책을 겉돌게 만들었다. 급기야 2017년 9월에는 문재인을 대통령으로 만든 촛불 민심과 상당한 거리가 있는 언행이 나왔다. 문재인은 푸틴을 만난 자리에서 "대북 원유공급을 중단하는 것이 부득이한 만큼 러시아도 적극 협조해달라"고 말했다가, 그로부터 "원유공급 중단은 북한의 병원 등 민간에 피해"만 줄 것이라는 핀잔을 들었다. 또한 대선 후보 때 재검토하겠다고 약속한 사드 임시배치도 강행하고 말았다.

이 두 가지를 계기로 국내의 개혁진보 진영에서는 문재인의 대외정책을 성토하는 목소리가 커졌다. 이는 "최대의 압박"에 심취된 트럼프 및 "국가 핵무력 완성"을 향해 폭주하던 김정은과 맞물려 문재인 정부를 더욱 곤혹스럽게 만들었다. 이렇다 보니 문재인은 '한반도 운전자론'을 자처하면서도 "안보위기에 대해 우리가 주도적으로 어떻게 할 수 있는 여건이 되지 못한다"며 여러 차례에 걸쳐 무력감을 피력하기도 했다. 하지만 문재인의 무력감 토로는 자포자기의 심정으로 나온 것이 아니었다. 그는 무력감이 커질수록 운전대를 힘주어 잡으려고 했다. 평창 동계올림픽을 천재일우의 기회로 삼고선 말이다.

끝의 시작(1):
이란
핵문제

3

핵무기라는 '절대무기'는 종종 세계대전을 떠올리게 한다. 핵으로 인한 절멸의 공포와 핵으로 인한 부전(不戰)의 기대가 공존해왔다. 21세기 지구촌 최대 문제로 일컬어져온 북핵문제와 이란 핵문제 역시 마찬가지였다. 2017년 김정은 위원장과 도널드 트럼프 대통령 사이의 말폭탄과 무력시위가 정점에 달하면서 세계대전을 우려하는 목소리도 높아졌다. 이에 앞서 조지 W. 부시 대통령은 2007년 11월에 이란이 핵무기를 개발하면 "3차 세계대전이 일어날 수 있다"고 경고했다. 그로부터 10년 후 트럼프는 이란 핵협정 '불인증'을 선언했고 2018년 5월에는 기어코 이 협정에서 탈퇴를 선언했다. 2015년에 핵협정이 타결되면서 '중동 아마겟돈'에 대한 공포는 사라지는 듯했지만, 트럼프가 그 봉인을 다시 뜯어내려고 하는 것이다.

부시와 이란의 네오콘

핵문제는 관계의 반영이자 그 산물로서의 성격이 강하다. 핵문제를 둘러싼 미국과 이란 사이의, 2002년부터 2018년까지 약 16년간의 부침은 이를 잘 보여준다. 양국의 정권을 중심으로 시기 구분을 해보면 다섯 단계로 나눌 수 있다. 1단계는 강경파인 조지 W. 부시 1기와 온건파인 하타미 정권 사이의 초기 갈등 국면이고, 2단계는 2기 부시 행정부와 아마디네자드 1기 정권 사이의 '강 대 강' 대결국면이다. 3단계는 1기 오바마 행정부와 아마디네자드 2기 사이의 갈등 지속 시기이고, 4단계는 2기 오바마와 이란의 정권교체에 따른 로하니 정권의 조우다. 끝으로는 '아웃사이더' 트럼프의 등장과 로하니의 당혹감이다. 이러한 다섯 관계의 동학을 살펴보기에 앞서 이란 핵문제의 특징부터 살펴보자.

먼저 이란 핵문제에는 역사적·지정학적 모순이 반영되어 있다. 이란에서는 1959년 미국의 비밀작전에 의한 친미정권의 등장한 바 있고, 20년 후에는 그 친미정권이 호메이니 혁명에 의해 축출된 바 있다. 또한 미국은 1980년대 이라크-이란 전쟁 당시 이라크를 지원했다. 이 과정에서 이라크는 이란을 상대로 화학무기를 사용했는데, 이는 두 가지 후유증을 남겼다. 하나는 "핵무기를 갖고 있었다면, 이라크가 화학무기를 사용하지 못했거나 효과적으로 보복할 수 있었을 것"이라는 정서가 이란 내에서 자라나기 시작했다는 것이다.[22] 또 하나는 이라크가 사용한 화학무기가 미국의 지원으로 만들어진 것임이 밝혀지면서 이란의 반미 감정이 더욱 커졌다는 점이다. 아울러 이란은 미국이 이스라엘의 핵무장은 묵인·방조하면서 자신들의 핵프로그램은 '악'으로 간주하는 이중잣대에 큰 불만을 나타내왔다.

악감정이 응축된 적대관계는 상대방의 의도에 대한 강한 불신과 과잉대응을 동반하기 마련이다. 이란 핵문제의 양상이 이를 잘 보여준다. 이란이 사소한 핵활동 조짐만 보여도 미국은 '최악의 시나리오'를 적용해 이란의 의도가 핵무장에 있다며 과잉대응에 나섰다. 이는 곧 미국의 의도가 핵문제를 빌미로 정권을 전복시키려는 데 있다는 이란의 강경론에 힘을 실어주었다. 이란 핵문제를 둘러싼 기술적·국제법적 논란도 이러한 맥락에서 이해할 수 있다.

이란은 줄곧 자신의 핵프로그램이 '평화적 목적'이라고 주장해왔고, 서방 국가들은 '핵무기 개발용'이라고 의심해왔다. 그런데 이러한 시각 차이에는 몇 가지 근본적인 문제가 얽혀 있다. 우선 기술적인 문제다. 이란이 자체적으로 보유하려는 우라늄 농축 프로그램은 저농축을 하면 핵연료로, 고농축을 하면 핵무기를 이용할 수 있다. 둘째, 국제법에서 보장하는 권리와 연관된 문제다. 일단 이란의 우라늄 농축 프로그램 보유는 NPT 회원국으로서 "양도할 수 없는 권리"에 해당된다. 그러나 서방세계에서는 이란이 우라늄 농축 프로그램을 확보하면, 핵무장으로 귀결될 것이라고 우려한다. 셋째, 대안을 둘러싼 논란이다. 서방 국가들은 원자로 가동과 의료용 연구 원자로에 필요한 핵연료를 외부에서 제공할 테니 우라늄 농축을 포기하라고 요구한 바 있다. 반면 이란은 핵연료를 외부에 의존할 경우 그 연료를 제공하는 국가에 정치적·경제적으로 종속될 수 있으므로 자체적으로 보유할 것이라고 맞받아친다. 넷째, 미국의 이중잣대 문제다. 미국은 NPT '비회원국'인 이스라엘, 인도, 파키스탄의 핵무장은 방조 내지 묵인한 반면에, NPT '회원국'인 이란의 우라늄 농축 프로그램 보유는 강력히 반대하거나 축소하려고 한다.

그렇다면 이란의 목표는 애초부터 핵무장이었을까? 미국과 이스라엘은 말할 것도 없고 다수 유럽 국가들은 이란의 의도가 핵무장에 있다고 의심했지만, 이에 대한 반론도 만만치 않았다. 이란의 핵협상 대표와 국가안전보장회의 수장을 역임했고 2013년 대통령이 된 하산 로하니는 "핵무기 제조와 관련해 우리는 결코 그 길로 가기를 원하지 않는다. 그러나 아직 핵연료 주기도 완성하지 못했다"고 말한 바 있다. 이 발언의 핵심은 이란이 원하는 것은 핵무장이 아니라 핵연료 주기를 완성하겠다는 것이었다. 이란 문제 전문가인 주안 코일(Juan Coyle)은 "이란의 목표는 핵 잠재력(nuclear latency)" 확보에 있다며, "이는 핵무장에 따른 불이익을 당하지 않을 것이라는 점에서 실제 핵보유보다 이점이 많다"고 분석했다.[23] 이를 뒷받침하듯 미국의 정보기관들은 이란이 핵무기 개발로 이어질 수 있는 우라늄 농축을 진행했다고 지적하면서도, 핵탄두 개발을 위한 일련의 프로그램 재개를 결정한 것은 아니라는 분석을 내놓은 바 있다.[24]

그러나 미국의 강경파와 이스라엘의 생각은 달랐다. 이란이 우라늄 농축을 이용해 무기급 고농축 우라늄(HEU)을 생산한다면 "핵무기 보유로 이어지는 남은 과정은 이란 과학자들에게는 매우 쉬운 일"이라는 것이다. 이스라엘은 이를 "면역구역(zone of immunity)"이라고 불렀다. 이란의 핵프로그램을 초기에 저지하지 못하면 나중에는 이를 되돌릴 시간이 없어진다는 것이었다.[25] 이에 따라 이스라엘은 이란이 그 문턱을 넘어서기 전에 선제공격을 통해서라도 이란의 핵개발을 저지해야 한다고 목청을 높였다. 후술하겠지만, 오바마 행정부는 이스라엘이 주장한 '면역구역'을 없애는 데 핵협상의 초점을 맞췄다.

핵문제는 관계의 반영이자 산물이다. 1979년 이란혁명 이후 악화 일로를 걸었던 미국과 이란의 관계는 2001년 9·11 테러 직후 새로운 전기를 맞이하는 듯했다. 이란의 개혁파인 하타미 정권이 미국과의 관계개선을 적극 모색하고 나선 것이다. 이란은 미국의 아프가니스탄 침공에 협력했을 뿐만 아니라, 아프가니스탄의 새로운 정부 구성도 적극 도왔다. 그러나 이란에게 돌아온 것은 이듬해인 2002년 1월 부시의 "악의 축" 발언이었다. 알카에다 일부 요원이 이란을 거쳐 아프가니스탄에 잠입하고 이란 무기가 팔레스타인 저항세력에게 넘어가고 있다는 이유 때문이었다. 9·11 테러를 계기로 미국과의 적대관계 청산에 나섰던 이란으로서는 황당한 일이 아닐 수 없었다.

그런데 2002년 하반기 들어 부시 행정부의 강경한 이란 정책을 뒷받침해주는 사건이 터졌다. 프랑스 파리에 체류하던 이란의 반정부 단체가 IAEA에 신고하지 않은 핵시설을 이란 정부가 보유하고 있다고 폭로한 것이다. 이에 대해 하타미는 소규모 농축시설이 있다고 인정하면서 중수로와 핵연료 공장을 건설할 계획이라고 발표했다. 동시에 그는 협력적인 태도를 보였다. 미국과의 비밀접촉을 통해 포괄적인 협상을 제안했다. 핵문제뿐만 아니라 관계정상화 문제까지 협상 테이블에 올려놓자는 것이었다. 그러나 부시 행정부는 이란의 대화 요구를 또다시 일축해버렸다.

부시와의 대화의 문이 막히자 하타미는 유럽으로 시선을 돌렸다. 영국, 프랑스, 독일 등 유럽 주요국들도 이란 핵문제의 평화적 해결을 위해 팔을 걷어 올렸다. 그 결과 이란은 2003년 10월에 유럽 3개국과의 합의를 통해 IAEA 추가 의정서에 서명하고 우라늄 농축활동을 잠시 중단하기로 했다. 이란은 IAEA와의 협력에도 나섰다. IAEA의 사찰 요구를 받아들인 것이다. 이에 따라 IAEA는 2003년 9~10월에 걸쳐 핵사찰을 실시해 11월에 결의안을 채택했다. 핵심내용은 이란이 IAEA 추가 의정서에 서명하기로 한 점을 환영하면서도, 과거에 은폐된 핵활동이 있었고 신고한 내용과 IAEA가 사찰한 결과 사이에 차이가 있다는 것이었다. 그리고 이란이 결의안을 이행하지 않으면 UN 안보리에서 제재를 논의할 필요가 있다고 권고했다. 상황이 악화되는 듯했지만, 하타미 정권은 이듬해인 2004년 11월에 양보안을 내놓았다. 유럽 3개국과의 추가합의를 통해 "호혜적인 방향으로 장기적인 외교적 해결책을 모색"하기로 하고는, 우라늄 농축뿐만 아니라 원심분리기 생산도 일시 중단하기로 했다.

하지만 재선에 성공한 부시는 이란에 일체의 우라늄 농축시설 보유를 인정할 수 없다는 강경론을 고수해 '평화적 핵 이용' 권리를 포기할 수 없다는 이란과의 충돌이 계속됐다. 이로써 이란 온건파의 입지는 크게 줄어들었고, 그 결과 2005년 대선에서 대미 강경노선을 주창한 아마디네자드가 승리하게 되었다. 이로써 핵문제를 조기에 해결할 수 있는 기회의 문도 닫히고 말았다. 아마디네자드는 취임 직후부터 강경한 입장을 보였다. 부시 행정부의 강경책과 유럽 국가들의 합의 위반을 비난하면서 우라늄 농축활동을 재개한다고 선언한 것이다. 그러자 IAEA는 2006년 들어 이란 핵문제를 UN 안보리에 회부했고, UN 안보리는 의장성명을 통해 이란에 즉각적인 농축활동 중단을 요구했다. 이란 핵문제가 UN 안보리로 넘어가면서 중국과 러시아도 공식적으로 개입하게 되었다. 안보리 상임 이사국 5개국과 독일(P5+1)은 이란이 우라늄 농축 프로그램을 포기하면 핵연료를 비롯한 다양한 인센티브를 제공하겠다는 제안을 내놓았다. 이란이 이 제안을 거부하자 UN 안보리는 부분적인 경제제재를 부과하는 결의안을 채택했고, 아마디네자드는 이를 일축하면서 중수로 건설계획을 발표해 서방 국가들과의 대립각을 분명히 했다.[26] 이란의 핵개발 시도와 국제사회의 제재 사이의 악순환도 이때부터 본격화되었다.

오바마의 등장과 "역사적 합의"

전쟁이 거론될 정도로 악화 일로를 걷던 이란 핵문제는 2008년 11월 미국 대선에서 버락 오바마 후보가 당선되면서 새로운 국면으로 접어들게 된다. 오바마는 2009년 1월 20일 취임식 연설에서부터 이란에 고위급대화를 제안했다. 또한 그해 2월 이란이 UN 안보리 결의를 무시하고 인공위성을 발사한 것에 대해서도 '유감'을 표하는 수준으로 자제했다. 이는 두 달 후 미국이 북한의 인공위성 발사를 UN 안보리에 회부한 것과 대비되는 것이었다.

하지만 아마디네자드의 행보는 거침이 없었다. 그는 2009년 6월 우라늄 농축 공장을 추가로 건설하겠다는 계획을 밝혔다. 이에 대해 오바마는 강도 높은 제재를 가하겠다고 경고했지만, 아마디네자드는 아랑곳하지 않았다. 2009년 9월에는 나탄즈 우라늄 농축 공장에 이어 쿰에 제2의 농축시설을 건설하고 있다고 IAEA에 신고했다. 특히 우라늄 농축활동을 계속해, 2009년 11월에는 1763kg의 저농축 우라늄을 보유하게 됐다. 이를 핵무기용 고농축 우라늄(HEU)으로 전환하면 핵무기를 1개 제조할 수 있는 분량인 20~25kg을 생산할 수 있었다. 아울러 부셰르와 아라크에 중수로 원자로를 건설하는 일에도 박차를 가했다.

이처럼 이란 핵문제가 파국으로 치달으면서 세계의 이목은 이스라엘이 이란 핵시설에 대한 선제공격에 나설 것인가의 여부로 모였다. 베냐민 네타냐후 총리를 비롯한 이스라엘 지도자들은 "미국에 통보하지 않고 단독으로라도 이란을 폭격할 수 있다"고 으름장을 놓았다. 이에 맞서 이란 정부는 이스라엘이 선제공격을 감행할 경우 "이스라엘의 붕괴로 이어질 것"이라고 맞받아쳤다. 급기야 오바마도 미국-이스라엘 공공정책위원회(AIPAC) 행사에서 "미국과 미국의 이익을 지키기 위해 필요하다면 무력 사용을 주저하지 않을 것"이라고 천명했다. 이로써 전쟁은 시간문제가 되는 듯했다.

하지만 전쟁 가능성이 커지면 그 재앙적인 결과를 경고하는 목소리도 커지기 마련이다. 전쟁불사론이 곳곳에서 울려퍼지자 '중동 아마겟돈' 시나리오가 곳곳에서 나왔다.[27] 이스라엘 단독으로, 혹은 미국과 함께 공습에 나서면 이란의 반격 카드도 만만치 않다는 지적이 쏟아졌다. 이란이 원유 생산을 중단하고 호르무즈 해협을 봉쇄하면 국제 유가가 천정부지로 치솟아 이미 침체기에 빠진 세계 경제를 더욱 악화시킬 수 있었다. 이란이 이라크의 시아파 민병대를 지원해 반미투쟁을 격화시킬 가능성도 거론되었다. 레바논의 헤즈볼라 및 팔레스타인의 하마스와 연합전선을 구축해 이스라엘에 공동으로 맞설 가능성도 제기됐다. 이란이 '샤하브-3' '세질-2' 같은 탄도미사일을 동원해 이스라엘을 보복공격할 가능성도 얼마든지 있었다.

무엇보다도 이스라엘의 선제공격은 이란의 핵무기 보유 열망에 '찬물'이 아니라 '기름'을 붓는 결과를 초래할 것이라는 지적이 많았다. 일단 이란의 핵시설은 여러 곳에 분산되어 있었고 이 가운데 일부는 지하에 있어 제한적 공습을 통해 이를 완전히 파괴하기란 애초부터 불가능했다. 반면 선제공격은 이란에게 핵무장의 필요성을 확인시켜주는 결과를 초래할 가능성이 높았다. 이렇게 되면 이란은 "최고의 국가이익이 침해되면 NPT에서 탈퇴할 수 있다"는 NPT 10조에 근거해 이 조약에서 탈퇴할 것으로 예상됐다. 이러한 경고를 접한 오바마의 고민도 깊어졌다. 이스라엘은 미국이 사전에 동의하지 않더라도 일단 이란을 공격하면 미국도 이스라엘을 지지하고 지원할 수밖에 없다고 믿을 공산이 크다는 지적도 나왔다. 그래서 오바마는 이런 고민에 빠졌다. "이란이 금지선(red line)을 넘는 것 못지않게 이스라엘이 그 선을 넘는 것을 어떻게 막을 것인가?"[28]

오바마가 이란 핵협상에는 적극 나서지 못한 반면에 제재를 강화하고 무력 사용 가능성을 암시한 것은 재선을 염두에 뒀기 때문이라고 할 수 있다. 미국 정계에서 막강한 영향력을 보유한 유대인 등을 돌리면 2012년 11월로 예정된 대선에서 승리를 장담할 수 없었기 때문이다. 그런데 재선에 성공하자 2기 오바마는 달라지기 시작했다. 이란과의 핵협상 의지를 강하게 밝히기 시작한 것이다. 이런 오바마에게 낭보가 전해졌다. 2013년 8월 이란 대선에서 개혁파인 하산 로하니가 승리한 것이다. 그는 대선 유세 때부터 협상을 통한 문제 해결을 공언했다. 그리고 두 정상은 2013년 9월에 서신을 교환하면서 개인적 유대를 형성하고 협상 의지를 다지기 시작했다.

그러자 이스라엘이 또다시 훼방꾼으로 등장했다. 이스라엘의 한 관리는 "나쁜 합의는 아예 합의하지 않은 것만도 못하다"며 그 근거로 북한의 사례를 제시했다. "이란으로 하여금 북한식 계책을 되풀이하게 해서는 안 된다"며, 이란도 북한처럼 "제재를 완화하고 핵개발 시간을 벌기 위해" 대화를 이용할 것이라고 주장했다.[29] 그리고 네탄야후는 10월 1일 UN 총회에서 "이란이 제2의 북한이 되려고 한다"며 협상의 조건으로 대단히 까다로운 리스트를 제시했다. 이란이 모든 우라늄 농축활동을 중단해야 하고, 모든 농축 우라늄을 이란 영토 밖으로 내보내야 하며, 쿰 인근에 건설된 핵시설과 나탄즈에 건설한 중수로를 폐기하고 이라크의 중수로 건설도 중단해야 한다는 것이었다. 이러한 요구는 이스라엘의 기존 입장을 되풀이한 것이지만, 동시에 이란이 수용할 가능성이 거의 없는 것이었다.

오바마와 로하니는 네탄야후의 노골적인 방해에도 불구하고 협상 타결을 향해 뚜벅뚜벅 걸어갔다. EU와 중국, 러시아도 이에 힘을 보태고 있었다. 그러자 이스라엘과 미국 공화당은 세계 외교사에서 유례를 찾아보기 힘든 진풍경을 연출했다. 네탄야후가 2013년 3월에 미국 의사당에서 연설을 했는데, 그를 초청한 당사자는 미국 행정부가 아니라 야당인 공화당이었던 것이다. 네탄야후와 공화당이 의기투합한 이유는 타결 전망이 높아지던 이란 핵협상을 좌초시키기 위한 것이었다. 하지만 대세는 협상 타결로 기울고 있었다. 최대 난제였던 우라늄 농축 문제 및 제재 해제와 관련해 이견이 좁혀진 것이다.

결국 2015년 7월 14일 오스트리아 빈에서 이란 핵협정이 타결됐다. 타협의 핵심골자는 이란의 핵프로그램을 철저하게 평화적 목적으로 한정하고, 이에 상응해 이란 제재를 해제하는 것이었다. 이 합의를 두고 오바마를 비롯한 각국 정상은 "역사적 합의"라고 그 의미를 크게 부여했다. UN 안전보장이사회도 결의안을 통해 이 합의를 승인했다. 제재 해제의 실질적인 권한을 갖고 있는 미국 의회도 이란이 핵협정을 준수하지 않으면 제재를 다시 부과할 수 있다는 조건을 달면서 이 합의를 승인했다. 하지만 이스라엘과 사우디아라비아를 비롯한 일부 수니파 국가들은 격렬히 반발했다. 네탄야후는 이란 핵협정을 가리켜 "테러형 핵 강대국"의 문을 열어준 "역사적 실수"라고 맹비난했다.

포괄적공동행동계획(JCPOA)로 불리는 합의문은 본협정과 5개의 부속 합의서를 합쳐 159쪽에 달한다. 촘촘한 합의를 통해 빈 구멍이 생기지 않게 하겠다는 의지가 그만큼 강했던 것이다. 빈 구멍을 메우는 핵심적인 방법은 오바마가 밝힌 것처럼 "신뢰가 아니라 검증에 기초한 것"이었다. 강력한 검증체제를 구축해 이란 핵협정에 대한 국내외의 반발을 무마하려고 했다. 검증의 주체로는 IAEA가 나섰다. 당초 검증 문제는 '백지수표'를 달라는 미국과 '주권 침해'를 들어 반대했던 이란 사이의 핵심쟁점이었다. 타협안은 IAEA가 군사시설을 포함해 의심 시설을 모두 접근할 수 있지만, 이란과 P5+1, 그리고 IAEA가 함께 구성한 '합동위원회(Joint Commission)'의 협의를 거치도록 했다.

가장 '뜨거운 감자'였던 우라늄 농축 문제는 어떻게 하기로 했을까? 우선 이란이 농축할 수 있는 농도는 3.67% 이하로, 규모는 300kg 이하로 제한하기로 했다. 대개 무기급 우라늄은 90% 이상이고, 고농축 우라늄은 20% 이상으로 간주된다. 이에 따라 이 합의는 이란의 핵무장 능력을 획기적으로 줄인 것으로 평가할 수 있다. 또 하나의 쟁점은 원심분리기였다. 이와 관련해 협정에서는 신형 원심분리기를 비롯한 이란의 핵기술 연구·개발(R&D)을 나탄즈 시설로 한정하기로 했다. 대신 미공개 시설로 논란이 되었던 포르도 농축시설에서는 농축·연구·핵물질 저장을 금지하기로 했다. 나탄즈에서의 연구개발도 원심분리기의 상용화에 못 미치는 실험까지만 허용하기로 했다. 아울러 이란은 합의 당시 보유하고 있던 농축 우라늄의

98%를 감축하고 원심분리기의 수량도 협정 체결 당시 약 2만 개에서 5060개로 축소하기로 했다. 이러한 합의에 따라 이란은 2016년 1월까지 초과 분량의 원심분리기를 자체적으로 폐기했고 상당한 양의 농축 우라늄을 러시아로 보냈으며, IAEA도 사찰을 통해 이를 공식 확인했다.

또 하나의 쟁점은 플루토늄을 생산할 수 있는 중수로(heavy-water reactor) 문제였다. 미국 등 서방 국가들은 이란이 아라크에 건설 중이던 중수로의 폐기를 요구했지만, 이란은 전력 생산 및 의료용 방사성 동위원소 생산용이기 때문에 불가하다고 맞섰다. 타협은 중수로를 무기급 플루토늄을 생산할 수 없도록 재설계하고 사용후연료를 이란 외부로 반출하는 수준에서 이뤄졌다. 또한 이란은 2030년까지 추가적인 중수로를 건설하지 않기로 했다.

이렇듯 이란의 우라늄 농축 능력에 상당한 제한을 가하고 플루토늄 생산 경로를 사실상 차단함으로써 이란의 핵무기 개발 능력은 상당 기간 원천봉쇄되었다. 더구나 이는 "예외적이고 강력한 감시·검증·사찰체계"를 동반했다. 이란은 IAEA 안전조치협정의 추가의정서도 가입·비준함으로써 IAEA에 신고시설뿐만 아니라 미신고 의심 시설까지 접근할 수 있는 권한을 부여했다. 또한 이란이 IAEA의 사찰 요구를 거부할 경우 합동위원회에서 이 문제를 다루고 표결에서 과반수 결정으로 이란에 제재를 다시 부과할 수 있는 '스냅 백(snap-back)'도 명시했다. 합동위원회에서 해결이 안 되면 UN 안보리로 회부될 수 있고, UN 안보리는 이란의 협정 위반 판단 시 해제하기로 한 이란 제재를 최장 15년 동안 다시 부과할 수 있는 권한도 명시되었다.

미국을 비롯한 서방 국가들의 핵심적인 협상목표 가운데 하나는 '돌파 시간(breakout time) 늘리기'였다. 돌파 시간이란 이란이 하나의 핵무기를 만들겠다고 결심한 때부터 실제로 핵무기 제조에 성공할 때까지의 시간을 의미한다. 돌파 시간이 짧을수록 국제사회가 이를 저지하기가 쉽지 않게 된다. 그런데 협상 당시 이란의 핵 돌파 시간은 2~3개월로 간주되었다. 미국은 이걸 1년으로 늘리는 걸 목표로 삼았다. 우라늄 농축도 3.67%, 우라늄 보유량 300kg을 기준으로 삼은 것도 이 때문이었다. 3.67%의 우라늄 300kg으로 우라늄 핵폭탄 1개를 만드는 데 1년이 걸릴 것이라는 계산이 나온 것이다. 이 정도 시간이면 이란이 핵합의를 뒤집어 핵무기 개발에 나서더라도 국제사회가 충분히 저지할 수 있다고 간주했다.

이렇듯 단기적으로는 이란의 핵무장을 확실히 차단할 수 있게 되었지만, 장기적인 차원에서는 얘기가 달라질 수 있다. 우선 이란은 2025년 후에는 원심분리기 제한에서 벗어나고, 2030년 후에는 우라늄 농축에 가해진 제약에서 벗어날 수 있다. 이스라엘과 사우디아라비아, 그리고 미국 내 강경파들이 집중적으로 문제를 제기한 부분도 바로 이 부분이다. 당장 급한 불은 껐지만, 나중엔 더 큰 불이 될 수 있다는 논리다. 그런데 오바마 행정부도 "10여 년 후에는 이란의 돌파 시간이 (1년에서) 5개월로 단축될 것"이라는 점을 알고 있었다.[30] 다만 이란의 미래 핵활동도 엄격한 사찰 및 검증을 전제로 한 것이어서, 이란이 핵 사찰단을 추방하고 NPT에서 탈퇴하는 초강수를 두지 않는 한 핵무기 개발로 이어지기는 쉽지 않다.

이란 핵협상이 이란의 핵무기 개발 차단과 국제사회의 경제제재 해제를 맞바꾸는 것인 만큼, 이란 제재 해제 내용도 주의 깊게 살펴볼 필요가 있다. 제재는 크게 미국 및 EU의 독자적 제재와 UN 안보리를 통한 제재 두 가지로 나뉜다. UN 안보리의 제재는 무기 분야를 제외하고는 해제하기로 했다. 반면 미국과 EU의 제재 해제는 IAEA의 검증이 끝난 뒤에 해제하기로 했다. IAEA는 2015년 연말까지 이란 시설에 사찰을 실시했고 그 결과를 보고서로 제출했다. 이에 힘입어 미국과 EU도 제재 해제 조치에 들어갔다. 이 과정에서 오바마는 제재 해제 이후에도 이란의 합의 위반이 나오면

65일 안에 제재를 복원할 수 있도록 했다며 미국 의회를 집중적으로 설득했다. 재래식 무기 및 미사일 금수 조치에 대한 타협도 극적이었다. 미국은 금수 조치 연장을 요구했고, 이란은 이에 반대했었다. 러시아와 중국은 이란 편을 들었다. 무기 금수 조치 해제가 자신들의 무기 판매로 이어질 수 있다고 봤기 때문이다. 결국 타협 지점은 재래식 무기는 5년, 미사일은 8년을 연장하는 것에서 이뤄졌다.

이란 핵협상이 타결될 수 있었던 주요 요인은 세 가지였다. 첫째는 오만과 터키 등 '장외 플레이어'들이 미국과 이란 협상을 적극적으로 중재하고 나선 것이었다. 이들 나라는 미국과 이란 모두에 비교적 우호적인 관계에 있으면서 '협상 타결은 충분히 가능하다'는 점을 양국에 지속적으로 전달했다. 둘째는 미국과 이란 정부의 적극적인 협상 의지였다. 오바마는 개혁파인 로하니의 집권기가 핵협상의 마지막 기회라고 여겼다. 이란 역시 오바마의 의지를 높이 평가했다. 특히 2013년 11월 1차 합의, 2015년 4월 초 잠정합의를 거치면서 숱한 이견에도 불구하고 신뢰를 쌓을 수 있었다. 이는 결국 양측 정부 사이에 '화학작용'을 일으키면서 최종합의에 도달하는 결과로 이어졌다. 끝으로 선택과 집중이었다. 오바마는 이란의 핵무장 방지를 최우선 순위로 삼았다. 이에 따라 무기 금수 조치와 이란 테러집단과의 연루설, 그리고 탄도미사일 문제 등에 대해서는 유연한 태도를 보였다. 로하니의 핵심목표는 "부당한 제재" 해제로 맞춰졌다. 핵개발 제한과 군사시설 사찰 허용 등 이란이 주권 사항이라고 주장했던 문제를 상당 부분 양보한 데는 이란이 직면한 최대 문제는 경제 문제라는 인식이 확고했기 때문이다. 이렇듯 양측이 협상의 목표를 분명히 하면서 다른 문제가 합의를 무산시킬 정도의 걸림돌이 되는 것을 막을 수 있었던 것이다.

'이란 잭팟'의 실체와 트럼프의 등장

　　　　　　이란 핵협정이 타결되면서 이란 시장 진출을 노렸던 나라들도 기지개를 펴기 시작했다. 여기에는 아버지에 이어 "제2의 중동 특수"를 노린 박근혜도 포함되었다. 그는 2016년 5월 초에 이란을 방문하고서 "이란 순방을 계기로 제2의 중동붐이 일어나길 기대한다"고 말했다. 무려 52조 원 규모의 프로젝트에 한국 기업이 참여할 수 있는 길이 열렸다고 했다. 대다수 언론도 '이란 특수' '제2의 중동붐' 등의 제목으로 한국 경제의 새로운 활로가 개척되었다는 보도를 쏟아냈다. 하지만 당시 한국이 이란과 맺은 계약 대부분은 법적 구속력이 없는 양해각서(MOU)였다. 또한 이란 제재가 완전히 풀린 것도 아니었다. UN 안보리와 EU가 부과한 제재는 풀렸지만, 미국의 독자적인 제재는 풀린 게 거의 없었다.

　실제로 미국은 이란에 대한 금융제재를 유지하고 있었다. 미국 은행이 이란과 직접 거래하는 것은 물론이고 간접적으로 거래하는 것도 불허하고 있었다. 여전히 테러지원국이자 인권 탄압국으로 지정되어 있다는 이유 때문이었다. 이로 인해 제3국 은행들도 적극적으로 이란과의 거래를 트지 못했다. 거래에 나선 은행들은 미국으로부터 '벌금 폭탄'을 맞았다. 2012년부터 2016년 1/4분기까지 유럽 은행들은 미국의 금융 규제를 위반했다는 이유로 150억 달러 이상의 벌금을 냈다. 이를 두고 〈뉴욕타임스〉의 칼럼리스트 로저 코헨은 "위험과 수익의 관점에서 볼 때, 어떤 유럽 은행도 벌금을 상쇄할 만큼의 충분한 수익을 낼 수 없다"고 진단했다.[31]

　미국은 이란이 핵협정을 체결하면 이란 경제에 장밋빛 미래가 펼쳐질 것이라고 장담했었다. 하지만 이란의 경제 호황은 계속 '그림의 떡'에 머물렀다. 그러자 이란-미국-EU 사이의 감정 싸움도 치열해졌다. 이란 최고지도자 하메네이는 2016년 4월에 "미국은 실제로는 누구도 이란과 거래하지 못하도록 공포심을 조장하고 있다"고 직격탄을 날렸다. 이후에도 "쇠고

기는 어디 있나?"라는 푸념이 이란 내에서 유행할 정도로 핵합의의 경제적 효과는 미진하기만 했다.

이란은 물론이고 이란과 경제관계를 트려고 했던 EU의 불만이 커지자 미국의 존 케리 국무장관이 "우리는 외국 은행이 이란의 은행·기업들과 거래하는 것을 반대하거나 방해할 생각이 없다"며 진화에 나섰다. 그런데 그 다음 발언이 가관이었다. "다만 외국과 거래하는 이란의 은행과 기업이 핵 문제 이외의 이유로 미국의 제재 목록에 올라 있지 않을 때 국한해서 말이다." 미국은 핵합의 이후 핵활동과 관련해서는 이란 제재를 해제했다. 이건 주로 UN 안보리의 제재 해제 맥락에서 이뤄진 것이다. 하지만 이란의 테러 지원 및 인권 탄압을 이유로 대부분의 제재, 특히 금융제재는 유지했다.

문제는 여기에서 비롯됐다. 외부에서 이란의 은행 및 기업의 실소유주나 유관기관을 파악하기란 대단히 어렵다. 대표적인 게 미국의 핵심 제재 대상인 이란 혁명수비대다. 미국은 이 기관이 이란 경제의 상당 부분을 장악하고 있다고 의심했다. 그런데 외국 은행이 자신과 거래하는 이란 기업이나 은행이 이란 혁명수비대와는 무관하다는 것을 입증하는 것이 거의 불가능했다. 문제는 또 있었다. 대부분의 국제거래는 달러로 이뤄지고 이에 따라 미국 금융 시스템을 경유하게 되어 있다. 이건 이란과의 거래도 마찬가지였다. 하지만 미국은 이란의 미국 금융 시스템 이용 및 달러화 거래 자체를 불허해왔다. 이로 인해 이란과의 비즈니스는 상당한 리스크와 함께 혼선을 수반할 수밖에 없었다.

2016년 5월 10일, 영국 런던에서는 미국의 고위관료들이 유럽 은행가들을 만나 애로사항을 청취하는 미팅이 열렸다. 이 회의에 참석한 케리 국무장관은 회의장에 들어가기에 앞서 이렇게 말했다. "만약 유럽 은행가들이 이란과 비즈니스를 하고 싶지 않거나 좋은 거래를 기대하지 않는다면, 그들은 이런 식으로 말해서는 안 된다. '우리는 미국 때문에 할 수 없어!'"

더 이상 미국 평계를 대지 말라는 것이었다. 하지만 유럽 은행가들의 볼멘 소리는 이어졌다. 어떤 게 미국의 이란 제재에 저촉되는지를 확인하기 위해 "현행 미국 법과 금융규제가 허용하고 있는 것에 대한 문서화된 확인을 요청했다". 이란과 거래하더라도 미국이 기소하거나 벌금을 부과하지 않을 것이라는 보장을 원했던 것이다. 그러나 "미국은 이마저도 껄끄러워했다".[32]

이런 사정을 아는지 모르는지, 박근혜 정부와 정권의 나팔수로 전락한 상당수 언론은 연일 '이란 잭팟'을 터트렸다. 만약 박근혜가 국정농단 사건으로 대통령 직무정지와 탄핵을 당하지 않았다면 어떻게 되었을까? 아마도 박근혜의 '이란 잭팟'은 수십조 원의 국민 혈세를 낭비한 이명박 자원외교의 재판이 되고 말았을 것이다. 하메네이는 박근혜 대통령과의 면담에서 이렇게 말했다. "이란과 한국의 관계는 미국이 주도하는 제재와 방해에 영향 받지 않아야 한다. 이것이 상호협력의 기본조건이다." EU도 쩔쩔매던 차에 과연 미국에 종속적인 한국이 미국의 이란 제재에 영향을 받지 않는 것이 가능했을까?

한편 2016년은 미국 대선이 있는 해였다. 민주당 후보로 나선 힐러리 클린턴은 국무장관 재직 시 이란과의 협상에는 회의적이던 반면에 경제제재에는 적극적이었다. 이를 두고 미국의 〈뉴욕타임스〉는 이란과의 핵합의가 오바마 행정부 2기 때 급물살을 탄 핵심적인 이유는 클린턴이 국무장관직에서 떠났기 때문이라는 분석을 내놓기도 했다.[33] 실제로 그는 유대인의 영향력을 의식해 이란 핵협정의 유지 여부에 대해서는 모호한 태도를 보인 반면에, 이란이 합의를 이행하지 않으면 무력 사용도 불사하겠다는 입장을 대선공약의 하나로 내세웠다. 공화당 대선후보로 나선 도널드 트럼프는 이란과의 핵합의를 "미국 외교의 완전한 재앙"이라며 대대적인 개정 내지 탈퇴를 공약으로 제시했다.

2016년은 또한 김정은이 "국가 핵무력 완성"을 향해 본격적으로 시동을 건 해였다. 1월과 9월에는 핵실험을 강행했고 중거리 탄도미사일도 집중적으로 시험발사했다. 그러자 국내의 상당수 언론은 이란 핵협정을 '이란 모델'이라고 명명하고는 북한에도 적용해야 한다는 주장을 쏟아냈다. 이란이 미국 주도의 강력한 경제제재에 굴복해 제재 해제를 대가로 핵개발을 포기했다며, 북한에도 강력한 제재를 가해야 한다는 것이었다. 이러한 주장은 김정은이 "국가 핵무력 완성"을 향해 폭주를 거듭했던 2017년에도 끊임없이 제기되었다.

그런데 희한한(?) 일이 벌어졌다. 백악관의 주인이 된 트럼프가 2017년 10월 13일 이란 핵협정은 "최악의 협정 중 하나이며, 미국이 역대 체결한 것 중 가장 일방적인 거래"라고 비난하면서 "이란의 핵협정 준수를 인증하지 않는다"고 선언한 것이다. 국내 보수언론이 주장했던 것처럼, 핵협정이 경제제재를 앞세운 미국에 이란이 굴복한 것이라면, "가장 일방적인 거래"라고 분통을 터뜨렸어야 할 당사자는 미국이 아니라 이란이어야 했다. 하지만 이란은 협정 준수를 요구한 반면에 미국이 일방적으로 '불인증'을 선언하고 말았다. 어찌된 영문일까? 국내 보수 진영은 강력한 대북제재를 정당화하기 위해 이란이 핵개발을 고집하다가 강력한 제재를 받고서 굴복한 것처럼 묘사했다. 하지만 이란 핵협정은 전형적인 '이익의 균형'이었다. 국제사회는 이란의 핵무기 개발 능력을 사실상 제거하는 데 성공했고, 이란은 경제제재 해제에 따른 실리와 국제적 고립 탈피를 도모할 수 있었기에 협정 타결에 다다를 수 있었던 것이다.

그러나 트럼프의 눈에는 이것조차 탐탁지 않았다. 그는 이란의 핵협정 위반을 문제 삼았지만, 정작 핵사찰을 담당해온 IAEA는 "이란이 한 핵 관련 약속들은 현재 이행되고 있다"며 "이란은 세계에서 가장 탄탄한 핵 검증 체제의 대상이다"라고 강조했다. 협정 체결 당사국들이자 미국의 동맹국인 영국, 프랑스, 독일조차도 "3개국 모두 협정을 완전히 이행한다는 입장에 변함이 없다"고 밝혔다. 트럼프가 말한 이란의 핵협정 위반 주장은 '가짜 뉴스'였던 셈이다. 그러나 트럼프는 물러서지 않았다. '약속을 지키는 대통령'이라는 점을 과시하기라도 하듯 2018년 5월 8일 이란 핵협정에서 탈퇴하고 이란에 제재를 다시 부과하겠다고 선언했다.

그렇다면 왜 트럼프는 이란 핵협정에서 발을 뺀 것일까? 먼저 '오바마 유산 지우기'다. 파리기후협약에서 오바마케어에 이르기까지 트럼프의 국정기조는 'ABO(Anything But Obama)'라는 말로 압축된다. 오바마가 한 일은 무엇이든 문제가 있다며 이걸 뒤집는 게 주특기다. 아울러 2018년 중간선거 및 2020년 재선전략과도 연결되어 있다고 볼 수 있다. 미국 정계에 막강한 영향력을 행사하는 이스라엘 및 친이스라엘 로비 그룹의 지지를 받는 데 효과가 있을 것이라고 여길 것이기 때문이다. 이러한 분석을 뒷받침하듯, 2018년 5월 초에 트럼프에게 달려가 이란 핵협정 탈퇴를 만류했던 마크롱 프랑스 대통령은 빈손으로 귀국하면서 이렇게 말했다. "트럼프는 국내 정치적 사정 때문에 이란 핵협정에서 탈퇴할 것이다."

또한 '무기 상업주의'와도 연관이 있어 보인다. 트럼프는 2017년 5월 사우디아라비아 방문 때, 1100억 달러(약 124조 원) 규모의 무기거래를 계약한 바 있다. 그런데 이란과 경쟁관계에 있는 사우디는 이란 핵협정을 반대해온 대표적인 나라다. 이란 핵협정 '불인증'에 이어 탈퇴 선언은 사우디의 대규모 무기 수입에 대한 트럼프의 답례라는 해석을 가능하게 한다. 더구나 이란의 반발로 중동 정세가 불안해지면 트럼프는 수니파 국가들을 상대로 무기 수출을 크게 늘릴 수 있고, 유가가 뛰어 이들 나라의 수입이 늘어나면 무기 대금을 치를 수 있는 여력도 커지게 된다.

결국 트럼프의 선택은 오바마에 대한 적개심, 무기 상업주의, 친이스라엘 행보를 통한 재선 도모 등이 복합적으로 작용한 것이라고 할 수 있다. 그리고 그 결과는 핵 비확산 체제의 중대한 위기와 더불어 중동 정세의 불확실성 증대다. 더구나 트럼프는 이란 핵협정 탈퇴 6일 후에는 주 이스라엘 미국 대사관을 텔아비브에서 예루살렘으로 옮겼다. 그의 딸 이방카는 새로운 대사관 앞에서 양국 국기를 가리키며 활짝 웃었다. 이는 이스라엘군과 경찰이 쏘아대는 실탄과 최루탄에 피 흘리며 쓰러지는 팔레스타인인들의 모습과 대비되면서 국제사회의 공분을 샀다.

끝난 것처럼 여겨졌던 이란 핵문제는 트럼프의 탈퇴선언으로 새로운 양상으로 접어들고 말았다. 트럼프는 이란이 도저히 수용할 수 없는 조건들을 제시하면서 이란이 거부하면 강도 높은 제재를 부과하겠다고 으름장을 놓았다. 이에 맞서 이란은 미국을 제외한 합의국들에게 경제협력 유지를 요구하면서 이게 이뤄지지 않는다면 우라늄 농축활동을 재개하겠다고 경고했다. 독일의 시사 주간지 〈슈피겔〉은 "슬프고 불합리하게 들리겠지만 현명한 저항이 필요하다. 미국에 저항하자"고 호소했지만,[34] 미국의 위세에 눌린 유럽 기업들의 탈(脫)이란 러시를 막기에는 역부족이다. 미국의 저명한 현실주의 국제정치학자인 스티븐 왈트의 진단이다.

"트럼프와 그의 안보보좌관인 존 볼턴, 그리고 마이크 폼페이오 국무장관은 이란 핵협정을 파기함으로써 이란에 제재를 다시 부과할 수 있기를 희망하고 있다. 제재가 이란 정권을 전복시키거나 이란의 강경파들이 우라늄 농축활동을 재개하는 것으로 이어지길 기대하면서 말이다. 이란의 우라늄 농축활동 재개는 볼턴이 오랫동안 옹호해왔던 예방전쟁의 구실을 제공할 것이다."[35]

끝의 시작(2):
강대국들의
제2의 핵 시대

4

  한반도의 시계와 세계의 시계가 엇갈리고 있다. 2018년 들어 한반도의 '탈냉전' 분위기와는 달리 "강대국들 사이의 경쟁"이 더욱 치열해지면서 '신냉전'[36]의 징후가 뚜렷해진 것이다. 1989년에 끝났다던 냉전이 약 30년 만에 진짜로 다시 시작될지는 알 수 없다. 신냉전의 개념을 어떻게 규정하느냐에 따라 달라질 수도 있다. 하지만 2000년 이후로 이 표현의 빈도수가 갈수록 늘어나고 있는 것만은 분명하다. 무엇보다도 냉전시대의 핵심적인 특징이 미국과 소련 사이의 핵군비경쟁에 있었다면, 오늘날 신냉전의 기운이 뚜렷해지고 있다고 해도 과언이 아니다.

  제2의 핵 시대라는 표현은 폴 브랙켄(Paul Bracken) 예일대 교수가 최초로 사용한 것으로 알려져 있다. 그는 2000년 〈포린 어페어즈〉 기고문을 통해, 아시아를 중심으로 제2의 핵 시대가 부상하고 있다고 주장한 바 있다. 인도와 파키스탄의 핵무장, 모호성이 사라진 이스라엘의 핵보유, 그리고 북핵문제 등을 그 근거로 삼았다. 브랙켄은 이후 10여 년간의 연구를 집대성해 2013년에는《제2의 핵 시대: 전략, 위험, 그리고 새로운 권력정치(The Second Nuclear Age: Strategy, Danger, and the New Power Politics)》라는 책을 펴내기도 했다.[37] 그는 책에서 제2의 핵 시대는 "냉전과 관계가 없다"고 진단한다. 제1의 핵 시대라고 부를 수 있는 냉전시대와는 달리 제2의 핵 시대에는 지역갈등이 핵확산으로 이어지고 있다는 진단이다. 그러나 제2의 핵 시대는 강대국들 사이에서도 고개를 들고 있다.

오늘날 강대국들 사이의 관계를 신냉전으로 표현할 수 있느냐의 1차적인 관건은 상대방의 전략적 의도를 어떻게 규정하느냐에 달려 있다고 할 수 있다. 이와 관련해 미국의 조지 W. 부시 행정부는 NSS를 통해 중국과 러시아를 "갈림길에 선 국가들"로 표현한 바 있다. 미국 주도의 세계 질서에 순응하느냐, 아니면 이에 도전하느냐 하는 기로에 서 있다는 것이었다. 오바마 행정부의 판단도 크게 다르지 않았다.

그런데 트럼프 행정부는 2017년 12월에 발표한 NSS에서 이들 나라를 "국제질서의 현상변경을 추구하는 수정주의 국가들"로 규정하면서 "최강의 군사력 구축을 통해 힘에 의한 평화"를 이루겠다고 밝혔다. 그리고 2018년 1월 공개된 〈국방전략보고서(NDS)〉에서는 북한이나 테러리즘보다 "강대국들과의 경쟁에 대응하는 것이 미국의 최우선순위"라고 천명했다. 2월 발표한 NPR에서는 러시아와 중국의 도전에 맞서기 위해 최강의 핵 능력을 확보할 것이라고 밝혔다. 특히 러시아에 대해서 "미국의 지도에 잘 따랐고 전략핵무기도 대폭적으로 감축했지만", 오늘날에는 핵 전력을 대폭적으로 현대화하고 "제한적인 선제 핵공격 전략"을 채택했다고 주장했다.

그러자 러시아 정부가 발끈하고 나섰다. "대결적이고 반(反)러시아적 성격이 명백하다"며, "이는 깊은 실망감을 불러일으킨다"고 비난했다. 그리고 푸틴 대통령은 2018년 3월 1일 국정연설에서 신형 전략무기를 대거 공개했다. 최신형 ICBM인 '사르맛', 핵추진 순항미사일, 핵탄두와 재래식 탄두 겸용이 가능한 수중 드론, 극초음속 미사일 등이 이에 해당된다. 푸틴은 이들 무기를 "무적"이라고 자랑하면서 그 이유를 미국 주도의 MD에 대응하기 위한 것이라고 주장했다. "미국이 자국은 물론 동유럽의 루마니아와 폴란드에 MD 시스템을 배치하고, 일본과 한국으로 이를 확장하려 하고 있다"고 비난하면서 자신의 전략무기 개발은 MD를 무력화하기 위한 것이라고 밝혔다. 푸틴의 연설 다음 날 크렘린 대변인은 "미국의 글로벌 MD 네트워크는 전략적 균형을 와해하고 러시아군을 무력화하고 있다"고 비난했다.

그러자 미국도 발끈하고 나섰다. 국무부 대변인은 "무책임하며 무기감축 협정을 파기하겠다는 증거"라고 비난했다. 러시아가 지상 발사 순항미사일을 개발함으로써 "1987년 맺은 중거리핵미사일폐기협정(INF)을 위반했다"는 것이다. 국방부 대변인은 "우리는 (푸틴의) 발표에 놀라지 않았다"며 "미국 국민은 우리가 완전히 준비돼 있음을 믿어도 된다"며 자신감을 피력했다. 또한 미국의 상당수 언론과 전문가들은 "푸틴이 신냉전의 방아쇠를 당겼다"고 비판했다. '핵 비확산계의 짜르'로 불렸던 전 백악관 특별보좌간 개리 사모어는 "푸틴은 미국 핵무기 산업의 가장 좋은 친구"라고 비꼬았다.[38] 트럼프 행정부가 핵 전력 강화를 추진하던 와중에 푸틴의 발언이 나옴으로써 결과적으로 미국 내 핵군비론자들을 도와주게 되었다는 취지였다.

미국 내에서 푸틴이 신냉전을 촉발시키고 있다는 비판이 쏟아지자 푸틴도 반박하고 나섰다. 그는 국정연설 다음 날 미국의 NBC 방송과 가진 인터뷰에서 "신냉전이 시작되었다고 주장하는 사람은 분석가가 아니라 선동가"라고 비판했다. 하지만 이러한 발언의 취지는 신냉전이라는 표현 자체에 동의하지 않는다는 것보다는 신냉전 초래의 실질적인 책임은 미국에 있다는 맥락에서 나온 것이다. 즉, "신냉전이 군비경쟁을 말하는 것이라면 군비경쟁은 미국이 ABM 조약을 탈퇴했을 때 이미 시작되었다"는 것이다.

미국과 러시아 사이의 악순환적 작용-반작용은 여기에서 그치지 않는다. 트럼프 행정부는 MD 증강의 사유로 러시아와 중국의 위협을 명시하는 방향으로 움직이고 있는 것이다. 미국은 지금까지 공식적으로는 미국 주도의 MD는 북한과 이란의 위협 대응용이지 러시아 및 중국과의 전략적 균형에는 영향을 주지 않는다고 주장해왔다. 그런데 트럼프 행정부는 이들 나라를 직접 거론하고 있다. 트럼프 행정부가 러시아와 중국을 "수정주의 세력"이라 부르고 "강대국들과의 경쟁"이 재연되고 있다고 판단한 만큼, 이들 나라와의 경쟁에서 승리하기 위해 창(핵)과 방패(MD) 구축에 박차를 가하겠다는 움직임이 꿈틀거리고 있는 것이다.

미러관계에 신냉전의 그림자가 짙게 드리워지고 있는 것은 다소 뜻밖인 측면이 있다. 트럼프는 대선 유세 때부터 푸틴을 높게 평가하면서 미러관계의 발전을 희망한다는 의사를 피력했었다. 이에 따라 트럼프의 미국이 중국의 부상을 견제하기 위해 러시아와 전략적 제휴에 나설 것이라는 전망도 나왔다. 하지만 양상은 전혀 다르게 전개되었다. 푸틴은 트럼프 행정부를 "기능 부전 정권(lost pause)"으로 간주하기 시작했다. 반면 트럼프는 푸틴과 친구가 되고 싶어 했지만, 그의 외교안보팀은 푸틴을 숙적으로 간주했다. 매티스 국방장관은 러시아와의 경쟁이 "최우선순위"라고 못 박았고, 전략사령부의 존 헤이튼 사령관은 러시아를 가리켜 "미국의 유일한 존재론적 위협"이라고 말했다.[39]

나는 이러한 움직임을 '강대국들의 제2의 핵 시대'라고 부르고자 한다. 그 이유는 다음과 같다. 첫째, 미국과 러시아, 그리고 부분적으로는 중국도 국가안보에 있어서 핵무기에 대한 의존도를 높이고 있기 때문이다.

둘째, 냉전시대를 상징한, 그래서 "냉전시대의 유물"로 불렸던 비전략 핵무기, 즉 전술핵의 재등장이다. 트럼프 행정부는 NPR에서 "효과적으로 핵 전력을 유지하기 위해서는 냉전시대의 유산을 재편해야 한다"며 "비전략 핵무기"를 재등장시키기로 했다. 여기에는 F-35 전투기에 장착될 예정인 공대지 핵폭탄 B61-12, 저강도 핵탄두를 장착하는 잠수함발사탄도미사일(SLBM), 그리고 해상발사순항미사일(SLCM) 등이 포함되어 있다. 이에 뒤질세라 푸틴도 극초음속 미사일과 핵추진 순항미사일 개발·배치 방침을 천명했다. 이렇게 되면 1987년 체결된 INF도 그 운명을 다할 가능성이 높아진다.

셋째, MD 경쟁의 본격화다. MD 구축을 자제해 전략적 균형을 유지하기로 했던 1972년 ABM 조약은 냉전시대를 그나마 핵전쟁의 참화로 몰아넣지 않았던 초석이었다. 하지만 2002년 미국은 이 조약을 파기하면서 신냉전과 '강대국 간 제2의 핵 시대'가 잉태되고 말았다. 그 이후 미국은 북한 위협을 앞세워 거침없는 질주를 해왔고, 이제는 러시아와 중국의 위협도 공식 거명하고 있다. 미국에는 크게 못 미치지만 러시아와 중국도 MD 구축에 나서고 있다. 신냉전이 MD 경쟁이 억제되었던 냉전시대보다 더 위험할 수 있는 까닭이다.

넷째, 미러 간 핵군축 협상 시도 자체가 실종되었다는 점이다. 미소냉전 종식 이후 트럼프 행정부 이전의 모든 미국 행정부들은 러시아와 '전략핵무기감축협정(START)'을 중심으로 핵군축 협상에 임했었다. 하지만 트럼프는 취임 1년이 지나도록 핵군축 협상 개시는 고사하고 그 계획조차 밝히지 않고 있다. 푸틴 역시 마찬가지다. 이 협정의 만료 시한은 2021년 2월이다. 이때까지 미러 양측이 이 협상을 개정하거나 새로운 협정을 체결하지 않으면, 핵무기 보유 상한선은 없어지고 만다.

이러한 불길한 징후를 알리는 발표도 있었다. 미국 국방부와 에너지부는 2018년 5월 10일 차세대 핵무기 개발계획을 공개했다.[40] 핵심은 매년 80개씩의 '핏(pit)'을 생산하겠다는 것이다. 핏은 포도알 크기의 원자폭탄으로 수소폭탄의 기폭 장치에 해당된다. 이 핏을 사용하는 수소폭탄의 파괴력은 히로시마에 투하된 원자폭탄의 약 1000배에 달한다. 미국 정부는 사우스 캐롤라이나주의 사바나 리버 핵 연구단지에서 50개, 핵무기 연구의 산실인 로스앨러모스 국립연구소에서 30개를 각각 만들 예정이다. 이와는 별도로 미국 하원 군사위원회 산하 전략군소위원회는 SLBM에 장착할 저강도 핵무기 개발계획을 승인했다. 이를 두고 공화당의 마이크 로저스 소위원장은 "러시아와의 새로운 군비경쟁에 대응하기 위한 것"이라고 밝혔다.

끝의 시작(3): 한반도, 제2의 핵 시대에서 협상의 시대로

5

2017년까지만 하더라도 '핵무기 없는 평화로운 한반도'는 이룰 수 없는 꿈처럼 간주되었다. 냉전의 '외로운 섬'으로 불렸던 한반도는 탈냉전이 아니라 냉전과 열전 사이에 갇히거나 '코리아 아마겟돈'을 걱정할 처지에 몰렸었다. 하지만 2018년 들어 극적인 반전이 일어나기 시작했다. 김정은의 신년사 및 평창 동계올림픽을 계기로 남북한은 특사를 교환하면서 10년을 이어온 '남북관계 제로 시대'의 마감을 타진하기 시작했다. 핵 포기를 포기했던 것처럼 여겨졌던 김정은은 "비핵화는 선대의 유훈"이라며 "완전한 비핵화"를 언급했다. 2008년 이후 10년 만에 한반도 탈냉전을 향한 여정이 다시 시작되면서 절망의 끝자리에서 희망이 싹트기 시작한 것이다.

극적인 반전

김정은이 신년사를 통해 평창대회 참가 및 남북대화, 그리고 군사적 긴장완화 의지를 강력히 피력하자 문재인 정부는 남북고위급회담 제안으로 즉각 호응했다. 하지만 미국의 반응은 떨떠름했다. 동맹국이면 겉으로는 환영한다는 발언이 나올 법했는데, '잘되나 두고 보자'는 식의 반응이 주류를 이뤘다. 그러자 문재인이 1월 4일 전화기를 들었다. "트럼프 대통령이 그간 한반도 비핵화 목표 달성을 위해 확고하고 강력한 입장을 견지해온 것이 남북대화로 이어지는 데 도움이 됐습니다." 북한의 평창대회 참가 및 남북대화 발표의 공을 트럼프에게 돌린 것이다. 우쭐해진 트럼프는 "우리 도움이 필요하다면 언제든 알려달라"며, "미국은 100% 문재인 대통령을 지지한다"고 화답했다. 그러고는 한미군사훈련을 평창대회 이후로 연기하기로 합의했다. 이틀 후 트럼프는 기자회견에서 문재인이 "내게 감사의 뜻을 표시했다"며, "적절한 시점에 우리도 대북 대화에 관여하게 될 것"이라고 말했다. 이틀 전 국무부 대변인이 "남북대화는 올림픽 문제로 제한될"이라고 했던 것과는 180도 달라진 것이다.

이후 남북미 3자관계는 평창대회를 매개로 숨 가쁘게 돌아갔다. 그 1차적인 결실은 3월 6일 문재인 정부의 특사단이 김정은을 만나고 돌아온 직후에 발표한 '언론발표문'이었다. 여기에는 "4월 말 판문점 평화의집에서 제3차 남북정상회담을 개최" "군사적 긴장완화와 긴밀한 협의를 위해 정상 간 핫라인 설치", 북한의 "한반도 비핵화 의지" 및 "미국과 허심탄회한 대화를 할 수 있다는 용의 표명" "대화가 지속되는 동안 북측은 추가 핵실험 및 탄도미사일 시험발사" 유예 등이 담겼다.

이러한 내용들도 놀라운 것이었지만, 더 놀라운 일이 기다리고 있었다. 특사단 단장을 맡은 정의용 청와대 안보실장은 "김정은 위원장이 트럼프 대통령에게 전할 메시지가 있다"고 말해 궁금증을 자아냈다. 그리고 이틀 후 그 궁금증이 풀렸다. 정의용은 트럼프를 만난 자리에서 김정은이 트럼프를 "가능한 빨리 만나고 싶다"는 의사를 전달했고, 트럼프는 "영구적인 비핵화를 위해 5월 이내에 만날 것"이라고 화답한 것이다. 북한 정부 수립 70년 만에 최초로 북미정상회담의 문이 열리는 순간이었다.

이는 기존 외교 문법을 완전히 뒤바꿔놓은 것이다. 북한과 미국 사이의 최초의 북미정상회담 합의는 2000년 9~10월 양측의 특사 교환을 통해서 나왔었다. 특사 교환 이전에는 미사일 문제를 중심으로 실무급 회담이 수차례 진행됐다. '아래로부터의 위로 가는 방식(bottom-up)'이었다. 하지만 빌 클린턴 대통령의 방북 약속은 그해 대선에서 조지 W. 부시가 당선되면서 없던 일이 되고 말았다. 그런데 이번에는 '위에서 아래로 가는 방식(top-down)'이 등장했다. 북미 간 낮은 수준의 대화조차 거의 없던 상황에서 가장 높은 정상회담이 합의되었기 때문이다. 또한 클린턴의 방북 약속은 미사일 문제가 상당 부분 해결되고 이에 대한 명확한 전망이 전제된 것이었다. 부시와 오바마는 북핵문제가 해결된 이후에 정상회담을 고려하겠다는 입장이었다. 그런데 트럼프는 "영구적인 비핵화를 위해" 김정은을 만나겠다고 밝혔다.[41] 이전 미국 대통령이 북미정상회담을 '출구'에 두었다면, 트럼프는 '입구'로 가져온 셈이다.

그렇다면 어떻게 이런 일이 가능해진 것일까? 여기에는 구조적인 요인과 우연적인 요인이 뒤섞여 있어 단순 명쾌한 답을 내놓을 수는 없다. 본격적인 분석에 앞서 확실히 해둘 것이 있다. 2018년 한반도의 기적은 2016년 10월부터 타오르기 시작한 촛불혁명의 '나비효과'를 빼놓고는 설명하기 어렵다는 것이다. 반사실적 가정을 해보자. 만약 박근혜가 탄핵되지 않고 2018년 2월까지 대통령직에 있었다면 어떻게 되었을까? 또한 평창 동계올림픽과 패럴림픽의 효과도 지적하지 않을 수 없다. 겨울철 축제가 한반도에 봄소식을 가져다준 제비였다고 해도 과언이 아니기 때문이다.

트럼프의 '두 얼굴'도 지목하지 않을 수 없다. 북미정상회담은 미국 정계의 아웃사이더인 트럼프라는 돌출변수를 제외하면 설명하기 어렵다. 트럼프는 북한을 향해 최악의 말폭탄만 던진 인물이 아니다. 그는 대선 유세 때부터 김정은과의 정상회담 의지를 가장 강력히 피력해왔다. 기이하게도 북미정상회담에 대한 가장 적극적인 발언을 한 사람도, 북한에 극단적인 말폭탄을 쏟아낸 사람도 동일인물이다. 그는 2017년 5월에 "김정은과 만나는 것이 적절한 일이라면 단연코 그를 만날 의향이 있으며 이를 영광으로 생각하겠다"고 말한 바 있는데, 1년 만에 이게 성사된 것이다.

트럼프는 자기애를 향한 인정투쟁 욕구가 대단히 강한 인물이다. 이를 너무나도 잘 보여준 장면이 있다. 그는 2016년 6월 공화당의 대선후보를 확정한 전당대회에서 미국 국내에서는 "폭력과 빈곤"이, 해외에서는 "전쟁과 파괴"가 만연해 있다고 개탄했다. 그다음에 한 말이 놀라웠다. "나는 여러분의 목소리입니다. 나는 혼자서 이들 문제를 바로잡을 수 있습니다!" 신에게, 그리고 미국 국민에게 은총과 도움을 요청했던 이전 미국 대선후보들과는 완전히 다른 화법이었다. 그런데 북미정상회담은 트럼프의 이러한 자아에 가장 부합하는 이벤트다. 미국의 역대 대통령이 한 번도 하지 않은, 그래서 25년 동안 "엉망진창"으로 만들었다는 북핵문제 해결에 나서는 자신이야말로 영웅적 리더십의 표상인 것이다.

문재인은 이러한 트럼프를 상대로 '취향저격'에 성공했다. 앞서 언급한 것처럼 문재인 정부는 북한의 평창대회 참가 및 남북대화 진전 등의 성과가 나올 때마다 그 공을 트럼프에게 돌렸다. 또한 3월 8일 정의용은 백악관 기자회견을 통해 북미정상회담을 발표하는 자리에서 "트럼프 대통령의 리더십과 최대 압박 정책이 국제사회의 연대와 함께 우리로 하여금 현시점에 이를 수 있도록 하였다"며, "문재인 대통령의 개인적인 감사의 뜻을 (트럼프에게) 전달했다"고 말했다. 이에 앞선 2월 23일에 문재인은 트럼프의 장녀 이방카를 만난 자리에서 "나는 트럼프 대통령과 이 역사적인 위업(한반도 비핵화와 평화체제 구축)을 달성하고 싶다"고 말하기도 했다. 결국 문재인

정부가 남북관계에서 성과를 만들어내고 그 공을 트럼프에게 돌리는 화법은 "최대의 칭찬을 통한 최대의 관여 견인"이라고 할 법하다. 그 결과로 나온 것이 전격적인 북미정상회담 합의다. "칭찬은 트럼프도 춤추게 한다"는 말이 지나치지 않은 셈이다. 아울러 남북관계와 관련해 일희일비하지 않고 지속적으로 대화를 통한 문제 해결의 신호를 보냈던 것도 주효했다.

끝으로 김정은의 예견된 돌변(?)이다. 김정은의 변신을 두고 제재와 압박의 효과라는 분석이 대세를 이뤘지만, 이는 그의 수를 낮게 본 것이다. 김정은의 롤모델은 중국의 덩샤오핑이다. 덩샤오핑이 '양탄일성' 완성을 선언하고 극찬하면서 개혁개방을 본격화한 것처럼, 김정은 역시 "국가 핵무력 건설이 완성되었다"고 선언함으로써 대전환의 발판을 만들고 싶어 했다. 아버지의 업적으로 '양탄일성'을 강조했고 병진노선을 천명한 그에게 "핵무력 건설 완성"은 어떻게 해서든 빨리 끝내고 싶은 숙제였다. 그래서 트럼프가 2017년 내내 "역사상 가장 강력한 대북제재"를 부과하고 "화염과 분노" 및 "북한 완전 파괴"와 같은 말폭탄을 쏟아낼 때도 이를 감수하고 맞불을 놓으면서, 또한 문재인의 남북대화 제안을 뿌리치면서 "국가 핵무력 건설 완성"을 향해 돌진한 것이다. 물론 중국의 길을 북한이 그대로 따라갈 수는 없다. 미국은 중국의 핵무장을 인정했지만, 북한의 핵무장을 인정할 수는 없기 때문이다.

그렇다면 "국가 핵무력 건설 완성"을 선언한 김정은이 "비핵화는 선대의 유훈"이라고 말하는 등 2018년 상반기에 보여준 파격적인 행보를 어떻게 이해할 수 있을까? 세 가지 코드를 읽을 수 있다. 첫째는 논리적 연결고리다. 김정은은 아무런 조건 없이 핵실험과 탄도미사일 시험발사를 자제하겠다고 했고 풍계리 핵실험장을 폐기했다. 그런데 이건 "핵무력 건설 완성" 선언 때부터 예견된 것이었다. 논리적으로 볼 때, 완성을 선언한 만큼 핵실험과 탄도미사일 시험발사를 또다시 해야 할 긴박한 이유가 사라졌기 때문이다.

둘째는 힘이 있어야 한다는 것이다. 마오쩌둥은 핵개발을 지시하면서 이렇게 말했다. "우리가 힘이 있어야 미 제국주의자가 우리 말에 귀를 기울일 것이다." 김일성은 여러 차례 미국 대통령과 만나고 싶다는 의사를 피력했지만 번번이 무산되었다. 김정일 역시 마찬가지였다. 김정은도 그의 친구이자 NBA 스타 출신인 데니스 로드맨을 통해 오바마를 만나고 싶다는 메시지를 전했지만, 오히려 로드맨이 미국에서 '종북주의자'로 몰리는 것을 봤다. 힘이 부족했다고 여긴 탓인지 김정은은 이후 핵탄두 장착 ICBM 개발과 시험에 박차를 가했고, 트럼프와 거친 설전을 거쳐 정상회담까지 성사시켰다. 김정은은 할아버지와 아버지도 이루지 못한 북미정상회담의 공을 "전략국가론"으로 돌렸다. 트럼프가 김정은의 초대장을 받은 것은 "누구도 감히 넘볼 수 없는 세계적인 군사대국"이 되었기 때문에 가능했다는 것이다.[42]

셋째는 경제건설을 향한 열망이다. 국내외에서는 '핵·경제 병진노선'에 대해 김정은이 경제를 포기하고 핵개발에만 몰두했던 것처럼 묘사했다. 하지만 정명(正名)은 "경제건설과 핵무력 건설 병진노선"이다. 돌이켜보면 2013년부터 2016년까지는 두 가지를 병행한 시간으로, 2017년에는 경제건설을 희생시키더라도 핵무력 건설을 향해 돌진한 시기로, 그리고 2018년에는 경제건설에 총력을 기울이는 것으로 나눌 수 있다. 2018년 4월 20일 김정은 위원장이 주재한 노동당 중앙위원회 제7기 3차 회의는 이러한 분석을 뒷받침해준다. '경제건설과 핵무력 건설 병진노선의 위대한 승리를 선포함에 대하여'라는 결정서를 통해 "핵무기 병기화를 믿음직하게 실현하였다는 것"을 천명하면서 "나라의 인적·물적 자원을 총동원하여 강력한 사회주의 경제를 일떠세우고 인민생활을 획기적으로 높이기 위한 투쟁에 모든 힘을 집중할 것"과 이를 위한 "유리한 국제적 환경을 마련하며 조선반도와 세계의 평화와 안정을 수호하기 위하여 주변국들과 국제사회와의 긴밀한 련계와 대화를 적극화해나갈 것"이라고 밝힌 것이다.

정리하자면 김정은의 전략은 변증법으로 설명할 수 있다. 아버지가 미완성 상태로 물려준 '앙탄일성'을 서둘러 추진해 "국가 핵무력 건설 완성"을 선언한 것이 '정(正)'이었다면, 이러한 힘을 바탕으로 '선군정치'에 종지부를 찍고 국면전환이라는 '반(反)'을 만들어내고, 한·미와의 적대관계 청산 및 안보적 우려 해소, 그리고 경제발전을 향한 '합(合)'을 도모하겠다는 것이기 때문이다. 이러한 전략적 목표가 순조롭게 이행된다면 조만간 이러한 발표가 나오게 될 것이다. "조미 대결에서 위대한 승리를 가져온 국가 핵무력의 역사적 소임은 끝났다. 이제 국가 핵무력의 완전한 폐기를 엄숙히 선언한다."

그래도 중국부터

2018년 4월 말에 남북정상회담이 개최된다는 소식이 알려지고, 이어서 사상 최초의 북미정상회담이 예고되면서 '차이나 패싱론'이 거세게 일어났다. 한반도 문제 협상 과정에서 중국이 소외되고 있다는 것이었다. 그런데 3월 25일 북한의 특별열차가 단둥을 지나 베이징으로 향하는 것이 포착되었다. 국내 언론과 정보기관에서는 그의 여동생 김여정일 가능성을 높게 점쳤다. 하지만 이 열차에 몸을 실은 사람은 김정은이었다. 김정일의 2011년 5월 중국 방문 이후 7년 만에, 김정은 및 시진핑 집권 이후 처음으로 북중정상회담이 전격적으로 개최된 것이다.

이는 '기존 외교 문법의 파격'에 의한 '기존 외교 문법의 복원'이라는 의미를 지닌 것이었다. 전통적으로 북한은 중국과의 정상외교를 가장 중시해왔고, 그래서 가장 먼저, 그리고 가장 많이 중국 지도자들과 만났었다. 적어도 김정일 시대까지는 그랬다. 하지만 시진핑과 한 번도 만나지 않은 상태에서, 또한 북중정상회담 소식이 오리무중인 상태에서 김정은은 문재인 정부의 특사단을 통해 트럼프 대통령과의 정상회담을 제안했고 트럼프도 이를 전격 수용했다. 이러한 파격을 거쳐 김정은은 시진핑에게 방중 의사를 타진했고 시진핑은 서둘러 그를 초청했다. 북한 정권 수립 이래 70년 만에 처음으로 열기로 한 북미정상회담이 7년 동안 혼수상태에 빠졌던 북중관계를 복원시킨 셈이다.

중국은 북미정상회담 소식에 환영의 뜻을 나타내면서도 크게 두 가지 우려를 갖고 있었다. 하나는 한반도뿐만 아니라 동아시아 전체에 상당한 파장을 몰고 올 한반도 문제 협상 구도에서 중국이 주변으로 밀려날 수 있다는 우려였다. 특히 북중관계 악화와 북미관계 일괄타결이 교차하면, 1970년대 미국-중국-소련 사이의 3자관계 대격동이 오늘날 북한-미국-중국의 관계에서도 비슷하게 재연될 수 있다는 우려도 있었다. 북한이 중국의 과도한 영향력을 견제하기 위해 미국과 전략적 제휴를 원하고 있다는 분석은 과거에도 여러 차례 나온 바 있다. 반면 미국은 중국의 부상을 견제하고 포위망을 강화하기 위해 북한의 전략적 가치를 재인식할 가능성도 배제할 수는 없었다. 1970년대 중국과 미국이 소련을 견제하기 위해 손을 잡았던 것처럼 말이다.

또 하나의 우려는 이와는 정반대의 시나리오에 있다. 북미정상회담의 성사 및 성과를 장담할 수 없을뿐더러 자칫 전쟁 가능성을 포함한 더 큰 위기를 초래할 수도 있다는 우려가 바로 그것이었다. 시진핑은 한반도에서의 "부전(不戰)과 불란(不亂)"을 명확한 금지선으로 설정해왔다. 또한 북핵문제 악화가 미국 주도의 MD를 비롯한 군사력 및 동맹 강화의 빌미가 되어온 것에도 강한 경계심을 보여왔다. 더구나 미국과의 무역전쟁이 격화되고 대만해협 및 남중국해 위기마저 고조되고 있던 터였다. 이러한 상황에서 또

다시 한반도 정세가 위기로 치달으면 중국의 전략적 부담은 배가될 수밖에 없다.

이렇듯 김정은-트럼프의 담판이 품고 있는 상반된 시나리오는 중국이 한반도 문제 협상과 해결에 적극적이고 능동적으로 나서야 한다는 판단을 불러왔다. 그 일차적인 결과가 바로 북중정상회담이다. 북한의 전략적 판단도 이러한 맥락에서 이해할 수 있다. 북미관계 밀착에 대한 중국의 우려는 북중관계 회복의 '지렛대'가 된다. 거꾸로 북미관계 파탄의 우려는 북중관계 회복의 '절박한 필요성'을 야기했다. 북한으로서는 남북관계에 이어 북중관계의 회복이야말로 70년 만에 처음으로 이뤄질 북미정상회담의 완충지대 역할을 할 수 있기 때문이다.

이를 뒷받침하듯 김정은은 정상회담에서 "장구한 기간 공동의 투쟁에서 서로 피와 생명을 바쳐가며 긴밀히 지지·협조해온 조선 인민과 중국 인민은 실생활을 통하여 자기들의 운명이 서로 분리될 수 없다는 것을 체험하였다"고 강조했다. 이에 시진핑도 "전통적인 중조친선은 피로써 맺어진 친선으로서 세상에 유일무이한 것이며 뿌리 깊고 잎이 우거진 나무와 영원히 마르지 않는 샘 줄기처럼 우리 두 당과 두 나라 인민에게 행복을 마련해주고 있다"고 화답했다. 7년간의 어색함을 끝내고 과거 70년 넘게 유지했던 혈맹관계를 복원하자는 데 두 사람이 의기투합한 것이다.

한 달 후, 김정은은 승용차를 타고 판문점으로 향했다. 본인 집권 이후 처음이자 11년 만의 남북정상회담을 위해 이른 새벽에 평양에서 출발한 것이다. 문재인도 이른 아침에 청와대에서 나와 판문점으로 향했다. 그리고 두 정상은 군사분계선을 사이에 두고 손을 맞잡고는 어린아이들이 고무줄 놀이를 하듯 군사분계선을 넘나들었다. 이 장면은 전 세계에 생중계됐다. 그리고 두 정상은 '4·27판문점선언'으로도 불리는 '한반도 평화와 번영, 그리고 통일을 위한 공동선언'을 채택하고는 생중계를 통해 전 세계에 그 내용을 타전했다.

기실 판문점선언에는 남북평화협정에 버금가는 내용이 담겼다. 전문 첫머리에 담긴 '부전(不戰)의 약속'에서부터, 2조 한반도 군사적 긴장 완화에 담긴 "일체의 적대행위 전면 중단" 및 "비무장지대의 실질적인 평화지대"와 "서해 북방한계선 일대 평화수역" 만들기, 그리고 3조에 담긴 "불가침 합의" 및 "단계적 군축 실현" 등이 바로 그것들이다. 평화협정 협상 시 불거질 뻔한 가장 민감한 '디테일 속의 악마'를 사전에 제거하려는 노력도 담겼다. 평화협정 협상의 난제 가운데 하나는 북방한계선(NLL) 문제다. "해상분계선"으로 간주하는 남측과 이를 "유령선"이라고 주장했던 북측의 오랜 갈등과 이견이 있었기 때문이다. 그런데 판문점선언에는 '북방한계선'이 명시되었다. 김정은이 북방한계선의 존재를 인정한 셈이다. 이뿐만이 아니다. 평화협정 협상 시 최대 쟁점은 뭐니뭐니 해도 주한미군 문제로 간주되었다. 그런데 김정은은 여러 경로를 통해 주한미군을 양해할 수 있다는 뜻을 전달했다. 비핵화 조건으로 주한미군 철수를 요구하지 않겠다는 것이다.

특히 "단계적 군축"이 눈에 띄었다. 이건 북한의 요구로 들어간 것이다. 김일성 시대 북한의 군축 제안은 프로파간다로 치부되었고 김정일 시대의 군축은 선군정치와 어울리지 않는 짝이었다. 반면 김정은 시대의 군축은 매우 중요하다. 병진노선, 더 나아가 '선군정치'에서 '선경정치'로의 성공적인 전환의 열쇠 가운데 하나가 바로 군축에 있기 때문이다. 그래서 북한은 핵무력 건설에 박차를 가하면서 재래식 군사력 비중은 줄였다. 하지만 4월 20일 노동당 결정서를 통해 천명한 "새로운 전략적 노선"이 실질적인 성과를 거두려면 한반도 차원의 군축이 필요했다. 그래서 김정은은 공식 수행단에 인민군 총참모장과 인민무력부장을 포함시켰고 문재인에게 거수경례를 하게 하는 파격까지 연출한 것이다. 참고로 "단계적 군축"은 6·15에도, 10·4 선언에도 없던 것이다.

또한 '판문점선언'에서는 "완전한 비핵화"와 "핵 없는 한반도 실현"은 남북한의 "공동의 목표"라며, 두 가지를 분명히 했다. 하나는 북한이 핵실험을 중지하고 탄도미사일 시험발사도 중단하기로 한 것은 핵보유국 지위를 노린 것이 아니라 비핵화를 위한 "북한의 주동적 조치"라는 점이다. 김정은은 이러한 약속을 확인하면서 문재인에게 "이제 새벽에 일어나서 잠을 설치지 않으셔도 될 것"이라고 말했다. 또 하나는 "한반도 비핵화를 위한 국제사회의 지지와 협력"을 요구한 것이다. 이건 이번 판문점선언의 백미 가운데 하나다. 이전까지의 외교 문법은 북한은 국제사회의 비핵화 요구를 수용하고 남한은 대북제재와 압박이라는 국제사회 노력에 동참하라는 것이었다. 그런데 판문점선언에서는 '남북한의 목표는 한반도 비핵화이니 국제사회가 이를 지지하고 협력해달라'고 했다.

아울러 판문점선언에는 정전체제를 "비정상적인 상태"라고 일컬으면서 "남과 북은 정전협정 체결 65년이 되는 올해에 종전을 선언하고 정전협정을 평화협정으로 전환하며 항구적이고 공고한 평화체제 구축을 위한 남·북·미 3자 또는 남·북·미·중 4자회담 개최를 적극 추진해나가기로 하였다"는 내용도 담겼다. 이는 북한의 오랜 열망이자 김정은이 신년사에서도 언급한 부분이다. 또한 문재인 정부도 비핵화는 물론이고 한반도 신경제 지도와 평화적 통일 기반을 구축하기 위한 평화체제 구축에 전향적인 입장을 갖고 있었다.

판문점 정상회담 10일 후 김정은은 이번에는 전용 비행기를 타고 중국 다롄으로 향했고, 문재인은 한중일 정상회담 참석차 일본 도쿄로 향했다. 40일 만에 시진핑과 다시 만난 김정은은 "조·중 사이의 마음속 거리는 더더욱 가까워졌고 떼어놓을 수 없는 하나로 이어졌다"고 말했고, 시진핑은 "조·중 두 나라는 운명공동체, 변함없는 순치의 관계"라고 화답했다. 김정은 집권 이래 북중 사이에서 '순치관계'란 용어가 언급된 것은 처음이었다.

존 볼턴의 귀환과 김계관의 등판

　　한편 트럼프는 북미정상회담을 수락한 직후, '네오콘의 대변인'으로 불렸던 존 볼턴을 백악관 안보보좌관으로 기용했다. 볼턴은 부시 행정부에서 국무부 차관 및 UN 대사를 지내면서 이라크 침공을 가장 열렬히 옹호했을 뿐만 아니라 북미 간 제네바 합의를 무력화시킨 핵심인물 가운데 한 명이었다. "우라늄은 내가 오랫동안 찾아왔던 제네바 합의를 깨부술 해머"라며, 2002년 10월 불거진 북한의 우라늄 농축 문제에 대해 초강경 대응을 주도하기도 했다.[43] 그는 특히 "북한이 일방적으로 핵프로그램을 완전하고 검증 가능하며 돌이킬 수 없는 방법으로 폐기하기(CVID) 전에 북한에 어떤 양보도 제공하지 말아야 한다"는 부시 행정부 초기 대북정책을 입안한 인물이기도 하다. 이러한 볼턴의 언행을 두고 북한은 "하룻강아지 범 무서운 줄 모른다"며 강한 거부감을 드러내기도 했다. 하지만 볼턴은 이라크 전쟁 및 대북정책을 둘러싼 논란 끝에 2006년에 UN 대사직에서 물러났다. 이랬던 그가 12년 만에 미국 행정부 외교안보계로 화려하게(?) 복귀한 것이다.

　　그렇다면 트럼프는 무슨 이유로, 한편으로는 김정은과의 정상회담을 수락하고 다른 한편으로는 북한이 가장 싫어하는 볼턴을 최측근에 앉힌 것일까? 〈뉴욕타임스〉에 따르면, 볼턴은 안보보좌관으로 기용되기 직전에 트럼프를 여러 차례 만나 외교 문제에 관한 폭넓은 대화를 나눴다. 구체적인 내용은 알려지지 않았지만, 북한과의 정상회담 및 이란 핵협정이 주된 화제였던 것으로 보인다. 경질된 맥마스터는 이들 두 가지 사안에 대해 트럼프와 엇박자를 빚었다. 이란 핵협정 파기 가능성과 북미정상회담에 우려를 표했던 것이다. 이에 반해 볼턴은 대표적인 이란 핵협정 파기론자였다. 또한 북미정상회담도 해볼 만하다는 생각을 갖고 있었다.[44]

　　볼턴은 2018년 3월 9일 〈폭스뉴스〉와의 인터뷰에서 이렇게 말했다. "북한은 3개월이든, 6개월이든, 12개월이든, 결승점을 통과하기 위해 시간을 벌려고 한다. 트럼프가 김정은과의 정상회담을 수락한 것은 그 기간을 단축하겠다는 것이다. (중략) 협상이 하급에서 시작돼 중급으로 가고 결국 정상급으로 가는 데는 지금부터 2년은 족히 걸린다. 이사이에 북한은 운반 가능한 핵무기를 갖게 될 것이다. 이건 우리가 용납할 수 없다." 이 발언의 의미는 3월 20일 자유아시아방송(RFA)과의 인터뷰에서 분명해졌다. 볼턴은 예비회담을 건너뛰고 바로 정상회담으로 가는 것은 "긍정적"이라며, 이렇게 덧붙였다. "트럼프 대통령이 회담에서 '북한이 시간을 벌려 하고 있구나'라고 판단한다면 시간낭비를 피하고자 아마 회담장을 떠날 것이다."

볼턴은 안보보좌관으로 발탁된 지 사흘 후에도 자신의 지론을 설파했다. "북한은 핵탄두들을 실제로 미국 내 표적까지 운반할 수 있도록 만드는 데 필요한 것들이 상당히 제한돼 있다"면서 "따라서 그들은 시간을 벌려고 협상을 최대한 천천히 끌려고 할 것"이라고 예상했다. 그러면서 "북한의 시간 벌기 술책에 다시 속아선 안 된다"며 "북한이 진지한 비핵화 대화 준비가 돼 있지 않다면 매우 짧은 회담이 될 것"이라고 경고했다.[45] 이에 따라 트럼프의 전격적인 볼턴 기용은 "최대의 압박"의 일환으로 해석할 수 있었다.

볼턴은 적어도 "모든 옵션을 테이블 위에 올려놓아야 한다"는 점에서는 트럼프와 궁합이 잘 맞는 인물이다. 그는 강력한 대북제재뿐만 아니라 예방전쟁마저도 "정당하다"고 주장해왔다. 2018년 2월 28일자 〈월스트리트저널〉 기고문에서 "미국 본토를 사정거리에 둔 핵탄두 장착 ICBM 보유가 수개월밖에 남지 않은 북한은 임박한 위협"이라며, 미국을 지키기 위해 "북한을 먼저 공격하는 것은 전적으로 정당한 것"이라고 주장한 것이다.[46] 하루 전 미국의 소리(VOA) 방송과의 인터뷰에서는 "군사행동이 가해질 것이라면, 반드시 북한이 미 본토 타격 역량을 갖추기 전이 돼야 한다"며 "시간이 얼마 남지 않았다"고 주장했다.

그렇다면 볼턴은 왜 선제공격으로 해서라도 북핵을 파괴해야 한다고 주장하는 것일까? 그는 2018년 3월 15일 트위터에 이렇게 썼다. "핵무기를 가진 북한과 공존해야 한다고 주장하는 사람들은 미국이 냉전시대에 소련을 봉쇄하고 억제했던 것처럼 북한에 대해서도 그렇게 할 수 있다고 주장한다. 이러한 주장은 매우 잘못된 것이다." 그의 지론은 북한은 미쳤기 때문에 억제가 안 된다는 것이다. 또한 북한은 핵무기를 보유한 것에 만족하지 않고 외화를 벌어들이기 위해 누구한테든 팔 수 있다고 여겨왔다. 아마도 트럼프는 볼턴의 이러한 생각을 높이 샀던 것 같다. 김정은과의 정상회담을 '핵 포기할래, 아니면 그 후과를 감당할래'라는 식의 최후통첩의 장으로 삼는 데 볼턴의 존재가 도움이 될 것이라고 여겼을 것이다.

물론 트럼프와 볼턴 사이에도 차이점이 있다. 트럼프는 김정은이 핵을 포기한다면 친구가 될 수 있다는 점을 여러 차례 밝힌 바 있다. 한국전쟁을 끝낼 수 있다면 "축복"이라고도 말했다. 하지만 볼턴은 북한에 대한 체질적인 거부감이 대단히 강한 인물이다. 2018년 3월 20일 RFA와의 인터뷰에서 북한의 핵 포기 대가로 "미국이 북한에 경제적 지원을 제공할 필요는 없다고 생각한다"고 한 것이나, "미국이 북한과 평화협정을 체결할 필요도 없다"고 밝힌 것에서 잘 드러난다. 경제적 지원은 논외로 하더라도 한반도 비핵화와 동전의 앞뒤 관계에 있는 평화협정 체결마저 기피한 셈이다. 하지만 그는 안보보좌관으로 발표된 3월 22일에는 발언의 수위를 낮췄다. "내가 그동안 개인적으로 이야기했던 것들은 이제 다 지나간 일"이라며 "중요한 것은 대통령이 하는 말과 내가 그에게 하는 조언"이라고 말한 것이다.[47]

하지만 볼턴은 "떠버리"라는 별명을 입증하기라도 하듯 자신의 입을 주체하지 못했다. 화근은 그가 종교처럼 신봉했던 '리비아 모델'을 여기저기 떠벌리고 다니는 것에서 비롯됐다. 그는 2003~2004년에도 북한에 '리비아 모델'을 따르라고 요구했다. 북한이 이를 일축했음은 물론이다. 그런데 2018년 4월 27일 남북정상회담에서 판문점선언이 채택된 직후에도 "우리는 리비아 모델에 대해 많은 생각을 하고 있다"고 말했다. 김정은과 폼페이오가 평양에서 만나 "만족한 합의"를 이뤄냈다고 자평한 직후인 5월 13일에는 한 걸음 더 나아갔다. '영구적이고 검증 가능하며 불가역적인 비핵화(PVID)'를 위해 "북한 내 우라늄 농축과 플루토늄 재처리 능력이 완전히 제거돼야 한다"면서 "모든 핵무기를 처분하고 해체해 (미국) 테네시주 오크리지에 가져와야 한다"고 주장한 것이다. 테네시주 오크리지는 미국의 핵무기와 원자력 연구 단지가 있는 지역으로 과거 핵협상을 통해 폐기된 리비아의 핵시설과 핵물질이 보관된 곳이다.

그러자 북미정상회담이 공론화된 이후 미국에 대한 비판을 참아왔던 북한이 불만을 폭발시켰다. 5월 16일에 두 가지 카드를 동시에 꺼내든 것이다. 하나는 한미연합공군훈련인 '맥스 선더'를 문제 삼아 남북고위급회담을 무기한 연기한다고 통보한 것이다. 이 충격이 채 가시기도 전에 북한은 또 하나의 카드를 꺼내들었다. 김계관 북한 외무성 제1부상 명의로 담화를 발표한 것이다. 담화의 내용을 짚어보기에 앞서 두 가지가 눈에 띄었다. 하나는 한동안 공개적으로 모습을 드러내지 않던 김계관이 등장했다는 것이고, 또 하나는 이례적으로 김계관 개인 명의의 담화를 통해 미국을 성토하고 나선 것이다. 왜 그랬을까? 김정은은 김계관이야말로 볼턴을 상대할 적임자로 여겼기 때문이라고 볼 수 있다.

실제로 그는 "조미수뇌회담을 앞둔 지금 미국에서 대화 상대방을 심히 자극하는 망발들이 마구 튀어나오고 있는 것은 극히 온당치 못한 처사로서 실망하지 않을 수 없다"며 볼턴을 정조준했다. 볼턴이 "'선 핵 포기, 후 보상' 방식을 내돌리면서 그 무슨 리비아 핵 포기 방식이니, '완전하고 검증 가능하며 되돌릴 수 없는 비핵화'니, '핵·미사일·생화학무기의 완전 폐기'니 하는 주장들을 거리낌 없이 쏟아내고 있다"며, "우리는 이미 볼턴이 어떤 자인가를 명백히 밝힌 바 있으며 지금도 그에 대한 거부감을 숨기지 않는다"고 밝혔다. 또한 "트럼프 대통령이 볼턴과 같은" "사이비 '우국지사'들의 말을 따른다면 앞으로 조미수뇌회담을 비롯한 전반적인 조미관계 전망이 어떻게 되리라는 것은 불 보듯 명백하다"고 했다. "우리를 구석으로 몰고 가 일방적인 핵 포기만을 강요하려 든다면 (중략) 조미수뇌회담에 응하겠는가를 재고려할 수밖에 없을 것"이라는 경고도 잊지 않았다.

김계관은 특히 "핵개발 초기 단계에 있던 리비아를 핵보유국인 우리 국가와 대비하는 것 자체가 아둔하기 짝이 없다"고 주장했다. 그런데 이러한 진단은 미국 전문가들도 진작에 제기한 것이었다. 오바마 행정부 때 국무부 비확산군축 특별보좌관을 지낸 로버트 아인혼의 말이다. "리비아는 사실 핵프로그램이랄 것도 없었다. 사용할 줄도 모르는 원심분리기 부품을 상자에 보관하고 있었고, 이것들을 미군 수송기가 싣고 떠나는 것으로 리비아의 '핵프로그램' 전부를 들어냈다."[48] 2004년 IAEA의 고위 사찰관으로 리비아에 파견됐던 로버트 켈리는 4월 30일 〈더 네이션〉과의 인터뷰에서 볼턴의 '리비아 모델' 언급에 고개를 절레절레 흔들며 "무슨 말인지 모르겠다"며 이렇게 덧붙였다. "리비아가 파키스탄으로부터 입수해 제대로 살펴보지도 않은 채 금고에 넣어두고 있던 설계도마저 없었더라면 사찰에서 발견할 게 전무했을 정도였다."[49]

김계관의 눈에는 볼턴이 이런 리비아와 "국가 핵무력 완성"을 선언한 북한을 대비하는 것 자체가 가소롭게 느껴진 셈이다. 그는 2005년에 북한을 방문해 리비아 모델을 따를 것을 권유했던 톰 란토스 미국 하원의원에게 손가락을 좌우로 흔들며 "No"라고 말한 바 있다. 6년 후 김계관은 란토스의 비서관을 지낸 로버트 킹 대북 인권특사를 만났다. 이 자리에서 그는 카다피 정권이 붕괴 직전인 상황이라는 점을 환기시키면서 자신이 6년 전 리비아 모델을 거부한 이유가 사후적으로 입증되었다고 주장했다. 이러한 내용을 잘 알고 있는 킹은 2018년 4월 글에서 "미국이 북한의 비핵화에서 진전

을 이루려면 리비아를 언급하는 것은 피하는 게 좋을 것"이라고 권고했다.[50]

백악관은 김계관의 성명에 당혹감을 감추지 못했다. 트럼프의 정치적 명운이 달린 '공든 탑'이 김계관과 볼턴의 리비아식 모델을 둘러싼 설전으로 '모래성'이 될 위기에 처했기 때문이다. 이에 백악관은 긴급히 NSC를 열어 대책을 논의했다. 그리고 세라 샌더스 대변인이 기자회견장에 나섰다. 그는 '미국의 비핵화 해법이 리비아 모델인지 아니면 볼턴 개인이 주장하는 것인지'를 묻는 기자들의 질문에 이렇게 답했다. "그것이 우리가 적용 중인 모델인지 알지 못한다. 나는 리비아 모델이 (정부 내) 논의의 일부인 것을 본 적이 없다. 우리가 그것을 따르고 있다고 생각하지 않는다." 다음 날 트럼프는 "리비아 모델은 우리가 북한에 대해서 생각하는 모델이 전혀 아니다"라고 못 박았다. 이로써 볼턴과 함께 돌아온 '리비아 모델'은 씁쓸한 해프닝으로 끝날 공산이 커졌다. 볼턴이 트럼프에게 외교적 자산이 아니라 부담이 된 셈이다.

그렇다면 볼턴은 왜 리비아 모델을 언급했을까? 이와 관련해 CNN은 흥미로운 보도를 내놨다. 국무부 관리들을 인용해, "진행 중인 북미정상회담 준비를 해머로 때려서 회담 진행을 날려버리기를 원했다"고 보도한 것이다. 2002년, 실체가 불분명했던 우라늄 농축에 대한 강경한 문제제기가 "제네바 합의를 깨부술 해머"였다면, 북한이 그토록 싫어하는 리비아 모델에 대한 언급은 초읽기에 들어간 북미정상회담을 무너뜨릴 해머로 여겼던 것이다. 제네바 합의를 깨뜨리고자 했던 첫 번째 망치질은 성공했지만, 두 번째 망치질은 제 발등을 찍고 말았다. CNN 보도는 이렇게 이어졌다. "볼턴의 발언은 트럼프뿐만 아니라 폼페이오도 격노시켰고, 이에 두 사람은 백악관에서 이 문제를 놓고 논의했다. 그 결과 트럼프는 볼턴을 북미정상회담 진행 준비뿐만 아니라 북한과 관련된 문제 전반에 관해서도 손을 떼게 했다."[51]

세기의 담판: 김정은과 트럼프의 만남

6

        사상 최초의 북미정상회담이 다가오면서 〈뉴욕타임스〉는 "김정은의 이미지가 핵 미치광이에서 능숙한 지도자로 이동하고 있다"며 "최근 몇 개월 동안 김정은은 현대 외교사에서 가장 놀랄 만한 전환을 달성했다"고 평가했다.[52] 실제로 김정은이 2018년 상반기에 보여준 모습은 놀라운 것이었다. 그는 2011년 12월 북한의 최고 권력자가 된 이후 2018년 2월까지 한 차례도 외국 정상과 만난 적이 없었다. 하지만 그 이후 4개월 동안 모두 일곱 차례의 정상회담을 가졌다. 문재인과 두 차례, 시진핑과 세 차례, 그리고 싱가포르의 리셴룽 총리 및 트럼프와의 첫 만남이 바로 그것들이었다.

    주목할 점은 이들 정상회담 대부분이 김정은의 주도로 이뤄졌다는 것이다. 남북, 북중, 북미정상회담 모두 김정은의 제안으로 시작된 것이었기 때문이다. 그 백미는 단연 6월 12일 싱가포르에서 열린 북미정상회담이다. "세기의 담판"으로 불린 이 정상회담은 전 세계에 생중계로 타전되면서 미국의 '슈퍼볼'과 월드컵 축구 결승전에 버금가는 시청률을 기록했다. 정상회담만 극적인 것이 아니었다. 두 정상은 5월 24일부터 6월 1일까지 '각본 없는 드라마'를 연출한 것이다.

트럼프의 공개편지와 김정은의 친서

북미정상회담 3주 전에 트럼프는 깜짝 편지를 공개했다. 수신자는 "친애하는 김정은 국무위원장"이었다. 그는 편지에 "당신들의 가장 최근 발언에 나타난 엄청난 분노와 공개적 적대감을 볼 때, 지금 시점에서 오랫동안 계획돼온 이 회담을 하는 것은 부적절하다고 느낀다"고 썼다. 정상회담을 취소하겠다고 발표한 것이다. 트럼프가 문제 삼은 것은 하루 전에 나온 북한 최선희 외무성 부상의 담화였다. 담화에는 마이크 펜스 부통령이 5월 21일 대북 강경발언을 쏟아낸 것을 두고 "무지몽매" "정치적으로 아둔한 얼뜨기"와 같은 표현을 동원한 원색적인 비난이 담겨 있었다. 백악관은 북한이 미국 부통령을 모독한 것이 정상회담 취소의 결정적인 이유라고 설명했다.

또한 최선희의 담화 가운데 두 가지 내용이 트럼프의 눈에 거슬렸던 것으로 보인다. 하나는 "우리도 미국이 지금까지 체험해보지 못했고 상상도 하지 못한 끔찍한 비극을 맛보게 할 수 있다"며 "미국이 우리를 회담장에서 만나겠는지 아니면 핵 대 핵의 대결장에서 만나겠는지는 전적으로 미국의 결심과 처신 여하에 달려 있다"고 밝힌 구절이다. 이는 볼턴에 이어 펜스도 리비아의 전철 운운한 것에 대한 익숙하지만 거친 북한식 반응이었다. 하지만 이는 트럼프의 마초 기질을 자극하고 말았다. 그는 힘겨루기에서 밀리는 것을 대단히 싫어한다. 2018년 1월 김정은의 "핵 단추" 발언에 "내 핵 버튼은 더 강력하고 작동도 한다"고 맞받아쳤을 정도다. 이러한 기질은 편지에서도 어김없이 드러났다. "당신은 당신의 핵 능력에 관해 이야기하고 있다. 그러나 우리의 것이 매우 엄청나고 막강하기 때문에 나는 그것들이 절대 사용되지 않기를 신에게 기도 드린다."

또 하나는 최선희가 "(미국이) 먼저 대화를 청탁하고도 마치 우리가 마주 앉자고 청한 듯이 여론을 오도하고 있는 저의가 무엇인지"라고 말한 부분이다. 공개적으로 알려진 것은 김정은이 3월 초에 방북한 문재인 정부 특사단에 "트럼프를 가능한 빨리 만나고 싶다"는 의사를 전달했고, 정의용 안보실장으로부터 이 메시지를 전달받은 트럼프가 "영구적인 비핵화를 위해 만날 것"이라고 화답한 것이었다. 그런데 최선희는 "미국이 먼저 대화를 청탁"했다고 주장했다. 트럼프로서는 자존심이 상할 법한 대목이었다. 자신의 "최대의 압박"에 힘입어 김정은이 대화에 나선 것이라고 자랑해왔기 때문이다. 그래서 트럼프는 이렇게 반박했다. "북한이 이 회담을 요청했다고 (한국으로부터) 전달받았다." 불쾌감을 한껏 표시한 트럼프는 편지 말미에 이렇게 적었다. "이 가장 중요한 회담과 관련해 마음을 바꾸게 된다면 부디 주저 말고 내게 전화하거나 편지를 보내주시오."

공교롭게도 트럼프의 정상회담 취소 발표는 북한의 풍계리 핵실험장 폐기 행사 직후에 나왔다. 북한은 4월 20일 노동당 결정서를 통해 핵실험 중단을 결정했고, 그로부터 한 달여 뒤에 핵실험장 폐기라는 물리적 조치도 취했다. 핵무기의 핵심은 '신뢰성' 확보에 있다. 그리고 미국을 포함한 현존 핵보유국 상당수는 그 신뢰성을 유지하기 위해 핵실험 옵션을 여전히 유지하고 있다. 그런데 북한은 이를 자발적으로 포기하기로 했다. 비핵화 여정을 향한 대단히 의미 있는 조치였다. 하지만 트럼프는 북한의 이러한 '행동'보다 최선희의 담화 형식으로 발표된 북한의 '말'에 경도되고 말았다. 어쨌든 트럼프의 공개편지는 세계 언론들의 머리기사를 가로챘다. 이 편지가 없었다면 풍계리 핵실험장 폐기가 세계 언론을 장식했을 것이기 때문이다.

싱가포르 북미정상회담을 취소한다고 발표한 트럼프는 몇 시간 후 '광자(mad man)'로 돌아왔음을 알렸다. 백악관에서 경제 관련 법안에 서명하기에 앞서 "제임스 매티스 국방장관과 합동참모본부와 이야기했다"며 "필요하다면 전 세계에서 가장 강력하고 최근 더 강화된 우리 군이 준비가 돼 있다"고 위협했다. 특히 "우리 군은 최근 강화됐고 역대 최강 수준을 갖추게 될 것"이라며 "북한과 모든 일이 잘되길 바란다"고 했다. '정상회담 취소로 전쟁 위험이 커졌냐'는 취재진의 질문엔 "무슨 일이 일어날지 지켜보자"고도 했다. 물론 그는 '광자의 이론' 신봉자답게 또 다른 여운도 담겼다. "기존 정상회담이 열릴 수도 있고 나중에 다른 정상회담이 열릴 수도 있죠."[53]

허를 찔린 북한은 서둘러 담화를 내놨다. "위임에 따라", 즉 김정은의 지시로 김계관 명의의 담화를 통해 트럼프의 발표에 유감을 표하면서도 대화 의지를 강력히 표명했다. "벌어진 불미스러운 사태는 역사적 뿌리가 깊은 조미 적대관계의 현실태가 얼마나 엄중하며 관계개선을 위한 수뇌 상봉이 얼마나 절실히 필요한가를 그대로 보여주고 있다"는 것이었다. 특히 "트럼프 방식이라고 하는 것이 쌍방의 우려를 다같이 해소하고 우리의 요구조건에도 부합되며 문제 해결의 실질적 작용을 하는 현명한 방안이 되기를 은근히 기대하기도 하였다"고 밝혔다. 그러면서 "우리는 항상 대범하고 열린 마음으로 미국 측에 시간과 기회를 줄 용의가 있다"며 "아무 때나 어떤 방식으로든 마주앉아 문제를 풀어나갈 용의가 있음을 미국 측에 다시금 밝힌다"고 했다. 이는 하루 전 최선희의 담화에 담긴 "우리는 미국에 대화를 구걸하지 않으며 미국이 우리와 마주앉지 않겠다면 구태여 붙잡지도 않을 것"과 비교할 때 상당히 유연해진 것이었다.

이틀 후인 5월 26일 밤에는 뉴스 속보가 떴다. 5월 24일 오후 김정은이 문재인에게 '판문점 번개'를 친 것이다. 문재인이 이를 수락하면서 5월 26일 판문점 통일각에서 두 사람은 한 달 만에 또 만났다. 그리고 다음 날 오전 북한은 매체를 통해, 남한은 문재인이 직접 기자회견을 통해 5·26정상 회담 결과를 공식발표했다. '맥스 선더' 논란으로 연기되었던 남북 고위급 회담을 열어 4·27판문점선언의 이행을 추진하는 한편, 김정은이 "완전한 비핵화"와 북미정상회담에 강력한 의지를 피력했다는 것이 주요 골자였다. 김계관의 2차 담화문과 남북 정상의 판문점 번개 소식을 접한 트럼프는 "긍정적인 신호"라며 취소하기로 했던 북미정상회담을 다시 할 수도 있다는 의사를 내비쳤다.

이를 계기로 북미 실무급 회담이 숨 가쁘게 전개됐다. 싱가포르 현지에서는 정상회담 의전과 경호, 장소 문제가 집중적으로 논의됐다. 판문점에서는 비핵화와 이에 대한 상응조치를 놓고 4일간 실무회담이 열렸다. 이뿐만이 아니었다. 5월 30일에는 김정은의 최측근이자 실무총책을 맡은 김영철 노동당 부위원장이 뉴욕으로 날아가 그의 파트너인 폼페이오를 이틀 동안 만났다. 그리고 김영철은 발걸음을 워싱턴에 있는 백악관으로 옮겼다. 2000년 10월, 북한의 2인자였던 조명록 차수가 군복 차림에 훈장을 주렁주렁 달고 빌 클린턴 대통령을 예방한 지 무려 18년 만의 일이었다.

김영철의 손에는 A4 용지 크기의 김정은 친서가 쥐어져 있었다. 이를 받아든 트럼프는 만면에 미소를 띠면서 김영철을 극진히 환대했다. 그는 8일 전 김정은에게 보낸 공개편지에서 "마음을 바꾸게 된다면 부디 주저 말고 내게 전화하거나 편지를 보내달라"고 했는데, 결국 답장을 받은 셈이 되었다. 한껏 고무된 트럼프는 김영철을 배웅하고는 기자들 앞에 섰다. "6월 12일에 싱가포르에서 김정은을 만나기로 했어요." 그러고는 6월 9일에 캐나다에서 열린 G7 정상회담에 참석해 무역 문제를 놓고 동맹국 지도자들과 설전을 벌인 뒤, 폐막식에 참석하지도 않고 싱가포르로 향했다. 그리고 김정은과 트럼프는 6월 10일 같은 날에 싱가포르에 도착했다. 정상회담 이틀 전이었다.

북미관계 70년사를 다시 쓰다

　　　　　한반도 평화는 세 기둥을 제대로 세울 때 비로소 완성할 수 있다. 하나는 70년간의 북미 적대관계와 '가다 서다'를 반복해온 남북관계의 정상화이고, 또 하나는 65년째 이어져오고 있는 정전체제를 평화체제로 대체하는 것이며, 끝으로는 "한반도의 완전한 비핵화"다. 이러한 취지는 판문점선언에 고스란히 담겼다. 그런데 놀랍게도 싱가포르 북미공동성명도 정확히 이 순서로 배치되었다. 이는 너무나도 중대한 의미를 지닌다. 결국 북핵문제는 적대관계의 산물이라는 점이 판문점선언과 북미공동성명에 담겼기 때문이다.

　　그런데 싱가포르 북미공동성명이 나오자 국내외 상당수 언론과 전문가들은 혹평을 쏟아냈다. 북핵 해결이 물 건너갔다거나 심지어 북한이 사실상의 핵보유국이 되었다는 주장까지 나왔다. CVID가 담기지 않고 "완전한 비핵화"에 머물렀다는 것이 주된 이유였다. 일단 이러한 주장은 자가당착이라고 할 수 있다. 이들은 2018년 3월 김정은 국무위원장이 정상회담을 제안하고 도널드 트럼프 대통령이 전격적으로 수락하자 그 공을 트럼프의 '최대의 압박'에 돌렸다. 이랬던 그들에게 북미공동성명은 충격적일 수밖에 없었다. 김정은이 트럼프의 압박에 굴복해 협상장에 나온 것이라고 주장해온 만큼, 성명에는 CVID를 비롯한 미국의 요구사항이 대폭 반영되었어야 했다. 그런데 북한이 오랫동안 주장해왔던 내용들이 포괄적으로 담겼다. 보수의 언어를 빌리자면 '종북성명'이라고 해도 과언이 아닐 정도로 말이다.

　　더욱 중요한 것은 이러한 주장이 한반도 핵문제의 본질을 제대로 보지 못한 데서 비롯된 것이라는 점에 있다. 단언컨대, 싱가포르 성명은 최고의 북핵 해결 합의라고 할 수 있다. 사상 최초의 북미 정상 간의 합의이기 때문만은 아니다. 이 짧은 성명은 북핵문제의 본질을 꿰뚫으면서 포괄적인 문제 해결 방향을 담았기 때문이다. 이전까지의 합의들은 한반도 비핵화를 먼저 배치하고 평화체제 구축과 북미관계 정상화를 후순위로 배치하는 방식이었다. 하지만 이번에는 새로운 북미관계 수립, 한반도 평화체제 구축, 한반도의 완전한 비핵화 순서로 합의사항들이 배치되었다. 비유컨대, 김정은이 패스한 농구공을 트럼프가 리버스 덩크슛으로 마무리한 셈이다. 그런데 대다수 언론과 전문가들은 이 멋진 장면을 놓치고 말았다. 그래놓고는 볼거리가 없었다고 푸념했다.

1990년대 초반 이래로 북핵 해결에 실패한 가장 본질적인 이유는 독성이 강한 토양, 즉 북미 간 적대관계 및 한반도 정전체제는 거의 손대지 않으면서 북핵이라는 독버섯만 뽑아내려고 했다는 데 있었다. 이러다 보니 독버섯의 뿌리가 뽑히지 않거나 다른 곳에서 자라는 일이 반복되고 말았다. 그런데 이번에는 독성이 강한 흙을 걷어내고 새로운 흙을 뿌리기로 했다. 이렇게 함으로써 독버섯이 자연스럽게 사라지도록 하는 방법을 선택한 것이다.

공동성명에서는 "상호 신뢰구축이 한반도 비핵화를 추동할 수 있다는 것을 인정"하면서 "새로운 북미관계를 수립"하고 "항구적이며 공고한 평화체제를 구축하기 위하여 공동으로 노력"하기로 했다. 이는 북핵문제의 본질이 북미 간 적대관계와 정전체제에 있으며 이러한 비정상적인 상황을 정상화할 때에만 비로소 "완전한 비핵화"를 달성할 수 있다는 점을 미국 대통령이 인식·인정했다는 것을 의미한다. 비핵화를 후순위에 둠으로써 비핵화 가능성을 높인 역설인 셈이다.

단순함의 미덕이란 이런 일을 두고 하는 말이다. 도저히 풀 수 없을 것처럼 보였던 북핵이라는 고차방정식을 풀 수 있는 1차 방정식을 찾아냈기 때문이다. 이와 관련해 트럼프는 6월 12일 기자회견에서 "나는 이전 대통령들과 다르다"고 역설했다. 그렇다. 트럼프는 달랐다. 길게는 70년 만에, 짧게는 북핵문제가 본격적으로 대두된 지 25년 만에 단순하지만 역사적인 진리를 찾아냈기 때문이다. 이로써 김정은은 '명예로운 비핵화'를, 트럼프는 '실용적인 비핵화'의 기회를 잡게 되었다. 김정은의 승리와 트럼프의 패배가 아니라 말 그대로 '윈-윈'인 것이다.

또 한 가지, 공동성명에 CVID가 담기지 않았기 때문에 "완전한 비핵화"의 가능성도 커졌다는 점이다. 이 역설을 이해하는 것이 대단히 중요하다. 일단 분명히 해둘 것이 있다. 언론에서는 CVID에서 'VI'가 빠졌다며 이를 근거로 북미정상회담이 실패했거나 절반의 성공이라고 평가했다. 하지만 이런 보도 자체가 문제다. 북한을 당사자로 하는 양자든, 다자든 어떠한 합의에도 CVID가 담긴 적은 없었고, 북한이 이 표현을 합의문에 담겠다고 동의한 적도 없었기 때문이다. 결과적으로 트럼프 행정부는 CVID를 관철시키려고 하지 않았고 결국 "완전한 비핵화"에 합의했다.[54] 왜 그랬을까?

트럼프가 가장 원한 것은 '빠른 비핵화'다. 이와 관련해 김정은과 트럼프는 "공동성명에 나온 조항을 완전하고 신속하게 실행하기로 서약한다"고 했다. 여기서 중요한 게 바로 "신속하게(expeditiously)"다. 공동성명의 키워드를 뽑으라면 바로 이 단어다. 트럼프가 기자회견에서 "빠르게(quickly)"를 여러 차례 언급한 것도 이러한 맥락에서 이해할 수 있다. 그런데 'VI'는 트럼프 행정부가 제 발등을 찍는 것이나 다름없다. 이 표현을 관철하려고 했다가는 회담이 결렬될 가능성이 높았고, 설사 관철시키더라도 그 개념과 목표를 둘러싼 논란을 수반함으로써 후속 협상에 장애물을 설치하는 것이나 마찬가지기 때문이다. 이는 트럼프가 가장 선호하는 빠른 비핵화라는 목표와 충돌할 수밖에 없었다. 결국 트럼프는 CVID라는 명분보다는 신속한 비핵화라는 실리를 선택한 셈이다.

공동성명에 서명하고 기자회견에 나선 트럼프는 거침이 없었다. 특히 한미동맹의 오랜 금기(?)를 건드렸다. 우선 돈이 많이 들어간다며 한미연합훈련 중단 의사를 밝혔다. 다분히 미국 국민을 의식한 발언이었다. 그런데 "선의의 협상이 진행되는 동안" 한미군사훈련을 중단하겠다고 한 것은 김정은과의 약속이었다. 결과적으로 트럼프는 일석이조의 효과를 노렸다. 북한과의 협상도 가속화하고 돈도 아낄 수 있다고 말이다.

이뿐만이 아니었다. 주한미군 감축이나 철수까지 시사한 것이다. 트럼프는 북미정상회담에서 이 문제가 논의되지 않았다는 것을 전제로 하면서도 "나는 그들(주한미군)을 집으로 데려오고 싶다"고 말했다. 귀국 직전에 〈폭스뉴스〉와 가진 인터뷰에서도 "나는 가능한 한 빨리 병력을 빼내고 싶다. 많은 돈, 우리에게 많은 비용을 들이고 있기 때문"이라면서 이를 거듭 강조했다. 그리고 "지금 논의되고 있지 않지만, 적절한 시기에 그렇게 될 것"이라고 덧붙였다.

그러자 한미 양국의 상당수 언론과 전문가들은 일제히 '한미동맹 위기'를 들고 나왔다. 동맹관계를 돈으로 환원하는 트럼프의 발언에 모욕감을 느낀다고도 했다. 동맹을 절대선으로 믿는 사람들에게는 충격일 수 있었다. 하지만 이는 동맹의 본질을 모르고 하는 소리다. 군사동맹은 '공동의 적'을 존재 이유로 삼는다. 한미동맹의 공동의 적은 바로 북한이다. 그런데 4·27판문점선언과 6·12북미공동성명에서는 북한과의 적대관계를 청산하고 항구적이고 공고한 평화체제를 구축하기로 했다. 북한과의 관계를 '공동의 적'에서 '공동의 친구'로 대전환하겠다고 밝힌 셈이다. 이에 따라 한미동맹 이완은 지극히 자연스러운 것이다. 이건 동맹의 위기가 아니라 동맹의 목표 달성이다. 한미동맹의 '과도기적인 목표'가 대북 억제와 억제 실패 시 격퇴에 있었다면, '궁극적인 목표'는 한반도 평화구축에 있기 때문이다.

한미연합훈련 중단을 두고 트럼프가 양보 카드를 너무 일찍 꺼내들었다는 비판도 거셌다. 하지만 이는 북한의 선공후득(先供後得)과 북미 정상의 '인간적 유대'의 결과였다. 북한은 미국의 아무런 상응조치가 없던 상태에서 핵실험과 탄도미사일 시험발사 의사를 천명했고, 그 물리적인 조치로 풍계리 핵실험장을 폐기했다. 또한 미사일 엔진 시험시설 폐기도 트럼프에게 약속했다. 트럼프의 연합훈련 중단 발언은 이에 대한 답례이자 "완전한 비핵화"를 가속화하고자 하는 취지에서 나온 것이다.

나는 트럼프의 기자회견을 보면서 그가 부러웠다. 한미군사훈련을 두고 "전쟁연습(war game)"이라며 "도발적"이라고 말할 정도로 '표현의 자유'를 만끽하고 있었기 때문이다. 국내에서는 군사훈련 중단은 고사하고 축소만 언급해도 종북으로 몰리고는 한다. 주한미군 감축이나 철수는 말할 필요도 없다. 그런데 동맹국의 지도자인 트럼프는 오랜 금기를 깨고 한미 양국 언론과 국민에게 묻고 있다. '평화가 오고 있는데도 군사훈련을 계속하고 대규모의 미군을 주둔시켜야 합니까?'

미국 대통령이 한미군사훈련 중단을 선언한 것은 26년 만의 일이다. 1992년 조지 W. 부시는 노태우와 정상회담을 갖고 당시 세계 최대 규모 군사훈련이었던 팀스피릿 훈련의 중단을 선언했다. 선언에 앞서 이를 북한에 통보했고 이는 남북기본합의서와 한반도 비핵화 공동선언의 밑거름이 되었다. 북한은 또한 IAEA 안전조치협정에도 서명했다. 이로써 북핵문제는 '호미'로도 막을 수 있을 것처럼 보였다. 하지만 9개월 만에 한미 국방장관들이 두 정상의 선언을 뒤집어버렸다. 이에 북한은 1993년에 NPT 탈퇴선언으로 맞섰다. 25년간의 북핵 역사가 시작되는 순간이었다. 그렇다면 26년 만에 나온 미국 대통령의 "도발"이 이번에는 성공할 수 있을까?

에필로그

왜 '탈핵'인가?

나는 프롤로그에서 "핵은 관계다"라고 주장했다. 핵무기의 등장과 확산이 적대관계에서 비롯되었다면, 이 무기의 비확산과 폐기는 결국 평화관계를 수립할 때 비로소 가능해질 것이라고 봤기 때문이다. 그런데 2018년 들어 놀라운 일이 벌어졌다. 4월 27일 남북한의 판문점선언과 6월 12일 북미공동성명이 바로 관계를 첫머리에 올렸기 때문이다. 이는 세 나라 모두 '힘에 의한 평화'에서 '관계에 의한 평화'를 노크하기 시작했다는 것을 의미한다.

관계는 다층적이고 다원적이기 마련이다. 싱가포르 정상회담에서 김정은은 자신을 진지한 대화 상대로 인정해준 트럼프에게 "사의를 표했다". 트럼프는 김정은을 만나서 "엄청난 케미"를 경험했다고 말했다. "특별한 유대(special bond)"가 만들어졌고 이를 근거로 북한이 비핵화할 것이라고 확신하게 되었다고 강조했다. 지도자 사이의 개인적인 유대가 권력 추구라는 국제관계의 오랜 도그마를 뒤흔든 순간이었다.

개인적인 친분은 역지사지의 태도로 이어졌다. 이는 의제의 선순환적 관계를 일으켰다. 미국의 〈AP통신〉은 한국전쟁 발발 60년을 맞이해 미국의 비밀해제 문서를 분석해 다음과 같은 전했다. "1950년대부터 오바마 행정부에 이르기까지, 미국은 반복적으로 북한에 대해 핵무기 사용을 고려해왔고 계획해왔으며 위협해왔다." 그러면서 "미국의 핵 위협은 북한에게 핵무기를 개발·보유할 구실을 주고 있다. 북한은 이러한 기본적인 문제가 해결되지 않는 한, 핵무기를 포기하지 않을 것"이라고 결론지었다.[1] 시사주간지 〈뉴스위크〉는 "평화협정이 공식 체결되지 않은 상태이기 때문에 엄밀히 말해 한국전쟁은 지금까지 계속되고 있다고 봐야 한다"며, "미국이 주도하거나 개입한 열두 번의 전쟁 중 최장기 기록을 가진 사례"라고 지적했다.[2]

하지만 미국의 주류는 이러한 진실을 철저하게 외면했다. 그런데 반(反)주류 정서가 강한 트럼프는 "북핵문제를 엉망진창으로 만든 사람들은 바로 당신들"이라며 가히 역지사지의 진수를 보여줬다. 그는 "종전은 축복"이라고도 했고, "세계에서 가장 긴 전쟁인 한국전쟁을 끝내는 일은 위대한 일"이라고 했다. 심지어 한미연합훈련을 북한식 표현인 "전쟁연습(war game)"으로 부르면서 "도발적"이라고까지 했다. 그러고는 중단을 선언했다.

이처럼 한때 서로를 향해 "리틀 로켓맨"과 "노망난 늙다리"라고 불렀던 트럼프와 김정은은 어느덧 친구가 되고 있다. 그리고 이들 사이에는 "젠틀맨" 문재인이 있다. 핵이라는 물리학의 결정체도 이들 세 사람이 선보이고 있는 개인적 유대 앞에서 그 힘을 잃고 있다. 하지만 이러한 세계사적인 대전환은 이들 지도자들만의 몫은 아니다. 위대한 전환은 바로 한국 국민들의 '촛불혁명'에서 비롯되었기 때문이다. 물론 '협상의 시대'가 해피엔딩으로 끝날 것이라는 보장은 그 어디에도 없다. 그래서 차분해지고 또한 지혜로워져야 한다. 특히 한반도의 평화가 올 때마다 미국 강경파들이 어김 없이 북한의 '비밀 핵개발' 의혹을 제기했던 사례를 주의해야 한다. 또한 대미 불신이 강한 북한이 비타협적인 자세로 돌아설 가능성도 경계해야 한다.

평화의 시대가 오고 있다지만 평화의 의미도 따져봐야 한다. 전쟁 걱정도 없고, 핵도 없는 한반도는 그 자체로도 위대한 평화다. 하지만 이건 어디까지나 소극적인 평화다. 진짜 평화, 즉 적극적 평화는 말 그대로 사람들이 골고루(平) 밥(禾)을 먹을 수 있는(口) 상태에서 비롯된다. 하지만 한반도 주민 상당수의 삶은 여전히 고달프다. 한국만 봐도 그렇다. 아무리 노력해도 제대로 된 직업을 가질 수 없는 청년들의 절망감, 갈수록 소득이 줄어들고 있는 저소득층과 세계 최고 수준의 자살율 및 노인 빈곤율, 그리고 북핵보다 더 두렵다는 미세먼지, 중증질환을 앓고 있는 가족을 돌봐야 하는 또 다른 가족의 고통 등등. 이루 다 말할 수 없는 '전쟁 같은 삶'이 많은 사람들의 어깨를 짓누르고 있다. 이러한 작은 평화가 위협받고 있는 상황에서 큰 평화는 진짜 평화라고 할 수도 없고 또한 지속 가능하지도 않다.

그렇다면 방법이 없을까? 있다. 바로 평화배당금 창출이다. 문재인 정부는 2017년 GDP 대비 2.5%인 국방비를 5년에 걸쳐 2.9%까지 늘리겠다는 계획을 갖고 있었다. 이 계획을 달성하려면 2018년 약 43조 원이었던 국방비를 이후로도 매년 8% 정도씩 인상해야 한다. 이렇게 되면 2023년 국방비는 63조 원 정도가 된다. 반면 국방비를 40조 원 정도로 5년간 동결하면, 5년간 무려 약 74조 원의 재원을 확보할 수 있다. 이걸 복지, 교육, 일자리 창출, 미세먼지 등 환경대책에 사용한다면 우리의 삶은 어떻게 달라질까? 이러한 상상은 재정상의 문제에 국한된 것이 아니다. 양심에 따른 병역거부자들의 대체복무로 중증 장애인이나 치매 노인 등 돌봄이 꼭 필요한 사람들에게 보내면 어떨까?

다시 핵으로 돌아와, 이제는 탈핵 얘기를 시작해보자. '탈핵'은 안보정책에 있어서 핵무기에 대한 의존에서 벗어나고 에너지 분야에서도 원전에 대한 의존을 줄여 이로부터 탈피하는 과정을 의미한다. 이러한 탈핵을 위해서는 '핵에 의한 평화'의 근간인 핵 억제 이론과 원자력은 '안전하고 저렴한 에너지원'이라는 신화를 깨는 작업이 필요하다.

핵 억제 이론(nuclear deterrence theory)은 상대방에게 핵무기를 통한 가공할 보복 능력을 과시함으로써 상대방의 공격을 억제해 전쟁을 막고 평화를 유지할 수 있다는 논리다. 이것이 통하려면 '3C'가 충족되어야 한다. 능력(capability)·신뢰(credibility)·전달(communication)이 바로 그것들이다. 또한 상대방의 합리성, 즉 손해 보는 일을 하지 않을 것을 전제로 한다. 이처럼 핵무기가 억제 전략으로 가장 유력한 수단이라는 믿음은 실제로 사용하지 않고도 존재 자체만으로도 상대방이 나한테 가할 수 있는 원치 않는 행동을 막을 수 있다는 점에서 비롯된다. 그런데 핵 억제 전략은 핵보유국만 갖고 있는 것이 아니다. 이른바 '확장 핵 억제'는 비핵 국가가 핵보유국의 핵우산에 안보를 의존하는 정책을 의미한다. 한국과 일본이 미국의 핵우산 아래 있는 것이 여기에 해당한다.

이러한 핵 억제 이론은 다양한 관점에서 비판할 수 있다. 우선 핵 억제 이론이 전제로 삼고 있는 '합리성'의 문제다. 억제 이론에서 말하는 합리성은 불신과 믿음의 역설적인 조합이다. 상대방이 나를 공격할 수 있다는 '불신'과 모두가 죽을 짓은 하지 않을 것이라는 '믿음'에 의해 핵전쟁이 억제된다는 논리이기 때문이다. 이처럼 불안하기 짝이 없는 불신과 믿음의 역설적인 조합에 인류의 생존을 맡긴다는 것 자체가 대단히 위험천만한 발상이다. 또한 핵 억제 이론에서 말하는 합리성이 거꾸로 적용될 수도 있다. 예컨대 어떠한 이유로든 '금기의 무기'인 핵무기를 먼저 사용하는 나라는 국제사회로부터 엄청난 비난을 받을 수밖에 없다. 그러므로 상대국의 지도자는 자신이 재래식 무기로 공격을 하더라도 공격을 받은 나라나 그 동맹국이 핵무기를 사용할 정도로 비이성적이지 않을 것이라는 가정을 세울 수 있다. 본문에서 자세히 다뤘던 한국전쟁이 대표적인 사례다.

핵 억제 이론에 의존하는 안보전략은 서로 불신과 군비경쟁을 피할 수 없게 만든다는 점 역시 중요하다. 억제 이론에서 강조하는 것처럼 핵무기가 군사전략에서 대단히 중요한 수단이라면, 이는 거꾸로 핵무기고가 적대국의 최우선적인 공격 목표가 된다는 것을 의미한다. 결과적으로 이런 일은 양측의 안보 딜레마를 심화해 군비경쟁을 격화시킨다. 또한 상대방이 나를 공격할 수 있기 때문에 핵 억제력이 필요하다는 인식은 자신에게만 적용되는 것이 아니다. 상대가 있는 게임인 안보에서 '내가 하면 예술이고 네가 하면 외설이다'라는 주장은 성립되기 어렵기 때문이다.

핵 억제 이론이 가진 또 한 가지 근본적인 문제는 '의도하지 않은 핵전쟁의 위험성'이다. 상대방에 대한 억제력은 핵무기를 사용할 의지와 능력이 강할수록 높아진다. 이러한 강박관념은 우발적이거나 인가되지 않은 핵전쟁을 유발할 수 있다. 상대방의 의도에 대한 오판과 오인, 컴퓨터 오작동, 일부 일탈세력의 핵 사용, 핵무기를 관리하는 사람의 알코올·약물 중독이나 정신질환 같은 이유로 핵전쟁이 발발할 가능성을 배제할 수 없다는 뜻이다. 실제로 냉전시대는 물론이고 탈냉전 이후에도 '우발적으로' 핵전쟁이 일어날 뻔한 아찔한 순간들은 많았다. 일례로 하와이 시간으로 2018년 1월 13일 오전 8시, 하와이 주민과 관광객들의 휴대폰에 긴급문자가 전송됐다. "탄도미사일이 하와이를 위협하고 있다. 즉각 대피처를 찾아라. 이건 훈련이 아니다." 이들은 한 달 전에 북한의 핵미사일 공격을 가정한 대피훈련을 받았던 터였다. 하지만 이번에는 "훈련이 아니다"라는 메시지를 받았고, 그래서 하와이 사람들은 직감적으로 북한의 핵미사일이 날아오고 있다는 공포에 휩싸였다. 하지만 이건 문자 메시지가 잘못 보내진 것이었다.

이제는 핵과의 위험한 동거를 끝내야 할 때다. 이를 위해서는 발상의 전환이 필요하다. 이른바 '핵 주권론'은 핵무장론에서부터 핵연료 주기 완성론, 그리고 핵의 평화적 이용 권리에 이르기까지 다양한 스펙트럼을 갖고 있다. 반면 내가 제안하는 '탈핵 주권론'은 '핵으로 인한 자유'라는 신화에서 벗어나 탈핵을 안보와 에너지정책, 그리고 대외정책의 핵심으로 삼는 '핵으로부터의 자유'라는 발상의 전환을 일컫는다. 이는 타국의 간섭과 요구에 따라 자국의 권리 행사가 제약받는다는 소극적 인식에서 벗어나, 탈핵을 국가의 정체성과 비전으로 삼으면서 이를 지구적 차원으로 확산시키는 적극적이고 능동적인 태도를 의미한다.

핵은 5대 강대국을 비롯한 핵보유국 사이의 문제만으로도, 또한 핵무기 개발을 시도하는 나라와 이를 저지하려는 국가들 사이의 문제만으로도, 아울러 원전을 가동하고 있는 국가에게만 국한될 수 없는 독특한 특징을 갖고 있다. 규모와 지역에 따라 차이가 있지만, 소규모 핵전쟁으로도 무고한 시민들과 주변 국가들, 그리고 미래 세대까지 피해를 입게 된다. 특히 강대국 간의 핵전쟁은 인류 문명과 지구 생태계의 절멸을 의미한다. 체르노빌과 후쿠시마에서 확인된 것처럼 원전 사고 역시 국경과 시간의 한계를 무색케 한다. 3대 핵보유국과 북핵, 그리고 자체적인 원전과 주변국의 원전 수십 개에 둘러싸여 있는 한국은 핵 시대의 한복판에 있다.

그렇다면 '탈핵' 주권을 실천할 수 있는 구체적인 정책들에는 무엇이 있을까? 먼저 한국이 핵무기에 의한 안보 의존에서 완전히 탈피하고 그 구체적인 선언으로 '북핵 해결 시 미국의 핵우산에서도 벗어나겠다'는 입장을 정하는 것이 필요하다. 또한 자체적으로 우라늄 농축 및 재처리 시설을 계속 보유하지 않겠다는 입장을 확고히 하면서 북한과도 탈원전형 협력을 추구할 필요가 있다.[3] 국제무대에서도 핵무기 사용이나 핵무기 자체를 금지하는 국제조약 체결 움직임에 적극 동참할 필요도 있다. 아울러 한반도 비핵화를 넘어 동북아 비핵지대 논의를 주창하고, 이를 주도하는 것 역시 한국의 '탈핵' 외교의 중요한 부분이라고 할 수 있다.

원전정책도 독일처럼 시간표를 가지고 '탈원전'을 지향해야 할 것이다. 신규원전 건설계획 철회와 노후 원전의 조속한 가동 중단에 들어가 가능한 빨리 모든 원전을 폐쇄하는 방안을 강구해야 한다. 에너지 과소비형 경제 구조를 절약형으로 바꾸고 태양열 등 신재생 에너지 분야를 적극 육성하면 큰 문제 없이 에너지 구조 전환이 가능하다는 것은 독일과 일본에서 입증 되고 있다. 또한 원전 종사자들의 역할과 직업 전환도 강구할 필요가 있다. 많은 나라들이 '탈원전'을 향해 가고 있는 만큼, '원전 해체' 분야는 인류 사회의 안전에 이바지하면서 한국 경제에도 도움을 줄 수 있다. 아울러 '국제 재생에너지기구'와 같은 새로운 국제기구 창설을 주도해 지속 가능하고 재생 가능한 에너지를 원자력의 대안으로서 지구화하는 것도 요구된다.

그것이 무기이든 에너지이든 '핵'이 안고 있는 근본적인 의문은 이런 것이다. 소수의 국가들과 정책 결정자들에게 살아 있는 생명과 태어날 생명, 그리고 지구의 생존을 맡기는 것이 과연 정당한 일인가? 일본 도쿄대 원자력공학과 1호 학생이자 방사능 분야의 국제적 권위자이며 후쿠시마 출신으로 반세기 동안 반핵운동을 주도해온 안자이 이쿠로 박사는 이렇게 묻고 있다.

"현 세대가 풍족한 생활을 위해 핵 에너지를 사용하는 것은 동의 여부조차 물을 수 없는 수많은 미래 세대에게 측정할 수 없는 위험을 떠넘기는 것이나 마찬가지입니다. 이것이 윤리적으로 용납할 수 있는 일입니까?"[4]

주 석

프롤로그 _ 왜 '핵'인가?

1 카이 버드·마틴 셔윈, 최형섭 옮김,《아메리칸 프로메테우스》(사이언스북스, 2010), 24쪽.

2 리처드 로즈, 정병선 옮김,《수소폭탄 만들기》(사이언스북스, 2016), 14쪽.

3 정욱식·강정민,《핵무기: 한국의 반핵문화 형성을 위하여》(열린길, 2008), 5-6쪽.

4 토다 기요시, 김원식 옮김,《환경학과 평화학》(녹색평론, 2003), 170-179쪽.

5 정욱식,《핵의 세계사》(아카이브, 2012), 14-15쪽.

6 '다모클레스의 칼'은 시칠리아 시라쿠스의 참주(僭主) 디오니시오스 2세에서 유래된 말이다. 디오니시오스는 자신의 측근인 다모클레스를 연회에 초대하여 한 올의 말총에 매달린 칼 아래에 앉혔다. 참주의 자리가 얼마나 불안한 것인지 깨달아 보라는 의미였다. 이 일화는 로마의 키케로가 인용하면서 유명해졌고, 케네디의 연설에서도 언급됨으로써 핵과 인류의 불안한 동거를 상징하는 말이 되었다.

7 Eric Schlosser, "The Growing Dangers of the New Nuclear-Arms Race", *The New Yorker*, May 24, 2018.

1부 핵 시대의 개막

1 리처드 오버리, 조행복 옮김,《독재자들: 히틀러 대 스탈린, 권력작동의 비밀》(교양인, 2008), 70-71쪽.

2 닐 그레고어, 안인희 옮김,《How To Read 히틀러》(웅진지식하우스, 2007), 24쪽.

3 편지 원문은 http://hypertextbook.com/eworld/einstein.shtml에서 볼 수 있다.

4 이 부분은 정욱식,《글로벌 아마겟돈: 핵무기와 NPT》(책세상, 2010), 24-27쪽.

5 미국 에너지부 홈페이지 '맨해튼 프로젝트', http://www.mbe.doe.gov/me70/manhattan/trinity.htm

6 Klaus Wiegrefe, "How Close Was Hitler to the A-Bomb?", *Spegel Online*, March 14,

2005.

7 http://www.pbs.org/wgbh/nova/military/nazis-and-the-bomb.html

8 Gar Alperovitz and Kai Bird, "The Centrality of the Bomb", *Foreign Policy*, Spring 1994.

9 Margaret Truman, "Letters From Father", pp. 103-106, http://www.doug-long.com/hst.htm

10 Henry Stimson to Harry S. Truman, April 24, 1945. http://www.trumanlibrary.org

11 Department of Energy, *The Manhattan Project: Making the Atomic Bomb*, January 1999, pp. 49-50.

12 데이비드 레이놀즈, 이종인 옮김, 《정상회담: 세계를 바꾼 6번의 만남》(책과함께, 2009), 152-156쪽.

13 Barton J. Bernstein, "Truman At Potsdam: His Secret Diary", *Foreign Service Journal*, July/August 1980.

14 《아메리칸 프로메테우스》, 505쪽.

15 Diary Entries, May 14 and 15, 1945. http://www.gwu.edu/~nsarchiv/NSAEBB/NSAEBB162/7.pdf

16 《아메리칸 프로메테우스》, 510쪽.

17 Diary entry for May 21, 1945, Joseph E. Davies Papers, Library of Congress, box 17, 21 May 1945.http://www.gwu.edu/~nsarchiv/NSAEBB/NSAEBB162/8.pdf

18 Memorandum of Conference with the President, June 6, 1945, Top Secret, Manuscripts and Archives, Yale University Library, Henry Lewis Stimson Papers (microfilm at Library of Congress). http://www.gwu.edu/~nsarchiv/NSAEBB/NSAEBB162/15.pdf

19 Barton J. Bernstein, "Truman At Potsdam: His Secret Diary", *Foreign Service Journal*, July/August 1980.

20 Memorandum discussed with the President, April 25, 1945. http://www.gwu.edu/~nsarchiv/NSAEBB/NSAEBB162/3b.pdf

21 이에 대한 상세한 내용은 《수소폭탄 만들기》 참조.

22 《아메리칸 프로메테우스》, 477-484쪽.

23 "The Centrality of the Bomb"

24 MEMORANDUM ON THE USE OF S-1 BOMB, June 27, 1945. http://www.doug-long.com/bard.htm

25 Department of Energy, *The Manhattan Project: Making the Atomic Bomb*, 1999, pp. 45-47. https://www.energy.gov/management/downloads/manhattan-project-making-atomic-bomb

26 Tsuyoshi Hasegawa, "The Atomic Bombs and the Soviet Invasion: What Drove Japan's Decision to Surrender?", *Japan Focus*, August 17, 2007, http://japanfocus.org/-Tsuyoshi-Hasegawa/2501

27 Memorandum of Conversation, "Far Eastern War and General Situation", August 8, 1945, Top Secret, Library of Congress Manuscript Division, Papers of W. Averell

Harriman, box 181, Chron File Aug 5-9, 1945. http://www.gwu.edu/~nsarchiv/NSAEBB/NSAEBB162/57.pdf

28 Translation of leaflet dropped on the Japanese, August 6, 1945. http://www.trumanlibrary.org

29 Harry S. Truman Statement on the Bombing of Hiroshima, August 7, 1945. http://www.nuclearfiles.org

30 "간양, 美 원폭 투하 진짜 이유 '일본인은 짐승'", 〈프레시안〉, 2016. 5. 25.

31 William Burr, "The Atomic Bomb and the End of World War II", *National Security Archive Electronic Briefing Book No. 525*, August 7, 2017. http://nsarchive2.gwu.edu/nukevault/ebb525-The-Atomic-Bomb-and-the-End-of-World-War-II/

32 Barton Bernstein, "The Atomic Bombings Rresconsidered", *Foreign Affairs*, January/February 1995.

33 "The Atomic Bombings Rresconsidered".

34 http://www.commondreams.org/views05/0803-26.htm

35 Tsuyoshi HASEGAWA, "The Atomic Bombs and the Soviet Invasion: What Drove Japan's Decision to Surrender?", *Japan Focus*, August 17, 2007, http://japanfocus.org/-Tsuyoshi-Hasegawa/2501

36 Ward Wilson, "The Winning Weapon?: Rethinking Nuclear Weapons in Light of Hiroshima", *International Security*, Spring, 2007.

37 《아메리칸 프로메테우스》, 504-505쪽.

38 "Minutes of Meeting Held at the White House on Monday, 18 June 1945 at 1530", Top Secret, Source: Record Group 218, Records of the Joint Chiefs of Staff, Central Decimal Files, 1942-1945, box 198 334 JCS (2-2-45) Mtg 186th-194th. http://nsarchive2.gwu.edu/nukevault/ebb525-The-Atomic-Bomb-and-the-End-of-World-War-II/documents/026.pdf

39 William Burr, "The Atomic Bomb and the End of World War II", *National Security Archive Electronic Briefing Book No. 162*, April 27, 2007. http://www.gwu.edu/~nsarchiv/NSAEBB/NSAEBB162/index.htm

40 President Harry S. Truman, Handwritten Remarks for Gridiron Dinner, circa 15 December 1945, Source: Harry S. Truman Library, President's Secretary's Files, Speech Files, 1945-1953, http://nsarchive2.gwu.edu/dc.html?doc=3913572-President-Harry-S-Truman-Handwritten-Remarks-for

41 Thomas Donnelly, "Bearing the burden", *The Bulletin of the Atomic Scientists*, July/August 2005.

42 "Minutes of Meeting Held at the White House on Monday, 18 June 1945 at 1530", Top Secret, Source: Record Group 218, Records of the Joint Chiefs of Staff, Central Decimal Files, 1942-1945, box 198 334 JCS (2-2-45) Mtg 186th-194th. http://nsarchive2.gwu.edu/nukevault/ebb525-The-Atomic-Bomb-and-the-End-of-World-War-II/documents/026.pdf

43 〈연합뉴스〉, 2016. 5. 12.

44 "이 노인이 일본과 싸우는 방식", http://www.ohmynews.com/NWS_Web/View/at_pg. aspx?CNTN_CD=A0000050768

45 〈한겨레〉. 2015. 9. 9.

46 정인환, "'원폭 2세' 김형률의 커밍아웃", 〈한겨레21〉, 2003. 6. 12.

47 〈오마이뉴스〉, 2002. 3. 22.

48 한수산, 《까마귀: 제5부 수레바퀴》(해냄, 2003), 257쪽.

49 이치바 준코, "삼중고를 겪어온 한국인 원폭피해자들", 〈역사비평〉, 1999년 겨울호.

50 Joseph Cirincione, *Bomb Scare*(Columbia University Press, 2007), pp. 16-19.

51 http://countrystudies.us/south-korea/8.htm

52 http://news.nationalgeographic.com/news/2013/08/130805-korean-war-dmz-armistice-38-parallel-geography/

53 George Orwell, "You and the Atomic Bomb", *Tribune*, 19 October 1945.

54 권헌익 지음, 이한중 옮김, 《또 하나의 냉전: 인류학으로 본 냉전의 역사》(민음사, 2013), 11-13쪽.

55 Fyodor Lukyanov, "Putin's Foreign Policy: The Quest to Restore Russia's Rightful Place", *Foreign Affairs*, May/June, 2016.

56 《또 하나의 냉전: 인류학으로 본 냉전의 역사》, 29-32쪽.

57 Joseph Cirincione, *Bomb Scare*(Columbia University Press, 2007), pp. 16-19.

58 John Lewis Gaddis, *The Cold War: A New History*(New York: The Penguin Press, 2005).

59 "The Centrality of the Bomb"

60 이삼성, 《미국과 세계: 20세기의 반성과 21세기의 전망》(한길사, 2001), 217-228쪽.

61 《수소폭탄 만들기》, 274-275쪽.

62 Henry Stimson to Harry S. Truman, accompanied by a memorandum, September 11, 1945. http://www.trumanlibrary.org

63 William Burr, "U.S. Intelligence and the Detection of the First Soviet Nuclear Test, September 1949", September 22, 2009, http://www.gwu.edu/~nsarchiv/nukevault/ebb286/index.htm#6

64 Harry S. Truman Statement on the Hydrogen Bomb, January 31, 1950. http://www.nuclearfiles.org

65 *Bomb Scare: The History & Future of Nuclear Weapons*, pp. 21-22.

66 http://nuclearweaponarchive.org/Usa/Tests/Castle.html

67 Nina Tannenwald, "Stigmatizing the Bomb: Origins of the Nuclear Taboo", *International Security*, Spring 2005.

68 *Bomb Scare: The History & Future of Nuclear Weapons*, pp. 22-23.

69 http://www.mbe.doe.gov/me70/manhattan/espionage.htm

70 "War in Cold War: McCarthyism & Red Scare." *Shmoop History*. 10 Jul 2009, http://www.shmoop.com/analysis/history/us/cold-war-mccarthyism-red-scare/analytic-lenses-war.html

71　《아메리칸 프로메테우스》, 1-18쪽.

72　위의 책, 764쪽.

73　위의 책, 17쪽.

74　Dexter Masters·Katharine Way (eds,), *One World Or None*(Mcgraw-Hill Books, 1946), 5쪽.

75　이삼성, 《20세기의 문명과 야만》(한길사, 1998), 245쪽.

76　이에 대한 상세한 내용은 오드라 J. 울프 지음, 김명진·이종민 옮김, 《냉전의 과학》, 1.원자시대 참조.

77　《아메리칸 프로메테우스》, 459-460쪽, 479-480쪽.

78　위의 책, 460-463쪽.

79　위의 책, 479-480쪽.

80　위의 책, 470-497쪽.

81　위의 책, 470-497쪽.

82　이 보고서의 전문은 http://www.dannen.com/decision/franck.html 에서 볼 수 있다.

83　《아메리칸 프로메테우스》, 498-499쪽.

84　Niels Bohr, "Science and Civilization", The London Times(1945. 8. 11). 이 글은 Dexter Mastes·Katharine Way (eds,), *One World Or None*에 서문으로 재수록되었다.

85　Albert Einstien, "The Way Out", Dexter Masters·Katharine Way (eds,), *One World Or None*, pp. 76-77.

86　웹사이트는 http://www.fas.org이다.

87　*One World Or None*, pp. 78-79.

88　John Lewis Gaddis, *George F. Kennan: An American Life*(Penguin Press, 2011), Kindle Edition, Location 7479-7484.

89　《아메리칸 프로메테우스》, 702-703쪽.

2부 핵 시대의 첫 전쟁, 한국전쟁

1　Henry Kissinger, *On China*(Penguin Press, 2011), Kindle Edition, Location 1973.

2　*On China*, Location 1785-1798.

3　*On China*, Location 1856-1899.

4　NSC 8/2, March 22, 1949, http://www.wilsoncenter.org/coldwarfiles/files/Documents/FRUS.Korea.NSC_8-2.pdf

5　허동현, "좌·우파가 서로 자기 입맛대로 해석한 '애치슨 라인'", 〈중앙일보〉, 2010. 1. 11.

6　Paul G. Peirpaoli, *Truman and Korea*(Missouri Publishers, 1999), pp. 17-18.

7　"Table 3.1: outlays by superfunction and function: 1940-2009", in Office of Management and Budget, Historical Tables, Budget of the United States Government, Fiscal Year 2005(2004).

8　앤드류 바세비치, 박인규 옮김, 《워싱턴 룰》(오월의봄, 2013), 69-72쪽.

9　Trent A. Pickering, *A Nuclear Dilemma-Korean War Deja Vu*, USAWC STRATEGY

RESEARCH PROJECT(2006), pp. 5-6.

10 "The Evaluation of the Atomic Bomb as a Military Weapon", June 30, 1947. http://www.trumanlibrary.org

11 http://www.gwu.edu/~nsarchiv/nukevault/special/doc03a.pdf; http://www.gwu.edu/~nsarchiv/nukevault/special/doc03b.pdf

12 Two Strategic Intelligence Mistakes in Korea, http://www.foia.cia.gov/KoreanWar/EstimatesMisc/CSI/2001-09-01.pdf

13 Evgueni Bajanov, "Assessing the Politics of the Korean War, 1949-51", *Bulletin of the Cold War International History Project 6/7* (1995). https://www.wilsoncenter.org/sites/default/files/CWIHP_Bulletin_6-7.pdf

14 *On China*, Location 1944.

15 소련의 전략적 의도에 대한 자세한 분석은 다음을 참조하라. Shen Zhihua, "Sino-Soviet Relations and the Origins of the Korean War: Stalin's Strategic Goals in the Far east", *Journal of Cold War Studies*(Spring 2000).

16 *On China*, Location 1827-1856.

17 *Sino-Soviet Relations and the Origins of the Korean War*, pp. 59-62.

18 *On China*, Location 1852-1853.

19 Tomas J. Christensen, *Worse Than A Monolith*(Princeton University Press, 2011), pp. 49-50.

20 강준식, "6·25는 국제전이었다",《월간중앙》, 2010년 7월호.

21 "Estimate of the Effects of Soviet Possession of the Atomic Bomb upon the Security of the United States and Upon the Probabilities of Direct Soviet Military Action", 6 April 1950. Top Secret, Source: CIA FOIA release on Federation of American Scientists Web site.

22 마고사키 우케루, 양기호 옮김,《미국은 동아시아를 어떻게 지배했나:일본의 사례 1945-2012년》(메디치, 2013), 114-115쪽.

23 위의 책, 116-118쪽.

24 *Worse Than A Monolith*, p. 28, p. 34.

25 위의 책, pp. 39-41.

26 위의 책, pp. 44-45.

27 위의 책, p. 45에서 재인용.

28 위의 책, pp. 54-55.

29 위의 책, pp. 87-88.

30 김연철,《70년의 대화: 새로 읽는 남북관계사》(창비, 2018), 25-26쪽.

31 트루먼 담화 전문. http://www.trumanlibrary.org/whistlestop/study_collections/korea/large/week1/kw_27_1.htm

32 http://www.archives.gov/education/lessons/korean-conflict/

33 *On China*, Location 2031

34 *A Nuclear Dilemma-Korean War Deja Vu*, , p. 7.

35 http://www.wilsoncenter.org/coldwarfiles/printthis.cfm?fuseaction=units.details &thisunit=18

36 데이비드 핼버스텀, 정윤미·이은진 옮김, 《콜디스트 윈터》(살림, 2009), 140쪽.

37 *The Associated Press*, June 20, 2010.

38 Gar Alperovitz and Kai Bird, "The Centrality of the Bomb", *Foreign Policy*, Spring 1994.

39 Roger Dingman, "Atomic Diplomacy during the Korean War", *International Security* (Winter, 1988-1989), pp. 55-58.

40 Bevin Alexander, *Korea: The First War We Lost*(Hippocrene Books, 1986), pp. 46-47.

41 *The First War We Lost*, p. 47.

42 *The New York Times*, July 17, 1950.

43 Matthew Jones, *After Hiroshima: The United States, Race and Nuclear Weapons in Asia*, 1945-1965(Cambridge University Press, 2010), pp. 66-67.

44 위의 책, pp. 68-70.

45 브루스 커밍스, 김동노 등 옮김, 《한국 현대사》(창비, 2003), 381-382쪽.

46 *A Nuclear Dilemma-Korean War Deja Vu*, pp. 11-12.

47 http://www.pbs.org/wgbh/amex/bomb/peopleevents/pandeAMEX58.html

48 Roger Dingman, "Atomic Diplomacy during the Korean War," *International Security* (Winter, 1988-1989), pp. 62-64.

49 *Atomic Diplomacy during the Korean War*, pp. 58-61.

50 위의 책, pp. 66-67.

51 《콜디스트 윈터》, 29쪽.

52 위의 책, 502쪽.

53 위의 책, 558-559쪽.

54 Callum A. MacDonald, *Korea: The War Before Vietnam*(Macmillan, 1986), p. 37.

55 *Worse Than A Monolith*, pp. 64-66.

56 《콜디스트 윈터》, 484-485쪽.

57 Elizabeth A. Stanley, "Ending the Korean War: The Role of Domestic Coalition Shifts in Overcoming Obstacles to Peace", *International Security*(Summer 2009), pp. 70-71.

58 《콜디스트 윈터》, 516쪽.

59 윌리엄 스툭, 김형인 외 옮김, 《한국전쟁의 국제사》(푸른역사, 2001), 199-202쪽.

60 *On China*, Location 1927.

61 Paul G. Peirpaoli, *Truman and Korea*(Missouri Publishers, 1999), pp. 42-43.

62 *After Hiroshima*, p. 100.

63 MacArthur's letter to the Joint Chiefs of Staff, November 28, 1950, http://www.wilson center.org/coldwarfiles/files/Documents/FRUS.Korea.50-1128.pdf

64 Bruce Cumings, "Korea: Forgotten Nuclear Threats", *Nautilus Policy Forum*, January 11, 2005. http://www.nautilus.org/fora/security/0503A_Cumings.html

65 《한국현대사》, 407쪽.

66 이흥환,《미국비밀문서로 본 한국 현대사 35장면》(삼인, 2002), 203~206쪽.

67 Oral History Interview with Robert G. Nixon, November 5, 1970, http://www.truman library.org/oralhist/nixon12.htm

68 강준식, "6·25는 국제전이었다",《월간중앙》, 2010년 7월호.

69 《한국전쟁의 국제사》, 260~262쪽.

70 Atlee-Truman Agreement: Memorandum for the Record by Special Assistant to the Secretary of State R. Gordon Arneson, "Truman-Atlee Conversations of December 1950: Use of Atomic Weapons," 16 January 1953, Top Secret, Source: Record Group 59, Department of State Records, Decimal Files 1950-1954, 711.5611/1-53, Freedom of Information Act Release.

71 *A Nuclear Dilemma-Korean War Deja Vu*, pp. 16-17.

72 위의 책, pp. 13-14.

73 위의 책, pp. 68-29.

74 Rosemary J. Foot, "Nuclear Coercion and the Ending of the Korean Conflict", *Interna tional Security*(Winter, 1988-1989), p. 100.

75 14 December 1950 USSR Survey - Communist China and the Korean War, http:// www.foia.cia.gov/KoreanWar/FBIS/1950/1950-12-14.pdf

76 William Burr, "Consultation is Presidential Business: Secret Understandings on the Use of Nuclear Weapons, 1950-1974", *National Security Archive Electronic Briefing Book No. 159*, July 1, 2005, http://www.gwu.edu/~nsarchiv/NSAEBB/NSAEBB159/

77 Barry M. Blechman ed., *Unblocking the Road to Zero: France and the United Kingdom* (Stimson Center, 2009).

78 Memorandum of Conversation by John Ferguson, State Department Policy Planning Staff, "Discussions with British regarding use of nuclear weapons", 6 August 1951, Top Secret; Memcon, "US-UK Consultations on Atomic Warfare", 11 September 1951; "Nature of Consultations", Excerpt from Memorandum of Conversation re: U.S.-U.K. Political Military Meeting, September 13, 1951, Source: RG 59, Records of Deputy Assistant Secretary for Politico-Military Affairs, Subject File Special Assistant For Atomic Energy Affairs, 1950-1966, box 11, Nuclear Sharing-UK Consultation Discussions 1950-1951 (for documents A and B); Nuclear Sharing-Consultation Discussions 1952-54 (for document C).

79 Memorandum of Conversation, "Use of United Kingdom Bases and Consultation with the United Kingdom on the Use of Atomic Weapons", 6 March 1953, Top Secret; Memorandum for the President from Secretary of State John Foster Dulles, "The Eden Visit: Use of Atomic Weapons," 7 March 1953, Top Secret; Memorandum for Mr. Gordon Arneson from Under Secretary of State Walter B. Smith, 12 March 1953, Top Secret, Source: Record Group 59, Department of State Records, Decimal Files 1950- 1954, 711.5611, various dates, Freedom of Information Act Release.

80 *After Hiroshima*, p. 101.

81 《한국현대사》, 408쪽.

82 《콜디스트 윈터》, 937-938쪽.

83 *After Hiroshima*, p. 104.

84 *Atomic Diplomacy during the Korean War*, pp. 75-77.

85 *A Nuclear Dilemma–Korean War Deja Vu*, p. 20에서 재인용.

86 *Atomic Diplomacy during the Korean War*, pp. 77-79.

87 *After Hiroshima*, pp. 72-74.

88 위의 책, pp. 77-78.

89 위의 책, pp. 81-86.

90 위의 책, pp. 86-88.

91 위의 책, p. 102.

92 문재인, 《대한민국이 묻는다: 완전히 새로운 나라, 문재인이 답하다》(21세기북스, 2017), 21-25쪽.

93 서재정, "한반도 평화를 위한 역사의 재인식", 〈프레시안〉, 2017. 7. 31.

94 박명림, 《한국 1950: 전쟁과 평화》(나남, 2002), 719-720쪽.

95 정일권, 《정일권 회고록》(고려서적, 1996), 322-323쪽.

96 *A Nuclear Dilemma–Korean War Deja Vu*, p. 21.

97 *After Hiroshima*, p. 102.

98 *A Nuclear Dilemma–Korean War Deja Vu*, p. 22.

99 위의 책, pp. 22-23.

100 Paul G. Peirpaoli, *Truman and Korea*(Missouri Publishers, 1999), pp. 47-48.

101 Cameron Forbes, "Korean War faced atomic-bomb conclusion", *The Australian* December 24, 2010.

102 Lawrence Wittner, "What Has Prevented Nuclear War?", *The History News Network*, July 7, 2009.

103 〈연합뉴스〉, 2015. 8. 11.

104 Clay Blair, *The Forgotten War: America in Korea 1950-1953*(Time Books, 1987), pp. 78-79.

105 *A Nuclear Dilemma–Korean War Deja Vu*, pp. 23-24.

106 위의 책, p. 25에서 재인용.

107 위의 책, pp. 24-25.

108 SE-41 Probable Communist Reactions to Certain Possible UN/US Military Courses of Action With Respect to the Korean War, http://www.foia.cia.gov/KoreanWar/EstimatesMisc/NIEEstimates/1953-04-08.pdf

109 *After Hiroshima*, pp. 147-148.

110 *A Nuclear Dilemma–Korean War Deja Vu*, pp. 25-26.

111 위의 책, pp. 27-28.

112 "Nuclear Coercion and the Ending of the Korean Conflict", p. 98.

113 *A Nuclear Dilemma–Korean War Deja Vu*, pp. 28-29.

114　"Nuclear Coercion and the Ending of the Korean Conflict", pp. 98-99.

115　*Atomic Diplomacy during the Korean War*, p. 50.

116　"Nuclear Coercion and the Ending of the Korean Conflict", pp. 92-93.

117　*Ending the Korean War*, pp. 63-64.

118　위의 책, pp. 72-74.

119　위의 책, pp. 75-76.

120　위의 책, pp. 75-76.

121　"Nuclear Coercion and the Ending of the Korean Conflict", pp. 109-110.

122　NSC 150th Meeting, http://www.foia.cia.gov/KoreanWar/EstimatesMisc/Presidential Memos/1953-06-19.pdf

123　Bruce Cumings, Not War/Not Peace: The Korean Armistice Under a Nuclear Shadow Conference on Locating the Korean War in the Context of East Asia: From the Ceasefire to Regional Peace System 60 Years Ceasefire International Forum, August 28, 2013.

124　"Nuclear Coercion and the Ending of the Korean Conflict", p. 95.

125　위의 글, pp. 108-109.

126　위의 글, pp. 110-111.

127　*Bulletin of the Cold War International History Project 6/7*, Winter 1995.

128　John Lewis Gaddis, *The Cold War: A New History*(The Penguin Press, 2005), pp. 58-60.

129　Oral History Interview with Frank Pace Jr., June 26, 1972, http://www.truman library.org/oralhist/pacefj5.htm

130　Oral History Interview with Wilfred J. McNeil, September 19, 1972, http://www.truman library.org/oralhist/mcneilwj.htm

131　스벤 린드크비스트, 김남섭 옮김, 《폭격의 역사》(한겨레신문사, 2003), 273-275쪽.

132　*Atomic Diplomacy during the Korean War*, pp. 51-52.

133　*After Hiroshima*, pp. 152-153.

134　Oral History Interview with Karl R. Bendetsen, November 21, 1972, http://www.truman library.org/oralhist/bendet3.htm

135　스펜서 터커, "6·25 전쟁, 1950-1953, 교전에서 교착 상태까지", 〈6·25 전쟁 60주년 국제학술 심포지엄 발표문〉, 2010. 6. 23.

136　이 글은 미국의 역사학자 가디스가 한국전쟁 때 핵무기가 사용되었을 겨우를 상정해 쓴 공상 에세이다. *The Cold War: A New History*, pp. 48-49.

137　*Atomic Diplomacy during the Korean War*, pp. 51-52.

138　Oral History Interview with Frank Pace Jr., June 26, 1972, http://www.trumanlibrary. org/oralhist/pacefj5.htm

3부 핵 시대의 확산과 비확산

1　John Foster Dulles's Changing Thought on Nuclear War and Weapons Effects, Memo randum of Conversation, 7 April 1958, with 20 June 1969 cover letter from Gerard C. Smith, Top Secrethttp://www.gwu.edu/~nsarchiv/nukevault/special/doc07.pdf

2   Selig S. Harrison, *Korean Endgame*(Princeton, 2003), pp. 197-198.

3   Mathew Jones, "Targeting China: U.S. Nuclear Planning and 'Massive Retaliation' in East Asia, 1953-1955", Journal of Cold War Studies, Fall 2008.

4   *A Nuclear Dilemma–Korean War Deja Vu*, p. 30.

5   Rosemary Foot, "Nuclear Coercion and the Ending of the Korean Conflict", *Inter national Security*, Winter 1988-1989. p. 112.

6   이전까지 자문기구였던 NSC는 아이젠하워 행정부 때 실질적인 외교안보정책 결정기구가 되었다.

7   Michael Gordon Jackson, "Beyond Brinkmanship: Eisenhower, Nuclear War Fighting, and Korea, 1953-1968", *Presidential Studies Quarterly*, March 2005.

8   Matthew Jones, "U.S Nuclear Planning and 'Massive Retaliation' in East Asia, 1953-1955", *Journal of Cold War Studies*, 10, 2008.

9   SNIE 100-2-54 Probable Reactions of Communist China, the USSR, and the Free World to Certain Courses of Action in Korea, http://www.foia.cia.gov/KoreanWar/EstimatesMisc/NIEEstimates/1954-03-08.pdf

10 김일영·조성렬,《주한미군: 역사, 쟁점, 전망》(한울, 2014), 107-114쪽.

11 Nina Tannenwald, "The Nuclear Taboo: The United States and the Normative Basis of Nuclear Non-Use", *International Organization*, August 1999.

12 William Burr, "First declassification of Eisenhower's instructions predelegating use of nuclear weapons", *A National Security Archive Electronic Briefing Book*, May 18, 2001, http://www.gwu.edu/~nsarchiv/NSAEBB/NSAEBB45

13 Memorandum on Audience for Comrades Heintze and Breitenstein with Comrade Pak Seongcheol, Member of the Politburo, Deputy Prime Minister and Foreign Minister, May 12, 1967.

14 *Korean Endgame*, p. 198.

15 Van Allen Jackson, "Reputations between Enemies: Examining Threat Credibility in the U.S.-North Korea Rivalry", A DISSERTATION Submitted to the Faculty of the Department of Politics School of Arts & Sciences Of The Catholic University of America In Partial Fulfillment of the Requirements For the Degree Doctor of Philosophy, 2014, pp. 79-99.

16 Reputations between Enemies: Examining Threat Credibility in the U.S.-North Korea Rivalry, pp. 154-155.

17 Robert Wampler, "How Do You Solve A Problem Like Korea?", *National Security Archive Electronic Briefing Book*, No. 322, June 23, 2010, http://www.gwu.edu/~nsarchiv/NSAEBB/NSAEBB322/index.htm

18 Mike Shuster, "Nixon Considered Nuclear Option Against N. Korea", NPR, July 6, 2010.

19 Paul G. Pierpaoli Jr., "Truman's Other War: The Battle for the American Homefront,

1950-1953", *OAH Magazine of History*, Spring 2000.

20 Callum A. MacDonald, *Korea: The War Before Vietnam*(Macmillan, 1986), pp. 37-38.

21 Paul G. Peirpaoli, *Truman and Korea*(Missouri Publishers, 1999), pp. 25-26.

22 전문은 http://www.fas.org/irp/offdocs/nsc-hst/nsc-68.htm 에서 볼 수 있다.

23 NIE-3 Soviet Capabilities and Intentions, http://www.foia.cia.gov/KoreanWar/EstimatesMisc/NIEEstimates/1950-11-15.pdf

24 Gar Alperovitz and Kai Bird, "The Centrality of the Bomb", *Foreign Policy*, Spring 1994.

25 베른하르트 젤리거, "6·25 전쟁, 냉전의 유럽과 주권국가로서의 서독 외교·국방 정책 재출현", 《6·25 전쟁 60주년 국제학술 심포지엄 발표문》, 2010. 6. 23.

26 이 부분은《글로벌 아마겟돈》, 165-173쪽의 내용을 바탕으로 작성한 것이다.

27 Benjamin Schwarz, "The Real Cuban Missile Crisis", *The Atlantic*, JANUARY/FEBRUARY 2013.

28 《세계와 미국》, 388쪽.

29 마이클 돕스, 박수민 옮김,《0시 1분 전》(모던타임스, 2015), 40쪽.

30 위의 책, 47쪽.

31 *The Real Cuban Missile Crisis*.

32 《0시 1분 전》, 22-41쪽.

33 Joseph Cirincione, *Bomb Scare: The History & Future of Nuclear Weapons*, pp. 28-29.

34 *The Real Cuban Missile Crisis*.

35 위의 책.

36 James Person, "North Korea and the Cuban Missile Crisis", Oct 15, 2012. https://www.wilsoncenter.org/publication/north-korea-and-the-cuban-missile-crisis

37 《콜디스트 윈터》, 977-979쪽.

38 "Nuclear Coercion and the Ending of the Korean Conflict", pp. 99-100.

39 "U.S Nuclear Planning and 'Massive Retaliation' in East Asia, 1953-1955"

40 위의 글.

41 *On China*, Location 2433에서 재인용.

42 Air Force Histories Released through Archive Lawsuit Show Cautious Presidents Overruling Air Force Plans for Early Use of Nuclear Weapons, Washington, D. C., April 30(2008), http://www.gwu.edu/~nsarchiv/nukevault/ebb249/index.htm

43 *On China*, Location 2614-2629.

44 위의 책, Location 2462-2476.

45 *After Hiroshima*, pp. 416-417.

46 Yevgen Sautin, Today's Nuclear North Korea Is Yesterday's China: Lessons From History, *The Diplomat*, August 05, 2017.

47 *After Hiroshima*, pp. 418-419.

48 William Burr and Jeffrey T. Richelson, "The United States and the Chinese Nuclear Program, 1960-1964", January 12, 2001, http://www.gwu.edu/~nsarchiv/NSAEBB/

NSAEBB38

49 *After Hiroshima*, pp. 420.

50 위의 책, pp. 427.

51 위의 책, pp. 425-428.

52 "The United States, China, and the Bomb", *National Security Archive Electronic Brief ing Book No. 1*, http://www.gwu.edu/~nsarchiv/NSAEBB/NSAEBB1/nsaebb1.htm

53 Jonathan Holslag, China's Deterrence Paradox: Explaining China's Minimal Deterrence Strategy, http://www.vub.ac.be/biccs/site/assets/files/Jonathan%20misc/Nuclear.pdf

54 Balázs Szalontai and Sergey Radchenko, North Korea's Efforts to Acquire Nuclear Technology and Nuclear Weapons: Evidence from Russian and Hungarian Archives, August 2006.

55 리평, 허유영 옮김, 《저우언라이 평전》(한얼미디어, 2004), 515-517쪽.

56 Hui Zhang, "China's Perspective on a Nuclear-Free World", *The Washington Quarterly*, April 2010.

57 POLITBURO TALK BY ZHOU ENLAI ON RECEIVING A GROUP OF CENTRAL MILITARY COMMISSION OPERATIONAL MEETING COMRADES, MAY 21, 1965. http://digitalarchive.wilsoncenter.org/document/114363

58 http://www.nti.org/e_research/profiles/China/Nuclear/index.html

59 비밀해제된 이 보고서 전문은 http://www.gwu.edu/~nsarchiv/NSAEBB/NSAEBB1/nhch7_1.htm 에서 볼 수 있다.

60 *After Hiroshima*, pp. 434-435.

61 Jonathan Holslag, "China's Deterrence Paradox: Explaining China's Minimal Deterrence Strategy", http://www.vub.ac.be/biccs/site/assets/files/Jonathan%20misc/Nuclear.pdf

62 Yevgen Sautin, "Today's Nuclear North Korea Is Yesterday's China: Lessons From History", *The Diplomat*, August 05, 2017. https://thediplomat.com/2017/08/todays-nuclear-north-korea-is-yesterdays-china-lessons-from-history/

63 Matthew Jones, "U.S Nuclear Planning and 'Massive Retaliation' in East Asia, 1953-1955", *Journal of Cold War Studies*, 10, 2008.

64 William Burr, New Documentary Reveals Secret U.S., Chinese Diplomacy Behind Nixon's Trip, National Security Archive Electronic Briefing Book No. 145, December 21, 2004, http://www.gwu.edu/~nsarchiv/NSAEBB/NSAEBB145/index.htm

65 《정상회담: 세계를 바꾼 6번의 만남》, 314-316쪽.

66 Yafeng Xia, "China's Elite Politics and Sino-American Rapprochement, January 1969-February 1972," *Journal of Cold War Studies*, Fall 2006.

67 《정상회담: 세계를 바꾼 6번의 만남》, 332-333쪽.

68 Joint Communique of the United States of America and the People's Republic of China (Shanghai Communique), February 28, 1972.

69 COC Website, July 8, 2004.

70 Balázs Szalontai and Sergey Radchenko, North Korea's Efforts to Acquire Nuclear Technology and Nuclear Weapons: Evidence from Russian and Hungarian Archives, August 2006.

71 Conversation between Soviet Ambassador in North Korea Vasily Moskovsky and Soviet specialists in North Korea, 27 September 1963.

72 Conversation between Soviet Ambassador in North Korea Vasily Moskovsky and North Korean Foreign Minister Pak Song Ch'ol, 24 August 1962.

73 Conversation between Soviet Ambassador in North Korea Vasily Moskovsky and Soviet specialists in North Korea, 16 October 1963.

74 Conversation between Soviet Ambassador in North Korea Vasily Moskovsky and German Ambassador Schneidewind, 20 September 1962.

75 North Korea's Efforts to Acquire Nuclear Technology and Nuclear Weapons: Evidence from Russian and Hungarian Archives.

76 「北朝鮮に核必要か」毛沢東主席'開発協力に難色, 毎日新聞, 2016. 1. 12.

77 https://www.wilsoncenter.org/sites/default/files/NKIDP_Document_Reader__China_North_Korea_Relations.pdf

78 Yevgen Sautin, "Today's Nuclear North Korea Is Yesterday's China: Lessons From History", *The Diplomat*, August 05, 2017.

79 POLITBURO TALK BY ZHOU ENLAI ON RECEIVING A GROUP OF CENTRAL MILITARY COMMISSION OPERATIONAL MEETING COMRADES, MAY 21, 1965. http://digitalarchive.wilsoncenter.org/document/114363

80 이에 대한 상세한 내용은 정욱식, 《MD본색》(서해문집, 2015), 124-126쪽 참조.

81 기자회견 전문은 다음 주소에서 볼 수 있다. http://www.defense.gov/transcripts/transcript.aspx?transcriptid=865

82 ABM(Anti-Ballistic Missile)과 MD(Missile Defense)는 동의어로 봐도 무방하다.

83 President's Science Advisory Committee. Strategic Military Panel, "Report on the Proposed Army-Bell Telephone Laboratories BTL Ballistic Missile Defense System," 29 October 1965. http://www2.gwu.edu/~nsarchiv/NSAEBB/NSAEBB36/docs/doc01.pdf

84 William Burr, Missile Defense Thirty Years Ago: Déjà Vu All Over Again?, National Security Archive Electronic Briefing Book No. 36, December 18, 2000. http://www2.gwu.edu/~nsarchiv/NSAEBB/NSAEBB36/

85 *After Hiroshima*, pp. 130-131.

86 위의 책, pp. 135-136.

87 위의 책, pp. 435-436.

88 위의 책, pp. 160.

89 Michael Gordon Jackson, "Beyond Brinkmanship: Eisenhower, Nuclear War Fighting, and Korea, 1953-1968", *Presidential Studies Quarterly*, March 2005.

90 China, Nuclear Weapons, and the Vietnam War, U.S. State Department, Office of

Politico-Military Affairs, Memorandum for the Record, "Discussion with Mr. Rice on Far East Problems," 26 April 1966 Source: RG 59, Records of Ambassador-At-Large Llewellyn E. Thompson, 1961-1970, box 4, China, http://www.gwu.edu/~nsarchiv/nukevault/special/doc12.pdf

91 William Burr and Jeffrey Kimball, "Nuclear Weapons, the Vietnam War, and the 'Nuclear Taboo'", *National Security Archive Electronic Briefing Book No. 195*, July 31, 2006. http://www.gwu.edu/~nsarchiv/NSAEBB/NSAEBB195/index.htm#doc2

92 Memorandum for the President from Henry A. Kissinger, Subject: Contingency Military Operations Against North Vietnam, 2 October 1969, Top Secret-Sensitive Eyes Only, http://www.gwu.edu/~nsarchiv/NSAEBB/NSAEBB195/VN-2.pdf

93 Attachment H: "Important Questions", http://www.gwu.edu/~nsarchiv/NSAEBB/NSAEBB195/VN-2i.pdf

94 William Burr and Jeffrey P. Kimball, "Nixon, Kissinger, and the Madman Strategy during Vietnam War", National Security Archive Electronic Briefing Book No. 587, May 29, 2015. http://nsarchive2.gwu.edu/nukevault/ebb517-Nixon-Kissinger-and-the-Madman-Strategy-during-Vietnam-War/

95 *The Washington Post*, December 15, 2016.

96 William Burr, "Nixon's nuclear ploy", *Bulletin of the Atomic Scientists*, January/February 2003.

97 "Nuclear Weapons, the Vietnam War, and the 'Nuclear Taboo'", 에서 재인용.

98 〈한겨레〉, 2011. 5. 13.

99 〈경향신문〉, 1972. 2. 22. 원문에 있는 한자를 이해를 돕기 위해 한글로 표기함.

100 정재호,《중국의 부상과 한반도의 미래》(서울대학교출판문화원, 2011), 40-45쪽.

101 《주한미군: 역사, 쟁점, 전망》, 88-89쪽.

102 US Central Intelligence Agency National Foreign Assessment, South Korea: Nuclear Developments and Strategic Decisionmaking, June 1978. http://www.foia.cia.gov/docs/DOC_0001254259/DOC_0001254259.pdf

103 Special National Intelligence Estimate 4-1-74, "Prospects for Further Proliferation of Nuclear Weapons", 23 August(1974), Top Secret, http://www.gwu.edu/~nsarchiv/NSAEBB/NSAEBB240/snie.pdf

104 U.S. Embassy in Republic of Korea telegram 4957 to Department of State, "Korean Accession to NPT", 30 July 1974, Confidential, Source: Record Group 59, Department of State Records RG 59), Access to Archival Databases. http://nsarchive2.gwu.edu/dc.html?doc=3513489-Document-01-U-S-Embassy-in-Republic-of-Korea

105 Winston Lord, director, Policy Planning Staff, and Martin Packman, deputy director, Office of Intelligence and Research, "Second Alert Report", 20 November 1974, Secret, enclosing "Alert Report for the Secretary." Source: RG 59, Records of the Policy Planning Staff, Director's Files (Winston Lord), 1969-1977, box 348, November 1974. http://nsarchive2.gwu.edu/dc.html?doc=3513493-Document-04-Winston-Lord-

director-Policy

106   U.S. Embassy Seoul telegram 8023 to Department of State, "ROK Plans to Develop Nuclear Weapons and Missiles", 2 December 1974, Secret, excised copy attached to W. R. Smyser and David Elliott to Secretary Kissinger, "Development of U.S. Policy Toward South Korean Development of Nuclear Weapons", 28 February 1975, Secret. Source: Gerald R. Ford Presidential Library, National Security Adviser Presidential Country Files for East Asia and the Pacific, Box 9, Korea (4), copy from South Korean Nuclear History Collection, Nuclear Proliferation International History Project. http://nsarchive2.gwu.edu/dc.html?doc=3513496-Document-06-U-S-Embassy-Seoul-telegram-8023-to

107   U.S. Embassy Seoul telegram 1239 to Department of State, "Non-proliferation Treaty", 26 February 1975, Confidential. Source: RG 59, AAD, mandatory declassification review (MDR) release by NARA. http://nsarchive2.gwu.edu/dc.html?doc=3513500-Document-09-State-Department-telegram-048673-to

108   U.S. Embassy Seoul telegram 1637 to Department of State, "ROK Plans to Develop Nuclear Weapons and Missiles", 12 March 1975, Secret, excised copy. Source: Source: RG 59, AAD, MDR release by State Department from P-reels. http://nsarchive2.gwu.edu/dc.html?doc=3513501-Document-10-U-S-Embassy-Seoul-telegram-1637-to

109   William Burr, Stopping Korea from Going Nuclear, Part I, National Security Archive Electronic Briefing Book No. 582, March 22, 2017. http://nsarchive2.gwu.edu/nukevault/ebb582-The-U.S.-and-the-South-Korean-Nuclear-Program,-1974-1976,-Part-1/

110   U.S. Embassy London telegram 09224 to State Department, "Nuclear Export Policy: Bilateral with Canada", 17 June 1975, Secret, RG 59, AAD, MDR release by NARA. http://nsarchive2.gwu.edu/dc.html?doc=3513504-Document-13-U-S-Embassy-London-telegram-09295-to

111   U.S. Embassy Seoul telegram 4902 to Department of State, "Canadian/ROK Talks on Nuclear Energy", 3 July 1975, Confidential, RG 59, AAD. http://nsarchive2.gwu.edu/dc.html?doc=3513505-Document-14-U-S-Embassy-Seoul-telegram-4902-to

112   State Department telegram 213134 to U.S. Embassy London, 8 September 1975, Secret, forwarding U.S. Embassy Seoul telegram 6989 to Department of State, "Nuclear Reprocessing Plant", 8 September 1975, Secret, Excised copy. http://nsarchive2.gwu.edu/dc.html?doc=3513551-Document-21-State-Department-telegram-213134-to

113   State Department telegram 240692 to U.S. Embassy Seoul, "Deputy Secretary Ingersoll's Meeting with Ambassador Hahm of Korea", 9 October 1975, Secret. http://nsarchive2.gwu.edu/dc.html?doc=3513554-Document-24-State-Department-telegram-240692-to

114   U.S. Embassy Seoul telegram 8278 to Department of State, "ROKG Rejects Our Representations on Nuclear Reprocessing", 24 October 1975, Secret. http://nsarchive2.

gwu.edu/dc.html?doc=3513555-Document-25-U-S-Embassy-Seoul-telegram-8278-to

115 State Department telegram 280819 to U.S. Embassy Tokyo and U.S. Embassy Seoul, "Japanese Embassy Approach on ROK Nuclear Reprocessing Facility", 27 November 1975. http://nsarchive2.gwu.edu/dc.html?doc=3513586-Document-27-State-Department-telegram-280819-to

116 State Department telegram 289656 to U.S. Embassy Tokyo et al., forwarding U.S. Embassy Seoul telegram 9440, "ROK Nuclear Reprocessing", 9 December 1975, Secret. http://nsarchive2.gwu.edu/dc.html?doc=3535270-Document-12-State-Department-telegram-289656-to

117 State Department telegram 305630 to U.S. Embassy Seoul, "ROK Nuclear Reprocessing", 31 December 1975, Secret. http://nsarchive2.gwu.edu/dc.html?doc=3535283-Document-25-State-Department-telegram-305630-to

118 U.S. Embassy Seoul telegram 0552 to Department of State, "ROK Nuclear Reprocessing; Canadian Reactor Sale", 25 January 1976, Secret. http://nsarchive2.gwu.edu/dc.html?doc=3535292-Document-34-U-S-Embassy-Seoul-telegram-0552-to

119 William Burr, Stopping Korea from Going Nuclear, Part II, National Security Archive Electronic Briefing Book No. 584, April 12, 2017. http://nsarchive2.gwu.edu/nukevault/ebb584-The-U.S.-and-the-South-Korean-Nuclear-Program,-1974-1976,-Part-2/

120 *Korean Endgame*(Princeton, 2003), pp. 198-199.

121 《주한미군: 역사, 쟁점, 전망》, 94-95쪽.

122 Peter Hayes & Chung-in Moon, "Park Chung Hee, the CIA & the Bomb", *Global Asia*, Fall 2011.

123 《은폐된 원자력, 핵의 진실》, 42쪽 재인용.

124 이에 대한 상세한 내용은 정욱식, 《글로벌 아마겟돈》.

125 연설문 전문은 http://www.iaea.org/About/history_speech.html에서 볼 수 있다.

126 Joseph Cirincione, *Bomb Scare: The History & Future of Nuclear Weapons*, pp. 24-25.

127 나루사와 무네오, "국제원자력마피아 IAEA의 정체", 〈녹색평론〉, 2011년 11-12월호, 80-83쪽.

128 James Chater, A history of nuclear power, *Focus on Nulcear Power Generation*, 2005.

129 N.L. Char and B.J. Csik, Nuclear power development: History and outlook, *IAEA Bulletin*, 3/1987.

130 영국의 핵개발과 핵정책에 대해서는 《글로벌 아마겟돈》, 192-196쪽 참조.

131 프랑스의 핵개발과 핵정책에 대해서는 《글로벌 아마겟돈》, 196-201쪽 참조.

132 North Korea's Efforts to Acquire Nuclear Technology and Nuclear Weapons: Evidence from Russian and Hungarian Archives. https://www.wilsoncenter.org/sites/default/files/WP53_web_final.pdf

133 《은폐된 원자력, 핵의 진실》, 77-78쪽.

134 로버트 헌지커, "후쿠시마의 어둠", 〈녹색평론〉, 2018년 4-5월 통권 제160호.

135 http://en.wikipedia.org/wiki/New_Safe_Confinement

136 스베틀라나 알렉시예비치, 김은혜 옮김, 《체르노빌의 목소리》(새잎, 2011).

137 http://www.news-paper.co.kr/news/articleView.html?idxno=12017

138 Ci(퀴리)는 방사성 물질의 양을 나타내는 단위로, 라듐의 발견자이며 방사능 연구로 노벨상을 받은 퀴리 부부의 이름에서 따온 것이다.

139 《은폐된 원자력, 핵의 진실》, 72-74쪽.

140 위의 책, 97-99쪽.

141 위의 책, 109쪽.

142 김익중, "원자력, 필요악인가", 〈녹색평론〉, 2011년 11-12월호.

143 《은폐된 원자력, 핵의 진실》, 17-18쪽.

144 《정상회담 : 세계를 바꾼 6번의 만남》, 542-552쪽.

145 Joseph Cirincione, *JBomb Scare: The History & Future of Nuclear Weapons*(Columbia University Press, 2008), p. 38.

146 *Bomb Scare: The History & Future of Nuclear Weapons*, pp. 38-43.

147 Lawrence S. Wittner, *Toward Nuclear Abolition : A History of the World Nuclear Disarmament Movement, 1971 to the Present*(Stanford University Press, 2003), pp. 116-117.

148 연설문 전문은 http://www.fas.org/spp/starwars/offdocs/rrspch.htm에서 볼 수 있다.

149 http://www2.gwu.edu/~nsarchiv/NSAEBB/NSAEBB60/index.html

150 John Lewis Gaddis, The Cold War, (The Penguin Press, 2005), pp. 81-82, p. 227.

151 크레이그 아이젠드레스·멜빈 구드먼·제럴드 마시 , 김기협·천희상 옮김, 《미사일 디펜스》(들녘, 2002), 22쪽.

152 《미사일 디펜스》, 42-43쪽.

153 *Toward Nuclear Abolition : A History of the World Nuclear Disarmament Movement, 1971 to the Present*, p. 487.

154 *The New York Times*, January 14, 2018.

155 *Toward Nuclear Abolition : A History of the World Nuclear Disarmament Movement, 1971 to the Present*, pp. 312-313.

156 《정상회담 : 세계를 바꾼 6번의 만남》, 488-489쪽.

157 《미국과 세계》, 159-161쪽.

158 《정상회담 : 세계를 바꾼 6번의 만남》, 475-481쪽.

159 *Toward Nuclear Abolition : A History of the World Nuclear Disarmament Movement, 1971 to the Present*, pp. 90-105.

160 해제된 비밀문서의 내용을 포함한 당시 미소관계에 대해서는 Svetlana Savranskaya·Thomas Blanton, "Bush and Gorbachev at Malta"(2009년 12월 3일) 및 http://www.gwu.edu/~nsarchiv/NSAEBB/NSAEBB298/index.htm 참조.

1 비밀해제된 미국 문서를 분석해보면, 미국은 1980년대 초반부터 북한의 핵프로그램에 주목하고 있었다. 이에 대한 상세한 내용은 정욱식·박건영,《북핵, 그리고 이후》(풀빛, 2008) 참조.

2 CIA, Untitled, November 2002. https://nsarchive2.gwu.edu/NSAEBB/NSAEBB87/nk22.pdf

3 참고로 당시 소련의 경수로 제공 약속은 지켜지지 않았다.

4 Robert A Wampler, Engaging North Korea: Evidence from the Bush I Administration, Nov 8, 2017. https://nsarchive.gwu.edu/briefing-book/korea-nuclear-vault/2017-11-08/bush-43-chose-diplomacy-over-military-force-north-korea

5 Telegram, State Department to Tokyo, etc., August 13, 1991, Subject: U.S.-ROK Hawaii Meeting on North Korea (Secret), 1991-08-13. http://nsarchive.gwu.edu/dc.html?doc=4176666-Document-01-Telegram-State-Department-to-Tokyo

6 송민순,《빙하는 움직인다》(창비, 2016) 29-31쪽.

7 *The New York Tmes*, February 11, 1993.

8 *The New York Times*, November 11, 1991.

9 *The New York Tmes*, February 25, 1992.

10 http://www.mcclatchydc.com/2008/05/28/38814/north-korean-nuclear-documents.html

11 *The New York Times*, May 31, 2008.

12 Condoleezza Rice, *No Higher Honor: A Memoir of My Years in Washington*(Simon and Schuster, 2011), pp. 705-710.

13 Christopher R. Hill, *Outpost: Life on the Frontlines of American Diplomacy*(Simon and Schuster, 2011), Kindle Edition, Location 4150.

14 《주한미군: 역사, 쟁점, 전망》, 129-131쪽.

15 국방부, 한미연례안보협의회의(SCM) 공동성명(1989-2004), http://www.mnd.go.kr.

16 Department of Defense, *Report on the Bottom-up Review*, October 1993.

17 위의 자료.

18 Department of State, Cable, Secretary of State James Baker to Secretary of Defense Richard Cheney, 18 November 1991. Subject: Dealing with the North Korean Nuclear Problem; Impressions from My Asia Trip. FOIA-Declassified 1998http://www2.gwu.edu/~nsarchiv/NSAEBB/NSAEBB87/nk16.pdf

19 Memorandum, Kartman to Anderson, Subject: Next Steps for North Korea, July 17, 1992. http://nsarchive.gwu.edu/NSAEBB/NSAEBB164/EBB%20Doc%201.pdf

20 Interview with Charles W. Freeman, excerpted from *China Confidential: American Diplomats and Sino-American Relations, 1945-1996*, compiled and edited with introduction and conclusion by Nancy Bernkopf Tucker (Columbia University Press, New York, 2001). http://www.gwu.edu/~nsarchiv/NSAEBB/NSAEBB87/nk03.pdf

21 http://www.archives.gov/declassification/iscap/pdf/2008-003-docs1-12.pdf

22 *Two Koreas*, pp. 212–213.

23 John F. Farrell, Team Spirit: A Case Study on the Value of Military Exercises as a Show of Force in the Aftermath of Combat Operations, *ir&Space Power Journal* Fall 2009.

24 CIA National Intelligence Daily, Special Analysis: The World Through Pyongyang's Eyes, March 18, 1993, http://www.gwu.edu/~nsarchiv/NSAEBB/NSAEBB164/EBB%20Doc%202.pdf

25 김연철, "매도 비둘기도 아닌 무영혼파들", 〈한겨레21〉, 2009. 5. 25.

26 Memorandum, William T. Pendley to the Undersecretary of Defense for Policy, Subject: North Korea Nuclear Issue – Where are We Now?, October 27, 1992 Secret, 1992–10–27.

27 *Pot Shards*, Location 3526.

28 〈중앙일보〉, 2014. 4. 18.

29 Memorandum, Tarnoff and Davis to Secretary of State Christopher, Subject: North Korea: Options for Next Steps, November 6, 1993, http://www.gwu.edu/~nsarchiv/NSAEBB/NSAEBB164/EBB%20Doc%203.pdf

30 Memorandum, Gallucci to Secretary of State Christopher, in re DPRK discharge of reactor rods from the Yongbyon reactor, ca. May 18, 1994, http://www.gwu.edu/~nsarchiv/NSAEBB/NSAEBB164/EBB%20Doc%204.pdf

31 하버드대학교 케네디스쿨 편, 서재경 옮김, 《한반도 운명에 관한 보고서》(김영사, 1998), 133쪽.

32 *The New York Times*, December 15, 2002.

33 〈중앙일보〉, 2001. 6. 18.

34 *My Journey at the Nuclear Brink*, Location 3189–3478.

35 〈연합뉴스〉, 1994. 5. 18.

36 Leon V. Sigal, Jimmy Cater, *The Bulletin of Atomic Scientists*, January/February 1998.

37 《예방적 방위전략: 페리 구상과 러시아, 중국 그리고 북한》, 195–196쪽.

38 1997년 10월 23일 돈 오버도퍼의 PBS와의 인터뷰(http://www.pbs.org)의 일부.

39 Memoranda of Conversation, President Jimmy Carter, South Korean President Park Chung Hee, et al, June 30, 1979, Secret, 1979–06–30.

40 Robert A. Wampler, How Do You Solve a Problem like (South) Korea?, June 1, 2017. https://nsarchive.gwu.edu/briefing-book/korea/2017-06-01/how-do-you-solve-problem-south-korea

41 AFP, May 24, 2000.

42 Cable, SecState to All Diplomatic and Consular Posts, Subject: Results of U.S.-DPRK Talks in Geneva, August 22, 1994, http://www.gwu.edu/~nsarchiv/NSAEBB/NSAEBB164/EBB%20Doc%205.pdf

43 *The Korea Herald*, October 18, 1994. 《한반도 핵문제와 미국외교》, 224쪽에서 재인용.

44 http://www.fas.org/sgp/crs/nuke/RL34256.pdf

45 Leon V. Sigal, *Disarming Strangers: Nuclear Diplomacy with North Korea*(Princeton University Press, 1998), p. 94.

46 Jeffrey A. Bader, *Obama and China's Rise: An Insider's Account of America's Asia Strategy*(Brookings, 2012), p. 7, 92.

47 State Department Briefing Paper, Subject: US-Japan-Korea Trilaterals, ca. May 1996, http://www.gwu.edu/~nsarchiv/NSAEBB/NSAEBB164/EBB%2011.pdf

48 《빙하는 움직인다》, 42-43쪽.

49 이에 관한 상세한 내용은《MD본색》참조.

50 Matthew Reiss, "Making Enemies: Politics, profit, and Bush's North Korea policy", *In These Times*, June 8, 2004.

51 《빙하는 움직인다》, 57-59쪽.

52 Madeleine Albright, *Madam Secretary*(Miramax Books, 2003), http://www2.gwu.edu/~nsarchiv/NSAEBB/NSAEBB164/Discussions%20between%20Secretary%20of%20State%20Albright%20and%20Kim%20Il%20Jong.pdf

53 http://www.washingtonmonthly.com/features/2004/0405.kaplan.html

54 *The Guardian*, May 9, 2003.

55 Memorandum, Roy to Secretary of State Albright, Subject: Pyongyang at the Summit, June 16, 2000. Source: State Department FOIA release. http://nsarchive.gwu.edu/NSAEBB/NSAEBB164/EBB%2016.pdf

56 임동원,《피스메이커》(중앙북스, 2008), 333-344쪽.

57 위의 책, 377쪽.

58 〈통일뉴스〉, 2015. 11. 2.

59 《피스메이커》, 400-406쪽.

60 William Perry, *My Journey at the Nuclear Brink*(Stanford Security Studies, 2015).

61 위의 책.

62 PBS, "Easing Sanctions", Online NewsHour, May 17, 1999, http://www.pbs.org/newshour/bb/asia/july-dec99/perry_9-17.html

63 William J. Perry, *Review of United States Policy Toward North Korea: Findings and Recommendations*, October 12, 1999.

64 《피스메이커》, 426-430쪽.

65 *The Washington Post*, May 19, 2000.

66 *The Telegraph*, July 20, 2000.

67 U.S. House of Representatives, North Korea Advisory Group, Report to the Speaker, November 1999.

68 찰스 프리처드, 김연철·서보혁 옮김,《실패한 외교:부시, 네오콘 그리고 북핵위기》(사계절, 2008), 94쪽, 115쪽.

69 Peter Baker, *Days of Fire: Bush and Cheney in the White House*(Doubleday, 2013), Location 2000-2002.

70 《피스메이커》, 524쪽.

71 *Days of Fire: Bush and Cheney in the White House*, Location 2020.

72 위의 책, Location 2021.

73 David Ignatius, "The Korea Challenge", *The Washington Post*, January 7, 2001.

74 〈한국일보〉, 2001. 6. 14.

75 〈한국일보〉, 2001. 6. 14.

76 《피스메이커》, 532쪽.

77 〈한국일보〉, 2001. 6. 14.

78 《피스메이커》, 533쪽.

79 《실패한 외교: 부시, 네오콘 그리고 북핵위기》, 119-120쪽.

80 위의 책, 117쪽.

81 Condoleezza Rice, "Campaign 2000: Promoting the National Interest", *Foreign Affairs*, January/February, 2000.

82 *The New York Times*, March 6, 2001.

83 *Los Angeles Times*, 27 July 2001.

84 http://www.defense.gov/speeches/speech.aspx?speechid=386

85 이 문서의 번역 전문은, 이삼성·정욱식 외, 《한반도의 선택》(삼인, 2003) 부록에서 볼 수 있다.

86 *The Washington Post*, March 24, 2004.

87 http://nsarchive.files.wordpress.com/2010/10/10_f_1229_rumsfeld_breakfast_sept_11_with_mocs.pdf

88 Robin Wright, "Top Focus Before 9/11 Wasn't on Terrorism", *The Washington Post*, April 1, 2004.

89 《MD본색》, 99-101쪽.

90 *Days of Fire*, Location 3866.

91 《빙하는 움직인다》, 78-79쪽.

92 비밀로 분류된 이 보고서 대부분의 내용은 http://www.globalsecurity.org/wmd/library/policy/dod/npr.htm 에서 볼 수 있다.

93 The National Security Strategy of The United States of America, September 2002, pp. 5-6.

94 Robert S. McNamara, "Apocalypse Soon", *Foreign Policy*, May/June 2005.

95 *The Japan Times*, March 6, 2005.

96 이 훈련에 대한 상세한 내용은 Hans M. Kristensen, "Preemptive Posturing", *Bulletin of the Atomic Scientists*, September/October, 2002, Volume 58. No. 5. 참조.

97 https://fas.org/sgp/crs/nuke/RS20834.pdf

98 *The New York Times*, March 20, 2002.

99 《피스메이커》, 658쪽.

100 이에 대한 상세한 내용은 《북핵, 그리고 이후》 참조 바람.

101 《피스메이커》, 659쪽.

102 〈조선중앙통신〉, 2002. 10. 25.

103 http://fpc.state.gov/15308.htm

104 〈연합뉴스〉, 2003. 11. 20.

105 〈문화일보〉, 2005. 7. 5.

106 《빙하는 움직인다》, 72-73쪽.

107 Siegfried Hecker, Senate Testimony on Visit to Yongbyon, January 21, 2004. https://fas.org/irp/congress/2004_hr/012104hecker.pdf

108 〈문화일보〉, 2005. 7. 20.

109 《빙하는 움직인다》, 165-167쪽.

110 *The Washington Post*, October 20, 2002.

111 Condoleezza Rice, *No Higher Honor: A Memoir of My Years in Washington*(Crown, 2011), p. 161.

112 http://library.rumsfeld.com

113 *Two Koreas*, p. 376.

114 위의 책, p. 377.

115 《빙하는 움직인다》, 87쪽.

116 2002-12-26 to Cheney, Powell, Tenet, Abraham, Rice re Remaining Firm on North Korea.

117 2003-03-04 from Condoleezza Rice re North Korea Policy Points,

118 *Two Koreas*, p. 363.

119 2002-12-23 to Doug Feith re South Korea rumsfeld.

120 2002-12-26 to Cheney, Powell, Tenet, Abraham, Rice re Remaining Firm on North Korea rumsfeld.

121 〈프레시안〉, 2003. 2. 15.

122 〈중앙일보〉, 2008. 2. 15.

123 데이비드 바인, 유강은 옮김, 《기지 국가》(갈마바람, 2017), 33쪽.

124 White House, *The National Security Strategy of The United States of America*, September 2002, p. 26.

125 《청와대브리핑》, 2004. 5. 31.

126 〈한겨레〉, 2003. 5. 29.

127 청와대 브리핑, 2004. 5. 31.

128 *The New York Times*, October 14, 2003.

129 서동만, "한미관계와 북핵문제의 상관관계", 〈코리아연구원 현안진단 48호〉, 2006. 10. 4, http://knsi.org/knsi/admin/work/works/iss48_sdm061004.pdf.

130 Ron Paul, "The end of Dollar Hegemony," Before the U.S. House of Representatives, February 15, 2006. http://www.house.gov/paul/congrec/congrec2006/cr021506.htm.

131 Richard N. Haass, "The New Middle East," *Foreign Affairs*, November/December, 2006.

132 http://en.wikipedia.org/wiki/Execution_of_Saddam_Hussein

133 〈연합뉴스〉, 2003. 4. 19.

134 〈오마이뉴스〉, 2003. 4. 25.

135 〈연합뉴스〉, 2003. 7. 8.

136 이종석, 《칼날 위의 평화》(개마고원, 2014), 256-257쪽.

137 정욱식, "미국은 북한에게 좋은 의도를 갖고 있다", 〈오마이뉴스〉 2005. 5. 10.

138 《칼날 위의 평화》, 182쪽.

139 위의 책, 297쪽.

140 《빙하는 움직인다》, 112-114쪽.

141 〈연합뉴스〉, 2005. 8. 13.

142 〈연합뉴스〉, 2005. 8. 15.

143 《빙하는 움직인다》, 131-132, 155-156쪽.

144 9·19 공동성명 전문은 부록 참조.

145 《빙하는 움직인다》, 126쪽.

146 *The New York Times*, September 20, 2005.

147 *The Washington Post*, September 20, 2005.

148 Charles L. Pritchard, "Six Party Talks Update: False Start or a Case for Optimism?", The Changing Korean Peninsula and the Future of East Asia (2005 CNAPS Annual Conference), December 1, 2005. http://www.brookings.org/fp/cnaps/events/20051201presentation.htm

149 《빙하는 움직인다》, 124-125쪽.

150 〈연합뉴스〉, 2005. 10. 24.

151 White House Spokesman Scott McClellan, Press Briefing, October 24, 2005.

152 *The Financial Times*, December 19, 2005.

153 《칼날 위의 평화》, 351-354쪽.

154 위의 책, 342-348쪽.

155 《빙하는 움직인다》, 206-207쪽.

156 《칼날 위의 평화》, 348-349쪽.

157 《빙하는 움직인다》, 9쪽.

158 *No Higher Honour*, pp. 528-529.

159 박선원, "라이스 전 국무장관의 사실왜곡과 편견", 노무현재단 홈페이지, 2011. 11. 3. http://www.knowhow.or.kr/rmhworld/bbs/view.php?tn=t3&pri_no=999531193&meta_id=rmh_column

160 김만복, 〈국정브리핑〉 기고문, 2007. 10. 30.

161 Gareth Porter, Israel's Ploy Selling a Syrian Nuke Strike, November 18, 2017. https://consortiumnews.com/2017/11/18/israels-ploy-selling-a-syrian-nuke-strike/

162 *No Higher honour*, p. 708.

163 위의 책, p. 703.

164 Gareth Porter, "How Syrian-Nuke Evidence Was Faked", November 19, 2017. https://consortiumnews.com/2017/11/19/how-syrian-nuke-evidence-was-faked/

165 《빙하는 움직인다》, 428쪽, 437-439쪽.

166 〈연합뉴스〉, 2016. 10. 11.

167 https://www.newyorker.com/magazine/2017/09/18/the-risk-of-nuclear-war-with-north-korea

168 Rex W. Tillerson, On "Meeting the Foreign Policy Challenges of 2017 and Beyond", The 2017 Atlantic Council-Korea Foundation Forum, December 12, 2017.

169 *The Washington Post*, October 26, 2011.

170 Dick Cheney and Liz Cheney, *In My Time: A Personal and Political Memoir* (Threshold Editions, 2011), pp. 483-488.

5부 한반도, 제2의 핵 시대로

1 〈중앙일보〉, 2009. 1. 6.

2 https://www.theguardian.com/world/us-embassy-cables-documents/217956

3 https://wikileaks.org/plusd/cables/10SEOUL272_a.html

4 http://www.wikileaks-kr.org/dokuwiki/08seoul2409

5 〈조선일보〉, 2009. 1. 14.

6 Jeffrey A. Bader, *Obama and China's Rise: An Insider's Account of America's Asia Strategy*(Brookings Institution Press, 2012), Location 552.

7 *Obama and China's Rise*, Location 573.

8 http://www.wikileaks-kr.org/dokuwiki/09seoul446

9 http://www.wikileaks-kr.org/dokuwiki/09seoul445

10 http://www.wikileaks-kr.org/dokuwiki/09tokyo837

11 http://www.wikileaks-kr.org/dokuwiki/09tokyo1879

12 *Obama and China's Rise*, Location 531.

13 위의 책, Location 531.

14 위의 책, Location 572-573.

15 〈오마이뉴스〉, 2010. 8. 16.

16 http://38north.org/2011/12/jchurch121411/

17 *Obama and China's Rise*, Location 521.

18 *The Washington Post*, October 6, 2010.

19 North Korea's Yongbyon Nuclear Complex: A Report by Siegfried S. Hecker, November 20, 2010, http://iis-db.stanford.edu/pubs/23035/Yongbyonreport.pdf

20 http://aspensecurityforum.org/wp-content/uploads/2017/07/At-the-Helm-of-the-Intelligence-Community.pdf

21 http://en.wikipedia.org/wiki/Muammar_Gaddafi

22 리비아의 WMD 개발 및 포기에 관한 상세한 내용은,《글로벌 아마겟돈》, 245-248쪽 참조.

23 https://georgewbush-whitehouse.archives.gov/news/releases/2003/12/20031219-9.html

24 *The New York Times*, January 23, 2004.

25 https://www.huffingtonpost.com/jonathan-schwarz/the-lesson-the-us-is-teaching-world-libya_b_838306.html

26 *The New York Times*, March 1, 2011.

27 *The USA TODAY*, March 10, 2014.

28 *The USA TODAY*, March 19, 2014.

29 http://www.the-american-interest.com/wrm/2014/03/03/putin-invades-crimea-obama-hardest-hit/

30 http://www.project-syndicate.org/commentary/gareth-evans-challenges-the-argument-that-the-deadliest-weapons-are-the-strongest-dterrent#r2DIPKBi5swd3Wix.99

31 ANDERS ÅSLUND, US Wrongly Thought Nukes Were Ukraine's Biggest Problem, The Atlantic Council, OCTOBER 4, 2017.

32 의정서 전문은 http://www.nti.org/e_research/profiles/Russia/Nuclear/full_text/treaties/start1/s1lis.pdf 에서 볼 수 있다.

33 The Lisbon Protocol At a Glance, http://www.armscontrol.org/node/3289

34 〈조선일보〉, 2009. 12. 28.

35 https://wikileaks.org/plusd/cables/09ABUDHABI1173_a.html

36 〈중앙일보〉, 2018. 1. 9.

37 〈경향신문〉, 2012. 3. 6.

38 김익중, "원자력, 필요악인가", 〈녹색평론〉, 2011년 11-12월호.

39 〈경향신문〉, 2012. 3. 6.

40 Ikuro Anzai, "Agenda for Peace Research after 3/11", *Japan Focus*, November 14, 2011.

41 *Obama and China's Rise*.

42 로버트 헌지커, "후쿠시마의 어둠", 〈녹색평론〉, 2018년 4-5월 통권 제160호.

43 AP, March 10, 2016.

44 "후쿠시마의 어둠", 〈녹색평론〉, 2018년 4-5월 통권 제160호.

45 위의 글.

46 BRICE SMITH AND ARJUN MAKHIJANI, "Nuclear is not the Way", *Wilson Quarterly*, Autumn 2006.

47 Paul Krugman, "Here Comes the Sun", *The New York Times*, November 6, 2011.

48 〈프레시안〉, 2017. 9. 29.

49 이헌석, "후쿠시마 7년, 한국 원전정책의 변화", 〈녹색평론〉, 2018년 5-6월.

50 JOEL WIT, JENNY TOWN, "Dealing with the Kims", *Foreign Policy*, FEBRUARY 21, 2012.

51 *The Washington Post*, July 13, 2005.

52 Memorandum, The Four Party Talks on Korea: Background Paper, ca. July 1997 (Secret).

53 〈중앙일보〉, 2004. 6. 16.

54 Robert Carlin and John W. Lewis, "What North Korea Really Wants", *The Washington Post*, January 27, 2007.

55 Robert Carlin and John W. Lewis, "North Korea's new course", *Los Angeles Times*, December 08, 2011.

56 Hacked memo reveals details of Bill Clinton's 2009 meeting with North Korea's Kim Jong Il, Japan Times, October 30, 2016.

57 〈조선중앙통신〉, 2011. 12. 17.

58 VICTOR CHA, "China's Newest Province?", *The New York Times*, DEC. 19, 2011.

59 https://www.newyorker.com/magazine/2017/09/18/the-risk-of-nuclear-war-with-north-korea

60 빅터 차, "미국은 북한의 위협을 과장하지 않는다", 〈중앙일보〉, 2017. 2. 25.

61 邓小平《中国必须在世界高科技领域占有一席之地》(1988年10月24日),《邓小平文选》第3卷 第279页.

62 에즈라 보겔, 심규호·유소영 옮김, 《덩샤오핑 평전》(민음사, 2014), 750-795쪽.

63 Vladimir N. Pregelj, "Most-Favored-Nation Status of the People's Republic of China", CRS Issue Brief, December 6, 1996.

64 http://www.mofa.go.jp/policy/oda/region/e_asia/china/index.html

65 「北朝鮮に核必要か」毛沢東主席' 開発協力に難色, 毎日新聞, 2016. 1. 12.

66 http://blog.ohmynews.com/wooksik/480284

67 〈중앙일보〉, 2014. 3. 13.

68 황지환, "김정은 시대 북한의 대외전략", 〈한국과 국제정치〉, 2014년(봄) 통권 84호, 192, 196 쪽.

69 *The Washington Post*, August 8, 2017.

70 Siegfried S. Hecker, "What We Really Know About North Korea's Nuclear Weapons", *Foreign Affairs*, December 4, 2017.

71 〈중앙일보〉, 2017. 6. 8.

72 http://38north.org/2016/10/gtoloraya102016/#_ftn2

73 진정이, "북한은 얼마나 버틸까", 〈한겨레〉, 2017. 12. 3.

74 사드에 관한 자세한 내용은 정욱식, 《사드의 모든 것》(유리창, 2017) 참조.

75 〈프레시안〉, 2016. 7. 29.

76 〈한겨레〉, 2017. 10. 11.

77 www.apd.army.mil/epubs/DR_pubs/DR_a/pdf/web/atp3_01x16.pdf

78 United States Senate Committee on Armed Services, Statement by J. Michael Gilmore, March 25, 2015, http://www.armed-services.senate.gov/imo/media/doc/Gilmore_03-25-15.pdf

79 https://insidedefense.com/daily-news/bad-weather-prompts-mda-postpone-major-operational-test

80 Svetlana Savranskaya and Tom Blanton, NATO Expansion: What Gorbachev Heard, Dec 12, 2017. https://nsarchive.gwu.edu/briefing-book/russia-programs/2017-12-12/nato-expansion-what-gorbachev-heard-western-leaders-early

81 Fyodor Lukyanov, Putin's Foreign Policy: The Quest to Restore Russia's Rightful

Place, *Foreign Affairs*, May/June, 2016.

82 Niall Ferguson and Moritz Schularick, "The Great Wallop", *The New York Times*, November 15, 2009.

83 〈연합뉴스〉 2016. 9. 22.

84 참조 http://www.globaltimes.cn/content/1020755.shtml

6부 끝의 시작

1 〈경향신문〉, 2017. 12. 14.

2 *The New York Times*, January 6, 2018.

3 핵 단추는 2016년 미국 대선에서도 화제가 된 바 있다. 힐러리 클린턴 민주당 후보는 "트럼프가 핵 단추에 손가락을 올려놓게 해서는 안 된다"며 트럼프를 공격했다. 변덕스럽고 예측 불가능하며 즉흥적인 트럼프가 미국 대통령이 되면 인류 사회를 핵전쟁의 참화로 몰아넣을 수 있다는 의미였다.

4 참고로 미국과 양대 핵보유국인 러시아의 핵 가방은 '체겟(Cheget)'으로 불린다.

5 *The New York Times*, January 3, 2018.

6 클린턴의 연설 및 토론 내용 전문은 여기에서 볼 수 있다. https://wikileaks.com/podesta-emails//fileid/11011/2873

7 *The Wall Street Journal*, April 12, 2017.

8 The White House, National Security Strategy of the United States of America, December 2017.

9 "THE SECRETARY OF DEFENSE", *NUCLEAR POSTURE REVIEW*, FEBRUARY 2018.

10 하지만 이 발언은 핵 전력의 대량생산과 실전배치를 의도한 것이라기보다는 미국에 협상을 촉구하는 성격이 짙었다.

11 *The New York Times*, October 31, 2017.

12 *The New York Times*, February 8, 2018.

13 *The New York Times*, June 17, 2018.

14 http://www1.president.go.kr/news/speech.php?srh%5Bview_mode%5D=detail&srh%5Bseq%5D=547

15 이를 간파한 빈센트 브룩스 주한미군 사령관은 2017년 4월 27일 미 의회 청문회에 제출한 자료를 통해 이렇게 밝혔다. "한국이 무기 획득 예산의 90%를 미국 무기 도입으로 사용하고 있다. 이는 미국 경제에도 직접적인 이익이다." 주한미군 사령관이 이처럼 노골적으로 장삿속을 밝힌 것은 대단히 이례적인 일이었다.

16 〈경향신문〉, 2017. 7. 6.

17 https://www.whitehouse.gov/the-press-office/2017/11/06/remarks-president-trump-and-prime-minister-abe-japan-joint-press

18 *The Washington Post*, November 7, 2017.

19 https://www.whitehouse.gov/the-press-office/2017/11/07/remarks-president-

trump-and-president-moon-republic-korea-joint-press

20 문재인은 2017년 7월 18일 전현직 국방부 장관과 주요 군 지휘부를 청와대로 초청해 오찬을 함께하며 "국내총생산(GDP) 대비 2.4% 수준인 현재의 국방예산을 임기 내에 2.9%까지 올리 겠다"고 말했다. "새 정부는 북한과의 대화를 추구하지만 이 역시 압도적 국방력을 바탕으로 하지 않으면 의미가 없다"는 말도 덧붙였다.

21 *The Washington Post*, February 21, 2018.

22 Anoush Ehteshami, "Iranian Perspectives on the Global Elimination of Nuclear Weapons", *Unblocking the Road to Zero*(Stimson Center, 2009).

23 http://www.juancole.com/2009/10/iran-and-nuclear-latency.html

24 *The New York Times*, February 25, 2012.

25 Fareed Zakaria, "How history lessons could deter Iranian aggression", *The Washington Post*, February 16, 2012.

26 천연 우라늄을 사용하는 중수로는 사용 후 연료봉을 재처리하면 경수로에 비해 무기급 플루 토늄 추출이 용이한 원자로다.

27 이스라엘이 이란을 공격했을 때 발생할 정치적·군사적 파장을 다룬 보고서로는 다음을 참조 하라. Anthony H. Cordesman, "Outline of Study on an Israeli Strike on Iran's Nuclear Facilities", *CSIS Report*, March 14, 2009.

28 Roger Cohen, "Unthinkable Option", *The New York Times*, February 4, 2009.

29 *The New York Times*, September 23, 2013.

30 *The New York Times*, July 19, 2015.

31 *The New York Times*, May 6, 2016.

32 AP, May 11, 2016.

33 *The New York Times*, July 6, 2016.

34 〈프레시안〉, 2018. 5. 28.

35 Stephen M. Walt, "Regime Change for Dummies", *Foreign Policy*, MAY 14, 2018.

36 신냉전은 제2의 냉전, 혹은 냉전 2.0 등으로도 불리고 있다.

37 Paul Bracken, *The Second Nuclear Age: Strategy, Danger, and the New Power Politics*(St. Martin's Griffin, 2013).

38 *The New York Times*, March 5, 2018.

39 *The Washington Post*, March 1, 2018.

40 *The New York Times*, May 14, 2018.

41 특기할 점은 트럼프가 김정은의 정상회담 제의를 전격 수락하면서 정의용에게 이 사실을 백 악관 기자실에서 생중계로 발표해달라고 요청했다는 점이다. 당초 이날은 트럼프와 성관계를 맺었다고 주장한 전직 포르노 배우 스테파니 클리포드의 기자회견이 예정되어 있었다. 트럼 프의 변호사는 대선 직전에 클리포드에게 13만 달러를 주면서 함구를 요구했는데, 클리포드 는 이 계약이 무효라고 선언할 예정이었다. 그런데 트럼프의 요청으로 정의용이 북미정상회 담 소식을 발표하자 클리포드는 기자회견을 연기했고 세계 언론의 머릿기사는 북미정상회담 소식으로 도배되었다.

42 전략 국가는 김정은이 2017년 12월 21일 제5차 세포위원장대회 개막사에서 처음으로 언급한

주석

것이다. 당시 김정은은 "미국에 실제적인 핵 위협을 가할 수 있는 전략국가로 급부상한 우리 공화국의 실체를 이 세상 그 누구도 부정할 수 없게 됐다"고 말했다. 〈중앙일보〉, 2018. 4. 24.

43 https://www.npr.org/2018/06/02/616392666/lessons-of-a-collapsed-north-korean-nuclear-deal

44 *The New York Times*, March 18, 2018.

45 〈중앙일보〉, 2018. 3. 25.

46 John Bolton, "The Legal Case for Striking North Korea First", *The Wall Street Journal*, Feb. 28, 2018.

47 〈연합뉴스〉, 2018. 3. 23.

48 *The New York Times*, April 29, 2018.

49 〈연합뉴스〉, 2018. 5. 15.

50 https://www.csis.org/analysis/libyan-model-north-korean-denuclearization

51 CNN, June 6, 2018.

52 *The New York Times*, June 7, 2018.

53 https://www.whitehouse.gov/briefings-statements/remarks-president-trump-signing-s-2155-economic-growth-regulatory-relief-consumer-protection-act/

54 군비통제 용어에서 '완전성(completeness)'은 검증을 포괄하는 개념이다. 이에 따라 "완전한 비핵화"라는 표현 속에는 '검증 가능한'도 담겨 있다. 이는 트럼프와 폼페이오가 강조한 부분이다.

에필로그 _ 왜 '탈핵'인가?

1 The Associated Press, October 10, 2010.

2 *Newsweek*, January 11, 2010.

3 영변 핵시설의 제염 및 해체 작업 협력, 북한이 폐기한 풍계리 핵실험장을 심지층 처분장으로 전환하는 공동 연구 및 조사 진행, 대체 에너지 공동 연구개발 등을 생각해볼 수 있다.

4 Ikuro Anzai, "Agenda for Peace Research after 3/11", *Japan Focus*, November 14, 2011.